Tristes, loucas e más

Lisa Appignanesi

Tristes, loucas e más
A história das mulheres e seus médicos desde 1800

Tradução de
ANA MARIA MANDIM

Revisão técnica de
ROBERTO ARAUJO BELLO

2ª edição

EDITORA RECORD
RIO DE JANEIRO • SÃO PAULO
2025

CIP-BRASIL. CATALOGAÇÃO-NA-FONTE
SINDICATO NACIONAL DOS EDITORES DE LIVROS, RJ

A657t
    Appignanesi, Lisa
    Tristes, loucas e más / Lisa Appignanesi; tradução de Ana Maria Mandim. – 2ª ed. – Rio de Janeiro: Record, 2025.

    Tradução de: Mad, bad and sad
    Inclui bibliografia e índice
    ISBN 978-85-01-08425-5

    1. Mulheres – Saúde mental – História. 2. Doentes mentais (Mulheres) Reabilitação – História. 3. Doenças mentais – Tratamento – História. I. Título.

10-2657

CDD: 616.890082
CDU: 616.89-055.2

Título original em inglês:
MAD, BAD AND SAD

Copyright © Lisa Appignanesi 2008

Todos os direitos reservados. Proibida a reprodução, armazenamento ou transmissão de partes deste livro através de quaisquer meios, sem prévia autorização por escrito. Proibida a venda desta edição em Portugal e resto da Europa.

Texto revisado segundo o novo Acordo Ortográfico da Língua Portuguesa.

Direitos exclusivos de publicação em língua portuguesa para o Brasil adquiridos pela
EDITORA RECORD LTDA.
Rua Argentina 171 – 20921-380 Rio de Janeiro, RJ – Tel.: 2585-2000
que se reserva a propriedade literária desta tradução

Impresso no Brasil

ISBN 978-85-01-08425-5

Seja um leitor preferencial Record.
Cadastre-se e receba informações sobre nossos lançamentos e nossas promoções.

Atendimento e venda direta ao leitor:
sac@record.com.br

EDITORA AFILIADA

Para John, Josh e Katrina
que me deixam louca
e me fazem sã

SUMÁRIO

Agradecimentos 9
Introdução 13

PARTE UM
UM TEMPO ATRÁS...

1 Loucas e más   25

PARTE DOIS
EMERGÊNCIA E ASCENSÃO DA NOVA CIÊNCIA

2 Paixões   63
3 Asilo   91
4 Nervos   109
5 Histeria   135
6 Sono   157

PARTE TRÊS
A VIRADA DO SÉCULO

7 Sexo   189
8 Esquizofrenia   211
9 Perturbações do amor   261
10 Mãe e criança   281
11 Analista para toda a vida   309

PARTE QUATRO
NO PRESENTE

12 Rebeldes   355
13 Loucura do corpo   385
14 Abuso   413
15 Drogas   457

Epílogo   485
Notas   493
Bibliografia selecionada   517
Índice   525

AGRADECIMENTOS

Este livro tem um grande débito com todos os pesquisadores, historiadores, pensadores, médicos — sem dúvida com pacientes, biógrafos, memorialistas, escritores, poetas — que lavraram esse rico terreno antes de mim. Sou grata particularmente ao falecido, brilhante e infatigável Roy Porter, que serviu de inspiração para tantos e que também era um amigo. Algo como uma forasteira sem vínculos na história da psiquiatria e da psicanálise, minha dívida se estende através das divisões no que não é senão um campo disputado. Historiadores como Edward Shorter, Andrew Scull, Sander L. Gilman, Richard Hunter e Ida Macalpine mostraram o caminho; mas também o fizeram Jan Goldstein e Elisabeth Roudinesco, na França, Nathan G. Hale, Nancy Tomes e a antropóloga Tanya Luhrman, nos Estados Unidos, e Elaine Showalter. Os agradecimentos também vão para o criador de um website em particular, soberbamente abundante, Andrew Roberts, da Middlesex University.

Ao longo dos anos tive conversas com mais "médicos da mente" nos campos psi, pacientes e clientes do que posso nomear ou que desejariam ter o nome citado aqui; eles encontrarão suas ideias semeadas, transmutadas, às vezes contestadas, nas páginas que se seguem. Tenho uma dívida em particular com Cyril Cannon, por um caso que indicou para mim; com Alison Gardener, arquivista assistente do Lothian Health Services Archive, da Edinburgh University Library, e com o dr. Michael Neve do departamento de história da medicina da University College London, assim como com Andreas Meyer, do Max Planck Institute em Berlim, e Jacqueline Carroy, diretora do Centre Alexandre Koyré em Paris. Maria Duggan gentilmente me forneceu estudos sobre política de saúde, enquanto Jonathan Grey examinou e comparou todo o material final. Elise Dillsworth e Sue Phillpott, editoras, merecem agradecimentos especiais por sua diligente atenção.

Fui honrada com uma contribuição da Author's Foundation, que me ajudou até a conclusão deste livro. Sou muito grata à fundação e ao seu comitê de concessões.

Devo agradecimentos particulares à minha agente, Clare Alexander, que me animou a escrever este livro e à minha editora em Virago/Little, Brown, Lennie Goodings, duas mulheres extraordinárias, que ouviram meus lamentos ocasionais e me estimularam.

Quanto mais perto chego de casa, maiores são minhas dívidas. Não poderia ter escrito este livro sem as calorosas discussões, apoio, ajuda constante e ocasional vigilância, utilmente meticulosa, de John Forrester, professor de História e Filosofia da Ciência da Universidade de Cambridge, com quem alguns anos atrás fui coautora de *As mulheres de Freud*. Se o produto final tem talvez pouca relação com o que ele próprio teria escrito, traz mesmo assim vestígios de nossas vigorosas discussões. Finalmente, agradeço aos meus filhos, Josh Appignanesi, que, enquanto eu escrevia este livro, conseguiu, espantosamente, fazer um belo filme inteiro, e Katrina Forrester, que abriu seu caminho para a Universidade de Cambridge. Sem a curiosidade e a energia deles, pouco parece valer a pena.

Lisa Appignanesi
Janeiro de 2007

Muita loucura é o senso mais divino
Para um olho sensível;
Muito senso é a mais extrema loucura.
Mas é a maioria que
Nisso, como em tudo, prevalece.
Concorde, e você é são;
Proteste, e você sem demora é perigoso,
E mantido na cadeia.

    De *Vida*, por Emily Dickinson

INTRODUÇÃO

A maneira mais simples de começar é dizer que este livro trata da história da loucura, da maldade e da tristeza, nas formas em que as entendemos ao longo dos últimos duzentos anos. Parte dessa compreensão tem a ver com a maneira que as fronteiras entre elas foram concebidas e vigiadas, em particular por um crescente número de profissionais, ou "médicos da mente", que se tornaram conhecidos quando o século XIX se tornou o século XX como "alienistas", psiquiatras, psicólogos, psicanalistas e psicoterapeutas; às vezes também neurologistas, patologistas e, ultimamente, neurocientistas e psicofarmacologistas. Todos eles pensaram estar iluminando, de um modo ou outro, os cantos escuros da mente e acumulando conhecimento essencial. Neste sentido, e apropriadamente, pensaram em si mesmos como cientistas. Foram ajudados ao longo do caminho por criminologistas, juízes, estatísticos e epidemiologistas. Também foram decisivamente ajudados por pacientes.

Então, esta também é a história na qual loucura, maldade e tristeza — e todos os nomes ou diagnósticos dados a esses estados da mente e da existência com o passar do tempo — foram vividas por diversas mulheres. Frenesis, possessões, manias, melancolias, nervos, ilusões, atos aberrantes, tiques nervosos, amores e ódios apaixonados, sexo, alucinações visuais e auditivas, medos, fobias, fantasias, transtornos do sono, dissociações, comunicações com espíritos e amigos imaginários, vícios, autoagressões, autodesnutrição, depressão — todos são personagens da história que este livro conta. Também o são as designações latinas e gregas que adquirem como diagnóstico — monomania, melancolia, histeria, demência precoce, esquizofrenia, anorexia — e suas abreviações frequentemente informais, mas cientificistas de hoje, TDI, TDAH, TOC* e assim por diante.

---

*Transtorno Dissociativo de Identidade, Transtorno de Déficit de Atenção e Hiperatividade, Transtorno Obsessivo-Compulsivo, respectivamente. (*N. da T.*)

Já que a medicina da mente, para melhor ou pior, não envolve apenas o entendimento e a investigação da mente ou psique, das emoções e dos atos, e também, às vezes, de fazê-los trabalhar melhor juntos, os tratamentos também são personagens deste livro, sejam eles "morais", cirúrgicos, galvânicos, elétricos, farmacêuticos ou verbais — às vezes até escritos.

Há muito estou consciente da superficialidade da sanidade. Muitos de nós estamos, de uma ou outra maneira. A loucura, certamente um assalto do irracional, está sempre próxima. Todos fomos crianças e podemos lembrar a raiva súbita de um dos pais, ou de um irmão — até, embora com menos clareza, de nossas próprias explosões. Todos sonhamos e acordamos, e, às vezes, os sonhos continuam, não são interrompidos, incompreensíveis em suas rupturas de tempo, espaço e, às vezes, forma, e então ficamos tão pequenos quanto Alice diante da lagarta, sem falar no baile de visões langorosas daquele cachimbo de ópio. Dirigimos nossos carros e subitamente emergimos de um transe, sem conseguirmos lembrar onde estávamos. Outras vezes, nossos mortos não nos abandonam e assombram nossos dias como se estivessem lá, em nosso quarto, próximos demais. Ou nós, ou um parceiro, acordamos e simplesmente não conseguimos nos levantar. Simplesmente, não há mais luz no mundo. Sentimos como se ela nunca mais fosse voltar. Tudo é demasiado grande, demasiado difícil, triste demais. Apertar os interruptores não resolve os problemas. Aqueles gritos negativos e persecutórios de tudo que está errado em nossas vidas ficam tão altos que o suicídio parece o único meio de eliminá-los.

Tudo isso é muito comum — como também o são sintomas físicos para os quais o médico não encontra base orgânica. Se qualquer um deles persiste, ou se torna exagerado, em nossos parceiros, filhos ou em nós mesmos, sentimos medo e, talvez, vergonha. O medo de que nossa mente se tenha tornado estranha para nós, a vergonha de que nossos atos, palavras ou emoções possam escapar ao controle frequentemente se combinam com um desejo de disfarçar ambos os estados a todo custo, ou encontrar uma razão física em sua raiz. Em nossa sociedade terapêutica, podemos considerar igualmente que a visita a um clínico geral ou médico da mente poderá nos fornecer uma pílula que cure.

Uma das coisas que nos impeliram a iniciar a viagem em que este livro se transformou foi um aparecimento súbito de informações bombásticas, supridas de estatísticas do gênero: "Metade dos americanos pode adequar-se aos critérios de *DSM-IV* [*The Diagnostic and Statistical Manual of Mental Disorders*]* de transtorno mental durante a vida." "Uma em cada cinco mulheres desenvolve depressão clínica." "Em recente estudo em 14 países sobre incapacidade associada a transtornos físicos e mentais, a psicose ativa foi a terceira doença mais incapacitante, à frente de paralisia e cegueira para a população em geral." Entre 1992 e 2002, o uso de antidepressivos subiu 234%.[1] Três quartos da população feminina das prisões da Grã-Bretanha sofrem de problemas mentais.[2]

Essas estatísticas são espantosas. Elas me fizeram querer saber se havíamos entrado em um século em que a tristeza e a loucura, sem falar na sempre presente maldade, haviam realmente assumido proporções aterrorizadoras. Ou se havíamos começado a levar em conta coisas que não víamos antes e, certamente, não da mesma forma. Em outras palavras, o que hoje chamamos de transtorno mental passou a designar algo mais, ou diferente daquilo que existia enquanto eu crescia no que hoje parece um distante século XX, sem mencionar o século precedente? Uma vez que lidar com a história, assim como com a ficção, nos leva a duvidar das certezas atuais, eu também quis saber se esse incessante crescimento da doença podia estar ligado ao crescimento ininterrupto de curas potenciais. Não existe nada como a descoberta bem divulgada de um conjunto de pílulas para invocar uma doença que a reflita. Em outras palavras, a forma de nossa infelicidade ou descontentamento pode, como Proteu, conformar-se aos diagnósticos dominantes. Às vezes, as pílulas, assim como outras curas, funcionam. Em outras ocasiões, podem piorar as coisas — não importa o imprimátur científico de que se revistam. Isso também é assunto deste livro.

Existe uma batalha sendo travada na área da saúde mental. Como cada vez mais nossa infelicidade é identificada e classificada como doença, os diagnósticos são crescentemente ligados a estados de saúde ou aspectos de comportamento, e o número de pacientes aumenta, as pessoas querem mais serviços — ou mais pílulas, ou mais terapia, até mesmo do tipo que vem como um programa de computador; querem que médicos lidem com filhos incontroláveis, desatentos (TDAH), suicidas ou anoréxicos. Querem um tipo de controle ou supervisão dos que são "pervertidos", perigosos para outros ou para si mesmos, quando em meio a um frenesi que é também uma angústia interior. Ou querem ajuda para vencer os obstáculos que não conseguem superar sozinhos.

---

*Manual Diagnóstico e Estatístico de Transtornos Mentais. (*N. da T.*)

Também existe, ao mesmo tempo, um desencanto crescente com os nossos médicos da mente entre suas próprias fileiras. O autoritarismo médico em todas as partes de nossa vida mental, emocional e psíquica, e as pílulas que prometiam fazer-nos ficar "mais que bem" podem agora — aparentemente — ter errado o alvo. Aceitar que a tristeza, até mesmo em sua forma maligna, é *causada* por um desequilíbrio químico pode não ser uma hipótese completamente útil ou particularmente verdadeira. Fico triste quando meu cachorro morre. Isso causa uma mudança em meu cérebro. A emoção não é causada pelo cérebro. Tudo que os seres animados fazem ou sentem — desde assistir a uma partida de futebol americano a beijar e comer — causa uma complicada mudança química. Mas nenhuma quantidade de serotonina fará o Sr. Darcy* vir até a porta ou a Inglaterra vencer a Copa do Mundo, ou trará a paz para vizinhos em guerra ou acabará com o aquecimento global. Nem — não mais que Deus — pode fazer isso a mais recente panaceia difundida: a terapia do conhecimento cognitivo. Há muitos aspectos de nossas vidas que acabaram no terreno dos médicos da mente quando, com mais propriedade, estariam na esfera política ou social que na da ação ou interpretação.

Investigar a história da loucura e do tratamento médico da mente põe tudo isso em foco. Colocar lado a lado períodos históricos, velhos diagnósticos e sintomas poderia, como muitos imaginam, nos dar um brilhante senso do surgimento e do crescimento da ciência e dos nossos atuais milagres farmacêuticos e médicos. Certamente, sabemos muito mais hoje sobre a estrutura neurológica e bioquímica que Pinel, o fundador do "alienismo", ou do que Freud sonhou. Temos drogas muito mais eficientes e hipóteses mais elaboradas. Mas ainda que tenhamos diagnósticos que podem ser comprovadamente mais sofisticados e certamente mais ordenados, os transtornos proliferam e também aumentam em complexidade. Os ideais terapêuticos penetraram tanto em nosso mundo ocidental que às vezes existe um senso de que as profissões "psi" podem consertar tudo. Muito da história que se segue ressalta que as curas raramente são absolutas ou para sempre.

Em uma de suas observações breves e casuais, o filósofo Ian Hacking disse: "Em cada geração existem regras bastante firmes sobre como se comportar quando se está louco." Há muito os antropólogos mapearam as diferentes expressões de loucura e as formas que a cura pode tomar em sociedades pouco

---

*Personagem de *Orgulho e preconceito*, de Jane Austen. (*N. da T.*)

conhecidas. Nem as culturas modernas, por mais globalizadas e homogeneizadas que estejam, coincidem quando o transtorno está em discussão. Um programa da BBC sobre o Japão, onde a população está envelhecendo, recentemente investigou uma forma de estresse comum e debilitante, caracterizada pelos médicos como "síndrome do marido aposentado", doença que pode transformar a preocupação reprimida de uma mulher com o retorno iminente do marido assalariado para casa — onde os hábitos de obediência e servilismo seriam reafirmados — em um ciclo de erupções cutâneas, úlceras, asma e pressão alta.[3]

Quando reunia material para este livro, percebi que sintomas e diagnósticos de qualquer período determinado se combinavam uns com os outros em um tipo de trabalho colaborativo que todos os tratamentos médicos inevitavelmente requerem. Com muita frequência, as expressões-limite da doença de uma cultura, seus sintomas e transtornos refletem a época — preocupações, limites, problemas extremos, medos. Anorexia é, em geral, uma doença da fartura, não da fome, assim como depressão é de tempos de paz e prosperidade, não de guerra. Talvez não seja surpresa que em uma época em que a soma de informação disponível a qualquer minuto seja maior do que jamais foi na história se encontre um transtorno em que existe déficit de atenção. Esta não é apenas uma questão de os médicos da mente localizarem, definirem e darem um nome — em uma palavra, "diagnosticarem" — ou até sugerirem uma doença, embora tudo isso também aconteça. As pessoas — e são as pessoas que se tornam pacientes — não são inteiramente passivas. Falamos aqui em doença física ou mental, e loucos ou não, os pacientes são tão suscetíveis ao conhecimento quanto os médicos e, frequentemente, sabem como esconder-se dele ou usá-lo.

Como afirmam com frequência crescente os historiadores da medicina, a doença é o produto de um jogo sutil entre as perspectivas culturais e o que é também uma realidade biológica que varia. Este é particularmente o caso da doença mental. Nas décadas de 1820 e 1830, George Man Burrows tinha tanta certeza de que possuía provas da relação entre o sistema uterino e os distúrbios cerebrais quanto alguns médicos e companhias farmacêuticas têm de que o que se conhece hoje nos manuais psiquiátricos como "disfunção sexual feminina" é uma questão de hormônios específicos.[4] Havia uma noção, nos últimos anos do século XX, de que se chegara à certeza de que as causas da doença mental se localizavam na química do cérebro, ou pelo menos foi ao que as companhias farmacêuticas nos levaram a acreditar. O novo século trouxe percepções diferentes sobre a biologia em si.

Se sintomas ou doenças podem às vezes apresentar aspectos de uma produção colaborativa entre pacientes e médicos, isso não significa que seja menos real ou atormentadora a angústia de uma mente distorcida. E a intervenção de médicos da mente pode fazer a doença melhorar, embora o tipo de intervenção — atenção, ou pílula, ou um período distante da família — possa não ser tão eficaz no processo como às vezes se pensa. Fiquei surpresa ao descobrir que — no grau ou extensão em que pessoas possam estar investigando a mesma coisa — a porcentagem de curas por meio da atenção, ou do tempo, não parece ter mudado tanto nos duzentos anos aproximadamente que a história que este livro mapeia. Mas sim o nosso modo de lidar com as formas mais extremadas de mania ou delírio.

Decidi concentrar-me nas mulheres como meio de entrar na história dos sintomas, diagnósticos e tratamentos da mente por várias razões. Talvez a primeira seja por existirem tantos casos fascinantes de mulheres, e que, por meio deles, uma grande parte do que reconhecemos como profissões "psi" foi construída. Junto com John Forrester, investiguei um pouco desse terreno em *As mulheres de Freud*.

Há mais. Estatísticas contemporâneas sempre enfatizam a maior propensão das mulheres a sofrer do extremo "triste" do espectro da loucura. Visite quantos *websites* desejar e tudo isso será reiterado, e talvez não apenas porque as mulheres comprem mais remédios para se sentirem melhor:

As mulheres são duas vezes mais propensas à depressão que os homens.
A depressão é a maior causa de deficiências entre as mulheres.
Quase 15% das mulheres que sofrem de depressão grave vão cometer suicídio.
Aproximadamente 7 milhões de mulheres nos Estados Unidos são clinicamente deprimidas. Na Grã-Bretanha, uma em cada nove busca ajuda para uma mistura de ansiedade e depressão.[5]
Quarenta por cento dos que pedem pensão ao Estado por incapacidade no Reino Unido fazem isso com base em doença mental: a maioria é de mulheres.[6]

Esses números podem ser bastante verdadeiros. Certamente, se não são a "verdade", a ilusão cultural prevalece. Uma revista como *Psychologies*, que aborda o lado mais leve da ordem psíquica e do transtorno, sempre traz um rosto de mulher na capa, como se a psicologia, todo aquele negócio de entender mentes e relações (conturbadas), seja unicamente uma missão feminina, sem importar o sexo dos médicos. Dificilmente surpreende o fato de duas em cada três clientes das sessões de terapia oferecidas pela equipe do Serviço de Aconselhamento da Universidade de Cambridge serem mulheres.[7]

O estudo de mulheres, loucura e médicos da mente tem sua própria história, que passou por diversas mudanças desde que Simone de Beauvoir explorou pela primeira vez o terreno em *O segundo sexo*. Ficou claro nesse grande estudo que as definições de um período em particular de masculinidade ou feminilidade adequadas estavam estreitamente ligadas às definições de loucura. Não se conformar a uma regra traz o risco do rótulo de desvio ou loucura, às vezes acompanhado de confinamento. Para Friedan, Millett, Greer, as grandes feministas da segunda onda, os médicos da mente constituíam o inimigo, agentes do patriarcado que aprisionavam a mulher em uma psicologia que atribuíam a ela, estupidificavam-na com pílulas ou terapia e a confinavam ao "hospício" ou à vida restrita dos papéis convencionais. A ascensão profissional das mulheres mudaria tudo isso.

Historiadores das décadas de 1980 e 1990 nos mostraram que não havia preconceitos ocultos apenas na forma em que as mulheres eram pensadas e tratadas, mas que as próprias noções fáceis de progresso histórico e objetividade deviam ser questionadas. Tornou-se claro que, tanto quanto o sexo e a biologia, as doenças dificilmente se fixavam a partir de modos de ver universais, independentemente de sua época, ou da nossa. A história da psiquiatria não era apenas a história de uma grande marcha pelo Bulevar da Ciência rumo a leis científicas imutáveis e drogas melhores para todos; hoje, poderíamos querer questionar se ultrassonografias do cérebro e neuroquímica, e o que mais nos ensinarem, realmente são as chaves para o conhecimento final da mente e de seus transtornos.

Uma das perguntas que me dispus a investigar ao escrever este livro foi como o número crescente de mulheres em todos os setores profissionais da saúde mental remodelou sua prática; se elas, de fato, fizeram coisas melhores para as mulheres e se, durante esse processo, redefiniram a "doença feminina". Minhas descobertas, que compõem a parte final deste livro, nem sempre corresponderam às minhas próprias esperanças; mas o hábito de questionar a história ou o presente não se interrompe porque seus atores mudam de sexo. Alternativamente, apesar do meu desejo de separar completamente biologia e destino, minha investigação me fez pensar novamente que certos eventos na vida de uma mulher, seja o nascimento de uma criança ou a menopausa, poderiam muito bem, em alguns casos, torná-las suscetíveis a transtornos.

Clifford Geertz, o grande antropólogo, uma vez falou em "sexos indistintos", uma maneira de pensar e escrever que se inspirou em um grande número de fontes mistas e interdisciplinares para chegar a uma espessa textura de descrições. Não me desculpo por usar o que pode parecer a princípio um sortimento de materiais colhidos ao acaso, de filosofia e manuais didáticos a bilhetes de hospital, memórias, cartas, biografias e revistas populares. Também pilhei o trabalho de historiadores especialistas que, nas últimas décadas, fizeram tanto para preencher as lacunas de um interessante conjunto de práticas e maneiras de pensar sobre o humano. Abri meu caminho através da riqueza desse material focalizando casos individuais. Casos iluminam. Permitem-nos trazer à tona as interseções e interações da cultura, da prática psiquiátrica e da doença em um dado momento histórico. Eles nos mostram não somente como os transtornos são sofridos, mas também como são vividos ao longo do tempo. Revelam claramente que a vida pode ser produtiva *e* marcada ou pontuada pela loucura e pela tristeza, sem falar na maldade.

Fui atraída por dois tipos de casos. Existem aqueles que retrospectivamente expõem os diversos filamentos que penetram no pensamento de seu tempo e, assim, exemplificam uma doença. Tais como Mary Lamb, Alice James, Celia Brandon, Sylvia Plath e Marilyn Monroe. Outros, como Henriette Cornier, Miss Beauchamp, Augustine, de Charcot, e Anna O, de Freud e Breuer, foram casos importantes para fazer a profissão avançar, assim como o entendimento do transtorno mental em sua própria época. Narrados ou exibidos para um público amplo, esses casos também influenciaram a imitação de sintomas e diagnósticos. Como também estou interessada em todo o processo proteiforme de modelagem dos sintomas, deliberadamente não me afastei dos casos famosos. Afinal, a associação mítica de talento incomum, depressão e suicídio de Sylvia Plath a transformou em um modelo influente de um modo de ser mulher.

O livro começa em 1796 com Mary Lamb porque aquela virada de século marcou o momento imediatamente anterior ao início de qualquer tratamento da mente no sentido moderno, embora algumas correntes filosóficas que o modelariam já estivessem em formação. A história de Lamb nos fornece um ponto útil de comparação com o que vem depois. As três sessões seguintes mostram o surgimento da nova ciência, particularmente na Grã-Bretanha, na

França e depois nos Estados Unidos, até o presente. Cada capítulo se funde em torno de um interesse cultural dominante, ou forma de entendimento, que também assinala os conjuntos de diagnósticos e sintomas. Minha "teoria", tal como é, está toda nessa estrutura, que é também um modo de selecionar.

Ficou cada vez mais claro para mim, à medida que a pesquisa prosseguia, que períodos determinados, por uma razão qualquer, colocavam em tela certas expressões de doença mental, e que diagnósticos e explicações se agrupavam em torno delas. Pareceria que profundas forças históricas às vezes traziam à superfície certas cristalizações de transtorno e seu antídoto, embora o segundo possa ocasionalmente aparecer primeiro: paixões, nervos, sono, sexo, comida, maus-tratos — todos tiveram seu momento como sintoma e ponto de questionamento científico.

Quanto às soluções, a atenção humana (e o que é um bom tratamento médico, em sua raiz — nada mais que isso —, mais um útil efeito placebo!) pode com frequência ser mais eficaz que a cura científica, como mostram algumas das estranhas parcerias na história do sofrimento mental — seja entre irmã e irmão, mulher e marido ou até paciente e terapeuta, embora o último provavelmente tivesse preferido chamar essa atenção de "ciência". Os planejadores do governo poderiam achar que essa atenção vale a pena ao notar que, em geral, quando a população de hospitais psiquiátricos cresce, a população das prisões cai, e vice-versa. E seja qual for o período de *confinamento* e local decididos, o cuidado humano, a atenção e a ocupação ajudam. Poucas pessoas são loucas, más ou tristes continuamente e para sempre: se a dor suportada por quem a sofre é assustadora, insuportável e deletéria, frequentemente também o é para quem está em torno, e o cuidado humano é igualmente capaz de dissipá-la. Não há regras firmes no que diz respeito à tristeza e à loucura. Mas existem, como esta história mostra, vidas plenas e fascinantes com heróis de ambos os lados da fronteira médico-paciente que, nos últimos cem anos, tem sido crescentemente permeável.

Finalmente, algumas pessoas me perguntaram por que, após escrever ficção, escolhi imergir na história de uma ciência e de uma prática que tem tantos escritores profissionais próprios. Teria sido eu uma terapeuta? Sou uma paciente?

Poderia responder que, como escritora, simplesmente acredito na visão do observador e sempre tive fascinação pelas excentricidades da mente humana. Ou, já que existem muitos caminhos para traçar a trajetória de alguém, poderia dizer que o interesse pela loucura foi também uma forma de sobrevivência. Minha vida familiar inicial — que invoquei em *Losing the Dead* —, entre pessoas afugentadas pelo Holocausto para a pacífica costa canadense, tem sua própria estranheza, que dificilmente se reflete nos seriados cômicos de televisão. Retrospectivamente, faz sentido eu ter escrito uma tese de mestrado sobre Edgar Allan Poe e suas assombrações de mortos e mortos-vivos; e que tenha trabalhado em meio expediente para uma editora de livros psicanalíticos em Nova York, transformando em prosa o que frequentemente era tagarelice de especialistas. Meu doutorado em literatura já contém alguns componentes deste livro: como o feminismo foi construído e compreendido pelos grandes escritores na virada do século XIX, em particular Henry James, irmão de Alice, que aparece nestas páginas; Proust, ainda o grande psicólogo literário, e Robert Musil, um quase vizinho de Freud que também entrou naquele quadro literário modernista com suas psicopatologias do cotidiano.

As mulheres de Freud é, naturalmente, parte dessa trajetória, como o são vários de meus romances literários, desde *Memory and Desire* a *Sanctuary* e *Paris Requiem*, nos quais médicos da mente intervêm de alguma forma para pavonear-se. Finalmente, o Alzheimer de minha mãe me lembrou vividamente quão frágil e extraordinária é a mente humana. Ele me levou a uma viagem ao lado mais concreto das ciências do cérebro. Passei dois anos acompanhando o mundo do Brain and Behaviour Lab of the Open University. Ali, o neurocientista Steven Rose chefiou uma pesquisa sobre a memória. Fui forçada, pelo que às vezes pareciam supervisões, ao lado de leitura e conferências, a confrontar a abordagem bioquímica do cérebro e da mente. Tudo isso está parcialmente descrito em meu romance *O homem da memória*. Naturalmente, ele também me preparou para o trabalho destas páginas.

De certo modo, *Tristes, loucas e más* é um livro que escrevi durante toda a minha vida.

PARTE UM

UM TEMPO ATRÁS...

1

LOUCAS E MÁS

Em um sábado, 24 de setembro de 1796, o jornal *The Times* de Londres trouxe a seguinte reportagem sobre um matricídio:

> Na sexta-feira à tarde, na vizinhança de Holborn, legista e juiz debruçaram-se sobre o corpo de uma senhora que morreu em consequência de um ferimento causado por sua filha no dia anterior.
>
> Pareceu pela prova exposta que, quando a família se preparava para o jantar, a jovem senhora agarrou uma faca que estava sobre a mesa e, de forma ameaçadora, perseguiu uma menina, sua aprendiz, em torno da sala. Aos chamados de sua mãe enferma para que se detivesse, renunciou ao primeiro objetivo e, com gritos agudos, aproximou-se da mãe. Os gritos da criança atraíram rapidamente o senhorio da casa, porém tarde demais. A pavorosa cena que se lhe apresentou: a mãe sem vida em uma cadeira, o coração trespassado, a filha descontrolada ainda sobre ela com a faca fatal, e o velho pai da jovem senhora chorando a seu lado, sangrando na testa dos efeitos de um sério golpe que recebeu de um dos garfos que ela loucamente atirou pela sala.
>
> Alguns dias antes, a família havia observado sintomas de insanidade na jovem senhora que aumentaram tanto na quarta-feira à noite que seu irmão, cedo na manhã seguinte, procurou o dr. Pitcairn, mas este cavalheiro não estava em casa. Parece que a jovem senhora já estivera uma vez totalmente irracional. O juiz naturalmente deu seu veredicto, loucura.

A "jovem senhora" anônima que esfaqueou diversas vezes a mãe paralítica e feriu o pai senil era Mary Lamb, então com 31 anos de idade, chamada pelo *Morning Chronicle*, que publicou a reportagem dois dias depois, de costureira de mantôs. Era a mesma Mary Lamb que, com o irmão, Charles, mais conhecido, escreveria *Tales from Shakespeare*, livro muito apreciado, continuamente reimpresso desde a primeira edição, em 1807. Charles era dez anos mais moço que Mary. A estreita amizade de Charles com Coleridge, ao lado de sua poesia, seus ensaios e artigos, em uma proporção dos quais — a exemplo do que aconteceu com a irmã de Wordsworth, Dorothy, no trabalho deste — Mary teve alguma participação, pôs os dois no epicentro urbano do movimento romântico. Juntos, Mary e Charles conduziram algo como um salão, nos primeiros anos do século XIX, recepcionando um "ruidoso regimento" de poetas, estudiosos, críticos, atores, músicos e o ocasional capitão do mar. Com sua expressão calorosa, gentil e inteligente, agora para sempre emoldurada por um chapéu enfeitado de babados,[8] Mary recebia os notáveis da virada do século. Adjetivos como calma, judiciosa, racional, serena e alegre lhe eram regularmente atribuídos, mesmo por aqueles que conheciam sua história. As estreitas amizades de que ela e o irmão desfrutavam, o amor que o par atraía estão evidentes na vasta correspondência que conta a história de suas vidas e de seu amplo círculo de amigos.

Hoje, Mary Lamb poderia muito bem ver-se encarcerada na ala psiquiátrica de um presídio. Como foi possível, então, que duzentos anos atrás fosse capaz de ter uma vida livre e produtiva, apesar de difícil, após cometer um assassinato e ser diagnosticada louca?

A família era pobre, e Mary — na época da violenta explosão, que legista e juiz descreveram como "loucura" —, seu único sustento. O pai, John Lamb, havia sido criado e secretário do advogado Samuel Salt. Sua mulher, Elizabeth Field, servira como governanta de Salt. O arranjo proporcionara à família alojamentos no tranquilo e arborizado enclave do Inner Temple de Londres,* onde compartilhavam as acomodações duplas de Salt. Também significou que as crianças tinham livre acesso à biblioteca de Salt e se beneficiaram de sua generosidade exemplar.

Mary frequentou uma escola local durante o dia e estudou redação e aritmética antes de, aos 14 anos, tornar-se aprendiz de costureira. Salt assegurou para Charles um lugar na escola do prestigioso Christ's Hospital, onde este conheceu o colega "casaco azul"** Coleridge e criou o amor à literatura que compartilhava com a irmã. Aos 14 anos, novamente com a ajuda de Salt,

---
*Uma das associações profissionais de advogados ingleses cujas instalações ficam em torno dos Tribunais Reais de Justiça em Londres. (*N. da T.*)
**Usado por alunos de escolas particulares inglesas. (*N. da T.*)

Charles recebeu treinamento em uma empresa de contabilidade, mudou-se para um posto na South Sea Company e depois foi aprendiz na Companhia das Índias Orientais. Dos sete filhos dos Lamb, apenas três chegaram à idade adulta: o mais velho, John, era o favorito da sra. Lamb. Era alto e louro, à diferença da filha seguinte, Mary, e do mais jovem, Charles. Irmão e irmã, ambos baixos e de cabelos escuros, o primeiro afligido por um andar claudicante e uma gagueira pior, afastaram-se do primeiro, em parte por causa da frieza da mãe, em parte pelo amor aos livros. Estavam ligados também por uma experiência de loucura, que, no caso de Charles, se caracterizou pelo que ele chamava de melancolia, e, em Mary, por repetidos surtos de mania.

Na época do assassinato, Samuel Salt estava morto fazia três anos. Sua morte precipitou uma série de infortúnios. A família teve de se mudar de seu lar no Temple. A avó Field, governanta de uma casa de campo com terras que as crianças adoravam e visitavam regularmente, também morreu e com ela os laços com esse segundo lar. As novas instalações dos Lamb em Holborn eram apertadas e se tornavam ainda mais exíguas pela presença de uma tia idosa e irritadiça. O pai, embora com apenas 58 anos, sofria de demência progressiva. A mãe, aos 56, ficara paralítica devido a uma série de derrames cerebrais. John sofrera um acidente grave, entrara em delírio com a subsequente infecção e também vivia na casa. Mary tinha a sisifística tarefa de cuidar de todos os enfermos e atender às suas necessidades. Como Charles ainda cumpria o período como aprendiz, Mary também era a principal fonte de renda da família. Costurava casacões durante o dia todo e frequentemente à noite, quando a única cama que a esperava era a que dividia com a mãe paralítica, que nunca lhe mostrara afeto algum.

A rotina punitiva já ajudara a provocar um período de delírio no inverno de 1794-5. Este foi provavelmente o período que antecedeu o transtorno aludido pelo legista e registrado no *Morning Chronicle*: "A jovem senhora esteve uma vez antes... transtornada pelas contínuas fadigas de trabalho em demasia."[9] Um preocupado e talvez culpado Charles escrevera então sobre a doença de Mary, seu "anjo da guarda", a Coleridge, sempre íntimo seu, que se solidarizou em um poema. Coleridge também sabia o que era amar e, em seu caso, perder para sempre uma irmã a quem todas aquelas "doenças ocultas" do coração podiam ser contadas. Em um poema, Coleridge também elogia Mary, a quem já admirava: sua afeição, sabedoria e brandura são traços que outros amigos comentaram ao longo da vida dela.

Sua alma afetuosa, mas sábia,
Sua inteligência polida tão gentil como luzes de suave brilho
Que brincam em volta da cabeça do infante sagrado.[10]

Na época da primeira doença registrada de Mary, Charles estava atormentado por um intenso mas não correspondido amor, a paixão mais aguda de sua vida. Mary recebeu a carga de frustração que ele não podia extravasar em outro lugar. "Para minha irmã", escrito pouco depois, sublinha a culpa de Charles.

Se de meus lábios inflexões iradas caíram:
    Queixa zangada, ou acusação rude, cruel,
Não foi senão o erro de uma mente doentia,
E pensamentos revoltos, turvando o poço mais puro,
    E águas claras da Razão...

Se a doença de Mary foi precipitada pelo fato de estarem agora em outro lugar as atenções do irmão que ela efetivamente criara, o delírio dela, aliado ao intenso desapontamento dele no amor, influenciou o sério ataque de "melancolia", ou "excitação temporária" que o próprio Charles sofreu no início de 1795. Descrevendo a doença em uma carta a Coleridge (11 de junho de 1796), escreveu que uma "maré de melancolia forçou sua entrada novamente e fez sua pior travessura ao subjugar minha razão". Charles confinou-se voluntariamente no manicômio de Hoxton durante seis semanas, saindo apenas no dia em que completava 21 anos.

No primeiro ataque de loucura de Charles estavam em cena não apenas um amor sem esperança e as difíceis circunstâncias familiares, mas igualmente a perspectiva, dificilmente atraente para um poeta promissor, de uma vida interminável na seção de contabilidade da Companhia das Índias Orientais. Como alguns perspicazes adolescentes contemporâneos, Charles, ao falar em sua doença, também estava consciente de que semanas de grande entusiasmo, bebedeiras e conversas com o irrefreável Coleridge resultariam, após a partida do amigo, em um incontrolável declínio. Realmente, a estimulante influência de Coleridge, combinada com o hábito de beber muito, permaneceu um fato destacado na vida de Charles. O fim do século XIX ou o nosso próprio tempo bem poderiam ter classificado o vício da bebida como doença e vinculado a recorrente depressão cíclica de Charles ao alcoolismo: com frequência, ele precisava da bebida para escrever, a bebida também lubrificava sua alarmante gagueira, transformando-a no que muitos consideravam um traço de encantadora inteligência.

Mas as "doenças ocultas" de Charles jamais o levariam novamente a um hospício — exceto quando acompanhava a irmã. Quase se poderia dizer que Mary carregava a loucura da família inteira. É possível que tivesse descoberto algo de seus atrativos e, se poderia especular, de seus "comportamentos" por seu irmão favorito. A loucura tinha, como muitos médicos da mente observaram, ganhos secundários. Possuía a qualidade invejável da fuga, como Charles destacou para Coleridge, que dificilmente era, ele próprio, imune aos seus encantos, assim como aos seus horrores:

> Em algum tempo futuro vou diverti-lo com um relato tão completo quanto minha memória permita do estranho rumo que minha loucura tomou. Olho para trás, às vezes, com uma espécie de inveja triste; porque, enquanto ela durou, tive muitas, muitas horas de pura felicidade. Não sonhe, Coleridge, em provar toda a grandeza e a falta de freios da fantasia até ficar louco! Tudo agora me parece insípido em comparação. [11 de julho de 1796]

A loucura criminosa de Mary veio pouco mais de três meses depois. Em 21 de setembro de 1796, na noite anterior ao evento, seu estado já preocupava tanto Charles que a primeira coisa que ele fez pela manhã foi apressar-se a buscar o médico. Mas o dr. Pitcairn, cujo tio tinha sido o médico da escola do Christ's Hospital, não estava em casa; ao voltar, Charles encontrou a cena sangrenta que iria colorir o resto de suas vidas. Em 27 de setembro, ele comunicou a dolorosa experiência a Coleridge: "Eu lhe darei apenas as linhas gerais: minha pobre querida, queridíssima irmã, em um acesso de insanidade, causou a morte de nossa própria mãe. Cheguei a tempo apenas de arrancar a faca de sua mão. Ela está agora em um asilo, de onde temo que seja transferida para um hospital." A honestidade de Charles ao falar da doença de Mary, seu medo de que ela pudesse ser transferida de um hospício particular para um hospital público; na verdade, o modo como sua doença é descrita, interpretada e tratada, identifica precisamente esse período como um momento-chave de transição na compreensão da loucura e das instituições e da legislação que a cercavam.

Pouco, naturalmente, é tão instável quanto os modos como se veem a loucura em qualquer corte transversal da história. Definições que competem entre si, causas, sintomas, tratamentos e curas parecem continuamente à mão. Existem, no entanto, tendências dominantes a que se podem atribuir datas que não sejam muito rígidas. Essa virada de século na Inglaterra, onde a loucura se inscreveu amplamente no destino de Jorge III, poderia ser considerada um marco de mudança de época.

A LOUCURA E A LEI

Até o fim do século XVIII, a jurisprudência — o sistema de lei tradicional na Grã-Bretanha construído pelas sentenças individuais de juízes — lidava com a insanidade criminosa de duas maneiras inter-relacionadas: o réu era considerado "incapaz de se defender" — o que poderia, apesar disso, resultar em confinamento pedido pelo juiz — ou o réu podia ser julgado, declarado louco no momento do crime e, então, libertado com base nessa insanidade. O grande jurista Sir William Blackstone, em seu *Commentaries on the Laws of England* (1765-9), estabeleceu as linhas mestras: aqueles que sofriam de uma "deficiência de entendimento", como as crianças, ou de uma deficiência de vontade, como os lunáticos, não podiam ser responsabilizados por seus atos, nem mesmo por traição.

No verão de 1786, Margaret Nicholson tentou golpear Jorge III com uma faca de sobremesa sem ponta. Assim como Mary Lamb, nunca foi levada a julgamento. Na verdade, o rei gritou para os guardas: "Cuidem dessa mulher, não a machuquem porque ela é louca."[11] O conselho do rei mandou-a para o Bethlem, depois de ela ser examinada pelos médicos John e Thomas Monro, dois dos quatro médicos ligados ao hospital que a família Monro administrou por um período de 128 anos.

O Bethlem Hospital, ou Bedlam, onde Charles Lamb temia que sua amada irmã pudesse acabar, era um dos mais velhos asilos de doentes mentais da Europa. Fundado no século XIII, sua administração foi assumida pela cidade de Londres em 1547 e se manteve até 1948.[12] Embora houvesse diversos outros manicômios de caridade no fim do século XVIII, Bedlam continuou a ser a única instituição pública — com alojamentos tanto para indigentes quanto particulares. Ele se agigantava na imaginação popular e era regularmente visitado por pessoas ávidas do espetáculo que Hogarth retratou sensacionalmente no quadro final de sua *Rake's Progress*,* onde

---

*Série de oito telas de William Hogarth, pintor inglês do século XVIII. (*N. da T.*)

bedlamitas vociferantes e delirantes, acorrentados e maníacos, tomam o lugar de todos os britânicos.

Em 1758, 38 anos antes do crime de Mary Lamb, o Bethlem foi atacado por William Battie, fundador do concorrente St Lucas. Seu influente *Treatise on Madness*, primeiro texto a pedir o estudo apropriado de um campo que ficara tempo demais estagnado entre não instruídos "empíricos" ou charlatães, criticou as "chocantes" e imutáveis técnicas terapêuticas dos Monro — as repetidas sangrias, os vomitórios e vesicatórios que administravam aos doentes.[13] Os Monro se defenderam, mas não tinham um programa terapêutico real para contra-atacar Battie. O Bedlam era uma câmara de horrores onde o louco georgiano não era mais bem tratado que animais enfurecidos acorrentados. A mãe do grande pintor J. M. W. Turner, admitida ali em 1800, morreu quatro anos depois. Um poeta anônimo escreveu:

> Dentro das câmaras que esse domo contém
> Reina a loucura em todas as suas "frenéticas" formas...
> Arrastando suas correntes, os miseráveis proferem mentiras delirantes
> E rugidos e espumas, e o céu e a terra desafiam.[14]

Este não era o lugar onde Charles Lamb queria que sua amada irmã ficasse. De fato, ela expressara medo, antes mesmo do assassinato, de poder terminar seus dias ali. As galés de Newgate, que perseguiram a infância de ambos, agora também pareciam desconfortavelmente próximas.

Imediatamente depois de encontrar a mãe morta, o pai ferido e a irmã Mary suja de sangue e com a faca delatora na mão, Charles agiu com admirável rapidez. Mary foi levada para um hospício em Islington. Legista e juiz — que não constituía um tribunal, mas vinha para apurar os fatos — seguiram sua pista e a declararam insana. De acordo com a legislação existente, um lunático acusado de crime poderia "ser liberado mediante a garantia de ser adequadamente cuidado como lunático".[15] Em outras palavras, a liberdade de Mary dependia da presença responsável de alguém que pudesse garantir seu cuidado em um asilo de loucos privado ou por um custódio.

A natureza discricionária do veredicto dos investigadores [legista e juiz] deve ter representado para Charles um desafio adicional: seria ele, com apenas 21 anos, capaz de garantir a criação de condições "seguras" o bastante, particularmente em suas circunstâncias financeiramente limitadas? A rápida remoção de Mary para o asilo foi uma forma de antecipar-se a uma determinação desfavorável: a experiência prévia de Charles do sistema de manicômios foi de indubitável valor aqui. Foi decerto também ele que informou os investigadores da loucura anterior de Mary. A menção disso na reportagem do *Times* sublinha sua importância no veredicto de insanidade. Tratava-se de uma sociedade e de uma família que compartilhavam certa sofisticação em relação ao que significava loucura e ao padrão que ela assumia. A recorrência já era um deles.

A lei que permitia a libertação de Mary para um "sistema de cuidado" mudaria e endureceria em 1800, quando o rei que Shelley chamou de "velho, louco, cego e desprezado" foi de novo vítima de tentativa de assassinato. Desta vez, Jorge III foi baleado na noite de estreia da ópera *Fígaro*, ironicamente uma ópera em que as hierarquias tradicionais são questionadas. James Hadfield, um ex-soldado, fez boa pontaria com duas pistolas e errou o alvo por centímetros. O advogado de Hadfield, Thomas Erskine, que também defendeu o revolucionário Thomas Paine, propôs uma avançada distinção entre loucura — a qualquer momento e sempre uma forma de furor maníaco — e uma versão mais sutil. Argumentou que embora Hadfield não fosse louco segundo o que se tornou conhecido como o "teste da besta selvagem" — definição de insanidade simples demais, pois requeria total privação de memória e entendimento —, ele era, mesmo assim, insano: "Pessoas loucas frequentemente aparentam um estado supremo de capacidade e compostura, até nos mais altos paroxismos de insanidade."[16] Hadfield atirara no rei porque sofria de *ilusão* — que era a verdadeira característica da insanidade quando não havia excitação ou fúria. Erskine tomou emprestada essa linguagem da psicologia de John Locke. Quando a alegação de insanidade foi aceita, apesar da grandeza do crime, ela assentou firmemente as bases de uma definição nova e mais sutil de loucura, tanto na lei quanto na imaginação do público.

Em certo sentido é notável que Hadfield tenha sido declarado inocente e salvo de ser enforcado, arrastado e esquartejado, o maior castigo para traição. Afinal, aqueles eram os tempos do Terror: guerras revolucionárias estavam sendo travadas, uma monarquia vizinha fora recentemente derrubada e um rei, mandado para a guilhotina. De outro ponto de vista, porém, devido ao próprio excesso de um momento histórico em que atos extremos faziam parte do cenário político, talvez fosse melhor e de lógica mais vantajosa rotular de insano em lugar de revolucionário um atentado contra a vida do rei. A loucura, é necessário dizer, não era uma doença estranha a Jorge III.

A sentença que Erskine obteve para o assassino revelou uma séria brecha na lei — a mesma que concedera a Mary Lamb uma relativa liberdade. O homem considerado louco que atirara em Jorge III logo estaria livre. Uma "Lei para a Guarda Segura de Pessoas Acusadas de Atos Ilegais" foi aprovada pelo Parlamento. Isso garantiu que qualquer pessoa acusada de "Traição, Homicídio ou Crime Capital" e absolvida com base em insanidade fosse mantida em estrita vigilância até que Sua Majestade achasse conveniente libertá-la. Hadfield foi prontamente encarcerado pelo resto da vida no Bedlam. Ali, o homem que durante seu julgamento exibia um ferimento residual na cabeça tão grave que o júri foi convidado a inspecionar a própria membrana do cérebro, assassinou outro paciente. Hadfield era de fato perigoso.

Sob a nova legislação de 1800, a liberdade não seria concedida a Mary Lamb, que nunca mais tentou um ato violento, houvesse ou não um irmão por perto para cuidar dela e uma variedade de asilos particulares de loucos, prontos para aceitá-la quando a necessidade disso se tornasse óbvia.

O HOSPÍCIO GEORGIANO

O manicômio privado, pequeno ou grande, foi uma instituição particularmente britânica que floresceu na economia em grande parte desregulada do século XVIII. Em sua configuração menor, o manicômio comumente surgia de um arranjo informal de pagamento. Um médico local, um pastor ou uma viúva podiam hospedar um louco ou dois que não pudessem ficar na casa de parentes por causa do perigo, da vergonha, do transtorno ou medo da publicidade. Instalações ligeiramente maiores, que atendiam entre 12 e vinte pagantes, podiam representar um negócio lucrativo. Esse tipo de asilo pontilhava o interior do país. Até mesmo os asilos de doentes mentais maiores — Hoxton House, para onde Mary finalmente iria, era um desses — raramente ultrapassavam duzentos pacientes. De fato, em 1826, quando estatísticas nacionais começaram a ser disponibilizadas, menos de 5 mil[17] pessoas estavam confinadas em toda a Inglaterra em uma população total de cerca de 11 milhões. Isso é um mero punhado, se considerarmos que, por volta de 1900, o número de camas em apenas dois hospícios de Londres, Colney Hatch e Hanwell, atingia 4.800, e o número para os hospícios de todo o país era de 74 mil pacientes.[18]

Em parte pelo desejo de segredo dos parentes, raramente se mantinham registros dos pacientes até que uma lei de 1774 tornou os asilos de loucos estabelecimentos licenciados com uma regulamentação mínima. O negócio dos asilos era mais o confinamento que a cura: alguns não contavam com a presença de médicos. Isso continuou em grande medida até depois de 1796 e do estabelecimento do influente "tratamento moral" no famoso York Retreat, de William Tuke, comerciante de chá quacre e filantropo. Só gradativamente a loucura se tornou uma preocupação principalmente *médica* na Grã-Bretanha.

Existindo ou não a promessa de terapia, as condições dos asilos de loucos de fato preocupavam as pessoas e, finalmente, incomodaram o governo. Ao longo do século XVIII, os anúncios em busca de clientes para asilos de loucos destacavam a promessa de algo melhor que as costumeiras correntes e brutalidade. Campeões do novo estilo de manicômios públicos, como William Battie, fundador do St Luke's de Londres, insistiam na importância do cuidado e na necessidade de gentileza. Eles detestavam o uso de violência.[19] Em um mercado competitivo, vender um asilo de loucos para os pacientes mais ricos e suas famílias significava satisfazer expectativas. Nesses anúncios e textos, as características do asilo utópico do período estão claras: limpos, com temperatura moderada, jardins agradáveis, boas lareiras, carne e bebida, tanto privacidade quanto entretenimento e, acima de tudo, gentileza, acompanhada das visitas de um médico particular.

As condições existentes raramente correspondiam a esse ideal. Correntes e várias formas de confinamento, brutalidade, roubo por parte de atendentes desprezíveis eram demasiado comuns. Também o eram acomodações sujas e apertadas e condições sanitárias piores, sem mencionar o estupro e os espancamentos pelos atendentes. Desnecessário dizer que os pobres, cujo pagamento semanal era feito pela paróquia, eram muito mais maltratados que os pacientes particulares. Estes podiam esperar visitantes regulares para quem as aparências tinham de ser mantidas.

O lucro dos mantenedores também era abundante. Um pequeno suborno podia reter pacientes muito além do período de loucura, se é que alguma loucura realmente existira. Havia casos em que os mantenedores colaboravam com irmãos ou sócios no sequestro e confinamento de membros da família sãos, mas criadores de caso, cujas fortunas valia a pena roubar. Mulheres rebeldes como Maria, a heroína do romance inacabado *The Wrongs of Woman*, de Mary Wollstonecraft, que escapa do cativeiro sexual do casamento com um marido obsceno e bêbado, também podiam ver-se aprisionadas em um asilo de loucos tão assustador que as fazia duvidar de sua própria sanidade.

Forçado a assumir o papel que antes cabia à irmã, de principal responsável pela família e seu bem-estar, Charles Lamb conseguiu apaziguar o irmão mais velho, que teria preferido que Mary ficasse no setor para pobres do hospital, e conseguir a taxa considerável de 50 libras a 60 libras anuais por um quarto privado e uma enfermeira em um asilo em Islington. É mais provável que Mary tenha sido levada para Fisher House, no que é agora Essex Road.

Charles escreve para Coleridge que as mulheres que cuidavam de sua irmã eram "muito indulgentes" com ela, que a tratavam como "alguém da família, não como um dos pacientes". "A boa senhora do asilo e sua filha, uma jovem senhora doce e elegante, a amam e se deram espantosamente bem com ela, e sei de sua própria boca que Mary as ama e também deseja ficar com elas." A dona do asilo também disse a Charles que ele podia abrir mão do médico e do farmacêutico e poupar algum dinheiro no processo.

Não se sabe com certeza o tipo de tratamento que Mary recebia, se é que recebeu algum tipo de cuidado objetivando a cura. Havia uma variedade de tratamentos disponíveis, a maioria destinada a acalmar a agitação ou mania do paciente, "esfriando-o", segundo ditava a compreensão da época dos resíduos de fluidos na relação mente-corpo. Banhos frios seguidos de banhos quentes, cabelos cortados rentes para esfriar a cabeça, digitális ou ópio, purgantes ou sangramentos — qualquer um deles ou todos podem ter sido usados em Mary. Fosse qual fosse o regime de tratamento efetivamente empregado, sua "razão" retornou rapidamente.

"Minha pobre querida, queridíssima irmã, instrumento infeliz e inconsciente dos julgamentos do Todo-Poderoso para nossa casa, teve restaurados seus sentidos", Charles escreve para Coleridge em 3 de outubro de 1796, menos de duas semanas após o assassinato. Como se subitamente se conscientizasse de que era um retorno demasiado rápido à razão para alguém que havia cometido assassinato, acrescenta que a volta à razão é também um retorno

> a um terrível senso e lembrança do que aconteceu, horrível para sua mente e impressionante (como deve ser até o fim da vida), mas temperado de religiosa resignação e das ponderações de um julgamento saudável, que em seu estágio inicial sabe distinguir entre um ato cometido em transitório ataque de loucura e a culpa terrível do assassinato da mãe. Eu a vi. Encontrei-a nesta manhã calma e serena, mas muito longe de uma indecente serenidade descuidada; ela tem a mais afetuosa e terna preocupação pelo que aconteceu. Realmente, desde o início, por mais assustador e desesperado que seu transtorno parecesse, eu tinha bastante confiança na força de sua mente e em seus princípios religiosos para esperar o tempo em que até ela pudesse recobrar a tranquilidade.

A INFÂNCIA E SUAS DEFORMAÇÕES

Duas semanas depois dessa carta, Charles escreve novamente para Coleridge sobre a irmã. Desta vez, ao descrever Mary, uma característica em particular da carta evoca uma concepção estranhamente contemporânea de sua condição. Como um precursor de Freud ou Winnicott, Charles situa distintamente a gênese da doença de Mary na infância. Mary também o faz. Ele a cita dizendo ter a esperança de que a mãe e a avó a compreendam melhor no céu. Foi esta última que assediou Mary com uma repetida e autorrealizada condenação de seus "pobres, loucos e confusos" miolos. Charles sublinha a ausência de afeto da própria mãe como um fator precipitante da loucura da filha, aliada à carga do desmedido senso de dever filial de Mary.

> Pobre Mary, minha mãe realmente nunca a compreendeu bem. Ela a amava, como amava a todos nós com amor de mãe, mas em opinião, percepção, sentimento e disposição tinha tão pouca semelhança com a filha que nunca a entendeu direito. Nunca pôde acreditar em quanto ela a amava — e, com demasiada frequência, recebia seus carinhos e protestos de afeição filial com frieza e repulsa ... ela sempre amaria mais meu irmão, que não merecia um décimo da afeição que Mary tinha o direito de reclamar. Mas é de minha irmã a recordação gratificante de que todo ato de dever e amor que podia prestar, toda delicadeza (e falo a verdade, pois vi o dano causado à sua saúde e, muito provavelmente, em grande parte ao desarranjo de seus sentidos) que podia mostrar-lhe durante um longo curso de enfermidades e doenças, ela sempre o fez. [17 de outubro de 1796]

A mãe fria e distante, a filha rejeitada, uma infância que modela a predisposição para se considerar uma pessoa irracional, o conflito interior — tudo isso foi parte do pano de fundo para a recorrência da doença na Mary adulta. O que surpreende é o quão facilmente uma leitura idêntica de sua doença poderia ser apresentada dentro da moldura de um entendimento freudiano ou protofreudiano da etiologia da doença mental, embora naturalmente Charles não mencione a encenada ira edipiana.

Há mais. Embora durante sua vida e por causa do assassinato nenhum de seus escritos pudesse aparecer sob seu próprio nome, Mary colaborou com Charles não apenas em *Tales from Shakespeare*, como também na coleção de histórias infantis *Mrs. Leicester's School: or, The history of several young ladies, related by themselves*, de 1808. Todas essas histórias, exceto três, vêm da pena de Mary, embora cada uma apareça sob pseudônimo diferente. A partir dessas histórias fica claro que Mary era particularmente adepta de assumir a voz da infância; e as relações mãe-criança, com todas as frustrações, raivas e esperanças desapontadas, são um tema recorrente.

Na história "Mahomet Explained", publicada sob o pseudônimo Margaret Green, Mary parece evocar e examinar uma série específica de acontecimentos de sua infância, parte dos quais se passou na grande casa de campo, completada com a biblioteca da qual sua mãe cuidava.

A garotinha do conto é uma criatura solitária. Além das poucas palavras trocadas durante o café da manhã, nem sua mãe, nem a dona da casa jamais falam com ela, tão envolvidas estão em seu "trabalho com agulhas". Isso deixa a criança entregue aos próprios brinquedos e à descoberta da biblioteca, trancada e proibida, com seu estranho tomo *Mahomet Explained*. Ela mergulha secretamente na história de Abraão, Ismael e Maomé e a lê e relê. "Deve ter sido porque nunca falavam nada comigo que esqueci o que era certo e o que era errado", comenta a narradora. A subjugação ao texto, a leitura proibida e repetida, seu abandono e sua solidão tornaram-na suscetível a transformar o imaginário no real. Ela é consumida pelo medo de que qualquer pessoa que não seja uma Verdadeira Crente Maometana, como se tornou através da leitura, seja incapaz de cruzar a ponte de "fibra de seda" que a leva para a vida depois da morte. Os não conversos despencarão em um "abismo sem fundo". Ela deseja contar à mãe e à dona da casa, mas fazer isso será admitir sua intrusão na biblioteca.

Presa entre o desejo de salvar a mãe mediante a conversão e o pânico da autorrevelação, a menina contrai uma febre. Quando a necessidade finalmente força a história pela boca não mais acostumada a falar, a mãe, que agora dorme no quarto da criança, acha que ela está "delirante" e manda chamar um médico. A loucura aqui é ao mesmo tempo real e fruto de uma incompreensão: vem de uma inexprimível vontade e um inescapável desejo de vingança para os quais Mary Lamb nos alerta. O delírio é a única ação que resta à criança presa do dilema.

O médico gentilmente extrai a admissão de que a criança adquiriu uma febre "maometana" mediante a leitura. Ele lhe administra remédios e recomenda repouso. Quando a febre cede, o médico leva a menina para sua esposa, que, segundo ele, tem experiência com esses casos. A mulher é uma mãe melhor. Nessa versão inicial da cura mediante amor e uma inocente terapia verbal, ela leva a criança a conversar. Depois recomenda, em lugar dos remédios, uma visita à Harlow Fair. Ali, rostos humanos alegres e um pouco de mimo operam maravilhas na criança. Depois de um mês com esses novos pais, que trazem amigos para jogos e diversões, ela está de volta ao lar completamente curada.

"Mahomet Explained" traz ecos fortes da infância de Mary e uma visão adulta de suas carências, a parte desempenhada por uma mãe desatenta que a levou a um estado de "delírio". Dificilmente será coincidência que o trabalho obsessivo que impede as duas mulheres da história de se envolverem com a criança seja o trabalho com agulhas — o mesmo trabalho que levaria a Mary adulta ao "delírio" em que matou a mãe e a jogou em um "abismo sem fundo".

Em seu ensaio sobre o "trabalho com agulhas", publicado na *British's Lady Magazine* em 1815 sob o nome Semprônia — personagem de Addison e Steele em *The Tatler*, que é um espertalhão em meio a alcoviteiros que intermedeiam o casamento de mulheres sem preocupação com seu futuro bem-estar —, a Mary Lamb de 50 anos condena uma atividade que mantém as mulheres de classe média falsamente ocupadas, quando, de fato, a inteligência delas se beneficiaria de um tipo de lazer que é direito natural dos homens. A ocupação com o trabalho de agulhas se faz também em prejuízo da mulher trabalhadora, que tem poucos outros meios de ganhar a vida. A atividade, cuja intenção é manter a distância o demônio que adora mãos ociosas, na verdade mantém as mulheres acorrentadas. "O trabalho com agulhas e o aperfeiçoamento intelectual estão naturalmente em estado de guerra", escreve Mary, tão fervorosa em sua análise da condição feminina quanto sua quase contemporânea Mary Wollstonecraft e prenunciando a análise posterior de Virginia Woolf. Não houve mulheres poetas no século XVII, escreveu Woolf, porque a "irmã de Shakespeare" estava ocupada demais remendando meias ou curvada sobre a sopa de legumes e carne. Do ponto de vista de Mary, sua mãe havia preferido o trabalho com agulhas à filha.

O relato de Mary Lamb sobre sua infância e a queda no delírio é interessante sob vários aspectos. Ele constrói a experiência da loucura infantil como uma desorganização de ideias. A menina generaliza a partir do livro, um texto introdutório sobre Maomé em que faltavam páginas, para criar uma noção errada do real. Este é um quadro da loucura claramente baseado nas ideias de John Locke, cuja pesquisa sobre estados mentais influenciaria o surgimento da primeira psiquiatria "teórica" na França. As ideias de Locke sobre a loucura se afastaram das concepções religiosas iniciais e dos paradigmas clássicos fortalecidos durante a Renascença. A loucura não era mais possessão ou castigo do pecado. Nem era a destruição da razão por um excesso de paixão, fosse bestial ou sagrada. Nem era hereditária ou biológica. Em lugar disso, a loucura tornou-se uma questão de falsa associação de ideias à medida que o século XVIII progredia e tomava uma coloração crescentemente lockiana.

Em seu *Essay Concerning Human Understanding*, de 1690, Locke diferencia o louco do que chama de "idiotas" ou "naturais", os prejudicados congenitamente, e argumenta que os primeiros "não parecem ter perdido a faculdade de raciocinar, mas, por terem juntado muito erradamente algumas ideias, tomam-nas por verdades e erram, como fazem os homens que argumentam certo a partir de princípios errados".[20] Esta é uma visão otimista da loucura: ela deixa aberta a possibilidade da cura e introduz a existência de raciocínios comuns — do falso ao verdadeiro — entre o são e o louco e dentro da mesma pessoa.

A menina de Mary nessa história tem, se poderia dizer, uma experiência lockiana de loucura. Mas o fato de a Mary Lamb adulta, a escritora que se desenvolveu a partir dessa garota, pensar que vale a pena recordar essa experiência da infância e, em certo sentido, mostrar sua gênese e "cura", lhe dão um tom diferente. A ideia de uma ligação formacional entre a experiência infantil e as deformações do adulto é tão familiar para nós agora que parece natural, completamente clara. Conceitualmente, no entanto, essa combinação é nova para o fim do século XVIII e o movimento romântico. Richard Burton, nos vários volumes de sua enciclopédica dissertação sobre a loucura, *The Anatomy of Melancholy* (1652) — uma investigação precoce de todos os muitos fatores que influenciam o humor da melancolia — nada tem a dizer sobre os meios sutis em que a criança é pai do adulto. Burton tampouco procura as raízes da melancolia na experiência infantil.

Quando Jean-Jacques Rousseau e os românticos surgem em cena tudo muda. A infância, a importância da educação, das relações entre pais e filhos se tornam supremas. Diante disso e de sua experiência pessoal, talvez não surpreenda que Charles e Mary, ambos sem filhos, não apenas se tenham tornado tutores religiosos de diversas crianças, cuja companhia apreciavam mais que muitas outras coisas, como também se ocupassem em escrever para crianças. Eles verteram Shakespeare com a intenção de educar, e, no caso de Charles, as histórias insistem em que a imaginação das crianças deve ser educada, assim como sua mente. Passados deformantes podem formar-se de novo na geração seguinte.

LOUCURA, NERVOS E SENSIBILIDADE

Em seu ensaio "Christ's Hospital Five and Thirty Years Ago", Charles Lamb, sob o disfarce de seu mais popular personagem, Elia, recorda os dias na escola e lembra jogos "que fariam as almas de Rousseau e John Locke darem risadinhas se nos vissem". A dupla era importante. A época derivou um vocabulário de sensações de Locke e o misturou com a linguagem de imaginação e memória de Rousseau: aquela faculdade por meio da qual a infância é recuperada. Experimentar sentimentos, seus extremos na paixão, tornou-se importante, assim como a análise do sentimento. Com essa nova linguagem das emoções, a loucura é transformada. Extremos de paixão são estados que as pessoas veem que têm em comum. Explosões de paixão, de fervor revolucionário a tentativas de assassinato do rei, são manifestações merecedoras de interesse intelectual. Elas são cultivadas e, de fato, fascinam a *intelligentsia* jovem e radical.

Byron, em *Childe Harold*, saudou o "Rousseau selvagem", o "sofista que se tortura", como "o apóstolo do tormento, que jogou encantamento sobre a paixão" e sabia "como tornar bonita a loucura". Em 1766, Rousseau, exilado da França e da Suíça, foi levado à Inglaterra por David Hume. Ganhando de Jorge III uma casa em Wootton, Staffordshire, sem mencionar a pensão de 100 libras por ano — que retirou apenas um ano —, Rousseau escreveu os primeiros seis volumes de suas confissões. É na primeira parte de *The Confessions*, ao lembrar sua capacidade precoce para a leitura, que Rousseau observa como adquiriu — de maneira não diferente da jovem heroína de "Mahomet Explained" — "um conhecimento demasiado íntimo das paixões. Uma infinidade de sensações ... sem possuir nenhuma ideia precisa dos objetos com os quais se relacionavam".

É também no capítulo de abertura de suas *Confessions* que Rousseau analisa a forma em que a punição infantil modelou sua vida. No primeiro exemplo, o espancamento que recebeu com a idade de 8 anos de uma mulher de 30 influenciou "minhas propensões, meus desejos, minhas paixões pelo resto de minha vida, e isso em um sentido bastante contrário ao que se poderia naturalmente esperar". Rousseau buscou a humilhação e foi, como ele próprio confessa explicitamente, excitado por ela por causa da punição infantil cujo objetivo era disciplinar.

A segunda punição, um espancamento infligido por seu tio, teve um impacto diferente, senão igualmente formador. Aplicado como punição por um roubo de que Rousseau afirma ter sido inocente, a surra tornou-o um defensor da justiça, tão profundamente gravou-se em seu ser:

> Até enquanto escrevo isto sinto meu pulso acelerar-se, e, se vivesse uma centena de milhares de anos, a agitação daquele momento ainda estaria fresca em minha memória. O primeiro exemplo de violência e opressão está gravado tão profundamente em minha mente que qualquer ideia relacionada com isso renova minha emoção: o sentimento de indignação, que em sua origem se referia apenas a mim mesmo, adquiriu tal força que, no momento, está tão afastado de motivos pessoais que meu coração fica inflamado da mesma maneira em relação a qualquer ato de injustiça ou à vista dele.

A infância modela o adulto irrevogavelmente, na análise de Rousseau, e o modela sexualmente também.

O entendimento de Charles e Mary da loucura e de sua precipitação pela experiência infantil se encaixa nessa nova cultura de romantismo rousseauniano. Poderíamos especular que Charles não apenas é tolerante em relação à "loucura" da irmã. Ele a respeita e, dados os seus próprios surtos de melancolia e a proximidade deles durante toda a sua vida, também se identifica com ela. Então, a julgar pelos comentários de Coleridge e Hazlitt sobre Mary, sem mencionar sua correspondência com Dorothy Wordsworth, os outros de seu círculo também. Eles sentem compaixão. Apesar da enormidade do crime de Mary, estão preparados para aceitá-la em sua companhia como igual.

Seria errado generalizar para todo o período a partir de um só exemplo entre escritores. No entanto, algumas coisas ficam claras. Com o século XVIII, a idade da razão, uma mudança de sensibilidade transformou certa sensibilidade nervosa em sinal de classe social. Não as pessoas tolas, mas aqueles entre "os de mais vivas e rápidas características naturais, cujas faculdades são as mais brilhantes e mais espirituais e cujo gênio é o mais agudo e penetrante", são propensos a transtornos nervosos, da melancolia à hipocondria.[21] De acordo com o dr. George Cheyne, autor de *The English Malady* (1733), eram os mais refinados e sensíveis entre as ascendentes classes médias, aqueles com mais tempo livre, que sucumbiam ao tédio, às estranhezas da mente, às várias doenças dos *nervos*, estes recém-chegados à cena médica — misteriosos mensageiros entre o corpo e a mente e, de alguma forma, responsáveis por uma multidão de doenças imprecisas. No clima úmido e vaporoso da Grã-Bretanha, onde as cidades se tornavam "populosas e consequentemente insalubres", onde existiam "esforços para ir além dos tempos antigos em todas as artes da engenhosidade, invenção, do estudo, aprendizado, e todas as profissões contemplativas e sedentárias", os nervos eram particularmente suscetíveis a "destemperar-se".

Apenas no século XVIII se torna possível "sofrer dos nervos". A expressão não aparece em Shakespeare, para quem "nervoso" é um cognato de "forte". A partir de Cheyne, nervos fracos tornam-se sinais de sensibilidade e, de fato, de superioridade cultural. O dr. Johnson, com um leve traço de desaprovação e sob o rótulo de "jargão médico", registra mesmo assim esse novo significado de "nervoso" em seu *Dictionary*: "ter nervos fracos e doentios". Alusões casuais também aparecem nas cartas dos Lamb. Mary Lamb refere-se a seus "nervos fracos"; Charles menciona uma "triste depressão do ânimo, um nervosismo inexplicável"; das "mentes nervosas" de Mary e dele próprio.[22]

Para Cheyne, um bem-sucedido médico de Londres e Bath, assim como para Freud mais de um século e meio depois, a civilização emerge ao preço de seus descontentes. A época dá lugar a uma proliferação de doenças de difícil diagnóstico — principalmente entre mulheres sensíveis — para as quais os pacientes e suas famílias querem encontrar uma razão física, onde nada, exceto talvez a atividade dos nervos, tão ininteligíveis em suas funções determinadas, podem estar à mão para fornecer um substrato somático. Embora insista nessa base corpórea, Cheyne de fato se afasta radicalmente da compreensão de loucura que vinha dos médicos e pensadores do século XVII: destemperos nervosos para ele nada têm a ver com "feitiçaria, encantamento, magia negra e possessão", que são o "Recurso da Ignorância".[23]

George Cheyne (1691/3-1743) foi um médico notável, um de uma série de figuras que eram pacientes de si mesmos e de práticas próprias e esclarecedoras. Aos 20 anos sofreu um colapso nervoso. Recuperou-se com uma mistura de misticismo baseado em Jakob Boehme e ascetismo quietista de mulheres místicas como Antoinette Bourignon e Jeanne Guyon, e uma dieta baseada em leite. Retomando a prática da medicina em Bath, cidade de fontes minerais, e Londres, reuniu em torno de si uma clientela chique que incluía Catherine, filha de Robert Walpole, e o romancista-editor Samuel Richardson, cujo *Sir Charles Grandison* se tornaria um texto-chave na fundação da psiquiatria francesa. Cheyne também começou a escrever o que seriam os primeiros livros médicos de autoajuda: best sellers que tinham o que chamaríamos hoje de fundamentos holísticos, entrelaçando mente, corpo e espírito em um todo, marcado por conselhos de senso comum e exortação moral. "Culto, filosófico e piedoso" foram adjetivos que Samuel Johnson usou para descrever o bom médico que recomendava moderação em tudo. Seu *Essay on Gout* (1720) foi seguido de *An Essay on Health and Long Life* (1724), que chegou a nove edições durante a vida de Cheyne, e foi traduzido para várias línguas europeias.

O próprio Cheyne era tremendamente gordo, seu peso no fim da década de 1720 chegou a um recorde de 32 pedras* [448 libras, 200 quilos] —, causador de muitos dos sintomas que procurou curar: melancolia, excesso de secreção de bílis, náusea, tédio (ou um tipo agravado de letargia, quase metafísica), ansiedade, nervosismo. Estes eram os subprodutos da riqueza e da vida civilizada, observou Cheyne. A cura estava em moderar a alimentação; prevenir, no entanto, era melhor que curar.

Para Cheyne, os destemperos mentais tinham origem no corpo e, basicamente, nos nervos. Os nervos, aqueles transmissores de sensação e movimento, tinham de estar sempre bem afinados, como as cordas de um instrumento musical. Deviam vibrar no tom apropriado quando acionados; se perdessem o tom, tornavam-se fracos e inelásticos, ou eram obstruídos pelos excessos da vida civilizada, resultando em dor, torpor, depressão, talvez até de forma crônica — sem mencionar febres, explosões de raiva, artrite, "imagens vagas e ilusórias no cérebro", paroxismos e convulsões que podiam ser acompanhados de fúrias e incoerências. Já que os pensadores mais rápidos, aqueles de maior sensibilidade, tinham essa fraqueza dos nervos, era ainda mais importante prevenir o colapso: devia-se levar uma vida equilibrada — regra de ouro a ser mantida.

Cheyne não era um médico da mente no sentido em que essa especialização emergiria no século seguinte, embora pudesse ser visto como um neurologista precoce, uma tradição médica que às vezes coincidia e algumas vezes se afastava do que se tornou psiquiatria. Os pacientes, no entanto, frequentemente apresentavam sintomas semelhantes para ambos os tipos de médico, particularmente quando se tratava de doenças "funcionais", para usar o termo mais recente. Os estados mentais nebulosos que percorriam toda a escala da instabilidade e do desassossego aos ataques histéricos e até a paralisia e a apoplexia não eram, de acordo com Cheyne, fenômenos psicológicos produzidos pela mente e pelas emoções: eram produto de nervos

---

*Pedra, unidade de peso equivalente a 14 libras ou 6,36 quilos. (*N. da T.*)

e vasos sanguíneos obstruídos, claramente os domínios de um mau funcionamento físico. Muitos da metade do século XVIII até o século XIX seguiram a indicação de Cheyne.

O dr. William Cullen (1710-90), uma das grandes figuras daquele bastião do pensamento iluminista, a Universidade de Edimburgo, produziu algo como uma fisiologia para fundamentar a filosofia do associacionismo de Locke — como as ideias se combinam em nossa mente a partir de representações da experiência. O influente *First Lines of the Practice of Physik*, de Cullen, publicado entre 1778 e 1784, dá grande destaque ao papel subjacente representado pelos nervos na doença. Ele cunhou a expressão "neurose" para referir-se a todas as doenças motoras e sensoriais que não estão vinculadas a uma "enfermidade tópica dos nervos, mas a uma doença mais geral do sistema nervoso". Importante em termos da futura pesquisa psiquiátrica, ele também ligou mania e melancolia às flutuações no fluxo do impulso nervoso ou à "excitação" do cérebro, notando que, como as operações intelectuais requerem memória ordenada e exata, excitações anormais ou desiguais do cérebro podem produzir percepções, associações e julgamentos falsos.[24] Ele também deu uma explicação para histeria e ligou-a a uma atividade sexual excessiva, uma "turgescência do sangue" na genitália feminina. Em 1807, Thomas Trotter (1760-1832), médico escocês, publicou seu *View of the Nervous Temperament*, no qual afirma que "os distúrbios nervosos agora tomaram o lugar das febres e podem ser corretamente admitidos como responsáveis por dois terços do total [das doenças] que aflige a sociedade civilizada".[25] Dois terços de todas as doenças, sofridas particularmente nas cidades, onde o nervosismo é abundante, implicam um grande número de afetados.

O que Cheyne e outros que pensavam como ele conseguiram foi criar uma época que, como argumentou Roy Porter,[26] se tornou mais solidária com a loucura e as estranhezas de estados de espírito e comportamentos. Mesmo que os citados casos de destempero de Cheyne — e ele relata 18 histórias além da sua própria, muito mais longa e detalhada — estejam discutivelmente na extremidade mais branda do espectro da loucura, sua prevalência como "moda", junto com a insistência de Cheyne sobre o bom caráter e, com frequência, o berço de ouro de seus pacientes, tornou até os estados mais extremos menos ameaçadores. Os "vapores", diversas formas de distúrbio, podiam ir e vir como os ciclos da lua, que gentilmente emprestou seu nome aos "lunáticos".

Na época em que Mary Lamb assassinou a mãe e feriu o pai, essa solidariedade estava em plena vigência e, associada a uma grande sensibilidade romântica, abriu-se para extremos mais amplos de comportamento. O clima, entretanto, logo mudaria, e vemos isso ao longo da própria vida de Mary. As ideias que cercavam a loucura e lhe permitiriam viver dentro da sociedade — isto é, sua natureza periódica; sua invisibilidade nos períodos de sanidade — se combinariam cada vez mais com a ascendente profissão dos médicos da mente ou alienistas para transformá-la e aos de seu grupo em "indivíduos perigosos". Esses tipos de comportamento de invenção recente[27] podiam explodir em uma "mania homicida", que foi o que o "perigoso frenesi" atribuído a Mary se tornou — sua própria invisibilidade e imprevisibilidade determinando aquele perigo.

Mas seria errado dizer que tais indivíduos catalogados, categorizados e confinados eram a criação de poderes do Estado operando em algum tipo de conluio com os tribunais e a nascente profissão psiquiátrica na Inglaterra — como Michel Foucault, o grande historiador e filósofo francês, afirma que aconteceu na França e tangencialmente no resto da Europa. Tal afirmação não seria muito precisa — e não apenas por causa da natureza do *laissez-faire* do Estado e da economia liberal do confinamento, que permitia tanto o cuidado estatal quanto o particular, e que prevaleceu até meados do século na Grã-Bretanha. O que o caso de Mary nos mostra é que ela e o irmão, junto com seus companheiros, a literatura e os modos de vida que defendiam, o novo entendimento da infância que punha em jogo seu impacto sobre a natureza da lembrança e da imaginação, a busca da sensibilidade e dos sentimentos também tornaram o desejado novo indivíduo em alguém em quem a invisível vida interior era prioritária e sua natureza notável algo como um ativo. Múltiplas forças atuavam sobre e dentro das outras para criar essa nova pessoa que, às vezes, preferia ser o caso excepcional que os médicos diagnosticavam.

Isso não aconteceu de uma vez só.

A LOUCURA E A VIDA DIÁRIA

De volta à razão cerca de seis semanas depois dos acontecimentos, Mary ficou no asilo de loucos em Islington em parte porque seu irmão mais velho, John, queria mantê-la em confinamento, em parte porque Charles não podia tê-la em casa enquanto o pai senil — que testemunhara os terríveis eventos e tinha medo da filha — ainda estivesse vivo. Em abril de 1797, no entanto, Charles transferiu-a para alojamentos que seriam apenas dela, como explica em carta a Coleridge:

> Eu a tirei do confinamento e aluguei um quarto para ela em Hackney, e passo meus domingos e feriados com ela. Mary está se habituando à nova casa. Em um escasso meio ano de doença — e uma doença de tal natureza e tais consequências! —, soltá-la no mundo novamente, com uma perspectiva de nunca mais tornar a ficar tão doente — não deve estar relacionado entre as bênçãos comuns da Providência ... Congratule-me por ter uma amiga sempre presente e nunca renunciável como Mary. [7 de abril de 1797]

Mary pode ter continuado a ser a amiga "nunca renunciável" de Charles. Ela pode nunca ter ficado doente de novo para cometer assassinato. Mas sofreu recorrências de sua doença quase anualmente, algumas vezes com frequência maior.

Em abril de 1799, depois da morte do pai, irmão e irmã foram viver juntos, primeiro em Chapel Street, em Pentonville. Alguma recaída da loucura de Mary, ou talvez simplesmente a suspeita de vizinhos que a perturbavam e podem ter exacerbado a doença, forçou uma mudança para Holborn e, então, para alguns anos de volta às visitas da infância a Temple, que ambos adoravam. "É um grande objetivo meu vivermos na cidade", Charles escreveu em uma carta de 20 de maio de 1800 a Thomas Manning, "onde teremos muito mais privacidade; e deixar uma casa e uma vizinhança onde o distúrbio da pobre Mary, de recaídas tão frequentes, nos tornou uma espécie de pessoas marcadas. Não poderemos ter mais privacidade que em Londres."

A cidade barulhenta, com suas multidões anônimas e excentricidades selvagens, parecia mais condizente com a vida comum diária que a pequena cidade tranquila ou o interior do país. Quando estava bem, Mary ajudava Charles em seus escritos, escrevia suas próprias histórias — inclusive todas as comédias de *Tales from Shakespeare* —, cuidava da casa para ele, recebia visitas. Pelo que sabemos, fadiga, demasiada excitação ocasionada por um grupo de visitantes, ou uma viagem, um relato de morte, ou algo que a fizesse lembrar a mãe — isoladamente ou tudo junto — podiam desencadear um novo surto da doença. A cada surto, nos primeiros anos, Charles a levava para um dos asilos de loucos em Hoxton. Mary e Charles aprenderam a reconhecer os sintomas e tomavam medidas preventivas. O mesmo fazia Coleridge, que ficou um tempo com eles em março e abril de 1803 e escreveu para a mulher, Sara:

Eu me havia proposto a não falar de Mary Lamb — mas achei melhor escrever que falar. Na quinta-feira retrasada, ela se encontrou no Rickman's com um Sr. Babb [ou Babbs?], velho amigo e admirador de sua mãe.

No dia seguinte, sorriu de forma ameaçadora — no domingo, disse a seu irmão que estava piorando, em grande sofrimento —, na terça-feira de manhã, me segurou com violenta agitação e falou com expressão perturbada sobre George Dyer [um amigo dos Lamb]. Eu disse a Charles que não havia um momento a perder/e não perdi um momento — fui buscar uma carruagem em Hackney e a levei para um asilo de loucos em Hogsden/Ela estava bastante calma e disse "é melhor assim", mas chorou amargamente duas ou três vezes, mansamente. Isso cortou o coração de Charles. [4 de abril de 1803]

Nessa descrição, Mary está resignada à ideia de ser confinada até que decline a "violenta agitação", que frequentemente também se expressava em um jorro de palavras, uma imaginação galopante não controlada pela razão. Amigos falam do pungente espetáculo de irmão e irmã andando de mãos dadas para o manicômio, carregando uma camisa de força entre eles, as lágrimas escorrendo em seus rostos.

Irmão e irmã eram profundamente afetados tanto pelos "colapsos" de Mary quanto pelas dificuldades que estes geravam. "Eu luto contra o desânimo o máximo que posso, mas é uma coisa muito difícil de vencer", ela escreve para Dorothy Wordsworth, em 9 de julho de 1803. Charles frequentemente caía em "desânimo" também, às vezes simultaneamente às explosões da irmã: pode-se especular que a crise de um provocava a do outro, embora seja difícil dizer quem acendia o estopim em qualquer uma das ocasiões.

A melancolia era uma doença "sedutora" para a sensibilidade dos georgianos. Para que uma doença seja sedutora é preciso que seus sintomas sejam conhecidos de muitos e, em certo sentido, se aspire a tê-los. Para colocar de maneira oposta, a doença da vida diária, a infelicidade, o sofrimento podem ser modelados como a doença "sedutora". Outros, inclusive médicos, reconhecem sua existência. O reconhecimento pode ajudar a modelagem inconsciente de sintomas "flutuantes" em um determinado formato. Um pouco como o jogo de Pascal, em que viver os rituais ligados à possível existência de Deus finalmente transforma a pessoa em devota — os que usam os sapatos daquela condição em particular podem finalmente achar que o formato é tão perfeito que os sapatos não saem mais dos pés. Entre outros, James Boswell (1740-95), biógrafo de Samuel Johnson, sofria dessa melancolia, e o fazia de forma exuberante. Ele deu à coluna que escrevia em *The London Magazine* (para a qual Lamb também contribuiu mais tarde) o título "Hipocondríaco", refletindo um dos nomes alternativos do período para a mistura letárgica de depressão, mudança de humor e temores e ansiedades não localizáveis e incorretamente situados que conformam a melancolia. Mas a instabilidade de imaginação e humor com que Boswell se deleitava, avisou-o Johnson — e ele sabia por experiência própria —, era sempre seguida da possibilidade de cair em uma loucura incontrolável. Existem algumas sugestões de que o jogo de Boswell com a melancolia, a representação de suas alegorias, de fato finalmente subjugou seu controle e acelerou o colapso dos últimos anos.[28] O fato de nada disso poder ser observado raramente significa que seja deliberado ou intencional.

Por volta de 1800, quando Coleridge pediu a Charles Lamb para escrever um pastiche da *Melancholy*, de Burton, Charles também escreveu o poema "Hypochondriacus". Esse poema ágil e bem-humorado apresenta os lados sedutores, toleráveis, da melancolia. Ele os satiriza. Ao mesmo tempo, recende à ameaça que a melancolia significa, com suas facetas persecutórias.

> Pensamentos negros continuamente
> Cercam minha privacidade;
> Eles vêm sem ser chamados,
> Como inimigos em um casamento,
> Que se atiram
> Aos melhores lugares dos convidados.
> ...
> Sussurrando em meus ouvidos,
> "Teus amigos são traiçoeiros,
> "Teus inimigos, perigosos,
> "Teus sonhos, sinistros".

É tentador pensar que Charles e Mary Lamb vivenciaram as duas possibilidades de loucura que a Inglaterra georgiana apresentava. Charles, a melancólica; Mary, a revolucionária apaixonada que explode para matar os idosos opressivos e é perpetuamente assombrada pelo medo de que a violência retorne. Os últimos ensaios que Charles escreveu na pele de Elia, com seu fluxo digressivo de associação livre e imaginativa — um transbordamento de emoções que espelha autoconfissão, sempre fugindo de controle e sendo comicamente conduzido de volta aos seus limites — são o apogeu da sensibilidade romântica em seu período inicial. Mary encena o lado mais obscuro, onde a capacidade de decisão se distorce, o controle é perdido e a "conversação perturbada", que indica e acompanha a mania, retorna quase anualmente "da forma mais penosa e deprimente concebível".

O cuidado contínuo e assíduo de Charles com ela parece parte de um trato com o demônio. Não pode haver outro parceiro senão Mary, pois ela representa aquilo que ele mais teme, e Charles bebe cada vez mais para escapar disso.[29] Da parte de Mary, sente-se que ela lhe é tão grata que tem de escapar de sua presença pelo caminho que conhece cada vez mais: a loucura. E embora fale do asilo de loucos como seu "banimento", Mary mantém a camisa de força ao lado, leva-a nas viagens e vai de boa vontade para o asilo mais próximo quando sente que a doença está voltando.

Em uma de suas raras cartas sobre a doença, Mary escreve para a amiga Sarah Stoddart sobre a mãe de Sarah, que "perdeu o juízo":

> ... não deixe, eu imploro, que a infeliz doença dela aflija demasiado você. Falo por experiência própria e pela oportunidade que tive de muita observação dos casos em que pessoas insanas nas fantasias de suas cabeças não têm a percepção de ter cometido um erro, ou uma dessas coisas que lhes passam pela cabeça, da mesma maneira que alguém com a mente sã sob o mal real da pobreza.
>
> Pense o mínimo que puder e deixe que todo o seu cuidado seja ter a certeza de que ela é tratada com ternura. Insisto nisso porque é uma coisa para a qual as pessoas no estado dela são anormalmente suscetíveis e da qual ninguém é totalmente consciente, uma enfermeira contratada nunca o é, embora em relação a todas as outras coisas elas sejam boas pessoas. [novembro, 1805]

O insano não pode ser responsabilizado pelas fantasias que saltam em sua cabeça; nem deveriam as pessoas próximas deles tomar essas coisas de forma pessoal. Mas a ternura é importante. De fato, o tratamento gentil é tudo.

Não fica claro se Charles, apesar da lealdade de toda a vida (e quem o censuraria!), foi sempre gentil: há relatos de comportamento irritadiço que muitos, e até a própria Mary, achavam insultante às vezes, certamente embaraçoso. Além disso, havia o seu alcoolismo, que preocupava Mary e que ela tentou controlar, com pouco sucesso. Também havia a incapacidade de Charles de continuar a escrever ou terminar projetos que iniciava.

Mas Charles se preocupava com ela ao extremo do sofrimento — certamente desistindo de qualquer esperança realista de um casamento que pudesse excluí-la. Em uma carta a Dorothy Wordsworth, escrita logo após Mary ter sido confinada, ele diz: "Quando ela começa a descobrir sintomas da doença que se aproxima não é fácil dizer o que é melhor fazer. Ficarmos sozinhos em casa é ruim, e sair é ruim. Fico tão irritado e devastado pelo medo, que constantemente acelero o distúrbio. Você não pode conceber a miséria de tal presciência" (16 de junho de 1805).

A culpa que Charles expressa em cartas para amigos é um aspecto perene desse ciclo de doença e cuidado, em que suas depressões ou paixões provocam as dela, e, novamente, as de Mary provocam as dele, até que se sente que o espectro da loucura cerca os dois. À medida que os períodos de loucura de Mary se prolongam — três meses de agitação seguidos de dois de depressão profunda — e suas necessidades aumentam, Charles simplesmente se muda com ela para um asilo de loucos particular. Parecia menos complicado. Afinal, ele não poderia viver de maneira alguma sem ela — e certamente menos ainda ser feliz. Caminhando em Edmonton pouco antes do Natal de 1834, não distante da instituição onde viviam, Charles, muito provavelmente bêbado, caiu, se feriu e morreu de erisipela uma semana depois. Ele vinha pranteando a morte de Coleridge desde julho daquele ano. Mary viveu mais 12 anos. Surpreendentemente talvez, nos primeiros três anos após a morte de Charles, ela esteve notavelmente bem, quase se poderia dizer curada. Depois disso, seus períodos de loucura escassearam. Morreu em maio de 1847, na idade provecta de 82 anos.

CRIMES E MÉDICOS

A razão pela qual Mary frisava a necessidade de ternura no tratamento da pessoa louca é que ela havia experimentado, ou, ao menos, testemunhado a brutalidade que os confinados podiam encontrar dentro dos asilos de loucos. Sarah Burton, a mais recente biógrafa de Charles e Mary, afirma que Mary passou algum tempo no asilo de loucos de Whitmore ou no de Warburton, sobre o qual um relato publicado anonimamente em 1825[30] — que se descobriu ser de John Mitford, um jornalista e ex-interno — catalogava uma variedade de horrores que os guardiões perpetravam até mesmo contra internos com mais recursos financeiros. Uma jovem mulher casada era "alimentada de forma tão enérgica que seus dentes estavam caindo, e suas gengivas, podres". Morreu em grande sofrimento. Outra, filha do principal auxiliar do secretário de Estado, foi surrada nos seios com uma vassoura e "prostituída nos degraus que levavam ao alojamento por mais de um guarda". Quando foi aberto um processo na Justiça, o chefe do asilo de loucos, o próprio Warburton, disse:

"Isso não tem importância, ela não sabe o que lhe aconteceu." Açoitamento, roubo de roupas e, depois, o relato para a família de que elas tinham sido rasgadas "pelos grandes destruidores de roupas", como os loucos eram conhecidos, e a recusa a deixar que o paciente visse a família sozinho para que ela pudesse ser informada sobre os maus-tratos — tudo isso era lugar-comum, de acordo com Mitford.

Um relatório de John Wilson Rogers, médico visitante do asilo de loucos pobres em Bethnal Green, dez anos antes, foi igualmente incriminador. O catálogo de abusos que apresenta inclui acorrentamento aos cantos da cama durante horas e espancamento simultâneo; feridas provocadas e infeccionadas pelas correntes, incapacidade de movimentar-se, imundície generalizada, amordaçamento ou enfaixe de toda a cabeça para impedir o paciente de falar, alimentação forçada ou com tal brutalidade que os cabos das colheres perfuravam a boca; sufocação, cegueira.

Segundo Andrew Roberts, cujo *website* na Middlesex University é uma fonte notável e detalhada da história da loucura e dos asilos na Grã-Bretanha,[31] Mary Lamb certamente nunca foi uma paciente pobre do Warburton em Bethnal Green; nem teriam as finanças de Charles e Mary permitido o confinamento no dispendioso Whitmore. Roberts afirma que o asilo em que Mary era regularmente confinada era o Hoxton. Seguir essa linha significaria que as afirmações de Charles Lamb de que, no geral, sua irmã era bem tratada por seus guardiões não se baseia nem na ignorância, nem na culpa. Da mesma forma, isso significaria que Mary não informou maus-tratos terríveis não porque estivesse amedrontada ou não se lembrou deles, mas simplesmente porque experimentou um tratamento relativamente bom.

Cuidar bem não significava curar. Não havia intenção terapêutica nas instituições em que Mary ficou. Eram simples lugares de confinamento — uma forma de afastá-la do perigo que representava para os outros e para si própria e, talvez, "acalmá-la". Dos dois médicos que aparecem no caso de Mary, um, no entanto, de fato lhe parece ter feito algum bem. Este é o dr. George Leman Tuthill (1772-1835), que se candidatou, no período em que tratava de Mary, a um posto no St Luke's, o grande asilo de doentes mentais privado fundado pelo reformador Battie. Ele não teve sucesso, mas em 1816 foi apontado médico-adjunto de Bethlem e Bridewell. Então, tinha mais que um interesse passageiro na loucura.

"Eu estava então tão doente que ele [Charles] se alarmou muito", Mary escreveu para Dorothy Wordsworth em 13 de novembro de 1810, "e me achou bastante incapaz de qualquer tipo de trabalho ... Atualmente estou sob os cuidados do dr. Tuthill. Acho que tive um grande benefício com os seus remédios. Ele também me transformou em uma bebedora de água, que, contrariamente às minhas expectativas, parece me fazer muito bem."

Tuthill, que foi preso por Napoleão e mandou sua atraente esposa agradecer-lhe a libertação, estava, em 1810, apenas no início da carreira, mas sua ascensão foi meteórica. Ele era químico, conhecido palestrante sobre administração de drogas e ganhou o título de cavaleiro em 1820. Tuthill fazia parte do círculo social dos Lamb (Charles menciona sua prisão em uma carta de 1806) e foi o médico que escreveu a carta com a qual Charles obteve sua longamente esperada aposentadoria da East India Company em 1825. Tuthill estava produzindo ativamente a nova edição de *Pharmacopoeia Londinensis* de 1824, cujo original havia aparecido em 1618 e era o tratado básico para os farmacêuticos na preparação de remédios. Medicamentos compostos organizados por classe — água, pomadas, pastilhas —, muitos deles tão velhos quanto Galeno e Avicenna. Junto com uma comissão, Tuthill atualizou todo o conteúdo do livro e foi o grande responsável por seu aparecimento na Inglaterra. De acordo com uma fonte, Tuthill falava "em sentenças rápidas e curtas, raramente proferindo mais palavras do que a ocasião exigia, ou omitindo alguma necessária".[32]

Não está claro o que Tuthill prescreveu para Mary de sua farmacopeia, além de água. Ópio e láudano eram usados na época para acalmar ataques, mas não existem registros de que Mary tenha tomado algum dos dois remédios. Tuthill, no entanto, de fato acalmou-a com um regime forçado de repouso, ou o que ela pensava ser "ociosidade": Mary não devia fazer trabalho algum, ver os amigos o mínimo possível e ir para a cama cedo — um conjunto de prescrições destinadas a tratar mulheres com diagnóstico de histeria ou neurastenia durante a última parte do século e início do século seguinte. Sob o cuidado de Tuthill, os acessos de mania de Mary se encaminharam mais rapidamente para a cura que quando ela estava confinada em Hoxton. Talvez ajudasse só a atenção que ele lhe dava. Também não está claro o que Tuthill prescreveu para Charles, cujas depressões controláveis não eram raras, mas as águas lhe podem ter feito igualmente bem, particularmente como alívio para o alcoolismo. Esse tratamento dietético segue uma linha direta originada em Cheyne. De fato, tomar águas de vários tipos permaneceu uma forma de tratamento tanto para tristeza quanto para loucura durante todo o século XIX na Europa. De nosso século XXI químico, podemos olhar para trás com ceticismo, mas essas águas minerais frequentemente continham a base de alguns de nossos remédios contemporâneos, por exemplo: lítio.

Apesar de todo o trabalho com Mary e os pacientes em Bridewell e Bethlem, Tuthill não aparece em nenhum lugar como especialista em loucura. Não havia então tal disciplina estabelecida. Aqueles a quem o período chama de especialistas em loucura são, em grande medida, "administradores" de insanos. O dr. Francis Willis, cuja autoridade era tanta que fez Jorge III temê-lo o bastante para tornar sua loucura "administrável", foi inicialmente um padre, não reconhecido pela fraternidade médica. Seu manicômio modelo, Greatford Hall, em Greatford, Lincolnshire, aberto em 1776, assim como o tratamento do rei, tornou-o famoso. Com Maria I, de Portugal, entretanto, Willis não foi tão bem-sucedido. A rainha, que vinha de uma família em que a loucura havia afetado diversos membros, sofria do que foi diagnosticado como melancolia e mania religiosa. Uma sequência de mortes e infelicidades, sem mencionar os temores estimulados pelas revoluções em países vizinhos, exacerbou a doença. Quando Willis chegou à sua cabeceira, em 1792, ela acreditava estar amaldiçoada para sempre, tinha pesadelos horríveis, insônia prolongada e problemas no estômago, além de surtos de delírio, frequentemente de conteúdo obsceno, e melancolia. O tratamento moral de Willis acalmou-a um pouco a princípio, mas a recaída foi rápida.

Apesar disso, sua nova forma de lidar com a doença começou a predominar. A terapia de Willis — até quando se podia chamar assim seu tratamento — evitava a brutalidade física e a substituía pela autoridade moral. Willis, de acordo com os relatos, perfurava os pacientes com seu olhar dominador — como os primeiros hipnotizadores dos quais era contemporâneo — e os fazia obedecerem-no. Como destacou Michel Foucault, com o tratamento moral, correias, correntes, algemas, cadeiras em que os pacientes eram amarrados e freios, como os que se usam em cavalos — todo o aparato da coerção física —, foram gradativamente substituídos pelas ferramentas morais da conversa, da observação e do julgamento. O controle do louco se dá de fora para dentro e funciona mediante imposição e instilação de disciplina.

O asilo do dr. Willis e o famoso York Retreat de William Tuke forneceram os modelos para o que se tornou a vida no asilo na primeira e mais otimista metade do século XIX. A fama de Willis se espalhou, em parte porque seus relatos ao Parlamento sobre a saúde do rei eram amplamente reeditados em publicações baratas. Embora ele mesmo dificilmente fosse um revolucionário, Willis terminou influenciando os fundadores da psiquiatria francesa revolucionária. Esta descrição apareceu originalmente em uma fonte francesa:

> Quando se aproximava da cidade, o viajante despreparado ficava espantado ao encontrar quase todos os lavradores, jardineiros, debulhadores, telhadores e outros trabalhadores vestidos com casacos pretos, faixas brancas na cintura, calças curtas de seda preta e meias compridas, e a cabeça de cada um "bem coberta de pó, frisada e penteada". Eram os pacientes do médico, e as roupas, o asseio pessoal e o exercício eram as principais características de seu admirável sistema, saúde e alegria reunidas para ajudar na recuperação de todas as pessoas ligadas àquele muito valioso asilo.[33]

No York Retreat, administrado segundo os princípios quacres e mais bem descrito pelo neto de seu fundador, Samuel Tuke, em um relato de 1813, todos os controles físicos foram postos de lado em favor de um sistema de recompensas e punições morais que estimulava o autocontrole dos internos. Os guardas efetivamente se tornaram pais austeros, mas gentis, que obtinham bom comportamento de crianças levadas que necessitavam de ocupação e boa ordem. O trabalho, com suas horas regulares, obrigações e exigências de atenção, servia, junto com a conversa, de tratamento exemplar que podia conter raivas, instilar autoestima e modelar o louco a uma aparência externa de boa cidadania.[34]

A família Willis, os quacres Tuke e a prática inglesa da administração moral ajudariam a dar forma ao campo que se desenvolveu como uma especialidade e se tornou conhecido primeiramente como alienismo e mais tarde como psiquiatria. Quando a administração moral cruzou o canal para encontrar-se com a Revolução, ela abandonou completamente o matiz religioso: a loucura e seus médicos e administradores franceses foram a princípio enfaticamente seculares. De fato, com a aplicação de um pouco de teoria e mais regulamentação estatal, a Doença Inglesa se tornou uma Ciência Francesa.

SER MULHER

Em 1801, George Dyer, amigo de Lamb, escreveu o que se tornou um poema popular que evocava a infelicidade de uma inocente e atraente jovem à semelhança de Ofélia em Bedlam:

> Se horrores lunáticos visitam sua cabeça inquieta,
> Toda a piedade em desespero a tomará pela mão...

Em 1815, as duas personificações masculinas da loucura que ficavam em frente a Bedlam, atormentadas, bestiais e acorrentadas, foram substituídas por imagens de mulher — uma "insanidade jovem, bonita e feminina".[35] Parecia que a loucura, ao menos em sua representação, se tornava mais feminilizada e domesticada, não mais selvagem, raivosa e perigosa, e sim patética.

Elaine Showalter, em *The Female Malady*, argumentou persuasivamente que as ideias culturais do século XIX sobre as mulheres — sua suposta irracionalidade em uma época em que a Razão era masculina, sua fraqueza e instabilidade ocasionadas por uma biologia que incluía a menstruação na puberdade, depois a gravidez e a lactação e, depois, a menopausa, junto com as noções de comportamento feminino "apropriado" — modelaram as definições da época e o tratamento da insanidade feminina. A bonita, vitimada Ofélia, e Lucia di Lammermoor, que, em sua noite de núpcias, assassinou o noivo escolhido por seus pais, mais a criada Crazy Jane, abandonada pelo amante, são as três figuras emblemáticas em torno das quais Showalter vê a compreensão da unidade da loucura feminina. Todas ligam a loucura feminina de uma forma ou de outra ao seu relacionamento sexual com homens.

Isso nos ajuda a compreender o caso de Mary?

É possível dizer sobre Mary que o fato de o irmão apaixonar-se por outra precipitou a sensação de estar enterrada em uma família da qual, como Lucia, teria de se libertar. Usando lentes freudianas, poderíamos até sugerir que o trabalho de bordado de Mary destaca como sinais de opressão não apenas a escravidão ao trabalho de costureira que induz à loucura, como também a repressão (masturbatória) das urgências sexuais que levam ao ato edipiano fatal. Ou poderíamos esticar a linha Ofélia/vítima até a narrativa psicológica favorita de nossa época. Isso requereria examinar sua infância não como exemplo de privação maternal e de lapsos de pensamento, aquele cimento lockiano de ideias incoerentes, mas também como exemplo de abuso sexual que traz em sua esteira a dissociação e os medos que fazem de seu irmão mais jovem e coxo o único adulto confiável em sua vida.

Tais relatos ou histórias lançam alguma luz sobre o caso de Mary, embora não exatamente aquela que ela ou sua época teriam escolhido. Nos próprios escritos de Mary, à parte as queixas sobre o trabalho com agulha e a forma como ele impede as mulheres de se darem ao prazer da "ociosidade", que poderia ser rebatizada de educação, sua única ênfase na condição da mulher tem a ver com um desejo de advertir uma amiga contra ilusões românticas e as dificuldades que o casamento pode trazer, entre os quais os perigos do parto não são os menores. Embora rapidamente se pudesse interpretar isso como os próprios medos sexuais inconscientes de Mary, seria um erro não levar em conta seus comentários por seu significado aparente também.

Emerge das cartas de Mary e, de fato, de Charles, a interpretação de que sua identidade feminina está ligada a ser "útil", sempre ocupada com tarefas domésticas, ou, de fato, com o trabalho de agulhas, ou sempre vendo amigos, sendo prestativa para eles, recebendo-os. Ao longo do século XIX, mulheres de classe média talentosas romperiam as amarras de seus modos restritos de ser úteis à sociedade ao escolher inconscientemente a doença como forma preferível de vida. A poeta e radical política Elizabeth Barrett Browning, a mais velha de 12 crianças, desenvolveu uma doença aos 14 anos que a salvou do trabalho de cuidar dos irmãos e de um pai autocrático e permitiu que levasse a vida de estudos e escritos que preferia. Persuadida a sair de seu quarto pelo poeta Robert Browning, a quem amava "livremente, como os homens que aspiram ao que é certo", ficou orgulhosa, inválida como havia sido, de ser capaz de dar à luz uma criança aos 40 anos.

Para Mary Lamb, a mesma utilidade feminina da qual se orgulha é também a agitação que a leva à exaustão, que, em troca, introduz a mania. Durante esses surtos de mania, a conversação em que se engaja para agradar aos amigos assume um tom rápido e elaborado e é cheia de detalhes descritivos, "como os discursos enfeitados de Congreve, apenas retirados de contexto ... Era como se os melhores elementos da mente tivessem sido agitados em combinações fantásticas como as de um caleidoscópio".[36]

A cultura de Mary, as possibilidades, os hábitos, as restrições de comportamento que sua época endossa para as mulheres modulam sua mania. Mas a sua feminilidade afeta o modo como os colegas entendem a loucura de Mary e o tratamento recebido por ela? A resposta aqui dificilmente é direta, e os historiadores nos últimos trinta anos poderiam diferir em sua avaliação. Os desafios feministas à história mais tradicional nas décadas de 1980 e 1990 afirmavam a maior probabilidade de as mulheres em lugar dos homens serem institucionalizadas como loucas e, de fato, terem as insatisfações com sua condição interpretadas como loucura por sua época. Historiadores mais recentes têm mostrado que as estatísticas dos asilos não comprovam cabalmente que isso seja verdade.[37]

O fim do século XIX pode ter emoldurado a mulher como mais fraca, frágil por sua constituição, e, assim, mais suscetível à loucura. Mas o irmão de Mary Lamb e seus amigos em sua volumosa correspondência — que compreende a maioria dos mais proeminentes membros do movimento romântico até a morte de Charles em 1834 — raramente mencionam algo que faria de Mary uma Ofélia terna, vulnerável. O que comentam com mais frequência é como a loucura surpreende em uma pessoa de tão bom-senso quanto ela. Mary é "a última mulher do mundo de que você suspeitaria sob quaisquer circunstâncias ter ficado insana, de tal forma é calma, equilibrada, racional". Como William Hazlitt costumava dizer: "Mary Lamb é a única mulher verdadeiramente razoável que já conheci."[38]

Cheyne também, em suas histórias de casos de mulheres jovens, mesmo quando está descrevendo o que parecem ser sintomas psicossomáticos extremos, "ataques histéricos e cólicas" que podem deixar a pessoa com mãos e pés paralisados, raramente liga isso diretamente à condição feminina ou a uma fraqueza da mente ou da vontade. Além disso, seus casos masculinos são mais numerosos que os femininos, exatamente como durante o período georgiano as entradas de homens nos asilos superavam as de mulheres.[39]

Em 1845, o York Retreat mostrava que o número de homens superava o de mulheres em cerca de 30%.[40] O padrão mudou após meados do século com o surgimento de grandes asilos públicos. A Lei dos Asilos de Loucos de 1845 não apenas pôs os manicômios sob inspeção médica mais estrita, como também exigiu das autoridades locais uma provisão de asilos para todos os pobres loucos. Os loucos e aqueles que suas famílias pensavam ser loucos, os incapazes, os problemáticos, os geriátricos não mais tinham de ser mantidos em casa ou sustentados onde fosse possível em asilos particulares, e sim alojados a expensas do governo. Isso aumentou a população dos asilos e, junto com isso, o número de mulheres dentro deles: de acordo com o censo de 1871, para cada mil loucos homens pobres havia 1.242 mulheres pobres loucas, número algo excessivo relativamente à proporção de mulheres na população total, que era de 1.056 para mil.[41] Mas historiadores argumentaram recentemente que, por mais importante que o sexo dos pacientes fosse para a teoria psiquiátrica e psicológica na virada do século XIX e início do século XX, isso não se traduziu de forma tão simples nos números de loucos em asilos ou na prática médica. Os números de admissão e liberação não variam o bastante entre os sexos na Grã-Bretanha: na verdade, homens solteiros estão representados exageradamente entre os loucos em asilos no século XIX.[42]

Se dentro dos hospícios na virada do século XVIII o destino da mulher não parece pior que o do homem, existem, apesar disso, alguns abusos que — mediante a repetição em vários relatórios — de fato destacam um padrão particularmente sofrido pelas mulheres. Relatos de estupro e ataque sexual, algumas vezes ocasionado por uma mulher guardiã que se beneficia disso, ocorrem com frequência. Mais frequentes ainda são os relatos de alimentação forçada. John Haslam, farmacêutico em Bethlem, em seu *Observations on Madness and Melancholy*, de 1809, escreve: "É uma recordação dolorosa referir-me às diversas mulheres interessantes que vi, que, depois de sofrerem um desarranjo temporário da mente e serem submetidas à brutal operação de ingerir alimentos à força em instalações privadas para insanos foram restituídas a seus amigos sem um dente da frente em cada mandíbula."[43] Fica-se imaginando se a violenta impaciência dessa forma particular de agressão é uma indicação de que havia um número maior de mulheres privando-se de alimentos que homens: e se isso pode ser uma forma particularmente feminina de resposta a uma doença em que um dos aspectos mais tarde particularizou-se na anorexia.

SINTOMAS DA ÉPOCA

Em 1810, o médico londrino William Black preparou um quadro em que detalhou as causas da loucura de pacientes admitidos em Bethlem. O prosaísmo dessas categorias sublinha a falta de uma linguagem psiquiátrica específica. A copiosa primeira categoria poderia ser reescrita simplesmente como "a vida enlouquece a pessoa". A comparação dessa lista com o *DSM IV*, o manual americano de diagnóstico mais usado hoje, mostra como os médicos da mente foram longe na criação de uma disciplina "científica". Em lugar das dezenas de descrições detalhadas de transtornos psicóticos, cognitivos, emocionais e relacionados com drogas, alimentação e ansiedade, personalidade, sono, adaptação, impulso de controle e distúrbios intermitentemente explosivos, Bethlem registrou as seguintes categorias e causas:

Infelicidades, problemas, desapontamentos

Tristeza profunda	206
Religião e metodismo	90
Amor	74
Ciúme	9
Orgulho	8
Estudo	15
Medo	31
Bebida e intoxicação	58
Febres	110
Parto	79
Obstrução	10
Família e hereditariedade	115
Contusões e fraturas do crânio	12
Venéreas	14
Varíola	7
Úlceras e sarna seca	5[44]

Vale a pena notar que esta lista mostra interesse nas causas da loucura, à diferença do *DSM*, que focaliza apenas a sintonia fina dos diagnósticos baseada em comportamentos e sinais visíveis — nos sintomas. O quadro de Bethlem aponta um amplo conjunto de explicações para a insanidade, que vai das causas orgânicas às hereditárias, de circunstâncias do meio ou das emoções, dificuldades da vida, aos defeitos de caráter. De forma fascinante, a religião e o metodismo aparecem como *causas* da insanidade: entramos em um mundo onde um discurso secular médico está começando a esbarrar no discurso religioso e a deslocá-lo. A loucura divina — e era uma época de grande entusiasmo religioso — não é mais simplesmente uma questão tolerável de devotos bobos, mas de extremos intoleráveis que levam ao confinamento.

O quadro também indica que um substancial número de internos está lá por causa de insanidade ocasionada por "parição" — isto é, por dar à luz ou pela amamentação. O número é maior que o causado pela bebida que, como a doença do "alcoolismo", ajudaria a encher os manicômios na segunda metade do século XIX. Mary Lamb havia matado a mãe. No extremo oposto estavam as mulheres que matavam seus filhos e que ficavam loucas quando os tinham. O diagnóstico especificamente feminino de loucura puerperal continuaria importante. Os médicos franceses, que da Revolução em diante ficaram interessados na política populacional e, por conseguinte, no bem-estar das mães, estavam talvez ainda mais preocupados que seus colegas britânicos com as ramificações desse aspecto particular da experiência feminina.

Na Grã-Bretanha, até a Primeira Guerra Mundial, a despeito da Lei da Loucura e do implacável crescimento do número e do tamanho dos asilos de loucos e do aumento da profissão de alienista, não há mudança generalizada na forma de classificar as causas da doença mental. Um asilo privado altamente reputado como o St Andrew's, em Northampton, no período até 1907, diferencia as doenças mentais, segundo as linhas "Moral" (pelo que se quer dizer psicológica) e "Física". A primeira inclui ansiedade, problemas e desapontamento no amor, medo, ciúme, dificuldades pecuniárias, religião, leitura de romance e espiritualismo. A vida, ao que parece, leva à loucura. Ler pode até ser pior. Para as mulheres, à medida que o século passa, certas atividades são particularmente perigosas, como os vitorianos advertem. As causas físicas da insanidade raramente parecem mais identificadas. Sim, existe apoplexia, doença cerebral, hereditariedade, sífilis e, para as mulheres, mudança de vida; mas as causas físicas também incluem excesso de estudo, de trabalho, satisfação excessiva de desejos e a categoria vitoriana da masturbação.[45]

Generalizar através do espectro de doenças mentais e seus tratamentos é arriscado. Todas as mudanças na teoria e na prática vêm de maneira lenta e fragmentada, assim como as longas negociações em direção a um tratado que de alguma forma reconciliaria a contínua batalha entre sanidade e insanidade. As fronteiras continuam a mudar, assim como o terreno. Hospitais afastados da linha de frente aplicam um determinado conjunto de práticas. Os que estão mais próximos explicam as regras do tratado, mas apenas alguns as seguem. Os pacientes podem estar mais conscientes que os médicos, particularmente se foram de uma instituição para outra, de um país ou de um médico para outro. Dito isso, entretanto, algumas correntes emergem. Historiadores concordam em que a especialização médica relativa à saúde mental surgiu primeiro na França e nos países de fala germânica. A prática da administração do asilo, no entanto, foi grandemente influenciada pela experiência britânica, mesmo se, em um primeiro momento, os guardiões do asilo raramente fossem, eles próprios, médicos da mente.

PARTE DOIS

EMERGÊNCIA E ASCENSÃO DA NOVA CIÊNCIA

2
PAIXÕES

Revolução gera entusiasmos revolucionários. Na França napoleônica e até a primeira parte do século XIX, a medicina ganha um novo impulso como ferramenta tanto do bem social como do que se pode começar a chamar de pesquisa científica. A observação clínica em primeira mão — o desenvolvimento do que Michel Foucault chama de olhar médico[46] — está casada com um novo senso de que a medicina pode abranger tanto o conhecimento da natureza *quanto* o conhecimento do homem em sociedade. No que diz respeito aos loucos, a nova geração de médicos acha que vale a pena administrá-los *e* adquirir conhecimento de como suas mentes e suas emoções funcionam. Presume-se que tal conhecimento não seja apenas parte da prática mais ampla da observação médica detalhada que se torna conhecida como *a clínica*: ele também ajudará a efetuar curas. A experiência interior da loucura, a loucura do ponto de vista de quem a sofre, torna-se, assim, objeto de intensa curiosidade. Em troca, essa curiosidade sobre a mente e as várias formas da prática da medicina que vêm junto com ela inevitavelmente tem um efeito modelador sobre a própria mente e sobre aquelas descrições de experiência subjetiva que as pessoas levam aos médicos e uma para a outra. Os arquivos e registros que a nova ciência mantém confinam de forma crescente a pessoa a categorias de doenças, mesmo quando ela não está confinada a um manicômio.

Uma vontade progressiva de admitir a continuidade de sensações entre o louco e o são também marca o momento. Os loucos não são simplesmente "bestas selvagens" furiosas, como Bertha no sótão de Brontë, e prontas para morder. Eles são interessantes, talvez sutis. J. E. D Esquirol — com Philippe Pinel, seu professor, o mais importante pioneiro do novo campo — traça uma longa e admirável história da mania e lhe dá um *pedigree* grego e bíblico, que inclui Édipo e Orestes.

O mais importante termo do que se tornaria a ciência da mente francesa, *le délire*, sugere uma experiência que engloba tanto a alegria extática do poeta, do fumador de haxixe e do agitador revolucionário, quanto a febre mais identificada como doença de um "delírio" inglês. Esquirol dá ao delírio sua definição ampla, fundamental. Um homem "está em delírio quando suas sensações não estão de forma alguma em acordo com objetos externos, quando suas ideias não estão de maneira alguma em acordo com suas sensações, quando seus julgamentos e suas resoluções não estão de forma alguma em acordo com suas ideias, quando suas ideias, seus julgamentos e suas resoluções são independentes de sua vontade".[47] Para Esquirol, o delírio é uma doença do espírito. Paixão e imaginação incontroláveis são a sua essência: na verdade, a loucura é simplesmente a imaginação distorcida. O delírio, como os estados alterados a que o hipnotismo induz, pode ser experimentado pelos sãos, enquanto os loucos nem sempre são delirantes.

Com esse tipo de entendimento, fazer distinções entre os loucos não delirantes e os sãos delirantes torna-se um assunto sutil e necessitado de perícia. Isso teve diversos efeitos. Ajudou a criar a nova profissão do alienismo — antecessor da psiquiatria — e lhe deu certo poder social. O status do louco melhorou, ao menos marginalmente, e certamente aos olhos dos liberais urbanos. De forma oposta, sob o poder dos novos profissionais, a confirmação de loucura era mais difícil de reverter: para aqueles com menos poder social, como as mulheres, isso podia tornar o confinamento não desejado algo a que era difícil resistir ou escapar.

Enquanto a "administração moral" inglesa, com seus asilos privados ou de caridade, influenciara os médicos pioneiros franceses, na França, o Estado revolucionário foi logo chamado a assumir a responsabilidade pelos loucos. A nascente profissão médica, ansiosa para abrir seu nicho nesse bravo mundo novo de "especializações", lançou o chamado. Ela buscaria toda a competência que pudesse ser colhida entre destreinados guardiões de loucos, assim como entre charlatães ambulantes com suas curas mágicas, hipnóticas ou religiosas.[48] Cada um tinha alguma coisa a ensinar — certamente tanto quanto os antiquados médicos pré-revolucionários que se baseavam em teorias arcanas com pouca observação e fundamento. E os novos médicos estavam prontos para aprender a fim de assumir o poder. Estavam atentos também para assumir a carga do cuidado que o clero, aquele retrógrado colaborador do *ancien régime*, tomara para si antes. Sob a égide desses novos médicos empreendedores, a possessão pelo demônio daria lugar a diagnósticos científicos, embora os limites do que constituía ciência continuassem fluidos e permeáveis. Uma coisa, no entanto, estava clara: se a Revolução havia libertado o povo de seus metafóricos grilhões, ela também deveria libertar os loucos de correntes demasiado reais.

Essa nova paixão médica pela saúde pública apareceu de braços dados com a necessidade de reunir o que hoje chamamos de estatísticas. Livre das algemas, o louco passou a ser organizado em categorias e grilhões de papel do novo aparato do Estado com sua crescente burocracia médica. Já na véspera da Revolução, o cirurgião Jacques Tenon, preparando um relatório sobre o sistema de hospitais de Paris para um ministro do governo reformador, descobriu que a melhor informação disponível se encontrava com o chefe da polícia de Paris[49] — um especialista em internações hospitalares.

A estatística — ainda uma ciência sem nome, embora um termo usado na Alemanha para designar "conhecimento de estado", derivando da palavra *Staat*, mas lá, em germe, na nova onda de juntar fatos — era necessária para modelar a política. As estatísticas também influenciaram a especulação teórica. As pesquisas de Tenon levaram a questões interessantes e a um novo campo de pesquisa: "É certo que entre lunáticos furiosos havia mais mulheres que homens. Um novo tema de pesquisa. Essa diferença se originaria nas sequelas do parto, nas sensações nervosas que acompanham a lactação?" Embora ainda não possa responder a sua própria pergunta, Tenon age rápido para impedir a "deterioração" do sexo que "perpetua a sociedade". Ele determina que o novo hospital Sainte-Anne tenha mais instalações para mulheres que para homens, à diferença do Hôtel-Dieu, onde a proporção é contrária. O hospital, afirma Tenon, enfatizando a preocupação dos tempos, será uma *machine à guérir*,[50] uma máquina de curar.

Para os novos pioneiros mais importantes do alienismo, Philippe Pinel, autor do criativo *Traité médico-philosophique sur l'aliénation mentale, ou la manie* (1801; ampliado, 1809), e seu aluno, Jean-Etienne-Dominique Esquirol, a febre puerperal continuou a ser uma linha de diagnóstico, assim como o tamanho da população e o cuidado com as mães continuou a ser uma preocupação do Estado francês. No entanto, ao contrário de seus descendentes, os dois médicos tendiam a dar mais peso aos determinantes sociais e ambientais da loucura que aos especificamente biológicos. Em sua visão, o biológico podia atuar como um gatilho, ou ocasionar uma suscetibilidade, mas os conflitos de paixões já existentes ou as crises da vida eram as "causas" determinantes de maior peso na doença mental.

A psiquiatria francesa, nascida com a Revolução, está, de início, estreitamente ligada a um imperativo cultural e social, mais que biológico ou hereditário. Forças ambientais ocasionam loucura, exatamente como ocasionam revolução. Curiosamente, os sintomas também expressam os tempos. Pinel, Esquirol e seu crescente número de estudantes estão atentos para o fato de que os loucos, em alguma extensão, escolhem a forma que seus sintomas vão tomar: aprendem o comportamento "louco" dos que estão em torno deles, e, em sua agitação, encenam as paixões que a cultura fornece. "Outras doenças ... revelam-se a nós mediante sinais constantes, tão invariáveis quanto suas causas ... Apenas a loucura [*la folie*], uma espécie de Proteu mórbido, é a imagem transitória e mutável dos interesses que governam os homens, das emoções que os agitam; e, como o mundo, um asilo de lunáticos é um mosaico de paixões".[51]

Imitando o surgimento e a ascensão de Napoleão ao status imperial, a *manie ambitieuse* — mania ambiciosa — logo chega aos asilos de loucos. Essa é a doença da alma socialmente provocada que tanto Stendhal quanto Balzac identificam em seus heróis. É a "ambição escura" que impulsiona Julien Sorel, o herói de *O vermelho e o negro*, a um caminho de glória que finalmente termina em crime. De fato, os dois romancistas estavam fascinados pela nova ciência. Convencido da importância do caráter expressado nas feições do rosto, Balzac dá a mesma atenção detalhada, quase clínica, a seus personagens que os novos médicos "morais" dão aos seus pacientes, emoldurando-os no nascente gênero naturalístico da "história do caso" e classificando-os pelo tipo de diagnóstico.

Há um senso crescente ao longo da primeira metade do século de que existem pistas para o caráter e o funcionamento da própria mente visíveis na superfície do corpo que podem ser lidas pelo olho treinado. Esse senso dá origem ao estudo da fisionomia e da frenologia, a leitura do caráter pelas conformações do crânio, com base em que os traços psíquicos expressam áreas específicas do cérebro.

Cidadão Pinel (1745-1826): libertador do insano

Philippe Pinel, o médico a cargo dos asilos de loucos parisienses durante a Revolução, assumiu um status legendário mediante a ordem de que os loucos fossem libertados de suas correntes. Foi uma cena muito retratada em pinturas populares da época e relembrada nos escritos de seu filho Cipião, assim como na muito reproduzida pintura de 1887 de Tony Robert-Fleury. Esta última mostra um Pinel cheio de compaixão "libertando os insanos" (o título da pintura) — simbolizados por uma bonita jovem de vestido folgado e cabelos soltos. Enquanto o cadeado das correntes que a prendem é aberto, Pinel observa com benfazeja curiosidade científica.

O homem que faria do tratamento dos loucos uma disciplina científica nasceu de uma família pobre em uma pequena cidade no sudoeste da França. Amante dos grandes filósofos iluministas da *Encyclopédie*, da literatura e da matemática, sentiu as limitações de seu primeiro diploma médico da faculdade em Toulouse e foi para a renomada escola médica em Montpelier. Ali frequentou os vários hospitais da cidade e começou a desenvolver a técnica médica que mais tarde estimularia em seus próprios estudantes: observava o paciente cuidadosamente, traduzia o que via em notas escritas enquanto estavam de cama e, finalmente, registrava todo o desenrolar de uma doença grave. Também falava com o paciente e ouvia suas queixas. A duradoura contribuição de Pinel para a nova medicina foi destacar a importância da observação e da relação paciente-médico para promover a cura.

De Montpelier, como muitos heróis da literatura francesa, Pinel sentiu-se irresistivelmente atraído para a capital. Ali, embora fizesse amigos médicos, foi incapaz de praticar sua profissão: a todo-poderosa e conservadora Faculdade de Medicina lhe recusou duas vezes a muito necessária bolsa de estudos e o ingresso em suas fileiras. As sementes de uma rebelião posterior contra uma influente ortodoxia médica foram plantadas nessa época. O jovem provinciano caiu em depressão e sonhou fugir das baixezas e intrigas de Paris viajando para a América. Em vez disso, em 1784, aceitou o posto de editor da *Gazette de Santé* e escreveu artigos, muitos deles sobre higiene, tratamento "moral" e transtornos mentais. Os consideráveis talentos de Pinel como escritor não são certamente de pouca consequência na formação de sua reputação e, de fato, da medicina francesa. O sucesso de seu posterior *Traité*, procurado por Stendhal, deve ter sido em parte devido ao brilho de sua prosa, ao ímpeto da narrativa de seu estudo de casos, assim como ao interesse de Pinel nos fundamentos da medicina.

Em 1785, Pinel traduziu alguns textos importantes da medicina escocesa e inglesa: *First Lines of the Practice of Physik* e três volumes do *Philosophical Transactions* da Real Sociedade de Londres. Também se tornou frequentador assíduo do salão da bonita Madame Helvétius, mulher do filósofo que se tornou conhecido como pai do utilitarismo. Influenciado por Locke e Condillac, Helvétius acreditava que o comportamento humano é determinado pela educação e pelo ambiente, que as ações e os julgamentos são gerados pelo desejo natural de maximizar o prazer e minimizar a dor. Tudo isso teria efeito sobre os escritos posteriores de Pinel acerca dos loucos e sua tentativa de criar um ambiente melhor para eles.

Uma tragédia sofrida por um amigo próximo despertou seu interesse pela loucura. Provinciano tímido como o próprio Pinel, o amigo havia caído no desespero e, depois, na "mania", quando suas aspirações de se tornar advogado não se materializaram. Incapaz de ajudar o jovem quando este parou de fazer tudo, exceto comer, Pinel o levou para o Hôtel-Dieu, onde um tratamento de banhos e alimentos pareceu recuperá-lo. Mas, preocupada, a família do rapaz interveio e o levou para casa antes que estivesse totalmente recuperado. O jovem escapou da guarda deles, fugiu para a floresta e foi encontrado morto depois de ter sido atacado por lobos.

Pinel procurou trabalhar em um manicômio privado. Durante cinco anos, a *maison de santé* de propriedade de um ex-carpinteiro, Belhomme, serviu-lhe de campo de observação e treinamento e lhe permitiu aperfeiçoar as ideias e a técnica terapêutica. Com a Revolução, o Cidadão Pinel ascendeu. O Comité de Mendicité (Comitê para o Bem-estar dos Pobres) queria fazer centros de asilos de loucos para cura. Em 1793, Pinel foi indicado administrador do hospício em Bicêtre, que nunca tivera direção médica. (O marquês de Sade foi levado para lá em 1803.) Foi ali que Pinel pela primeira vez libertou loucos que estavam presos havia vinte anos e os protegeu das multidões zombeteiras que foram até lá para olhar. Durante seus 19 meses em Bicêtre, Pinel ouviu a história de cada interno e rastreou cuidadosamente os sintomas a fim de construir um sentido de "história natural da doença".

Em seguida veio uma cadeira em Higiene — equivalente a Saúde Pública — na recém-formada Escola de Medicina em Paris, onde a ênfase do treinamento agora estava em "ver" e fazer, em lugar de ler e aceitar velhas visões "teóricas" do corpo e da doença que podiam tão facilmente ocultar o visível. Em 1795, Pinel tornou-se não apenas professor de patologia, posto que conservou por vinte anos, como foi transferido para o Salpêtrière, a instalação para mulheres loucas "incuráveis". Foi ao Salpêtrière — um hospício que tinha entre 5 mil e 7 mil internas, cerca de seiscentas das quais eram mentalmente enfermas — que seu nome se tornou indissoluvelmente ligado. Com a ajuda da Direção Geral dos Hospitais de Paris, que forneceu ao Cidadão Pinel dois estudantes de medicina pagos que o ajudaram em suas pesquisas sobre a loucura, os fundamentos da nova ciência médica do alienismo foram propostos ali, entre as mulheres. Freud mais tarde diria que a mais humana de todas as revoluções foi realizada no Salpêtrière por Pinel, quando ele libertou os loucos de suas correntes.[52]

O alienismo era uma das missões de Pinel. Seus contemporâneos o conheceram igualmente bem como grande classificador de diagnósticos médicos e, em particular, por seu *Nosographie Philosophique*, de 1798. O livro faz uso completo da nova prática da *clinique*: observação e registro das histórias que permitem ao médico delinear calmamente todo o andamento de uma doença, seus sintomas e progressos até sua aparência interna *post-mortem*. Um hospital vasto também permitia o acesso dos médicos a um grande número de corpos para autópsia. Este é o momento em que a medicina começa a adquirir o status sistematizado de uma ciência.

A excelência de Pinel era tanta que por um tempo foi médico particular de Napoleão — uma posição que deve tê-lo posto em contato com a natureza da ambição. Fica claro no criativo *Traité* que suas metas já eram as de um homem que tenta abranger o médico, o científico e o filosófico.

O *Traité* investiga o campo da "alienação mental" sistematicamente, reunindo uma ampla variedade daqueles que Pinel deseja designar como precursores no campo, além de estabelecer uma prática melhor. O livro começa com uma parte sobre as causas da doença mental. Pinel nomeia cinco áreas gerais que podem ter um papel na alienação mental: hereditariedade, "irregularidades" no ambiente, o papel de paixões repentinas, ou opressivas, ou excessivas, uma constituição melancólica; e, finalmente, causas físicas. A segunda parte descreve "lesões" ou anormalidades de percepção, pensamento, memória, associação e julgamento. A terceira seção fornece o sistema de classificação de Pinel com seus quatro grupos principais: os muitos tipos de mania, melancolia, demência e finalmente imbecilidade. A parte quatro vai da observação à melhor prática: Pinel está voltado para defender o tipo de instituição moralmente administrada e de terapêutica esclarecida na qual acredita, assim como a disseminação do tipo de ensino e pesquisa que acredita ser necessário para a nova medicina.

Fica claro que os médicos vão assumir o encargo dos padres de cuidar dos loucos e que a mania religiosa pode ser contagiosa e deve ser cuidadosamente controlada. Seu anticlericalismo é parte tanto da posição revolucionária de

Pinel, e marca a ascensão de um cuidado que concorre com o da igreja, como da agora científica profissão. Ele também destaca que o tratamento mais eficaz, se é para ser repetido com sucesso em todo o país, não pode basear-se apenas na experiência profissional. Para as verdades da alienação que vão emergir, a pesquisa tem de ser feita com população suficiente, mediante observação regular e detalhada ao longo de muitos anos. Neste sentido, ele é um médico *moderno*.

A contribuição de Pinel para a teoria médica repousa em sua certeza de que muitos tipos de loucura eram *parciais* e, portanto, curáveis: a razão do paciente, em suspenso, mas alcançável, tinha de ser envolvida para se tornar cúmplice da cura. Isso estava casado com a insistência na observação cuidadosa dos sintomas. Tais manifestações *externas* da doença eram a base da classificação da doença.

A inclinação empírica de Pinel o tornava particularmente aberto à administração médica inglesa, bem como à experiência dos guardiões não médicos nas instituições mentais, tanto masculinas quanto femininas. Ele estava alerta para as habilidades tácitas da experiência, o modo como os *concierges*, ou guardiões — em particular do superintendente em Bicêtre, depois em Salpêtrière, Jean-Baptiste Pussin e sua mulher — cuidavam dos loucos, parecendo participar de suas ideias fantasiosas, ou divertindo-os com risadas e truques até que se acalmassem ou fossem alimentados. Advogado do populismo que também se interessava por filosofia, Pinel não tinha dúvida em convidar hipnotizadores ao Salpêtrière para ver que efeito esse ramo de tratamento tinha sobre os pacientes. Todas essas formas populares de controle e sugestão da mente podiam ser investigadas para delinear um campo ainda incipiente.

Estranhamente para um praticante daquele novo método clínico que em suas manifestações não alienistas gostava de localizar doenças em partes do corpo, Pinel estava menos interessado na busca de causas físicas da loucura relacionadas com o cérebro. Ele acreditava que lesões do cérebro podiam produzir idiotia, mas não o tipo de alienação mental de que tantos sofriam. Embora admirasse estudos anatômicos de lesões do cérebro e de glândulas, era cético quanto à sua utilidade. "Pode-se estabelecer alguma ligação entre aparências físicas manifestadas após a morte e lesões na função intelectual observadas durante a vida?", perguntou. Uma lesão no cérebro, um inchaço das meninges ou do tecido cerebral, afinal de contas, não se traduzem em "mania ambiciosa", uma paciente acreditando que é rainha. Já que não são localizáveis durante o período de vida do paciente, as lesões são de pouca valia para o tratamento. Então, há também o problema subjacente da semelhança entre o cérebro *post-mortem* dos normais e dos que foram mentalmente doentes. Isso impõe um grave obstáculo a qualquer teoria que queira estabelecer por atacado um vínculo entre insanidade e doença cerebral.[53]

Os seguidores de Pinel — Esquirol em certa medida, Etienne-Jean Georget e a instituição do alienismo que cresceu em torno deles — eram igualmente críticos daqueles que, como o brilhante jovem patologista Antoine-Laurent Bayle, buscaram uma base fisiológica e anatômica para a doença mental por intermédio da pesquisa *post-mortem*. A busca de causas físicas, e mais, a certeza de que seriam finalmente encontradas, teve de esperar pelas gerações seguintes.

Se as lesões cerebrais como causas da doença mental não eram de importância fundamental para Pinel, a imaginação era. Em sua investigação inicial ele estava bem ciente da forma como a imaginação podia produzir doenças físicas e em troca ajudar a acelerar a cura. Estava convencido dos efeitos felizes que "palavras de conforto e confiança"[54] tinham sobre pacientes na medicina em geral — em outras palavras, da presença à cabeceira do doente. Seu princípio fundamental era *la douceur*, uma gentileza cativante. O "tratamento moral", tratamento psicológico nos termos de hoje, partia desses princípios.

Quaisquer que sejam as distâncias que nossas teorias e nosso conhecimento da química do cérebro possam ter percorrido, o procedimento de Pinel uma vez mais parece simples, prático e humano. Através da *douceur* e de uma audição atenta, o médico ganha a confiança da paciente e a torna tratável mediante a autoridade que tinha de ser estabelecida desde o início. Se a força tivesse de ser usada alguma vez, devia ficar claro que isso acontecia contra o desejo do médico e apenas em um momento em que a gentileza era impossível — como nos primeiros, altamente agitados estados de mania, quando as restrições eram para benefício de todos.

Pinel distinguia dois tipos principais de alienação — palavra que prefere em lugar de *folie*, ou loucura. O primeiro é causado por ideias errôneas ou raciocínio patológico, forma de loucura muito alinhada à concepção lockiana. Ele tratava essa loucura tentando distrair o paciente através de um tipo de enredo teatral — um *appareil* — que empurrava a mente do paciente para um novo caminho, demonstrando o erro de pensamento a que ele ou ela estavam presos. Desse modo, para um alfaiate que enlouqueceu com a preocupação de que seus colegas revolucionários o puniriam devido a uma expressão momentânea de simpatia pelo rei guilhotinado foi prescrita a encenação de um julgamento em que os juízes decidiam que os seus sentimentos eram os mais patrióticos. Uma cura temporária era obtida dessa forma.

A segunda forma de alienação, muito mais comum, era causada por paixões patológicas — emoções extremas agitadas pelos traumas da vida — de acordo com Pinel e sua crescente escola de seguidores, particularmente seu favorito e sucessor Esquirol. Pinel cita o caso de três garotas levadas à loucura pelo medo: uma por um fantasma "introduzido" à noite em seu quarto, outra por um violento ruído de trovão em um determinado período do mês, a última pelo horror inspirado quando foi atraída a um determinado lugar.

Entre as paixões avassaladoras e opressivas capazes de levar um indivíduo à loucura, Pinel relaciona o ódio, a inveja, o ciúme, a dor e o remorso. Ele nota que essas paixões também servem à arte. No entanto, quando abertamente fortes e em conflito umas com as outras elas podem sabotar a razão ou levar a pessoa a um estupor melancólico. Os que sofrem dessa forma de loucura são caracterizados por sinais externos como palidez, perda de apetite, perda de força muscular, respiração trabalhosa interrompida por soluços e também por violentos delírios ou uma profunda passividade. Ele descreve o caso de uma mulher que vê a família ser morta na guerra, outra que perde tudo após a morte do pai e não consegue se sustentar; outra que se dedicou a Deus e à castidade com a idade de 14 anos, depois decidiu casar-se e, embora aparentemente o casamento fosse feliz, seus escrúpulos ressurgiram após o nascimento do quarto filho, e o conflito interior que se seguiu provocou delírio. Outra jovem mulher, enlouquecida pelo conflito entre Deus e a tentação, recusou-se a comer durante um mês.

Essas paixões doentias — parte tão potente do pensamento de Rousseau, filósofo fundamental do romantismo — não podem e não devem ser inteiramente removidas, de acordo com Pinel. A paixão é crucial para a personalidade revolucionária, afinal de contas. Entretanto, no interesse da saúde pública, as paixões doentias precisam ser "contrabalançadas". Em *La Nouvelle Héloïse*, de Rousseau, o mentor desempenha essa função. O médico pode fazer o contrabalanço para um paciente com a ajuda de vários truques teatrais. O tratamento é mais efetivo quando combinado com o confinamento longe dos ardis e da desordem da cidade.

O confinamento terapêutico, a gentileza que significa ouvir o paciente e a ocupação construtiva são, assim, as características fundamentais do tratamento de Pinel. O confinamento é importante. Pinel é enfático, como Freud e Laing foram mais tarde, em afirmar que os pacientes sofrem por causa de suas famílias e devem ser afastados delas. No asilo, aqueles tratamentos tradicionais para acalmar ou soerguer o "estado" de um paciente — como sangramento, purgante, imersão em água gelada e aplicação de vesicatórios — deram lugar a terapias ocupacionais e verbais. Assim também o trabalho regular com um objetivo, o exercício físico e a compreensão são as chaves da cura. A última poderia incluir a colocação do paciente em um grupo familiar inventado — algo como um ensaio para a vida fora da instituição. Nesse ponto, Pinel parece completamente moderno, como quando sugere a inovação radical de que pacientes curados ou convalescentes sejam contratados como enfermeiros. Isso ajudaria sua reintegração à vida diária de trabalho e também serviria como exemplo de esperança para pacientes que conheceram aqueles enfermeiros do outro lado daquela oscilante separação entre sanidade e loucura.

Tudo isso, não é preciso dizer, era um ideal. Em toda a França e até na capital, condições muito mais primitivas prevaleciam frequentemente. Além disso, aquela ideia aparentemente salutar de loucura parcial, que ligava sãos e loucos a uma mesma família de comportamentos e fantasias, podia ser usada igualmente para rotular os mais ou menos sãos de "loucos" e necessitados de internamento. Desde o início, o que podia ser ciência psiquiátrica teve o rosto de Jano.

Jean-Etienne-Dominique Esquirol (1772-1840)

Se Pinel estabeleceu as bases do alienismo francês no século XIX, foi seu aluno Esquirol que disseminou suas ideias e consolidou a relação entre a nova especialidade médica e o Estado.

Nascido em uma família de ricos comerciantes de Toulouse, o *background* burguês de Esquirol facilitou suas relações com o poder, especialmente depois de 1815, quando a reacionária burocracia da Restauração se tornou cada vez mais suspeitosa dos favoritos do regime precedente. Em boas relações com os que estavam no poder, Esquirol era comprometido, no entanto, com a ajuda aos indefesos insanos, cuja infelicidade descreveu em retórica vívida o bastante para levar o mais insensível ministro do governo a finalmente aprovar a lei de 1838, cujo objetivo era instalar asilos distritais para loucos pobres em toda a França. "Eu os vi à mercê de verdadeiros carcereiros, vítimas de sua brutal supervisão. Eu os vi em calabouços estreitos, sujos, empestados, sem ar ou luz, acorrentados em cavernas onde se poderia temer que fossem trancadas as bestas selvagens que os governos amantes do luxo mantêm a um alto custo em suas capitais."[55]

Armado de um diploma de médico e de dois anos como funcionário da saúde pública na cidade sulista de Narbonne, Esquirol chegou pela primeira vez à cidade de Paris em 1799. No Salpêtrière, rapidamente tornou-se o aluno favorito de Pinel. A fim de promover a pesquisa sobre loucura em que ambos estavam tão interessados, Pinel aparentemente ofereceu a Esquirol cuidar da segurança do asilo privado que este veio a dirigir na rue de Buffon. O hospício se tornou um dos três melhores de Paris e forneceu o estudo de caso para a tese de Esquirol de 1805, *Des passions considérées comme causes, symptomes et moyens curatifs de l'aliénation mentale*. Por mais aberrante, extrema ou insuficiente que seja a paixão, para Esquirol ela é ao mesmo tempo causa, sintoma e meio de cura.

Em seguida à morte do *concierge*, ou guardião, de Salpêtrière, o mesmo Pussin do qual Pinel havia aprendido tanto sobre os loucos, Esquirol tornou-se o médico-chefe do asilo. Foi assim, efetivamente, como Pinel sublinhou, o primeiro médico totalmente devotado ao estudo da insanidade. Os pacientes do Salpêtrière eram, naturalmente, mulheres, e foi observando-as e ouvindo-as que Esquirol, como Pinel, aprimorou a especialização que se tornaria a psiquiatria.

A escolha do sucessor de Pinel foi boa para o crescimento do alienismo. Esquirol tinha talento para assuntos públicos: inspecionou instalações para loucos em toda a França, produziu relatórios para o governo assim como livros e, em 1817 — ainda um *médecin ordinaire*, não um professor —, instituiu o primeiro curso formal e altamente popular de *maladies mentales*. Seus alunos eram muitos e dedicados. O número de alienistas cresceu e, com eles, o uso daquele que era o diagnóstico mais popular de Esquirol — monomania. Esta se tornou a doença da época, possivelmente o primeiro diagnóstico da moda culturalmente criado, gerando pacientes de imitação que, no entanto, naquela simbiose entre a mente e o sintoma tão comum na história da alienação mental, realmente sofriam da citada doença. Monomania foi também o diagnóstico que levou decisivamente a psiquiatria para os tribunais, fazendo dos médicos testemunhas especializadas em julgamentos criminais onde a linha divisória entre a responsabilidade, o livre-arbítrio e a loucura que aliviava o crime não era imediatamente visível ao olho "leigo".

Astuto, dedicado, diplomático o suficiente para distanciar-se ligeiramente de Pinel e dos liberais que foram afastados para posições secundárias pelo governo da Restauração, Esquirol foi nomeado Inspetor Geral da Faculdade

Médica de Paris em 1822. Em 1825 tornou-se diretor do Hospício de Charenton. Foi também o arquiteto da Lei Natural de 1838 que criou um asilo em cada *département*. Sua monomania floresceu durante o período da monarquia constitucional, quando a burguesia, assim como os novos alienistas, surgia e ascendia, e a França enriquecia. Por volta dos anos 1870, quando as teorias da degeneração e da histeria se tornaram mais importantes, o diagnóstico virtualmente desaparecera.[56]

MONOMANIA

A fim de estabelecer a nova ciência do alienismo, Esquirol queria cortar os vínculos com quaisquer antigas classificações dos fluidos do corpo. O pensamento científico contemporâneo deveria refletir-se em nomes novos. Para melancolia, propôs "lipemania", que nunca se firmou como nome. O que "pegou" foi a recém-cunhada doença da monomania, "a loucura parcial dependente de [*gaies*] paixões excitantes, expansivas e exuberantes".[57] Ele via a monomania como "intermediária" entre lipemania, ou depressão, e mania. Com a primeira, a monomania compartilhava "fixidez e concentração" em um só conjunto de ideias, embora a lipemania em sua loucura parcial fosse irritadiça, amedrontada e sofresse de prolongada tristeza. Com a mania, partilhava uma natureza exaltada e excessivamente moral e a agitação física. Em sociedades avançadas, observou, a monomania era causada e caracterizada pelo orgulho, pela renúncia a todas as crenças, pela ambição, pelo desespero e o suicídio.[58] Em sociedades mais velhas, ou no campo, poderia também ser bem caracterizada por paixões eróticas ou religiosas.

Esquirol, como seu professor, fazia copiosas observações de seus pacientes: fisiognomia, detalhes minuciosos de comportamento ao longo do tempo, assim como da história passada, entram em jogo em suas notas e, mais tarde, em seus livros, com seus sumários de casos, tratamentos, seu sucesso ou fracasso. Tão importante era essa evidência "documental" para Esquirol, que ele chamava artistas para desenhar seus pacientes, da mesma forma que um estudioso de história natural poderia copiar delicadamente uma planta rara no campo. A fisiognomia de Esquirol referente à monomania tem todos os elementos de um retrato de Balzac: os monomaníacos são "animados, expansivos, hipermóveis: os olhos são vivos, brilhantes e parecem 'injetados'; o andar tem um ritmo enérgico. São barulhentos, falantes, petulantes, corajosos, superam todos os obstáculos", à diferença dos lipemaníacos, cujo olhar é ansioso, as feições, cansadas e imóveis; eles são subjugados por ideias infelizes e uma tristeza apática, e podem, com frequência, recusar alimentos. Excitados por ideias de grandeza, riqueza e felicidade, indivíduos sujeitos à monomania são muitas vezes impacientes e irascíveis, suspeitosos dos que lhes são próximos, propensos a alucinações que os levam ao delírio, algumas vezes suicida. Uma crise de esperanças falidas os transforma em príncipes, nobres, imperatrizes, estudiosos e inventores destacados, poetas e oradores cujos escritos devem ser ouvidos.

Entre seus pacientes no Salpêtrière, Esquirol observa uma jovem mulher que recebeu "instruções do alto" e acha que dá ordens ao Sol, à Lua e às nuvens. Ela ameaça a equipe médica com sol ou chuva quando fica impaciente com sua estada no hospício. Esquirol também menciona uma imperatriz, um delfim, um Apolo César, vítima do que se tornou popularmente conhecido como "mania ambiciosa". Ele identifica isso como a loucura primária da era dos "novos reis". Os levantes revolucionários haviam destruído as hierarquias tradicionais, desmantelado as estruturas de autoridade e introduzido uma mobilidade que raiava a loucura, em que os pacientes se imaginavam reis ou rainhas. Embora em geral fosse menos provável que Esquirol e seus seguidores diagnosticassem "mania ambiciosa" em mulheres que em homens e em pobres que em ricos, ela era, apesar disso, a doença da época e podia ser causada por um incidente de fúria avassaladora. Esquirol observa que pessoas foram empurradas para a monomania quando o rei, a rainha ou Danton foram guilhotinados.

A linha divisória bastante permeável entre a monomania e a pessoa comum radicalmente dominada por uma única ideia nem sempre é fácil de ver. Apenas quando o objeto do delírio monomaníaco se apresenta, a mania domina a pessoa e se torna visível. Quando Abraão ouve um anjo dizer-lhe para sacrificar Isaac, observa Esquirol, ele está sob o poder de uma monomania alucinatória, semelhante à sofrida por pacientes que chama de monomaníacos religiosos. De fato, as alucinações religiosas e sua classificação como loucura desempenham papel substancial na construção dessa nova disciplina científica e resolutamente secular. Na fase aguda da doença, afirma Esquirol, a parcialidade da monomania — quando a vítima ainda é capaz de raciocinar bem através de uma variedade de pensamentos não relacionados com a *idée fixe* dominante — desaparece.

Théroigne de Méricourt

Um dos mais famosos casos de monomania de Esquirol foi o da revolucionária "amazona" Théroigne de Méricourt, mulher de muitos apelidos que também era conhecida como "a pantera" e *la belle Liegeoise*, nome do principado onde nasceu em 1762. O poeta Baudelaire mais tarde imortalizou-a em seu *Fleurs du Mal*, comparando-a a Diana:

> Vocês viram Théroigne, aquela amante da matança,
> Incitando uma multidão de pés descalços ao ataque?
> Seus olhos e faces se incendeiam, ela cumpre o seu papel...
> Mas a doce alma da amazona
> É tão benevolente quanto criminosa;
> ... E seu coração, assolado pela paixão, guarda sempre
> Um reservatório de lágrimas para os que merecem.

Filha de camponeses ricos, Anne-Josèphe Terwagne, como se chamou primeiro, teve uma infância difícil e saiu de casa cedo para ser acompanhante de uma mulher de Anvers que lhe ensinou os modos da sociedade educada. Logo depois, essa jovem bonita e aventureira, segundo os relatos, viveu como cortesã e cantora, prostituta cortejada por diversos homens, um deles um marquês ciumento, e outro, um *castrato* que trabalhava na Capela Sistina. Ela viajou muito, foi para Londres e trabalhou como cantora em Paris. Com a Revolução, lançou-se ao ativismo. Era anfitriã de um salão político frequentado pelos grandes radicais da hora — Desmoulins, Brissot, Danton e Mirabeau. Vestida como amazona e carregando pistola e sabre, falava às multidões sobre os direitos da mulher. O Club des Amis de la Loi, que fundou, tornou-se o famoso Clube Cordelier.

Rotulada pela imprensa monarquista de libertina à Sade, acusada de complô para matar Maria Antonieta, Méricourt foi forçada a fugir para Paris. Na história de seu caso, Esquirol afirma que ela foi mandada a Liège para fomentar a revolta entre o povo e que nessa época tinha uma patente militar. Foi vista entre a multidão "selvagem" que atacou Versalhes em 5-6 de outubro de 1790. De volta a Liège, foi presa pelos austríacos em janeiro de 1791. A detenção a levou a Viena, onde o imperador Leopoldo pediu para vê-la. Tão convincente, como alguns disseram, tão "sedutora" foi Théroigne, que ele a deixou livre. No fim de 1791, estava de volta a Paris e ao centro da atividade revolucionária uma vez mais, desta vez chefiando uma "brigada de mulheres de chapéu" em nome dos radicais jacobinos. Esquirol, baseando suas afirmações tanto em fatos quanto em rumores, diz que ela teve um papel de liderança nos acontecimentos de setembro de 1792 e que, embora pudesse não ter participado do massacre dos monarquistas, circularam histórias de ela ter, de maneira positivamente castradora, decepado a cabeça de um homem, supostamente um ex-amante.

Seja qual for a verdade nessa referência convencionalmente bastante misógina, que combina radicalismo e perversão, o que em geral se aceita é que, como tantos outros líderes iniciais, Méricourt foi colhida pela raiva crescente dos revolucionários durante a fase dos eventos em que o "povo" se levantou contra a mesma burguesia que iniciou a Revolução. Em maio de 1793, durante o levante da Comuna de Paris contra a Convenção governante, uma multidão de mulheres voltou-se contra Méricourt e chicoteou-a até deixá-la nua. Marat, que seria ele próprio assassinado apenas dois meses depois, saiu da multidão para salvá-la das mulheres de seu próprio partido e a levou embora. Foi o fim da carreira política de Méricourt. O açoitamento público pelas mesmas mulheres por quem havia lutado assombraria o resto de sua vida e se mostraria na nudez em que ela mais tarde insistiu.

Feministas conservadoras sugeriram que a fuga de Méricourt para a loucura após o incidente foi sua maneira de dizer que a própria Revolução enlouquecera. Outros dizem que seu desequilíbrio mental era evidente havia muito, mas seus surtos maníacos de frenesi que mergulhavam na depressão tinham sido mascarados pelos próprios e excessivos altos e baixos da Revolução.[59]

Logo antes da queda de Robespierre, em julho de 1794, um dos irmãos de Méricourt informou que ela estava "louca", talvez para evitar perdê-la para o Terror e que ela fosse presa na caçada aos apoiadores dos jacobinos. Quando finalmente foi capturada, as autoridades constataram que ela sofria de alucinações persecutórias — dificilmente uma doença surpreendente para aqueles tempos. Libertada, foi novamente detida e mandada para o Hôtel-Dieu.

Dali em diante, a vida de Méricourt passou a ser uma história de confinamento. No relato de seu caso, que se encaixa no registro vívido de que Pinel e Esquirol gostam tanto, Esquirol data a loucura dela a partir do fim de suas esperanças revolucionárias com o estabelecimento do Diretório de Napoleão. Ele também menciona que ela escreveu uma carta para Saint-Just, assistente de Robespierre, encontrada entre os papéis dele e datada de 26 de julho de 1794. Em outras palavras, na época em que o irmão buscou pela primeira vez seu confinamento, ela já mostrava sinais de "mente irracional". Essa mutabilidade, em que os pensamentos irracionais não precisam ser impulsionados por choques externos para a loucura, como no caso de Méricourt, é muito comum nas histórias de casos de Esquirol.

Em dezembro de 1799, Méricourt estava entre as mulheres transferidas para o Salpêtriète, onde Pinel havia assumido e começado a estabelecer seu regime terapêutico. Méricourt, no entanto, protestou contra o tratamento que recebeu e logo foi mandada para o hospital Petites-Maisons. Em 1807 foi levada de volta à Salpêtrière, onde Esquirol era então responsável pelos pacientes. Em *Des Maladies Mentales*, o desenho dela que Esquirol encomendou ao ex-artista da guilhotina George-François Gabriel, mostra uma beleza feroz e devastada, cabelo curto e espetado e uma expressão de grande intensidade. O próprio Esquirol — inteiramente consciente de que tem uma "curiosidade", uma relíquia do Reinado do Terror, entre seus pacientes — descreve-a como uma mulher de estatura mediana, cabelos castanhos, grandes olhos azuis, fisionomia inquieta e gestos rápidos, informais e até elegantes. Na época em que escreveu a história do caso, adotou o tom conservador de um homem da Restauração. Não demorou a culpar a Revolução pela loucura de Méricourt. Ele deplora seus atos "livres" na época. "Ela se entregou a vários cabeças do partido popular a quem serviu em vários distúrbios", e "especialmente contribuiu, durante o 5-6 de outubro de 1789, para corromper o regimento de Flandres ao trazer prostitutas para as fileiras e distribuir dinheiro entre os soldados".[60] Ele desaprova não apenas o ativismo revolucionário de Théroigne, como também sua atividade sexual, sem falar em sua monomania acerca dos graus de radicalismo e filiação política das pessoas.

> Ela estava muito agitada, praguejando, ameaçando todos, falando em liberdade e comitês de segurança pública, revolucionários etc., acusando os que se aproximavam dela de serem moderados, monarquistas etc.
> Em 1808, quando um homem importante que tinha sido chefe de um partido político veio vê-la no Salpêtrière, Teroenne [sic] o reconheceu, levantou-se de sua cama de palha, praguejou contra ele vigorosamente e o acusou de ter abandonado o partido do povo, de ser um moderado, a quem um mandado de prisão do Comitê de Segurança Pública logo faria justiça.

A desaprovação de Esquirol, no entanto, se transforma em simpatia à medida que a doença de Méricourt se agrava e ela cai em estado de demência em que "traços de suas ideias dominantes" são ainda visíveis. Curiosamente, nenhum *appareil* à Pinel, ou tramas ou encenação são usados para romper seu ciclo de pensamentos alucinatórios e ideias fixas. Talvez a considerassem demasiado doente. Para o resto de sua vida permaneceu encadeada aos tumultuados anos da Revolução.

Quaisquer melhoramentos que a "administração moral" possam ter levado ao cuidado com os pacientes, as condições de vida de Méricourt dificilmente são adequadas. Esquirol continua:

> Ela mal pode suportar usar alguma roupa, nem sequer camisola. Todos os dias, de manhã e à noite, e a intervalos regulares durante o dia, derrama diversos baldes de água na cama de palha, deita-se nela e se cobre com um lençol durante o verão, e um lençol e um cobertor no inverno. Gosta de andar descalça no chão de pedra molhada...
>
> Apesar do quarto pequeno, úmido e escuro, sem móveis, parece bastante feliz. Finge estar ocupada com coisas importantes, sorri para pessoas que vão até ela ... em voz baixa, repete frases em que as palavras sorte, liberdade, comitê, revolução, decreto, idiota, mandados de prisão se repetem. Ela odeia os moderados...
>
> Raramente sai de sua cela e normalmente fica deitada. Se sai da cama, é nua ou usando apenas uma camisola. Dá apenas alguns passos, mais frequentemente anda de quatro e se estica no chão. Seus olhos são fixos, ela pega qualquer migalha que encontra e a come. Eu a vi devorar palha, ou plumas ou folhas secas, pedaços de carne que caíram na lama. Bebe água dos esgotos quando o pátio está sendo limpo; embora a água tenha mau cheiro e esteja cheia de excrementos, ela a prefere a qualquer outra bebida ... Todo o sentimento de pudor a deixou, e ela não se envergonha de ficar totalmente nua à vista de homens...

Méricourt morreu aos 57 anos, em 9 de junho de 1817, depois de passar os dez últimos anos de sua vida agitada no Salpêtrière de Esquirol. Descrevendo a autópsia — autópsias eram feitas na maioria dos pacientes — Esquirol completa o círculo de onde começou sua história do caso para notar que o intestino grosso de Méricourt saíra do lugar apropriado e estava perto do osso púbico, algo observado em outros monomaníacos que também sofriam de depressão. À parte essa observação, ele não propõe nenhum vínculo causal entre o físico e o mental.

Apesar do caso de Théroigne de Méricourt e de outros como o dela, Esquirol é, no geral, otimista a respeito da possibilidade de cura. Ele oferece pouca coisa nova, no entanto, além da *douceur* e dos enredos teatrais que aparentemente nunca foram usados com Méricourt. Banhos tépidos, antiespasmódicos, junto com o tratamento moral em que o entendimento é combinado com engenhosos subterfúgios criados por um médico de experiência e talento, são as terapias escolhidas. Não se fazem tentativas para mascarar o fato de que, com frequência, os pacientes sofrem recaídas.

Sob a classificação de mania, Esquirol inclui casos que, em um regime de diagnóstico contemporâneo, seriam reclassificados como transtorno obsessivo-compulsivo, ou depressão maníaca. É interessante notar que esses casos — tanto na classe alta quanto entre trabalhadores e monitorados ao longo dos anos — não são nem mais nem menos bem-sucedidos que os tratados pela psiquiatria contemporânea. Os pacientes de Esquirol vão para casa. Às vezes, de forma permanente. Outros voltam seis meses ou dois anos depois. O asilo os torna "melhores", mas a vida parece mandá-los assiduamente direto de volta para o cuidado médico. A monomania e sua ênfase na loucura parcial podem ser um diagnóstico que oferece esperança, mas a esperança nunca é muito mais que modesta.

É possível — como o historiador Jan Goldstein argumenta — que se não fosse pela controvérsia levantada por Etienne-Jean Georget, aluno de Esquirol, em 1825-6, a monomania seria mantida nos confins do asilo. Em lugar disso, bloqueando o caminho de diagnósticos dominantes — histeria, transtorno dissociativo de identidade e, mais tarde, TOC — a monomania se tornou algo como um fenômeno cultural. Para usar os termos do filósofo Ian Hacking, a monomania inventava pessoas — modelava, agitava e propunha uma configuração que, por um tempo, englobava e, depois, era amplificada pelo diagnóstico.

O que Georget fez foi dar à profissão de alienista um escopo mais amplo ao levar o diagnóstico de monomania aos tribunais. À maneira de um talentoso apresentador contemporâneo de um *reality-show* de julgamento na TV, ele resumiu vividamente o caso do que chamou de homicidas loucos monomaníacos a fim de distingui-los dos homicidas maus. Este é o momento em que os alienistas assumem papel-chave como testemunhas especializadas, em geral para a defesa: crescem simultaneamente o campo, a popularidade e a familiaridade com o novo diagnóstico. Vários casos de homicídio, em que crimes monstruosos e incompreensíveis são cometidos, marcam o território do novo alienismo. Para Georget, o mais importante entre estes é o de Henriette Cornier.

HENRIETTE CORNIER E A MONOMANIA HOMICIDA

Em 27 de outubro de 1825, Henriette Cornier, mulher abandonada por um homem chamado Berton, mãe biológica de duas crianças, começou em um novo emprego como empregada dos Fournier em Paris. Tinha 27 anos. Nos seis meses anteriores, sua exuberância natural dera lugar a uma apatia triste, a um comportamento sombrio e taciturno que resultara na perda do seu emprego. A melancolia chegou ao ponto de levá-la, no início de setembro, ao parapeito da Pont au Change, de onde foi impedida de pular por passantes que a ameaçaram com a prisão. Ela relatou essa tentativa de suicídio aos primos, que, finalmente, ajudaram-na a encontrar um novo emprego.

Na casa vizinha ao seu novo posto, havia um mercadinho administrado pelo sr. e pela sra. Belon. O casal tinha duas crianças pequenas, uma de 19 meses chamada Fanny e um bebê amamentado por uma ama de leite. Henriette parecia gostar muito da menininha: gostava de falar com ela e acariciá-la. Em 4 de novembro, apenas dez dias após sua chegada, pediram a Henriette que fosse comprar um pouco de queijo para o jantar enquanto sua patroa saía para dar uma volta.

Henriette chegou ao mercadinho cerca de 13h15. A sra. Belon trazia a pequena Fanny nos braços, e Henriette segurou a criança, murmurando que lamentava não ter uma filha tão adorável quanto aquela menininha. Ela já tinha um plano, disse mais tarde. O tempo estava bom e, quando a sra. Belon sugeriu que seria ótimo sair para um passeio, Henriette a animou a se apressar e se arrumar enquanto tomava conta da menina em sua própria casa. A sra. Belon protestou, mas seu marido interveio. Cobrindo a garotinha de beijos, Henriette rapidamente levou-a embora.

De volta à casa onde trabalhava, Henriette foi direto para a cozinha, encontrou a grande faca e levou a criança para seu quarto, no primeiro andar, logo acima do mezanino. Ao pé das escadas, encontrou-se com a sra. Drouot, a porteira. Henriette carregava a menina amorosamente junto a si. Quando chegou ao quarto, com uma janela que dava para a rue de la Pépinière, pôs a pequena Fanny na cama. Com uma das mãos levantou a cabecinha da menina e com a outra cortou-a fora. A criança não teve tempo de gritar. O sangue esguichou para todos os lados — sobre Henriette, sobre a cama, e em um penico colocado exatamente no ângulo certo para coletar o fluxo. Henriette pôs primeiro a cabeça e, depois, o corpo sobre o parapeito da janela.

Durante todo esse tempo, contou Henriette mais tarde, não sentiu nenhuma emoção, nenhum horror, nem prazer, nem dor. Nem estava agitada. Executou o ato de maneira controlada, não mecanicamente, mas com certa precisão cuidadosa. O jorro de sangue, no entanto, causou-lhe uma tremedeira momentânea. Eles vão me matar, pensou. A pessoa que mata merece morrer. Ela havia considerado isso antes, mas apenas então, depois do ato, a ideia finalmente a atingiu e amedrontou. Correu para se refugiar no quarto do patrão. Eram quase 14 horas.

Embaixo, junto aos degraus da escada, a sra. Belon chamava pela filha.

— Ela está morta — gritou Henriette do alto da escada.

A mulher subiu correndo, mas Henriette bloqueou sua entrada. Ela empurrou Henriette, entrou no quarto e deu um grito de gelar o sangue.

— Vá embora, fuja. Você será testemunha — gritou Henriette.

Não ficou claro se ela queria que houvesse testemunha ou se estava ordenando à mulher que saísse do caminho. Mas simultaneamente atirou a cabeça da garotinha pela janela.

Alarmado pelos gritos da sra. Belon, seu marido correu para a casa de Henriette. Qualquer incredulidade que as palavras de sua mulher tenham provocado foi banida quando ele viu a cabeça da filha rolando em direção à sarjeta. Conseguiu agarrá-la antes que uma carruagem passasse.

Henriette Cornier não tentou fugir. Sentou-se em uma cadeira perto do corpo. A primeira pessoa que chegou ao local ouviu-a gemer: "Estou perdida."

Quando a polícia chegou, encontrou-a em um estupor que durou todo o tempo do interrogatório. Indiferente, admitiu o crime, até confessou a premeditação. Não deu desculpas, nenhuma circunstância atenuante, nenhum motivo. A ideia simplesmente a dominou, disse. A ação tinha de ser executada. Era seu destino. E por que havia jogado a cabeça da criança pela janela? Para não haver dúvida de que era culpada, replicou. Ela deu a impressão aos primeiros interrogadores, bem como ao juiz que liderou o inquérito, de ter controle completo de suas emoções — exceto pelo fato de que não havia nenhuma razão, nenhum motivo de nenhuma natureza para o crime monstruoso.[61]

O julgamento de Henriette Cornier levantou grande controvérsia. A mulher era insana? Ou uma criminosa do pior tipo, fria e implacável em sua malévola determinação? Comentaristas ponderaram sobre seu estado mental, suas motivações e a profunda ausência delas; discutiram sobre o veredicto apropriado, tanto antes quanto depois de ele ter sido pronunciado.

Pela primeira vez houve comentaristas que engrossaram o veredicto daqueles novos tipos de médico, os alienistas. A recentemente lançada *Gazette des tribunaux*, publicação popular, não diferente de um canal a cabo dedicado a esses assuntos, que trazia relatos de julgamentos para a arena pública, imprimiu o caso na íntegra. De acordo com a lei francesa e o artigo 64 do Código Penal Napoleônico, aqueles que cometiam crimes em estado de insanidade eram isentados de responsabilidade. Mas no próprio cerne do julgamento de Henriette Cornier estava em questão o que constituía exatamente o estado de insanidade, pois a monomania havia introduzido a categoria de loucura "parcial".

Enquanto Mary Lamb foi discretamente levada para um asilo com não mais que um veredicto apressado dos investigadores, o julgamento de Henriette Cornier transformou-se em um debate público e anunciou um novo momento da relação entre a nascente psiquiatria e os tribunais. Mary Lamb não necessitara mais que suas ações e as palavras do irmão para ser considerada louca e, portanto, não responsável por seu crime. Henriette Cornier, assassina de uma criança, precisou de uma bateria de especialistas, entre eles Esquirol, para atribuir a categoria de "insanidade" ao seu ato brutal e aparentemente desmotivado. O talento para escrever de Georget, aluno de Esquirol, tornou o caso um definidor do diagnóstico "monomania homicida". Também estabeleceu os novos alienistas como guardas de fronteira que patrulhavam a linha divisória entre razão e loucura.

O folheto inicial de Georget sobre uma série de crimes sensacionais alegava que médicos especialistas eram necessários para examinar os perpetradores de crimes inexplicavelmente horrendos para determinar se eram loucos ou não. Não era simplesmente o caso de os tribunais mandarem "imbecis infelizes", que deveriam estar em asilos de lunáticos, ou ao menos em prolongada observação, para as prisões. Esses poderosos argumentos que defendiam a presença de médicos nos tribunais e o consequente clamor público levaram Esquirol e os especialistas ao julgamento de Henriette Cornier. Eles a examinaram e pediram mais tempo de observação. Isso foi concedido. Quando alegaram que ainda seria necessário mais tempo de observação, isso também foi concedido. Possivelmente, a prova médica desestabilizou o júri, que, finalmente, evitou o veredicto de loucura, mas decidiu que o crime abominável tinha sido cometido sem premeditação. Cornier foi condenada à prisão perpétua e a trabalhos forçados.

O argumento de Georget em defesa de Cornier tem seu ponto de partida em que a insanidade não é necessariamente um conjunto de ações visíveis e associações alucinatórias — como as que Hamlet adotou para fingir-se de louco. Quem sofre de monomania pode parecer bastante razoável. A loucura pode ser ocultada, parcialmente e por longos períodos, para abrir caminho no mundo como sanidade. Apenas intérpretes especialistas eram capazes de ler sinais que poderiam mentir para os não iniciados. *Monomanie homicide*, uma subcategoria da inclusiva monomania de Esquirol, era uma lesão da *vontade* mais que do intelecto, uma perversão de "afetos, paixões e sentimentos" e podia levar a pessoa a uma ação súbita e brutal.

A frieza de Henriette, a falta de emoção, o estupor que era quase estupidez, tudo isso somado à falta de motivação, a constante repetição de que ela simplesmente queria fazer o que tinha feito, de que realizava um desejo, eram todos *sintomas*. Eram sinais para os médicos experientes de seu estado monomaníaco — ou, mais precisamente, da "mania homicida" que Georget queria ver legitimada. Também o era a fisiognomonia de Henriette — seu olhar baixo e fixo, a tristeza de sua expressão — e a preocupação com uma ideia dominante. No dia do crime, um médico local já havia descrito esses mesmos sintomas, além de pulso lento e fraco, dificuldade para ouvir a batida do coração e uma grande lentidão na resposta a perguntas.

Ao construir o caso, Georget dá pouca atenção aos tipos de prova que um psiquiatra contemporâneo poderia ter enfocado para chegar a um diagnóstico, provavelmente de transtorno de personalidade. Ele menciona, mas de forma alguma enfatiza, a depressão anterior de Henriette e suas tentativas de suicídio. Sua infância difícil e aparentemente violenta teve papel fundamental no quadro geral. Seus próprios filhos anteriores ao assassinato simplesmente não são parte do caso, nem há nenhuma especulação — como poderia ocorrer hoje — de que os problemas que acompanharam sua perda podiam ter sido um fator contributivo ao assassinato "sem motivo". O que Georget de fato observa é que seu fracassado suicídio está ligado ao brutal assassinato da criança, que, por um caminho indireto, conseguiu o desejado autoaniquilamento.

A própria Cornier recusava a designação de louca. Durante sua observação no Salpêtrière, insistiu em que não tinha nada em comum com os outros internos e se recusava a se misturar com eles. Os médicos argumentam que a própria insistência na sanidade é o maior sinal da loucura de Cornier. Esse desacordo entre médicos e pacientes assinala o novo tipo de medicina que está sendo constituído através da figura de Henriette Cornier. Georget argumenta que médicos especialistas podem ver além da percepção subjetiva, individual, do paciente. Eles ouvem, estão atentos às palavras dela e à sua história pessoal, tomam notas da fisiognomonia de seu estado, observam cuidadosamente: sua estimativa é finalmente mais neutra que a dela, mais "clínica".

O caso de Cornier talvez seja o primeiro exemplo que temos nos anais da medicina psicológica em que a paciente feminina resiste ao diagnóstico dos médicos: Henriette nesse sentido é similar à Dora de Freud, que recusa a interpretação que ele lhe dá e foge. Henriette não pode fugir: é uma criada e uma assassina. Só pode resistir. Vale a pena notar que o argumento de Georget em defesa da insanidade dela foi o que seria usado nos anos 1950 por psicanalistas que forneceram provas contra a pena de morte ao Parlamento e por psiquiatras contra a pena capital na América: executar a assassina é lhe dar exatamente o que quer — cooperar com seu desejo de morte, colaborar com aquele mesmo instinto assassino mediante o qual ela buscou loucamente sua própria aniquilação. As pessoas podem matar para cometer suicídio.

Em sua alegação, junto com o advogado de defesa de Cornier, em favor do estabelecimento de um diagnóstico de monomania homicida, Georget se alia às forças progressistas de sua época, fazendo uma defesa apaixonada de uma sociedade "justa". É melhor manter a maníaca homicida no hospital que executá-la, diz ele. Melhor ainda, hospitalizá-la antes que o ato criminoso ocorra.

Os argumentos dos advogados de acusação e defesa e de seus apoiadores na imprensa persistem até nossos dias. Prisão preventiva de insanos perigosos — o que classificamos como "transtorno perigoso de personalidade" — representa o rompimento das liberdades civis? Os direitos do indivíduo devem prevalecer sobre a exigência de segurança da sociedade?

> Uma batalha está sendo travada entre os interesses sociais que demandam justiça e os novos sistemas [de pensamento] que afirmam serem defensores da humanidade. São vocês [o júri] que irão decidir essas importantes questões ... O homem é composto de duas partes: apetites desregulados que o agitam sem cessar; e aquela rica porção de divindade, que é a razão, a que o homem deve obedecer como o filho ao pai e o soldado ao seu capitão.

Assim, o promotor afirma que a suposta loucura de Cornier — testemunhada, mas não comprovada pelos médicos — não era defesa.[62]

Respondendo a isso, Georget afirma que se considerássemos os loucos simplesmente bestas selvagens ou cães hidrófobos, a sociedade bem poderia ir adiante e matá-los aos milhares. Afinal, qual é a diferença entre uma pessoa louca que já matou e uma que *pode* matar? Mas uma pessoa louca não é uma besta selvagem. Os loucos precisam ser cuidados e podem até ser curados: cuidado humano em um asilo, não em uma prisão, é o que se necessita para que tanto a sociedade quanto eles fiquem em segurança.

Michel Foucault destacou o caso Cornier e o ano de 1826 como um ponto de inflexão no discurso médico-legal. O crime aqui se torna doença, o inexplicável monstro um assunto de investigação psicológica. Ele vê o argumento de Georget levar a um duplo aprisionamento: ao designar Henriette Cornier tanto louca quanto perigosa, ela está sendo aprisionada dentro de uma classificação e de uma prisão/asilo. Georget, no entanto, acredita que, ao defender a nova ciência médica, ele está lutando por uma sociedade mais compreensiva e esclarecida.

O ano de 1826 é importante na história da psiquiatria também porque ele marca o momento filosófico em que as forças sociais e ambientais são claramente vistas como produtoras de loucura, acima das biológicas e hereditárias. A sociedade gera a alienação e modela os sintomas da insanidade. A prova disso se encontra parcialmente no caso muito divulgado de Cornier, como Georget aponta. Na esteira desse caso, a França é vítima de uma série de assassinos imitadores — uma difusão do diagnóstico de monomania homicida. Nem bem ouve falar do crime que Cornier cometeu, uma mulher em Amiens que sofre de terríveis dores de cabeça e de estômago é dominada por um irresistível desejo de matar seu próprio filho, embora o ame. A ponto de sucumbir a essa terrível tentação, grita "Fogo!". Quando os vizinhos chegam, ela lhes conta seus planos e diz que não será capaz de resistir ao desejo de matar o filho a menos que seja hospitalizada. Em outro lugar, uma criada confessa um impulso de decepar a cabeça da criança da qual cuida, desejo que a incapacitou, jogou-a em depressão e a fez parar de comer. Há mais.

Citando Esquirol como seu modelo, Georget escreve:

As ideias dominantes em uma sociedade, as grandes concepções e novas opiniões, os eventos importantes, têm influenciado o caráter da loucura em geral. Entre eles podemos relacionar as guerras religiosas, as cruzadas, a desarmonia civil, a mágica e a feitiçaria, as ideias sobre liberdade e reforma, as tempestades da nossa própria revolução, a ascensão e queda da família Bonaparte, o retorno dos Bourbon e uma série de outras influências menos genéricas entre as quais logo se terá de situar a importância dos julgamentos de homicídios por loucos.[63]

O melhor remédio para o último é esquecer o divulgado julgamento, que inflama a imaginação dos que são suscetíveis a atos de imitação. As pessoas loucas deveriam ser imediatamente examinadas pelos médicos e enviadas a um asilo — como é o procedimento inglês.

MONOMANIA E PARTO

Havia uma concordância geral de Pinel, Esquirol e sua escola em que, fosse qual fosse a dominância de fatores sociais e psicológicos na maioria das monomanias, a demência dos idosos, o "idiotismo" e certos tipos de loucura específicos da mulher tinham base física. Isso tem sido uma constante desde o nascimento da psiquiatria até a nossa própria época, qualquer que tenha sido o entendimento de "biologia" do período, dificilmente então uma ciência.

Quando por um breve momento levantou-se a suspeita de que, por causa de sua baixa pulsação, Henriette Cornier poderia estar grávida, isso pareceu fornecer motivo "suficiente" para o crime e torná-lo menos inexplicável. Considerava-se que mulheres grávidas eram vítimas de caprichos selvagens e depravados, muito diferentes dos de seu estado "normal". Mais suscetíveis ainda à loucura, pensava-se, eram as mulheres que haviam acabado de dar à luz, que estavam amamentando ou tinham sido abruptamente separadas de seus bebês. A "loucura puerperal", como se tornou conhecida, respondeu por um décimo da entrada de mulheres no Salpêtrière entre 1811 e 1814, observa Esquirol — quantificando, como o novo profissionalismo exige.

Subtraindo-se o terço das entradas de mulheres acima de 50 anos, a proporção de mulheres "alienadas" durante essa fase de suas vidas é ainda mais alta. E as mulheres mais ricas pareciam igualmente propensas a essa forma de loucura.[64] Dadas as dificuldades do parto, os muitos natimortos e as crianças mortas em todas as classes sociais, isso dificilmente surpreende. A rainha Anne ficou grávida 18 vezes: nenhuma criança viveu além dos dois anos de idade. Para algumas mulheres as probabilidades eram de que o nascimento, mesmo quando saudável, poderia trazer de volta o horror de uma morte prematura. Entretanto, dito tudo isso, o senso de Esquirol e outros médicos acerca da maior prevalência da loucura na gravidez e no pós-parto tem de ser questionado. É provável que nesse período histórico houvesse uma proporção superior a 20% de mulheres grávidas em relação ao número de mulheres entre 16 e 40 anos de idade na população total e, então, a maior porcentagem nas fileiras de "loucos" dificilmente seria desproporcional.

Nem o atual caráter que a loucura pós-parto assume varia grandemente em relação à de outros indivíduos. Das 92 mulheres grávidas que estudou, Esquirol encontrou oito que sofriam de demência, 35 de lipemania, ou depressão, e monomania, e 49 de pura mania. Das 58 que afirmou estarem curadas, dois terços voltaram para casa e para a normalidade nos primeiros seis meses após o nascimento. Curiosamente, Esquirol observa que a taxa de recorrência é alta se as causas básicas da alienação são *anteriores* ao parto. Uma forma de evitar o ciclo de loucura é prevenir a própria gravidez, sugere Esquirol em uma declaração que poderia parecer radical para alguns setores religiosos e pró-vida de hoje.

Em seu grupo, observa Esquirol, houve seis mortes. Ele se pergunta por que o número de mortes dessa loucura puerperal é tão mais baixo que entre as mulheres que têm dores abdominais após o parto. A análise *post-mortem* das seis mulheres que morreram após períodos relativamente longos de alienação não mostrou nada incomum em nenhum de seus órgãos. Não havia prova de irregularidade material que pudesse ter causado a loucura. Certamente — e Esquirol é enfático na resposta a antigos ditames médicos que considerava pura superstição — não havia prova de incidência de leite que tivesse viajado para o cérebro por causa da lactação, ou de sua ausência, ou por causa de seu abrupto desaparecimento. Não havia leite a ser encontrado no cérebro dessas loucas puerperais, acrescenta, contradizendo outro antigo ditame, como também não havia sangue no cérebro das mulheres cuja menstruação cessara. A despeito de sua preferência por explicações ambientais mais que físicas para a loucura, Esquirol não perde tempo em comentar que a análise do cérebro daqueles internos que sofreram durante muito tempo de demência do tipo mais comumente associado à idade mostra que eles de fato diferem substancialmente dos cérebros normais. Mas muito raramente este é o caso de mulheres alienadas pós-parto, e isso não pode ser associado à causa de sua loucura.

Ao longo de todo o catálogo de Esquirol de histórias de casos de mulheres alienadas pós-parto, seu tom é o humano, "neutro", da observação clínica. As mulheres, como sexo reprodutivo, podem sofrer um tipo diferente de alienação, ativada pelas dificuldades de sua doença, mas não se tenta generalizar essa loucura específica de forma a estigmatizar todas as mulheres. Talvez ainda mais radicalmente, Georget, em 1821, insistiu em que sua pesquisa no Salpêtrière invalidou uma suposição amplamente aceita de um vínculo entre o útero e a histeria: "De acordo com minhas observações, a ação do útero é normal em mais de três quartos das pacientes [com histeria], mesmo durante o próprio surto."[65]

Vale a pena notar que, na Grã-Bretanha, ao longo do século, os médicos que acreditavam na popular teoria dos reflexos, que encontrou correspondências ao longo das linhas de nervos entre partes do corpo, eram bem menos neutros em suas observações e gostavam de vincular a origem de sintomas mentais ao sistema reprodutivo das mulheres. Eles não perderam tempo em estigmatizar todas as mulheres como "mais vulneráveis à insanidade que os homens porque seus sistemas reprodutivos interferem em seu controle sexual, emocional e racional".[66] George Man Burrows, do asilo de Chelsea, notou em 1828: "As funções do cérebro estão tão intimamente conectadas com o sistema uterino que a interrupção de qualquer processo que o último tenha de desempenhar na economia humana pode implicar o anterior."[67]

Esquirol era mais circunspeto em suas extrapolações. Também o era em seus tratamentos. Usava purgativos, sanguessugas, ervas e banhos para acalmar e reenergizar, junto, naturalmente, com a administração moral. A gentileza e o período no asilo longe da família — se de um marido amoroso ou ditatorial, de uma abundância de crianças, ou simplesmente dos deveres e do trabalho — pareciam ser os melhores curadores que a nascente ciência médica do alienismo podia oferecer.

O que é inovador e muito mais importante no diagnóstico de monomania é que ele introduz enfaticamente na nova ciência a ideia de que, tendo ido para o asilo, também se podia sair dali não mais louco. A loucura pode ser ao mesmo tempo parcial e, às vezes, curável.

3
ASILO

Por volta de 1826, quando Georget escreve seu apelo ardente para que criminosos loucos sejam mantidos em instituições especiais, asilos terapêuticos se haviam espalhado pela Europa Ocidental. Administrar os loucos de forma civilizada e progressista era uma grande ideia. Administrar não é necessariamente igual a curar, mas é uma visão positiva acerca da vida humana, em lugar da vida bestial que os loucos podem levar. Revela otimismo também quanto à possibilidade de encontrar tratamento.

Um ano antes, Esquirol se tornara médico-chefe em Charenton. Estava transformando o hospício em uma instituição modelo muito frequentada por médicos de outros países. Em Charenton havia setores separados para os pacientes pagantes e os não pagantes, assim como para mulheres. Entre as amenidades curativas, um jardim para passeios de recuperação e cenários calmantes, atividades regulares como costura e exercícios militares e — para os pacientes pagantes — bilhar e "um salão onde podiam entregar-se a vários jogos sociais, à música e à dança entre si, ou com membros da equipe". O aspecto agradável do lugar e a gentileza da equipe eram parte direta da terapia. A atmosfera geral, a numerosa equipe e o zelo dos médicos — tudo contribuía para tornar a doença mental tratável.[68]

Charenton pode ter servido de instituição modelo, mas havia poucas equivalentes na França, apesar dos esforços de Esquirol e seus seguidores. Até mesmo a lei de 1838, cujo objetivo era estender o serviço de asilos a todo o país, pouco fez para erigir um Charenton em cada município da França. Na Alemanha, entretanto, com 39 principados, todos competindo uns com os outros e muitos com universidades próprias, os asilos terapêuticos se disseminaram. De fato, foi na Alemanha que a palavra psiquiatra foi usada pela primeira vez e onde a psiquiatria e a psicologia se tornaram ciências universitárias.

Na Grã-Bretanha, após o impulso inicial dado à administração moral pela família Tuke e o York Retreat, os asilos terapêuticos floresceram, seu crescimento sancionado por uma série de leis aprovadas pelo Parlamento que licenciaram e regulamentaram os asilos de loucos, impelindo-os a um molde mais profissional e médico. O impulso humanitário, o desejo generalizado de aliviar o sofrimento dos pobres também se expressou nas iniciativas de asilos locais: jornais liberais como o *Northampton Mercury* defendiam a construção de uma instalação que melhoraria as condições dos lunáticos pobres, que sofriam tratamento cruel: "Deve-se ter em conta que a loucura é uma doença que depende eminentemente para seu alívio de tratamento moral não menos que da pura disciplina médica a que o paciente está submetido."[69] O Asilo Geral de Lunáticos em Northampton, que por muitos anos abrigou o poeta John Clare e mais tarde se tornou o famoso hospital St. Andrew's, foi resultado de campanha pública e legislação governamental.

Seu primeiro chefe, o dr. Thomas Prichard, e sua mulher e colega de trabalho pegaram o bastão da administração moral e foram adiante, abolindo todas as restrições mecânicas durante seu período a partir de 1838. Ele relatou que seu sucesso se refletiu nos resultados dos "maiores e mais celebrados hospitais do reino; e que a unanimidade de opinião nessa questão vital está rapidamente se difundindo não apenas em nosso próprio país, como também nos grandes continentes da Europa e da América".[70] Prichard, à diferença de alguns de seus colegas, não acreditava que "a depravação moral é a causa essencial da loucura", nem a "culpa", ou o "pecado", mas o mau funcionamento físico. No entanto, quaisquer que fossem as causas, a ajuda era moral.

A gentileza, uma relação confortadora entre o médico, ou quem toma conta do paciente, e o paciente, "para acalmar a agonia que a lembrança frequentemente gera",[71] e uma atenção afetuosa eram as palavras de George Man Burrows em Chelsea e no Clapham Retreat, e de William e da sra. Ellis primeiro em Wakefield, depois em Hanwell, assim como de Pritchard. Da mesma forma a ocupação ordeira. Em 1837, havia 612 pacientes em Hanwell, metade deles "pobres", dos quais 75% estavam engajados em algum tipo de trabalho diário regular. Tão bem-sucedida foi a combinação dos Ellis de orações metodistas devotadas pela manhã, trabalho e frenologia — que, administrada por Ellis, envolvia um trabalho calmante com as mãos[72] — que, em 1834, três anos após os Ellis terem assumido a administração do Hanwell, a popularíssima jornalista Harriet Martineau entoou elogios ao asilo como uma instituição modelo.

Como muitos espíritos reformadores de sua época, Martineau estava interessada em melhorar as condições dos pobres lunáticos. Mas ela também se interessava pela sorte dos "lunáticos ricos": o absurdo segredo em que as famílias se envolviam significava que eles eram mantidos em condições bárbaras, frequentemente em camisa de força, acorrentados no sótão e privados de "quaisquer ocupações e das bênçãos que as acompanham":

> Onde está o direito de concluir que, porque a desordem é introduzida em um setor do intelecto, todo o resto tem de ir para o lixo? Por que, se pelo fato de um homem não poder mais agir como deveria, ele não deve mais agir de forma alguma? Por que, se quando a energia se torna excessiva, ela é deixada a atormentar a si mesma em vez de ser mais cuidadosamente direcionada que antes? Por que, se a sociedade comum se tornou um cenário de tumulto e irritação para uma mente doente, aquela mente deve ser isolada das influências calmantes da natureza assim como de tais envolvimentos sociais para que não tragam tumulto e irritação?

Considerada uma "desgraça" quando é, com toda probabilidade, não mais que uma "inflamação do cérebro", a doença da insanidade pode ser mantida em segredo em casa. Mas aqui ela não é "suscetível à cura". No entanto, se os pacientes são colocados em instituições públicas como o Hanwell, "onde os internos vão integrar uma sociedade alegre, atarefada, ordeira; onde haverá jardinagem, pesca, caminhada, passeios, desenho, música e todas as variedades de estudo, com tantos tipos de ocupação manual quanto os hábitos prévios dos pacientes, eles, com toda a probabilidade, serão curados".

Martineau estava atenta para outro aspecto importante da administração do Hanwell: o trabalho ativo da sra. Ellis nele. Pinel já havia observado a importância da mulher de Pussin como sua auxiliar. O destaque de Martineau, no entanto, tem um eco feminista — a sra. Ellis é um exemplo para todos e pioneira de um novo campo em que a dedicação e a inteligência moral das mulheres podem brilhar:

> Os grandes experimentos filantrópicos que até então provaram seu indubitável sucesso têm sido o trabalho de homens; e se pensava que seria o bastante permitir que as mulheres acompanhassem e assistissem. Aqui está um exemplo,

não superado em sua importância, onde uma mulher finalmente participou igualitariamente; um exemplo em que mais também foi exigido além de espírito de amor, paciência e coragem pelos quais sempre tem sido concedido crédito para as mais altas mentes desse sexo. Um intelecto forte e são não foi aqui menos necessário que um coração gentil... As mulheres que tristemente olham em torno em busca de alguma abertura pela qual possam levar adiante os poderes do intelecto, bem como de suas energias morais, vão colocar o exemplo da sra. Ellis diante de si e sentir que os loucos são o seu encargo. Elas podem esperar até o fim do mundo por um ofício mais nobre que aquele de erguer as ruínas de uma mente até sua original e nobre estrutura.[73]

O apelo de Martineau tem sido ouvido hoje.

É claro que o asilo como ferramenta terapêutica teve certo sucesso com as doenças que hoje chamaríamos de depressão ou depressão maníaca; talvez também com o que mais tarde se tornou conhecido como esquizofrenia. É, de certa forma, irrelevante se o que ajudou a cura foi a terapia, ou um período longe da família e das pressões da vida, ou simplesmente o tempo. Durante seus dias de maior popularidade, sob médicos como Ellis, John Connolly e Thomas Prichard, o asilo moral ou humanamente administrado auxiliou uma proporção significativa de seus pacientes — noventa em cem, Harriet Martineau proclamou com entusiasmo em 1834.

Mas o crescente profissionalismo médico dos alienistas também podia levar a certos abusos em que os médicos cerravam fileiras contra os pacientes e se recusavam a admitir erro nos diagnósticos. Um entendimento da loucura como parcial deveria gerar otimismo terapêutico. Poderia permitir aos profissionais ver aquilo para o qual o leigo estava cego. Mas também podia levar a diagnósticos de loucura onde não havia nenhuma, ou apenas de um tipo passageiro; e com ela a recusa a reconhecer que os pacientes podiam saber mais sobre seu estado que uma série de médicos, cada um dos quais temia ou não desejava criticar o diagnóstico prévio de um colega. Pacientes bem podiam ser vítimas do preconceito de um médico sobre o tipo de comportamento que constituía sanidade: seria demasiado fácil usar isso contra mulheres que não se conformavam às normas de seu tempo sobre comportamento sexual ou hábitos de vida.

A corrupção — sob a forma de cumplicidade médica com maridos e pais severos, mentirosos ou abusivos — também podia assegurar que o confinamento se estendesse bem além do necessário, mesmo que, em um primeiro momento, isso parecesse adequado. Deixar o asilo nesses casos se tornava quase impossível, a menos que o resgate viesse da família ou de amigos do lado de fora. E, mesmo assim, as dificuldades persistiam. Afinal de contas, a insanidade era um conceito fluido demais. Quando usava o disfarce de lucidez, era bastante difícil para os médicos distinguirem-na, que dirá para advogados fixarem o limite da responsabilidade em uma sala de julgamento. Contrariamente, para o indivíduo chamado de insano, era a sanidade que se tornava impossível de comprovar. A lei podia querer proteger a liberdade individual e os direitos civis — perdidos quando ele ou ela eram declarados loucos e incapazes de administrar propriedades e finanças. Alternativamente, a lei podia querer a insanidade nomeada, atestada, e a pessoa levada para uma instituição mental, pois tinha o dever de proteger a sociedade contra o perigo.

Charlotte Brontë estava alerta para esse tipo de risco. Em *Jane Eyre* (1848), a sra. Rochester rosna e rasteja "como um estranho animal selvagem" no sótão onde foi confinada. Ela avança e ataca e finalmente põe fogo na casa, cegando o marido nesse processo. Brontë — sejam quais forem as outras interpretações que poderiam ser dadas para a animalidade de Bertha — se preocupava com a loucura e era bastante atenta ao delírio, tendo em vista a doença de seu irmão. Mas quando dedicou a segunda edição de *Jane Eyre* a William Thackeray, ela não tinha ideia de que a mulher dele, Isabella, tivera um colapso depois do nascimento da filha deles e havia tentado afogá-la e se suicidar. Assim como a sra. Rochester, a sra. Thackeray era dada a "acessos maníacos de riso" e, às vezes, era violenta, até homicida. Thackeray a pôs em um asilo de loucos em Londres, onde dois auxiliares cuidavam dela.

Tanto os perigos da loucura quanto os perigos do asilo preocuparam Wilkie Collins. Ele e Dickens visitaram asilos. Na verdade, na irônica história escrita em conjunto por ambos em 1857, *The Lazy Tour of Two Idle Apprentices*, há um asilo assim descrito:

> Um lugar imenso ... escritórios admiráveis, instalações muito boas, atendentes muito bons; no conjunto, um lugar notável [no qual estão] ... compridas plantações de homens e mulheres arruinados; intermináveis avenidas de rostos sem esperança; inúmeros sem o mais leve poder de se associar para qualquer propósito na terra; uma sociedade de criaturas humanas que não têm nada em comum exceto que perderam todo o poder de ser humanamente sociáveis uns com os outros.

Em seu romance imensamente popular de 1860, *The Woman in White*, Wilkie Collins coloca as muitas preocupações vitorianas sobre a insanidade em uma perspectiva dramática. Ambientado na época posterior à entrada em vigor da lei de 1845 — uma lei que *deveria* ter eliminado os perigos do encarceramento errado ao instituir a inspeção mais estrita dos asilos e a certificação de admissão — o livro ilustra os crescentes medos sociais acerca do encarceramento equivocado e os modos de indução à loucura. Collins evoca vividamente as dificuldades de um indivíduo em estabelecer uma identidade social "sã" depois que as forças médicas e sociais se unem para colocar em jogo a suspeita de insanidade. Ele se preocupa com a forma como circunstâncias extremas — relações abusivas, o poder fatal da sugestão do mais forte sobre o mais fraco, o próprio encarceramento — podem sabotar a sanidade. Pelo destino de suas duas heroínas semelhantes, a espectral Anne Catherick e a pura Laura Fairlie, Collins evoca as maneiras pelas quais as mulheres são vítimas de homens corruptos. Para abocanhar a fortuna de uma esposa ou o corpo de uma garota, os homens no poder podem literalmente levar as mulheres à loucura, seja através do sadismo conjugal, das drogas ou da violação sexual. Com tudo isso, no entanto, para Collins persiste o senso de que a loucura em si, não importa qual tenha sido a sua causa, pode ser perigosa — tanto para a pessoa louca como para os que estão em torno dela.

O romance abre com um preâmbulo declaratório em que o primeiro narrador de Collins, o artista Walter Hartright, afirma que a história será contada por testemunhas dos eventos: a ação é deliberadamente passada ante os leitores, chamados, em certo sentido, a serem juiz e júri. Quem será julgado louco e quem será julgado mau no tumultuoso fluxo de acontecimentos que se seguem? O primeiro destes é um encontro em uma noite escura em um solitário trecho de estrada próximo a Londres com uma mulher de branco. Sozinha, indefesa, gentil, bonita, essa intrigante criatura não pede nada mais a Hartright senão que ele a deixe ir embora quando e como queira — um pedido apropriado, dada a sua história. Quando o aflito herói sabe que a mulher, Anne Catherick, é foragida de um asilo de loucos, suas reflexões se somam às perplexidades de seu tempo sobre as características constitutivas da loucura, seu mistério e sobre o certo e o errado do confinamento.

> ... a ideia da absoluta insanidade que todos nós associamos ao próprio nome de um asilo nunca me ocorreu, honestamente declaro, em ligação com ela. Eu nada vi, em sua linguagem, ou em suas ações, que justificassem isso na época, e, mesmo com a nova luz jogada sobre ela ... posso ver nada que justifique agora.

O que fiz? Ajudei a vítima do mais horrível de todos os falsos encarceramentos a escapar; ou deixei sozinha no vasto mundo de Londres uma infeliz criatura cujas ações eram meu dever e o dever de todo homem piedosamente controlar?[74]

O romance de Collins destaca os modos como o confinamento aos asilos pode ser explorado por homens traiçoeiros contra mulheres inocentes. Tanto os homens quanto os asilos deixam as mulheres loucas. Laura Fairlie é levada a um desastroso casamento com Sir Percival Glyde, um homem que lhe inspirava tanto temor que a levou a perder a razão. Ela vê sua sanidade deslizar para mais longe ainda quando ele faz com que a encarcerem — como fizera antes com Anne Catherick —, e os médicos do asilo se recusam a acreditar em seus protestos de que ela não é Anne. Seu estado de loucura é descrito como de extrema vulnerabilidade, uma infantilidade que é um excesso da feminilidade juvenil que tinha antes. A loucura de Anne Catherick, em contraste, tem um sentimento monomaníaco: ela é racional até que o cruel Sir Percival é mencionado, e, nesse ponto, um ódio irracional a domina.

> No instante em que arrisquei uma referência fortuita à pessoa que a colocou no asilo ela se pôs de pé em um salto. Uma mudança das mais extraordinárias e espantosas se passou com ela. Seu rosto, normalmente tão tocante de olhar, em sua sensibilidade nervosa, debilidade e incerteza, foi subitamente toldado por uma expressão de medo e ódio de intensidade maníaca, que comunicou uma força selvagem e não natural a todas as suas feições...
> — Fale em outra coisa — ela sussurrou.[75]

É esse o tipo de loucura que necessita de vingança para ser acalmada, ou o encarceramento? Certamente não o último, Collins parece estar dizendo, uma vez que o asilo provou não ser terapêutico para nenhuma de suas heroínas vitimadas. Mesmo que os médicos e as instalações pareçam bastante agradáveis, o controle piedoso do asilo é simplesmente uma forma de aprisionamento: ele confunde sanidade com loucura tão facilmente quanto confunde uma pessoa com outra. Se o indivíduo não pode ser reconhecido pela autoridade médica, então qual o impacto benéfico que a autoridade pode ter sobre a mente do indivíduo?

A atitude de Collins em relação às mulheres é ao mesmo tempo convencional e decididamente radical. As mulheres preferidas de seu herói — as bonitas, submissas, decorosas, piedosas, evasivas e boas Laura Fairlie e sua semelhante Anne Catherick — compartilham aquela mente débil que é tão suscetível a cair na loucura. A própria vulnerabilidade infantil que caracteriza o ideal feminino do período e grita pela proteção masculina leva, assim, ao desespero, mulheres loucas que precisam da administração moral que o asilo oferece. Por outro lado, Collins nos oferece a meia-irmã de Laura, Marian Halcombe, uma mulher de grande e exuberante inteligência, perfeita graciosidade e desejabilidade física, tudo isso estragado por feições tão feias que se equiparam ao "masculino". A disjunção entre a feiura masculina ao lado de tal evidente desejabilidade leva o narrador a um outro tipo de estado de loucura — o desconforto do sonho:

> Ver uma face como esta colocada sobre ombros que um escultor teria ansiado modelar — ser encantado pelas modestas graças de ações nas quais os membros simétricos traíam sua beleza quando se movimentavam e depois ser quase repelido pela forma e a aparência masculina das feições em que a figura perfeitamente modelada termina — era experimentar uma sensação estranhamente semelhante ao desconforto impotente familiar a todos nós no sono, quando reconhecemos que não podemos conciliar as anomalias e contradições de um sonho.[76]

Essas irreconciliáveis anomalias, a inteligência de Marian e sua evidente sexualidade, masculina em sua franqueza, precisam ser comunicadas como feiura para não perturbar a convenção ou seduzir o narrador, adequando Marian desta forma ao padrão moral vitoriano. Em favor de Collins, no entanto, ele não rotula Marian de neurastênica, nem histérica, como os alienistas de sua época bem poderiam ter feito. Em vez disso, embora ela permaneça profundamente elogiável, mas nunca o objeto de desejo de seu herói, a neurastenia é atribuída ao masculino "feminilizado" Tio Fairlie, cuja sensibilidade é tanta que ele nunca pode deixar seu aposento "estético" para participar da vida. Quanto à "absoluta insanidade", para Collins ela existe não naquela fronteira obscura onde os sexos escorregam um dentro do outro e partilham os mesmos atributos, mas nos extremos do feminino do período, onde a fraqueza é presa da malevolência dos homens e das instituições marital, hereditária e mental que eles põem em prática.[77]

O caso de Hersilie Rouy

As memórias de Hersilie Rouy compartilham mais que uma trama melodramática com *The Woman in White*. Os dois livros nos pedem para julgar questões de sanidade e o sistema reinante de confinamento. A despeito da inevitável parcialidade das recordações pessoais e a intensificação da experiência que o ato de escrever memórias frequentemente causa, *Mémoires d'une aliénée*, de Hersilie Rouy, continua a ser um documento vívido que detalha os abusos inerentes ao sistema de manicômios. Ele também mostra o quão rapidamente a profissão de alienista cresceu, estudantes ligando-se a médicos famosos e a lealdade entre os médicos tomando o lugar das necessidades dos pacientes.

Nascida em Milão em 1814, Hersilie era filha ilegítima do astrônomo Henri Rouy, com quem viveu até a morte de Henri, em Paris, em 1848. Conhecida como exímia pianista pela sociedade parisiense, foi misteriosamente removida de seu apartamento, provavelmente com a conivência de seu meio-irmão, em 1854. Seus pertences foram confiscados e ela foi levada primeiro para Charenton (onde pode ter sido assistida por Louis-Florentin Calmeil, que foi inspetor ali), depois para o Asilo de Maréville e, finalmente, para o Salpêtrière. Ali, o conhecido alienista Charles Lasègue, membro contemporâneo do círculo de Esquirol, embora tivesse aderido à nova onda de influência clerical conservadora nos anos 1840, examinou-a. De um modo que sinaliza o aprisionamento moderno dentro do diagnóstico, Rouy invoca o sistema de referência médica que a captura. "Ele me viu durante um ou dois minutos apenas ... e me sentenciou com base no dr. Calmeil, que me sentenciou com base em um médico que nunca me viu, que me levou como um favor para alguém mais com base no que lhe disseram."[78]

Dos anos 1850 aos 1870, Lasègue trabalhou detidamente em um estudo clínico da histeria, diagnóstico não muito bem-visto naqueles anos. Procedeu examinando sintomas singulares, como tosse, dormência ou ausência de sensação, perda de apetite, a fim de testar e recompor toda a doença. De acordo com uma história, Lasègue chamava essa doença — a histeria — de "cesta de lixo da medicina, onde se atiram os sintomas que, de outra forma, ficariam sem uso".[79] Apesar de sua independência, lucidez, combatividade, seu senso de que escrever a mantinha lúcida — todas características que poderiam ter rendido a Rouy um diagnóstico de histeria — Lasègue descreveu-a como vítima de algo chamado *folie lucide*, ou loucura lúcida, diagnóstico que aparentemente Rouy leu em uma carta que descobriu. O diagnóstico baseou-se no estado de Rouy quando chegou a Paris. Em sua posse tinha uma "carta alucinatória com ameaças à delegacia de polícia do Sena [município]".

Lasègue chama Rouy de "Cavaleiro", nome que lhe dera um médico chamado Chevalier e que, como uma escrava dele, Rouy se viu portadora, sem importar seus protestos, como se o próprio fato de sua ilegitimidade a privasse de identidade. Vendo recusado seu nome de nascimento, Rouy assina suas muitas cartas para médicos e autoridades civis com uma variedade de apelativos não calculados para provar sua sanidade: o Anticristo, o demônio, sílfide, Polichinelo — este último o nome que as outras internas lhe deram porque ela as compreendia melhor que os médicos e, quando chamada, defendia a causa delas com sua pena inteligente como arma. Perguntada em certo momento se ainda usava todas aquelas assinaturas, Rouy diz ao médico: "Naturalmente! Não há leis que proíbam o uso de pseudônimos, especialmente quando alguém é oficialmente anônimo."[80]

Quando Rouy se recusa a tocar o piano que o médico sabe que ela pode tocar, dizem-lhe que ela sofre de "orgulho incurável". Quando protesta contra o encarceramento e exige compensação pelos anos perdidos, dizem-lhe: "Sua alucinação é total e ainda mais perigosa e incurável pelo fato de você falar exatamente como uma pessoa que está em plena posse de sua razão."[81]

Mandada para o Auxerre provincial depois de se mostrar demasiado difícil no Salpêtrière e encarcerada lá durante cinco anos, Rouy luta continuamente por sua libertação com um justificado e apaixonado senso dos erros de que foi vítima. Parece não haver saída da armadilha: uma vez que um médico a chamou de louca, todos os outros vão segui-lo. Finalmente, Rouy se encontra com o Inspetor Geral de Asilos, que se impressiona com ela o suficiente para mandar dois assistentes verem-na: "Eles vieram testar meus pensamentos, minhas crenças, para ver se existe base para me manter presa perpetuamente ... Como é possível destruir o futuro de uma mulher e permitir que sua liberdade seja assaltada simplesmente porque ela mantém a cabeça erguida e tem a audácia de querer viver de seu próprio talento e de seus próprios escritos? Fui enterrada viva."[82]

Apesar de seu irmão, agora diretor de um jornal, não querer que ela seja solta e conspire contra ela, a chegada de papéis de identificação de Milão, 14 anos após seu encarceramento, ligando-a a um membro da cavalaria pessoal de Napoleão III, muda tudo. Subitamente sua soltura parece iminente. Mas como Rouy quer tornar públicos os malfeitos de que foi vítima, a profissão médica cerra fileiras contra ela mais uma vez, todos atestando uma loucura em que se acreditava pela racionalidade de suas cartas, que acabaram chegando às mãos do ministro do Interior. Ele exigiu que fosse aberto um inquérito.

Calmeil, seu médico inicial em Charenton, defendeu a decisão de confiná-la. O ministro devia ter visto "Chevalier" quando ela parecia sã, mas isso era porque ela se encontrava em um "estado latente de alienação". A fonte de sua insanidade — escreveu Calmeil para o ministro em uma carta de 22 de maio de 1869 — era que "ela cansava seu sistema nervoso com um excesso de noites em que dormia tarde e por sua diligência no estudo e devoção à música ... a vida dela era cheia de emoções". Essa fadiga do sistema nervoso, a maldição dos livros e da música para mulheres impressionáveis são palavras que aparecerão outras vezes em uma leva de diagnósticos de neurastenia em diante. O que parece incomum no caso de Rouy é o tempo que ficou nas garras de um inflexível sistema de asilos de loucos. Ela é uma primeira prova do experimento realizado por David Rosenhan na América, nos anos 1970, que mostrou o quanto era fácil uma pessoa sã ser admitida como louca em uma instituição psiquiátrica e, uma vez admitida, como era altamente improvável demonstrar sua sanidade.[83] As dificuldades de Rouy se compõem da exigência de seus direitos, apresentação de seu caso em um tribunal, compensação e prova de inocência. Os médicos, todo o *establishment* que administra os asilos, fazem pé firme.

O Inspetor Geral de Asilos coloca a questão nas mãos do ministro do Interior, no que se tornou uma desculpa clássica de profissionais:

> Não posso concordar em que dez, 15 pessoas com títulos oficiais, estimadas, honoráveis, das quais várias são com justiça citadas no mundo educado como mestres, podem ter cada uma delas se tornado cúmplice de uma má ação, de um crime ... O senhor não está acusando apenas esses homens, mas também funcionários, juízes e outros que, durante a longa reclusão de sua protegida, foram forçados a ouvir, escutar e julgar seus numerosos e incessantes protestos.

Rouy, militante antipsiquiatria precoce, não desiste: ela não tem intenção nem de esconder aquilo por que passou, nem de desculpar os responsáveis por seu encarceramento. Em 1878, 24 anos após seu confinamento inicial, o ministério da Justiça finalmente reconheceu seus direitos e ofereceu-lhe 12 mil francos de compensação, além de uma pensão anual. Ela só se beneficiaria deles durante três anos, antes de morrer em 1881, aos 67 anos, dois anos antes de suas memórias aparecerem.

O DECLÍNIO DO ASILO TERAPÊUTICO

O que as memórias de Rouy deixam claro é que o ideal do asilo terapêutico do início do século XIX havia soçobrado. À medida que a pressão dos números no asilo aumentou nas décadas subsequentes, a administração moral com sua defesa da cura muitas vezes cedeu lugar ao simples e comumente brutal confinamento. Apesar de seu treinamento médico, os alienistas e psiquiatras responsáveis pelos pacientes não eram muito melhores que os antigos guardiões de Bedlam quando confrontados com a intratabilidade de muitas doenças mentais. Um pessimismo terapêutico se instalou, trazendo consigo teorias de degeneração semelhantes: pensava-se agora que a herança biológica pavimentava o caminho para a loucura e a criminalidade. Ambas eram estimulados pelo álcool em uma sempre descendente espiral de geração para geração que amalgamava temperamento, moralidade e pobreza em seu movimento circular.

Demência do tipo que mais tarde se descobriu ser parte do progresso da sífilis e que levava ao que era chamado, em geral, de "paralisia geral do insano" nunca havia sido uma doença suscetível de ser curada, apesar do otimismo de Pinel. Nem a insanidade relacionada com a bebida, ou a demência ligada à idade avançada e a "imbecilidade", que podiam agora ser categorizadas sob os grandes guarda-chuvas do mal de Alzheimer ou "dificuldades de aprendizado" ou "autismo". À medida que os padrões da família do século XIX mudavam, nas condições das apinhadas cidades e da vida nos cortiços, retirando os enfermos do cuidado dos parentes, os manicômios criados pelas novas regulamentações estatais iam sendo gradativamente lotados até o limite. Seu próprio sucesso tornou-se o motivo de seu fracasso. Eles se transformaram em "lata de lixo" — as "covas de serpente" dos filmes de horror, piores que qualquer Bedlam. Em 1827, o asilo médio na Grã-Bretanha alojava 116 pacientes; em 1910, seu número ascendera a 1.072.[84] O vasto Colney Hatch, que abrira em 1851 para alojar 1.220 dos lunáticos pobres, ficou lotado quase imediatamente. Um censo dos loucos em 1854, que incluiu asilos públicos e privados, registrou a duplicação das cifras em dez anos para um total de 30.538.[85]

A doença inglesa estava em ascensão. John Hawkes, funcionário médico do asilo de Wiltshire County, preocupou-se: "Duvido que a história do mundo ou a experiência das épocas passadas tenha mostrado um volume maior de insanidade que os dias atuais."[86] Nem a presença crescente de alienistas — dificilmente em linha com os números sempre em aumento de internos — podia fazer uma pequena diferença terapêutica.

Eram abundantes as explicações que competiam para explicar esse tipo de aumento dos números nos asilos. Poucas apontavam como razões a própria existência dos asilos e a mudança dos padrões familiares que a urbanização havia trazido, que é o que os historiadores de hoje discutem — a menos, como Foucault, que postulem a existência de um padrão de disciplina em uma sociedade que escolhe encarcerar desvios de qualquer natureza com os "loucos". Seria o aparente aumento da loucura "uma falácia manifesta", devido, na realidade, aos novos e mais sofisticados diagnósticos e estatísticas, como afirmou o *Journal of Mental Science*, criado em 1853 e editado pela primeira vez pelo poderoso quarteto de médicos e chefes de asilo John Bucknill, C. Lockhart Robertson, Henry Maudsley e Hack Tuke? (O jornal se tornaria depois o *British Journal of Psychiatry*, mas já era então a voz oficial da florescente profissão.) Ou seria o aumento dos números devido à escalada da neurossífilis, das doenças crônicas e da loucura relacionada com o álcool,[87] todas as quais poderiam ser ligadas ao crescimento do vício, que assustava igualmente vitorianos e moralistas franceses?

Emil Kraepelin (1856-1926), principal psiquiatra de asilo do fim do século, deu ao argumento da sífilis e do alcoolismo uma sólida legitimidade. Diagnosticador exemplar de um asilo de loucos sediado em Munique que finalmente rejeitou a psicanálise dinâmica de Freud e colocou a periodicidade da depressão maníaca nos livros de medicina, Kraepelin lamentou, em suas palestras de 1895, o fato de a população de asilo da Alemanha ter crescido para 200 mil e se tornado uma proporção muito alta da população. Os pacientes de sífilis e alcoolismo respondiam por um quarto a um terço do conjunto, afirmou. Ele temia a crescente degeneração de sua raça. Kraepelin também sublinhava que os insanos eram perigosos para os vizinhos e mais ainda para si mesmos: cerca de um terço cometia suicídio. A única esperança terapêutica residia no ataque ao alcoolismo e à sífilis e ao "abuso das drogas" morfina e cocaína. Pedia-se a "educação profilática das crianças".[88] É ocioso dizer que nenhuma dessas terapias poderia ter lugar dentro das paredes dos manicômios. Na verdade, requeriam transformações morais e sociais.

A proporção de homens confinados em relação às mulheres era muito debatida: alguns comentavam a preponderância de mulheres nos asilos, particularmente à medida que o século avançava,[89] outros observavam que a diferença entre os sexos não era estatisticamente significativa. O que se tornou conhecido como paralisia geral do insano, por exemplo, uma doença mais tarde ligada à sífilis terciária, começou a crescer fortemente durante as guerras napoleônicas e era muito mais comum entre os homens. As mulheres, por sua vez, viviam mais e, portanto, eram mais numerosas entre os dementes idosos. Também havia mais mulheres nos asilos de indigentes da Grã-Bretanha, e a movimentação destes para os asilos de loucos era comum. Onde existe uma preponderância definitiva de mulheres é no diagnóstico de transtornos "neuróticos", histerias mais brandas e neurastenias, território nem tanto dos médicos dos grandes asilos, particularmente quando os pacientes são de classe média e alta, como do número crescente de "médicos dos nervos" em prática privada.

O que é indiscutível é que o aumento contínuo dos números na última parte do século XIX levou a uma mudança na prática médica nos grandes asilos de loucos. O método clínico-patológico, que remontava ao exame *post-mortem* para tentar um entendimento dos sintomas do paciente em vida, tinha sido uma linha de investigação da loucura desde o início dos anos 1800, quando Antoine-Laurent Bayle estudou as meninges inflamadas dos pacientes de Esquirol e ligou o fato às suas manias e paralisias. Agora, essa busca de explicações biológicas ou fisiológicas transferiu-se para a linha de frente. Na Alemanha, Wilhelm Griesinger, conhecido como o fundador da psiquiatria biológica, declarou claramente em 1867 que os pacientes com doenças mentais eram indivíduos com doenças cerebrais e nervosas. Em Viena, Theodor Meynert, professor de Freud, estava muito mais interessado na pesquisa dos lóbulos frontais de cadáveres que em seus pacientes vivos. Nos asilos lotados onde a pesquisa em cadáveres existia, a marcha da ciência a afastava cada vez mais da terapia.

Henry Maudsley (1835-1913)

Na Grã-Bretanha, um dos mais importantes alienistas do alto período vitoriano e do fim do século era um sonoro propositor da base física de todas as doenças mentais e seguidor das teorias degeneracionistas, que imaginavam a difusão da loucura pela hereditariedade. Mediante seus muitos livros e a edição de jornais, a influência de Henry Maudsley se estendeu à Europa e à América, assim como à Austrália. Dotado de energia prodigiosa e um senso da vida como um "dever austero", discípulo da luta darwiniana, ou mais acuradamente, spenceriana, segundo a qual os mentalmente fracos não são qualificados, Maudsley tornou-se chefe do Cheadle Royal Hospital for the Insane em Manchester com a espantosa idade de 24 anos. Mas ele não tinha nada da fé do início do século XIX no poder curativo da vida no manicômio e, após apenas três anos em Cheadle, mudou-se, em 1862, para Londres, onde a prática privada e o *Journal of Mental Science* eram polos de atração. Logo surgiu uma cadeira em jurisprudência médica na Universidade de Londres e uma série de livros, nenhum mais influente que o seu primeiro e amplamente traduzido *Physiology and Pathology of Mind*, publicado em 1867.

O pessimismo terapêutico de Maudsley, nascido do que parece ter sido uma misantropia inata, não deixou espaço para nenhuma esperança reformista. Da mesma forma que para o teórico da degeneração criminosa, Cesare Lombroso, na Itália, a hereditariedade para Maudsley era destino, e a fisiologia, seu sinal. Ele adotou desde cedo ideias de "moral".[90] A "moral", na acepção do termo, é uma ideia muito abrangente — como é na razão moral —, abraçando não apenas o ético, como também o psicológico e o social, e se relaciona, segundo o Oxford English Dictionary, com assuntos que "tenham influência sobre o caráter ou a conduta de uma pessoa, como distinto da natureza física ou intelectual dele ou dela". O conceito de insanidade moral tinha sido elaborado pelo médico criminologista James Bruce Thompson. Ele contamina os escritos de Maudsley com uma contracorrente disciplinar despida de compaixão. O vício, para Maudsley, estava em todas as partes e era visível em todas elas no "estigma da degeneração". Aqui, a própria fisiologia assume uma dimensão ética: os indivíduos já nascem com a loucura e a maldade. O crime e a doença mental perseguem a pobreza apinhada da cidade vitoriana como uma doença, é o resultado do estado perigoso de seus habitantes. Falar da sobrevivência dos mais capazes, Maudsley assinala, raramente é falar da sobrevivência dos melhores: "Significa apenas a sobrevivência daquele que é mais adaptado às circunstâncias, boas ou más, na qual está situado — a sobrevivência de um selvagem em um meio social selvagem, ou de um ladrão entre ladrões, de um parasita onde só um parasita pode viver."[91]

A seleção natural não é a única ideia que Maudsley tomou emprestada de Darwin. Ele pega a deixa deste quando se trata de mulheres também, mas evita as proposições mais audaciosas de Darwin sobre a fêmea escolher seu parceiro sexual.

Em seu *Descent of Man and Selection in Relation to Sex*, de 1871, Darwin enfatizou a diferença entre os sexos em detrimento das mulheres e com pouca percepção de que a fonte do que descrevia podia ter algo a ver com as próprias condições culturais de sua época. Baseando-se nos antropólogos físicos e nas medidas cranianas que tomaram, Darwin observou o tamanho menor do cérebro da mulher e afirmou que ela emergia com um "crânio intermediário entre a criança e o homem". Sua disposição mental mostrava, portanto, "mais ternura" e "menos egoísmo que a do homem". O egoísmo masculino combinado com a ambição pode ser um "direito de nascença infeliz", mas essas são qualidades que tornam o homem superior na luta pela sobrevivência. Na mulher, "os poderes de intuição, de percepção rápida e talvez de imitação estão mais fortemente marcados que no homem". Mas eles não representam vantagens: de fato, assinalam a inferioridade da mulher, pois são faculdades "características das raças inferiores" e, portanto, de um estado anterior e inferior de civilização. Ao mesmo tempo, o homem darwiniano é dotado de maiores "poderes intelectuais" e alcança "preeminência" maior em qualquer esfera que exija "pensamento profundo, razão ou imaginação, ou meramente o uso dos sentidos e das mãos". Mas acima de tudo, o que mais destaca o homem como superior na luta contínua pela sobrevivência é sua "energia maior, perseverança contínua e coragem". Essa teimosa perseverança é o que permite, na verdade, que o macho vença a fêmea.

Como se assaltado por uma súbita preocupação acerca de seus próprios descendentes, Darwin assinala no fim desse capítulo: "É um fato afortunado que a lei da transmissão igual de características para ambos os sexos prevaleça entre os mamíferos; de outra forma é provável que o homem se tornasse superior à mulher em dotação intelectual, como o pavão em plumagem ornamental à fêmea da espécie."

O próprio gênio de Darwin, tanto em perseverança como em ciência, o assinala como seu próprio macho superior, enquanto sua mulher é o receptáculo frágil, terno e maternal da feminilidade vitoriana. Essa visão era lugar-comum na Grã-Bretanha. Entre alienistas da escola hereditária, como Maudsley, essa fragilidade tornava as mulheres mais propensas à loucura que os homens. Darwin e Maudsley, naturalmente, eram conhecidos, e um citava o outro. Maudsley, no entanto, era assediado por uma misoginia visceral, ausente em Darwin. Se para ambos as mulheres são fisicamente conformadas para cuidar das crianças, para Maudsley esta é uma tarefa rasteira, igual ao que pensa sobre a "natureza excrementosa" do parto. A constituição dos homens torna-os incapazes da necessária solidariedade e apego, sem falar na prestação dos "serviços básicos" que uma criança requer. Maudsley incita os homens a examinar cuidadosamente esposas em potencial em busca de sinais físicos que possam trair degenerescência: "Defeitos externos e deformidades são sinais visíveis da parte interna e falhas invisíveis que terão sua influência na procriação."[92] Quanto às "histéricas" que povoam cada vez mais o fim do século, Maudsley as vê como moralmente degeneradas: "acreditando ou fingindo que não podem ficar de pé nem caminhar", apenas para ficar na cama o dia inteiro e pedir a solidariedade de seus ansiosos familiares. Elas são "exemplos perfeitos do engano mais sutil, da mentira mais engenhosa, da mais diabólica astúcia, a serviço de impulsos viciosos".[93]

Seriam as próprias mulheres contra quem Maudsley se erguia e seus nervos considerados constitucionalmente frágeis que teriam um impacto definitivo no curso de sua profissão. Enquanto um pessimismo terapêutico dominava os médicos de manicômios, a prática neurológica privada crescia e com ela uma mudança nos diagnósticos. Os nervos e os transtornos que os afetam ganharam importância como fontes de doença e explicação para ela. Com a invenção da neurastenia e a reinvenção da histeria, um novo tipo de médico da mente surgiu — um que tinha de ouvir o paciente tanto quanto observá-lo; um que viria a acreditar, como fizeram Janet e Freud, Jung e Bleuler, que os transtornos mentais têm raízes em problemas psíquicos, sejam quais forem suas expressões físicas.

4
NERVOS

Em torno dos anos 1870, comentaristas de todos os lugares da Europa e da América eram enfáticos em que a vida assumira um ruído, um clamor e uma velocidade que irritavam os nervos. As sensações se impunham a qualquer um e a todos, fossem em ruas reais ou ficcionais. Parecia que os próprios tempos representavam um choque para o sistema nervoso, com suas multidões e sujeira, e a inevitável "decadência" que se seguia. Trens matraqueavam, apitavam, soltavam fumaça, trombavam e produziam o trauma do "tronco ferroviário",[94] assim como uma inundação de assassinatos de ferrovia. Na Europa, levadas pela pobreza ou pelos massacres, as pessoas se movimentavam em números cada vez maiores pelas fronteiras e do campo para a cidade, ou emigravam para o Novo Mundo. Seguiram-se as acomodações sórdidas, o alcoolismo e aquele mesmo aglomerado que originou os conceitos de massa e degeneração.

Na Grã-Bretanha, os "pobres sem mérito" bebiam e se reproduziam em cortiços, segundo permitiam os esquadrões do vício e da temperança, ou se prostituíam nas ruas onde nenhuma mulher de classe média, protegida como era por metros de saias, anquinhas e espartilhos, poderia pôr o pé. Mayhew relacionou cerca de 80 mil prostitutas não registradas só em Londres, número espantoso que destaca o quanto era importante manter em casa "o anjo" que era a mulher vitoriana, para que os duplos padrões tanto da vida sexual quanto as fronteiras das classes sociais pudessem ser conservados.

Na França, a guerra franco-prussiana e o levante da Comuna de Paris deixaram uma herança de morte, deslocamento social e desconfiança entre as classes: na *semaine sanglante*, aquela única semana banhada em sangue de 21 a 28 de maio de 1871, tropas francesas, marchando ao longo dos novos, grandes e confortáveis bulevares do Baron Haussmann, atiraram contra seus próprios compatriotas. O número de mortos, segundo alguns, chegou a 30 mil. A Terceira República, saída da guerra civil, viu um infernal aumento do tráfego nessas mesmas ruas — cerca de 60 mil veículos barulhentos puxados por 70 mil cavalos. Entre estes e os bondes, no fim do século, 12 mil pessoas por ano eram feridas e mais de cem mortas; e novos e mais rápidos meios de transporte surgiam enquanto o homem cavava o subsolo para construir o metrô a tempo da Grande Exposição de 1900.

A América, recobrando-se dos horrores da guerra civil — 500 mil mortos e incontáveis feridos — entrou em uma fase expansionista na qual a rápida acumulação de riqueza material encobriu qualquer necessidade de lamentação — exceto pelas mulheres, que se tornaram guardiãs daquela sensibilidade e cultura que o homem de negócios podia ter, mas para cuja dedicação não dispunha de tempo suficiente. Ao mesmo tempo, os telégrafos engoliam as distâncias. A eletricidade produzia de forma invisível luz instantânea a partir da escuridão. Grandes e novos barcos a vapor cruzavam o Atlântico em dias, levando os pobres amontoados para um lado e trazendo os novos-ricos viajantes para o outro.

Na virada do século, como observou o romancista Robert Musil em seu *O homem sem qualidades*, a época se tornou definitivamente "enervante" — de "inquietação e constante mudança, de velocidade e perspectivas, em que algo estava definitivamente errado".

Incontáveis romances e histórias dissecavam, descreviam ou enfatizavam o que estava errado. Já em 1839, o poeta americano e grande autor de contos góticos, Edgar Allan Poe, criou personagens cujos nervos "enfraqueceram com o grande sofrimento", particularmente quando seus donos descendiam de famílias nobres. "Nervoso", palavra que surgira na linguagem como sinônimo de forte, vigoroso e enérgico e crescera de significado com o século XVIII do dr. George Cheyne, englobou todas as noções de um temperamento excitável, agitado, apreensivo e hipersensível. Mas, na altura da metade do século XIX, a palavra se tornou cada vez mais associada a características mentais. Em 1848, John Stuart Mill, em seu *Princípios de Economia Política*, observa: "Trabalho é físico ou mental; ou, para expressar a distinção de forma mais abrangente ... muscular ou nervoso." Essa vinculação do mental e do nervoso era análoga ao foco de alienistas e neurologistas no cérebro como centro da atividade nervosa e física. O pensamento evolucionista colaborou para enfatizar a importância fundamental do cérebro: ele se tornou o lugar das características distintivas do humano.

Enquanto assumiam destaque científico e médico, nervos e cérebro se tornaram também áreas sintomáticas de preocupação. Tudo se unia para produzir um novo tipo de doença. Diagnósticos que focavam os nervos coincidiam nos sintomas que expressavam a doença com os estresses dos tempos, assim como com as restrições que pesavam sobre os sexos. Qualquer transgressão dos policiados limites do que era apropriado para cada sexo tinha consequências sobre os nervos. Em 1869, essa doença recebeu nome próprio — neurastenia —, embora o quadro de sintomas fosse mais ou menos conhecido desde bem antes. *The Woman in White* (1860) tinha o seu sr. Fairlie, inválido "efeminado", com qualidades de mulher, que sofria de transtorno dos nervos. Isso envolvia não apenas a hipersensibilidade à luz, ao som, ao toque, ao movimento e um excessivo refinamento estético como uma capacidade de discernimento debilitada.

Cerca de 25 anos antes, Des Esseintes, a contrapartida francesa do sr. Fairlie, o esteta e herói altamente estressado de *A Rebours*, de J.-K. Huysmann, editado em 1884, é o último de uma linhagem de aristocratas inatos degenerados e tem códigos sexuais similares — que hoje leríamos abertamente como homossexuais. Mas Des Esseintes, à diferença do sr. Fairlie, tem a simpatia de seu criador. Na verdade, Des Esseintes torna-se o próprio ícone da sensibilidade decadente do fim do século, um homem que é "contra a natureza" e, como uma mulher, valorizado por seu refinamento. Dependendo das relações dos críticos com aqueles polos opostos da modernidade artística e do moralismo vitoriano, Des Esseintes era festejado ou difamado. Enquanto isso, a mãe dele era o próprio tipo da neurastênica: "uma mulher alta, pálida, silenciosa, [que] morreu de exaustão nervosa." A principal lembrança que o herói tem dela é quase memória comum — repetida na ficção de Poe, por meio de Silas Weir Mitchell, e nas roupas modernistas, de meias compridas azuis, em D. H. Lawrence — de uma "figura imóvel, supina, em um quarto escuro ... porque a duquesa tinha um ataque nervoso sempre que ficava exposta à luz ou ao ruído".[95]

A duquesa palpavelmente sofre de neurastenia, termo diagnóstico em geral atribuído ao médico americano George M. Beard, que o cunhou em 1869 em um importante semanário médico para designar "a condição mórbida de exaustão do sistema nervoso". Segundo Beard, que publicou vários livros amplamente traduzidos sobre o assunto, a doença grassava no modo americano de vida, com sua corrida por dinheiro e poder, sua perseguição excessiva ao capital e ao progresso tecnológico. Beard culpava a imprensa popular, o telégrafo e a máquina a vapor pela exaustão nervosa, todos os quais exacerbavam a pressão da vida moderna. Havia muitos homens esforçados e bem-sucedidos propensos à prostração nervosa. Quanto às mulheres, elas constituíam uma grande proporção das fileiras de neurastênicos — uma incursão na esfera masculina do trabalho intelectual, junto com o "exaustivo sentimento do amor" eram os responsáveis pela exaustão nervosa feminina.

Logo ficou claro que, com muita frequência, uma mulher nervosa era também "uma nova mulher". As contradições de um tempo que exigia submissão e aquiescência do feminino idealizado enquanto pregava o dinamismo geral na cultura podiam levar a mulher para a ação ou para a cama. A fuga para a doença era a imagem refletida no espelho da rebelião. Emancipação, feminismo e neurastenia, ou, por vezes, sua irmã gêmea, histeria, tomavam forma no mesmo solo nervoso.

Os nervos, sua relação com o cérebro, temperamento e vida mental ainda eram áreas misteriosas para os cientistas e médicos da segunda metade do século XIX. À medida que o tempo passava, no entanto, eles se tornavam cada vez mais confiantes em sua habilidade para mapear o cérebro, entender o sistema nervoso e diagnosticar seus efeitos doentios. O tratamento, embora obstinado, era frequentemente incerto. Particularmente na América e na Grã-Bretanha podia parecer-se muito com a "administração moral", mesmo aplicado no contexto da prática privada a pacientes relativamente ricos.

Silas Weir Mitchell, o médico dos nervos sediado na Filadélfia e cujo *Lectures on Diseases of the Nervous System, Especially in Women*, de 1881, o tornou famoso, inventando uma "cura pelo repouso", muito imitada, que não permitia mimos para o "inválido amante da cama" que era o paciente e nenhuma apresentação teatral de suas dores para uma audiência. Autocontrolar-se, ganhar domínio sobre si mesmo, eram essenciais: "Eu digo à paciente que suas dores ficarão bem quando ela estiver bem e depois não permito mais que sejam discutidas." O que o resto da cura pelo repouso requeria era "o rompimento de velhos hábitos ... o corte de muitas influências dolorosas, mas, acima de tudo, o poder de separar os pacientes de algum escravo por vontade própria, uma mãe ou uma irmã, cuja servidão, como sempre, degrada e destrói o déspota enquanto arruína o escravo".[96]

Conceitualizar partes não mapeadas do corpo, particularmente em sua relação com a mente, sempre levou a metáforas: estas são particularmente aptas e reveladoras das preocupações de seu momento histórico. Onde o século XVIII postulava a energia nervosa como um fluido, um tipo de energia hidráulica ou força da água corrente, o século XIX a entendia como força elétrica. A princípio isso abrangeu a física galvânica da eletricidade vital, animal. Gradualmente, o conceito evoluiu para assumir a química de Volta, de forma que o cérebro emergia como uma bateria voltaica recarregável gerando eletricidade através das fibras nervosas. Depois jogou com a termodinâmica e as ideias sobre a conservação de energia e finalmente mudou para o conceito mais complexo de eletricidade de Faraday como uma força que passa de partícula para partícula. Às vezes, todas essas hipóteses funcionavam lado a lado.

O manual para *Instruction of Attendants of the Insane*, de 1884, usou a analogia contemporânea para explicar a função do nervo e do cérebro:

> A massa cinzenta do cérebro pode ser comparada a uma grande cidade, o centro de operações do sistema telegráfico, e as aglomerações cinzentas espalhadas pela substância branca do cérebro são os subúrbios da cidade, as aglomerações cinzentas da espinha vertebral são as cidades menores, e os pontos de pele, órgãos de músculos ... onde as fibras nervosas terminam são as aldeias. As fibras nervosas conectam aldeias, cidades, subúrbios e a grande cidade uns aos outros ... Os nervos internos e as células nervosas da mente se conectam umas com as outras para formar uma rede, que, enquanto estamos acordados ou sonhando, se encontra em um estado de grande atividade, telegrafando ideias de célula para célula ... À proporção que essa rede se rompe ou enfraquece, a mente falha em suas funções; o dano de algumas fibras, a doença de umas poucas células faz uma grande diferença; e por causa de sua delicadeza, a estrutura requer reparo constante e cuidadosa conservação.[97]

George Beard, que teve algum sucesso com eletroterapia, postulava uma explicação química de "carência de força nervosa": "Meu ponto de vista é que o sistema nervoso central fica sem fósforo, ou talvez perca um pouco de seus constituintes sólidos, provavelmente também experimente mudanças leves, mórbidas, não detectáveis em sua estrutura química e, em consequência, se torna mais ou menos empobrecido na quantidade e qualidade de sua força nervosa."[98]

Seja qual for a base metafórica ou especulativa emprestada pelas ciências ou pela nova tecnologia, os vitorianos também transformaram o sistema nervoso, assim como fizeram com a sexualidade, em um modelo econômico com um registro de haver/dever de renda e gastos. Cada pessoa tinha apenas certo volume de energia nervosa, um fundo de capital herdado que poderia mais facilmente ser dilapidado que reabastecido. "Esforço sem medida, mental ou físico, poderia drenar o suprimento de um indivíduo, deixando um sistema nervoso exaurido, incapaz de qualquer esforço. Falência da energia nervosa significa profunda incapacitação."[99] Da mesma forma que a bancarrota era uma forma de pecado no domínio da economia pública, na esfera privada os gastos excessivos que levavam ao colapso do sistema nervoso ou à loucura eram vergonhosos e entendidos não apenas como exaustão, como moralmente repreensíveis. A atividade sexual sem o objetivo da procriação era má e incapacitante, e duplamente o era a masturbação. O excesso era o abandono da firmeza de propósito — uma faculdade que, de acordo com moralistas públicos e médicos, era mais fraca nas mulheres. O dever era sagrado e, para as mulheres, estava no casamento e na pureza da maternidade.

Com maior ou menor ênfase nas noções protestantes de firmeza de propósito e dever, a linguagem dos nervos era usada na Europa e na América. As resultantes doenças nervosas — neuroses, colapsos, neurastenia — eram concebidas como orgânicas. Embora a virada do século tenha levado o pêndulo médico para explicações psíquicas que não tinham base física comprovada, essa linguagem de nervos e neuroses continuou.

Em 1895, o psiquiatra alemão Krafft-Ebing escreveu em sua *Psychopathia Sexualis*:

> O modo de vida de incontáveis pessoas civilizadas exibe hoje em dia uma abundância de fatores anti-higiênicos que torna fácil entender o desastroso crescimento das doenças nervosas; porque esses fatores danosos têm efeito primeiro e antes de tudo no cérebro. No decurso das últimas décadas, houve mudanças nas condições políticas e sociais — e especialmente mercantis, industriais e agrícolas — das nações civilizadas com grandes reflexos nas ocupações das pessoas, na posição social e na propriedade, e isso à custa do sistema nervoso, chamado a corresponder às maiores exigências sociais e econômicas mediante um maior gasto de energia, frequentemente com oportunidade bastante inadequada de recuperação.

Uma vez que os nervos alimentam todo o sistema corporal, o excesso de trabalho em uma área, por exemplo, no cérebro, poderia resultar em enfraquecimento em outro lugar. Mais comumente nas mulheres, a ligação era com a vitalidade dos órgãos reprodutivos. De fato, durante a última metade do século XIX, o sistema reprodutivo da mulher pareceu desenvolver uma ligação íntima com seus nervos fracos e instáveis. As regras — o impacto da menstruação no corpo da mulher —, o parto e a menopausa sempre desempenharam um papel na avaliação da saúde mental, mas só a partir dos anos 1860 essas características especificamente sexuais assumem um lugar público bastante proeminente na interpretação dos sintomas "nervosos" que a mulher poderia apresentar.

A "teoria dos reflexos" nervosos abrira caminho para esse tipo de pensamento nos anos 1830. Ela propunha que as conexões nervosas ao longo da espinha regulavam todos os órgãos, sem nenhuma intervenção da consciência. Se essa "rede de mensagens" se enfraquecia ou se rompia, a mente falhava em sua função. O colapso também podia levar à falência das sensações externas e internas, como a dormência sofrida pelos histéricos, e do sistema motor, como espasmos, sacudidas e paralisias. Tendo como pioneiro o médico da sociedade Marshall Hall, na Inglaterra, a teoria reflexologista foi ampliada para englobar os hemisférios cerebrais por Thomas Laycock, prolífico médico de Edimburgo, em uma publicação de 1845. Por causa da fama continental do livro anterior de Laycock, *Nervous Diseases of Women*, suas especulações sobre a forma como os reflexos funcionavam tiveram grande influência em toda a Europa. De fato, a intervenção de Laycock foi possivelmente decisiva para tornar a teoria reflexologista um modelo precoce dos laços entre o fisiológico e o psicológico.[100] "Comparada ao homem", proclamou Laycock, "a mulher é de temperamento nervoso ... Seu sistema nervoso é, portanto, mais facilmente afetado por todas as impressões e mais sujeito a todas as doenças do excitamento."[101]

Uma vez que a noção da ação reflexa podia ligar órgãos afastados do local de um sintoma, a teoria ajudava a fornecer uma base "científica" para implicar o útero em uma grande variedade de doenças nervosas. Como enfatizou Weir Mitchell, "as doenças orgânicas dos ovários e das trompas nas mulheres reagem profundamente ao sistema nervoso". A ação reflexa também teve o desastroso efeito de introduzir uma moda de cirurgia pélvica e um grande número de outras intervenções no sistema reprodutivo feminino como cura para enfermidades tão disparatadas como fadiga, dores de cabeça e vômito. Esse impulso para a intervenção cirúrgica continuou até a virada do século.

Ao longo de todo esse período, médicos e cientistas pareciam determinados a tornar a divisão de trabalho existente na classe média um dado universal e transformar o lugar da mulher na esfera doméstica em uma inevitabilidade biológica da qual desvios de qualquer natureza provocariam um colapso, não apenas da mente como também da espécie. As mulheres eram modeladas pela evolução para o lar e a maternidade, de nervos frágeis, intelectualmente inferiores, segundo o entendimento da época. Afastar-se desse direito de nascença inferior, permitir que as energias fossem drenadas pelo esforço intelectual ou da imaginação levaria ao colapso nervoso ou àquela espaçosa lista de sintomas que, com muita frequência, vinham sob o abrangente diagnóstico de neurastenia ou de sua vizinha próxima, a histeria. "Que barreira frágil é a verdade quando fica no caminho de qualquer hipótese", observou argutamente Mary Wollstonecraft em 1790, erguendo-se contra o desejo de Rousseau de tornar a mulher uma coquete por natureza.[102]

Por volta da década de 1870, as exigências crescentes e articuladas das mulheres, não apenas pelo voto e pela igualdade dentro do casamento, mas também por educação e mais liberdade de agir, coincidiram com a força recém-mobilizada de um *establishment* médico e científico especializado em doença mental e nervosa. As advertências médicas contra quaisquer atividades que pudessem mudar o status doméstico da mulher, visto como um dado de Deus e da natureza, eram ensurdecedoras. Era preciso bloquear não apenas as vozes das mulheres, mas a de advogados do calibre de John Stuart Mill.

Mill afirma que a sujeição da mulher tem tudo a ver com vontade política. Apenas nas relações entre os sexos, aponta, ainda parece que a "lei do mais forte prevalece". No que diz respeito aos argumentos em favor da inferioridade das mulheres, a única coisa que mudou desde o último século foi o deslocamento das explicações sociais para um chamado às causas físicas, inatas.

> A razão dada naqueles dias não era a não adaptação das mulheres, mas o interesse da sociedade, pelo qual se queria dizer o interesse dos homens: exatamente como a razão de Estado, querendo significar a conveniência do governo e o apoio à autoridade existente, era considerada explicação suficiente e desculpa para os crimes mais cruéis. Nos dias atuais, o poder tem uma linguagem mais suave e sempre finge que oprime para o próprio bem dos oprimidos: coerentemente, quando alguma coisa é proibida às mulheres, acha-se necessário dizer, e desejável acreditar, que elas são incapazes de fazê-la e que abandonam seu caminho real de sucesso e felicidade quando aspiram a ela. Mas para tornar essa razão plausível (não digo válida), aqueles por quem isso é exigido devem estar preparados para levá-la adiante por uma extensão maior

que a que qualquer um se aventuraria em face da experiência atual. Não basta dizer que as mulheres são em média menos dotadas que os homens em algumas das mais altas faculdades mentais, ou que um número menor de mulheres é qualificado para ocupações e funções do mais elevado caráter. É necessário insistir que nenhuma das mulheres tem qualidades para isso e que as mulheres mais eminentes são inferiores em faculdades mentais ao mais medíocre dos homens em quem essas funções no presente declinam.

Mill pedia uma avaliação psicológica apropriada que mostrasse que as diferenças entre homens e mulheres são apenas diferenças de educação e não indicam nenhuma inferioridade imposta pela natureza. Ele inteligentemente destacava que o tamanho do cérebro (um elefante é mais inteligente que um homem?) poderia ser menos importante para medir a inteligência que sua atividade. Observava que os homens haviam astuta e egoisticamente escravizado as mulheres "ao retratar para elas humildade extrema, submissão e renúncia a toda vontade individual ... como parte essencial da atratividade sexual". Ele também destacava que todos os argumentos da "natureza" eram sabotados pela comparação cultural: "Um oriental acha que as mulheres são peculiarmente voluptuosas por natureza; veja as violentas injúrias a elas nesse terreno nos escritos hindus. Um inglês normalmente acha que elas são frias por natureza. Os dizeres sobre a volubilidade das mulheres são em sua maioria de origem francesa." No que dizia respeito aos praticantes da medicina, uma vez que quase nenhum era psicólogo, quando falavam sobre as mulheres seus comentários não tinham mais utilidade que os de qualquer homem "'comum'. É um assunto sobre o qual nada definitivo pode ser sabido enquanto aquelas que realmente podem saber, as próprias mulheres, tiverem dado apenas um pequeno testemunho e, por menor que seja, subornado em sua maior parte".

Para Mill, "o princípio que regula as relações sociais existentes entre os dois sexos — a subordinação legal de um sexo a outro — é errado em si mesmo, e agora um dos maiores entraves ao desenvolvimento humano ... ele precisa ser substituído por um princípio de perfeita igualdade, não admitindo nenhum poder ou privilégio de um lado, nem falta de habilidade do outro". A maior suscetibilidade nervosa das mulheres, afirmava, era, na verdade, uma característica das "classes mais altas", cultivadas em estufas, fisicamente inativas, embora naturalmente ativas no que dizia respeito às emoções: "Não surpreende que aquelas entre elas que não morrem de tuberculose cresçam com constituições suscetíveis à insanidade por causas internas e externas tratadas com indiferença e sem energia para suportar qualquer tarefa, física ou mental, que exija esforço continuado."[103]

Um dos opositores intelectuais de Mill mais populares entre o público vitoriano era Herbert Spencer, cujos escritos sobre evolução, ciência e sociedade incorporavam teorias de Darwin, assim como as do naturalista francês Lamarck e seu modelo evolucionista de características adquiridas. Foi Spencer, como jornalista e autodidata prolífico que serviu, certamente em parte, de modelo para o Casaubon de George Eliot (pseudônimo de Mary Ann Evans) em *Middlemarch* — um homem frio, assexuado, com quem Eliot uma vez quis casar e que estava sempre em busca de um sistema completo de conhecimento. Foi Spencer, e não Darwin, quem cunhou a frase "sobrevivência dos mais capazes". Para Spencer, armado de uma crença sempre crescente na "especialização de funções", as mulheres eram feitas para a vida doméstica. Desde o início dos tempos elas haviam aperfeiçoado a intuição, submissão e as habilidades do engano: daí seu lugar natural e apropriado ser o lar. Na verdade, a família patriarcal era o modelo favorecido pela natureza. Apenas em tal ambiente filhos saudáveis poderiam ser criados. Qualquer outra coisa levaria ao declínio da espécie.

Ironicamente, os teóricos que mais advertiam as mulheres a não se desviar de sua esfera natural da reprodução, aqueles que viam a aspiração intelectual como um caminho para uma variedade de distúrbios nervosos e físicos eram homens que sofriam eles próprios de uma série de doenças "nervosas". A depressão e uma variedade de sintomas físicos sem causa física perseguiam Darwin. A "neurastenia" de Spencer o aborreceu durante toda a vida e ele sofria colapsos severos. De fato, a "natureza" que sustentava os arranjos domésticos não se estendia à sua própria casa. Ele nunca se casou nem foi pai.

Tais ironias pareciam não constranger os pronunciamentos de neurologistas e alienistas do fim do século.

Reagindo contra um nascente movimento de mulheres e o apelo de John Stuart Mill pela educação das mulheres, Maudsley, o mais influente dos alienistas vitorianos, escreveu um ensaio em 1874 sobre "Sex in Mind and in Education". Ali ele defende enfaticamente a ideia dos efeitos danosos do trabalho intelectual sobre a "energia vital" das mulheres em combinação com as mudanças físicas da adolescência. A fisiologia das mulheres, à diferença da dos homens, não possuía a energia nervosa requerida. A menstruação era o fantasma.

Esta é uma questão de fisiologia, não uma questão de sentimento; não é uma mera questão de músculos menores, mas da energia e do poder da tolerância, da força do nervo que dirige a maquinaria intelectual e muscular; não é uma questão de dois corpos e mentes que estão em condições físicas iguais, mas de um corpo e de uma mente capazes de trabalho duro, contínuo e regular, e de outro corpo e outra mente que durante um quarto de cada mês, durante os melhores anos da vida, está mais ou menos doente e incapaz para o trabalho duro.

A educação, portanto, era um "dreno mental excessivo" sobre a mente da mulher jovem, e, usando o banco como um modelo dos recursos humanos, Maudsley argumentou: "O que a natureza gasta em uma direção, ela precisa economizar em outra." Os centros nervosos da mulher, já instáveis por causa da energia requerida pelas mudanças físicas da puberdade, enlouqueceriam com o duplo esforço do trabalho mental e do tipo de competição em que os homens mais jovens floresciam. A menstruação se tornaria irregular ou cessaria completamente. Os danos ao ciclo menstrual podiam levar algumas mulheres meramente à dor de cabeça, fadiga ou insônia. Em outras, os efeitos eram mais graves: colapso mental, epilepsia ou *chorea** — o nome que a época dava a todos os tipos de acessos nervosos. Pior que tudo, o sistema reprodutivo da jovem podia falhar.

Ao descrever essa falha, Maudsley expõe completamente os preconceitos e temores da degenerescência sexual subjacente à sua ciência. A falsidade é característica-chave da mulher que ele evoca, uma criatura baixa, determinada a enganar o macho: "Aquelas em quem os órgãos estão enfraquecidos invocam a ajuda do costureiro para melhorar a aparência deles; não ficam satisfeitas a menos que usem a vestimenta da perfeita feminilidade." Essas descrições de peitos caídos e perda de poder pélvico da mulher assexuada, estéril, uma anormalidade que "tendo cessado de ser mulher ainda não é homem", traem um asco visceral. A partir da jovem que cresceu com nervos enfraquecidos pela educação, Maudsley produz o cataclismo de uma antiutopia sem sexo.[104] Parece que toda a civilização vitoriana, estruturada em torno da unidade da família, entra em colapso com a educação das jovens mulheres.

**Chorea-acanthocytosis (ChAc)*, doença neurológica. (*N. da T.*)

O artigo muito citado de Maudsley foi escrito em resposta a Edward Clarke, de Harvard, cujo *Sex in Education* argumentava que a educação tornaria as mulheres incapazes para o parto. Na Grã-Bretanha, ambos logo ganharam admiradores. O alienista levemente mais jovem James Crichton-Browne (1840-1938), diretor médico do grande West Riding Wakefield Lunatic Asylum, onde implantou um dos poucos laboratórios neuroanatômicos sediados em hospitais, compartilhava as opiniões de Maudsley. (Foi Maudsley quem lhe apresentou Darwin, quando este último queria ajuda com fotos de loucos para estudar suas expressões faciais com vistas a seu trabalho sobre emoções em homens e animais.)

O asilo de Crichton-Browne forneceu a Maudsley acesso rápido e legalmente sancionado ao cérebro de pacientes mortos não reclamados pelas famílias. Medindo estes e comparando seus resultados com colegas de dois outros asilos, ele escreveu uma série de artigos sobre o tamanho menor do cérebro das mulheres em comparação ao dos homens e sua fisiologia. Dessa informação extrapolou uma série de preconceitos que ganharam influência por causa de seus supostos vínculos com a ciência. Os cérebros menores das mulheres, a pouca profundidade da matéria cinzenta, o número de circunvoluções, tudo provava que as mulheres eram intelectualmente inferiores e infantis em sua natureza: elas eram demasiado emocionais, tinham um profundo senso de dependência, buscavam solidariedade e eram mímicas hábeis. As garotas tinham "centros nervosos estressados e propensos ao dano se pressionados", enquanto os garotos são "mais obdurados e resistentes".[105]

Fatos supostamente especializados geram mais fatos supostamente especializados no mundo. Assim como a pesquisa contemporânea especializada que liga a infertilidade da mulher ao trabalho em lugar de fazê-lo às mil e uma outras causas potenciais ajuda a nutrir o pânico em relação à fertilidade, da mesma forma o século XIX alimentou o pânico moral que visualizava as tentativas da mulher de classe média de mudar sua vida resultando em loucura e no declínio da espécie. O consenso médico sobre a inteligência inferior da mulher e sua fragilidade nervosa ligado à ignorância de fato acerca das funções reprodutivas femininas gerou doenças nervosas e seus diagnósticos exagerados. A concordância especializada levou as mulheres a temer suas menstruações e gravidezes, que, à parte qualquer impacto sobre o "sistema nervoso", já sofriam os terríveis efeitos colaterais que, com frequência, resultavam em morte, ou da mãe ou da criança. Privada de atividade, advertida contra exercícios e trabalho, liberdade da mente e movimento, a mulher do fim de século, com sua capacidade "mímica", desenvolveu problemas nervosos que os médicos de então vincularam mais às suas funções especificamente femininas que às condições gerais de suas vidas.

Elizabeth Garrett Anderson (1836-1917) lutou contra grandes forças institucionais, sem mencionar preconceitos, para se tornar a primeira mulher médica da Grã-Bretanha e fundadora, em 1871, do New Hospital for Women em Londres, que tinha apenas mulheres em sua equipe. Ela também se casou, teve três filhos e se engajou em numerosas atividades políticas. Sua resposta a Maudsley e seu grupo não foi — embora pudesse ter sido — que ela era a prova viva do fato de a educação não transtornar as habilidades reprodutivas da mulher. Em lugar disso, diplomaticamente apontou que as mulheres trabalhadoras eram um ótimo exemplo da forma como as mulheres negligenciavam suas "funções fisiológicas especiais". Os "fatos de seu organismo" não as impediam de trabalhar. Suas pacientes lhe haviam mostrado que frequentemente ocorria o contrário. "O colapso da saúde nervosa e física, de qualquer modo, parece capaz de ser observado distintamente do desejo de um interesse mental adequado e educação nos anos imediatamente subsequentes à escola. Milhares de mulheres jovens, fortes e florescentes aos 18 anos tornam-se gradativamente lânguidas e fracas sob a influência depressiva do tédio."[106]

O argumento enfureceu as mulheres por não vir do lado de Maudsley e dos evolucionistas. Elas ficaram entre o mar e o rochedo. O tédio as deixaria loucas; a energia excessiva não apenas as deixaria loucas, como condenaria a espécie a quem deviam servir. Com uma pequena variação e permitindo maiores liberdades, nem tanto mudou assim em nossos próprios dias. Vozes "especializadas" tornam a invocar velhos preconceitos, acham estatísticas para preencher as necessidades, levam adiante estudos em que os termos estão ligados a hipóteses ultrapassadas. Induzem conflitos em mulheres trabalhadoras ao lamentar as crianças que sofrem ou o ventre menos que fértil, enquanto advertem todo o tempo contra o estresse, a debilitação emocional ou pior.

Alice James (1848-1892) e os médicos de nervos americanos

"Sua morte trágica foi, de certa maneira, a única solução para ela do problema prático da vida." Assim escreveu o romancista Henry James em 8 de maio de 1894 para seu irmão William, o famoso psicólogo de Boston, sobre a irmã deles, Alice, morta dois anos antes.

Talvez James, cujas heroínas ultrapassam o fim do século, tenha um talento natural para os segredos das mulheres e sua necessidade deles porque ele próprio tem muitos segredos a resguardar. Uma misteriosa doença impediu-o de lutar na Guerra Civil, aquele solo histórico de prova da masculinidade americana. Ele parece compartilhar a persistente impotência das mulheres, especialmente das mulheres sem filhos. Entendia melhor que o resto da família que a invalidez de Alice começara a partir da adolescência como uma solução para o problema prático da vida. Em parte através dela, imagina-se, ele ficou sintonizado com aquele fundo de "vida nova" que uma mulher como Alice continha e as frustrações que uma natureza independente abrigava no corpo de uma mulher. Ele distribui isso em diferentes porções a suas heroínas. James também entendeu a natureza do talento de Alice, que apenas recentemente encontrou expressão.

Nos três últimos anos de sua vida, Alice teve um diário. Ele foi mandado aos irmãos pela mulher que compartilhou a vida de Alice desde 1879. Henry estava profundamente preocupado com a possibilidade de publicação do diário e as indiscrições que revelaria sobre ele mesmo e seus amigos. Mesmo assim, foi astuto e generoso na avaliação dos talentos da irmã: "A vida, o poder, o temperamento, o humor, a beleza e a expressividade do diário ... É heroico em sua individualidade, em sua independência — está cara a cara com o universo para e por si mesmo —, e a beleza e a eloquência com que ela frequentemente expressa isso, sem falar na rica ironia e no humor, constituem ... uma nova afirmação do renome da família." O diário também nos dá clareza do ponto de vista da vítima sobre o que constitui sua condição "nervosa".

Embora distinta em suas particularidades e nos grandes talentos de seus membros, a família James dividia com seus contemporâneos sociais aquele padrão de doença nervosa que George Beard havia atribuído à elite americana rica e bem-educada. Os dois filhos mais velhos, Henry e William, assim como o pai, Henry Sr, um filósofo swedenborgiano,* sofriam de surtos de depressão e de um misterioso e não identificado nervosismo. Mas foi Alice, a única filha entre quatro irmãos e a mais nova, que assumiu o dever neurótico da família. É o tipo de divisão de energia e doença que Henry retratou em *The Sacred Fountain*, onde um vampirismo emocional alimenta as relações de seu herói com a heroína. A trajetória da doença de Alice, mesmo que seja completamente dela, segue as linhas gerais com que a

---

*Seguidor da doutrina religiosa de Emanuel Swedenborg. (*N. da T.*)

"neurastenia" e, às vezes, sua categoria acompanhante "histeria" exauriam muitas mulheres de seu tempo.

Henry Sr, que não tinha uma profissão que o tirasse de casa, era um pai entusiástico, focado, de acordo com seu entendimento filosófico, em subordinar-se aos sagrados "instintos naturais" de seus filhos. Ele transformou a educação deles, sempre amorosa, mas vigilante, em uma experiência em que eram constrangidos a ser felizes. Alice era mimada pelo indulgente Henry Sr, que, por acaso, também acreditava que as meninas nasciam virtuosas e capazes de autossacrifício. Diante dessa visão de perfeição, Alice tendia a ver qualquer falha em si mesma como uma queda no abismo da maldade. Mais tarde, escreveu em seu diário: "Como se fica enjoada de ser 'boa', o quanto eu me respeitaria se pudesse explodir e tornar cada um infeliz por 24 horas."

A mulher de Henry Sr, Mary Welsh, compartilhava pouco do senso do marido de como educar as crianças, ou das inclinações filosóficas dos membros da família mais bem lembrados. Ela era o mais convencional e prático dos anjos vitorianos domésticos. Parece que ela ou negligenciava ou disciplinava a agitada e enérgica criança que Alice era, mas quando a doença de Alice começou, suas cartas — e a família James e seus amigos escreveram incontáveis cartas uns para os outros — são repletas de carinho maternal pela filha enferma. A doença lhe deu um lugar especial no espectro do amor materno, espalhado, às vezes, como pensava Alice, em uma camada bastante fina sobre uma incubadora em que entrou por último. Apesar das evidentes habilidades intelectuais de Alice, ela nunca foi educada no mesmo nível que os irmãos, algo que lamentou ao longo da vida. Durante aquela incansável odisseia europeia que Henry Sr insistia ser necessária como preparação para a vida de seus filhos americanos, Alice frequentemente ficava para trás em quartos de hotel pequenos, enquanto os irmãos iam para a escola ou passeavam em excursões culturais.

De volta à América, Alice viveu uma adolescência difícil. O amor parecia um perigo, algo que ela nunca seria boa o suficiente para merecer, mesmo que fosse o único destino aparente da mulher. Ela era simples, melhor nas aulas de história que nos rituais da corte de Boston. Os olhos dos homens não eram atraídos. Ela zomba dos papéis e das regras sociais com toda a sua ácida inteligência, mas eles pesam sobre Alice assim mesmo e deixam sua marca no senso que tem de si mesma. Não pode nem corresponder às expectativas femininas, nem controlar seus próprios desejos de rebelião.

A doença fornece um tipo de solução para uma vida que confronta sua sensibilidade, enquanto ao mesmo tempo a enche de culpa sobre a inatingibilidade do ideal. A "ocupação de melhorar" de toda a vida de que ela fala em seu diário pode, então, assumir um significado duplo: melhorar a si mesma e ficar melhor. Com a doença, as exigências são menores, mesmo que permaneça o peso da consciência e do desapontamento consigo mesma. A doença significa que não precisa flagelar-se acerca de suas deficiências, não precisa competir intelectualmente com os irmãos: pode ao mesmo tempo ser interessante nos termos de seu pai e um fracasso, julgada por critérios externos.

A doença particularmente indeterminada da qual Alice sofre também lhe permite a selvagem explosão ocasional do delírio, uma espécie de rebelião histérica contra os constrangimentos impostos por sua situação. Curiosamente, o primeiro registro de seu diário, em 31 de maio de 1889, quando ela já está com 40 anos, fala sobre aqueles interiores explosivos. Alice vê o diário como uma "saída para aquele gêiser de emoções, sensações, especulações e reflexos que fermentam perpetuamente em minha pobre carcaça". Mas antes que encenasse suas irônicas peças amadoras nas páginas de seu diário, foi a doença que lhe deu licença para explodir. A doença também permitiu o oposto — a paródia de uma passividade feminina muito própria naquele repouso forçado que é depressão ou neurastenia. Na verdade, a doença foi uma saída completamente útil.

Com a idade de 14 anos, Alice já havia assumido o que o biógrafo de Henry James, Leon Edel, chamou de "camisa de força espiritual". Ela se sente inútil, aprisionada em um corpo "que luta para sair de roupas apertadas", mas presa por "circunstâncias musculares" e falta de energia, a uma renúncia: "Tive de trabalhar duro entre os 12 e os 24, 'matando a mim mesma' como alguém chama isso —, absorvendo no osso que a melhor parte é vestir-se de cores neutras, andar em águas paradas e possuir a própria alma em silêncio."

Aos 15 anos, Alice começa a sofrer os mais sérios colapsos que marcaram o resto de sua vida. As cartas de família estão cheias de sua doença, seus altos e baixos, sem nunca descrever precisamente os sintomas. Ela fica sem forças. Ela está exausta. Ela corre, cavalga ou nada, adere ao trabalho com agulhas, que desaparece à medida que as jovens se casam. Sofre dores misteriosas e desmaios. A perseguida vida social não traz as necessárias propostas de casamento. Ela deseja estar morta. Sofre de solidão enquanto seus irmãos viajam; um senso de desolação a assombra e ocasionalmente a domina. Ela se impõe tarefas de estudos para corresponder à sua inteligência e ao atributo intelectual de seu pai e dos dois James mais velhos, mas seu corpo, como diz mais tarde, se rebela, e ela está cheia de pensamentos de suicídio ou de desejo de assassinar seu atento, algumas vezes sedutor, pai, que espera demasiada bondade dela.

Um período de recuperação, uma amizade criada com Katherine Loring, mulher capaz que finalmente se torna sua parceira em um "casamento de Boston", mas que a princípio tinha de dividir o tempo entre Alice e sua própria irmã inválida; um complicado engajamento no feminismo de Boston — tão bem capturado em *The Bostonians*, de seu irmão Henry — e ela está doente de novo, sofrendo de dores nos membros, entre muitas outras coisas. O casamento de William, seu irmão favorito, traz um colapso mais grave e uma estada em um asilo de loucos — muito da forma como a paixão de Charles Lamb ajudou a trazer a loucura de Mary. Após a morte da mãe, Alice, finalmente útil, cuida do pai. Mas ele rejeita a utilidade dela cometendo aquele lento "suicídio gentil" que uma vez dissera a Alice — afastando o desejo dela de morrer — ser o único caminho justo. A morte de Henry Sr traz outra recaída. O padrão de doença nervosa continua até seu câncer final, que ela sofre com uma espécie de alívio de que existe ao menos uma doença com nome.

Nevralgia, neurose espinhal, hiperestesia nervosa, gota reumática, todas essas foram diagnosticadas para Alice, junto com dores de cabeça, distúrbios estomacais, fadiga e nervos. Sob neurastenia, George Beard havia listado cinquenta sintomas, alguns dos quais também cabiam na igualmente indeterminada doença nervosa ou histeria: esta incluía desmaio, decadência dos dentes, irritabilidade, paralisia, falta de apetite, vômito, acessos de riso e choro, nevralgia, espasmos musculares, medos mórbidos, constipação, insônia e cansaço. Em 1866, com a idade de 18 anos, depois que a família se mudou para o lar permanente em Cambridge, a doença de Alice piorou tanto que ela foi mandada embora para os primeiros de seus longos tratamentos. No New York Orthopaedic Dispensary entrou em um regime sob os cuidados de um dr. Charles Fayette Taylor. O tratamento não diferia do que foi desenvolvido na década seguinte por Weir Mitchell.

De fato, como Weir em seus primeiros dias, o dr. Taylor concebeu uma ligação entre a ortopedia e o sistema nervoso. Seu tratamento incluía repouso e um regime de engorda, e o paciente era afastado da família. Parece levemente menos autocrático que o de Weir Mitchell, em que a passividade forçada era temperada com exercício. Como destaca Jean Strouse, biógrafo de Alice, o dr. Taylor, sob a influência de um fisiologista sueco, havia desenvolvido um tratamento pelo movimento que consistia em exercícios físicos, "ortopédico-mecânicos", e uma boa dose de filosofia terapêutica. Ele postulava, como tantos de seus colegas de ambos os lados do Atlântico, que as garotas expostas cedo demais a muito estímulo emocional e intelectual tinham seu sistema nervoso "pervertido desde a formação do tecido e absorvido pela vida de sensações. O corpo é literalmente *esfomeado*, enquanto o sistema nervoso é estimulado ao mais alto grau". Emoções, para Taylor, eram o mais exaustivo de todos os atributos mentais. Demasiada educação em uma mulher a tornavam mais emocional ainda.

O objetivo terapêutico de Taylor, portanto, era "acelerar os processos nutritivos e causar o desenvolvimento muscular, sem sobrecarregar o sistema nervoso". Ele avisava que a paciente devia ser "impressionada pela ideia de que não devia olhar seus sintomas, fossem eles temporariamente agradáveis ou não, mas ignorá-los o máximo possível, adotando um caminho que assegura maior imunidade em relação a eles". Este último conselho tem muito em comum com as táticas de "administração moral". Mas como revela o ensaio sobre "Emotional Prodigality", de 1879, Taylor também assumiu o pensamento evolucionista e a preocupação que o acompanha com o meio reprodutor em bom estado:

> Enquanto os homens são acalmados, as mulheres são excitadas pela educação que recebem ... a mulher de nossa civilização moderna se torna o feixe de nervos que é — quase incapaz de raciocinar sob a tirania de emoções supremas; algumas se tornam incapazes de ser mães de crianças corretamente organizadas ... Para [assegurar] paciência, confiabilidade, julgamento real para levar orientações adiante, autocontrole, dê-me a mulherzinha que não foi "educada" demais ... Tais mulheres são capazes de ser mães de homens.

É claro que a mãe de Alice era um exemplo muito melhor de boa feminilidade que a filha.

Alice passou mais tempo que qualquer pessoa podia esperar sob o cuidado do dr. Taylor — seis meses, de novembro de 1866 a maio de 1867, durante os quais os relatos eram de que ela florescia. Mas assim que volta à casa em Cambridge e é envolvida no torvelinho da vida social, com a perda de amigos para o casamento, o reconhecimento de sua própria falta de atrativos e as pressões daquela incubadora que é a família James, ela sofre um colapso muito mais sério, no início de 1868, com a idade de 19 anos. James Sr comenta o estado de Alice naquele ano como "grande parte do tempo principalmente louca".

Em 1890, depois de ler os escritos de seu irmão William sobre histeria e divisão da consciência, Alice compreendeu seus próprios conflitos nos termos dele. Descreve em seu diário o puro terror de sua condição de jovem: ela havia se sentido moralmente forçada a manter o controle, enquanto alguma parte dela, que chama de "corpo" ou "músculo", se rebelava violentamente:

> Eu passei por uma sucessão infinita de abandonos conscientes e, ao olhar para trás agora, vejo como isso começou em minha infância, embora eu não estivesse consciente da necessidade até '67 ou '68 quando tive o primeiro colapso, agudo, e violentos períodos de histeria. Enquanto estava prostrada depois da tempestade com minha mente iluminada e suscetível às mais fortes e claras impressões, vi muito distintamente que era simplesmente uma luta entre meu corpo e minha vontade, uma batalha na qual o primeiro foi triunfante até o fim. Devido a alguma fraqueza física, excesso de suscetibilidade nervosa, o poder moral pausa por um momento, como aconteceu, e se recusa a manter a saúde muscular, esgotado pela tensão de suas funções restritivas. Quando tentava sentar-me imóvel e ler na biblioteca com ondas de inclinação violenta subitamente invadindo meus músculos, assumindo algumas de suas miríades de formas, como jogar-me pela janela ou cortar a cabeça do bondoso pai enquanto está sentado com seus cachos prateados escrevendo à sua mesa, costumava parecer-me que a única diferença entre mim e os loucos era que eu não apenas arcava com todos os horrores e sofrimentos da insanidade, como também com os deveres de médico, enfermeira e a camisa de força que me era imposta. Imagine nunca viver sem a sensação de que se você se deixar levar por um instante seu cérebro vai virar um pudim e em um momento dado você deverá abandoná-lo totalmente, deixar os diques se romperem e a inundação entrar, reconhecendo-se abjetamente impotente ante leis imutáveis. Quando todo o inventário de bens morais e neurais de alguém é uma disposição que proíbe o abandono de uma polegada ou o relaxamento de um músculo é uma luta sem fim.[107]

Nessa comovente descrição de sua luta interna, escrita em outubro de 1890, mais de vinte anos após seus primeiros grandes ataques, Alice resume seus sintomas nos paradigmas do tempo. Ela vê o senso de que "tenho de abandonar meu 'cérebro'" ligado às suas próprias tentativas de "uso consciente e contínuo do cérebro". Na verdade, apesar de toda a sua rebelião, ela aceita o pensamento de seu próprio tempo sobre as limitações da capacidade das mulheres e os efeitos da ambição excessiva. Ela também se entende como suscetível à fraqueza nervosa em consequência de uma tendência hereditária. Seus ataques são desenvolvimentos da fraqueza de seu corpo, sua rebelião contra as dificuldades do estudo: sua mente se recusa a se concentrar, embora quisesse persistir. Não há sugestões em sua autoanálise altamente inteligente de uma descrição que a leve adiante dos médicos americanos em seu próprio diagnóstico, mesmo quando ela de fato reserva uma parte para o poder moral do eu "policial" em seus colapsos, aquele autopoliciamento sobre o qual os médicos da mente freudianos vão elaborar na geração seguinte, quando instinto e sexualidade se opõem aos constrangimentos da civilização. Um quarto de século depois, uma mulher comparável, ao analisar sua própria doença, irá usar termos muito diferentes.

Enquanto isso, poderia não ser demais especular que a preocupação de toda a vida de William James com os "Princípios de Psicologia" — o título de um trabalho em dois volumes em que explora todo o campo do pensamento em toda a sua amplitude — deva não pouco ao intrincado jogo de consciência em sua própria família e aos problemas muito reais colocados pela saúde "delicada" da irmã. Após anos tratando a irmã menor de maneira afetuosa, contando-lhe seus casos amorosos e escrevendo-lhe longamente da Europa sobre suas escapadas e seus gostos, seu compromisso e casamento em 1878 precipitaram uma grande crise em Alice, um desespero suicida, em que Henry Sr cuidou dela.

Todos os muitos tratamentos a que Alice se submeteu ao longo de sua vida traziam o selo de Silas Weir Mitchell (1828-1914), o preeminente especialista americano em doenças nervosas. Weir Mitchell, filho de médico, foi treinado na Filadélfia antes de viajar para a Europa, onde trabalhou com o eminente fisiologista Claude Bernard. Ele tinha tanto gosto pela pesquisa quanto pela escrita. Seu trabalho sobre o impacto do veneno de cobra sobre os nervos ainda é considerado de primeira linha; e seus primeiros escritos sobre consciência dividida de uma figura da história inicial da psicologia americana, Mary Reynolds, foram citados por muitos investigadores do campo. Mas foi a "cura pelo repouso" para a neurastenia e os livros que a acompanhavam que lhe trouxeram fama em toda a América e Europa, onde foram amplamente traduzidos: *Wear and Tear; or Hints for the Overworked* (1871), *Fat and Blood: An Essay on the Treatment of Certain Forms of Neurasthenia and Hysteria* (1877), e, em 1881, seu *Lectures on the Diseases of the Nervous System, Especially in Women*.

Escritor prolífico e arguto observador de seus pacientes, Weir Mitchell deu-lhes vida ficcional em 13 romances e um sem-número de contos. Sem dúvida esses retratos ajudaram a fixar a imagem negativa das mulheres neurastênicas na imaginação popular como figuras egoístas e queixosas que manipulavam os que estavam em volta mediante sua disposição nervosa. Octapia Darnell, Ann Penhallow e Constance Trescott são retratos impacientes, quase satíricos, de inválidas que evitam a luz e encenam melodramaticamente sua doença. Em *Roland Blake*, Octapia Darnell passa os dias em um quarto escuro, "em uma *chaise longue* e coberta por um lençol de seda até o chão". Sua "figura alta e magra" tem a compleição dourado-pálida de uma mulher "originalmente de pele escura a que agora falta sangue". Ela lamenta sua fraqueza e censura a pessoa que cuida dela, a jovem Olívia, cujos confortadores carinhos busca e cuja vida suga, como um vampiro, para alimentar a própria vida.

A cura para essas heroínas inválidas com frequência vem — como acontece com Ann Penhallow — de um chamado ao dever, um desafio para que voltem à vida na qual são necessárias: "Todo médico de grande experiência deve ter visto casos de invalidez criados pela própria pessoa e a que ela não resiste terminarem com misteriosa abruptude e o retorno da competência mental, moral e física sob a influência de algum chamado ao senso de dever criado por uma calamidade, como uma doença aguda na casa, a ruína financeira ou a morte do marido."[108]

Em seus escritos clínicos, o espectro de sintomas que Weir Mitchell descreve em suas mulheres nervosas é amplo. Elas sofrem de tiques e espasmos, paralisias e afonias, desmaios e sono, falsas gravidezes e movimentos involuntários dos braços para cima e para baixo, oscilando entre a histeria e a neurastenia, embora distinguir um do outro raramente seja visto como algo necessário. Ele apresenta seus casos com a viva impaciência de um misógino pragmático:

> A paciente era uma dessas mulheres gordas, coradas, com bons ovários e o útero onde deveria estar e, apesar disso, histérica em grau exasperador. Pesava mais de noventa quilos e infelizmente sujeita ao que chamava de movimentos com os braços que eram realmente notáveis, porque seu corpo era atirado tão alto na cama e descia com tanta violência devido ao seu peso que não era raro encontrar pedaços do suporte da cama que cedia. Ela ficou melhor à medida que sua histeria cedeu, mas ainda é, acredito, sujeita, às vezes, a esses desagradáveis e indesejados sintomas.[109]

Embora nunca acuse completamente suas mulheres nervosas de inventar os sintomas ou serem de má-fé, Weir Mitchell se impacienta com a intratabilidade de doenças que, apesar disso, vê como causadas por forças fora do controle individual. Ele ataca os sintomas com o zelo de um *terrier* que não gosta de largar a presa. De uma mulher cuja perna durante meses se havia recusado a mover de seu rígido ângulo reto em relação ao corpo, ele escreve: "Uma multidão de tratamentos terapêuticos que terminaram sempre em fracasso e abandono do caso foi feita por vários médicos: mesmo assim, assumi o tratamento com certa esperança, como de fato sempre faço quando um caso histérico é afastado de seu próprio lar e contexto social e sujeito a novas e revolucionárias influências."[110]

As características básicas da famosa cura Weir Mitchell, à parte sua tenacidade, eram levar o paciente para longe do ambiente familiar, reforçar o repouso e a distância de outras formas de estímulo além das criadas por médico e enfermeira, alimentar e alimentar um pouco mais. Em seis semanas de isolamento, o paciente nervoso comum tendia a engordar cerca de 23 quilos. Além disso havia massagem; correntes de indução podiam ser usadas para "acordar músculos não utilizados"; às vezes, também, como no caso da mulher com a perna rígida, injeções hipodérmicas. Mitchell descreve que o tratamento consiste em "um esforço para levar a saúde do paciente a um nível mais alto pelo uso do isolamento, que corta a excitação e a solidariedade tola; pelo repouso [que algumas vezes significa imobilidade] ... pela massagem ... E pelo uso de estímulo muscular elétrico [que permite o exercício passivo]".[111]

Tudo isso vem com boas doses da força de vontade do médico e de uma firmeza inquebrantável e a uma pequena distância da ameaça. Os sintomas, como as mulheres, estavam ali para obedecer às ordens de Weir Mitchell. O castigo de repouso forçado no leito e alimentação constante para um paciente nervoso que já se havia submetido voluntariamente a quartos na penumbra podia tornar os requeridos movimentos e estímulos à saúde ao menos momentaneamente atraentes. Se o paciente se mostrasse relutante, Weir Mitchell, ao que parece, ficava bem próximo de uma ameaça encenada. Uma história com toda a força de lenda entrou para a sua biografia. Era ele dizendo a um paciente que adorava ficar na cama: "Se você não sair da cama em cinco minutos, eu vou me deitar aí com você", enquanto lentamente removia seu casaco, depois o colete. Só quando começou a tirar a calça, o paciente, irado, pulou da cama.[112]

Mitchell tinha muitas pacientes mulheres entre a elite intelectual da Nova Inglaterra, inclusive Jane Adams, Winfred Howells, Edith Wharton e Charlotte

Perkins Gilman, que escreveu uma história de censura, *The Yellow Wall-paper*, sobre a cura de Mitchell. Sua heroína foi levada à loucura pelo repouso forçado e infantil, durante o qual é proibida de escrever.[113] Gilman enviou a história a Weir, que, ela afirmava sempre, mudou o tratamento de neurastenia após lê-la, embora não exista evidência substantiva de que ele o tenha feito.

Alice James — embora seus *sintomas* estivessem em linha com os tratamentos dele — nunca foi a Weir Mitchell. Tanto ela quanto William certamente leram o homem que, como comentou um amigo deles, "curou todos os bostonianos esgotados". William também o conheceu em Connecticut e afirmou em uma carta que sua conversa era muito interessante, embora sua natureza artística e intelectual "pudesse se desenvolver à custa de sua estabilidade moral".[114] Em vez de procurar Weir Mitchell, então no auge de sua fama, em 1883 Alice foi para um asilo que tratava "gente nervosa que não era insana" e ficou ali durante três meses. Por meio de uma herança, o asilo Adams Nervine, perto de Boston, foi incorporado pelo estado em 1877 para as mulheres pobres do estado, embora também aceitasse pacientes pagantes. Ficava em uma área bonita que dava para um arvoredo e tinha uma série de prédios decorados com bom gosto e mobília vitoriana gótica — tudo calculado para fornecer aos pacientes nervosos um ambiente apropriado, e os Boston Brahmins* que cuidavam deles. Vagas no asilo que se orgulhava, segundo a edição do jornal *Boston Globe* de 18 de abril de 1887, de seus ambientes "estéticos", eram muito procuradas.

Em um relatório para os administradores do asilo, o dr. Frank Page forneceu uma pesquisa dos pacientes desde a abertura oficial da instituição, em 1880. Os resultados eram contrários ao que alguns de seus colegas médicos ingleses teriam previsto. Ao observar as causas das doenças nervosas, Page afirma que, entre os 34% de donas de casa, a doença nervosa tinha a ver com "excesso de trabalho, preocupação, ansiedade e insônia coincidentes com doenças domésticas". Mas a preocupação em cuidar de outros era mais importante como causa do colapso que o próprio excesso de trabalho. Entre os 14% dos pacientes que eram professores, o excesso de trabalho raramente era a causa do colapso; era, de fato, "produtor de boa saúde".[115]

Para Alice e outros pacientes, o que o asilo oferecia era uma versão modificada da cura pelo repouso de Weir Mitchell: período na cama, comida,

---

*Nome dado aos descendentes de famílias que alegam ser as primeiras povoadoras da Nova Inglaterra. (*N. da T.*)

banhos de vapor, massagens e correntes farádicas e galvânicas aplicadas aos nervos e músculos para aliviar a dor e prover o estímulo que funcionava como exercício.

Temporariamente melhor quando deixou o asilo, poucos meses depois Alice estava novamente à procura de tratamento. Da mesma forma que para tantos pacientes nervosos, a cura era sempre buscada e nunca encontrada com alguma continuidade. Desta vez, o fator instigante do colapso de Alice, ou do medo de sofrê-lo, foi a longa estada de sua companheira Katherine Loring na Europa. O médico recomendado era um dispendioso especialista de Nova York, um russo que cobrava a exorbitante quantia de cem dólares por sessão para aplicação de correntes elétricas com base em uma teoria segundo a qual redirecionar impulsos dormentes, ou aqueles que foram para direções erradas, poderia curar a fadiga e o nervoso crônicos. William Basil Neftel acreditava em exercício. Ele levava sangue fresco e linfa aos músculos afetados. Em 1875, escrevera um livro sobre galvano-terapêutica, que traçou "a ação e a terapêutica da corrente galvânica nos nervos acústicos, ópticos, simpáticos e pneumogástricos".

As cartas de Alice sobre seus dois meses com o dr. Neftel dão uma pista de que a relação médico-paciente é indubitavelmente a chave do tratamento de "doenças nervosas". Há um tom de flerte em seu texto, do qual ela zomba, mas não pode ou não quer eliminar. A esperança de cura produz um tipo de caso de amor entre paciente e médico que logo se torna desapontamento e desprezo pelo médico e, naturalmente, por si mesma. Em 5 de maio de 1884, ela escreve para sua velha amiga Sara Sedgwick, agora casada com Darwin, filho de Charles Darwin.

> Vim testar a habilidade de um eletricista russo ... de quem eu ouvia dizer grandes coisas e que certamente ou apesar de ou por causa de sua qualidade de personificação me havia feito um grande bem de diversas maneiras. Fiquei encantada a princípio com o aroma eslávico de nosso intercurso, mas logo me vi suspirando por um não adulterado Jackson.[116] Estar associada e ter levado a sério uma criatura com a substância moral de um macaco torna-se degradante após certo tempo, não importa como alguém possa ser seduzido por suas "fagulhas" à primeira explosão.

A sensibilidade moral bostoniana de Alice podia ser refinada demais para o mero macaco estrangeiro, mas as metáforas sexuais sublinham aquele outro tipo de "eletricidade" que era inevitavelmente parte da relação terapêutica. Os médicos, na experiência de Alice, foram os únicos homens que já haviam posto as mãos em seu corpo. O toque podia ser restaurador, mas também era humilhante, como tornou claro em uma carta de 1886 para William, quando mais uma vez precisou de ajuda:

> Pode parecer passividade para você que eu não desça à arena médica, mas devo confessar os temores de meu espírito ante quaisquer novos encontros gladiatórios. É preciso a força de um cavalo para suportar a fadiga de esperar hora após hora pelo grande homem e depois uma luta feroz para se recuperar a autoestima ... Acho que a dificuldade é minha inabilidade para assumir uma atitude receptiva, virtude cardinal da mulher e cuja ausência me tornou tão pouco encantadora e encantada pelo sexo masculino.[117]

Freud, que mais tarde falou o que não foi falado por tantos no período, escreveu sobre a cura através do amor e sublinhou as estranhezas da transferência entre paciente e médico. Para Alice, como o irmão Henry escreveria, a saúde trágica era a única solução para o "'nervosismo' gerado (ou engendrado) por seu intenso horror à vida e desprezo por ela". Ela suprimia a necessidade de "igualdade ou reciprocidade" como impossível de encontrar em um médico da mesma forma que em qualquer outro homem.

Seu intenso "horror da vida" era certamente gêmeo de seu elemento sexual. Mas na América puritana, diagnósticos que tivessem a ver com aquele impalatável assunto básico do sexo só seriam vistos em alguns anos mais. Antes que isso fosse feito, aquela frouxa categoria genérica da "doença nervosa" teria de ser contaminada por aquela dramática atmosfera proletária do Salpêtrière de Charcot na Paris republicana e passar pelo fogo da caldeira psicológica que era a classe média de Viena.

Alice morreria em Londres de câncer, cujo avanço suportou estoicamente e com um tipo de alívio de que finalmente uma doença *real* era a causa de sua invalidez: nem os médicos que lidavam com essa doença mortal tinham a qualidade símia de seus curadores prévios. Henry James, cujos livros estão cheios dos misteriosos caminhos pelos quais a doença, sem nome ou inominável, rasteja para dentro e modela o destino de personagens, sobreviveria à irmã caçula por 18 anos.

5
HISTERIA

Na França, a histeria completa era uma doença dos pobres, e não dos ricos neurastênicos — ao menos, não em um primeiro momento. Ela começou vida nova como o diagnóstico favorito de uma *belle époque* ferozmente republicana. Esquirol mal se dera ao trabalho de explorá-la e classificara a histeria como mania, com a qual compartilhava características de "mobilidade constante, agitação persistente e inexaurível loquacidade". A nova histeria ganhou preeminência contra o pano de fundo de uma sociedade em rápida mudança. Os trens corriam agora entre o campo e a cidade, reduzindo as distâncias geográficas, senão culturais. Levas de viajantes camponeses desorientados e "imigrantes" pobres abriam caminho para a capital, aglomerando-se em sua periferia e seus cortiços. A presença dos pobres deu à cidade um senso de desgoverno. A influência da Igreja foi ferozmente contestada, assim como a aproximação entre mulheres e padres, que muitos pensavam somente ser possível impedir mediante a educação secular e a medicina científica. Em um discurso de 1870, o político republicano Jules Ferry pressionou: "As mulheres precisam pertencer à ciência, ou pertencerão à igreja."[118]

De fato, a batalha francesa pelo secularismo era agora travada entre as mulheres. Se a Igreja tinha Bernadette, a menina camponesa que ouvira a Virgem e cujo culto dos milagres de fé curativa em Lourdes estava ansiosa para estimular, os secularistas tinham Augustine, Genevieve, Blanche Wittman e aquelas mulheres que compuseram a notável coleção de histéricas de Jean-Martin Charcot na Salpêtrière. Podia-se comprovar que os extravagantes êxtases à Santa Tereza e as atitudes de possessão demoníaca daquelas loucas, exibidos ante um público crescente não apenas de médicos, mas de escritores, artistas e *socialites* — as classes fofoqueiras que constituíam *toda* Paris —, eram aspectos de uma doença chamada histeria.

Quaisquer que fossem as proclamadas linhas de batalha, a influência da Igreja sobre indivíduos comuns se aprofundou: as ordens sussurradas do confessionário, a influência de poderes invisíveis talvez não pudesse mais ser disfarçada por seu aparato tradicional, mas o hábito de ouvir ou ser orientado, guiado, possuído pelo invisível ainda tinha lugar. Os médicos da mente usariam isso para reforçar sua nova profissão.

Para as mulheres, cujos papéis e potencial psicossexual eram regulados pela Igreja e as convenções, as mudanças de uma sociedade tradicional para uma moderna traziam uma carga dupla de dificuldades. As mulheres não eram mais a velha versão de seu sexo, tratado como criança e confinado ao lar, ao menos se pertenciam aos escalões médio e superior da sociedade. Nem eram ainda o novo: a emancipação precisaria da Primeira Guerra Mundial para dar um substantivo passo à frente. Histeria, o diagnóstico mais em moda na última metade do século, lhes servia. Ela descrevia uma loucura sexualizada cheia de contradições que podiam representar todos os papéis femininos e assumir uma variedade de sintomas, embora nenhum deles tivesse base real e detectável no corpo. Era uma loucura parcial que em seus ataques podia imitar tanto a epilepsia quanto o êxtase sagrado. Os histéricos podiam ficar paralisados quando acordados, mas ter mobilidade perfeita quando "adormecidos".

Suscetíveis a forças "invisíveis" como hipnotismo, fácil e inconscientemente influenciadas, emocionalmente lábeis, frequentemente jovens e bonitas, as histéricas de Charcot resumem as aspirações e os medos do período. A histérica é — em seu estado hipnotizado, adormecido, paralisado ou mudo — uma paródia, uma versão excessiva, caricatural daquela visão vitoriana do feminino em que as mulheres seriam passivas, angelicais, maleáveis e profundamente desejáveis, embora sem desejo, a pele anestesiada. Embora a histérica também personifique os desejos frequentemente secretos da época de conquistar alguma libertação sexual do que Freud mais tarde chamou de "moralidade sexual 'civilizada'" — tanto para ela quanto para os homens fascinados que a observam e ajudam a inventá-la. A histeria, com seus sintomas flutuantes, é *par excellence* o transtorno que melhor expressa a dificuldade da mulher diante das exigências que se entrechocam, e não mais das restrições tenazes colocadas para ela no fim do século.

Augustine e os médicos

A moça que se tornou conhecida como Augustine, embora, às vezes, nas observações do caso, seja chamada de Louise ou simplesmente L. ou X., foi para o grande manicômio da Salpêtrière, aquela cidade das mulheres dentro de uma cidade, perto da Gare d'Austerlitz em Paris, com a idade de 15 anos e meio em 21 de outubro de 1875. Apenas 13 anos antes, em 1862, quando o formidável médico que se tornaria conhecido como o "Napoleão da neurologia", Jean-Martin Charcot, assumiu o posto pela primeira vez, o hospital era um lugar verdadeiramente horroroso, com um médico para cada quinhentas entre as 5 mil mulheres, muitas das quais sofriam de doenças neurológicas crônicas, geriátricas ou, no caso de mais ou menos oitocentas, "alienadas". A vasta maioria considerada incurável.

Por um acidente atribuído à planta do prédio, epiléticos e histéricos foram separados dos loucos, mas alojados juntos. Com o zelo de quem queria estabelecer a neurologia como ciência, Charcot, filho de um fabricante de carruagens que lentamente ascendera nas fileiras médicas, partiu para classificar o conteúdo do que chamou de "museu de patologia viva". Trabalhando com a população residente do hospital, fez observações detalhadas ao longo do tempo de toda a variedade de doenças degenerativas e nervosas — como coreia, ataxia e neurossífilis —, que se manifestavam em tiques, tremores, perda de mobilidade ou sensibilidade física, acessos e paralisias de tipos diferentes. Todas elas podiam evoluir para doenças mentais. Nomeado em 1872 para a recém-criada cadeira de Anatomia Patológica, o professor Charcot logo instalou um ateliê fotográfico para colocar a nova tecnologia em uso no trabalho de documentação médica.

Charcot seguia a linha dos grandes e teatrais médicos franceses. Como Pinel, cujo retrato pendurou em seu local regular de palestras, e como Esquirol, Charcot se orgulhava de seu talento para a observação, o olho para o detalhe, o método rigoroso. Na palestra de abertura de seu *Diseases of the Nervous System*, ele destaca que, à diferença dos "nosógrafos", interessados na pintura abstrata de uma doença, "a tarefa do observador clínico ... repousa mais especialmente em casos individuais que quase sempre se apresentam com peculiaridades que os separam mais ou menos do *common type*".[119]

Sigmund Freud, que, por cinco meses em 1885-6, se sentou entre os alunos admiradores de Charcot e conquistou a desejada honra de ser convidado para suas famosas festas, afirma exatamente isso em seu obituário do grande homem.

Ele não era um homem reflexivo, um pensador: tinha a natureza de um artista — era, como ele próprio dizia, um "visual", um homem que vê ... Costumava olhar uma e outra vez para as coisas que não entendia, para aumentar sua impressão delas, dia após dia, até, subitamente, o entendimento delas despertar nele. No olho de sua mente, o aparente caos apresentado pela contínua repetição dos mesmos sintomas dava, então, lugar à ordem: os novos quadros nosológicos emergiam, caracterizados pela constante combinação de certos grupos de sintomas ... Costumava-se ouvi-lo dizer que a maior satisfação que um homem podia ter era ver algo novo — isto é, reconhecer no convencional uma nova configuração; e ele destacava insistentemente a dificuldade e o valor desse novo tipo de "percepção".[120]

Focando o caso individual, Charcot dizia que *via* e fazia do diagnóstico um espetáculo. Estudantes, assim como um público internacional cada vez maior, acorriam às suas *leçons du mardi* quando os recém-instituídos "pacientes externos", homens entre eles, vinham para uma rápida e brilhante avaliação. Quando ficava confuso, o Maître — para quem o posto de professor de neuropatologia da Faculdade de Medicina havia sido criado em 1881 — exclamaria isso abertamente. Às sextas-feiras, nas palestras mais formais, os mais antigos residentes da Salpêtrière estavam presentes para serem examinados. Seus casos estavam sob escrutínio havia algum tempo. Ficavam diante dos estudantes e do público para demonstrar, por exemplo, a facilidade com que os histéricos podiam ser hipnotizados. Adormecidos, moviam os membros paralisados ou reproduziam as cenas traumáticas que os haviam levado à doença.

Vale a pena notar que, para Charcot, a histeria era igualmente uma doença masculina, embora devido à população feminina da Salpêtrière a maioria de suas famosas histéricas tenha sido de mulheres. Freud enfatizou no obituário do Mestre que "a histeria em homens, e especialmente em homens da classe trabalhadora, foi encontrada com muito mais frequência do que se esperava; foi convincentemente demonstrado que certas condições consideradas intoxicação alcoólica ou envenenamento por chumbo eram de natureza histérica".

Como seus predecessores, inclusive Georget, que acreditava no poder da fisiognomomia para revelar insanidade, Charcot fazia os pacientes representarem com propósitos médicos. Usava não as velhas tecnologias artesanais da pintura e das esculturas de gesso ou cera, mas a nova tecnologia "objetiva" que não podia mentir: a fotografia. Pensava-se que as fotos do Salpêtrière podiam fornecer um mapa fisiognômico das paixões: traços, impressões no corpo que as doenças dos nervos, emoções irracionais e os processos mentais poderiam produzir ao longo do tempo. Médicos *trainees* aprenderiam diagnósticos de uma colecionada história natural dos sintomas, assim como médicos em hospitais e consultórios em todos os lugares. Se hoje as fotos dos histéricos da Salpêtrière parecem poses melodramáticas e dificilmente seriam úteis como instrumentos para diagnósticos contemporâneos, vale a pena observar que seu status na época não era diferente da tomografia computadorizada do cérebro ou da ressonância magnética atualmente. As tomografias não constituem uma versão mais acurada da "realidade" que aquelas velhas imagens foram uma vez; afinal, são imagens processadas e geradas por computador, algumas vezes em cores gloriosas, segundo algoritmos que a maioria dos médicos considera incompreensíveis, e depois lidas mediante o uso de códigos cuja interpretação segura requer grande sutileza e experiência.

Por meio da fotografia, a tecnologia representacional do fim do século XIX, a Salpêtrière acumulou uma vasta iconografia de doença mental. As histéricas de Charcot, assim como as primeiras estrelas dos filmes mudos, que podem muito bem ter imitado suas expressões, passavam pelos dramáticos estágios de sua doença diante da câmera. Dependendo de onde o julgamento era feito, ou eles forneciam a documentação, a prova dos quatro estágios da histeria, ou a encenavam como Charcot e seus médicos lhes haviam *sugerido*. Da cuidadosa e detalhada observação de casos individuais — procedimento que rendia homenagem à principal filosofia da época, o positivismo — Charcot chegou ao "tipo" de mecanismo repetido do ataque histérico.

Todos esses estágios eram capturados em chapas fotográficas com a fragrância do mistério que a fotografia inicial instila com seus longos, lentos e erráticos processos de desenvolvimento. Elas também foram desenhadas e tabuladas pelo talentoso Paul Richer, professor de anatomia artística da Escola de Belas Artes de Paris. Tão amplamente difundidas foram as imagens, que registravam os quatro estágios do ataque histérico, tão faladas foram as histéricas de Charcot, que dificilmente surpreende que várias formas da doença contemporânea encontrem sua forma de se expressar na imitação inconsciente de sintomas popularizados.

O fato de Charcot proceder focalizando casos individuais para poder chegar a regras gerais e a um espécime-tipo universal, em que todos os histéricos cabiam, levava em consideração o que quase certamente era um reconhecimento e um diagnóstico excessivos da doença. Também permitiu que ela fosse *aprendida*, da mesma forma que os primeiros pacientes histéricos de Charcot, alojados como estavam na divisão de epiléticos, aprenderam a encenação dos acessos. Se uma mulher mostrava alguma das características dos quatro estágios — uma anestesia, ou atitude passional —, os outros estágios podiam ser deduzidos, e a categorização "histérica" atribuída. Exatamente como a monomania, a cultura dos tempos, os médicos e os pacientes — todos colaboravam na criação daquele padrão de doença e insatisfação que era a histeria.

Augustine apareceu no início. Em 1876, logo após sua chegada ao hospital, a série *Iconographie photographique de la Salpêtrière* foi instituída, e seus esplêndidos volumes, que registravam pacientes em imagem e texto, começaram a ser publicados sob o maravilhoso nome de Bureau de Progrès Médical. Esses livros são um testemunho da Salpêtrière de Charcot e do conjunto de comportamentos, posturas e procedimentos experimentais que compõem o que se tornou seu mais famoso diagnóstico. Também servem como o mais conhecido guia hospitalar ainda disponível para os pacientes, contendo não apenas as imagens em que Charcot estava tão concentrado, como também o registro de suas próprias palavras — aquela linguagem de sonho, delírio e memória que constituiria o foco da prática do mais célebre estudante de Charcot, Freud.

O médico que escreve as notas do caso Augustine e simultaneamente revela o que, em um quadro clínico, os médicos do Salpêtrière acharam significativo, é D. M. Bourneville. É ele, junto com o fotógrafo P. Regnard, que entrega Augustine à história e ajuda a transformá-la em uma das estrelas da histeria da Salpêtrière. Ao apresentar Augustine, Bourneville a descreve como "doce, caprichosa, voluntariosa e insolente demais para sua idade". A despeito de sua aparência — é alta e cheia de corpo — está na pré-puberdade. Muitos pensavam antes que a histeria só vinha com a menstruação.

Nas fotos em que se encontra completamente vestida e retratada em "estado normal" — talvez um daqueles intervalos entre ataques que Charcot observou serem habituais nos histéricos —, Augustine dá para a câmera um sorriso atraente que chega até seus olhos claros. Está reclinada em uma cadeira, uma figura bonita, espiritual, uma das mãos erguida até os cabelos cuidadosamente penteados, enquanto o outro braço, o tão falado membro, repousa no colo — este é o braço em que não tem nenhuma sensação e que mais tarde não se movimenta.

Bourneville nos conta em suas notas resumidas que Augustine é "ativa, inteligente, afetuosa, impressionável, temperamental e gosta de chamar atenção sobre si. É vaidosa, gasta tempo com a aparência e em arrumar seu abundante cabelo em um estilo ou outro, tendo um gosto especial por fitas de cores vivas".[121] Até aí, não fosse o relato de seus desmaios e do braço, o retrato poderia ser de uma adolescente comum. A falta de mobilidade e sensibilidade sem nenhuma causa física subjacente é uma das características determinantes de um diagnóstico de histeria. Augustine é testada com todos os indicadores existentes de condições neurológicas, como o dinamômetro de Mathieu, para ver a diferença de movimentos entre o lado direito de seu corpo e o esquerdo. É espetada e arranhada, seus reflexos estimulados, além da audição, do paladar e da visão. Charcot é, em primeiro lugar e antes de tudo, um neurologista, que descreveu uma vasta escala de transtornos enquanto ensinava a arte do diagnóstico.

Toda a mão direita de Augustine é afetada. A anestesia em um lado é equivalente a uma hipersensibilidade — hiperestesia — em outras partes. Quanto à visão — e Charcot e seus clínicos estão extremamente atentos às ligações entre percepção e transtornos nervosos —, sua acuidade diminui, e a percepção de Augustine para cores desaparece. Tudo isso marca apenas o início de um quadro de histeria a que Charcot acrescentará detalhes com a ajuda da fotografia e de pacientes, como a maioria, abertos a sugestões.

As anotações de Bourneville indicam que Augustine foi levada ao Salpêtrière pela mãe, uma criada de boa saúde, cujo único possível defeito neurológico se encontra nas enxaquecas que sofreu durante a juventude. Ela tem 41 anos, o pai de Augustine, 45, e ele também é um criado, sóbrio e de temperamento bastante austero. De acordo com a mãe, que fornece uma parte da informação, Augustine é a mais velha de sete crianças, das quais apenas ela e seu irmão mais jovem sobreviveram. Viveu com a mãe os primeiros nove meses e, depois, foi confiada a parentes no interior; dos 6 anos aos 13 e meio viveu em um convento, onde aprendeu a ler, escrever e costurar roupas íntimas de mulher. Sua única doença antes do surto que a levou ao Salpêtrière foi bronquite.

Sem nos dar a fonte exata da informação que se segue, Bourneville trata, então, de preencher a história de Augustine com talento dramático. Mais tarde percebemos que parte do material deve provir do que ela diz em seus estados de delírio, última fase de um ataque histérico completo, tal como a Salpêtrière o entendia. A história também emerge dos próprios relatos de seus sonhos, de suas "alucinações" sob influência de éter, vasodilatador ou hipnose. Cada uma dessas "drogas" é usada como recurso para reunir dados científicos, ou servir de calmante: os pacientes de Charcot são sempre objetos de experiência que vão talvez lançar luz sobre uma doença. Daí as "ferramentas químicas", o cuidadoso registro do material, a atenção dada àqueles indicadores tradicionais — excreção, temperatura (de várias partes do corpo), menstruação.

As maquinações que Bourneville descreve como pano de fundo para a *histero-epilepsia* de Augustine, sem vinculá-las ou considerá-las de forma alguma causas diretas de sua doença, nos fazem indagar se os histéricos de Freud eram meras variações de classe média da narrativa do dia a dia da vida da *belle époque*. A história de Augustine é repleta de sensações violentas e incidentes melodramáticos. Em parte por causa disso, certos aspectos de sua história parecem mais "verdadeiros" que outros. Mas os médicos de Charcot, até mesmo no início, estavam alertas para o lado inventivo dos histéricos, sua habilidade para fabular, além da natureza mutável de sua doença. Podemos, portanto, considerar que os detalhes observacionais que Bourneville reúne para montar o caso de Augustine são aqueles em que acreditou. De uma perspectiva freudiana, naturalmente, fatos comprovados são menos importantes que a história.

Em termos da história da Salpêtrière, no entanto, vale notar que certas partes da narrativa de Augustine — como, por exemplo, a evocação de cenas de êxtase religioso no convento de sua infância — soam como se tivessem surgido de pistas e sugestões do ambiente contemporâneo, assim como os dramáticos acessos histéricos, tão similares aos ataques epiléticos que as mulheres no hospício apresentam e que ocorrem em quase nenhum outro lugar como aspecto da histeria. No convento, Bourneville nos conta, as freiras frequentemente punem Augustine pelo que veem como rebeldia, as palavras irreligiosas que ela profere, os ataques de raiva durante os quais, supostamente, fica negra. Água benta é jogada em seu rosto para acalmá-la. As freiras pensam que está possuída e, durante um retiro, é mandada a outro lugar para ser exorcizada. Em outra ocasião, as freiras a punem amarrando suas mãos à noite porque ela e duas outras garotas tocam o próprio corpo. Uma das outras garotas tem êxtases, que Augustine compara aos sofridos por uma colega histérica na Salpêtrière, Genevieve, outro dos casos documentados de Bourneville. Esta é uma paciente que Charcot usa para demonstrar que o êxtase religioso, assim como a possessão demoníaca, é um componente da histeria.

Enquanto está no convento, Augustine, às vezes, visita a mulher de um pintor/decorador. A mulher bebe e briga com o marido, que se torna violento.

Em uma ocasião, ele agride a esposa, amarra-a pelo cabelo e se volta contra Augustine. Tenta beijá-la e até violentá-la. Ela se aterroriza. Só naquele verão, quando vai para casa passar as férias, seu irmão lhe explica como os bebês são feitos. Naquele mesmo verão, a mãe a leva para a casa onde ela e o marido trabalham como criados. Augustine é pressionada a chamar o dono da casa, C., de "papai" e a beijá-lo.

Quando deixa o convento com a idade de 13 anos e meio é levada para viver na casa de C. Sua mãe lhe diz que será educada junto com as outras crianças dali e que vai aprender a cantar e a costurar. Mas C. se aproveita da ausência da esposa para tentar fazer sexo com Augustine. Fracassa na primeira vez por causa da resistência da menina. O mesmo acontece na segunda vez. Na terceira vez, tenta seduzi-la, oferece-lhe bonitos vestidos. Ameaça-a com uma lâmina, e, enquanto ela está aterrorizada, força-a a beber álcool, atira-a na cama e a violenta. No dia seguinte, ela sente dores. Não pode caminhar. Quando finalmente vai para a mesa, não consegue dar em C. o costumeiro beijo. A mulher dele, notando a palidez de Augustine, começa a suspeitar.

Enquanto isso, C. lança olhares de advertência do outro lado da mesa. Como Augustine continua a passar mal, é mandada para casa. Ela vomita. Todos pensam que sua doença está ligada à chegada da menstruação. Mas a menstruação não vem. O que vem são ataques: quando descansa em um quarto na penumbra, Augustine vê um gato de olhos verdes vindo em sua direção, no escuro. Grita e sofre um ataque convulsivo que termina em risadas. Durante um mês e meio ocorrem ataques diários. Um dia se encontra com C. na rua. Ele a agarra pelo cabelo. O ataque convulsivo que se segue é particularmente violento.

Mais tarde, no Salpêtrière, ela revive repetidamente a cena da violação. Em estado de delírio, cospe, faz pequenos movimentos pélvicos, grita "porco, porco! ... Vou contar a papai ... Porco! Você é tão pesado, você está me machucando!".[122] Cerca de um ano mais tarde, sob a influência do éter, encena o momento, adicionando um novo elemento: "O Sr. C. disse que me mataria ... Eu não sabia que era um animal que morde."

Augustine é mandada para trabalhar como criada na casa de uma mulher idosa. Seu irmão a apresenta aos amigos e ela tem relações sexuais com um deles, Emile, durante seis meses. Também dorme, talvez apenas uma vez, com o amigo dele, George: a briga entre os dois jovens é encenada durante os ataques de Augustine no Salpêtrière, onde ela persuade Emile a não sentir ciúme de George, o atrai para a cama, ou o rejeita por tentar isso no próprio Salpêtrière (onde foi visitá-la).

Durante o tempo anterior à ida para o hospital, Augustine tem discussões frequentes com os pais, que também repreendem um ao outro por causa dos hábitos irregulares e aventureiros de Augustine. Ela percebe que a mãe teve há tempos relações com C., para quem despacha Augustine, talvez como um tipo de intermediação, ou como presente. Também fica sabendo que seu irmão pode ser filho de C., e não de seu pai, com quem as relações do irmão sempre foram frias. Durante seu delírio, critica a mãe por entregá-la a um homem que coloca ratos dentro de sua vagina.

Como a Dora de Freud, Augustine gradualmente revela aos médicos uma trama altamente sexualizada da vida diária. Nessa trama, são seus pais, qualquer que seja sua atitude desaprovadora ou seu comportamento estrito na aparência, que efetivamente a entregam tão jovem a fim de encobrir ou facilitar suas próprias atividades sexuais. Parece que são endêmicas na família certas formas de coerção e exploração sexual, particularmente das meninas. Augustine compartilha esse "passado" com outras histéricas da Salpêtrière e com as de Freud. A diferença é que Freud vai focar e entender a gênese sexual da doença e vê a sua compreensão como parte do tratamento. Para ele, a família e a moralidade sexual hipócrita são os problemas instigantes. A história dos conflitos entre o que uma criança pode ver e sentir e o que lhe dizem — a luta, como ele coloca, para não aceitar "um pedaço difícil da realidade" — frequentemente conforma o quadro clínico da histeria.

A apreciação de Freud dos aspectos da histeria coincide com o caso de Augustine em outros pontos. O nojo e a atração pelo sexo que encena tão vívida e repetidamente durante seus ataques histéricos, a "serpente" nas calças que ela tanto teme quanto quer prenunciam a interpretação de Freud de sua Dora. A habilidade de Augustine em desempenhar os papéis sexuais ativo e passivo durante esses ataques, sua dupla identificação com as partes masculina e feminina, a internalização traumática do que é gritante em seu caso de violação (embora pudesse ser muito menos, como um beijo, ou uma expressão que cruza um rosto) também parecem fundamentais para o quadro de histeria de Freud. Freud certamente estava familiarizado com as especificidades do caso. Possuía uma cópia da *Iconographie photographique* da Salpêtrière, assim como do arquivo de Charcot.[123] Quando assistiu às palestras de Charcot, em 1885, os residentes histéricos deviam ser tão vivazes quanto Augustine.

O que Freud aprendeu dos grandes professores que foram Charcot e seus pacientes foi algo que Charcot nunca explicou especificamente, embora a partir de uma observação casual sua tenha ficado claro que a questão era evidente para ele, e se tornou cada vez mais evidente para Freud à medida que seus anos de prática aumentaram. *La chose génitale*, conflitos de sexualidade, eram com frequência a raiz da "doença grave". Esse fato parecia ser parte de um conhecimento não oficial da profissão médica, embora nunca fosse ensinado ou, na verdade, declarado.

Em sua história do movimento psicanalítico, Freud recorda um dos momentos de sua viagem de pesquisa à França que o marcaram mais profundamente.

> em uma das recepções de Charcot aconteceu de eu estar de pé perto do grande professor em um momento em que ele parecia estar contando a Brouardel uma história muito interessante sobre algo que acontecera durante seu dia de trabalho ... um jovem casal de um país distante do Leste — a mulher, uma paciente grave, o marido, ou impotente, ou excessivamente desajeitado. "*Tâchez donc*" [continuem tentando], ouvi Charcot repetir, "*je vous assure, vous y arriverez*" [eu lhes asseguro, vocês chegarão lá]. Brouardel, que falava mais baixo, deve ter expressado seu espanto diante do fato de sintomas como o da mulher poderem ser produzidos por tais circunstâncias. Porque Charcot subitamente exclamou com grande animação: "*Mais, dans des cas pareils c'est toujours la chose génitale, toujours... toujours... toujours*" [Mas em tais casos é sempre a coisa genital, sempre... sempre... sempre]; e ele cruzou os braços sobre a barriga, abraçando-se e pulando para cima e para baixo na ponta dos pés a seu jeito caracteristicamente animado. Sei que por um momento fiquei quase paralisado de espanto e disse para mim mesmo: "Bem, mas se ele sabe disso, por que nunca diz isso?" Mas a impressão logo seria esquecida; a anatomia do cérebro e a indução experimental de paralisias histéricas absorviam todo o meu interesse.[124]

Na época em que Ida Bauer, a paciente que Freud chama de "Dora", chegou a ele, em 1899, Freud havia deixado para trás a indução experimental de Charcot, mediante hipnose, de paralisias histéricas e aprendera a lição não oficial. Conflitos sexuais reprimidos, produzidos talvez por eventos traumáticos — mas ocasionados igualmente pelas dificuldades de criar uma mulher em uma época em que a idealização da família estava às turras com a experiência vivida — eram a sementeira da histeria e de uma variedade de neuroses.

Freud também aprendera outras lições. Apesar de todo o orgulho próprio e o assédio patriarcal para o qual ele mesmo chama a atenção na análise de sua adolescente histérica — descendente de um pai que a "oferece" ao marido de sua amante —, o tratamento de conversas de Freud é humano quando comparado ao experimentado por Augustine no Salpêtrière. Inocente objeto de pesquisa de seus médicos, Augustine passa por uma série de intervenções que são ao mesmo tempo exploratórias e destinadas a ensinar-lhe modos. As histéricas do Salpêtrière recebiam rotineiramente diversas drogas para acalmar os ataques que pareciam produzir em número crescente quanto maior o tempo que permaneciam na divisão de epiléticos e ficavam sob o cuidado de Charcot. Inalações de valeriana, ou vasodilatador, ou éter, compressão de ovários,* banhos, aplicação de vários metais, magnetos, hipnose em frente a uma audiência e pressão nas zonas "histerogênicas" de forma a produzir sintomas, eletricidade, o altamente viciante cloral — todos são usados como ferramentas de pesquisa e para despertar os sentidos e a mobilidade, ou para suprimir agitação, ataques, insônia e um exército de outros sintomas. Ao lado desses recursos e provavelmente tão eficazes como formas de tratamento eram duas especialidades particularmente charcotianas, subcategorias dos poderes curativos da pura atenção médica: a fotografia e a palestra pública charcotiana, na qual os pacientes eram estimulados a encenar sua doença, dentro e fora da hipnose.

Augustine tornou-se uma paciente modelo e, como todas as jovens brilhantes, aprendeu com seus colegas e professores no hospital. Nas fotos de Regnard e de acordo com anotações de Bourneville, ela produz todos os quatro estágios do ataque histérico tal como Charcot os definia, embora a maioria deles em separado. Bourneville registra que, em 1876, ela sofreu 1.097 ataques; no ano seguinte, houve mais; e, depois, menos no ano seguinte, embora ataques mais completos. Talvez Augustine tivesse aprendido consciente ou inconscientemente todos os estágios necessários. Para começar existe a "aura", a origem do ataque. Esta pode consistir em uma dor muito forte no ovário direito que é rapidamente seguida da sensação de uma bola que sobe pelo estômago até a garganta para formar um nó, tudo acompanhado de palpitações, agitação, coração disparado, dificuldade de respirar, movimentos rápidos dos olhos. Às vezes, advertido por esses indicadores, o histérico, como o epilético, se deita. Depois vem a perda da consciência, o olhar fixo.

Em uma fotografia intitulada "Começo de ataque", Augustine está deitada, presa por correias e atada a uma cama por uma camisa de força, a boca aberta em um grito. Seguem-se todos os estágios do que se tornou um ataque

---

*Por meio de máquinas (compressores) que injetavam ar ou gás. (N. da T.)

"típico" da Salpêtrière. O próprio Charcot descreve Augustine como exemplo "clássico", em parte, talvez, porque ela tenha chegado até ele antes do auge de sua fama como médico e parecia demasiado jovem e inocente para fingir o que se tornou o estilo histérico.

Primeiro havia uma fase epileptoide ou de "rigidez muscular", que espelhava o comportamento epilético. Os músculos de Augustine se contraem, o pescoço se torce, os calcanhares viram para fora, os braços giram juntos várias vezes, descontrolados, depois os pulsos se juntam enquanto os punhos viram para fora. Ela se torna rígida, imóvel como uma tábua, olhos voltados para o espaço, cegos.

Depois vêm as acrobacias circenses dos "espasmos convulsivos", ou grandes movimentos, também conhecidos como *le clownisme* — tão fotogênicos. Isso era seguido da representação de estados emocionais como amor, ódio, medo, conhecidos como *attitudes passionnelles*. Aqui Augustine encena sedução, súplica, prazer erótico, êxtase e ironia em uma série digna de um filme mudo. Alucinações frequentemente acompanham esse estágio. Augustine ouve vozes, fica aterrorizada, sente dor, vê sangue, ratos; e quando cai no delírio, que marca o estágio final do ataque, essas alucinações com frequência assumem a forma de seu violador, amante ou sua família. Ela implora, diz que o lenço em volta de sua garganta a está sufocando, recusa-se a beber, grita sua dor. No final, há lágrimas e risos, ambos os quais Charcot vê como uma liberação antes que a paciente volte a si do ataque.

Bourneville documenta a narrativa dos sonhos de Augustine, assim como daqueles que vêm em seu "sonho provocado", incluindo o maravilhoso discurso que dirige à audiência quando não quer falar sobre eles: "Você pensa que sonhou quando apenas ouviu pessoas falando."[125] Ele observa a relação entre menstruação e ataques, embora destaque, como um bom observador científico, que não existe padrão regular a discernir. O preconceito teria aparecido com o vínculo: a nova ciência é mais meticulosa, embora ainda espere que alguma relação causal ocorra. Ele observa suas secreções vaginais após os sonhos voluptuosos com éter durante os quais ela encena um ato sexual que descreve vividamente para o médico. Existe uma sedução no *post-script* dela que sugere um tipo de conspiração entre médico e paciente: ele tem permissão para entrar em sua vida privada, pode até tê-la ajudado a imaginá-la, mas a multidão em frente à qual às vezes representa sua histeria não tem essa licença: "Terminei dizendo tudo que você perguntou de mim e até mais. Eu falaria mais abertamente se pudesse, mas temo fazer isso na frente de todos."[126]

Bourneville nota isso, talvez em uma suspensão voluntária da descrença de que os médicos não tenham provocado eles próprios os sonhos de Augustine.

À medida que melhora, no fim de dezembro de 1878, três anos após sua chegada, ela começa a trabalhar como enfermeira — padrão de que Pinel fora pioneiro na Salpêtrière anos antes e que veremos novamente na "transmissão" do conhecimento psicanalítico. Nesta última versão, pacientes se tornam praticantes, tendo aprendido os procedimentos mediante o que poderia ser chamado de *doença* de treinamento tanto quanto uma análise de treinamento. Em seu novo uniforme, Augustine parece calma e respeitável. Cerca de quatro meses depois, no entanto, sofre uma recaída e está de volta aos cuidados do dr. Charcot. Seu comportamento é violento e ela tem de ser colocada em uma cela. Parece que nem mesmo Charcot consegue hipnotizá-la para fazê-la dormir.[127]

Em julho, Augustine aproveita a oportunidade de um grande concerto público no hospital para escapar. É pega no Boulevard de l'Hôpital exatamente quando está entrando em uma carruagem. Durante o que parece ter sido uma briga, tropeça e se corta. De volta ao hospital, sobe em uma cadeira para ver a multidão, cai e quebra a rótula. Só consegue voltar a andar depois de um mês. Três semanas antes de ficar completamente boa, Augustine foge novamente, desta vez vestida de homem. A mudança de sexo não é de pouca importância. Como homem ela pode fugir, livrar-se da paralisia histérica, que é uma inabilidade ligada ao sexo e sexual de se movimentar, a menos que a vontade do hipnotizador a impulsione. Desde que fugiu, nos conta Bourneville, Augustine vive com o amante — um homem que conheceu no Salpêtrière. Ele não nos diz se essa pessoa é um médico, algum tipo de assistente ou outro paciente. Só nos é dito que ela sofre outra recaída, vai para outro hospital, o Charité, antes de voltar novamente para o amante.

Depois disso Augustine desaparece da história. Mas reaparece como mito. Torna-se o próprio tipo da histérica jovem da *belle époque* — bonita, caprichosa, extravagante, sexualmente provocante, misteriosa, sintonizada com a câmera, capaz de se disfarçar de homem e, naturalmente, mascarar o sono e a paralisia para agradar aos seus médicos. León Daudet, que assistia às palestras de Charcot, faz uma sátira dela e de seus colegas, assim como de toda a instituição charcotiana, em seu romance *Les Morticoles*, onde o hospital se torna o equivalente a um musical, as Folies Hystériques. Em veia mais romântica, Augustine volta, depois da Primeira Guerra Mundial, como musa dos surrealistas, que veem sua sexualidade exaltada, sua confusão de sentidos, seu delírio e seus excessos como o ideal da feminilidade, em que se podia, como um profeta, falar a verdade através da loucura.

HISTÓRIA DA HISTERIA

Imediatamente após a morte de Charcot em 1893, e apesar de sua reputação internacional, a nova geração da Salpêtrière se volta contra o diagnóstico de histeria do Maître. Isso pode ter sido em parte devido ao reconhecimento cada vez maior da profissionalização dos pacientes, a quem os médicos mais jovens viam como zombaria à sua séria ciência anatômica. As usinas de boatos diziam que a Salpêtrière estava (inadvertidamente) cortejando a mão de obra de "magnetizadores", ou modernamente hipnotizadores, o tipo de mulher que também era capaz de integrar as fileiras de sonâmbulos, médiuns e hipnotizadores de espetáculos teatrais populares. Ali estavam empregos para jovens aspirantes da classe trabalhadora que tivessem talento para "dormir" e se movimentar com desenvoltura entre os musicais e palcos de hospitais. Alguns diziam que essas mulheres poderiam ensinar ao próprio Charcot alguma coisa sobre paralisia por sugestão e que, se as fileiras médicas, sem falar sociais, fossem mais abertas, poderiam ser treinadas para hipnotizar médicos.[128]

Freud, um homem da geração seguinte, não concordava com os rebeldes contra Charcot. Os acessos teatralmente convulsivos, ao mesmo tempo eróticos e religiosos, podiam ser um deslocamento dos gestos que eram parte do caso de amor da República com o espetáculo de rua. A histeria podia ser encenada de forma diferente em outros lugares. Mas a lógica subjacente dos problemas psicológicos convertida em sintomas corporais, algo que Charcot veria crescentemente nos anos 1880, era importante. Como Freud explicou em seu obituário do Napoleão da doença nervosa, o que a histeria revelou foi um modo totalmente novo de ler a mente humana, que podia expressar aquilo que não se explicitava por meio dos sintomas físicos.

> se encontro alguém em um estado que traz os sinais de um doloroso ataque — choro, grito e rosnado —, a conclusão que parece provável é que um processo mental está se passando com ele e do qual aqueles fenômenos físicos são a expressão apropriada. Se perguntada, uma pessoa saudável estaria em posição de dizer qual a impressão que a estava atormentando, mas o histérico diria que não sabia ... Se entrarmos na história da vida do paciente e encontrarmos

alguma ocasião, algum trauma, que evoque apropriada e precisamente aquelas expressões de sentimento — então, tudo aponta para uma solução: o paciente se encontra em um estado mental especial em que todas as impressões, ou lembranças delas, não estão mais ligadas por uma corrente associativa, um estado mental em que é possível que uma lembrança expresse sua influência mediante fenômenos somáticos sem que o grupo de outros processos mentais, o ego, saiba deles, ou seja capaz de intervir para impedi-los.

Com Charcot e os histéricos, o inconsciente começa a ser teorizado. Com Freud e os outros pesquisadores da psique humana em que essa virada de século é crescentemente rica, assume papel-chave no entendimento da loucura e do comportamento comum do dia a dia.

A histeria, no entanto, como um conjunto exuberante de expressões na forma corporal de problemas mentais — histeria de defesa, como Freud a chamou — deixou de ser uma doença importante entre as mulheres ocidentais. Como diagnóstico, migrou com a Primeira Guerra Mundial para as "neuroses de guerra", da qual tantos soldados sofreram — a cegueira, mudez ou paralisia, como expressões do trauma da batalha. Desde então, a histeria de defesa desapareceu quase completamente. Alguns psicanalistas e terapeutas ainda podem ocasionalmente usar a nomenclatura para mulheres que são dramática e desesperadamente sedutoras e alternativamente autodestrutivas, mas os sintomas exuberantes que os pacientes da virada do século apresentavam se foram em sua grande maioria. Cada vez mais, o conjunto complexo dos sintomas físicos que tinham sido histeria era confundido com o "histriônico".

As partes componentes da doença permanecem, no entanto, ao lado de padrões mais contemporâneos para simbolizar e diagnosticar sofrimento. A anorexia poderia facilmente ser considerada uma dessas partes componentes: Freud há muito a viu como uma das características da histeria em adolescentes, parte de muitos apetites desorientados. Da mesma forma, também Charcot. Para ele, os histéricos sempre funcionavam fora da norma: ou seu estado era de letargia e sonolência, ou sofriam de insônia; seus órgãos funcionavam super-rápido ou devagar a ponto de desaparecer; a necessidade de comer era exagerada naquilo que ele chama de bulimia, ou reduzida à abstinência. A chamada dissociação ou transtorno dissociativo de identidade* marca um dos outros aspectos do fim do século XIX.

---
*Originalmente denominado transtorno de múltiplas personalidades. (N. da T.)

O *Diagnostic and Statistical Manual of Mental Disorders* (*DSM*), o vademécum da atual psiquiatria, não lista mais a histeria. Em lugar disso, leva a fragmentação histórica da doença adiante e lhe dá uma nomenclatura mais adequada às preferências médicas e behavioristas da nossa virada de século: "transtorno da falsa doença", "transtorno dissociativo — tipo conversão", "transtorno psicogênico da dor".[129] O manual também lista o "transtorno da personalidade histriônica", que torna médico um comportamento que muitos considerariam comum, particularmente em adolescentes. Isso se caracteriza como um

> padrão predominante de emocionalismo excessivo e busca de atenção que começa no início da fase adulta e se apresenta em uma variedade de contextos, como indicado por cinco (ou mais) dos seguintes [sintomas]:
>
> — [O indivíduo] se sente desconfortável em situações em que ele não é o centro da atenção.
> — A interação com outros é frequentemente caracterizada por um comportamento inapropriado sexualmente sedutor ou provocante.
> — Mostra uma mudança rápida e superficial de emoções.
> — Usa consistentemente a aparência física para chamar atenção para si mesmo.
> — Tem um estilo de discurso excessivamente impressionista e carente de detalhes.
> — Mostra autodramatização, teatralidade e expressão exagerada de emoção.
> — É sugestionável, isto é, facilmente influenciado por outros ou pelas circunstâncias.
> — Considera relações mais íntimas do que realmente são.

Só por esta vez, a recomendação é que remédios não são indicados, a menos que o transtorno histriônico esteja ligado a outras doenças, como a depressão. Dizem-nos que as pessoas que sofrem do transtorno, a maioria mulheres, podem ser altamente bem-sucedidas. Elas são mais propensas a buscar tratamento (em busca de atenção) que aqueles que sofrem de outros tipos de transtornos de personalidade e tendem a fazer isso quando as ligações românticas dão errado.

A sua e a minha adolescente favorita estejam avisadas: a vida delas é um diagnóstico psiquiátrico.

A histeria é uma daquelas doenças reinventadas para épocas diferentes e tem uma maleabilidade cultural quase tão dramática quanto a própria Augustine. Elaine Showalter, em seu *Hystories*,[130] argumentou que, nos anos 1990, os Estados Unidos se tornaram a "zona controvertida de doenças psicogênicas, formas novas e mutantes de histeria amplificadas pelas modernas comunicações e ansiedades de fim de século". Ela relaciona entre as novas síndromes histéricas que frequentemente convertem problemas psíquicos em doenças físicas, ou usam fontes externas como suas evidências: síndrome de fadiga crônica, personalidade múltipla, memória recuperada e abuso vinculado a ritual satânico.

A própria maleabilidade da histeria poderia nos fazer suspeitar das certezas carregadas de ciência com que o *DSM* nomeia suas partes componentes, sem mencionar as curas. Afinal de contas, a história longa e ornada da histeria se estende aos antigos egípcios e gregos. Baseada inicialmente na ideia de que o ventre, ou útero, era uma entidade capaz de se movimentar livremente e podia deixar seu ponto de ancoragem quando uma mulher ficava insatisfeita, viajar pelo corpo e perturbar tudo que estivesse em seu caminho, pensava-se que a histeria era capaz de produzir numerosos problemas, tanto físicos quanto mentais. O útero ambulante em busca de gratificação podia fazer a pele ficar dormente (anestesia); gerar acessos, mudez, paralisia e, naturalmente, aquela sufocante falta de fôlego do "globus hystericus" quando alojado na garganta. No *Timaeus*, onde explora as origens e as relações entre os sexos, Platão observa: "O ventre é um animal que anseia gerar crianças. Quando permanece infértil tempo demais após a puberdade, fica em perigo extremo e seriamente perturbado, e percorre o corpo e corta as passagens de ar, impede a respiração e leva a vítima a uma angústia extrema e provoca toda espécie de doenças adicionais."

Alguns têm afirmado que, com o cristianismo, a histeria assumiu uma configuração sobrenatural e se tornou sinal de possessão demoníaca: convulsões, mudez, acessos — todos se tornaram sinais de junção com o diabo. Julgamento e punição ou exorcismo eram os únicos remédios. Somente com a Renascença a histeria voltou ao escopo da medicina. No fim do século XVII, quando as teorias baseadas nos nervos começaram a ser sugeridas, Thomas Willis propôs um modelo médico em que a doença era causada por um excesso de espíritos animais que viajavam do cérebro pelos nervos para várias partes do corpo. George Cheyne lhes deu uma trajetória que tinha a ver com a alimentação. Certos médicos do século XVIII a vincularam à hipocondria, aos vapores e a uma "neurose" generalizada. William Cullen, o inventor do termo "neurose", situava suas causas solidamente, embora não apenas, nos genitais, e via isso como uma doença vinculada a um excesso de sexualidade que falhou em buscar sua completude no parto — daí sua incidência entre viúvas jovens:

> Observações em cadáveres de pacientes vítimas de histeria mostraram que na maioria deles os ovários são afetados. Eles são passíveis de uma turgescência que causa irritabilidade no sistema; e, portanto, um desejo de prazer venéreo é apontado como causa muito comum da doença. Eu prontamente concordarei em que essa turgescência, ao produzir tal irritabilidade, pode, às vezes, excitá-la; mas não posso considerá-la causa geral, ou a histeria seria um destempero muito mais raro. Podemos aqui observar que, embora a evacuação seminal possa, em nosso sexo, impedir o ataque de histeria, ela não terá esse efeito nas mulheres por esta razão: que por ela o propósito masculino da economia do macho é cumprido: tal não acontece com as mulheres; elas também são destinadas a gerar e cuidar de crianças; e daí, evidentemente, termos que explicar nossas doenças atacando viúvas jovens.[131]

Cullen pode considerar selvagem a sexualidade das mulheres, mas — à diferença de muitos relatos médicos sobre a doença — ele também encontra a histeria em homens, embora com menos frequência, e não fica claro se a histeria também não pode ser uma versão da dispepsia. Seguindo-o, Pinel, em sua *Nosography*, comenta a vacuidade e a supergeneralização da categoria. Isso significa que ele é forçado a voltar a uma observação primária dos casos. Observa dois: um é de uma garota cuja menstruação ainda não é regular.

Essa adolescente de 17 anos é saudável e corada: sem nenhuma razão atribuível entra subitamente em uma espécie de "mania" — ou o que ele descreveria como uma sequência de comportamentos extravagantes, que consistem em falar sozinha, pular, rasgar as roupas e jogá-las ao fogo. O último surto dura cinco meses e depois para durante o verão, talvez em consequência de muitas viagens ao interior seguidas da vinda da menstruação. Três meses mais tarde a histeria irrompe novamente: a garota manifesta desgosto por suas atividades costumeiras, chora sem razão, está sombria e taciturna. Logo, ocorre perda da fala, sufocação espasmódica e uma sensação de estrangulamento acompanhada de congestão das glândulas salivares e, depois, salivação, como a de alguém que tivesse engolido mercúrio. A boca da garota a essa altura não se abre e o resto de seu corpo está rígido, o pulso quase inaudível, a respiração muito lenta. Há constipação, mas a urina é clara. Por três ou quatro dias a paciente para completamente de comer e depois come vorazmente. Tudo parece normal uma vez mais — antes que todo o ciclo recomece. Durante esse período a menstruação da garota para por cinco meses. Pinel manda a paciente para o interior para respirar ao ar livre, fazer exercícios e ingerir comida saudável. E recomenda que se case. Quando isso acontece, ele observa, e seus *desejos* são satisfeitos, a paciente se recupera.

Em sua descrição geral da doença, Pinel destaca como fatores que predispõem à histeria uma grande sensibilidade física e moral, o abuso do prazer sexual, emoções vívidas, leitura e conversação voluptuosa; privação dos prazeres do amor após experimentar prolongada satisfação nesse domínio, e amamentação. A Madame Bovary de Flaubert bem pode ter ido à escola em estado de histeria e ajudado a propalar aquela versão da "doença". Pinel observa que os sintomas podem ser mínimos: palidez acentuada ou vermelhidão, perda de respiração — ou, quando graves, desmaio, acessos e perda de sensações podem ocorrer. Ele também observa que a doença pode ser complicada pela melancolia, hipocondria e até epilepsia. De fato, ao longo desse tempo, o que poderíamos chamar de depressão se caracteriza como sintoma de histeria. Pinel sugere que o melhor tipo de tratamento é muito exercício e paliativos variados; no caso de mulheres jovens e ardentes recomenda o casamento, como seu precursor Hipócrates.[132]

Na época em que Charcot chega ao cenário da histeria, o conhecimento dela tinha algo do status de um conto de velhas esposas preterido em favor das verdades mais sólidas da neuropatologia, dos remédios e do novo hipnotismo científico e da anatomia. Charcot inovou ao não tratar como impostoras ou falsas as jovens que o procuraram com um amplo conjunto de sintomas exuberantes. Ele entendia a histeria como uma doença genuína, que tinha sua base neurológica em uma degeneração hereditária do sistema nervoso. Seu status como doença era comprovado pelo próprio fato de ela ter padrão clínico, pelos quatro estágios e por ser *aliviada* — pela pressão sobre uma das zonas histerogênicas, o *ovário*, por exemplo —, se não *curada*, que era o caso da maior parte das doenças neurológicas. Era a degeneração do sistema nervoso que tornava os histéricos tão suscetíveis ao hipnotismo, parte e parcela de sua doença. Fatores ambientais, traumas, distúrbios sexuais — todos para ele eram simples *agents provocateurs*, agentes provocadores.

Se a histeria sob a égide de Charcot floresceu em um conjunto particular de sintomas teatrais, isso talvez se tenha devido não apenas a pacientes maleáveis e aos poderes de sugestão da hipnose. Na designação de uma doença, as relações de poder entre médico e paciente podem ser um delicado conjunto de negociações com benefícios mútuos. A histeria prosperou porque serviu como ferramenta útil na armadura do anticlericalismo republicano de fim de século, do qual Charcot era um grande defensor. Esse anticlericalismo vinha de mãos dadas com a definição de um papel novo, mais independente para as mulheres.

Mesmo assim, podemos não nos surpreender se encontrarmos feministas da própria época de Charcot criticando sua condescendência em relação às mulheres, o tipo de "vivisseção de mulheres sob o pretexto de estudar uma doença para a qual ele não conhece a causa nem o tratamento".[133] Mas nenhum de nós deveria se surpreender se mulheres da classe trabalhadora encontraram alguma liberação ao se tornarem suas pacientes altamente visíveis; e, de fato, encontrar mulheres de classe média influenciadas por suas pacientes em uma grande abertura de comportamento que suas famílias podiam não aprovar. A genialidade de Freud talvez tenha sido sublinhar as ramificações culturais mais amplas da histeria, as características coletivas das condições que tão distintamente personificavam os conflitos sexuais da época. Pode-se dizer que Freud "medicalizou" o século XX ao situar e identificar a sexualidade como um problema; se poderia igualmente dizer o contrário. Ao enfatizar a estreiteza da sanidade, nossa escravidão geral ao inconsciente, Freud ajudou a desestigmatizar a histeria e a loucura que todos compartilhamos.

6
SONO

Olhando para as últimas décadas do século XIX e o período até a Primeira Guerra Mundial, o que chama a atenção é a peculiar e frequente ênfase no sono. O sono, realmente, é associado a uma verdadeira explosão de atividade entre os médicos da mente, sejam eles treinados como neurologistas, alienistas ou psicólogos, ou sejam seus pacientes pobres e cheguem a eles em hospitais, ou mais ricos e se consultem em clínicas ou consultórios particulares.

Há o sono que indica doença — fadiga, exaustão, hipnotizabilidade. Há o sono ligado à terapia, seja um sono de repouso ou dos tipos curativos de hipnose. Há também o sono como transe mediúnico, interpretado tanto como espiritualismo, comunhão com os mortos ou histeria. Como doença, o sono intermediário, com sua coleção de vozes e personagens, pavimenta o caminho para um diagnóstico de personalidade múltipla à medida que as explicações se aprofundam, longe do metafísico, e a alma é "cientificizada".[134]

É como se a própria época, com ênfase aberta no trabalho e nas realizações, em novas velocidades de viagem e comunicação instantânea a distância — por telefone, telegrama ou telepatia —, ao mesmo tempo temesse profundamente e desejasse apaixonadamente nada mais que dormir. Crises nervosas, colapsos, exaustão, fadiga, melancolia pontuam cartas, diários e observações de casos da época, particularmente para o número crescente de médicos dos nervos em prática privada na Grã-Bretanha[135] e nos Estados Unidos, e também na Alemanha. O ardor da industrialização e do comércio abre passagem para o mundo do torpor estético neurótico que Thomas Mann evoca tão bem, primeiro em sua saga familiar da ascensão e queda da burguesia germânica que é *Os Buddenbrook*, e depois em *Morte em Veneza*.

Desembrulhar o termo "decadência", tão frequentemente ligado ao período, é de fato chegar a apenas isso: sentidos exacerbados, tensamente esticados e sintonizados com o melhor e o mais sutil — também a necessidade e o desejo de descansar, sono vizinho à morte, o reverso do chamado ao dever rígido e à disciplina. A vontade, aquela espinha dorsal do caráter e da ação do fim do século XIX, a própria sinalização de Império e indústria enfraquece, até mesmo enquanto clama por poder. Vale a pena notar que, com Morton Prince e sua famosa "múltipla" Miss Beauchamp, a própria vontade se transforma na vontade de dormir, de entrar no estado hipnótico. *Abulia*, aquele termo grego que se torna parte do aparato de diagnóstico da época e foi atribuído (em sua maioria) às mulheres histéricas e neurastênicas, significa simplesmente "perda de vontade". Se esse sono de dissociação, para a mulher, se torna a vontade mais radical de abrir os olhos e se tornar outra — digamos, no caso da formal e tímida Miss Beauchamp, a sexualmente híbrida Sally, corajosa, fumante —, então esse é precisamente o porquê de as mulheres quererem a libertação do estado hipnótico, indeterminado, em que os costumes e a moralidade da época as confinaram. Como resultado do sono do fim de século, daquele desvanecimento da vontade disciplinada, vem o sonho freudiano, com seu desejo de dupla lâmina, ao mesmo tempo de prazer e de morte. Realmente, uma forma de pensar a mudança é notar que, com Freud, todos os mais rígidos e determinantes atributos vitorianos da "vontade" deslizam para o mais suave, obscuro e sexy "desejo".

Naturalmente, o sono, como o desejo, em sua maioria é culturalmente considerado do sexo feminino. Quando, na virada do século, os pesquisadores da mente — sejam psiquiatras, neurologistas, psicólogos, finalmente os psicanalistas do novo século, ou simplesmente filósofos e artistas — começam a explorar todas as ramificações do sono, seus objetos com mais frequência são mulheres. O sono é um estado passivo, feminino, afinal. Crescentemente, no entanto, torna-se claro que dentro dele existe atividade. Essa atividade — seja sonho, sonambulismo, emergência de personalidades e maneiras diferentes de ser, visitações ou apenas o trabalho noturno de uma mente inconsciente — é distintamente outra, alterada, e parece não partilhar pouco com o alucinatório, as esferas não racionais da loucura. Quando o estado de sono invade o despertar, como ocorre na sugestão pós-hipnótica, isso é entendido como "patológico"; da mesma forma o contrário: quando quem está dormindo, mais que simplesmente dormir, caminha e fala. O século XX nasce com a investigação de Freud sobre o estado de sono: *A interpretação dos sonhos*, publicado em 1900.

Apenas poucos anos depois, Marcel Proust, que não havia lido o vienense, começa o romance que marcaria o século modernista com as palavras "*Longtemps je me suis couché de bonne heure*" (por muito tempo fui para a cama cedo) e continua a movimentar-se de forma intermitente para dentro e para fora do sono nas cinquenta páginas seguintes.

Se as histéricas da Salpêtrière com seus acessos dramáticos e reviravoltas estelares nos auditórios de palestras dificilmente parecem dormidoras, isso é para esquecer o que Charcot pensava da propensão delas para a hipnose, a facilidade em cair no sono, em um estado de sonambulismo que, para ele, era intrínseco à sua condição. Na verdade, parte da atração do modelo de Charcot para o público pode muito bem ter sido que, como na apresentação de um musical, ele permite que um macho dominante olhe nos olhos de uma mulher e a ponha em transe. Nesse sono, como o Svengali de Trilby, a grande criação best seller de George du Maurier que deixou a Inglaterra do fim do século totalmente fascinada, Charcot tem a mulher profundamente sob controle, até o ponto em que um mero toque supostamente provoca orgasmo. Charcot não é o explorador Svengali, mas é parte da crescente fascinação da época com os estados de sono, aquela outra consciência que escapa à razão e ao dever.

No fim do livro, o assistente de Svengali, Gecko, evoca a dupla consciência de Trilby:

Vou lhe contar um segredo. Havia duas Trilby. Havia a Trilby que você conhecia ... Mas de repente — naquele momento! *presto! augenblick!* ... com um ondular de sua mão sobre ela — com um olhar de seu olho — com uma palavra — Svengali podia torná-la outra Trilby, a sua Trilby, e levá-la a fazer o que ele gostava ... Você podia enfiar uma agulha quente nela, e ela não sentiria ...

Ele só precisava dizer "*Dors!*",* e ela subitamente se tornava uma Trilby inconsciente de mármore, que podia ... pensar seus pensamentos e desejar seus desejos — e amá-lo à sua vontade com um estranho e irreal amor faccioso ... Quando a Trilby de Svengali cantava — ou parecia que estava cantando — nossa Trilby rapidamente adormecia ... de fato nossa Trilby estava morta ... e depois, subitamente, nossa Trilby acordava e se perguntava o que estava acontecendo.

O uso que Svengali faz da ordem francesa "*Dors!*" para Trilby dormir não é acidental, nem o uso superficial do italiano e do alemão. O hipnotismo era

---

*Dorme! (*N. da T.*)

um fenômeno em toda a Europa. Os jornais e as revistas populares estavam cheios de histórias sobre ele e os julgamentos relativos a crimes cometidos sob hipnose. Apresentações de hipnotismo eram amplamente divulgadas. Nem era a natureza sexual da relação entre o hipnotizador macho e a dormidora ou paciente algo novo. Desde que Franz Mesmer viajou pela Europa no fim do século anterior e usou magnetismo animal e transe para várias formas de cura, os homens assumiram o papel ativo e apresentavam as mulheres como pacientes ou subordinadas. Nos anos 1840, o cirurgião escocês James Braid medicalizou o processo que primeiro testemunhou no palco, dando-lhe um novo nome, "hipnosis", porque considerou então que o estado de transe dos mesmerizados era fisiologicamente uma espécie de sono. Por volta dos anos 1880, quando as mulheres começavam a reclamar mais liberdade e poder sobre suas vidas, controlá-las pondo-as para dormir pode ter parecido ainda mais apropriado e vantajoso. Colocá-las para dormir *para o seu próprio bem*, como os médicos faziam, adotando métodos de apresentadores populares para uso experimental, tinha dupla vantagem.

Se para as mulheres trabalhadoras podem ter sido visíveis os ganhos no "desempenho" do sono ou transe, no palco de hospitais ou de teatros, ou como médiuns para o crescente número de sessões espiritualistas, particularmente nos países protestantes, os benefícios imediatos do sono para as mulheres de classe média e alta são frequentemente menos claros. Entretanto, não devem ser subestimadas as atrações do papel de inválida como desculpa sancionada para abster-se do dever, sexual ou familiar, quando outras possibilidades não são ofertadas. Em uma sociedade como a inglesa, onde a fragilidade era atributo feminino, a sala de doentes também usava associações com o refinamento e a espiritualidade.[136] As várias anestesias — falta de sensação — que tantas com histeria sofriam em várias partes do corpo também pareciam levantar espelhos dos tempos: o corpo, a pele, não é através deles que a mulher do fim do século XIX, tão bem embrulhada em suas roupas, casaquinhos e espartilhos, deve sentir.

Explorar os usos do hipnotismo, do transe e da dupla consciência como chave para um território desconhecido da mente estava no topo da agenda dos principais clínicos dos anos 1890, quer se chamassem neurologistas, alienistas, psicólogos ou, finalmente, após 1896, psicanalistas, assim como filósofos e criminalistas. Em Paris, durante a Grande Exposição de 1889, enquanto a Torre Eiffel exibia os feitos e as conquistas dos céus de que a moderna engenharia era capaz, aventureiros das ciências da mente se reuniram, de 8 a 12 de agosto, no Primeiro Congresso Internacional de Hipnotismo Experimental e Terapêutico que se seguiu ao Congresso Internacional sobre Psicologia Fisiológica.

O congresso sobre hipnotismo reuniu nomes famosos tanto da América como da Europa. O filósofo e psicólogo William James veio de Boston, sementeira da nova psicologia. Hippolyte Bernheim, o mais famoso utilizador médico do hipnotismo além de Charcot, foi um dos oradores. Oponente de Charcot e especialista em medicina interna que se tornou chefe do que foi conhecido como Escola de Nancy — onde o hipnotismo, que Bernheim via como um fenômeno puramente psicológico, era usado para tratar doenças "orgânicas" do sistema nervoso — influenciou entre outros o jovem Freud, que viajou a Nancy em 1889 e ali ficou por um mês, pouco antes de ir ao congresso em Paris. A hipnose de Bernheim tinha o intento "terapêutico", à diferença de Charcot, que a entendia simplesmente como um teste para a sensibilidade à histeria. August Forel, deão da psiquiatria suíça, representou o famoso hospital Burghölzli, onde o hipnotismo que aprendeu com Bernheim em Nancy era regularmente praticado em enfermeiras que buscavam repouso ou nos agitados pacientes que tentavam acalmar.

Da Inglaterra veio Frederick Myers, fundador da Sociedade para a Pesquisa Psíquica, que teve impacto não apenas em Bloomsbury e na psicanálise inglesa, mas em William James em Harvard e em vários pesquisadores da Europa. Cesare Lombroso, outro pioneiro em um novo campo, veio da Itália. Positivista e progressista em termos de punições, o trabalho de Lombroso em criminologia tentou, apesar disso, estabelecer a natureza hereditária do desvio e postular um atávico "criminoso nato" cuja degenerescência era identificável através de características físicas, como lábios carnudos, mandíbulas grandes, orelhas em formato de jarra e maçãs do rosto altas. Foi no ano de 1889 que Lombroso publicou seu *Man of Genius*, que estabelecia um estreito relacionamento entre genialidade e loucura.

A fama dos participantes da conferência e a popularidade do hipnotismo como assunto atraíram um exército de jornalistas de cerca de trinta publicações de todo o mundo. Eles divulgariam o acontecimento, além dos gestos e comportamentos dos hipnotizados. Os estados e as mentes alteradas que o hipnotismo poderia engendrar se tornaram não apenas ferramentas clínicas ou experimento psicológico para um número crescente de especialistas e pesquisadores, mas um assunto que fascinava as massas exatamente como antes a monomania o fizera.

Entre os participantes da conferência naquele verão estavam Pierre Janet, então estudante de doutorado cujos experimentos com o hipnotismo a longa distância e os estados de sono da histeria atraíram a atenção de profissionais. Filósofo que logo seria médico, Janet fora convidado por Charcot para supervisionar o laboratório psicológico da Salpêtrière naquele mesmo ano. As descobertas de Janet, seus muitos livros, sua influência, particularmente sobre os praticantes americanos, foram amplamente superadas por Freud. Ele só ganharia proeminência novamente após um século com a ascensão do movimento de múltipla personalidade nos Estados Unidos, que necessitava de um precursor fora da psicanálise para emprestar credibilidade ao diagnóstico cada vez mais disseminado.

DUBLÊS, DISSOCIAÇÃO E HIPNOSE

Falando no encontro especial do centenário do asilo Bloomingdale em Nova York, em maio de 1921, Pierre Janet lembrou seus dias com Charcot e destacou a estranheza das divisões no mundo da medicina da mente.

> Durante todo o século XIX a divisão radical entre neuroses e psicoses foi aceita como dogma; por um lado, descreviam-se epilepsias, histerias, neurastenias; por outro, estudavam-se manias, melancolias, paranoias, demências, sem um mínimo de preocupação com as conexões que esses transtornos mal definidos poderiam ter. Essa divisão foi acentuada pela organização dos estudos e do tratamento dos pacientes ...
>
> Essa divisão completa não deixou de trazer consequências singulares e infelizes. Em um hospital como a Salpêtrière, os que eram vítimas de tiques, os impulsivos, os assediados por obsessões, os histéricos com acessos e delírios eram colocados junto com os hemiplégicos orgânicos e os tabéticos, que não se pareciam um mínimo com eles, e completamente separados dos melancólicos, dos confusos, dos sistematicamente furiosos, sem considerar analogias evidentes ... Essa distinção entre vítimas de neuroses e vítimas mentais era muito arbitrária e dependia mais do que se acreditava da posição social do paciente e de sua fortuna. As famílias importantes e ricas não se resignavam a ver um de seus membros manchado com o nome de lunático e o médico frequentemente o qualificava de neurastênico para agradar à família.[137]

Os comentários de Janet enfatizavam o sentido do velho adágio de que o que era loucura nos pobres era excentricidade nos ricos. Também olhavam para trás com a sabedoria do entendimento de eventos passados sobre o que parecia ser a classificação aberrante e as divisões estranhas de corpo/mente da virada do século XIX, padrão que se repetiria ao longo da história das ciências da mente. Como se presos ao balanço de um grande pêndulo, os médicos da mente focavam a atenção nas explicações físicas e biológicas apenas para serem corrigidos por seus seguidores, que enfatizavam o psicológico e o mental, e depois de volta novamente.

A crítica de Janet ao velho mestre Charcot é, entretanto, moderada. O trabalho de Charcot com os histéricos sinalizou o caminho para os que tinham orientação mais psicológica, como o próprio Janet. Nascido em próspera família de intelectuais, filho de um editor de leis parisiense, Janet começou a carreira acadêmica estudando filosofia na elitista École Normale, de 1879 a 1882, onde seus contemporâneos foram Émile Durkheim, o fundador do novo campo da sociologia, e Henri Bergson, o filósofo que influenciaria Proust com seu trabalho sobre memória — uma grande questão na época. Os interesses de Janet logo se transfeririam do reflexo filosófico da memória sobre o eu para uma investigação mais prática do problema.

Foi em 1882 que Charcot publicou seu uso da hipnose com as histéricas da Salpêtrière. Durante os seis anos anteriores, Eugène Azam (1822-99), filho de um alienista e uma bem-sucedida profissional de Bordeaux, que se tornaria, por sua vez, cirurgião-chefe do asilo de mulheres daquela cidade, publicou numerosos ensaios sobre a estranha duplicação de personalidade que testemunhara e os usos científicos que dera à hipnose. Eles fariam a fama de uma paciente inicial sua, "Félida X". Félida, costureira, tinha 13 anos quando sofreu uma ampla variedade de sintomas histéricos — terríveis dores de cabeça, nevralgias e, finalmente, abundante sangramento pulmonar e gástrico. Não havia base fisiológica evidente para a sua dor ou para o sangue que saía de sua boca. Além disso, ela caía em transes diários sem o uso da hipnose. Despertava deles em poucos minutos com uma versão melhor de si mesma: livre de dores, mais feliz e, Azam descobriu quando a hipnotizou, muito mais inteligente. A segunda Félida sabia tudo sobre a primeira, tinha clara memória de seu estado "ordinário", no qual se encontrava com maior frequência lenta e deprimida. Mas a primeira Félida, que voltava após algumas horas, não sabia nada de sua dublê mais vivaz. Quando foi a Azam para se queixar de dores no estômago e ele lhe disse que estava grávida, foi apenas a segunda Félida que admitiu isso e, prontamente, saiu para casar-se com seu amante.

Na época em que começou a escrever sobre ela, Azam tratava novamente de Félida X. Agora sua personalidade secundária ficava mais tempo em evidência que a primeira. Mas foi a primeira que esteve presente em seus 11 partos. Foi também a primeira Félida que trabalhou duro no armazém da família e se tornou cada vez mais miserável com a gravidade crescente de suas dores e o sangramento dramático de sua boca. Azam não encontrou cura para a doença. Sua hipnose era em grande medida uma forma de observação experimental, parte da nova ciência da psicologia em que os alemães, principalmente, foram pioneiros.

Ou assim veio a parecer a partir dos escritos de outra grande influência sobre Pierre Janet — Théodule Ribot. Professor da recém-fundada cadeira de psicologia da Sorbonne e depois no Collège de France, Ribot já discutira a psicologia experimental inglesa quando, em 1876, escreveu uma história desse campo na Alemanha, que, imediatamente estabeleceu uma genealogia do assunto e fixou o que se tornaram os limites clássicos da disciplina. Em *La Psychologie allemande contemporaine* (traduzida dez anos mais tarde e amplamente disseminada como *German Psychology of Today*), Ribot mostrou como a psicologia fora mapeada por Herbart, Fechner e Wundt mediante a refutação da predição de Kant de que ela nunca se elevaria ao nível de uma ciência natural exata. Esses cientistas pioneiros mostraram como a matemática poderia de fato ser aplicada a fenômenos internos e que esses fenômenos subjetivos eram acessíveis ao experimento.

As ideias de Ribot consolidaram a nova e radical posição positivista, tão estreitamente aliada ao lançamento secular da Terceira República. Assim como os empíricos ingleses, os cientistas alemães forneceram sólida contra-argumentação à ideia de uma única e unitária consciência transcendental, proposta pelos espiritualistas franceses e associada ao Segundo Império. Taine, o mais marcante expoente do positivismo, concebeu um ser lockiano, feito de "sensações, memórias, imagens, ideias, percepções, concepções, que são diversas e transitórias".[138] Para Ribot, o hipnotismo forneceu um poderoso método de experimentação com seu ser mutável. A Félida de Azam combinava perfeitamente com a noção. Sua "doença" era um "experimento in natura", e ele incluiu a descrição de Azam deste caso na série de monografias sobre as doenças da memória, da vontade e da personalidade que escreveu ao longo dos anos 1880.

Paul Janet, tio de Pierre Janet e importante filósofo de convicção espiritualista, era, apesar de sua posição, muito influenciado por esses desenvolvimentos em psicologia. Ele também escreveu sobre Félida e outros casos de duplicidade. De fato, o *dédoublement*, ou "duplicação da personalidade", tinha agora sido encontrado não apenas na França, mas na Inglaterra, Suíça e

América.[139] Ao longo dos anos 1880, tais casos ajudaram a modelar a imaginação do tempo e a concepção do eu. Tornaram-se uma característica popular na literatura da época. *O médico e o monstro*, de 1885, de Stevenson,[140] *O retrato de Dorian Gray*, de Wilde, *O duplo*, de Dostoiévski, podem ser vistos como parte da indagação do tempo sobre o ser. (De fato, Dostoiévski foi chamado por um contemporâneo de "Shakespeare do asilo de lunáticos".) Colocadas à beira do gótico em um idioma do bem e do mal que já é questionável, essas são histórias contemporâneas aos experimentos em hipnose e psicologia. Na última, a linguagem da moral, e certamente do espírito, cede lugar à linguagem da ciência e da doença. Onde os demônios reinam, o psicólogo ou neurologista positivista vê escorregões da mente consciente e da identidade. Ele os atribui a lesões e degeneração e/ou a um (in)consciente que reina no sono e pode produzir seres duplos ou alternativos, aberrações da memória, junto com sonhos e impulsos secretos. Os duplos franceses ou *dédoublements* também foram descritos como "Splitting" e suprimidos em meados do século XX com as ideias americanas sobre personalidade dividida.

Pierre Janet leu Ribot quando estudava filosofia na École Normale e acompanhou suas monografias ao longo dos anos 1880. Junto com o caso de Félida e do claro posicionamento de Charcot de 1882 sobre a hipnose como ferramenta científica mais que um mero espetáculo popular, Janet começou seu trabalho para a Academia de Ciências,[141] e o trabalho de Ribot ajudou a modelar e alimentar o interesse de Janet em patologias do sono. Durante o segundo trabalho de ensino em Le Havre e enquanto reunia material para sua tese — em parte no hospital local, onde finalmente ficou a cargo de uma pequena divisão de histéricos que apelidou de "Salle Saint-Charcot" — olhou em torno buscando um assunto apropriado para experimentação psicológica. Logo encontrou-o em "Léonie", que podia escrever "automaticamente" enquanto adormecida.

Léonie, camponesa de 45 anos, foi enviada a Pierre Janet por um conhecido médico de Le Havre. Ela serviu como assunto de Janet pela primeira vez durante três semanas em setembro/outubro de 1885. Altamente suscetível à hipnose, respondendo a ela até mesmo a distância, começava sua escrita automática durante a qual emergia um segundo ser "dormente", um eu independente, que chamava a si mesma de Léontine e que também foi capaz de comentar o estado perigoso de Léonie em uma carta a Janet.

Um trabalho de Pierre apresentado em novembro por seu tio Paul sobre Léonie criou um rebuliço na Société de Psychologie Physiologique em Paris e, em abril de 1886, uma delegação chegou de Paris e da Psychical Research Society da Inglaterra para observar os experimentos de Janet. Para o pesar de Janet, ele descobriria que a grande sugestionabilidade era, de fato, resíduo de experimentos "anteriores". Nesse sentido, Léonie era um objeto de pesquisa em que não se podia confiar, já treinada nas formas de hipnotismo por hipnotizadores anteriores, "não científicos", em particular um conhecido como dr. Perrier. Quando Léontine, a segunda personalidade de Léonie, hipnotizada, estava nas garras da alucinação, produzia uma terceira personalidade chamada Lénore. Lénore confessou para Janet que havia sido hipnotizada pelo hipnotizador de animais. Surpreendentemente, esta última não sofria de nenhuma das anestesias que as duas anteriores tinham. Produzida, talvez, por uma cura para a histeria por Perrier, essa Lénore era "saudável" e havia alternado com Léonie mais anos que Léontine.

Janet descreveu o caso de Léonie em estudos que reunidos formaram sua tese de doutorado, *L'Automatisme psychologique* (1889), onde 14 mulheres histéricas, cinco homens e oito psicóticos e epiléticos são caracterizados. Léonie lhe ensinara várias coisas. Principalmente que era essencial checar histórias longas de pacientes para verificar como poderiam ter sido influenciados por tratamentos anteriores e como era importante examiná-los bem a sós, sem observadores, e registrar tudo que era dito e feito por eles.

Janet concluiu de sua pesquisa que o sujeito humano não tinha uma consciência única: partes da mente podiam viver uma ao lado da outra em mútua ignorância. A personalidade alerta ou normal não tinha memória do estado hipnotizado. A pessoa que acordava em hipnose, no entanto, lembrava e sabia do estado alerta e, às vezes, de outros estados seguintes ou anteriores. Esses estados podiam vir com seu próprio temperamento ou personalidade e eram chamados por outros investigadores, como Morton Prince, "personalidades alternativas" e, mais recentemente, na América, "múltiplas".

O automatismo parcial, que poderíamos chamar de transe, podia ser induzido no objeto da pesquisa: isso era evidente em ocorrências de escrita automática, ou quando instruções dadas sob hipnose eram executadas pelo paciente enquanto "desperto". Ou a pessoa podia subitamente irromper em lágrimas sem ter consciência do motivo. Terapeuticamente, essa existência de diferentes áreas de consciência significava que os sintomas podiam ser trabalhados em uma área sem que a outra soubesse. O que talvez seja mais surpreendente nos experimentos de Janet é que ele descobriu que, como Azam com Félida, podia substituir a personalidade alerta normal, com todos os seus sintomas, por outra personalidade, que parecia completamente saudável. Deu a esse fenômeno o nome de "sonambulismo completo". Outros pacientes repetiriam aspectos do caso de Léonie, mesmo sem ter passado por hipnotizadores previamente.

Lucie, de 19 anos, sofria de convulsões e delírio, causados pelo terror, assim como por anestesias. Eram rotulados de sintomas "histéricos". Desapareceram quando Janet colocou-a em "sono hipnótico", estado que ela esquecia quando acordada. No entanto, se Janet batesse palmas algum tempo depois que estivesse desperta, ela seguiria uma instrução que ele lhe dera em seu estado de sono e fazia o que lhe pedira, embora sem compreender o que a levava a fazer aquilo. Continuando com suas experiências sobre a existência de um estado "subconsciente" que podia motivar atos sem o conhecimento da pessoa, Janet — enquanto Lucie estava distraída e falando com alguma outra pessoa — sussurrava perguntas para ela. Ela as respondia por "escrita automática". Era nessa escrita que revelava a fonte do medo que caracterizava a sua loucura: quando tinha 7 anos, dois homens que se escondiam atrás de uma cortina a assustaram, brincando com ela.

Como Lucie negava completamente que escrevera o que estava diante dela, Janet deu ao seu segundo eu escritor outro nome: Adrienne. Logo, Adrienne começou a falar e tornou-se a consciência dominante. À diferença de Lucie, podia lembrar tudo e, como o outro eu de Félida, não mostrava nenhum dos sintomas histéricos de Lucie. Janet chamou Lucie em seu estado como Adrienne de outro exemplo de "sonambulismo completo". Esta segunda consciência durava pouco tempo, antes que Lucie retornasse com todas as suas doenças. Janet pensou em um novo experimento terapêutico: começou a sugerir anestesias a Adrienne e, enquanto fazia isso, Lucie começou a ter sensação exatamente onde Adrienne a perdera. Curiosamente, quando sua habilidade para ter sensações voltou integralmente, Lucie perdeu sua sugestionabilidade, sua relação especialmente fácil com Janet, o hipnotizador, que tinha sido parte de sua "histeria". Agora, Adrienne não mais podia ser persuadida a voltar. Janet claramente deduziu disso que a anestesia estava ligada à amnésia. Lockiano nesse aspecto, Janet raciocinou que a memória dependia da sensação. "Quando um tipo de sensação em particular é abolido, as imagens como consequência das memórias de um fenômeno que tinham sido criadas por aquela sensação são abolidas também."[142]

Janet pensava em Lucie como uma histérica, o diagnóstico genérico para o período. Entendia a habilidade para dissociar, para ter *dupla consciência*, como parte da quintessência da patologia. Freud e Breuer, em *Estudos sobre a histeria* (1895), reconheceram seu débito com ele:

> Quanto mais nos ocupamos desses fenômenos, mais nos convencemos de que a divisão da consciência, tão surpreendente nos casos clássicos bem conhecidos sob a forma de "dupla consciência", está presente em grau rudimentar em toda histeria e que a tendência para tal dissociação e, com a emergência de estados anormais de consciência (que reuniremos sob o termo "hipnoide"), é o fenômeno básico dessa neurose.

Freud em 1895 não tinha "nada novo a dizer sobre a questão da origem desses estados disposicionais hipnoides", exceto para observar que o trabalho das mulheres as tornava particularmente suscetíveis ao transe e à duplicação que o acompanhava. Esses estados hipnoides "parecem surgir dos devaneios que são tão comuns até em pessoas saudáveis e para os quais o trabalho com agulhas e ocupações similares tornam as mulheres especialmente propensas".[143] Sombras de Mary Lamb.

Como sempre, com Freud, e esta é certamente a origem de sua extensa influência nas concepções do humano do século XX, ele torna aceitáveis tendências patológicas, situando o que poderia nos deixar loucos na própria essência do que somos. O estímulo no trabalho de Freud é sempre e continuamente revelar abertamente nossa afinidade com processos mentais de pacientes que manifestam o mais extremo dos sintomas, como os histéricos fazem em sua doença dissociada: "Em seus estados hipnóticos eles são insanos, assim como em seus sonhos. Mas enquanto nossos sonhos-psicoses não têm efeito sobre nosso estado desperto, o produto dos estados hipnóticos se intromete na vida desperta sob a forma de sintomas histéricos."

Esses sintomas histéricos são traduzidos em doenças corporais — tanto para Freud quanto Janet nesse período inicial de seu trabalho — de memórias reprimidas porque o horror que as experiências vividas despertaram era impossível de ser confrontado pelo paciente. Essa aberração particular da memória era o que Freud chamava de "histeria conversiva". Ela se manifestou no caso da Marie de Janet e o fez no de Anna O, de Freud e Breuer, e nos dois casos levou a formas similares de tratamento.

Marie e Anna O

Marie, de 19 anos, chegou ao hospital Le Havre sofrendo de ataques extremos de delírio convulsivo. Durante os ataques, via sangue e fogo em todos os lugares e, horrorizada, tentava fugir. Revertendo a um eu infantil, saltava e subia nos móveis e chamava a mãe. Seus ataques vinham regularmente e sempre precediam de perto a menstruação. Esta era acompanhada de dor intensa, espasmos nervosos e tremores. Marie também sofria de cegueira em um olho e de várias anestesias sem nenhuma base física — que Janet mais tarde ligou a esquecimentos específicos. Durante os meses em que meramente a observou, Janet notou um padrão. A menstruação de Marie durava 24 horas antes de parar subitamente, e a garota entrava em uma de suas "crises histéricas". Isso terminava depois de dois dias em um grande vômito de sangue.

Após oito meses, Janet teve a inspiração de hipnotizar Marie a fim de descobrir como "as menstruações começaram e foram interrompidas".[144] Sob hipnose, Marie contou a Janet que, quando suas menstruações começaram, por volta de seus 13 anos de idade, ela tentou parar o vergonhoso fluxo sentando-se escondido em uma banheira de água gelada. A menstruação parou, mas tremores violentos e vários dias de delírio vieram em seu lugar. Depois disso, a menstruação não voltou durante cinco anos e, durante esse período, ela esteve bem. Quando o fluxo menstrual voltou novamente, veio com os sintomas que ela apresentou no hospital. O tremor estava evidentemente ligado à imersão em água gelada, assim como a abrupta e agora repetida detenção do fluxo. Marie não recordava nada dessa fase de sua vida quando estava desperta.

Janet começou por remover a *idée fixe* inconsciente que interrompera as menstruações de Marie e causara os ataques que a acompanhavam. Para isso, teve de fazê-la voltar aos 13 anos e às circunstâncias iniciais do delírio. Então, com ela sob hipnose, ele a convenceu de que sua menstruação nunca fora interrompida e que ela não sofrera de nenhuma doença subsequente. Em outras palavras, apagou uma memória inconsciente. Feito isso, a menstruação seguinte de Marie aconteceu sem problemas.

Mas havia mais lembranças a remover: o medo do sangue também estava ligado à morte que testemunhara de uma mulher idosa que despencou de um lance de escadas. Janet substituiu essa memória por uma cena em que a mulher meramente caía, sem intenção suicida. Os "ataques de terror" de Marie cessaram. Quanto à cegueira, sob hipnose, Janet fez Marie retroceder a uma cena em que ela tinha seis anos quando foi forçada a dividir a cama com uma criança que sofria de impetigo. Um dos lados do rosto da criança estava coberto de pústulas horríveis. Seu medo da criança converteu-se em uma imitação inconsciente da doença. Sob hipnose, Janet transformou a criança temida em uma criatura saudável, doce e nada amedrontadora e, após duas sessões, a cegueira histérica de Marie desapareceu.

Esse método "catártico" de remover sintomas quando o paciente está hipnotizado foi o que Joseph Breuer praticou no que foi considerado o caso fundador da psicanálise. Anna O, ou Bertha Pappenheim, na realidade, é um excelente exemplo das formas em que os sintomas expressam ideias inconscientes — cenas esquecidas ou reprimidas de grande impacto emocional que voltam disfarçadas, imprimindo-se no corpo.

Mentor inicial de Freud, Breuer era consultor de clínica geral, que, como muitos clínicos da época, tratava pacientes "nervosos". Ele tratou Anna O em 1881, embora o caso só tivesse sido escrito para *Estudos sobre a histeria* muito mais tarde, em 1895. A jovem, filha de uma família judia rica e respeitada, mas tradicional e superprotetora, caíra doente aos 21 anos enquanto cuidava do pai, a quem era muito afeiçoada. Inteligente e cheia de imaginação, mas educada em casa em vez de ter permissão para adquirir a educação formal do irmão, Anna desenvolveu desde cedo o hábito de devanear, ou entrar em seu próprio "teatro particular". Com a doença do pai, esse escapismo imaginativo se agravou para uma *conscience seconde*, segunda consciência, estado de transe dissociado em que várias alucinações gradualmente entravam, incapacitando-a completamente.

Nessa condição dupla, Anna gerou uma série de sintomas graves — paralisias, anestesias, tosse e, finalmente, uma deterioração de linguagem que tornou seu alemão uma série de palavras sem sintaxe e, durante períodos, permitia que falasse de forma coerente apenas em inglês. Com a morte do pai, cerca de oito meses depois de ambos enfermarem, a doença dela piorou. Não mais reconhecia as pessoas. Frequentemente presa de estados de raiva maníaca, não conseguia dormir. Também recusava comida e água, embora Breuer, cujo amor ela desejava com muito mais intensidade do que o médico notava, tenha sido capaz de levá-la a comer muito melhor que qualquer outra pessoa — e, finalmente, à "limpeza da chaminé" que formou a base de seu tratamento.

Em seu segundo estado dissociado — o profundo transe hipnótico que chamava de suas "nuvens" e que a dominava quando a noite se aproximava — Anna emudecia e representava cenas. Breuer observou que, se ele ou alguém repetisse as palavras dela para ela, Anna as incorporava às histórias que inventava, encantadoras a princípio, embora após a morte do pai tenham assumido aspecto horripilante. Breuer estimulava-a a contar histórias. Após recontar as cenas mais assustadoras, Anna se sentia melhor. Essa "limpeza da chaminé", início do que ela chamou de "cura falante", estava acontecendo.

Não que algo disso fizesse milagres. Anna ficou pior, depois melhor, depois pior novamente. Foi transportada para uma casa no interior próxima a um sanatório e, depois, de volta a Viena para sessões mais regulares com Breuer. Ele se tornou consciente de que se Anna contasse uma história que se relacionasse com o aparecimento de um sintoma pela primeira vez, ele desapareceria. Depois, aconteceu uma coisa bizarra. Tornou-se claro para Breuer que, em seu estado de transe noturno, Anna vivia em um período anterior à morte do pai e esquecia tudo que vinha depois, enquanto durante o dia ficava na mesma moldura de tempo de todos os demais. Freud e Breuer relatam:

> A mudança de um estado para outro ocorria espontaneamente, mas também podia facilmente acontecer por qualquer impressão dos sentidos que vividamente lembrasse o ano anterior. Tinha-se apenas que segurar uma laranja diante de seus olhos (laranjas haviam sido seu principal alimento durante a primeira fase da doença) a fim de levá-la do ano de 1882 para o ano de 1881. Mas essa transferência para o passado não tinha lugar de maneira indefinida ou genérica; ela vivia cada dia do inverno anterior.[145]

O diário de sua mãe do ano anterior confirmou a revisitação exata de Anna ao passado. Essa realização trouxe um intenso período de trabalho clínico, durante o qual cada um dos sintomas de Anna era remontado à sua fonte em uma cena ou ideia. "Deste modo, as contraturas paralíticas e anestesias, transtornos de visão e audição de toda sorte, nevralgias, tosses, tremores etc., e, finalmente, os transtornos da fala eram 'tagarelados'."[146]

Esse era um trabalho difícil e cobrou seu preço: os sintomas de Anna se intensificaram à medida que revivia o passado de cada um por vez. A incapacidade de beber, que transpirou durante a "limpeza da chaminé", estava ligada ou fora "convertida" de uma lembrança em que pediu à governanta um copo de água só para ver o cachorro beber e salivar nele. Suas alucinações com cobras, paralisia do braço e desintegração da linguagem vieram em uma noite terrível em que, sentada ao lado do pai doente na cama, vira uma cobra (havia cobras no jardim) que se esgueirava pela parede para picálo. Ela não conseguiu levantar o braço paralisado para afastar a criatura. O braço ficou paralisado e os dedos se transformaram em cobrinhas com cabeças mortas. Tentou rezar, mas as palavras lhe faltaram, exceto o inglês e algumas rimas infantis.

O caso de Anna provou, Freud observou depois em uma de suas muitas formulações dos fundamentos da psicanálise, que

> sintomas histéricos são resíduos [reminiscências] de experiências profundamente comovedoras que foram tiradas da consciência do dia a dia, e sua forma é determinada (de um modo que exclui ação deliberada) por detalhes dos efeitos traumáticos das experiências. Deste ponto de vista, a perspectiva terapêutica repousa na possibilidade de livrar-se dessa "repressão", de forma a permitir que parte do material psíquico inconsciente se torne consciente e assim seja privado de seu poder patogênico.[147]

Freud e Breuer insistiram enfaticamente em que Anna, como todos os outros casos de *Estudos sobre a histeria*, era uma jovem altamente inteligente e dotada: "Entre histéricos podem encontrar-se pessoas do mais claro intelecto, vontade forte, melhor caráter e mais alto poder crítico."

Essa insistência é importante por uma série de razões. Em primeiro lugar, ela remove qualquer deslizamento entre habilidades mentais inferiores e propensão para a loucura em mulheres, que, desde antes da Primeira Guerra Mundial, eram a maioria dos casos do que é diagnosticado como histeria. Essa conexão foi feita durante muito tempo pelos médicos de nervos do século XIX. E, além disso, Freud e Breuer também querem distinguir sua opinião da de Janet e, realmente, da de Charcot, pois ambos tendiam a encontrar explicações básicas para a insanidade em tendências degenerativas hereditárias, talvez porque, em parte, seus pacientes estivessem entre os pobres das instituições mentais em lugar da classe média. Para Freud, dissociação ou "histeria" em si não se deve a nenhuma incapacidade do paciente de manter unidos os processos mentais. Em vez disso, a desintegração da vida mental, ou dissociação, vem de um processo psíquico que chama de "repressão" — procedimento psíquico comum a *todo* desenvolvimento humano. A exorbitante energia que esse afastamento de um eu passado e não desejado consome em certas pessoas é o que dá aos pacientes um ar de incapacidade mental. Ele sugere pensar em dissociação como similar à "preocupação", uma atividade mental que poderia fazer qualquer pessoa comum parecer momentaneamente menos que inteligente.

Em tudo isso fica claro que, até em algo tão inicial como *Estudos sobre a histeria*, o projeto de Freud difere substancialmente do de Janet e dos de outros psicólogos que focaram em duplos ou múltiplos e os estados de sono e hipnose que os produziam. Nenhuma das histéricas de Freud foi de alguma forma conduzida sob hipnose a uma esfera em que "outros", ou personalidades alternativas com características diferentes, tomam forma. De fato, Freud está menos interessado naquilo a que o surpreendente fenômeno da divisão pode dar origem que na vida que o motiva. Essas forças motivacionais se estendem tão amplamente quanto os conflitos sobre a moralidade sexual da época, que, hipocritamente, endeusa a abstinência e a ignorância como virtudes, particularmente para mulheres, para a sedução sexual da infância, para os traumas ocasionados por medos irreconciliáveis com desejos. Mais especificamente, Freud fala na divisão como uma *defesa* psíquica contra ideias mutuamente incompatíveis. Mais tarde, em seu trabalho, descreve a criança que cresce como sujeita a conflitos que vêm tanto de dentro quanto de fora e necessita de defesa contra eles. Exigências internas instintivas podem ser enfrentadas mediante a repressão: as demandas do mundo externo podem ser tão desesperadoras que apenas repudiando qualquer percepção delas a criança ficará intacta.

Na época em que *Estudos* foi escrito, Freud não praticava mais a hipnose. Ele é tão cético em relação a ela quanto o é sobre o método catártico, mesmo que trabalhe bem o bastante para remover sintomas histéricos e fornecer alívio momentâneo para o paciente. A hipnose, no entanto, sempre lhe falhou terapeuticamente. Sintomas removidos assim tendem a se repetir. Alguns pacientes não são hipnotizados com facilidade. Outros são maleáveis demais sob hipnose, produzem sintomas, ou seu alívio, simplesmente para agradar ao médico, ou apaixonar-se por ele. Freud descobriu que podia chegar ao que ocasionava a doença simplesmente insistindo em que o paciente sabia o seu significado ao elaborar as associações, bem como a "resistência" concomitante a este mesmo conhecimento. O trabalho posterior de Freud se torna outra história, que domina o século seguinte.

Enquanto isso, as ideias de Janet sobre hipnose terapêutica e estados de sono associados, como escrita automática, a fim de remover "ideias fixas subconscientes" continuaram a ter influência significativa. Nos Estados Unidos, seus procedimentos, assim como o entendimento da dupla personalidade, foram de particular importância tanto para William James como para Morton Prince. Na Suíça, ajudaram a montar o cenário para um estudo inédito sobre uma médium e as muitas personalidades que falavam através dela.

SONO ESPIRITUALISTA

Durante o fim do século, as sessões serviram como um lugar popular para os interessados em encontros com entes queridos mortos ou em assegurar a existência de uma esfera espiritual. A ascensão do espiritualismo — "espiritismo" para os franceses — junto com a teosofia de Madame Blavatsky e um interesse geral no oculto e na reencarnação deram lugar ao surgimento igual e contrário de uma corrente de críticos e céticos. Estes julgavam as atividades dos médiuns charlatanice apresentada aos ignorantes e crédulos. Nas apostas históricas, esta última perspectiva foi vencedora. Mas em uma época em que a telegrafia sem fio parecia uma possibilidade científica que valia a pena explorar, quando os telefones traziam vozes sem corpo a uma sala, quando os astrônomos celebravam a descoberta de canais em Marte e a possibilidade de ele ser habitado, ciência e espiritualismo podiam ocasionalmente se confundir — ou ao menos serem vistos como portadores de traços comuns de realidade e, através da experimentação, uma meta comum.

Certamente, a ênfase do espiritualismo na prova, em comprovar a existência de vida depois da vida, tomou seu ímpeto da ciência, sua gêmea, em lugar da ênfase da religião tradicional na fé, na crença e na sabedoria recebida de uma hierarquia. E depois, também, os altos sacerdotes desse movimento moderno eram de fato sacerdotisas, mulheres completamente modernas que podiam transpor os limites dos sexos ao assumir papéis masculinos em transe e podiam até ser pagas pela sabedoria que falava por elas.

Médiuns e os espíritos que ouviam ou incorporavam em transe eram também objetos de fascinação de uma ampla variedade de pesquisadores das novas ciências psíquicas. Filósofos e psicólogos, entre eles William James, Théodore Flournoy, baseado em Genebra, e Frederick Myers consideravam a escrita automática, ver imagens no cristal, falar em transe — e fazer isso em uma quantidade de línguas desconhecidas de quem dormia ou talvez inteiramente inventadas (glossolalia) — atividades que demandavam estudo científico pelo que revelavam da mente humana.

Durante os anos 1880, Myers, a quem William James chamava de fundador da psicologia "gótica", escreveu uma série de artigos sobre o anormal e o supranormal, onde explorou o que chamou de subliminar quando emergia de estados de transe e sonhos. Foi um dos fundadores, em 1882, da Society for Psychical Research, sediada em Cambridge, que atraiu a atenção de Freud e Jung e tanto impressionou James que este fundou uma equivalente americana alguns anos depois. A sociedade e seus subcomitês iniciaram um estudo sem preconceitos da transferência de pensamentos (que Myers rebatizou de telepatia), do mesmerismo, hipnotismo e da clarividência; dos "sensitivos" e médiuns; das aparições de todos os tipos; levitações, materializações e outros fenômenos físicos associados a sessões.

Myers, assim como seu amigo e criador de Sherlock Holmes, Arthur Conan Doyle, acabou acreditando nos médiuns que estudou e na verdade das afirmações espiritualistas. A pesquisa de Théodore Flournoy levou-o em uma direção mais pé no chão, embora a famosa médium que estudou, Hélène Smith, viajasse *From India to the Planet Mars** (1900), como ele intitulou o livro que escreveu sobre o seu caso, best seller instantâneo e traduzido para outras línguas.

Flournoy (1854-1921), dois anos mais velho que Freud, tinha formação ao mesmo tempo médica e filosófica, como Janet. Também havia estudado psicologia experimental em Leipzig com seu mais famoso protagonista, Wilhelm Wundt, e foi sem dúvida pela influência de Wundt que, quando apontado professor de psicofisiologia, em 1891, em Genebra, insistiu em que o posto fosse aberto na Faculdade de Ciências, onde também fundou um laboratório psicológico. Mas, como ele observou, quando se trata da psicologia humana, uma hora passada no quarto de uma criança ou em uma sessão vale várias horas em um laboratório.[148] De fato, a própria médium, com suas muitas vozes e muitos eus, forneceu um laboratório vivo de como a psique trabalhava.

Em *Spiritism and Psychology*, Flournoy descreveu a médium como pessoa "comumente do sexo feminino" que, depois de experimentar nada mais que um pequeno sonambulismo, devaneios e pressentimentos, é atingida pela morte de uma pessoa querida quando nessa nova atividade. Experimenta com tapinhas na mesa ou escrita automática e descobre que está recebendo mensagens. O que torna a médium talentosa e diferente das pessoas comuns é simplesmente a permeabilidade da barreira normal entre o sono e o despertar. Nela, essa linha de fronteira não é estável: alucinações, tanto auditivas quanto visuais, ideias submersas e emoções facilmente cruzam a fronteira. Alguns médicos uniam o médium ao histérico e censuravam a popularidade da mediunidade. Ela estimulava a dissociação e aumentava o número de histéricos. Flournoy, entretanto, fez uma distinção entre os dois e achou que podiam ser estudados separadamente. À diferença dos histéricos, os médiuns eram

---

*Da Índia ao planeta Marte. (*N. da T.*)

saudáveis quando fora do estado de transe que ocorria na sessão. Através da médium Hélène Smith, ele também observou que, no estado de transe, uma "imaginação subliminar" trabalhava e operava. Com seu potencial "mítico-poético", ela era a fonte de toda a criatividade, assim como das revelações da médium. Além disso, a esfera subliminar compensava o que a vida não cumprira e oferecia proteção psíquica.[149] Flournoy nos dá assim uma concepção do inconsciente tanto como fonte de criatividade e desempenho dramático como a esfera que sustenta o indivíduo.

Dado esse entendimento do inconsciente e do transe, segue-se que Carl Gustav Jung, cuja história pessoal incorporou vários "videntes", encontraria inspiração, quando ainda era jovem e trabalhava no hospital Burghölzli, em *From India to the Planet Mars*, de Flournoy, e no próprio Flournoy, um professor para investir contra Freud e seu racionalismo.[150] A dissertação de doutorado de Jung, "On the Psychology and Pathology of So-Called Occult Phenomena",* escrita nos primeiros anos do novo século, inclui sua própria pesquisa dos estados mediúnicos. A médium em questão era sua prima Hélène Preiswerk, cujos transes presenciara e o influenciaram durante os últimos anos antes de 1900.[151] Ela possuía certas características em comum com a Hélène de Flournoy.

Helly, como a família a chamava, estava interessada na Renascença italiana e enquanto estudante se imaginara em uma vida anterior como prometida a um nobre chamado Sforza. Em transe, tornava-se uma princesa renascentista que vivia estonteantes aventuras românticas. Esses relatos felizes eram interpenetrados por informações estranhas sobre sua família que subsequentemente se mostraram verdadeiras, como se estivesse recebendo as informações por telepatia. Helly ficou interessada em Carl, seis anos mais velho que ela. Quando soube que ele afirmava que Goethe era seu ancestral, encontrou seus próprios ancestrais importantes. Recebia visitas de seu mútuo avô falecido, que fora chefe da Igreja Suíça Reformada e agora a levava em longas e distantes viagens espirituais.

As sessões da "família" a que Jung assistiu começaram em 1895, quando Helly tinha apenas 14 anos. Quando deu início a seus estudos psiquiátricos, decidiu observar Helly em circunstâncias controladas. A talentosa jovem não apenas assumia as vozes dos mais velhos como também cantava — algo que não sabia fazer quando desperta. Ele também descobriu, enquanto explorava a mediunidade dela, que Hélène incorporava leitura atual e antiga às suas

---

*Sobre a psicologia e a patologia dos chamados fenômenos ocultos. (*N. da T.*)

"visões". Estas, à medida que o tempo passava, tornavam-se crescentemente sexuais: sua *persona* em transe tornou-se amante de Carl. Ficou claro para todos que as sessões eram encenadas para atrair a atenção de Carl. A família se preocupou e, quando Helly, depois de uma sessão, não pôde ser despertada do delírio, sua mãe entrou em ação. No outono de 1898, a garota foi mandada à França para ser aprendiz de costureira.

Em sua dissertação, Jung mascarou levemente a identidade de Helly e de sua família, embora ela fosse reconhecível para eles mesmos e os perturbasse com a terminologia que ligava suas propensões "ocultas" a problemas médicos e a uma hereditariedade fraca. Não que Jung, ele próprio sujeito de experiência visionária, desautorizasse completamente o conteúdo espiritual do estado de transe de sua prima, mas argumentava que era principalmente psicológico, mais que místico.

Flournoy deixou menos espaço para a possibilidade do oculto que Jung, mesmo que as fontes das jornadas espirituais de sua médium fossem mais difíceis de localizar na própria experiência dela; e, à diferença de Helly, ela saíra daquela impressionabilidade adolescente e do potencial mimético tão próximo à plasticidade da histeria. Hélène Smith, que, ao que parece, escolheu esse nome para si — talvez tomando emprestado o Hélène da filha de Flournoy — nasceu, de fato, Elise-Catherine Müller, em Martigny, Suíça, em 1861. Quando Flournoy a conheceu, em dezembro de 1894, ela era alta funcionária de uma loja de departamentos, mulher de "caráter irrepreensível", que oferecia seus serviços mediúnicos "não pagos" em sessões, pois era uma devota. Seu pai era húngaro e tinha habilidade para aprender idiomas, que, mais tarde, Flournoy ligou às próprias habilidades de sua médium na invenção do "marciano"; do lado de sua mãe havia alguma experiência de "automatismos". Alta, saudável, atraente, inteligente e sem nenhum dos aspectos trágicos das sibilas tradicionais, Hélène serviu perfeitamente à busca de Flournoy de um objeto experimental. Após seis meses e cerca de vinte sessões, ele escreveu jubilosamente para William James em Boston: "Esta mulher é um verdadeiro museu de todos os fenômenos possíveis e tem um repertório de ilimitada variedade: faz a mesa falar — ouve vozes —, tem visões, alucinações, táteis e olfativas — escrita automática —, algumas vezes sonambulismo completo, catalepsia, transes ... todos os clássicos fenômenos histéricos — apresentam-se cada um por sua vez, em qualquer ordem e da maneira mais inesperada."

Enquanto observava Hélène, Flournoy desenvolveu uma teoria para acompanhar as observações: "Os fenômenos eram evidentemente a reprodução automática de memórias esquecidas — ou memórias registradas inconscientemente. Existe de fato na natureza desse médium uma segunda personalidade que percebe e recorda instantaneamente o que escapa à consciência comum."[152] Ele chama essa habilidade de "criptomnésia". A médium, como todos nós, sabe mais do que sabe, e naquele estado de transe exibe uma inconsciência desperta, as percepções que seu inconsciente tem estocadas, transformando-as ao longo do caminho, acrescentando um componente de fantasia.

Flournoy entende as memórias enterradas e o inconsciente como um armazém para fabulação romântica. Está alerta para as manobras da sugestão. Sua médium efetivamente cumpre as expectativas. Seus poderes se desenvolvem quanto mais ele observa, entrevista, pressiona, estimula, lhe pede que repita as estranhas estruturas linguísticas.[153] "Mesmo que o sonambulismo total tivesse sido desenvolvido, inevitável e finalmente por virtude de uma predisposição orgânica e de uma tendência favorável aos estados hipnóticos", Flournoy escreve, "é, apesar disso, provável que eu tenha ajudado a apressar seu aparecimento com minha presença, assim como por uns poucos experimentos que me permiti fazer em Hélène."[154] William James já havia chamado a atenção, em 1890, para a sugestionabilidade do médium ou histérico e a forma pela qual visões ou sintomas eram criações conjuntas. "Com a extraordinária perspicácia e sutileza de percepção que os objetos de pesquisa frequentemente exibem para tudo que preocupa o operador com quem estão em estreita relação é difícil mantê-los ignorantes de qualquer coisa que o operador espere. Assim, verifica-se facilmente nos novos objetos de pesquisa o que já se viu em antigos, ou quaisquer sintomas desejados de que se ouviu falar ou leu."[155]

Os selvagens "romances subliminares" que Hélène produz em seu novo estado total de transe, suas viagens a Marte e a invenção do marciano são muito mais aventureiros que qualquer coisa que se havia permitido antes das observações de Flournoy. Depois, também o príncipe hindu que conhece em sua *persona* filha de um xeque árabe tem semelhança marcante com ele. Revelando isso ao leitor, Flournoy usa uma rara explicação freudiana e o termo alemão *Abwehr Psychosen*[156] ou psicose defensiva. Ele deixa o leitor "científico" sofisticado saber que o gesto de Hélène é uma defesa histérica contra uma atração sexual incompatível com as ideias dela e, assim, se expressa nessa fantasia mediúnica. Esta é uma das poucas vezes nessa composição literária de uma viagem *From India to the Planet Mars*, mais Júlio Verne que investigação científica, que Flournoy recorre a uma terminologia psicológica em outra língua. Ele, naturalmente, está protegendo com tato a honra de Hélène, defendendo-a de si mesma, pois ela vai ler o livro. E está também, suspeita-se, protegendo a própria reputação.

O livro de Flournoy tornou-se um best seller na Europa e na América, com três edições em três meses, superando de longe em vendas o livro contemporâneo de Freud, *A interpretação dos sonhos*. William James saudou o livro como o passo decisivo para "converter a pesquisa psíquica em ciência respeitável". Os espiritualistas, no entanto, ficaram zangados: Flournoy havia exposto as visões e jornadas de Hélène Smith em transe como invencionices; nenhuma teoria sobre o trabalho de uma consciência subliminar criativa podia adoçar a pílula científica que desaprovou suas crenças — nem mesmo a admissão de Flournoy da existência de transmissão telepática.

Hélène ficou igualmente aborrecida. Como muitos biografados, sentiu-se tanto exposta quanto traduzida. Pode ter deixado Flournoy escrever sua história, pode ter colaborado com as sugestões de Flournoy, mas a fama que o livro lhe trouxe mudou radicalmente sua vida. Ela insistiu em que agora era Hélène Smith e não poderia ter outra identidade a despeito da zombaria de seus talentos que o livro provocou. Flournoy havia seguido cada uma de suas grandes reencarnações de volta à sua infância ou à leitura. As visões, suas viagens espirituais haviam sido reduzidas a sintomas, a uma "má adaptação física e mental do organismo às duras condições do ambiente" de sua infância. Hélène passou a impedir Flournoy de ir às suas sessões. Desenvolveu o ciclo marciano — que, através de Flournoy, chamou a atenção de linguistas famosos como Roman Jakobson para estudá-la enquanto falava em outras línguas — em novos ciclos lunares e iranianos ou viagens mediúnicas. Também exigiu *royalties* do livro.

Flournoy finalmente pagou-lhe metade do que ganhou e doou o resto para os *Archives de Psychologie*, jornal que fundou em 1901 com seu primo Edouard Claparède. Enquanto isso, apareceu uma benfeitora americana para cuidar de Hélène. Investigação psicológica à parte, o livro de Flournoy também apresentou um retrato do artista como meio, a versão do crescimento de uma mulher para tornar-se outra, e talentosa, quando havia tão poucas vocações para escolher. Agora, a médium desistia da mediunidade para devotar-se à pintura. Mesmo assim, ainda sentia que Flournoy a espionava e que tinha que escapar de alguma forma ao controle dele e de um círculo que "a atormentava e agitava".[157] Permaneceu solteira, esperando o "noivo de sua alma" até a morte, em 1927. Quanto a Flournoy, o cientista que interviera para se tornar seu "amante de transe", o príncipe Sivrouka, ele nunca mais achou um objeto de pesquisa tão interessante. Hélène Smith ajudou a criar a ideia da "imaginação subliminar" pela qual Flournoy é lembrado.

Miss Beauchamp e Morton Prince de Boston (1854-1929)

O caso muito notável de Miss Beauchamp, que, sob tratamento, desenvolveu três eus separados e concorrentes, ou outros, desenrolou-se entre 1898 e 1904 para Morton Prince, professor de doenças do sistema nervoso no Tufts College Medical School e do Boston City Hospital. Prince viera de família importante, contava com William James em Harvard entre seus amigos e colegas, assim como aquele outro pioneiro da psicologia americana, G. Stanley Hall, o homem responsável pela visita de Freud e Jung à América. Após absorver a influência de Charcot em Paris, Prince retornou a Boston para tornar-se uma das forças impulsionadoras da nova medicina. Professor e médico, foi também editor, a partir de 1906, do *Journal of Abnormal Psychology*. William James correspondeu-se com ele sobre a intrigante Miss Beauchamp e deliciou-se com o mistério da "adorável" Sally, que ajudou a transformar a personalidade múltipla em uma forma tão popular de ser mulher que finalmente foi para um teatro da Broadway. Muito tempo depois que Prince teria preferido esquecê-la, a potente influência de Miss Beauchamp também abriu caminho entre as profissões "psi", aparecendo, por exemplo, nos exames de psicologia de Cambridge nos anos 1920.

Prince recordou o tratamento de seis anos de duração de Miss Beauchamp em 560 páginas completadas com amostras de sua escrita sob a personalidade de Sally, uma exuberante, extrovertida, ambiciosa e requisitada personagem, bastante diferente da reticente e responsável estudante Miss Beauchamp, que procurara Prince para ajudá-la em seus problemas. Nas páginas de abertura, Prince chama a atenção para Miss Beauchamp como "um exemplo na vida atual da imaginação criativa de Stevenson", mesmo que sua divisão, à diferença da de Jekyll e Hyde, fosse "de temperamento", e não "ética". A história que se segue é uma leitura excitante, um romance gótico em que Prince acorda a bela adormecida que havia entrado em um transe de esquecimento em uma noite fatal e tempestuosa de 1893.

Clara Norton Fowler, o nome real da paciente que Prince chama de Miss Beauchamp, tinha um pequeno mas apreciativo círculo social em Boston. Foi ver Prince aos 23 anos com "dores de cabeça, insônia, dores no corpo, fadiga persistente e desnutrição". Era incapaz de trabalhar e, de fato, de qualquer exercício. Sua natureza "livresca", no entanto, fez com que insistisse em continuar a estudar, o que Prince viu como probidade excessiva. Ele relata suas observações do caso na época como se segue: "É uma pronunciada neurastênica do tipo extremo; nunca foi capaz de perseguir com firmeza uma ocupação em consequência disso. Tentou três vezes ser enfermeira profissional e se descontrolou. Está agora estudando na... College; ambiciosa, boa estudante; faz um bom trabalho, mas está sempre doente; sempre sofrendo ... É muito nervosa e diferentes partes de seu corpo sempre estão em movimento."[158]

Referida ao mesmo tempo como histérica e neurastênica, Miss Beauchamp ecoa a articulação entre os termos que prevalecia na época.[159] Ela também sofria de abulia — inibição da vontade que a impedia de fazer o que queria, talvez algo tão insignificante quanto apanhar um objeto da mesa ou dizer a seu médico por que fora vê-lo. Reticente, altamente sugestionável, frequentemente perdida em "abstração", a história de sua família era um fértil "terreno psicopático": do lado paterno havia "violência de temperamento". A mãe, que morreu quando a garota tinha 13 anos, "exibia um grande desgosto" pela criança nervosa, impressionável e extremamente sensível que Miss Beauchamp era, propensa a dores de cabeça, pesadelos e sonambulismo, assim como a transes espontâneos e devaneios tão intensos que os confundia com a realidade.

No decurso de seu longo tratamento, Miss Beauchamp se divide em três entidades diferentes, além da própria personalidade quando estava alerta. Prince é assombrado pelo fato de alguma forma ter chamado os outros eus de Miss Beauchamp à existência através da hipnose. A duração de sua cura deve ter sido em parte provocada pelo desejo dele de provar que a dissociação dela é realmente o resultado de trauma emocional e nervos fracos.

Prince designa essas personalidades dissociadas como BII, o primeiro eu hipnotizado de Miss Beauchamp; BIII, que vem à existência em hipnose profunda e é inicialmente "Chris", antes de ela própria se chamar, à sua maneira ruidosa e rebelde, de Sally; e BIV, que aparece depois de um ano e é um ser bastante limitado, a quem Sally chama de "a idiota". Prince organiza essas personalidades da paciente em tipos que refletem a visão prevalente da mulher. Em seu estado desperto, Miss Beauchamp é a Santa — uma mulher que vê "egoísmo, impaciência, rudeza, falta de caridade, fracasso em dizer a verdade ou a supressão de metade da verdade" como pecados cuja maldade pode ser vencida por "jejum, vigília e preces".

Sally é o demônio, um maldoso diabinho de perversidade a quem Prince na verdade acha irresistível sem admiti-lo totalmente. Ele retrata Sally e ele próprio flertando um com o outro. Ela sugere casamento, rompe todas as convenções ao fumar como Prince e constantemente ridiculariza Miss Beauchamp, a quem aborrece com sua irresponsabilidade, fazendo-a faltar a compromissos ou aparecendo como mulher falante de comportamento masculino. Sally é uma coconsciência. Sabe tudo sobre Miss Beauchamp; mas o contrário não é verdade, pois Sally é, em certo sentido, sua "subsconsciência": ela tem estado por perto desde o começo, como revela na autobiografia que Prince faz com que escreva. Exibe toda a determinação masculina, o desejo expresso de ser um macho aventureiro e o maldoso flerte das garotas antes de serem forçadas no molde sexual e nas longas saias da feminilidade.

Prince designa o terceiro eu de Miss Beauchamp (BIV) de Mulher, um nome simples, vividamente misoginístico, pois essa personalidade tem todas as "fragilidades de temperamento, autoconcentração, ambição e autointeresse" da "realista" comum. Na descrição de Prince, essa "Mulher" é uma paródia da Nova Mulher que pensa ser "capaz de governar o mundo".

Dado o seu círculo social, Prince era bem-relacionado com o nascente movimento feminista. A American Woman Suffrage Association tinha, afinal, seu lar em Boston desde 1868. Os clubes de mulheres — mais de 250 deles em todo o país na virada do século — estavam se espalhando, da mesma forma que a agitação pelo voto, pela propriedade e o direito de divórcio e educação universitária. O primeiro ph.D. conferido a uma mulher americana veio da própria Boston University de Prince. Na dissociação de Miss Beauchamp, podemos ver alguns dos impulsos e das tensões que as mulheres internalizaram durante esse período de transformação histórica enquanto lutavam com velhas insatisfações, novos desafios e a hostilidade masculina. E na descrição de Prince das várias personalidades de Miss Beauchamp, os medos do macho sobre a força e as liberdades da nova mulher são igualmente evidentes.

Mas Prince também luta pela "objetividade" do olhar médico. Ao reiterar a "saúde" das personalidades de Miss Beauchamp, fica claro que a primeira Miss Beauchamp, a Santa, é a inferior. A Mulher é muito mais forte, capaz de grande esforço, enquanto a pré-pubescente Sally, que ainda tem de confrontar os problemas que a sexualidade e o fato de ser do gênero feminino trarão, "não sabe o que significa doença".[160]

As reflexões de Prince sobre a natureza do sexo e da sexualidade são parte da discussão da bissexualidade que então se travava em círculos progressistas tanto na Europa quanto na América. Weininger, Freud, Stanley Hall — todos de diferentes formas viam a bissexualidade como fundamental para o ser humano. Prince estava preparado para rejeitar quaisquer noções de identidades sexuais fixas e "naturais" e imaginava um espectro de sexualidade que ia de "características masculinas fortes, vigorosas", passava por "homens com personalidades femininas" e "mulheres masculinas" até "personalidades femininas marcadamente fortes". Educação e ambiente, escreveu, modelavam os "gostos e hábitos de pensar e as maneiras" da criança, e se os sexos fossem criados de maneira diferente, cada um poderia ter "os gostos e as maneiras do outro sexo".[161] Essa visão culturalista do sexo e do comportamento sexual, entretanto, é sustentada por um entendimento da orientação sexual baseada em uma disposição nervosa: todos os seres *saudáveis* irão se voltar para o sexo oposto depois que a puberdade for iniciada.

Prince quer explicar isso dos dois modos: sexo é uma questão tanto de biologia quanto de tradições sociais, mas a última irá suprimir a homossexualidade na pessoa de mente e corpo saudáveis. A adolescente Sally tem permissão para flertar com seu comportamento masculino e para todos os tipos de amor: ela oferece em uma carta casar-se com Prince e também fugir com o misterioso William Jones, o herói "dark" desse romance. As possibilidades de Miss Beauchamp são muito mais restritas.

Como um detetive psíquico agraciado com seis anos de energia, Prince vai em busca da Miss Beauchamp "real". Ele segue a paciente até o momento doloroso em que a dissociação inicial tem lugar. Movimentando-se em transe entre seus eus, Miss B confunde Prince com o elusivo William Jones, que tenta abraçá-la e/ou hipnotizá-la. Ele começa a ver que a Miss B real não é a "Santa", mas a "Mulher", que se divide em um assustador encontro com Jones em uma noite tempestuosa de junho de 1893 e desde então fica "adormecida". Jones, um homem mais velho idealizado que toma conta de Miss Beauchamp desde a morte da mãe dela, vai visitá-la inesperadamente no hospital onde ela treina para ser enfermeira. Vendo uma escada, ele sobe até o quarto dela. Iluminada por um raio, sua cabeça aterroriza a desavisada Miss Beauchamp, que prontamente esquece o evento dissociando seu eu "real" dele e deslizando para seu aspecto santificado. Amnésia retrógrada, diz Prince, levou esse encontro traumático ao esquecimento. Todas as doenças de Miss Beauchamp — ele gradualmente confirma, evocando a cena com cada um dos eus de Miss B — podem ser seguidas até aqui.

É difícil não dar a essa cena uma leitura freudiana, sexual: até o clima se acomoda com seus ecos tormentosos de *O morro dos ventos uivantes*, sem falar no canto da janela em que a dramática cabeça aparece. Uma tempestade semelhante esperava a Isabel Archer de Henry James quando o apropriadamente chamado Caspar Goodwood a beijou de forma um pouco forçada demais, de modo que ela também se apressou a buscas bem mais santificadas. A Miss Beauchamp (BIV) real esqueceu que os eventos daquela noite fatídica não se detiveram com sua recusa em ver Jones e sua ida para uma ala onde uma criança estava chorando. Na verdade, quando Prince a induz a lembrar, ela desce para ver Jones: os dois ficam juntos do lado de fora com os raios iluminando o rosto dele, e ela se assusta porque ele estava tão nervoso que parecia perfeitamente louco. Foi esse choque que levou Miss Beauchamp/a Santa a assumir o controle. A memória de BIV então cessou durante os seis anos seguintes. O que trouxe tudo de volta para ela naquele dia em particular foi que, na biblioteca da universidade, um mensageiro entregou-lhe uma carta de Jones escrita na mesma linguagem que ele havia usado durante o encontro que *literalmente* dividiu a mente dela.

O relato de Prince da cena dificilmente é explícito. Nem Miss Beauchamp parece recontar o suficiente de seu terror pelo fato de ele constituir o trauma, a violência externa que Prince necessita para sua hipótese de dissociação. Talvez sejam os próprios buracos na construção da cena que anos depois, nos anos 1920, fizeram-no reconsiderar todo o caso em uma perspectiva freudiana e atribuir um conflito sexual a Miss Beauchamp.[162]

Na segunda parte do livro, Prince argumenta que uma personalidade "normal" é a que pode ajustar-se "fisiologicamente" ao seu ambiente, assim como psicologicamente. Então, ele começa o difícil trabalho de reintegrar Miss Beauchamp à "Mulher" que "ela era destinada por natureza a ser". Isso envolve muita hipnose, escrita automática e jogo de eus e, no fim, a erradicação da rebelde Sally, tornando-a "subconsciente". Isso também significa misturar o "idealismo emocional" santificado da paciente que primeiro se aproximou de Prince com a força da "Mulher", que deve desistir de seu "mau gênio e poderosa autodeterminação". Somente assim a transformação na Miss Beauchamp real estará completa: a mulher que lembra todo o passado é física e mentalmente forte e resiste à hipnose. Esta é a mulher que descuidadamente diz em 1904, em seguida a seis anos de um notável jogo de eus: "Afinal, sou sempre eu."

Foi esse "eu", Clara Norton Fowler, que em 1912, após completar três semestres em Radcliffe, acaba casando-se com o psicoterapeuta de Boston dr. George A. Waterman, conhecido colega de Morton Prince.[163] Na história dos médicos da mente, de um jeito ou de outro, com muita frequência, os pacientes-estrelas terminam ficando na profissão.

Enquanto isso, por vários anos seguidos à publicação de seu caso, a Miss Beauchamp de Morton Prince provocou uma onda de múltiplos. Mas a crescente importância de Freud na América em seguida à sua viagem para lá em 1909, ao lado do desaparecimento gradativo da hipnose do programa de tratamento, significou que a múltipla personalidade também se ausentou consistentemente do espectro de diagnóstico. Ian Hacking, em seu importante estudo das políticas de memória que modelaram o século XX, *Rewriting the Soul*, mostra como, em 1909, Prince desaprovava seu próprio diagnóstico. Janet também, em seu volumoso compêndio de 1919, *Psychological Healing*, dá a ele uma simples página e o relega aos primeiros dias da psicologia patológica. Os diagnósticos tinham mudado. E se poderia dizer também que as mulheres despertaram em um novo mundo e em uma nova escala de sintomas. A teimosa, maldosa Sally, com seus sonhos masculinos, havia dirigido ambulâncias na guerra e não era mais posta para dormir tão facilmente.

Depois disso, se uma mulher jovem "escolhia" o transe mediúnico ou ouvir vozes como forma de expressão ou de manifestação de sintomas, os psicólogos seriam muito mais rápidos em diagnosticar uma doença sexual. G. Stanley Hall, estudante de William James e um dos grandes fundadores da psicologia americana, particularmente na área do desenvolvimento da criança, em um artigo de 1918, "A Medium in the Bud", observou como uma mulher jovem em um "estágio incipiente" de mediunidade, durante o qual visita Marte, amava o abandono e o disfarce masculino que ser uma médium lhe permitia. Inibições eram jogadas pela janela. As "coisas mais secretas da alma ... que as convenções sociais comuns tornariam impossíveis" poderiam aqui ser expressas: "Há uma súbita liberdade da responsabilidade, e as naturezas sensíveis, encolhidas, reprimidas, que acima de todas as coisas teriam horror de chocar ou violar as convenções com frases ou gestos são libertadas da necessidade de serem agradáveis ou recatadamente asseadas, que deve com frequência tornar-se irritante, protegidas como são por tantos tabus sem sentido."[164]

Quando a experiência normal deu às mulheres a possibilidade de movimentar-se além de tabus sem sentido, os estados de sono recuaram. E à medida que os médicos da mente focaram a sexualidade do paciente, dublês, triplos e dissociações deram lugar a um novo conjunto de sintomas e diagnósticos.

Vale a pena notar que nem as *somnambules* de Janet, nem Miss Beauchamp parecem ter recontado uma história de abuso infantil, que era enfatizada como evento detonador comum e necessário para pacientes que desenvolviam transtorno de múltiplas personalidades durante o ponto alto da doença e seu diagnóstico nos anos 1980 e 1990. O que é comum entre os dois momentos históricos de personalidades "alternantes" é que esses outros eus ambulantes e falantes eram na maioria das vezes consolidados e às vezes só emergiam totalmente com profunda hipnose induzida. Parece que é a própria relação entre médico e paciente que produz o aspecto florido desses eus: o paciente agrada ao médico produzindo "sintomas" ou "estados" que o médico acha interessantes, enquanto o médico alivia os sintomas do paciente (algumas vezes provocados por ele mesmo) e induz a "melhora" com a própria força de seu interesse.

Não há nada necessariamente suspeito nisso. É intrínseco a uma prolongada relação médico-paciente e pode frequentemente ajudar a engendrar a "cura" ou ao menos uma melhora dos sintomas, seja o tratamento por hipnose, conversa ou pílulas. Quanto àquilo em que ambos os médicos estão interessados e os pacientes produzem como sintomas não parece refletir o peso de um momento histórico. Janet, Freud, William James, Flournoy, Morton Prince eram todos fascinados por isso e tentavam encontrar provas da existência de uma mente inconsciente ou subconsciente, embora já descrevessem seu funcionamento. Personalidades alternadas, ou *condition seconde*, eram prova disso. Durante as décadas de grande difusão do transtorno de múltiplas personalidades nos Estados Unidos, o que os médicos estavam interessados era na ligação entre o abuso sexual da criança — a ansiedade coletiva da época — e os eus dissociados no adulto: eles os encontravam em todos os lugares, e os sintomas se transformavam para acomodar-se ao diagnóstico quanto maior fosse a sua notoriedade.

Foi certamente a maleabilidade de sintomas que viu em seus pacientes, particularmente nos que chamava de histéricos, que levou Freud a prestar menos atenção às suas manifestações externas que à natureza subjacente das vidas de seus pacientes — o gatilho que havia determinado ou precipitado os sintomas. E foi quando saiu em busca da motivação, o torvelinho emocional interno que engendrava a divisão que acontecia em um estado similar ao sono, que Freud encontrou o sexo.

PARTE TRÊS

A VIRADA DO SÉCULO

7
SEXO

No fim de 1914, exatamente quando a Primeira Guerra Mundial cavava suas trincheiras, uma mulher de 45 anos escreveu para o hospital Royal Edinburgh, então um asilo conhecido por seus importantes e inovadores serviços psiquiátricos, e pediu para ser admitida lá. Sua carta é um documento fascinante de desordem interna: ao mesmo tempo, uma exaustiva descrição da dor psíquica em que se encontra e uma tentativa abrasadora de racionalizar a doença.

Sua racionalização nos lança em uma nova época do entendimento psicológico. Em algum momento da vida, e misteriosamente, a mulher captou uma terminologia para descrever seu estado desordenado e dar a ele uma narrativa explanatória que é bastante diferente do que existia antes. Com Celia Brandon[165] e longe da Viena de Freud, nós, de algum jeito, nos vemos no meio de um caso freudiano: um caso que enfatiza que as raízes do transtorno estão na infância e ligadas à sexualidade, à complicada trajetória de desejo, punição e inibição, muito dela explicado através de sonhos e fantasias. Celia é uma indicação de que os paradigmas freudianos, embora naturalmente ainda presos à linguagem dos nervos e da hereditariedade, viajaram para a Grã-Bretanha e informaram não apenas a prática local, mas as próprias narrativas dos pacientes de suas doenças psíquicas.

Ao longo do século XIX, várias proibições de sexo e masturbação combinaram-se de forma crescente com um discurso médico e psiquiátrico para tornar o sexo muito mais que uma experiência do corpo. A sexualidade como a "posse de poderes sexuais, ou capacidade de sentimentos sexuais" — em outras palavras, como um complexo de características psíquicas que carregam consigo habilidades e carências, um excesso ou uma escassez — faz sua primeira aparição no Dicionário Oxford em 1879. E já é manifestamente um problema: a citação que acompanha o verbete e define sua prática é de J. M. Duncan, em *Diseases of Women*, do mesmo ano: "Ao remover os ovários, não se destrói necessariamente a sexualidade em uma mulher."

Sexualidade é outra coisa além de anatomia. Não é simplesmente uma questão de partes físicas, mas algo misterioso e talvez ameaçador, constantemente necessitado de investigação, atenção ou controle. É fundamental para a estrutura da pessoa e, em particular, da pessoa feminina. "A individualidade mental depende em sua maior parte da natureza da sensibilidade sexual", escreve o dr. Krafft-Ebing, conhecido psiquiatra vienense, em seu *Text-book of Insanity*.[166] Um entre o número crescente de sexologistas do período, ele prontamente organiza os humanos segundo suas perversões — se masoquista ou sádica, fetichista ou homossexual, ninfomaníaca ou frígida. Em artigo de 1894 sobre o funcionamento sexual da mulher, ele claramente coloca a hipótese de que o centro sexual no cérebro é tão importante quanto qualquer órgão sexual. Assim como Freud, enquanto o século se encaminha para seu encerramento, Krafft-Ebing vê doenças como a histeria surgirem a partir de um fator psicológico. Recolhendo dados não apenas de seus pacientes como também de seus muitos informantes, que ao longo dos anos escrevem cartas para ele sobre um grande número de disfunções sexuais, observa que o coito pode ser "insatisfatório" mesmo que, em um nível físico, seja completamente satisfatório.[167] Que a ejaculação na vagina constitui apenas uma parte do prazer sexual do homem é "comprovada" pelas queixas confidenciais de "tantos maridos" para o médico sobre a "frigidez de suas esposas".[168]

Com a virada do século, a sexualidade é implicada de maneira crescente e aberta na forma como o mundo ocidental racionaliza saúde e felicidade, identidade e destino. Ela se torna um indicador-chave do tipo de indivíduo que uma pessoa é — normal ou pervertida, sã ou louca. O foco na sexualidade, como Foucault salientou, problematiza particularmente mulheres e homossexuais, masturbação e crianças.

O absurdo nadir de pontos de vista sobre as mulheres está talvez mais bem representado em Otto Weininger, em *Sex and Character*, o livro que em 1903 tomou de assalto o mundo germanófano, foi rapidamente traduzido e teve numerosas edições. Weininger começa com um princípio radical de bissexualidade humana. O seu ser feminino, no entanto, é incapaz de moralidade, tem um desejo voraz e é "organicamente enganador". Mulheres emancipadas eram, para Weininger, desviadas sexuais, apenas um passo acima dos homossexuais e dos judeus (dos quais ele era um) na hierarquia de valor.[169]

Outros comentaristas, menos interessados em evocação apocalíptica, afirmavam a necessidade de reforma: em um mundo onde o casamento para os homens, os únicos que ganhavam a vida, vinha tarde, pois tinham de se estabelecer primeiro, a prostituição era abundante, ao lado da debilitante doença venérea. Em Munique, um terço das crianças nascia de mães solteiras. (Outro terço, pensava-se, embora nascido no casamento, não era filho dos pais putativos.) O princípio do casamento monogâmico era hipócrita e destrutivo, como assinalou o polêmico psiquiatra "poligamista" Otto Gross, que, por um período, marcou profundamente o jovem Carl Gustav Jung. Em círculos mais acadêmicos, pontos de vista similares predominavam. O antropossociólogo Ivan Bloch, em *The Sexual Life of Our Times* (1906), destaca como a sociedade moderna simultaneamente ridiculariza a "solteirona" e "condena as mães não casadas à infâmia". "Essa 'moralidade' putrefaciente de duas caras é profundamente 'imoral'; é radicalmente má. É moral e bom contestá-la com todas as nossas energias, entrar em abaixo-assinados de apoio ao direito do amor livre para a maternidade 'não casada.'"[170]

Assim, enquanto problematizava a sexualidade, o novo discurso reformador também era uma força liberadora, especialmente para mulheres que tinham sido consignadas a papéis e regras, um padrão que restringia severamente seu potencial humano. A nova atenção dada à sexualidade resgatou o desejo das profundezas daquela respeitabilidade, ignorância e opressão a que tinha sido forçado.

Celia Brandon fornece um exemplo de como uma paciente interiorizava a velha ordem da punição sexual enquanto adquiria um pouco da linguagem da nova psicossexualidade, linguagem que se tornou tão lugar-comum no fim do século XX que é difícil vê-la novamente como nova e reconhecê-la como pedra fundamental da construção de um tipo particular do humano.

Celia Brandon

Celia Brandon teve uma história extraordinária, embora em seu próprio tempo sua trajetória geral não tenha sido atípica em mulheres com famílias engajadas no serviço colonial. Seu caso sublinha as dificuldades das esposas daqueles que trabalhavam em postos distantes enquanto enfrentavam os perigos do parto, a solidão de um mundo onde havia pouca socialização com nativos e as fofocas daninhas produzidas nessa sociedade fechada. Nascida em Shangai em 1870 de uma mãe que morreu duas semanas depois, deixando a pequena criança e seus irmãos mais velhos aos cuidados de um pai no serviço colonial britânico-chinês, a bebê Celia foi mandada de volta para casa, primeiro para parentes na Escócia, depois para uma tia na Inglaterra. Ali ela viveu sob a estrita e virtuosa tutela de uma mulher taciturna que mal podia lidar com a criança precoce que Celia foi. A Celia mais madura, já uma iniciada nos asilos de loucos, descreve essa tia como "cataléptica" e propensa a períodos de "inconsciência".

Na carta que envia ao Edinburgh Hospital, na qual narra seu próprio "caso", Celia escreve sobre punições terríveis, severas demais para a criança delicada que era — tão frágil que o médico chegou a pensar que nasceria morta. Quando tinha 3 ou 4 anos, ela começou a ter sonhos vívidos de que estava de quatro e levava palmadas por trás, "o que me deu prazer sexual na frente ... esquecido na época, mas lembrado depois". A formulação dela se alinha maravilhosamente com o entendimento freudiano do desenvolvimento da criança desde os estágios iniciais anal, oral e fálico, que são esquecidos e depois relembrados durante o despertar sexual da puberdade — de tal forma que a sexualidade é sempre em parte memória criada. Celia relata que lembra como sua tia lhe disse para levar uma escova de cabelo para a cama à noite e punir-se ela própria por trás — uma ordem que cita como a causa "de ela aplicar em sua pessoa de todos os modos", inclusive escorregando em corrimãos. Descoberta pela governanta, a pequenina Celia aprende a mentir e leva adiante suas atividades, parando apenas quando é mandada de volta a casa.

Aos 12 anos, Celia é mandada de volta à China para viver com o pai e os irmãos, um dos quais trabalhava como engenheiro, o outro como professor de navegação. A mãe, comentava-se, tivera um problema de alcoolismo; um dos irmãos era instável, e o pai de Celia descrevia a própria filha como "fraca", referindo-se ao seu temperamento nervoso e à sua delicadeza física. A educação de Celia pode ter sido errática, mas ela era brilhante, como seus escritos comprovam, e a escola em que estudou por último elogiava seus talentos. Tinha uma boa voz para o canto e sua vivacidade a tornou popular na pequena comunidade colonial. Também fazia performances teatrais amadoras, comentadas no jornal local.

Aos 20 anos, Celia conheceu um ambicioso funcionário do escritório chinês. Dez anos mais velho que ela, Arthur James era um viúvo com duas crianças do casamento anterior. Percebe-se que a corte foi movimentada, cheia de dança e música, tão excitante que deixa Celia excessivamente animada e seu pai a leva para casa, para longe do noivo, para algo como um repouso forçado. Ela diz em uma carta que ficou em estado nervoso durante o qual a excitação a abateu novamente. A excitação também é evidentemente sexual e preocupante.

Depois do matrimônio, o par se muda para Pequim, onde Arthur James ascende no serviço. A família vive na área fechada para estrangeiros, uma pequena, mas ativa comunidade, que abriga um mescla de europeus e americanos, uma sociedade vivaz de diplomatas, professores, empresários e suas equipes. A comunidade tem suas próprias lojas, biblioteca e entretenimento e está situada no centro de Pequim, junto às paredes da Cidade Proibida. Os filhos de James vivem com Celia e o marido durante alguns anos até terem idade suficiente para serem mandados para colégios internos na Inglaterra. Enquanto isso, a própria Celia engravida, mas perde a criança em um aborto difícil que repercute em sua saúde e estabilidade. A doença que a assedia ocorre logo antes da Rebelião Boxer. Estimulada por um ressentimento cada vez maior e um nascente nacionalismo, alimentada pela seca, essa violenta revolta contra os poderes estrangeiros e seus interesses comerciais e também contra a imperatriz que os sancionou marca Celia profundamente, assim como aos outros habitantes da comunidade estrangeira.

Barricadas são construídas. Uma pequena força militar enfrenta cerca de 20 mil boxers, como são apelidados os membros da Sociedade dos Punhos Virtuosos. Eles vêm do interior do país e querem nada menos que expulsar os "diabos estrangeiros" de qualquer maneira, usando até a força dos punhos. Durante quase dois meses, toda a área dos estrangeiros sob cerco está sujeita a incursões diárias e bombardeios. Prisioneiros são torturados. Casas são queimadas. A comida se torna escassa, junto com os suprimentos médicos e a munição. Mais de setenta estrangeiros morrem e muitos são feridos. Apenas quando uma força internacional é organizada e finalmente invade Pequim os moradores do bairro estrangeiro são libertados.

Logo após a Rebelião Boxer, Arthur James deixa Pequim — em parte, imagina-se, por causa de Celia. Ela estava grávida de novo e, desta vez, o nascimento da criança seria assegurado com o parto na Inglaterra. Mas nem a Inglaterra pôde garantir a segurança do bebê, nem o precário estado físico e mental da mãe. A criança morreu apenas duas semanas depois de nascer. Eclampsia pode ter sido a causa. Celia menciona essa amedrontadora doença em sua carta posterior para o hospital Edinburgh. Eclampsia, literalmente, "um raio no céu azul", consiste em uma série de convulsões semelhantes à da epilepsia, espasmódicas, repetitivas, algumas vezes violentas, envolvendo músculos da mandíbula, do pescoço, dos membros e olhos que leva à perda da consciência e, às vezes, à parada respiratória. Não fica claro exatamente quando a eclampsia ocorreu e se o bebê de Celia morreu de asfixia como resultado das convulsões da mãe, ou se já tinha sido debilitado pela falta de oxigênio que é comum na eclampsia. Qualquer que seja a verdadeira causa da morte, a própria febre puerperal de Celia e a doença resultante foram o bastante para ela ser confinada em um asilo, o St Andrew's Hospital, em Northhampton. Ficou lá cerca de seis meses.

O hospital St Andrew's foi fundado em 1838 como resultado tardio da Lei dos Asilos do Interior, de 1808, que deu poderes aos juízes de paz locais para estipular impostos destinados à construção de asilos para os pobres e criminosos insanos. Durante 23 anos lar do poeta John Clare, o St Andrew's sempre teve, no entanto, uma ligação com as classes médias. O grande arquiteto Gilbert Scott, que construiu a estação de St Pancras em Londres, desenhou sua capela. Por volta dos anos 1870, os pobres lunáticos tinham sido transferidos para um asilo separado, e o St Andrew's seguiu adiante, transformando-se em uma das instituições mais avançadas em termos de conforto para o paciente, oferecendo jardins e terras, uma fazenda em operação, recreação teatral e feriados nas montanhas do País de Gales. Novas tecnologias foram instaladas — primeiro um telefone, em 1881, depois, em 1898, um gerador elétrico.

Essa modernidade tecnológica dificilmente se estendia, parece, ao tratamento e diagnóstico. O que o hospital fornecia era um local de repouso com todos os confortos modernos. Seu superintendente, dr. Joseph Bayley, estava lá desde 1865, e relatos sobre a história do hospital o mostram muito mais interessado na administração das instalações que em novas teorias e tratamentos. É improvável que, ao voltar para casa seis meses depois, Celia Brandon tivesse absorvido dos dois médicos residentes do hospital tanto a terminologia quanto a narrativa estrutural da loucura que permeia sua carta de 1914. Algo mais, talvez outros pacientes, talvez sua própria leitura posterior e conversação no casulo cosmopolita que era a comunidade estrangeira na China, devem ter influenciado a narrativa que faz de sua vida e de suas "peculiaridades".

Celia conta sua história como se soubesse que as fantasias das surras que estimularam seu prazer sexual na infância estruturaram sua sexualidade adulta. Ela parece saber que os sonhos — a atividade humana que Freud descreveu em 1900 em *A interpretação dos sonhos* como a estrada real para o inconsciente — são uma expressão de seus desejos e temores. Ela também sublinha a diferença entre a fantasia e o real e como a masturbação é convertida pela vergonha em cenas fantasiosas que empurram para outros a responsabilidade, observando que em seu leito conjugal lutou para contar ao marido o tipo de cenário masturbatório que a excitava, mas, em vez disso, acabou dizendo-lhe apenas que sua tia fingia as surras que lhe davam prazer. Na verdade, o *pensamento* de estar apanhando "como em seu sonho" era suficiente para ativar o prazer de Celia. Ela chama essa fantasia de apanhar de seu "pensamento-chave" e o utiliza durante o intercurso sexual quando seu marido não a satisfaz, o que acontece mais especialmente após a morte do bebê e a estada no asilo. Ela também, ocasionalmente, usa o "chicote" e, submissamente, relata o fato ao marido, que a censura e lhe diz para nunca mais fazer isso. Ela é, claramente, ambígua em relação ao marido, que está preocupado com a própria saúde, segundo ela, e não lhe dá tudo que quer. Os anseios dela, a necessidade de autopunição, lançam sombras em seu casamento.

A franqueza de Celia com os médicos sobre sua sexualidade é espantosa. As histéricas da virada do século de Freud dificilmente conheciam tão bem seus próprios desejos conflitantes e manifestavam muito mais resistência às interpretações sexuais dele. O que surpreende ainda mais é o modo como, ao contar sua história, ela abertamente liga necessidades sexuais e hábitos, formados na infância, à sua confusão mental — às vozes persecutórias que agora ouve e de que quer que os médicos a livrem —, como se o cenário do sonho masturbatório e sua reunião final com mensagens longamente esperadas de um possível amante fossem *sabidamente* uma aberração sexual que precipitou a doença e demanda tanto punição quanto cura. Há muito mais em jogo aqui que o édito punitivo de uma governanta vitoriana para uma criança que se masturba, que é, incomumente, neste exemplo, uma menina. O que Celia nos dá é a construção de uma narrativa de sexualidade feminina em desenvolvimento e os conflitos nos quais se baseia para produzir doença.

Narrativas como a dela são também a base para o entendimento freudiano do humano e enfaticamente da situação difícil da mulher. Freud ouviu, talvez pela primeira vez, o que as mulheres lhe diziam; tornou a palavra, em lugar do olhar clínico do tipo charcotiano, uma parte privilegiada do tratamento. Foi a partir do que ouviu no consultório, sem importar o quão bizarro e contrário à essência das crenças convencionais, que diagnosticou os erros dos costumes sexuais repressivos de seu tempo e construiu suas teorias de formação da mente humana e de seu progresso da infância à idade adulta.

Quando deixa o St Andrew's, Celia, ainda debilitada pelo horror do nascimento e da morte de seu bebê, volta-se para seu "pensamento-chave" em busca de consolo sexual. Ela buscou a ajuda, ou talvez compreensão, do marido, para "mudar seu pensamento-chave", pois ele não é muito "bonito". Mas ele não aceita nada isso, ou talvez não possa fazê-lo, simplesmente repetindo, como fez na noite de seu casamento, que ela deve deixar tudo aquilo para trás. A ligação de Celia com a realidade se torna mais tênue outra vez. Ela fala do que chama de sua "magia negra", a habilidade de predizer e antecipar o futuro e sua recusa disso; mas é precisamente essa qualidade "visionária", essa permeabilidade da mente que experimenta, que volta para persegui-la mais tarde.

À medida que se aproxima de seus 40 anos, Celia pensa mais uma vez estar grávida. O perigo disso para sua saúde delicada leva o médico a ministrar-lhe apiol, comumente conhecido como cânfora-de-salsa, para provocar a menstruação. Mas Celia não está grávida, provavelmente se aproxima da menopausa, e o apiol em quantidade tem efeitos colaterais como vertigens e dores de cabeça. É nessa época que seu marido é promovido e transferido para um posto regional. A mudança para uma nova comunidade, que conta com poucos estrangeiros, é difícil para Celia, a despeito dos confortos do novo lar, da quantidade de empregados, do elevado status social. A nova posição também requer que seu marido viaje mais para longe. Celia não está bem. Um médico francês lhe prescreve mais apiol, a que, em carta posterior, ela atribui seu estado precário, ao mesmo tempo nervoso e excitado.

A população local era bastante hostil no novo posto, o que levou Arthur James a requerer proteção para a mulher quando era forçado a deixá-la sozinha. Um ajudante mudou-se para a grande casa deles a fim de proteger Celia de invasores. Em vez disso, o próprio jovem se torna um invasor. Faz-se amigo especial de Celia, se na cama ou na fantasia não fica claro, embora ela negue o primeiro caso. De qualquer modo, ele invade os sonhos de Celia. Quando o marido retorna, esse jovem começa a servir de objeto de fantasia que incita o prazer de Celia quando está com o marido. Em sua carta ao hospital Edinburgh, Celia descreve a origem da mudança com um floreio infantil: ocorreu-lhe, diz, que seria melhor pensar em seu amigo que no "pensamento-chave" quando estava na cama. Funcionou: em sua imaginação, o intercurso com o marido é agora acompanhado de excursões com o amigo.

Arthur James se tornou ciumento e, após uma briga, insultou publicamente o jovem e Celia. Seguiu-se o "problema de cabeça" de Celia. Ela protestou, dizendo que não existira nenhuma impropriedade, embora o jovem tivesse entrado em seus sonhos. Em sua carta, que é ao mesmo tempo profundamente persuasiva e tem as linhas associativas de uma mente inquieta e problemática, ela descreve como um dia à mesa o jovem roçou a perna nas dela. Ela encolheu as pernas, depois reconsiderou: não seria generoso, pois eram tão íntimos, não permitir a pressão secreta dele. O desejo dela, assim como o próprio caso, floresce através de sinais tanto fantasiados quanto intensamente reais. E cada um deles traz o conflito entre o desejo secreto e o desejo duplamente secreto da descoberta, que é também um temor. Quando o jovem é mandado para outro posto, Celia sofre um sério colapso.

Passa quase um ano no hospital missionário. Durante esse tempo, começa a comunicar-se com seu jovem amigo de forma codificada e quase alucinatória. Parece a Celia que ele lhe manda mensagens por intermédio de outras pessoas, assim como por animais, árvores, flores e vento. Seu cérebro se torna mais confuso no processo.

O hospital missionário não faz bem a Celia. Arthur James decide que ela deve voltar para a Inglaterra. Uma enfermeira a acompanha na árdua viagem de seis semanas durante a qual o estado de Celia piora. Celia se torna incontrolável, corre freneticamente para todos os lados, joga suas malas no oceano, tenta o suicídio e se comporta com considerável violência. Na Inglaterra, é entregue ao Bethlem,[171] onde passa seis meses. Suas fantasias se tornam alucinatórias, suas práticas sexuais, excessivas. A perseguição que descreve em sua carta se instala. Há vozes em luta dentro de seu cérebro, uma "telegrafia" interior que transforma as mensagens de amor que recebe do amigo nos temas antigos e autopunitivos de seu pensamento-chave. Vizinhos, "outros", fazem isso com ela. Eles convertem um sinal em código de seu amigo, uma mensagem inserida na fumaça de seu cigarro em chicoteamento vingativo e doloroso. "Eles tomam o menor pensamento em meu cérebro, às vezes até uma ideia inconsciente — como um discurso no cérebro, o que não é." Seus pensamentos são sujos, abundantes, sua cabeça é como um telefone de onde vozes fluem sem controle, e ela não consegue evitar ouvi-las e falar com elas em voz alta.

Quando Celia fica mais calma, Arthur James vem para buscá-la e eles vão novamente para a China, e só retornam à Inglaterra quando explode a guerra. Não fica claro se Celia volta completamente à estabilidade, ou se, de fato, jamais esteve assim desde o primeiro aborto. Existe, na verdade, um amálgama de causas precipitantes da doença mental: os repetidos abortos, os traumas da guerra, a morte de uma criança, o caso de amor e subsequente luto pelo que, afinal, é uma dupla perda da criança e do amante — tudo isso se soma à sua orfandade materna original e constituição delicada.

Mas Celia de alguma forma tece tudo isso em uma narrativa na qual o elemento sexual é o que escolhe para enfatizar como a causa mais destacada e expressão de sua "peculiaridade". Na época em que escreve a carta para o hospital Edinburgh, em 1914, está implorando para ser internada, porque as vozes persecutórias se tornaram abundantes: ela só precisa pensar "inconscientemente" em seu marido ou amigo da forma mais inocente, e as vozes começam — grosseiras, insultantes, insuportáveis. As fantasias de espancamento se tornaram punições vingativas personificadas. Apenas os médicos do hospital poderiam consolá-la. A dor em sua carta é uma lembrança da afirmação do grande psiquiatra contemporâneo Emil Kraepelin em suas palestras para jovens médicos de que "a insanidade, mesmo em suas formas mais brandas, envolve o maior sofrimento que os médicos jamais encontrarão".[172]

Celia Brandon, agora uma mulher pequena e robusta de cabelos castanhos e pele clara, muito amarelada, é admitida no hospital Royal Edinburgh na primavera de 1915. Sob a supervisão de George M. Robertson, que logo seria o primeiro professor de psiquiatria da Escócia, o asilo Royal Edinburgh era uma instituição benigna. Robertson não apenas havia estudado em Edimburgo e Londres, como, no início dos anos 1890, visitara Hippolyte Bernheim e J. M. Charcot na França para observar o uso do hipnotismo no tratamento da insanidade. Embora estivesse mais interessado em práticas inovadoras, como a introdução do sistema de vila, com suas pequenas unidades separadas e a atenção regular das enfermeiras no cuidado dos pacientes, que em escrever, dois de seus trabalhos descrevem as descobertas daquela viagem inicial. Por volta de 1920, ele é um convicto apoiador de Freud e, em 7 de setembro de 1923, escreve para o *Times* de Londres para distinguir entre cura espiritual e terapias mentais tais como "sugestões, autossugestão ou psicanálise, cujos efeitos curativos são admitidos por todos". Ao conhecimento de Robertson das práticas médicas científicas e seculares da "sugestão" e "psicanálise" poderia ser atribuída a classificação completamente moderna dos problemas de Celia como "freudianos" nas anotações do hospital.

Na altura da Primeira Guerra Mundial, Freud já era bem conhecido na literatura médica na Grã-Bretanha e na América. Ele cunhara a expressão "psicoanálise" em 1896 para descrever a nova cura pela palavra que havia tomado o lugar do método catártico de tratamento com o uso da hipnose, como ele e Breuer descrevem em *Estudos sobre a histeria*. Esses anos foram produtivos para Freud, sua atividade estimulada pela morte do pai. Junto com uma inundação de trabalhos e sua própria autoanálise, que lhe deu um *insight* da estrutura edipiana da vida familiar, vieram livros pioneiros: *A interpretação dos sonhos*, em 1900, seguido em 1901 de *A psicopatologia da vida cotidiana*, que Leonard Woolf, marido de Virginia e logo o maior editor de Freud na Inglaterra, aplaudiu. Então, em 1905, seu *annus mirabilis*, *O chiste e sua relação com o inconsciente*, e talvez seu mais influente estudo, *Três ensaios sobre a teoria da sexualidade*.

Com uma frieza radical que não fazia concessões à moralidade convencional, Freud separou os anseios sexuais das pessoas de sua escolha do "objeto", frequentemente do mesmo sexo; postulou uma bissexualidade psíquica, explorou o fetichismo, a perversão e o sadomasoquismo em termos muito mais sutis que qualquer escritor precedente concebera e sem nenhum traço do voyeurismo que transformava em anormais os que exemplificavam essas doenças. Atacou a moralidade sexual de seu próprio tempo e mostrou como essa moralidade tornava as pessoas doentes: "É uma das mais óbvias injustiças sociais que o padrão de civilização exija de todos a mesma conduta na vida sexual — conduta que pode ser seguida sem nenhuma dificuldade por algumas pessoas, graças à sua organização, mas impõe a outros os mais pesados sacrifícios físicos."[173] Mais dramaticamente, transformou a criança supostamente inocente da sensibilidade vitoriana em um ser sexual, e a família idealizada em uma zona de desejos e conflitos potencialmente trágicos. Quando se tratava dos pacientes, aquelas vítimas de neurose e histeria que constituíam sua prática diária, ele, uma vez mais, anunciou que seus sintomas *eram* sua atividade sexual: somente através da psicanálise os componentes libidinosos desses sintomas, junto com as defesas que haviam ajudado a produzi-los, poderiam ser desenredados e restaurados a uma atividade mais apropriada.

Em 1909, Freud e seu ainda discípulo Carl Gustav Jung — embora não por muito tempo — foram convidados a dar palestras na América, onde a psicanálise já se introduzira. Na Grã-Bretanha, o trabalho de Freud também começava a ser conhecido em círculos médicos, antes mesmo que Ernest Jones fundasse a Sociedade Psicanalítica de Londres, em 1913. Palestras sobre "Freud's Abnormal Psychology" são feitas em instituições tão provincianas quanto o Liverpool's Medical Institute em 1912. Nessa altura sua fama começava a espalhar-se pela imprensa educada, não especializada. Quatro de seus livros tinham sido traduzidos, inclusive *Sobre a sexualidade*. Mais importante até em termos de receptividade geral, apareceu *The Psychology of Insanity* (1912), de Bernard Hart. Ele incluiu ótimos relatos tanto de Freud quanto de Janet, teve uma leitura bem ampla e foi rápida e repetidamente reimpresso nos anos 1960, o que o tornou um dos livros mais populares até então no campo da loucura.

Quanto às melhores revistas, em janeiro de 1912 *The Strand Magazine* publicou um artigo escrito por William Brown intitulado "O amor é uma doença?", que falava sobre o sucesso de Freud e descrevia os primeiros experimentos de Jung com a associação de palavras, notando que a resposta atrasada indicava uma tendência emocional inconsciente na raiz do distúrbio nervoso que poderia ser curada pelo processo psicanalítico, trazendo esse assunto oculto para a luz do dia. Por volta de 1915, jornais tão diversificados quanto *New Age, Blackwood's, The Cornhill* e *The Athenaeum* haviam escrito artigos sobre Freud, enquanto E. S. Grew, em *Pall Mall*, o chamava de "o maior dos psicólogos modernos" e aceitava a existência do inconsciente e de sua influência. Quando a *Psicopatologia da vida cotidiana* apareceu em inglês, em 1914, *The Saturday Review* comparou as investigações de Freud na mente humana a uma "história de detetive de alta classe". Logo ele estava sendo chamado de "Sherlock Holmes da mente".[174]

Tudo isso responde, talvez, pela facilidade com que o caso de Celia Brandon é intitulado "freudiano" pelo médico que a recebe no hospital Edinburgh em 1915, e pode explicar um pouco a forma como essa mulher inteligente compreende e escreve sobre sua própria infelicidade, facilmente ligando sexualidade a sintoma.

Seu relato de admissão revela que o regime do hospital tanto é esclarecido quanto atualizado. A palavra mais usada para descrever o estado mental de Celia e seus hábitos é "peculiar" — um termo diário e não médico, mas livre do moralismo vitoriano. Sob a descrição de seu estado mental de então, as categorias pré-impressas da ficha hospitalar registram: Exaltação/Depressão/Excitação/Debilitação/Memória/Coerência/Ilusões/Alucinações. Não há, no entanto, caixas ticadas para Celia. A declaração de entrada diz:

A paciente está ... orientada e avalia completamente suas dores e sua posição. Está cheia de ideias ilusórias e conta uma típica história freudiana. Seu problema atual assume a forma de mulheres velhas que a atormentam, pondo toda sorte de pensamentos desagradáveis em sua cabeça e dizendo coisas vis, frequentemente de caráter sexual. Ela sofre de ideias do tipo masoquista e tem sonhos e pensamentos de chicoteamento e da região genital. As velhas podem causar o que ela chama de "espasmos sexuais em sua vagina".

Celia Brandon ficou no hospital Edinburgh até logo depois do fim da guerra. Ao longo dos três anos nada foi muito alterado em sua doença. As vozes persecutórias em sua cabeça, as "velhas más" e "diabos sujos", conservavam sua força alucinatória, impelindo-a a explosões, de dia ou à noite, do que o hospital considerava uma linguagem chocante. Durante esses períodos também podia tornar-se destrutiva, quebrando vidros de janelas e louça. Durante o resto do tempo era sensível ao ambiente e a outras pessoas, tocava piano ou jogava tênis e lia. Às vezes ficava profundamente deprimida e desesperava de sua condição, mas, na maior parte do tempo, quando as vozes não a atacavam, era alegre, e sua condição física, boa. O hospital não parecia prover nenhuma terapia pela palavra. Certamente não há referência específica a isso nas notas do caso, embora exista menção ao fato de a paciente contar numerosas histórias sobre o que suas alucinações auditivas faziam e como a afetavam. Imagina-se que as histórias sejam contadas para um médico e, em caso negativo, para uma das enfermeiras profissionais que Robertson introduziu na administração do hospital. Ocasionalmente, Veronal ou Sulfanol, que Celia pede, lhe são ministrados para acalmá-la.

Em abril de 1918, Celia completa seu período de "liberdade condicional" e, quando as vozes não a aborrecem, ela tem permissão para sair ocasionalmente do hospital. Um ano depois, quando retorna ao país, seu marido vem para levá-la para casa. As notas finais em seu arquivo declaram que saiu "aliviada". O diagnóstico diz "insanidade sistematizada ilusória", para a qual o prognóstico é "mau". Alívio parcial, não cura, é o que um asilo esclarecido pode oferecer.

Sigmund Freud (1856-1939)

Alívio, não cura, é o que Freud também oferecia com maior frequência. O mais icônico dos médicos da mente do chamado mundo moderno, Sigmund

Freud chega até nós com muitas caras. Dependendo do intérprete ou historiador, ele é o heroico conquistador dos segredos do inconsciente, o grande inovador cuja cura pela palavra alterou definitivamente o tratamento da loucura, ou o fraudulento manipulador que lançou um movimento a partir de uma mistura de invenção e especulação. Ele é o bom médico ou professor gentil nas memórias de alguns pacientes, o vigarista judeu na de outros. Sua presença penetrante na cultura popular está associada a atos falhos ou sexo ou a lutas edipianas no campo de batalha que é a família. Também é sinônimo daquela interessante doença que é a neurose — em si mesma uma condição da existência, apropriada ao imaginativo forasteiro preso na estulta rede de normas suburbanas. Finalmente — embora com Freud nada jamais seja finalizável — Freud é — todas as outras coisas à parte — um dos escritores mais férteis do século XX, ao mesmo tempo o modernista que lança enfaticamente as descontinuidades do ser e do sonho no palco da literatura e da arte, e o narrador de bravos romances familiares repletos de histórias de traumas infantis e descontentamento adulto.

Antes que se tornasse um grande número de coisas até para pessoas que nunca o leram ou experimentaram uma psicanálise supostamente freudiana, Freud era um neurologista, voltado "para entender a natureza do que era conhecido como doenças nervosas 'funcionais', com o objetivo de vencer a impotência que até então caracterizava o tratamento médico delas".[175]

Nascido em 1856 de uma família judia na pequena cidade de Freiberg, no que era então a Morávia, a parte tcheca do extenso império austro-húngaro, foi o primogênito da segunda família de seu pai, status que lhe deu um sobrinho mais velho que ele, entre outros acréscimos bastante comuns em uma época em que as segundas famílias eram a norma, mais por causa da morte que do divórcio. A família Freud mudou-se para Viena quando o pequeno Sigmund — sempre o favorito da mãe entre os oito filhos que ela finalmente teve — estava com 4 anos. Ele se distinguiu na escola e no ginásio antes de se decidir pela carreira médica. Esses eram tempos de crescente liberalização na Áustria-Hungria, e as profissões estavam mais abertas aos judeus que antes.

A própria Viena crescia rapidamente e se transformava na grande estufa multicultural do novo. Imigrantes que falavam uma variedade de idiomas fluíam dos longínquos extremos do império para a capital. Judeus de cidadezinhas do leste da Europa, eslavos da Polônia e dos Bálcãs esbarravam com húngaros e rutenos. A pobreza grassava, assim como a prostituição; mas a economia crescia, e a cidade se derramava em grandes ruas novas e englobava as cidadezinhas periféricas. Como em todos os casos de rápida transformação, velhos modos e ideias — no caso de Viena, de rígida moralidade, religião e hierarquia imperial — coexistiam com o novo, aquele espírito secular e científico que alimentava as artes, a filosofia e a política. Na virada do século, reformadores social-democratas como os Adler topavam com cientistas como Boltzmann e Mach e artistas modernistas como Klimt, Schiele e Mahler, a criatividade de uns alimentando a de outros e vice-versa em razão da própria proximidade entre eles. A imprensa pela primeira vez se sentia provocadoramente livre, assim como as "associações" que Freud extraía de seus pacientes, e pregava a reforma. Escritores como Schnitzler evocavam as paixões e a sexualidade da vida diária com a mesma verve que Freud, enquanto o satirista radical Karl Kraus simultaneamente fazia campanha em nome das muito espinafradas prostitutas, atacando a hipocrisia sexual e apelidando a nascente psicanálise de "a doença cuja cura ela pretende ser".

Em 1881, Freud formou-se doutor em medicina na Universidade de Viena. Gastou mais tempo em seus estudos, ao flutuar, como fazia, entre seus interesses em filosofia, uma carreira de pura pesquisa e uma em medicina clínica. Trabalhou com o famoso Brücke no Instituto de Fisiologia e estudou a vida das enguias em Trieste, dedicando a mesma atenção aos seus sistemas reprodutivos que a de Darwin à vida dos cirripédios. Darwin continuou a ser o herói e primeiro professor nas minuciosas habilidades de observação necessárias a um cientista.

A falta de recursos e o desejo de casar com sua namorada, Martha Bernays, significaram que Freud optou pela medicina clínica em lugar da pesquisa. Trabalhou primeiro no Hospital Geral de Viena, focando a anatomia cerebral, e mais tarde, depois de uma viagem de pesquisa à França, onde foi muito influenciado pelo grande Charcot, no Instituto Kassowitz em Viena, com crianças que sofriam de paralisia cerebral e outros problemas neuropatológicos. Seus primeiros estudos fisiológicos foram seguidos de um trabalho neurológico sobre afasia e, apenas gradualmente, à medida que se dedicava à prática privada, que lhe daria sustento, focou a psicopatologia, histeria e o que definia como neuroses.

Como todas as ideias, as observações pioneiras de Freud e as teorias que derivaram delas dificilmente vieram *ex nihilo*. A existência de um inconsciente, um substrato ou repositório de sentimentos e ideias nem sempre diretamente ao alcance ou sob o controle individual, os muitos problemas da sexualidade e da família, sobre todos eles se havia falado ou escrito de diversas maneiras. O que Freud aos poucos e magnificamente acrescentou foram narrativas e teorias que davam padrões, forças motivacionais e explicações surpreendentes que acabaram com as punições moralizantes e liberaram a sexualidade.

A moralidade sexual civilizada, a falta de satisfação da libido, seu atraso ou sua distorção através dos padrões de vida e casamento do fim do século XIX e início do século XX, proibições contra a contracepção e a pura ignorância sobre sexo produziram, destacou Freud, ansiedade e doença. Ele combinou esse *insight* inicial com um tratamento que, na virada do século, colocou não apenas o olhar clínico, como também a sugestão e a hipnose, no fundo do cenário e os substituiu por uma cura pela palavra que era também a audição cuidadosa dos pacientes enquanto estes seguiam a regra da associação livre — de dizer tudo que lhes vinha à mente. Daquele par que era o analista que ouvia e o paciente que falava, as fantasias e fobias que impediam o livre fluxo da vida fora do consultório eram novamente encenadas e imaginadas, resistências vencidas, de forma que obstruções e fixações que tinham sido acumuladas desde a infância podiam, ambos esperavam, ser libertadas.

A genialidade de Freud talvez esteja, acima de tudo, no modo como mostrou que os conflitos da sexualidade na infância não apenas modelavam a pessoa que podia achar seu caminho para uma clínica ou um médico da mente, mas nos modelavam a todos. De uma forma ou de outra, o adulto humano é produto de uma estrutura familiar onde o bebê luta para tornar-se um humano sexuado segundo as linhas que diferenciam o masculino do feminino e podem levar àquela reprodução que Darwin observou ser o objetivo da vida. Sexo, para Freud, não é apenas o prazer e as fantasias que o acompanham, ou aquela linha de fratura de onde podem vir doença e mal-estar, mas a necessária meta animal. Nossa própria humanidade, aquele extra que o homem e a mulher são, aquele *plus* que é a civilização, podem ser o que nos impede de atingi-la.

Freud destacou-se de outros neurologistas e praticantes de medicina cedo em sua carreira ao declarar que a neurastenia — aquela doença contemporânea da modernidade — podia ter, mas não requeria, base direta na hereditariedade. Indicou uma etiologia sexual não apenas para a histeria, como também para a ansiedade e as neuroses obsessivas. "Isto, para contar a verdade, não é uma proposição nova, ainda não ouvida", ele observou, em 1896.

> Os transtornos sexuais sempre foram admitidos entre as causas das doenças nervosas, mas eram subordinados à hereditariedade ... O que dá característica distinta à minha linha de abordagem é que eu elevo essas influências sexuais ao nível de causas específicas, que reconheço sua ação em todos os casos de neurose e, finalmente, que traço um paralelo regular, uma prova de uma relação etiológica especial entre a natureza da influência sexual e a espécie patológica da neurose.[176]

A questão da originalidade de Freud, a rejeição ou aceitação inicial de seus *insights*, completa agora um século de contestação. Claramente, enquanto alguns saudavam suas ideias, árbitros do conhecimento psiquiátrico de seu próprio tempo eram frequentemente hostis, como o próprio Freud observou com uma sensibilidade que todos os escritores reconhecerão. Em 1899, Emil Kraepelin ironizou: "Se ... o nosso muito assediado ser pudesse perder o equilíbrio a todo momento como resultado de experiências sexuais esquecidas há muito tempo, isso seria o começo do fim da raça humana; a natureza nos teria pregado uma horrível peça!"[177]

Se Freud, enquanto trabalhava com suas primeiras pacientes histéricas, presumiu pela primeira vez, como Janet, que um encontro ou "trauma" perturbador da infância colocara em andamento os conflitos que resultaram em transtorno mental, à medida que a base de seu caso crescia, ele modificava seu pensamento. A onipresença do que chamou de "sedução" da infância e que nós agora chamamos de "abuso", tornou-o suspeito. Seria possível que o fato instigante não *tinha* de acontecer no mundo externo e precisava apenas ser imaginado? — exatamente como Celia Brandon havia falado com o marido de um castigo "real" quando necessitava apenas de um simulado pela imaginação, como um pensamento-chave, para o prazer? Freud determinou que uma memória sexual fantasiada e relembrada como real em data posterior podia colocar neuroses em processo exatamente como uma memória sexual real. Desejos infantis intensos — um dos acasos da vida diária de uma família entendida como uma estufa de anseios e repressões secretos — podiam desencadear a doença ao entrar em conflito encoberto com uma imagem ideal ou mesmo aceitável do eu e depois ir para o subterrâneo. Essas batalhas precoces entre o impulso libidinoso e o nojo, a vergonha, a censura, esses labores difíceis da "moralidade civilizada" vividos pela criança, podiam formar a base para uma neurose posterior, exatamente como poderia uma sedução de fato por um pai, tio ou irmão, ou, muito mais raramente, por um estranho. Para Freud, o movimento entre a infância e a maturidade é abarrotado de compromissos e conflitos sexuais, carregado e transformado pelo próprio processo da reminiscência. De fato, uma das primeiras descobertas de Freud é que a própria criança já é um ser sexual que começa a se desenvolver através do desejo e do seu esquecimento ou repressão em uma família onde mães, pais e filhos, todos desempenham a sua parte em um drama edipiano.

Olhando para trás, para as descobertas de sua nova ciência em seu *Um breve relato da psicanálise*, escrita aos 68 anos, Freud retrospectivamente sublinhou uma vez mais a importância da sexualidade tanto no entendimento da neurose quanto no desenvolvimento humano comum. Ele resumiu suas maiores descobertas: uma teoria "que deu conta satisfatoriamente da origem, do significado e propósito dos sintomas neuróticos" e deu "até ao aparentemente mais obscuro e arbitrário fenômeno mental ... um significado e uma causa, a teoria do conflito físico e da natureza patogênica da repressão, a visão de que os sintomas são satisfações substitutas, o reconhecimento da importância etiológica da vida sexual e, em particular, do começo da sexualidade infantil". A isso acrescentou a afirmação filosófica de que "o mental não coincide com o consciente", a visão de que a criança tem "relações emocionais complicadas com seus pais". Tornou-se claro para ele que nessa matéria edipiana repousa o núcleo de todos os casos de neurose; e que no comportamento do "paciente" em relação ao seu analista emergiam certos fenômenos da transferência emocional que se tornavam de grande importância tanto para a teoria quanto para a prática.

À medida que mulheres analistas retiravam fragmentos de suas teorias originais e se alimentavam deles, Freud se tornou cada vez mais consciente de que para a menina o movimento da infância para a idade adulta era ainda mais difícil que para o menino. Tornar-se mulher significava engajar-se na complicada tarefa de aprender de alguma maneira a desejar o masculino. Crianças de ambos os sexos primeiro se fixavam na mãe ou no cuidado materno. Para a menina, crescer envolvia a transferência de seus desejos edipianos originais para o pai, ou o homem que pudesse dar-lhe um filho. Ao longo do caminho, as satisfações "fálicas" da sexualidade do clitóris tinham de ser abandonadas pelos prazeres mais "maduros" do sexo vaginal e da penetração. Freud situa o estímulo para essa mudança no que chama de "inveja do pênis" — a descoberta da menina de que ela não tem o pênis, que é o órgão do prazer sexual. Essa descoberta e o desapontamento que a acompanha podem levar à inibição sexual, neurose, ou o que Freud chama de "feminilidade normal". A menina também pode negar sua falta e imitar a masculinidade em suas várias pesquisas ou escolhas sexuais. Ou isso poderá levá-la a renunciar ao que Freud chama de "feminilidade, isto é, a acomodação a um papel passivo no qual espera receber o pênis, como uma criança, de seu pai ou, às vezes, de sua mãe".

Se Freud a princípio parece tornar as coisas mais fáceis para o menino, que tem pênis, não se deveria esquecer que o caminho do menino para a maturidade significa comparar-se ao pai, maior que ele. Os temores de castração que acompanham o menino, suas fantasias assassinas, não são exatamente a alternativa brilhante à feminilidade. De fato, a visão de Freud do pedregoso caminho para a vida adulta tornaria Peter Pan uma atração decisiva, não fosse o fato de que toda essa trajetória dificilmente é a que o indivíduo escolhe conscienciosamente. Assim como a civilização, a maturidade sexual tem desprazeres palpáveis. Para o neurótico comum, a análise está aí simplesmente para torná-los mais suportáveis.

Ele próprio um orgulhoso pai de família, firme discípulo de que o nascimento de uma criança elucidaria muitos impulsos histéricos ou neuróticos de mulheres e que as buscas "masculinas" das lutas pelo voto feminino ou pelo trabalho intelectual podiam colocar uma tensão na psique da mulher, Freud mesmo assim — e a despeito da oposição de alguns dos primeiros psicanalistas masculinos — saudou a entrada das mulheres na profissão e contou com algumas das mais brilhantes entre seus confidentes mais próximos. Sempre pessimista, não tinha certeza de que a difícil trajetória psíquica que ele e analistas como Ruth Mack Brunswick e Hélène Deutsch elaboraram para as mulheres poderia algum dia ser satisfatória e completamente cumprida. Nem dava um valor enfático a isso. Sua filha Anna, que, quando criança, teve fantasias de espancamento nem tão diferentes assim das de Celia Brandon, nunca se casou nem teve filhos. Freud a chamava sua "Antígona", e valorizava tanto seu trabalho como psicanalista e pelo movimento feminista como por sua coragem indômita. Confrontada pela Gestapo, Anna efetivamente salvou sua família. Também houve ajuda, e não pequena, da princesa Marie Bonaparte, outra mulher "masculina" e analisada. "As mulheres são as mais capazes",[178] escreveu Freud para Ernest Jones.

De fato, apesar de todas as suas afirmações sobre o caminho "normal" da feminilidade, Freud parecia preferir espíritos independentes que tivessem ardor profissional raro para a época. H. D., a poeta americana Hilda Doolittle, que memorizou sua análise com Freud dez anos depois do evento e era uma mulher independente cuja orientação sexual flutuava, retornou o cumprimento, como fizera a escritora e *femme fatale* Lou Andreas-Salomé e outras antes dela, e evocou Freud como um "médico irrepreensível".

Se irrepreensível ou não, está claro que Freud, ao mapear a sexualidade e colocá-la no centro do palco, tanto necessitada de reforma como sementeira de problemas, não tinha projeto moralizador na essência de seu trabalho. Perversão, fetichismo, um transtorno no anseio ou objeto sexual, parecem para ele matéria comum. Mas a profissão psicanalítica, particularmente na América, tomaria suas descobertas e as transformaria em normas que as mulheres deviam cumprir. No processo, novas condições neuróticas floresceriam, estigmatizando mulheres com diagnósticos psicológicos que tinham base tanto nas necessidades de conformidade médica e social quanto em dificuldades sexuais. A mulher frígida e a ninfomaníaca se tornariam ícones populares do desequilíbrio psíquico na América pós-Segunda Guerra Mundial, onde a psicanálise floresceu como uma profissão muito mais normativa do que Freud jamais imaginou. "O continente negro", como ele chamava as mulheres e que começou a explorar, sem jamais mapear seus postos avançados mais que tateantemente, recebeu um esboço onde as partes iluminadas levavam apenas às alamedas secundárias. À diferença de Freud, que nunca foi capaz de responder satisfatoriamente à pergunta "*Was will das Weib?*", O que quer uma mulher?, esses novos analistas pareciam saber enfaticamente o que as mulheres queriam — e isso era um lar, maridinho e, decerto, nenhuma aspiração intelectual.

Enquanto isso, em outros lugares, a profissão psicanalítica se firmaria com o que se tornou conhecido como uma configuração mais "classicamente freudiana". A noção sempre relutantemente aceita da sexualidade infantil — que, mais recentemente, evidenciou o horror de nossa cultura por sua existência registrado no "bode expiatório" viabilizado pelos "pedófilos" — continuou a ser a estrutura múltipla que os analistas focam na análise precisamente porque ela, com muita frequência, resulta na produção do que é chamado de transferência "negativa". Essa elaboração dentro da relação estabelecida com o analista dos piores ódios do analisando, desprezo, medos é aquilo que a análise terá de enfrentar. A profissão freudiana começaria a trabalhar para revelar a matéria escura que levou Celia Brandon ao seu horror alucinatório.

A parte mais fácil de descrever do projeto freudiano é seu aspecto radicalmente educacional, ao lado da importância cultural dos escritos de Freud. O mais difícil é o que fazer com as transferências e armadilhas que a terapia psicanalítica verdadeiramente enfrenta dentro do indivíduo naquele longo e, às vezes, interminável processo que é a análise. Movimentar-se entre o mobiliário fantasma do inconsciente, encontrar a pista do desejo embaixo da pilha de ódio continua a ser assunto para um romancista ou ex-analisando, muito embora algumas imagens do cérebro e exploradores bioquímicos tenham encontrado agora a "prova" do desejo histérico e das mudanças após a terapia da palavra na atividade neural do cérebro.

8

ESQUIZOFRENIA

Celia Brandon ouvia vozes más, persecutórias, que a dominavam e dirigiam sua vida. Em nenhum momento o hospital sequer começou a considerar que ela sofria de esquizofrenia. Outros ouviam vozes também. Eram diagnosticados como histéricos, ou personalidades dissociadas, ou médiuns. A esquizofrenia ainda não tinha sido designada como entidade em separado e, quando isso aconteceu, ouvir vozes dificilmente foi seu sintoma primário. Na verdade, a confusão sobre o que poderia ser esquizofrenia persistiu, e persiste até hoje. A confusão se estende às origens, causas e partes constitutivas da doença — se *é* uma só doença — seja qual for a casualidade ou certeza de um crescente corpo de psiquiatras ao atribuir o diagnóstico desde o início do século XX em diante.

Isso se deveu não apenas a uma falha profissional: a complexidade dos transtornos mentais, a grande variedade dos sintomas — uma proporção deles sobrepondo-se uns aos outros mesmo no caso de doenças muito diferentes —, o espectro de comportamentos mutáveis ao longo do tempo fazem da clareza uma meta mais que um fato. O *DSM-IV*, o manual de diagnóstico psiquiátrico de uso mais comum hoje em dia, recomenda que um indivíduo seja monitorado por um período superior a seis meses antes que lhe seja atribuído um diagnóstico de esquizofrenia. Dos sintomas característicos que o *DSM* nomeia — ilusões, alucinações, discurso desorganizado (frequentemente desvios ou incoerência), comportamento muito desorganizado ou catatônico, e sintomas negativos como ausência de "reação afetiva" — dois são necessários para um diagnóstico. No entanto, apenas um é necessário se "as ilusões são bizarras ou as alucinações consistem em uma voz que mantém comentário corrente sobre o comportamento ou os pensamentos da pessoa, ou duas ou mais vozes conversando uma com a outra". Se Celia Brandon, diagnosticada por seus médicos como "peculiar", em 1914, teria sido ao mesmo tempo diagnosticada em Viena como vítima de histeria paranoide, em Munique como vítima de demência precoce e na Suíça de então, ou na Londres de hoje, como esquizofrênica é uma questão em aberto.

Emil Kraepelin (1856-1926), Eugen Bleuler (1857-1939) e o Burghölzli

A história do diagnóstico de esquizofrenia começa em hospitais psiquiátricos e com Emil Kraepelin, contemporâneo de Freud, que poderia ser considerado o maior classificador da medicina psiquiátrica. Clínico brilhante e compilador de perfis de doenças — ele desenvolveu o programa que iniciou para a acumulação sistemática de arquivos de hospital —, Kraepelin fez de Munique um centro de pesquisa psiquiátrica. Também rejeitou profundamente a técnica psicodinâmica de Freud. Em seu revisado livro escolar de 1899, repleto das observações clínicas que o tornaram um diagnosticador modelo e ainda hoje são pertinentes como descrições de comportamentos, Kraepelin elaborou e fez distinção entre o curso e o desfecho de três categorias separadas de diagnóstico que propusera antes: depressão maníaca de natureza cíclica; paranoia; e uma nova entidade, "demência precoce". Esta última transformou uma multidão de peculiaridades em um elaborado processo de doença.

Retirando informações de uma vasta base de registro de casos de hospitais, influenciado também pelo trabalho do prussiano pioneiro Karl Kahlbaum, que dirigia o Gorlitz Sanatorium, Kraepelin descreveu exemplos de histórias de vida de vítimas de demência precoce que transformavam sua vida na narrativa de uma doença. Iniciando com uma vida de trabalho em que os pacientes "tornam-se negligentes... não passam nos exames, são dispensados de todos os lugares como inúteis e facilmente caem na condição de pedintes e vagabundos", sublinhou o padrão de piora dos sintomas e deterioração geral à medida que o tempo passava. Ao longo de todo esse processo, os pacientes mostravam uma notável falta de preocupação com o que lhes sucedia.

> Esperanças e desejos, cuidados e ansiedades estão silentes; o paciente aceita sem emoção a demissão de seu posto, ser trazido para a instituição, decair para

a vida de um errante, ser afastado da administração de seus próprios assuntos; permanece sem emoção onde é colocado até ser dispensado; implora para ser cuidado por uma instituição, não sente humilhação, nem satisfação; vive um dia por vez em estado de apatia. O pano de fundo de sua disposição é uma hilaridade sem sentido ou uma irritabilidade tímida e triste. Uma das qualidades mais características da doença são explosões de *riso* súbitas, frequentes e sem sentido.[179]

Além da falta de afeto, da ausência de resposta emocional que se torna parte dominante da doença quando ela é passada a limpo como esquizofrenia, Kraepelin também nota a falta do olhar para o vizinho, ou o que poderíamos chamar hoje de ausência de teste da vida real; a perda dos sentimentos de asco e vergonha, de forma que os "esfíncteres" estão soltos sempre e em qualquer lugar, corpos nus, atos sexuais em público, fala obscena, avanços impróprios e masturbação sem pudor. Os pacientes podem tornar-se monossilábicos e perder todo o desejo de expressar-se, até certo ponto de queixar-se; ou, em contraste, a fala pode ser um fluxo prodigioso sem vínculo com a necessidade ou a situação, ou simplesmente uma torrente de ofensas e xingamentos. O começo nos homens se dá na adolescência; nas mulheres, um pouco mais tarde, frequentemente depois do primeiro filho, e a atividade sexual na mulher é (inevitavelmente) mais marcante.

Kraepelin compreende tudo isso em certo sentido como o estágio inicial da demência senil. É uma versão prematura da mesma síndrome que causa a morte, e ele tem pouca esperança, exceto pelos acasos da sorte, de mudança ou cura.

Um médico de hospital que foi mais receptivo às descobertas de Freud e escreveu uma resenha inicial positiva de *Estudos sobre a histeria* discordava enfaticamente do diagnóstico de Kraepelin. Ele era Eugen Bleuler, e seu hospital Burghölzli, na periferia de Zurique, tornou-se um dos melhores hospitais do início do século XX. Foi ali que a esquizofrenia foi diagnosticada como doença em separado — não como Kraepelin a teria classificado, como manifestação precoce de demência senil, ou demência precoce. À diferença de Kraepelin, Bleuler estava convencido de que a esquizofrenia não era irreversível, mas suscetível à melhora se os pacientes fossem ouvidos e tratados individualmente e recebessem tarefas do mundo real.

Eugen Bleuler foi a primeira pessoa da vila de camponeses chamada Zollikon, não afastada de Zurique, a ir para a escola de medicina. A história diria que, como ex-estudante do Burghölzli e depois chefe de um asilo secundário em Rheinau, dificilmente estaria na linha de frente para um posto de chefia no hospital, vinculado, por sua vez, a uma cadeira de professor altamente prestigiada na Universidade de Zurique. Mas Auguste Forel, chefe do Burghölzli que se aposentava, queria alguém no posto que mantivesse sua proibição do álcool — um comércio potencialmente lucrativo igualmente para o chefe do asilo e o chefe do cantão —, e sabia que podia confiar em Bleuler para isso. Em 1898, um ano antes de Kraepelin publicar seu diagnóstico de demência precoce, Bleuler assumiu o Burghölzli.

Bleuler era um médico dedicado, aberto a novas ideias, mas conscientemente cuidadoso em sua execução. Em Rheinau, vivera dez anos entre os internos; sua regra pessoal, baseada na intimidade com os pacientes, era que os loucos podiam recuperar-se em circunstâncias que muitos julgariam impensáveis. Os loucos ajudaram durante um surto de febre tifoide, por exemplo. Até os mais perigosos carregaram machados quando era necessário buscar madeira. Essas tarefas desafiadoras ajudaram a aliviar e, algumas vezes, a curar. Demissões inesperadas se seguiram. No Burghölzli, Bleuler administrava com ênfase na disciplina e na ordem. Alguns, como o esquentado jovem Jung, se irritavam com sua chefia. Mas Bleuler levou uma excelente equipe de médicos para o hospital e introduziu um regime de nova medicina psicológica que tornaria o Burghölzli reconhecido em lugares tão distantes como a América como instituição modelo de aprendizado.

Como na maioria dos hospitais e clínicas do século XIX, os médicos e suas mulheres viviam entre os pacientes no Burghölzli. A novidade com Bleuler era que os pacientes tinham de ser vistos regular e individualmente duas vezes por dia. Não era uma questão de vigilância, pois Bleuler estava ciente de que a vigilância em si mesma "desperta, aumenta e mantém o impulso suicida"[180] de que os esquizofrênicos sofrem tão profundamente. Era uma questão de terapia da palavra, de acomodação ao modo de o paciente ver o mundo, de atenção. Os médicos eram instruídos a escrever *tudo* que o paciente dizia, quer soasse absurdo quer não. Toda a equipe médica se reunia três vezes por semana e discutia os casos e os cuidados com os pacientes. Toda essa reinvenção do Burghölzli tomou tempo, e embora Bleuler soubesse que os diagnósticos de Kraepelin não se comparavam à sua própria experiência com pacientes, não publicou suas descobertas sobre esquizofrenia até 1911, embora seus alunos estivessem familiarizados com seu pensamento muito antes, como os que assistiram à sua importante palestra de 1908.

Negando que existisse algo como demência prematura, Bleuler sugeriu renomear a doença "esquizofrenia", do grego "divisão" e "alma" ou "mente". A intenção era obter um conceito dinâmico. Bleuler não queria dizer que a paciente era habitada por "personalidades" que viviam lado a lado dentro dela, mas que parecia propensa a dividir estados afetivos, era internamente "ambivalente" — termo que cunhou —, assim como intelectualmente presa à oposição de palavras e associações. Amor e ódio, desejo e não desejo coexistem, no sentido bleuleriano, ou até freudiano. Ocupam o mesmo momento. A esquizofrenia de Bleuler é difícil de diagnosticar, pois suas características mais visíveis, quando não estão em um pico de intensidade, caem no espectro de saúde. Entre essas características ele cita "indiferença, falta de energia, insociabilidade, teimosia, instabilidade". Combina isso com sintomas como "bloqueio, confusão de símbolos com realidade", criando neologismos.[181] O fundamental dessa doença como um todo não é o popular atributo de hoje em dia de "ouvir vozes", mas a falta de afeto e o afrouxamento de associações, de forma que as ideias não são coerentes da forma usual e os fatos que não combinam com os afetos são expulsos e assumem vida simbólica.

Como Bleuler descreve em seu longo livro sobre a doença, o esquizofrênico pode manifestar uma completa falta de interesse em eventos externos, embora os registre em detalhe. É a persistente indiferença a interesses vitais que é indicativa da doença; não é a negatividade da depressão, mas uma emoção profundamente achatada, em ausência — o que Freud, parcialmente em resposta ao trabalho de Bleuler com essa categoria geral de psicose, descreveu como um "afastamento da libido do mundo externo". Às vezes, a esquizofrenia pode parecer histeria ou paranoia em seus frenesis, e apenas o tempo poderá ajudar o médico a chegar a um diagnóstico. Em suas generalizações, que às vezes parecem lutar irresolutamente com a inefabilidade das doenças — e com a falta de acuidade clínica da descrição que Kraepelin fornece — há um senso subjacente de que Bleuler está tentando lutar com a pessoa mais que com o paciente descrito em um registro de hospital. O objeto de Bleuler habita uma realidade mutante tanto externa quanto interna, não a fixidez do diagnóstico médico que só pode levar à deterioração.

Assíduo em seu cuidado com os pacientes, generoso com eles e até com sua equipe renegada, Bleuler foi talvez melhor médico que teórico. Mas permaneceu aberto ao novo. À diferença de seu grande estudante Jung, também permaneceu amigo de toda a vida de Freud, e os dois tinham uma movimentada correspondência. Bleuler corroborou as visões de Freud sobre distúrbios sexuais em seu próprio trabalho com pacientes. De fato, Bleuler aplicou o método psicanalítico às psicoses para descobrir que — a despeito do cuidado de Freud nessa área — ele ajudava no tratamento. Ele e Freud compartilhavam o senso da mente como um espaço dinâmico, uma área de conflito na qual, como Freud notou, "até o aparentemente mais obscuro e arbitrário fenômeno mental invariavelmente tem um significado e uma causa".[182] Muito disso era, naturalmente, também comum a Carl Gustav Jung, que finalmente rompeu com os dois homens mais velhos.

Jung entrou para o hospital Burghölzli na primavera de 1901, exatamente como Bleuler, preparado para lançar um "laboratório" e um novo conjunto de experimentos em psicologia. Estes eram modelados nos testes que Emil Kraepelin, treinado pelo psicólogo Wilhelm Wundt, estabelecera em Munique sob a égide de Gustav Ashaffenburg como um meio de estudar mais a mente dos loucos. O experimento consistia em uma série programada de associações de palavras: o médico ou experimentador podia segurar um cartaz que trouxesse a palavra à qual o paciente devia responder. O tempo da resposta era medido e tudo cuidadosamente registrado. Em Munique, os testes foram repetidos com pessoas normais, e depois com pessoas normais bêbadas. Estes últimos resultados foram comparados aos de vítimas de demência precoce e mostraram uma afinidade em que ambos se associavam predominantemente com o som da palavra, mais que com seu sentido.

Jung, versado em uma ampla variedade de literatura psiquiátrica e familiarizado com o trabalho inicial de Freud, era um ganho para o Burghölzli. Jovem médico ambicioso, concluiu sua dissertação sob Bleuler. O mais velho também o mandou para a França, onde assistiu a palestras de Janet. Ao voltar, Jung pensou em aplicar os testes de associação de palavras a pacientes para investigar o quanto distúrbios internos e ideias concorrentes podiam afetar o processo associativo. Revelou-se que associações emocionais intensas interferiam nas respostas comuns. Isso indicava possíveis áreas de repressão, e descobriu-se que a maioria delas tinha base sexual, como tornou claro o estudo de Jung, que teve como coautor outro pesquisador, Franz Ricklin, "The Associations of Normal Subjects". Isso foi de fato uma descoberta: inventara-se um teste psicológico que provava a existência do inconsciente, de "ideias com tinturas de sentimentos", e que também era um instrumento para descobrir "complexos emocionais" enterrados. Jung mal se deu ao trabalho de reconhecer que tudo isso corroborava as descobertas teóricas de Freud. Nem revelou a identidade de seus pacientes. À moda científica tradicional, um dos primeiros tinha sido ele próprio. O outro foi uma jovem russa que mais tarde ele rotularia de "histérica esquizofrênica", Sabina Spielrein. Sua história está intricadamente mesclada com a batalha entre os titãs da psicanálise, Freud e Jung.

Sabina Spielrein (1885-1942) e C. G. Jung (1872-1961)

Muito tem sido escrito sobre a relação de Sabina Spielrein com os dois homens e particularmente com Jung. Apesar da importância da própria história de Sabina como *paciente* — logo diagnosticada com a "esquizofrenia" de Bleuler e, assim, lhe ter sido permitida a possibilidade de melhorar em vez de languescer sob o que poderia ter sido uma sentença de demência precoce kraepeliana, devido aos seus sintomas extremamente precoces —, ela foi amplamente negligenciada.

Spielrein começou como paciente de Jung; depois, mais tarde e secretamente, tornou-se sua amante. Jung, em uma tentativa de livrar-se do que temia ser o escândalo do caso, "desistiu dela" e entregou-a a Freud, usando seu caso interessante para ajudar a estabelecer uma relação com o pai fundador da psicanálise. Nas batalhas entre grupos de defensores de ideias que afligem a história da psicanálise e o que se tornou a "psicologia analítica" de Jung, a culpa tem sido atirada de diversas maneiras, dependendo em parte dos materiais de pesquisa à mão. Jung foi visado por permitir que a "transferência" fosse um pouquinho longe demais, sem falar em cometer adultério com uma paciente e passar — talvez inadvertidamente — algumas das ideias dela como de si próprio. Por outro lado, Freud tem sido censurado por tomar inicialmente o lado de Jung e tratar Sabina como um peão na relação entre dois médicos homens, dominantes, sem nunca ter levado suficientemente a sério a própria contribuição de Sabina à psicanálise. Finalmente, a própria Spielrein tem sido criticada como uma "judia" sedutora e intrigante, que desviou o herói casado Jung, fantasiando, na verdade, um caso e uma afinidade apaixonada com ele e, depois, ameaçando denunciá-lo após ele tê-la curado de uma doença séria.

Pondo de lado a moralidade convencional, a censura neste caso pode ser mais uma questão de afiliação que a visão fria do progresso inevitavelmente confuso de qualquer tratamento psicológico ou caso amoroso, complexo o bastante até mesmo quando os jogadores-chave em um momento ou outro nem lamentam, nem celebram seus atos.

Sabina Spielrein foi admitida no Burghölzli em 17 de agosto de 1904, acompanhada de um policial e de seu tio. Ela levara ao esgotamento um médico particular, fora recusada por outro e tivera um comportamento violento no hotel. Com 18 anos de idade, era a mais velha de quatro filhos sobreviventes de judeus russos ricos de Rostov sobre o Don, a mãe já uma mulher formada na universidade, o pai um comerciante. Ela própria bem-educada, fluente em várias línguas, inclusive latim e grego e profundamente inteligente, Sabina era, de todas as maneiras, uma paciente singular para uma instalação pública como o Burghölzli de então. Formada no *gymnasium*,* tinha sido admitida, apesar da doença, na Escola Médica de Zurique — que aceitava apenas mulheres estrangeiras e assim mesmo só em pequeno número. Introvertida e difícil desde a puberdade e a morte da irmã mais nova, sofrera um severo colapso naquele verão. Os médicos particulares que seus pais arranjaram para ela não conseguiam lidar com a desordem do delírio da jovem. O Burghölzli era o recurso final.

Jung descreveu Sabina anonimamente em uma palestra que fez três anos mais tarde, em 1907. Analisou as obsessões anais dela e sua relação sadomasoquista com o pai, que pareciam estar na raiz de seu transtorno.

> A puberdade começou quando ela estava com 13 anos. Dali em diante desenvolveram-se fantasias de natureza completamente perversa que a perseguiam obsessivamente. As fantasias tinham caráter compulsivo: não podia sentar-se à mesa sem pensar em defecação enquanto comia, nem podia observar alguém mais comendo sem pensar a mesma coisa e, especialmente, seu pai. Em particular, não podia ver as mãos de seu pai sem sentir-se sexualmente excitada; pela mesma razão não suportava mais tocar a mão direita dele ... Se censurada ou até mesmo corrigida de alguma maneira, respondia pondo a língua de fora, ou dando risadas convulsivas, gritos de nojo, ou gestos de horror, porque toda vez tinha diante de si a imagem vívida da mão punitiva do pai, e era assaltada por excitações sexuais, que imediatamente se transformavam em masturbação doentia...

---

*Escola secundária na Alemanha e outros lugares que prepara alunos para a universidade. (*N. da T.*)

Foram talvez os acessos involuntários de riso de Sabina, alternados com depressão profunda, atividade erótica e fugas aparentemente psicóticas que lhe renderam o rótulo ocasional de "esquizofrênica". Existe uma fluidez de atribuições em casos como esse que apenas sublinha a dificuldade de diagnóstico. Ao ser admitida no Burghölzli, a doença de Sabina "estava tão ruim que ela realmente não fazia nada mais que alternar depressões profundas e acessos de riso, choro e gritos. Não conseguia mais olhar para o rosto de ninguém, mantinha a cabeça baixa e, quando alguém a tocava, punha a língua de fora com todos os sinais de ódio".[183]

Jung novamente descreveu Sabina como a história de um caso de "histeria psicótica" em *A psicologia da demência precoce* (1907). Os aspectos masoquistas são reminiscências de Celia Brandon.

> Certa jovem não podia suportar ver a poeira sendo espanada de sua capa. Essa reação peculiar podia ser rastreada à sua disposição masoquista. Quando criança, o pai frequentemente a castigava com palmadas nas nádegas, provocando assim excitação sexual. Consequentemente, ela reagia a qualquer coisa que se parecesse remotamente com castigo com acentuada raiva, que logo se transformava em excitação sexual e masturbação. Certa vez, quando eu lhe disse casualmente: "Bem, você terá de obedecer", ela entrou em um estado de notável excitação sexual.[184]

Apesar do horror dos sintomas de Sabina — que ninguém considerava um desempenho histérico fingido — e sua dor evidente, a cura levou menos de um ano. Não é uma pergunta que se possa responder se a cura se deveu ao tempo que passou afastada da mãe manipuladora e competitiva — que insistia em manter a filha sexualmente pura e ignorante como corolário de seu nome — ou do pai autoritário e de um lar sem amor; ou ao tratamento pelo novo método psicanalítico e a "associação de palavras"; ou ao amor de seu jovem e bonito médico e à crescente habilidade de jogar sujo; ou a uma combinação dos três.

No arquivo hospitalar de Sabina, que recentemente se tornou disponível, há uma carta de Jung para Freud em que aquele a descreve. O acesso a esses registros esclareceu a montanha de especulação sobre o caso de Sabina e sua relação com Jung. Escrita cerca de quatro meses depois que ela teve alta, em 1º de junho de 1904, este "parecer" nunca foi enviado — como em algum momento Jung pensou que seria necessário — pela mãe de Sabina para Freud. A carta é ao mesmo tempo a habilidosa história de um caso e o reconhecimento por Jung de que as questões com essa jovem paciente foram além de seu controle: ele precisa que Freud enfrente esse caso muito freudiano.

> 25.9.1905
> Relato sobre a srta. Spielrein para o professor Freud em Viena, enviado para a sra. Spielrein para possível uso.
> Caro professor Freud:
> A filha da sra. Spielrein, srta. Sabina Spielrein, uma estudante de medicina, sofre de histeria. A paciente tem um pesado traço hereditário, pai e mãe são histéricos, especialmente a mãe. Um irmão da paciente é um histérico grave desde a mais tenra juventude. A paciente tem agora 20 anos, claramente doente clinicamente em cerca dos últimos três anos. No entanto, os eventos e as experiências patogênicos, naturalmente, remontam à sua infância. Eu analisei a condição clínica quase completamente com a ajuda do seu método e com resultado favorável desde o início.

Jung prossegue descrevendo como, depois de uma infância em que apanhou do pai, as ameaças ou a visão de qualquer agressão tornaram-se suficientes para excitá-la, mas que, depois da análise, emergiu ali "uma pessoa das mais inteligentes e talentosas, dotada do mais alto grau de sensibilidade". Naquele verão, no entanto, quando os estudos de Sabina recomeçaram, um efeito colateral inadvertido se manifestou — pelo qual Jung, um pouco apressado demais, censura Sabina: "No curso de seu tratamento, a paciente teve a má sorte de se apaixonar por mim. Ela continua a falar freneticamente e em altos brados para sua mãe sobre esse amor, e sua secreta e maliciosa alegria em assustar a mãe não é o último dos seus motivos. Portanto, a mãe gostaria, se necessário, de vê-la encaminhada a outro médico, com o que eu, naturalmente, concordo."[185]

Qualquer que tenha sido a mistura de razões para isso, o fato é que o contato com Freud não ocorreu de imediato. Revelou-se, enquanto isso, que o amor dificilmente ocorreu apenas do lado de Sabina.

Sabina foi, em muitos aspectos, uma paciente modelar. Foi a primeira que Jung — com o apoio constante de Bleuler — tratou com o novo método psicanalítico freudiano; e aquele com o qual era tão competente levou aos complexos emocionais por trás da associação de palavras. O tratamento após os três primeiros meses, quando os sintomas eram os mais intensos, tornou-se quase uma colaboração exploratória nos caminhos da nova ciência.

As anotações do hospital falam de Jung dissolvendo analiticamente os sintomas de então de Sabina, tiques e caretas e gestos defensivos, seus sonhos masoquistas e devaneios durante o dia, ligando-os de volta aos espancamentos saturados de erotismo do pai. A base sexual é importante, mas em linha com o próprio senso variável de Freud da necessidade de um trauma sexual original para provocar transtornos, nem um só é encontrado aqui. Sabina sofre de fantasia. Jung a "educa" sobre as razões que existem por trás de seus sintomas e permite que a agressão e a raiva implantadas neles sejam descarregadas.

No fim de sua estada no hospital, quando Jung avalia que ela está bem o suficiente para assumir seus estudos de medicina, e ela se registra na universidade dando o Burghölzli como endereço, Bleuler entrega a Sabina um atestado certificando que ela passou por tratamento para "nervosismo com sintomas histéricos" e recomenda que comece seus estudos na escola médica de Zurique naquele outono. Bleuler e Jung também escrevem para o pai de Sabina, pedindo-lhe que a libere de quaisquer deveres para com os membros da família, seja para escrever cartas ou cuidar de um dos irmãos que ia estudar em Zurique.

Sabina mudou-se para um apartamento no centro de Zurique e continuou a ver Jung como paciente externa do Burghölzli. Parece que ela o via em intervalos irregulares e durante um período encerrado em dezembro de 1909. Há uma correspondência sobre contas entre ela e Bleuler até essa data. Foi provavelmente durante esse período que o caso de amor — "a poesia", como Sabina o chamava — entre ela e Jung ascendeu ao ponto máximo do romance e da paixão e despencou em uma destrutiva confusão. Em seu diário, em 1910, ela voltou a olhar para aquele tempo: "Nós nos conhecemos um ao outro; começamos a gostar um do outro sem notar que isso estava acontecendo; era tarde demais para fugir; diversas vezes nos sentamos e 'nos abraçamos ternamente'. Sim, foi uma grande coisa!"[186]

A grande coisa não era apenas a paixão sexual, que, mesmo sem a designação de órgãos genitais, é claro que existia — dado o teor das cartas e do diário, a conversa de contracepção e nascimento. Sabina também se tornou o estímulo para a ideia de Jung de "anima"[187] — aquele componente feminino inconsciente que é parte de toda pessoa comum e que, materializado em outra pessoa amada, torna-se uma chave para o eu. Ele mostrou para ela uma parte de seu diário em que se torna claro que ele a via, realmente tivera uma visão dela, como uma nova versão de sua prima mediunística, Hélène Preiswerk.[188] Além disso, Sabina foi o estímulo de Jung para novas ideias, participante necessária do trabalho dele, não apenas como paciente, mas como interlocutora intelectual. Certamente ela sentiu ter sido uma colaboradora de Jung. Desde o início, ele lhe dera literatura psiquiátrica para ler. Eles compartilhavam ideias, e ela o ajudou em sua tese. Mais tarde, depois que tudo deu errado, ela explicou isso em uma carta para Freud:

> Tivemos numerosas discussões sobre isso, e ele disse, "mentes como a sua ajudam a ciência a avançar. Você deve tornar-se psiquiatra". Insisto nessas coisas repetidamente para que você veja que não foi apenas a relação usual médico-paciente que nos aproximou tanto. Ele estava escrevendo o ensaio quando eu ainda estava no hospital mental ... Falei na igualdade ou independência intelectual da mulher e, imediatamente, ele disse que eu era uma exceção, que sua mulher era uma mulher comum e, portanto, só interessada no que interessava ao marido.[189]

Apenas dez anos mais velho que a paciente, Jung permitiu uma transferência erotizada para ter o domínio da relação com Sabina e se envolveu em um caso abrangente, que combinava afinidades intelectuais e espirituais com sexo. Em 20 de junho de 1908, ele escreveu a Sabina para dizer: "Você tomou vigorosamente meu inconsciente em suas mãos com suas cartas atrevidas."[190] As cartas variavam no tratamento de "Minha querida senhorita" a "Minha querida amiga" e "Minha querida". Ele finalmente é feliz por ter esperanças de amar uma pessoa que não está sufocada pela "banalidade do hábito". Sente-se "mais calmo e livre" depois de seus encontros.

Que o sexo se seguisse à terapia não era talvez tão surpreendente na atmosfera eufórica do Burghölzli naqueles anos. Isso é evidente não apenas nas cartas altamente excitantes e no diário sutil de Sabina, mas na ousada "análise selvagem" de Jung do exuberante "poligâmico" Otto Gross e de suas próprias descrições de como as mulheres entendem Freud mais que todos. Uma atmosfera erótica se infiltrava em todas as divisões do hospital como um todo: "É divertido ver como as pacientes femininas externas vão diagnosticando os complexos eróticos umas das outras embora não tenham nenhuma visão sobre os próprios." Com pacientes não educadas, o maior obstáculo parece ser a transferência atrozmente crua.[191]

O caso de Spielrein com Jung alçou os perigosos píncaros do romantismo intelectual. Metade apaixonados pelas características étnico-simbólicas um do outro, o "outro" que representavam em mito e imaginação, os dois propensos a uma elevada espiritualização da experiência, Jung e Spielrein, alemão e judia, fantasiaram o nascimento de seu próprio Siegfried wagneriano, o herói da nova era — o símbolo de uma união redentora entre o heroísmo masculino e o instinto feminino, de destruição e criação. Cada um representava as fantasias incestuosas do outro em sonhos e interpretação. Esperança, condenação, segredo, uma carga sexual duplicada por causa da intimidade forjada na díade médico-paciente — tudo isso é lembrado de forma bonita e inteligente nas páginas do diário de Sabina, de onde ela emerge como um espírito mais generoso que o Jung que ela idealiza, que está, naturalmente, muito preocupado com sua mulher rica e sua respeitável carreira. Mas da conexão Spielrein-Jung vêm as ideias que modelam o trabalho posterior de ambos.

Tanto Freud quanto Jung mais tarde reconheceriam, embora não completamente, sua dívida com Sabina. Freud parece desconfortável com as formulações do mesmo modo que estaria com as de Lou Salomé. Grandiosas, filosóficas e cheias de sentimentos, enraizadas na filosofia e poesia alemãs, elas sempre pareceram soar cheias de sentido, mas se desvanecem na vacuidade. Freud parece querer reconhecer imediatamente o valor de pronunciamentos tão grandiloquentes como "forças opostas de criação e destruição no instinto sexual" e se preocupar com o uso de substantivos que carecem do detalhe embasado que tentou dar até seu princípio do prazer e seu contrário instinto de morte. Mais próximo de Sabina é o trabalho do próprio Jung. O conhecimento antecipado que ela vivera durante o caso deles, tão próximo das próprias experiências de Jung, levou-o a reconsiderar a natureza do inconsciente. Ambos pensavam em termos de mítico polarizado e forças místicas. O trabalho posterior de Jung viajou dentro do significado dos símbolos e seu potencial de transformação. Em contraste com Freud, criou a hipótese de um inconsciente coletivo, mais que individual — o domínio necessário de arquétipos compartilhados e narrativas culturais para a jornada rumo a um eu integrado.

A primeira comunicação de Jung para Freud não foi a carta que aquele inicialmente pensou que iria como referência com Sabina. Em lugar disso, em abril de 1906, um ano depois de tê-lo concluído, Jung mandou para Freud seu *Diagnostic Association Studies*, que, naturalmente, incluiu os testes que aplicara em Sabina. Naquele verão, Freud escreveu seu estudo *Gradiva*, onde a "cura pelo amor" foi mencionada. A cura aqui é encenada por uma mulher e talvez não seja coincidência que Sabina, a paciente curada na estufa da associação que era o Burghölzli, tenha se tornado uma das primeiras mulheres analistas.

Na parte inicial elétrica de sua correspondência, onde ideias e cartas voavam entre Jung e Freud, como se cada um finalmente tivesse encontrado um interlocutor valioso, Freud, às vezes, escreve duas vezes por dia para o jovem; sua esperança — que não se distancia em certo sentido da de Sabina — é de uma extensão de sua ciência em alto grau judia para dentro do mundo alemão mais amplo. Em 6 de dezembro de 1906, Freud escreve — como se já tivesse percebido que Jung está com algum problema erótico —, antes que o último tivesse relatado um sonho onde os temores em relação ao seu casamento estão lá para qualquer um ver, exceto ele próprio (29 de dezembro de 1906). Jung se defende de qualquer imputação freudiana de que poderia haver carência sexual. Freud prossegue para lhe dar uma lição em análise, que soa estranha, embora nos termos mais gentis, como se de alguma forma soubesse ou imaginasse empaticamente o que Jung está tramando:

> Você deve estar ciente de que nossas curas acontecem mediante a fixação da libido que prevalece no inconsciente (transferência), e que essa transferência é mais prontamente obtida na histeria. A transferência provê o impulso necessário para o entendimento e a tradução da linguagem do ics. [inconsciente]; onde ela está ausente, o paciente não faz o esforço, ou não ouve quando submetemos nossa tradução a ele. Essencialmente, se poderia dizer, a cura é realizada pelo amor. E, na verdade, a transferência proporciona a mais convincente, de fato a única prova inatacável de que as neuroses são determinadas pela vida amorosa do indivíduo.

A rejeição de Jung da interpretação de Freud, sua completa falta de vontade de aceitar esse relato sucinto de como a transferência opera em psicanálise — sua própria existência gerada pelas dificuldades sexuais do paciente — deve ter algo a ver com toda a confusão de Sabina, assim como com certa falta de vontade intelectual de aceitar a etiologia sexual de Freud, já sob ataque em outros lugares.

Entretanto, a afirmação de Jung de que a base de sua paciente é normalmente tão diferente da de Freud e a ênfase de Bleuler na falta de afeto na esquizofrenia podem indicar um problema mais amplo na compreensão da transferência carregada de sexo, particularmente com pacientes em quem a própria natureza do afeto, sua impossibilidade, é o que se distorceu. Pode ser que essa transferência com pacientes esquizofrênicos ou "psicóticos" seja precisamente o que não pode existir. Então, enquanto Jung se defendia do reconhecimento do que acontecia com Sabina, uma questão talvez não inteiramente desligada de sua posterior e aberta rejeição de toda a base sexual do projeto freudiano, Jung também apontava para uma área real de preocupação profissional e diferença teórica. Como sempre, diferenças teóricas duplicaram as pessoais: Jung, que achava a gratidão difícil e retribuía poucos favores sem punição, rompeu com um Freud que, com demasiada frequência, queria mais lealdade do que era possível ou razoável de sua crescente prole.

Sabina Spielrein finalmente abriu caminho até Freud — como ela mesma, e não vestida como material de caso — depois que seu caso amoroso e sua relação de trabalho com Jung terminaram. Uma carta difamatória alcançou sua mãe — provavelmente por intermédio de Emma Jung, que pode ter sentido que seu dúplice marido chegara ao fim de sua corda. De qualquer modo, sob a influência de um novo bebê, desta vez o muito desejado e simbolicamente temido varão, Emma estava seriamente magoada. A sra. Spielrein confrontou a filha, que escreveu para Freud em grande perturbação, em junho de 1909, e pediu uma "breve audiência".

No mesmo dia em que recebeu a carta, Freud escreveu para Jung para perguntar quem era essa mulher. Seu tom é leve, um bilhete entre profissionais: ela "fala demais, ou é uma paranoica?". Jung mandou um telegrama para Freud, permitindo que escrevesse para Sabina a fim de perguntar o que queria dele precisamente: ele não pode deixar que ela viaje até Viena sem saber se a jornada valerá a pena ou não. Enquanto isso, uma carta explanatória e bastante enganadora da parte de Jung, de 4 de junho de 1909, chega à mesa de Freud. Jung explica que Freud já conhece Sabina como seu "caso-teste, razão pela qual me lembro dela com gratidão e afeição especiais. Como sabia por experiência que ela recairia se eu retirasse meu apoio, prolonguei a relação ao longo dos anos e, no final, me encontrei moralmente obrigado, por assim dizer, a devotar uma grande amizade a ela, até que vi que uma roda não pretendida começara a girar, após o que imediatamente rompi com ela".

Tudo isso poderia ser tomado apenas como fingimento cavalheiresco. Mas Jung vai adiante, acrescentando que, durante todo o tempo, Sabina estava "sistematicamente planejando seduzir-me ... e agora busca vingança". Ele a acusa de espalhar boatos de que logo se divorciará e casará com ela; e insidiosamente junta tudo isso ao assunto daquele arquissedutor Otto Gross cuja presença legitimou imaginações amorosas em todos.

Em sua resposta, Freud tranquiliza, homem para homem, e explica novamente como a atividade analítica pode ser traiçoeira, especialmente para alguém tão jovem quanto Jung quando confrontado com mulheres que querem seduzir. Aconselha Jung a usar a experiência para ficar com a pele mais grossa e poder dominar a "'contratransferência' — que é, afinal, um problema permanente para nós". A cura pelo amor, Freud está dizendo, não é um caso de amor real.

Sua carta seguinte para Jung — na qual comunica que acabara de saber que, como ele, Jung também fora convidado a ir à América — é para enfatizar o ponto uma vez mais e aconselhá-lo a aprender a lidar com essas "explosões de laboratório". Enquanto isso, sabendo por outras fontes que Sabina quer falar com ele sobre Jung, usa a diplomacia e sugere a ela que talvez seja tempo de descartar sentimentos que surgiram na situação terapêutica: "Eu a exorto a se perguntar com a maior brevidade se não seria melhor se os sentimentos que sobreviveram a essa estreita relação fossem suprimidos e erradicados de sua própria psique, quero dizer, sem intervenção externa e envolvimento de terceiras pessoas."

A força de Sabina é visível no que apreendeu do conselho de Freud — o senso de que ele ama Jung e assim estaria bem situado para entender aquilo pelo qual eles passaram. Ela escreve sobre o caso amoroso deles. Em si mesmo, o ato ajudou-a a reconquistar alguma compostura, e ela foi capaz de encarar Jung após uma palestra e dizer que queria paz. Enfim, os dois a encontraram: documentos recentemente liberados revelam que, após um período de esfriamento, retomaram uma amizade epistolar, encontravam-se em congressos e enviavam seus trabalhos um para o outro. Sabina, agora a pacificadora, tentou até um entendimento entre Freud e Jung. Por volta de 1913 eles haviam rompido completamente, ostensivamente, sobre a questão sexual. Enquanto isso, Sabina se formou, casou, teve uma filha e treinou como analista para se tornar uma das primeiras mulheres membros da Sociedade Psicanalítica de Viena, de Freud — a única mulher membro na época. Mais tarde atuou como analista do formidável psicólogo Jean Piaget e se tornou uma das figuras mais importantes da psicanálise na Rússia pós-revolucionária, fundando uma escola experimental em Moscou com Vera Schmidt.

Sua trajetória marcou o que se tornaria bastante comum no campo, talvez já delineado no nascimento da profissão com Pinel, que fazia guardiões de seus pacientes. Sabina vai de paciente a praticante, tendo aprendido as lições do inconsciente e, em seu caso, dos perigos particulares da transferência erotizada. Jung, naturalmente, repetiria o processo com Tony Wolff, outra mulher judia, que, desta vez, permaneceria sua amante por toda a vida e parceira intelectual.

A dissertação médica de Sabina Spielrein, "Sobre o Conteúdo Psicológico de um Caso de Esquizofrenia (Demência Precoce)", foi iniciada sob Bleuler, enquanto ela trabalhava como assistente médica no Burghölzli. Bleuler estava demorando a ler o original, e Sabina, no verão de 1910, decidiu mostrá-lo a Jung, que, nessa altura, saíra do Burghölzli e se estabelecera em sua nova propriedade como praticante independente. Ele também era agora, em parte graças a Freud, presidente da Associação Psicanalítica Internacional e editor de seu *Jahrbuch*. Bleuler sugeriu a Sabina que, independentemente de mostrá-la a Jung, deveria publicar a tese no *Jahrbuch*, o que finalmente aconteceu em 1911.

A tese, pela qual Jung se congratulou com ela e que também marcou uma "nova era" em suas relações, demonstra a afinidade entre o pensamento de Jung e de Spielrein. Também mostra o quanto Spielrein era adepta — indubitavelmente ajudada por sua própria experiência recente e por sua inclinação literária, além de seu interesse pelos paralelos mitológicos, à semelhança de Jung — a procurar significados em falas desconexas. Não é necessário que Spielrein dê nenhuma ordem de "livre associação" freudiana para a sua paciente esquizofrênica. A mulher parecia não ter nenhum controle interno, nenhuma resistência daquela espécie, ao menos, a superar. O sentido que Spielrein é capaz de dar ao seu discurso fraturado, a paciência que ela, e de fato toda a equipe de Bleuler, empregam nas dissertações da esquizofrênica, uma vez mais relembra a insistência posterior de R. D. Laing de que até seus mais confusos pacientes falavam com sentido. De fato, na mulher bem-educada, hostil e irritada de Spielrein, cujo fluxo compulsivo de linguagem codificada gira em torno de doença, sujeira e dissolução, existe algo da Mary Barnes de Laing, que pintava com suas fezes.

A paciente de Spielrein é uma mulher protestante casada com um católico que tem algo de mulherengo e a trai repetidamente. Spielrein descobre um complexo "catolicizante" nela. Isso inclui imagens do nascimento da humanidade e de numerosos "experimentos sistinos". Sublinhando isso existe um temor de ser dominada por ideias sexuais, um conflito entre desejo e resistência que traz junto punições alucinadas. Sombras, novamente, de Celia Brandon.

"Poesia" — um termo que a paciente de Sabina compartilha com sua analista para a atividade sexual recoberta de pátina religiosa, ou o que poderia ser chamada de sexualidade beneficente e transformadora — parece vir do livro de August Forel, *A questão sexual*, na qual o psiquiatra que antecedeu Bleuler como diretor do Burghölzli refletiu sobre *abstinência*.[192]

A paciente de Spielrein tinha outras coisas em comum com sua jovem analista. Ela observou sobre o dr. J — isto é, Jung — que esse atraente médico tinha todos apaixonados por ele; que ele queria divorciar-se uma vez por ano. Ele também está na raiz de seu repetido comentário de ser "chicoteada por Basel" — que Spielrein, à caça de associações, interpretou como um sentimento de humilhação pelos testes iniciais de Jung desenvolvidos em Basel que ele aplicou nela e ela experimentou como um ataque sexual.

Já na expectativa de seu trabalho posterior sobre a ligação dos opostos — a duplicidade de destruição e criação na sexualidade —, Spielrein notou que a preocupação de sua paciente com imagens de morte também tinham base sexual. O frágil ego dos esquizofrênicos, já fragmentado, temia a assimilação de que o sexo é como uma dissolução do eu, uma atividade que lida com a morte, quaisquer que sejam seus poderes opostos de transformação:

> Quero enfatizar a enorme importância da "descrição pelo oposto", que foi descoberta por Freud para o desenvolvimento das ilusões. Um exemplo de particular importância disso é a descrição da atividade sexual pelo simbolismo da morte. A razão para esse fenômeno está, da forma que vejo, dentro do caráter do próprio ato sexual em si, ou, para colocar mais claramente, nos dois componentes antagônicos da sexualidade.

Se a própria experiência de Spielrein informou seu entendimento dos pacientes, ela estava apenas seguindo os passos de Freud e Jung nessa invenção da nova ciência. A força alucinatória de seu colapso inicial — sua esquizofrenia, ou histeria — tinha muito mais afinidade com a experiência de Jung de psicose que com a de Freud. Seu comentário sobre o que ela chama de parcialidade do esquizofrênico para termos vagos e abstratos como uma defesa contra uma especificidade que colocaria um eu sempre poroso e batido em jogo assinala ainda outro *insight* do ímpeto por trás da formação do símbolo e os benefícios de apoio do pensamento religioso:

Em geral, o esquizofrênico gosta de usar termos vagos e abstratos e isso por uma boa razão ... Quanto menos precisamente circunscrito é um termo, quanto menos ele significa alguma coisa distinta e concreta, mais ele pode conter. Tenho a impressão de que um símbolo em geral é gerado mediante o esforço de um complexo para multiplicação, para dissolução no sistema geral de (pensamento) coletivo ... Dessa forma o complexo perde seu caráter pessoal para o esquizofrênico.[193]

Quando Jung recebeu o estudo posterior de Spielrein "Sobre a destruição" e sua ex-paciente já estava em Viena e era membro praticante da sociedade psicanalítica de lá, ele lhe escreveu em termos que poderia facilmente aplicar à sua tese, sobre a qual, segundo ele, Freud também fizera altos elogios:

O estudo é incomumente inteligente e contém excelentes ideias cuja prioridade reconheço ... Ninguém deveria pensar que você tomou emprestado de mim. Não há base para isso ... Talvez eu tenha tomado emprestado de você; eu certamente e sem intenção engoli um pedaço da sua alma como você da minha. Depende do que se faz com isso. Você fez alguma coisa boa disso. Agrada-me que você seja minha representante em Viena.[194]

Naqueles dias impetuosos antes da Primeira Guerra Mundial, as ideias voavam entre os vários centros psicanalíticos e psiquiátricos. As conversas zumbiam entre analistas e pacientes acima das fronteiras dos países, salas de consulta e hospitais. Karl Abraham, seguidor de Freud em Berlim, também trabalhara no Burghölzli durante os anos Jung-Spielrein e se correspondera com Freud. Articulando toda essa informação, Freud traduziu as descobertas sobre esquizofrenia (demência precoce) em sua própria linguagem das defesas:

Abraham muito convincentemente demonstrou que o distanciamento da libido do mundo externo é uma característica particularmente bem marcada na demência precoce. Dessa característica inferimos que a repressão é efetuada por meio do desligamento da libido. Aqui, uma vez mais podemos ver a fase de alucinações violentas como uma luta entre a repressão e uma tentativa de recuperação mediante a busca da libido de volta novamente para dentro de seus objetos. Jung, com argúcia analítica extraordinária, percebeu que o delírio e os estereótipos motores que ocorrem nesse transtorno são os resíduos de objetos-catéxicos anteriores, agarrados com grande persistência. Essa tentativa de recuperação, que observadores confundem com a própria doença, não faz, como na paranoia, uso da projeção, mas emprega um mecanismo (histérico) alucinatório. Este é um dos dois grandes itens em que a demência precoce difere da paranoia.[195]

Bleuler, Jung, Spielrein, os primeiros médicos e pacientes do Burghölzli tinham inventado entre si um transtorno nascente e o dotaram de propriedades e entendimentos que nem os médicos nem talvez os pacientes tivessem visto completamente antes. O termo "esquizofrenia" se espalhou para fora das fronteiras da Suíça, embora seu uso continuasse tão errático quanto a doença: às vezes mascarada como histeria, às vezes caindo na rubrica mais geral das psicoses; em outras épocas, mesclava-se com a noção mais antiga e gentil do colapso. Mas ao separá-la da demência precoce, o Burghölzli, como o caso de Sabina mostrou, deu aos pacientes com esse sério transtorno a possibilidade de vida produtiva.

Quartos próprios: Zelda Fitzgerald (1900-1998), Lucia Joyce (1907-1982), Virginia Woolf (1882-1941)

A Suíça foi o centro dos sanatórios do século XIX para pacientes de tuberculose. No início do século XX, com a mudança nos padrões de doença, tornou-se o primeiro local europeu para clínicas mentais que mais rivalizava com seu afim austríaco. Quando o famoso escritor americano Scott Fitzgerald buscou um sanatório para sua mulher, Zelda, em junho de 1930, recomendaram-lhe Prangins, perto de Nyon. Administrado por Auguste Forel, filho do dr. Oskar Forel, Prangins tinha algo do aspecto de um *resort* luxuoso. Situado às margens do Lago de Genebra, em meio a algumas centenas de acres de terrenos lindamente ajardinados, que incluíam uma quadra de tênis e um jardim de inverno, Prangins cuidava de seu pequeno número de "convidados" em quatro vilas. Três outras alojavam a equipe terapêutica. Forel diagnosticou Zelda como esquizofrênica.

Com dez anos de casados, Scott e Zelda Sayre Fitzgerald eram um casal lendário, verdadeiras celebridades, comparáveis às atuais estrelas pop. Embora o sucesso da ficção de Scott — *Este lado do paraíso, Belos e malditos, O grande Gatsby* e, o mais popular e lucrativo de todos, as muitas histórias para o *Saturday Evening Post* — os tivesse tornado ricos, eles gastavam mais do que ganhavam em sua ascensão passo a passo do Sul profundo da infância de Zelda em Montgomery, Alabama, para o Meio-Oeste de Scott, Nova York, Paris,

Riviera, norte da África e de volta novamente, sempre em busca de proporcionar a si mesmos o que de melhor o dinheiro poderia ofertar.

Eles eram o próprio material de interesse de uma revista, sua vida juntos uma brilhante e exuberante exibição do que significava ser jovem e ousado na Era do Jazz. A alegria, a beleza e a bravata de rebelião dos anos 1920 que encarnavam — sempre já perdida, uma memória doce antes de ter sido completamente vivida — era a própria essência da arte de Fitzgerald e, algumas vezes, de Zelda. De seu romance *Suave é a noite*, que transforma a loucura de Zelda em ficção enquanto se aproxima, como tanto de sua escrita o faz, perigosamente da verdade autobiográfica, Fitzgerald escreve: "O romance ... deveria mostrar um homem que é um idealista neural, um padre corrompido, desistindo de várias causas pelas ideias da alta burguesia, e em sua ascensão ao alto do mundo social perdendo o idealismo, o talento e voltando-se para a bebida e a dissipação."[196] O homem era um psiquiatra, Dick Driver, que salva e depois é destruído pela herdeira dourada, a garotinha louca e perdida, Nicole Warren.

Em algum momento de sua vida real de excesso e arte, os Fitzgerald tiveram uma menina, Scottie, nascida em outubro de 1921, a quem Zelda preferiu não dar atenção nos primeiros anos da menina. Ela estava com 9 anos na época do primeiro colapso de sua mãe. Também haviam acontecido um aborto e dois casos amorosos — o de Zelda, à diferença do de Scott, talvez inconsumado, mas cada caso experimentado pelo outro como traição. No meio de tudo isso, Zelda sentia cada vez mais que não tinha nada de seu, nada que definisse seu eu e lhe desse limites: sua escrita, brilhante em seus saltos imagísticos, não era tão bem-sucedida quanto a de Scott. A filha parecia preferi-lo. Além disso, o pai idealizado de Zelda, um juiz muito estrito e respeitado, desaprovava sua vida.

Zelda fora filha tardia, temporã muito amada e mimada. A mãe, que a adorava, deixou-a crescer com liberdade. Zelda, já adulta, era chamada de bebê pela família e passou os anos da adolescência flertando loucamente como a bela caprichosa de Montgomery, especialista no desempenho da feminilidade, se não da amizade. Atraente em seu uniforme de capitão da Primeira Guerra Mundial, Scott a tomou de uma multidão de admiradores rivais. Ela admitiu que o ciúme despertava e intensificava o seu amor e que precisava dele para senti-lo. Necessitava do seu desejo, da sua atenção, necessitava ser conquistada para adquirir definição. De alguma forma, o ciúme dele limitava o que parecia ser uma dependência excessiva da parte dela.

Quando a atenção de Scott começou a desviar-se, os atos dela se tornaram cada vez mais impulsivos. Em Los Angeles, segundo conta a lenda, queimou todas as suas roupas na banheira enquanto Scott recebia convidados na porta ao lado. Em outra ocasião, recolheu todas as joias de seus convidados para um jantar e as ferveu em um grande caldeirão. Quando Scott ajoelhou-se aos pés de Isadora Duncan em um restaurante em St Paul de Vence, Zelda despencou em um precipício de degraus.

Como Scott bebia cada vez mais e se perdia no trabalho ou em sua inabilidade para fazê-lo, uma vez que, apesar do alcoolismo, só conseguia escrever sóbrio, o desejo desapareceu. Zelda começou a suspeitar dele e a acusá-lo de homossexualidade, o que causou raiva em Scott. Eles sempre brigaram. Agora brigavam mais. No fim dos anos 1920, Zelda voltou-se para a dança, tanto para fugir como pelo senso de que ali estava uma coisa que podia controlar, em que podia ser bem-sucedida. O balé — prática, ensaios, treinamento e ocasionalmente apresentação — tornou-se a obsessão que engolia seus dias. Na América, segundo se relata, ela abandonava os convidados à mesa de jantar sem uma palavra para praticar ritualisticamente no imenso espelho e na barra que havia instalado. Em Paris, o balé se transformou em vício, como a bebida de Scott, e mais exaustiva. Era a ambição que a consumia. Era também um ritual que lhe dava algum senso de autocontrole. Zelda dançava, ensaiava, dançava e se preocupava com seu progresso enquanto Scott bebia e às vezes escrevia.

Então, no início dos anos 1930, veio o colapso.[197] Um eczema cobriu sua pele. Uma asma recorrente a dominou. Houve surtos de desmaios. Vozes aterrorizadoras, sonhos e fantasmas de força alucinatória a perseguiam dia e noite. Completamente confusa, incoerente, tentou o suicídio para escapar deles. A morfina ajudou, mas não deteve os sonhos de vívida perseguição. Scott levou-a ao Malmont, na Suíça. As notas dos médicos observam que "do ponto de vista orgânico não há nada a registrar". Em seus momentos de calma, "a paciente compreendia muito bem que estava no fim de uma perspectiva física e nervosa (psicológica) e que precisava muito cuidar-se, mas, então, uma hora depois, não queria saber de mais nada sobre esse assunto e insistia em voltar para Paris. Numerosas discussões com ela foram infrutíferas porque de todos os pensamentos reais que expressava apenas alguns eram incoerentes".[198] O chamado de Paris era o chamado da dança.

Em um de seus momentos mais razoáveis, Zelda concordou em ser transferida para o Prangins para tratamento psiquiátrico. Acompanhado de um amigo, Scott veio para recolhê-la e entregá-la ao dr. Forel.

Fundamental para o tratamento de Zelda foi sua separação de Scott. Ambos queriam cooperar, mas, três semanas depois, Zelda escreveu para ele, implorando-lhe que lhe permitisse ir para casa; pressionava-o também a perguntar à sua amada professora de balé, Egorowa, como ela achava que Zelda — que sente suas pernas "já fracas" — está com seu balé. Sua ambição é realista?, Scott pergunta para Egorowa. Fica tão aliviado quanto surpreso com a resposta judiciosa da professora. Ela lhe diz que Zelda começara tarde demais; mas, considerando isso, progredia bem e podia apresentar-se adequadamente em certas salas.

Durante os meses de verão e outono o efeito do tratamento de Zelda foi pequeno: a lucidez alternava com períodos de mergulho na escuridão. Suas cartas para Scott, bastante regulares, falam em pânico, em coisas "inférteis e estéreis e sem esperança". Nessa condição oscilante também é capaz de descrever algo de como é estar dentro de sua loucura. Faz isso com toda a exuberância de sua pena extravagante, mas essencialmente precisa, reunindo o senso da ausência de limites, a excitação, a intensidade de cores e a realidade sensorial que a experiência traz.

> Em Paris, antes de eu perceber que estava doente, havia um novo significado em tudo: estações, ruas e fachadas de edifícios — as cores eram infinitas, partes do ar e não restritas pelas linhas que as continham, e as linhas estavam livres das massas que circunscreviam. Havia música que soava atrás de minha testa e outra música que caía no meu estômago de uma alta parábola e havia algo de Schumann que era imóvel e terno e a tristeza das mazurcas de Chopin ... E havia ... um desligamento como se eu estivesse do outro lado de uma gaze negra — um pequeno sentimento destemido, e depois o fim na Páscoa —, mas até isso era melhor que a concha infantil e vacilante na qual estou agora. Tenho tanto medo de que quando vier e não encontrar nada a não ser desordem e vácuo, você seja atingido pelo horror. Eu não pareço saber nada apropriado para uma pessoa de 30. Acho que é porque me dreinei tão completamente, esticando tão completamente cada fibra, naquela fútil tentativa de enfrentar cada fator contrário a mim.[199]

Outras cartas são mais incoerentes ou violentamente hostis a Scott, ou simplesmente queixosas. No outono, Forel, que achara Zelda pouco comunicativa e evasiva, teve a ideia de fazê-la escrever seus sentimentos sobre a família e si mesma. No papel, Zelda revelou a família: a mãe indulgente que lhe vinha em imagens espantosas; o pai distante por quem tinha respeito e desconfiança; seu senso súbito de um casamento infeliz, embora nunca lamentado. Também escreveu sobre seu "caso de amor com um aviador francês"; o sentimento de que o balé lhe dava uma fuga impessoal para um mundo no qual podia expressar-se. E como um dia "o mundo entre mim e os outros parou". Aparentemente, ninguém percebeu a acusação de homossexualidade que fez a Scott ao mesmo tempo que suas próprias ambições focavam a professora de balé como sinal de que as fronteiras entre ambos se desintegraram. A identificação com Scott tomara proporções psicóticas que bem podem ter influenciado a mútua paranoia posterior sobre a vida de que falavam os escritos de ambos.

Em setembro, Forel tentou um novo curso de ação. Hipnotizou Zelda, que sucumbiu como uma paciente perfeita. No transe de 13 horas que se seguiu, o terrível eczema desapareceu. Como Zelda disse a Forel depois, ela agora percebia que o eczema era um instrumento de aviso que assinalava seus profundos conflitos com Scott. Em novembro, o eczema voltou, e Zelda estava embotada, não responsiva, carente de afeto. Sob pressão de Scott, Forel chamou Bleuler para uma consulta. Queria ter certeza do diagnóstico, e discutir com o mestre sobre essa "paciente difícil ... mais intuitiva que inteligente" ajudaria. Scott relata tudo isso em uma carta para os pais de Zelda, observando também que Forel não foi capaz de analisar Zelda por "medo de transtornar e sacrificar qualquer equilíbrio, por pequeno e precioso, que ela possuísse".

Bleuler, de acordo com Scott, foi selecionado após alguma avaliação das escolhas. Pensaram em chamar Jung, mas os 500 dólares que Scott menciona como preço de sua consulta, em um tempo em que um novo Chevrolet de duas portas custava 600 dólares, foi considerado caro demais. Scott também tinha a impressão de que Jung lidava primariamente com casos de neurose, e Zelda era mais que isso.

Bleuler viajou de Zurique e passou uma tarde com Zelda, que o tratou como "um grande imbecil", segundo Forel. À noite, Bleuler, talvez um imbecil não tão grande, dado o peso de sua experiência, conversou com Forel e Scott. Seu diagnóstico não diferia do de Forel, mas o prognóstico era interessante — devido ao padrão de longo prazo da doença de Zelda. Três em quatro casos afins ao de Zelda, disse Bleuler — segundo o relato de Scott aos pais de Zelda —, têm alta como curados, "talvez um dos três reassuma um funcionamento perfeito no mundo, e os outros dois sejam delicados e levemente excêntricos durante o resto da vida — e o quarto caso desça a encosta e entre na total insanidade".[200] Bleuler também indicou que a descida de Zelda se iniciara cinco anos antes e que, embora Scott a tivesse retardado, não poderia tê-la impedido. Devia parar de culpar-se. Aparentemente, Scott perguntou aos médicos se uma mudança em sua forma de tratar Zelda, que preferia homens "de caráter forte e estável" poderia ajudar. Foi-lhe dito que "era possível que um caráter de aço temperado ajudasse, mas que a sra. Fitzgerald amou e se casou com o artista no sr. Fitzgerald".

Existe a possibilidade, naturalmente, de que Scott tenha afinado esse último comentário em benefício do pai forte e honrado de Zelda. Sayre, um juiz da Corte Suprema do Alabama, era — à diferença de Scott — profundamente indiferente ao espelho que a sociedade punha à sua frente e à sua posição nos *rankings* de popularidade. Os dois homens não poderiam ser mais diferentes. O ressentimento residual de Scott contra o juiz Sayre, o efeito que o seu distanciamento emocional e sua inatingibilidade tinham sobre Zelda podem ter alguma coisa a ver com o modo como Scott transformou o pai de Nicole Warren, em *Suave é a noite*, em um viúvo sedutor, cujos escorregões sexuais com sua bonita filha de 13 anos levam ao colapso dela poucos anos depois. Era como se Scott quisesse desviar a responsabilidade para a figura paterna. Mas não há sinal de "abuso sexual" na história real de Zelda. No romance, Scott introduz a questão quase descuidadamente, tanto dando razão suficiente para o colapso de Nicole e seu subsequente amor-ódio pelos homens, quanto espantando o pai para longe de qualquer contato com a garota. Ela é salva por Dick Diver, apenas para, em seguida, destruí-lo.

Uma vez que não existe base na história de Zelda para atribuir abuso sexual, é interessante, em termos da "descoberta" dos anos 1980 do que tem sido frequentemente afirmado na América como o sepultamento patriarcal e psiquiátrico da experiência real vivida pelas mulheres, que um dos romances mais famosos do país de uma época anterior descreveu como uma grande, mas fictícia invenção. A própria Zelda nunca mencionou sedução paterna real. Ela mais tarde de fato recompõe ou constrói uma narrativa de família edipiana de sua infância no romance francamente autobiográfico *Esta valsa é minha*, em que aponta um dedo de censura para o pai, caracterizado como uma "fortaleza vivente", um juiz austero, frio, tão rudemente correto quanto sua mulher era flexível. O pai fictício pode dar segurança à filha, Alabama, mas sua inacessibilidade é ruinosa, e sua inatacável integridade vem com um código de conduta que a nova geração não pode nunca esperar imitar. Seguros quando estão sob sua égide, tão logo entram no mundo externo os filhos do juiz são deficientes, incapazes de pensar por si mesmos, destruídos.

Durante sua consulta, Bleuler dissera a Scott que seria bom para ele ver a mulher ocasionalmente. Fitzgerald se muda para Lausanne e vem para rápidas visitas a cada duas ou três semanas. Enquanto isso havia cartas dos dois lados, tentando entender o que dera errado. Scott sentia-se culpado; Zelda também, de vez em quando, apesar de enveredar entre a ternura e a vingança: "Quando você viu em Paris que eu estava doente, afundando — quando soube que eu passava dias sem comer, incapaz de suportar contato até com os criados, você ficava no banheiro e cantava 'Play in your own backyard'."[201]

As cartas de Zelda oferecem um afiado *insight* de sua esquizofrenia, embora não mapeiem a violência que ocasionalmente a domina:

> Minhas memórias estão em sua maioria perdidas em som e odor ... Tente compreender que as pessoas nem sempre são razoáveis quando o mundo é tão instável e vacilante quanto uma cabeça doente pode torná-lo — que durante meses vivi em lugares vaporosos povoados por figuras unidimensionais e edifícios trêmulos até não poder distinguir uma ilusão óptica de uma realidade — que a cabeça e as orelhas vibram incessantemente e estradas desaparecem, até eu finalmente perder todo o controle e poder de julgamento, eu estava semi-imbecil quando cheguei aqui.[202]

Não muito depois dessas cartas, pediu para ver a filha no Natal, mas quando viu a criança diante de si — uma relação que nunca deixou de lhe causar uma enorme dificuldade — balbuciou incoerentemente e, em um acesso de violência, destruiu os ornamentos da árvore de Natal.

No fim de janeiro, o pai de Scott morreu e ele viajou de volta para a América. Zelda melhorou em sua ausência, comia regularmente com os outros pacientes pela primeira vez e começou a esquiar. Scott sempre dissera aos médicos que um exercício regular a ajudaria, e agora parecia que sim. Na primavera, ela parou de recriminá-lo. Quando ele voltou, os dois tinham condições de fazer breves passeios e contemplar um futuro juntos. Ela também saía com outros pacientes, deliciando-se com sua nova liberdade. Em julho de 1931, depois de passar duas semanas com Scott e Scottie em Annecy, Zelda retrospectivamente evocou a perfeição de suas férias, o tênis, as noites cálidas em que dançou à beira do lago, "sapatos brancos brilhando como rádio na escuridão molhada. Foi como nos bons tempos idos quando ainda acreditávamos em hotéis de verão e na filosofia das canções populares".[203]

Ela também escreveu ternamente para Scott, oferecendo-se e gracejando sobre sua doença:

> Meu muito querido e precioso senhor,
> Temos aqui uma espécie de maníaca que parece ter se inspirado em aberrações eróticas em seu benefício. À parte ser uma pessoa de excelente caráter, desejosa de trabalhar, aceitando um salário nominal enquanto aprende, boa compleição, olhos verdes, gostaria de corresponder-se com jovem refinado de sua descrição com intenção de casamento. Experiência prévia desnecessária. Muito apreciadora da vida em família e uma maravilhosa mascote para se ter em casa. Marcada atrás da orelha esquerda com uma leve tendência à *schitzophrenie* [sic].[204]

A capacidade de Zelda de zombar de si mesma era um sinal de sua melhora. Após um teste de sua habilidade para enfrentar a vida fora da clínica durante uma longa visita a amigos na Áustria, Forel decidiu que ela podia deixar Prangins. Zelda passara 15 meses na clínica. A linguagem em que Forel baseia seu prognóstico mostra um acentuado conservadorismo em relação ao papel da mulher, quase como se toda a batalha feminista de pré-guerra tivesse de ser travada novamente — o que, naturalmente, na maioria dos lugares, voto feminino à parte, teve mesmo. Mas as suas noções de inferioridade são também as convencionais de Viktor Adler. O caso dela "era uma reação contra seus sentimentos de inferioridade (principalmente em relação ao marido)". Embora Forel também dissesse a Zelda que continuar a escrever era bom para ela, ele avaliou suas ambições no balé como "autoenganos" que causam "dificuldades entre o casal". O prognóstico só era favorável se o conflito pudesse ser evitado.

Em 1966, ao escrever para Nancy Milford, a biógrafa de Zelda, Forel "deixou de lado" seu diagnóstico original de esquizofrenia, explicando que agora, enquanto "certos sintomas e comportamentos ou atividades são chamadas *esquizoides*", isso não "significa que a pessoa é esquizofrênica".[205] Os tempos haviam mudado. Em 1966, a maravilhosa droga clorpromazina surgiu, extraindo definições e diagnósticos discordantes de esquizofrenia — servindo, é possível dizer, como um agente de diagnóstico da mesma forma que o hipnotismo de Charcot: se funcionasse, então a histeria (ou a esquizofrenia) estava presente.

Se Zelda era ou não esquizofrênica nos termos dos anos 1960, ela certamente não podia seguir a ordem de Forel sobre conflito. Isso não podia ser evitado, e não apenas com Scott. Zelda tornou-se o terceiro tipo de paciente, delicada e excêntrica ao longo da vida, com períodos em instituições. Estas serviam ao duplo propósito de possibilitar uma existência ordenada enquanto a afastavam de uma vida cada vez mais difícil com um Scott alcoólatra.

Outra jovem com problemas chegou ao Prangins não muito tempo depois que Zelda partira. Em 30 de julho de 1933, Lucia Joyce, de 26 anos, talentosa dançarina contemporânea, durante algum tempo membro do vigoroso grupo surrealista de Paris, foi confinada ao asilo a conselho médico e com o consentimento de seu preocupado pai, James Joyce. Ela ficou apenas o tempo necessário para receber de Forel o diagnóstico de esquizofrenia, obtido por "persuasão e sugestão", antes de ser levada de volta para casa em Paris. Ali, seus surtos frenéticos e atos violentos — como cortar os fios do telefone — a levaram de volta ao asilo em fevereiro seguinte.

De temperamento tão tempestuoso e desinibido quanto sua romântica xará, Lucia di Lammermoor, Lucia não se adaptou tão bem quanto Zelda à constante vigilância e ordem que Forel e sua equipe impunham em Prangins. Longe da atenção do pai, que — afirma sua biógrafa Carol Loeb Shloss[206] — teve alguma influência sobre ela, Lucia não respondia nem ao cuidado nem à persuasão. Passava boa parte do dia em lugares fechados, solitários, menos furiosa somente quando praticava esportes. Como Zelda, o exercício físico, preferivelmente a dança, mantinha em equilíbrio, ainda que parcial, seus demônios interiores, ou seu sistema químico. Quando sua mãe, Nora, e James Joyce vieram para levá-la embora cerca de sete meses depois, Lucia pôs fogo no quarto, em apropriada encenação de sua necessidade do pai. Joyce disse dela que qualquer "fagulha" que ele possuísse fora transmitida para Lucia e "acendera um fogo em seu cérebro". Certamente, Jung, a quem Lucia consultou em seguida, sentiu que aquele "fogo" tinha muito a ver com o pai dela. Jung odiou o *Ulysses* de Joyce. Julgou-o com indisfarçável ferocidade como "as ruínas de uma infância violentamente amputada", "uma confusão delirante do subjetivo e psíquico com a realidade objetiva", que não continha "nada agradável", uma analogia para "esquizofrenia".[207]

Para Jung, Lucia não parecia ser muito mais que um sintoma do pai. Sua primeira tarefa foi separá-los psiquicamente, para que Lucia respondesse ao tratamento. Mas, apesar do fato de ele apontar uma supervisora afável, Cary Baynes, para atuar como "mãe" terapeuta no acompanhamento de Lucia — cuja própria mãe parecia tê-la criado mais com ressentimento que amor —,

Lucia não melhorou. O laço com o pai era inquebrantável. Lucia permaneceu fechada à transferência que Jung necessitava estabelecer para que a cura pela palavra começasse. Ele a chamava de *anima* de Joyce, sua *femme inspiratrice*. Em janeiro de 1935, o tratamento parou.

Não haveria trégua para Lucia: os acessos de imprevisível fúria se alternaram com uma desesperadora lucidez pelo resto de seus dias. A guerra a separou do pai, que morreu, cego e arruinado, em janeiro de 1941. Miraculosamente, Lucia sobreviveu aos anos de guerra e aos nazistas em uma clínica na periferia de Paris, administrada por um dr. Delmas. Harriet Weaver, a benfeitora de Lucia, cuidou dela muito melhor que a mãe ou o irmão. Com a morte de Delmas, em 1951, Lucia foi transferida para o hospital St Andrew's, em Northampton, o asilo onde Celia Brandon havia ficado inicialmente. Lucia viveu ali até 1982. A camisa de força usada para conter suas irrupções de violência furiosa finalmente foi substituída por fenotiazina.

Depois que Zelda foi liberada do Prangins, os Fitzgerald voltaram para a América. A Grande Depressão dos anos 1930 estava no auge. Eles se instalaram perto da família de Zelda, em Montgomery, ambos uma vez mais retomando a escrita: Zelda, com recém-encontradas disciplina e velocidade, que logo resultaram na publicação de suas histórias. Com um contrato oferecido por Hollywood, Scott partiu — tanto por razões financeiras como porque a vida em Montgomery, onde o juiz estava morrendo, era sufocante. Ele morreu em novembro, e Zelda enfrentou o funeral e o pesar de sua mãe. Mas depois do Natal, durante um feriado com Scott na Flórida, o eczema apareceu novamente. Insone, Zelda encontrou um frasco do uísque de Scott, bebeu tudo e acordou-o de madrugada em um tumulto de pensamentos irracionais, nos quais "alguém está causando o eczema, e o olho — doendo com minha conivência" —, como Scott escreveu para o dr. Forel em 1.º de fevereiro de 1932, pedindo orientação. Ele ganhara dinheiro bastante para ter tempo livre e trabalhar em seu grande romance e não queria gastá-lo em uma clínica para Zelda. Dez dias depois, no entanto, o estado de Zelda uma vez mais assustou ambos, e ela pediu para ser levada para o hospital. No dia seguinte, depois de telegrafar para o dr. Adolf Meyer, o diretor da clínica Henry Phipps Psychiatric, da Universidade Johns Hopkins, em Baltimore, Zelda foi admitida no hospital.

Nascido na Suíça, Adolf Meyer não apenas estudara medicina e psiquiatria em seu próprio país, como também visitara centros europeus importantes antes de ir para a América em 1892, onde foi levado a acreditar que o espaço para suas ambições podia ser maior. E isso realmente aconteceu: em rápida sucessão, Meyer, então patologista da equipe de um hospital mental em Kamkakee, Illinois, se transferiu para Worcester, Massachusetts, um dos muitos asilos de doentes mentais americanos que haviam decaído para vastos "depósitos de lixo" do estado. O asilo também queria entrar na nova era científica, com a ajuda dele. Em 1901, Meyer foi para o Instituto Patológico, na cidade de Nova York. Ao longo desses anos, mudou de uma crença na patologia como a chave para a ciência do cérebro para uma abordagem de "cabeceira", que envolvia extensas anotações de histórias, investigação do ambiente do paciente e manutenção de registros. Kraepelin foi seu modelo, assim como ele próprio o foi para a nascente profissão psiquiátrica como um todo na época: seu livro didático foi o mais amplamente usado como instrumento de ensino até a chegada de Bleuler em tradução em 1923.

Os hospitais americanos tradicionalmente mantinham a ciência e a clínica separadas: Meyer foi um dos médicos que ajudaram a construir uma psiquiatria que os uniu, e, em 1910, quando aceitou uma indicação como professor de psiquiatria na Universidade Johns Hopkins em Baltimore, a união da ciência e da clínica era precisamente seu objetivo. Em 1913, a nova clínica Phipps de quatro andares, com instalações para investigação médica, psicológica e laboratorial, orgulhosamente abriu as portas para pacientes e estudantes de medicina. Devido ao desejo de Meyer de abarcar tudo, talvez fosse inevitável que continuasse com o tempo a ir em direção a um modelo mais psicossocial de doença mental e cura potencial. Na época em que Zelda chegou à Phipps, aquela era a primeira instituição psiquiátrica do país, um hospital de treinamento que combinava a medicina com a própria visão eclética de Meyer da prática psicanalítica e também se gabava de uma inovação: uma clínica para pacientes externos.

Nos anos 1930, Meyer já deixara para trás a psiquiatria biológica e avançava no caminho da compreensão da esquizofrenia como psicogênica.[208] Em sua influente tese sobre psicose paranoide, baseada no caso de Aimée, o famoso psicanalista francês Jacques Lacan cita Meyer, aprovando-o como exemplo de médico que ousadamente assumiu o tratamento psicanalítico de pacientes paranoides e com alucinações.

Zelda foi vista por Meyer, cuja autoridade germânica a tornou rebelde e pouco cooperativa. Sua médica residente, a jovem dra. Mildred T. Squires, saiu-se melhor, e foi para ela que Zelda finalmente dedicou seu romance terminado e publicado, *Esta valsa é minha*. Mas, apesar da presença da jovem médica, a história de Zelda era quase inteiramente avaliada da perspectiva de Scott: ela era vista como irritável, superambiciosa, pouco cooperativa no casamento. O hospital também se preocupava com seus jogos de palavras e súbitos saltos de pensamento, suspeitando da existência de algum tipo de transtorno físico.

Outra forma de ver isso é que precisamente nos saltos sensoriais ou verbais de Zelda — seu surpreendente ponto de vantagem na experiência — reside seu considerável talento literário. Quando leu o trabalho, a dra. Squires comentou com Scott que, embora fosse vívido e tivesse charme, tendia a se romper e deixar o leitor desamparado. Scott sabiamente corrigiu as apreensões da médica sobre as necessidades do estilo modernista — o fato de que "a forma de tantos romances modernos é menos uma progressão que uma série de impressões, como você sabe — muito como as páginas lentamente folheadas de um álbum".[209]

Zelda fora importunada por um sorriso involuntário somado à cantilena do dr. Meyer sobre sua inabilidade para fazer amigos. Ela também temia passar o resto de sua vida no sanatório. A terapia da palavra tinha sido um meio de aumentar as neuroses, talvez até aprender algumas novas. Ela escreveu para Scott logo no início da estada:

> A vida se tornou praticamente intolerável. Todos os dias eu desenvolvo uma nova neurose até não poder pensar em mais nada a fazer que me instalar no Museu Confederado de Richmond. Agora é dinheiro: precisamos ter mais dinheiro. Amanhã será outra coisa: que eu fugi quando mamãe precisou de mim para ajudá-la a se mudar, que meus quadris estão gordos e trêmulos com as vulgaridades da meia-idade, que você teve de deixar seu romance ... um medo horrível e doentio de que nunca serei capaz de me libertar da mediocridade de minhas ideias. Por muitos anos vivi sob a pressão desastrosa de uma convicção de poder e a necessidade de realizar sem o mais leve raio de iluminação. A única mensagem que jamais pensei ter eram quatro piruetas e um *feueté* [sic]*.[210]

O balé foi substituído no Phipps por uma estrita rotina de escrita. Zelda dormia bem. Em março terminou o primeiro rascunho de seu romance, e a

---

*Fouetté. (*N. da T.*)

dra. Squires estava satisfeita com seu progresso. A reação de Scott, no entanto, foi de dura condenação. Zelda só lhe enviara o romance depois de postá-lo para seu editor conjunto, sinal certo de que antevira a raiva dele. Zelda havia usado algum material que ele lera para ela do rascunho de *Suave é a noite* — material que, desnecessário dizer, era sobre ela. Chegar a um acordo sobre que vida pertencia a qual membro do casal de escritores não seria fácil, mas, finalmente, muito poucas excisões, se efetivas, acabaram satisfazendo Scott.

Luxuriante em suas imagens visuais, forte em sua sensorialidade, *Esta valsa é minha* contém visões particularmente lúcidas na mente de sua heroína, Alabama, versão mal disfarçada de Zelda. A descrição do amor de Alabama por David/Scott antecipa, como sua biógrafa Nancy Milford aponta com tanta acuidade, a descrição do psiquiatra R. D. Laing de esquizofrenia.

Quando conhece David, Alabama sente que se olha em um espelho. Quando se beijam, parece que chega cada vez mais próxima de si mesma até que ele se torna distorcido em sua visão e ela sente "sua essência agarrada e puxada, tornando-se mais estreita e fina que aqueles fios de lã de vidro que se puxam e se esticam até nada restar exceto uma ilusão cintilante". Embora não se desfaça, Alabama apaixonada é um eu muito pequeno, suspenso e extático que pode, mediante o beijo, entrar no cérebro cinzento e assombrado de David e correr por um "labirinto místico de dobras e sulcos" até se perder em um frenesi preocupado, vagando pela desolação da mente dele que é também a fragilidade vazia de sua própria mente.

Em *O eu dividido*, a bíblia dos anos 1960 sobre o que ele vê como a loucura induzida pela família que é a esquizofrenia, R. D. Laing invoca a tensão esquizofrênica entre o desejo de revelar-se e o desejo de ocultar-se. Ele sente ambos

> mais expostos, mais vulneráveis aos outros que nós, e mais isolados. Assim, um esquizofrênico pode dizer que é feito de vidro de tal transparência e fragilidade que um olhar direto para ele o quebra em pedacinhos e entra diretamente nele. Podemos supor que é precisamente assim que ele se sente.
>
> Vamos sugerir que foi com base nessa delicada vulnerabilidade que o homem irreal se tornou tão adepto do auto-ocultamento.[211]

Depois de ler *Esta valsa é minha*, a dra. Mildred Squires decidiu que, em vez de apenas tentar falar com Zelda, devia fazê-la escrever sua versão do que acontecera, e isso poderia ajudar em sua cura. E assim Zelda escreveu sua história para "os olhos da psiquiatra [que] se moviam de um lado para o outro sob pesados cílios, como o fuso de um tear tecendo uma história da pesada fibra escura". A ordem era "contar a história sem enfeites".

"Muito bem", começou a doente pacientemente, "mas é a história de uma solidão impenetrável, de um desligamento preto de nada. Um vácuo só pode existir, imagino, pelas coisas que o rodeiam."

E assim começou o que Zelda chamou seu "conto de fadas" para os psiquiatras.

O objetivo da terapia agora, por insistência de Scott, parecia ser encontrar a mãe permissiva de Zelda na raiz de seus problemas: a mãe fora fixada nela, deixava-a fazer o que quisesse, alimentou a agressividade a que a escrita do romance de Zelda deu voz. Em meados de abril de 1932, Scott a visitava diariamente, e um padrão emergiu. O casal brigava; Scott relatava as brigas para os médicos; Zelda guardava-as para si. A versão dele do problema dela é que ela estava reagindo a ele, competindo, tentando usar os "valores" dela para expressar-se, imaginando equivocadamente que autoexpressão tinha algo a ver com criar arte. Ele discordava terminantemente disso. Ela devia parar de escrever. Zelda não se entregava à visão de Scott das coisas: ele não era seu médico. Seu papel deveria ser "me proteger e suportar um monte de desagrados que não são parte do que eu sinto por você de maneira alguma, mas o resultado de minha saúde".

Essa conversa e escrita para os médicos de quais eram os problemas e padrões profundamente enraizados do casal continuou por alguns anos, mesmo depois de Zelda deixar a clínica. A guerra entre eles sobre quem tinha a posse da ficcionalização de suas vidas, sobre o direito de Zelda de escrever, pois era Scott que pagava as contas, incluindo o dispendioso sanatório privado, tornou-se uma luta de vida, na qual a loucura de Zelda e a bebida de Scott eram as armas de escolha — para serem usadas um contra o outro ante uma audiência de médicos. A audiência nunca tornou a batalha menos real, pois a luta existia mesmo sem o olhar dos médicos: mas não está claro se a presença dos médicos alguma vez tornou a batalha menos ou mais intensa.

Squires saiu para ser substituída pelo jovem e bonito dr. Thomas Rennie, interessado em literatura. Zelda o preferia muito mais que a Meyer. Os médicos, às vezes, davam razão a um Scott cada vez mais frágil e pediam a Zelda que contivesse suas ambições. Em outro momento, Meyer na verdade defendeu Zelda, sua paciente, contra Scott e queria tratá-lo de seu problema de alcoolismo. Nessa época, no verão de 1932, o casal estava vivendo em uma casa grande não distante do hospital, e Zelda era tratada como paciente externa. Uma rotina estrita foi estabelecida: não mais de duas horas de escrita por dia, seguidas de tênis e finalmente pintura — tudo deveria ser mantido rigorosamente dentro de uma atmosfera de calma reclusão.

O dr. Rennie avaliou o caso deles como se fosse um terapeuta de casamento com um casal famoso particularmente difícil de lidar. Com um aceno para a questão freudiana do sexual, que podia estar na base de seus "problemas", eram efetivamente seus padrões comportamentais que estavam em discussão. Rennie esperava que a recepção ao romance de Zelda pudesse tornar mais leve a atmosfera entre eles. Não foi assim. Quando *Esta valsa é minha* saiu naquele outubro, as resenhas foram decididamente mistas, e o livro só vendeu 1.392 exemplares. A América ainda estava na Depressão. As resenhas falavam da "riqueza ridícula" do romance, da inabilidade de criar um personagem e de uma "mente indisciplinada"; embora uma mencionasse a "estonteante delícia" de sua linguagem e aguardasse com interesse seu próximo livro. Zelda, que de fato tentava escrever um novo romance, um que falasse em sua própria história psiquiátrica, começou a afundar em ausências e incoerências uma vez mais, assim como a atacar e minar a filha deles, diante da insistência de Scott de que os médicos não deviam permitir que ela entrasse no terreno da longa luta *dele* para escrever sua composição *Suave é a noite*.

Por volta de dezembro, Scott não dava conta dela: bebia, tomava Luminal e, como o dr. Meyer escreveu para Forel na Suíça, começou a ver um médico no Phipps. A *folie* deles era, em certa medida, sempre *à deux*. A própria avaliação de Scott de seu casamento tinha sido logo de início enviada ao dr. Rennie:

> Em última análise, ela é uma pessoa mais forte que eu. Eu tenho fogo criativo, mas sou um indivíduo fraco. Ela sabe disso e realmente me avalia como mulher. Gastamos toda a nossa vida, desde os dias do nosso noivado, caçando um homem que Zelda considerava forte o bastante para apoiar-se nele. Eu não o sou. No entanto, estou tão perto de um colapso que ela percebe que me pôs contra a parede e não pode me empurrar mais. Atualmente, ela tem um pouco de medo de mim.[212]

Scott não podia suportar a tensão de cuidar de Zelda a menos que tivesse o tipo de autoridade sobre ela que lhe permitisse ordenar que fizesse a mala e passasse uma semana no asilo. Em maio, o casal encontrou-se com o dr. Rennie. Uma transcrição em 114 páginas documenta o que se passava entre eles. Ela registra as preocupações de Scott quanto a Zelda trespassar o terreno da escrita dele: ele não publicava um romance fazia oito anos, embora fosse *ele* o profissional. Scott precisava que ela parasse de escrever. Ela não faria isso; queria independência.

Quando o dr. Rennie finalmente perguntou a Zelda se ser uma artista criativa representava viver sem Scott, ela se recusou a responder à pergunta. Não podia contemplar viver sem Scott, mas não podia ou não aceitaria os termos dele. Nove meses depois voltava a residir no Phipps. Existe uma possibilidade de que a publicação de *Suave é a noite* no formato de série, que se iniciaria em janeiro de 1934, a tivesse empurrado mais para a sempre atraente beira do abismo. A encarnação dela como a heroína, Nicole, era próxima demais para suportar: "O que me deixou louca foi que ele fez a garota horrível e ficou repetindo que ela arruinou a vida dele, e eu não pude deixar de me identificar com ela, que tinha tantas de minhas experiências."[213]

Virginia Woolf

É irresistível neste ponto comparar Zelda e Scott Fitzgerald a Leonard e Virginia Woolf, outro casal literário desembaraçadamente moderno em seus pontos de vista, embora de uma geração mais velha. Teria Zelda se saído melhor se tivesse uma vida mais produtiva sob o cuidado inteligente e assíduo de alguém como Leonard Woolf, predisposto ao talento de Virginia e tão alerta aos seus sintomas que a mandava para a cama e para uma necessária diminuição dos estímulos assim que surgia sinal de volta da doença? Certamente, a crítica que alguns fazem a Leonard — considerando-o um supercontrolador que agia como um policial em sua vigilância — deixa de existir quando Virginia é colocada ao lado de outras vítimas de doenças afins à dela.

Embora hoje se concorde amplamente em que Virginia Woolf sofria do que Kraepelin chamou de depressão maníaca cíclica por volta de 1900, e Zelda do que Bleuler chamou pouco depois de esquizofrenia, existe tanto em comum na experiência de Woolf e Zelda que ambas designavam sucintamente de sua "loucura", ou em como resistiam à mão controladora dos médicos, quanto existem diferenças entre os tipos de personagens que elas são, produzidos por suas culturas, acidentes geográficos e posições sociais. Elas partilhavam picos velozes cheios de vívidas impressões sensoriais durante os quais podiam ter alucinações e ouvir o que às vezes eram vozes persecutórias, seguidas de depressões suicidas. Em uma anotação no diário em janeiro de 1924, Virginia evoca as curiosas visões que tinha em seu lar em Hogarth House, "deitada na cama, louca, e vendo a luz do sol tremer como água dourada na parede. Ouvi vozes dos mortos aqui". Na época de seu colapso em 1904, ela falava em outras "vozes horríveis" — passarinhos cantando coros gregos, o rei Edward usando palavras sujas no jardim.

Escrevendo sobre o sério acesso da doença quando tinha 33 anos e que durou cerca de nove meses, o segundo desde o seu casamento, Leonard observou: "Ela falou sem parar por dois ou três dias, sem prestar atenção a ninguém no quarto, nem a nada que lhe era dito. Durante um dia o que ela disse foi coerente, as sentenças significavam alguma coisa, embora tudo fosse quase loucamente insano. Depois, aos poucos, tornou-se completamente incoerente, um mero caos de palavras dissociadas." A incoerência de Virginia, a total absorção dela pelo universo de sua loucura é análoga à de Zelda — a despeito da diferente nomenclatura de suas doenças. As duas mulheres também tinham "nervos" e excentricidades na família mais próxima. Ambas, em determinados momentos, culparam os maridos pela doença, queixaram-se dos médicos que haviam escolhido para elas, mas em grande parte se sentiam culpadas pelos problemas que sua doença causava. Zelda, com frequência, e Virginia, antes de seu suicídio, escreveram cartas ternas para os companheiros, agradecendo-lhes por criar a única felicidade verdadeira em suas vidas.

Os colapsos de Virginia começaram em 1895 quando estava com 13 anos, pouco depois da morte de sua mãe, o pesar pela qual seu formidável, se não histriônico* pai, manifestamente assumiu, roubando-o da criança. Irritável, crescentemente engolfada em mórbida autoflagelação, sujeita ao assédio sexual do irmão de criação, Virginia entrou em um mundo em que o suicídio parecia a única escapatória. Houve outros ataques, de intensidade variável: um difícil, após a morte do pai, de quem, como Anna O e tantas outras mulheres do período, havia cuidado; outro depois que Leonard lhe propôs casamento; um grave, envolvendo uma tentativa de suicídio, um ano após o casamento e durando, na verdade, até 1915, em parte ocasionado por sua infeliz experiência sexual e pela decisão de Leonard, aconselhado por seu novo e mais moderno médico — um especialista em melhoria da raça bem ao espírito da época — que deviam evitar filhos. Depois os colapsos foram mais suaves, imagina-

---

*Não está claro se a palavra "histriônico" se refere ao transtorno de personalidade histriônica. (N. da T.)

se que, em parte, devido à atenção de Leonard. Se os colapsos anteriores tinham sido detonados por mortes — da mãe, de seu irmão favorito, Toby, do pai —, os últimos tenderam a vir depois que ela enviava os originais de um romance. O último "colapso" aconteceu em 1941, após completar *Entreatos*. Desta vez foi tão ruim, uma repetição de suas mais difíceis crises, que ela tirou a própria vida.

No meio de tudo isso, Virginia escreveu uma brilhante coleção de ficção e crítica, sem mencionar os mais fascinantes artigos, diários e cartas de sua época. Dois médicos principais, cada qual de status igual ao dos médicos que trataram Zelda Fitzgerald, se revezavam no acompanhamento da doença de Virginia. O tratamento que recebeu foi, no entanto, muito diferente, ao menos no modo em que era teorizado. Desde cedo não esteve em questão a terapia pela palavra — não que a atitude de Virginia em relação a ela, a despeito do inamovível modernismo de Bloomsbury, não tenha sido sempre ambivalente. Ela e o marido podem ter sido os primeiros editores ingleses de *Collected Papers*, de Freud, mas Virginia permaneceu cética a respeito de todo o empreendimento psicanalítico, aproximando-se de Freud talvez apenas depois de tê-lo lido e percebido que a vida interior que começara a mapear tinha uma textura muito mais sombria e marcada pelo irracional que a evocação do filósofo G. E. Moore, tão importante para o grupo Bloomsbury de pré-guerra.

O médico que supervisou a doença grave de Virginia Stephen em seguida à morte de seu pai, quando ela estava com 22 anos, foi George Savage (1842-1921), presidente da Associação Médico-Psicológica e da Sociedade Neurológica e editor do *Journal of Mental Science*. Era um alienista da velha escola, que escreveu seu mais importante trabalho, *Insanity and Allied Neurosis*, em 1884. Embora tivesse renunciado à direção do Bethlem em 1888 — porque sob sua égide as mortes ocorriam a uma taxa duas vezes maior que nos outros asilos —, continuou a ser um bastião da profissão médica britânica. Médico da família Stephen, foi consultado diretamente sobre Virginia pela primeira vez em 1904. Prontamente diagnosticou uma "neurastenia" geral e a mandou para uma instituição para velhos em Twickenham, onde os tratamentos eram em grande medida benignos: descanso, quietude e não muita sedação, embora ao longo da vida de Virginia lhe fosse dado de tudo, desde cloral ao Veronal de que tomou uma overdose em 1913.

Savage sabia, assim como todos os membros da família Stephen, que George Duckworth, meio-irmão de Virginia, filho de sua mãe de um casamento anterior e 14 anos mais velho que ela, abusara sexualmente de Virginia desde a época da morte da mãe dela e continuou a fazer isso até o colapso dela em 1904, quando ela se atirou pela janela. George, que "se esgueirava à noite", também tinha abusado da irmã de Virginia, Vanessa, e da pobre, louca Laura, anormal de nascença, filha do primeiro casamento de seu pai com a filha dos Thackeray, Minnie, mesma criança cujo nascimento precipitou a mulher mais velha do escritor na loucura puerperal. Savage aparentemente fez preleções sobre a má conduta sexual de George, mas qualquer solidariedade direta com Virginia mais provavelmente veio da gentil Violet Dickenson, que cuidou de suas costas após a tentativa de suicídio.

Está claro que a atividade incestuosa precoce teve efeito perturbador sobre a sexualidade de Virginia: segundo todos os relatos, o sexo seria um problema permanente para ela, embora aparentemente não para sua irmã artista, Vanessa. Depois que Leonard propôs casamento a Virginia, em 11 de janeiro de 1912, ela passou por um período de agitação e, durante os dois meses seguintes, o dr. Savage a internou e liberou de casas de repouso. Depois, como recente pesquisa histórica revelou, a própria Virginia foi ver um médico que apenas um ano depois se tornaria membro fundador da Sociedade Psicanalítica de Londres.[214] Em 9 de março de 1912, independentemente de Leonard, que esperava a resposta dela, Virginia consultou o dr. Maurice Wright, a quem chamou de "psicólogo". Não se sabe sobre o que conversaram, mas não seria implausível que a sexualidade de Virginia estivesse em pauta. De qualquer modo, alguma coisa mudou, porque, em 29 de março, ela aceitou a proposta de Leonard. Voltou a Wright provavelmente uma vez mais. A lua de mel de Virginia e Leonard foi, ao menos sexualmente, pouco satisfatória, embora suas relações sexuais tenham persistido e houvesse conversas, ao menos no princípio, sobre filhos. O casamento foi o que manteve os dois à tona.

Não está claro se algum distúrbio sexual tornou Virginia desconfiada de Freud, como alguns afirmam. Como todos os membros do boêmio Bloomsbury, Virginia era completamente objetiva no uso da linguagem sexual, atenta e experimentada em homossexualidade e parecia deliciar-se com o choque causado pelo uso de palavras "sujas". É mais provável que a causa de seu afastamento de uma cura pela palavra tenha sido o que se tornou o medo perene do artista do século XX: que os *insights* colhidos durante a "loucura" estivessem de alguma forma relacionados com talento literário e pudessem ser perturbados pela psicanálise — uma terapia potencialmente tão penetrante quanto o próprio sexo. Virginia comentou, em 1930, com o compositor Ethyl

Smith: "Como experiência, a loucura é maravilhosa, posso assegurar-lhe, e não deve ser desprezada; e em sua lava ainda encontro a maioria das coisas sobre as quais escrevo. Ela expele tudo modelado, na forma final, e não em meras gotas, como a sanidade. E os seis meses — não três — em que fiquei de cama me ensinaram um bocado sobre o que é chamado a própria pessoa."

Em uma crítica de 1920 intitulada "Ficção freudiana", Virginia zomba das simplicidades reducionistas da nova ciência. "Um paciente que nunca escutou um canário cantar sem ter um surto agora pode caminhar por uma avenida de gaiolas sem um espasmo de dor desde que enfrentou o fato de que sua mãe o beijou quando ele ainda estava no berço. Os triunfos da nova ciência são lindamente positivos." O paciente aqui, mais que provavelmente, é a própria Woolf, e sua ironia aponta o fato de que nenhuma revelação de "psicólogo" diminuiu a intensidade dos pássaros canoros para ela. Ela não seria transformada em um "caso" — não mais que Nabokov, que sempre injuriava o "médico-feiticeiro vienense", seria mais tarde. À parte a própria experiência, ela insiste em que o território da vida interior e da imaginação pertence por direito a romancistas e artistas e necessita proteção das tolices reducionistas desses psicólogos intrometidos — embora o marido de Virginia se visse como um absoluto freudiano. Ele revisou Freud cedo, leu *A interpretação dos sonhos* em 1914, e ele e Virginia certamente discutiam sonhos.[215] O irmão de Virginia, Adrian Stephen, tornou-se um dos primeiros psicanalistas britânicos.

Mais tarde, os pontos de vista de Virginia sobre Freud mudaram, se não acerca da eficácia de sua prática, ao menos com sua leitura. Em suas observações sobre *To the Lighthouse*, afirma reveladoramente: "Escrevi meu livro com muita rapidez; e, quando ele foi concluído, deixei de ser obcecada por minha mãe. Não ouço mais sua voz; não a vejo. Acho que fiz por mim mesma o que a psicanálise faz por seus pacientes. Expressei alguma emoção havia muito e profundamente sentida. E ao expressá-la eu a expliquei e depois a deixei repousar."[216]

A observação no diário de Woolf, após encontrar-se com Freud em 28 de janeiro de 1939, foi amena o suficiente para uma mulher conhecida por seus veredictos ácidos sobre as pessoas que conhecia: "O dr. Freud me deu um narciso ... Um velho de feições contorcidas e enrugadas: com os olhos claros de um macaco, movimentos espasmódicos paralisados, inarticulado: mas alerta ... Conversa difícil. Uma entrevista ... Imenso potencial, quero dizer um fogo antigo agora tremeluz ..." No dia seguinte, acrescentou: "Freud disse: teria sido pior se vocês não tivessem vencido a guerra. Eu disse que frequentemente nos sentimos culpados — se tivéssemos perdido, talvez Hitler não tivesse existido. Não, ele disse, com grande ênfase; ele teria sido infinitamente pior."[217]

Como argumenta Robert Hinshelwood, é provável que, para Virginia e muitos outros de seu círculo, Freud fosse culturalmente aceitável, mas não terapeuticamente. Na primeira metade do século XX, Freud correspondia ao moderno, ao enfaticamente novo, sexualmente aberto e não reprimido. O pacote incluía o colapso das seguranças da era vitoriana. A própria hipótese de um inconsciente significava que o domínio do indivíduo sobre a razão, sobre um eu controlado estava minada por atos falhos, risos, desejos. Para escritores, o fluxo errático da vida interior, mais que o personagem em ação, tornou-se objeto da ficção.

O Freud cultural, à medida que Virginia o lia, podia ser ótimo, mas isso dificilmente se equiparava ao Freud *médico* da mente. Alix Strachey, amiga íntima, analista e mulher de James Strachey, comentou em suas reminiscências sobre Virginia que não concordava com James em que a análise seria de ajuda para Virginia: "Leonard, acho, bem pode ter avaliado a proposta e decidido não permitir que ela fosse analisada ... A imaginação de Virginia, à parte sua criatividade artística, estava tão entrelaçada com suas fantasias — e, de fato, com sua loucura — que, se a loucura fosse sustada, a criatividade poderia ser sustada também."[218]

Alix Strachey provavelmente estava certa. Virginia reconhecia que a psicanálise tinha como objeto os processos inconscientes do indivíduo, e não apenas sintomas clínicos; os dela eram úteis à parte a doença.

Fora Freud, Virginia tinha pouco tempo para médicos da mente em geral. É improvável que, de qualquer modo, tivesse sido mais amigável com os usos póstumos de seu suposto ciclo maníaco-depressivo e suas relações com sua produtividade artística do que se sentia em relação aos especialistas contemporâneos. O fato de, após o período de doença grave no início de seu casamento, os mapas detalhados de sua doença só poderem mostrar que não existiu redução significativa da produção literária, quaisquer que fossem os altos e baixos de sua disposição, poderia ter induzido um de seus ataques de riso costumeiros.[219]

O segundo médico principal de Woolf, a quem Leonard, sempre bem informado e progressista em suas visões, decidiu consultar, em lugar do idoso vitoriano Savage, durante o prolongado acesso da doença de Virginia de 1913-1915, foi o dr. Maurice Craig. Formado em Cambridge, como muitos do

Bloomsbury, e em sua carreira posterior totalmente integrado ao círculo da elite de médicos psicólogos de Cambridge, Craig havia trabalhado como assistente em Bethlem. Escrevera um livro didático, *Psychological Medicine* (1905), e sucedera Savage no Guy's Hospital. Também administrava um asilo de idosos e teve um papel crucial, quando participou do grupo do Escritório de Guerra na questão referente ao "estresse" de combate garantir pensões para muitos milhares de soldados "nervosos", e foi o médico que o próprio Leonard Woolf consultou sobre um tremor na mão. Craig certificou em 1914 que Leonard era desqualificado para o "serviço militar". Finalmente, tornou-se presidente da Seção Psiquiátrica da Real Sociedade. Com todo o seu moderno desagrado pelas designações mais antigas de Savage de "insanidade moral" e sua mudança para uma nomenclatura mais kraepeliana, o manual de Craig, *Nerve Exhaustion*, de 1922, oferece pouca novidade. Cauteloso em relação à terapia freudiana, pois as "ideias perturbadoras" que revelava podiam ameaçar a "estabilidade mental" de pacientes incapazes de suportar a tensão, Craig achava que os colapsos eram "nervosos" e, portanto, necessitados principalmente de tratamento físico em lugar de freudianos para "elucidar amnésias".[220]

O biógrafo inicial de Virginia, Quentin Bell, descreve assim o colapso que a levou a Craig:

> Ela achava que as pessoas estavam rindo dela; ela era a causa dos problemas de todo mundo; sentia-se esmagada por um sentimento de culpa pelo qual devia ser punida. Ela se convenceu de que seu corpo era de algum modo monstruoso, a boca sórdida e a barriga sórdida que exigia comida — matéria repulsiva que deveria depois ser excretada de uma forma nojenta; o único caminho era recusar-se a comer. Coisas materiais assumiam aspectos sinistros e imprevisíveis, bestiais e aterrorizadores ou — algumas vezes — de atemorizante beleza.

Durante esse prolongado acesso de loucura, que também trouxe violência, alucinações e a recusa de comida, Craig tinha pouco mais a oferecer além de uma dose do malcheiroso sedativo paraldeído e o regime de Weir Mitchell, de repouso na cama, inatividade tranquila e alimentação regular e intensiva. Escrever — quando isso mais uma vez se tornou possível — seria uma atividade menor, de no máximo uma hora por dia. Craig era um conservador quando se tratava das habilidades das mulheres. Sob seus cuidados, Virginia engordou três pedras em um ano, 27 quilos nos dois anos de sua doença. Ela não era avessa ao tratamento. Depois disso, ao escrever para um amigo, em 1922, associou gordura a saúde: "Estou feliz por você ser gordo; porque, então, você é caloroso, doce, generoso e criativo. Descobri que, a menos que eu pese nove pedras, ouço vozes, tenho visões e não posso nem escrever nem dormir."

Dito isso, dificilmente Virginia seria elogiosa em relação a Craig. Ele era o médico que, à diferença do alegre Savage, era contra ela e Leonard terem filhos.

Em *Mrs. Dalloway*, romance que é em parte sobre as linguagens concorrentes da doença mental, a do paciente e a do médico, o principal personagem masculino de Woolf, o veterano de guerra suicida Septimus, sente "exasperação" em seus encontros com os vários ramos da profissão médica. Seu clínico geral só é capaz de oferecer "senso comum sem tolices e recomendar mingau, golfe e três grãos de Veronal" para seus "sintomas de nervos". Quanto a Sir William Bradshaw, o presumido psiquiatra de Harley Street, retrato amalgamado em que Craig e Savage figuram, Woolf o descreve nos termos mais injuriosos. De fato, o desprezo dela pelo regime disciplinar que os médicos impõem aos pacientes rivaliza com o de Michel Foucault. Seu retrato de Bradshaw sugere uma conspiração entre a engenharia social, a restrição aos doentes mentais e a autoproteção patriarcal do *establishment*. Bradshaw tranca seus lunáticos em "lindos" lares, no interesse da "deusa da Proporção" e de seu sempre crescente saldo bancário.

> Aos seus pacientes ele dá três quartos de hora; e se nessa ciência exata que tem a ver com aquilo de que, afinal, não sabemos nada — o sistema nervoso, o cérebro humano —, o médico perde seu senso de proporção, ele falha como médico. Saúde nós temos que ter; e saúde é proporção, de forma que, quando um homem entra em sua sala e diz que é Cristo (uma ilusão comum) e tem uma mensagem, como a maioria deles tem, e ameaça matar-se, como frequentemente o fazem, invoca-se a proporção; ordem no repouso, repouso em solidão, silêncio e repouso, repouso sem amigos, sem livros, sem mensagens, seis meses de repouso até que um homem que entrou pesando seis pedras sai pesando 12 ... Ao adorar a proporção, Sir William não apenas se fez mais próspero, como tornou mais próspera a Inglaterra, isolou seus lunáticos, proibiu o nascimento de crianças, puniu o desespero, tornou impossível para os não adequados propagarem seus pontos de vista até que também eles compartilhem seu senso de proporção. [221]

Os últimos anos de Zelda

Como Virginia, Zelda Fitzgerald rebelou-se contra a disciplina dos médicos. A conversa fez parte do seu tratamento, mas era conversa de um tipo cuja intenção era fazê-la concordar com a visão de mundo do médico ou do marido — embora não exista certeza de que teria sido mais palatável, ou útil para ela, se tivesse sido de outra maneira. À diferença de Virginia, no entanto, o controle de Zelda sobre seus próprios talentos nunca foi grande o suficiente para resultar em mais de um livro.

No Phipps, durante o inverno de 1934, Zelda piorou. Queria deixar o hospital, ir para a Europa. Em vez disso, Scott achou lugar para ela na suntuosa Craig House, localizada em 350 acres adjacentes ao rio Hudson, a cerca de duas horas de Nova York. Ali os pacientes eram livres para perambular: havia piscinas, quadras de tênis e um campo de golfe — tudo a um preço razoável. A avaliação do hospital sobre Zelda foi que ela era loucamente confusa, emocionalmente instável e, estranhamente, portadora de retardo mental. Ela continuou a escrever em suas novas e luxuosas instalações para o dr. Rennie. Scott, sempre culpado e assíduo em rompantes, arranjou uma exposição das pinturas dela em uma galeria de Nova York. A recepção ao seu trabalho não foi a que nenhum dos dois esperava. As cartas de Zelda para o dr. Rennie começaram a mostrar mais confusão. A Scott ela diz que quer começar um novo romance, se ele permitir. Mas as coisas se tornaram rapidamente sérias demais para que ela fizesse isso. Em 19 de maio de 1934, Zelda foi transferida para o hospital Sheppard and Enoch Pratt, nos arredores de Baltimore, onde descreveram seu estado como "catatônico", um termo que provavelmente se referia à sua apatia desinteressada, à falta de expressão e afeto, que indicavam uma séria regressão.

As alucinações auditivas do tipo persecutório que ela havia experimentado no Prangis voltaram. Desta vez a voz era de Scott, que a aterrorizava com a repetição do nome dela, ou das próprias palavras delas. "Eu a matei", a voz também dizia. "Perdi a mulher que pus em meu livro." Zelda disse aos médicos que, apesar das peças que seus próprios olhos lhe pregavam, a duplicação de coisas, as distorções, ela não pensava em matar-se, mas a morte era a única saída.[222]

O hospital Sheppard and Enoch Pratt era um lugar de vanguarda no uso da psicanálise. Harry Stack Sullivan, o mais importante psiquiatra americano que aplicava o tratamento psicanalítico às psicoses, foi para o hospital em dezembro de 1922. Embora o tivesse deixado em 1930 pela prática privada em Nova York e Washington, o hospital já estava imbuído de seus métodos. Dificilmente um freudiano ortodoxo, Sullivan fora treinado pela feminista Clara Thompson, colega próxima e analisada por Sandor Ferenczi, e seguidor de Karen Horney. Horney havia desafiado Freud em seu conceito de inveja do pênis, redefinindo-o como atração biologicamente ordenada entre os sexos e propondo a igual e equivalente inveja do útero, a inveja da criatividade natural da mulher, como um princípio estrutural no macho.[223] Essa era uma ideia que podia não ser desconhecida para Zelda.

O que fica claro nos escritos de Scott e Zelda, assim como em suas cartas, é que, quaisquer que fossem o prognóstico e o estado corrente de Zelda, o entendimento dela mesma em relação a Scott e a seus próprios pais variou ao longo dos diversos tratamentos. Ambos aprenderam com os médicos, naquela contínua redescrição da doença que parece fazer parte não apenas da medicina mental como da própria experiência do paciente e de sua interpretação dos sintomas. A certos respeitos, a mudança de perspectiva de Scott e Zelda mantém-se atualizada com as mudanças na própria teoria psicanalítica e psiquiátrica. A princípio, na França e na Suíça, Zelda se preocupa principalmente com a sexualidade; na época em que está no Phipps e no Pratt, ela e Scott falam sobre suas relações um com o outro e com os pais, sobre tensões e medos, competição e segurança. A psiquiatria americana psicodinâmica em desenvolvimento privilegiava "relações interpessoais" e a "ansiedade" que crescia e se transformava em um verdadeiro pânico nos sonhos e nas ilusões dos esquizofrênicos. Dizia-se que era a "ansiedade" que caracterizava a relação inicial do paciente doente com a família que, embora edipiana em suas relações de poder, não era entendida como sexual. A mesma ansiedade era repetida no mundo social e novamente na dupla médico-paciente.

Frieda Fromm-Reichmann, uma importante psicanalista americana treinada na Alemanha que trabalhou com pacientes extremos ou psicóticos logo depois da Segunda Guerra Mundial, explicou essa mudança em uma tentativa de reunir diferentes tipos de médicos, enquanto se referia a Freud o tempo todo:

> Entre as razões para essa mudança na ênfase terapêutica entre analistas deveria ser mencionado o fato histórico de que os conceitos originais de terapia e teoria analítica de Freud foram adquiridos de sua experiência com psico-

neuroses, principalmente histeria, enquanto a maioria dos pacientes com quem trabalhamos agora são transtornos de caráter [sic], obsessivos e também muitos fronteiriços e totalmente psicóticos. O material reprimido e dissociado desses pacientes é mais facilmente avaliável pela consciência que o do histérico. Suas ansiedades são maiores que as dos histéricos e, no caso de fronteiriços e psicóticos, não é infrequente que estejam próximas à superfície. Esses fatos, acredito, explicam em parte a mudança na ênfase terapêutica em revelar o material reprimido oculto e investigar seu significado para a investigação de sua dinâmica. Isso inclui, acima de tudo, a preocupação terapêutica com as manifestações de ansiedade que surgiram da resolução do material reprimido e no trabalho do paciente com o analista. Neste ponto, então, os conceitos teóricos e terapêuticos dos psicanalistas clássicos e de outros psiquiatras dinâmicos correm em estreita confluência dinâmica ...

Sullivan ... compartilha com Freud o conceito do poder da ansiedade estimulada de provocar pensamentos inaceitáveis, sentimentos, desejos e impulsos. Mas na moldura dessa concepção interpessoal, ele vê a esperada punição por essas experiências interiores proibidas envolvidas na desaprovação antecipada de pessoas significativas na vida inicial de uma pessoa ansiosa e de seus sucessores emocionais em sua vida corrente ... parece que o sentimento de impotência, de desamparo em presença de perigos interiores, que o indivíduo não pode controlar, constitui em última análise o pano de fundo comum de todas as elaborações adicionais na teoria da ansiedade.[224]

Para Sullivan, educadores religiosos repressivos e mães moralistas, dominadoras, caracterizam-se destacadamente como produtores de ansiedade. Suas proibições punitivas de masturbação conformam o quadro que produz esquizofrenia. "A mão no pênis é a mão contra Deus"[225] era um sentimento demasiado prevalente que necessitava ser combatido pela educação sexual. Aos pacientes de Sullivan foi ensinado que a experiência sexual era um bem. O próprio Sullivan era conhecido por seu marcado sucesso pessoal com pacientes que diagnosticava como esquizofrênicos, em particular os homens entre eles. Uma das razões pelas quais Sullivan fez análise com Clara Thompson foi que ele falhava com mulheres. Pensava nos esquizofrênicos como pessoas singularmente talentosas e socialmente importantes, e compreendia a doença como reação malsucedida contra a ansiedade. Todo mundo precisava de proteção contra o perigo, segurança, sem falar naquele atributo da "autoestima",[226] que mais tarde dominaria o pensamento psicológico americano. Os pacientes de Sullivan recebiam horas de atenção minuciosa. Drogas, frequentemente álcool etílico, também eram amplamente usados no período para colocar os pacientes em um estado curativo de sono, ou torná-los receptivos à terapia da palavra, ao desmantelamento de suas defesas.[227] Mas, dadas as objeções de Scott a que Zelda ingerisse qualquer coisa com conteúdo alcoólico, pois isso poderia precipitá-la na loucura, é improvável que tenha sido usado no caso dela.

Por volta de julho de 1935, de qualquer modo, os médicos haviam concluído que a conversa com Zelda sobre a doença em seu estado presente e grave era inútil. Ela oscilava entre a violência e a apatia não cooperativa, inacessível aos médicos e aos outros pacientes. Scott, que a visitava regularmente, sugeriu que deveria ajudá-la a reunir uma coleção de suas histórias, mas a ocasião não era a certa. Zelda estava incapaz. Falava em suicídio com os médicos e tentava se machucar de todas as formas que podia, correndo uma vez em direção aos trilhos de uma estrada de ferro de tal forma que Scott só conseguiu agarrá-la momentos antes da passagem de um trem. Ela só escrevia para Scott, que também não estava bem, às vezes lembrando os bons tempos que viveram juntos. Mas mesmo que ele fosse o "sonho" dela, a única "coisa agradável em sua vida", seu tom, para ela mesma, era agora sem esperança:

Meu precioso amado:
Não há forma de eu pedir a você que me perdoe pela miséria e dor que lhe causei. Só posso pedir que acredite que fiz o melhor que pude e que desde a primeira vez que o encontrei eu o amei com todas as minhas forças ... Por favor, fique bem, ame Scottie e encontre algo para preencher sua vida ...[228]

Em abril de 1936, embora quisesse deixar o hospital, Zelda não estava bem. Como Scott observou em carta para amigos, ela afirmava estar em contato direto com "Cristo, William, o conquistador, Mary Stuart, Apolo e todo o estoque de parafernália dos asilos de loucos ... Eu era a sua grande realidade, frequentemente o único agente de ligação que podia tornar o mundo tangível para ela". Mas em seu próprio estado precário, ele a via cada vez menos.

Scott a transferira para o hospital Highland, na Carolina do Norte, pois estava temporariamente no estado, tratando da saúde. Zelda entraria e sairia da instituição pelo resto de seus dias. O dr. Carroll, que fundara o hospital, era um excêntrico nos círculos psiquiátricos contemporâneos: da velha escola, acreditava no valor terapêutico da dieta e do exercício. Mas alguma coisa no tratamento ajudou. Em julho, Scott informava a Scottie que Zelda parecia "cinco anos mais jovem" e havia parado com suas "tolas rezas em público". Eles se encontravam para almoços e passeios. Em 1937, o dr. Carroll dizia que Zelda era "muito encantadora"; enquanto um colega da equipe sublinhava:

> Éramos cuidadosos com Zelda; nunca a agitávamos. Ela podia ser ajudada, mas nunca lhe aplicamos psicoterapia profunda. Não se faz isso com pacientes esquizofrênicos demais. Tentamos levar Zelda a ver a realidade; tentamos levá-la a distinguir fantasias, ilusão e realidade ... Deixamos que falasse das coisas que a aborreciam. Discutimos sua leitura e o que as coisas significavam para ela. Explicamos o "porquê" de suas ordens e rotinas. Com frequência ela se rebelava contra a autoridade, a disciplina ... Não gostava de disciplina, mas se adaptava.[229]

Não havia um método simples ou único de tratamento ou cura, e Scott estava tendo dificuldade para pagar as contas do hospital e da escola. Ele aceitou uma oferta de Hollywood, onde conheceu a colunista inglesa Sheila Graham, que ficaria com ele só até o fim do ano seguinte. Scott queria continuar a tratar de Zelda. Na Páscoa de 1939, ele conseguiu organizar um passeio a Cuba para os dois e Scottie, mas isso resultou em desastre, parte por causa do alcoolismo dele e parte pelas brigas. Foi a última vez que Scott e Zelda se encontraram.

De volta ao hospital, Zelda obteve alguns privilégios e ajudava nas aulas de ginástica. Era particularmente boa com pacientes muito piores que ela. Em troca de sua ajuda, seu débito com o hospital foi reduzido. No Natal daquele ano teve permissão para ir para a casa da mãe em Montgomery, desde que se mantivesse na rotina aconselhada. Ficou tão bem que Carroll, em março de 1940, escreveu para Scott indicando que Zelda estava pronta para ter alta. Sua saúde mental seria sempre precária e ela seria incapaz de julgamento amadurecido, disse, e embora pudesse ficar novamente irresponsável e suicida, naquele momento estava "gentil e razoável".

Quatro anos e uma semana se haviam passado desde a sua admissão. Ao aproximar-se seu quadragésimo aniversário, Zelda teria de ir viver com a mãe em circunstâncias estressantes — isso era tudo com que Scott podia arcar naquele momento. Zelda passaria seus últimos anos entre a casa da mãe e o hospital Highland.

Em 20 de dezembro de 1940, o coração de Scott Fitzgerald, já enfraquecido por um primeiro ataque, entregou os pontos. Zelda não estava bem o suficiente para ir ao funeral. Quando o novo romance inacabado de Scott, *O último magnata*, foi publicado, em 1942, o fato desencadeou a repetição de um padrão. Ela começou a escrever seu próprio romance uma vez mais: *Cesar's Things*, que ocupou seus seis últimos anos. O livro volta a revolver o terreno de sua infância e juventude, seu sentimento de rejeição pelo pai, seu grande amor perdido. Mas sua incoerência é um testemunho do efeito debilitante da doença. Ilusões e fantasias religiosas a haviam dominado, assim como um senso de profunda solidão. Sua ligação com o real deslizou imprevisivelmente.

No início de 1948, recebeu tratamento de insulina — uma série de injeções para reduzir o nível de açúcar no sangue, que finalmente induziram um choque hipoglicêmico e simultâneas convulsões ou coma. O tratamento tinha sido iniciado em Berlim por Manfred Sakel, treinado na Universidade de Viena. Não muito tempo depois, ele viajou à Europa e à América. No Maudsley, em Londres, era um favorito daquele austero advogado de terapias físicas, incluindo eletrochoques e lobotomia, William Sargent. O coma induzido de insulina era administrado quando os pacientes esquizofrênicos ou deprimidos ficavam inquietos e agitados e se tornavam violentos e suicidas. Quando emergiam de seu estado semelhante à morte, os pacientes estavam mudados, renascidos em um novo eu calmo, ou assim a história do tratamento dizia. Na verdade, essa versão química do eletrochoque — baseada na noção de que as convulsões epiléticas eram antagonistas biológicas da esquizofrenia — frequentemente levava à perda de memória, à desorientação física e mental e a um substancial aumento de peso, de dez a trinta quilos. Com sua dieta de açúcar e de amido, também infantilizava os pacientes e, nesse aspecto, parecia-se com as curas de repouso para mulheres do século XIX. Adolf Meyer, sempre eclético, dera sua bênção à terapia em 1937, que dali em diante se tornou comum nos hospitais americanos de custódia, particularmente com pacientes intratáveis.[230]

Depois do tratamento, Zelda se recuperava no último andar do hospital junto com outros pacientes de coma induzido por insulina. Acabara de escrever para a filha, que dera à luz seu segundo filho, para dizer que suas roupas de grávida provavelmente ficariam muito bem nela, Zelda, de tanto que havia engordado. Mas estava exuberante, de fato renascida. Ela observou a promessa de primavera no ar e o quanto queria ver o novo bebê. Isso não aconteceria. Durante a noite de março de 1948, irrompeu um fogo na cozinha do edifício onde estava alojada. Zelda Fitzgerald morreu com outras nove mulheres. Estava com quase 48 anos.

Virginia Woolf se suicidara por afogamento sete anos antes, em 28 de março de 1941. As duas mulheres passaram por todo o espectro de tratamento que o século XX oferecia até então. Nenhum deles funcionou, se a cura permanente for o principal critério.

A esquizofrenia, diagnóstico de Zelda na ocasião, era nos anos 1950 e 1960 o diagnóstico americano mais comum. Encurtado para "esquizo", tornou-se sinônimo comum de louco, estranho, esquisito ou peculiar. Marilyn Monroe, entre muitos outros, foi chamada de "esquizo". Colocados em asilos, entretanto, os rotulados de esquizofrênicos facilmente desenvolviam um plano de carreira de loucura. Aprendiam os comportamentos da doença que chamava a atenção dos médicos e formavam um laço com outros pacientes, como Erving Goffman convincentemente argumentou em seu *Asylums* (1961), parte inevitável da vida em uma instituição. Enquanto o princípio que governava os asilos era que o tratamento devia levar à "cura", a submissão que ele gera nos pacientes, mesmo quando tratados por médicos bem-intencionados, pode levar ao aprisionamento no papel de esquizofrênico e a um padrão de institucionalização recorrente.

Ser esquizo com muita facilidade podia transformar-se em meio de vida.

9
PERTURBAÇÕES DO AMOR

Na França, um novo tipo de mulher nasceu depois da Primeira Guerra Mundial. Usava algumas roupas da melindrosa liberada e era uma irmã em espírito, se não em armas, das meias azuis e sufragistas. Mas sua afinidade mais próxima era com as histéricas convulsivas, marcadas no corpo e na mente pelos conflitos de sua condição, seu lugar na sociedade e seus desejos desenfreados. Destemida, audaciosa, profundamente racional nos excessos de sua lógica erótica, era, apesar disso, louca, com frequência do ponto de vista criminal. Os surrealistas, aqueles artistas de pós-guerra que se agruparam sob a bandeira da rebelião contra uma razão que terminou na loucura das trincheiras, onde a guerra foi travada em nome do que os reis chamavam de paz, cantavam elogios a essa nova mulher, ajudaram a inventá-la e a espalhar sua fama.

Histeria para os surrealistas, como a sua *révolution surréaliste* de 1927 proclamava, era um "veículo supremo de expressão". A jovem Augustine, que trabalhara para Charcot nos anos 1880, era deleitável em seu excesso, um objeto para a poesia e a emulação mais que para dissecação patológica e classificação psiquiátrica. Em seu romance *Nadja*, estruturado como um caso histórico, Nadja, o caso, torna-se para o surrealista supremo André Breton o modelo sedutor do artista, um mapa das novas fronteiras da mente e uma possibilidade metafórica. Pela primeira vez, a loucura, um desarranjo rimbaudiano dos sentidos, torna-se uma propriedade cultural glamorosa, um barômetro do novo, particularmente quando dizia respeito ao próprio desejo feminino.

Os surrealistas eram inspirados por médicos da mente como Freud e Janet. Também tomavam um pouco emprestado de Gaëtan Gatian de Clérambault (1872-1934), chefe da equipe médica da Enfermaria Especial para Insanos do

Sainte-Anne Hospital, ligado à Prefeitura de Polícia de Paris, que reinventou a doença da erotomania e entrou para os anais do diagnóstico psiquiátrico com uma síndrome que levou seu nome. Em troca, inspiraram leitores e uma nova geração de médicos da mente — Jacques Lacan, seu amigo e contemporâneo, o principal entre eles. Nos anos 1960, Lacan, o Freud francês, se tornaria um dos mais celebrados intelectuais da França, uma espécie de filósofo do excesso, os excessos de significado e desejo. Antipsiquiatras precoces, os surrealistas aprendiam tanto da profissão quanto dos pacientes e atacavam seu lado mais disciplinador, assim como os fundamentos das leis sobre insanidade.

Elisabeth Roudinesco, a historiadora da psicanálise francesa, relata como, em novembro de 1929, quando *Nadja* foi o tema de um encontro da Sociedade Médico-Psicológica, Breton foi acusado de incitar os internos a assassinar seus psiquiatras: um perigoso maníaco havia sublinhado em azul os insultos do poeta à psiquiatria e causou uma comoção no asilo.[231] Pesos pesados da geração mais velha, Janet e Clérambault atacaram os pretensiosos surrealistas, e a discussão foi parar na imprensa. Breton contra-atacou, acusando os médicos da mente de serem carcereiros e carrascos que abusavam de seu poder em vez de médicos verdadeiros. No ano seguinte, os visados pelos surrealistas figuravam com destaque no Segundo Manifesto Surrealista como primeiros agentes do "sistema de degradação e cretinização" da sociedade, parte da multidão estéril para a qual o revólver dos psicanalistas apontava. Virginia Woolf havia afirmado isso com mais decoro e ironia ingleses, mas a crítica era a mesma. Embora do ponto de vista cultural estivessem inextricavelmente ligados, artistas e médicos da mente agora se perfilavam uns contra os outros no terreno da alma humana. E esse terreno era com frequência o feminino, tanto do ponto de vista simbólico quanto factual.

Muito pouco mudara para a mulher francesa a despeito da maior necessidade de seu trabalho durante a guerra. Se o direito de gastar o próprio salário fora recentemente conquistado, muitos dos direitos civis e de propriedade das mulheres ainda estavam em questão. Os valores podiam ser discutidos mais abertamente agora; costumes eram desafiados; mas para cada questão que a esquerda colocava, a direita católica e moralizadora tinha uma resposta. A invocação dos surrealistas pela livre sexualidade, uma rebelião que podia ser tachada de criminosa, uma visão nova do mundo, coexistiam, para as mulheres, com o chamado à tradição de um texto didático padrão:

Qual é o maior dever de uma mulher? Ter filhos, depois ter mais filhos, sempre ter filhos! Uma mulher que se recusa, que busca controlar ou suprimir seu destino maternal, não merece mais nenhum direito. A mulher se torna nada.[232]

Bem antes, no ano revolucionário de 1791, a radical Olympe de Gouges, em sua *Declaração dos direitos da mulher*, afirmou que, se as mulheres tinham o direito de subir ao cadafalso, também deveriam ter o direito de subir aos palanques políticos. Nos anos entre guerras, o cadafalso permaneceu instalado, embora por cavalheirismo raramente fosse usado com o sexo mais fraco. Os palanques tiveram que esperar até 1944. Em termos de crime, nem tanto mudara desde os dias de Henriette Cornier. A clemência, sob a forma de servidão penal perpétua, podia ser concedida a mulheres assassinas, mas a guerra de advogados e psiquiatras em torno da loucura seria novamente travada nos casos de mulheres "criminosas" que galvanizaram o início dos anos 1930.

Dificilmente surpreende que o conflito entre novas liberdades e velhas leis se desenrolasse no terreno dos sintomas e diagnósticos. A erotomania já fora observada como doença por Esquirol. Em seu novo e amplificado disfarce, composto de ilusões persecutórias, refletia um pouco a desordem dos tempos, as liberdades contraditórias, exigências e proibições que mexiam com as mentes e emoções das mulheres, assim como com um desgastado sistema de classes e os ressentimentos que o acompanhavam. Com zelo kraepeliano, Clérambault detalhou a erotomania em sua enfermaria de polícia como uma loucura, um "automatismo mental" da imaginação mais comumente feminina, ambiciosa e frequentemente rebelde. Com uma mistura de ilusões paranoides, a erotomania comumente levava sua própria punição para qualquer excesso. Também vinha com glossolalia, derramamento férvido e mistura flagrante de registros metafóricos, sintáticos e literários. Para os surrealistas, esses derramamentos "modernistas" eram tão inspiradores quanto loucos para os mais conservadores críticos literários.

Em meio a uma onda de casos de mulheres que imaginavam que padres ou homens de alta posição as escolhiam para amar, Clérambault descreve o caso de Léa-Anna, erotomaníaca delirante de 53 anos que sofria de perseguição. Foi levada para a enfermaria especial do Sainte-Anne em 1920, após uma detenção por causas banais: ela se aproximara de um policial, acusara-o de rir dela e o esbofeteara.[233]

Proveniente de uma família falida de camponeses com um pai alcoólatra, Léa-Anna foi para Paris, tornou-se chapeleira e arranjou um amante rico, bem situado, que a sustentou em alto estilo por 18 anos. Depois da morte do amante rico e do fim de uma segunda relação com um homem mais jovem, Léa-Anna começou a acreditar que o rei da Inglaterra estava apaixonado por ela e enviara emissários. Foi para a Inglaterra, ficou em frente ao Palácio de Buckingham e começou a interpretar tudo que acontecia com ela como um sinal de amor do rei.

A emoção alimentou as esperanças que o aristocrata Clérambault entendeu como um dos estágios de uma doença na qual um orgulho desmesurado é a característica de destaque. A dúvida assinala o estágio seguinte. Se o rei pode amar, também pode odiar. A única coisa que a doença não permite é a indiferença. Com a dúvida vem a fase paranoica da doença: o rei a está perseguindo, pregando peças nela, impedindo-a de encontrar um quarto nos melhores hotéis de Londres, fazendo-a perder a bagagem e o dinheiro. Ele também é — agora ela crê — responsável pela pobreza e humilhação a que foi submetida, em geral, assim como por seu atual encarceramento.

Clérambault chama a história que Léa-Anna conta de o "romance" de sua paixão *érotomane*. Como em Freud, sua nomenclatura é literária. O eu do século XX, como entendido pelos médicos da mente, conta histórias, sejam romances familiares, paixões autoengrandecedoras ou as histórias de casos que Freud se preocupava em que pudessem estar demasiado próximas dos romancetes, a literatura chique de sua época.

Conservador em termos sociais, Clérambault acreditava que os insanos eram um perigo para a ordem pública. Estava interessado acima de tudo em classificar seus pacientes "criminosos", cuja condição via como constitucional e, portanto, intratável. Mas tropeçou em um "automatismo mental" — um irrefreável ataque de ideias na loucura — cujo conteúdo erótico era inegavelmente moderno e próximo do vienense a quem desprezava.

Os "assediadores" de Clérambault sofrem de uma perturbação do amor que iguala e parodia o verdadeiro romance "proibido" em todos os pontos: primeiro vem o senso de ser desejado e desejável mediante incontáveis sinais e olhares secretos, depois vêm os obstáculos e mal-entendidos, depois a desilusão, o desapontamento ou a tristeza; finalmente a ruptura, com sua raiva e textura de paranoia. Suas mulheres são herdeiras de Madame Bovary, levando suas aspirações sentimentais a um mundo de excesso de ilusões. Na verdade, Madame Bovary, punida por seus sonhos e suas ambições, deu seu nome, no início do século, a uma doença, *bovarysme*, que significava ilusões sobre a própria pessoa, insatisfações, o desejo de ser outro. Nos tribunais, a doença a que Flaubert deu à luz na heroína de quem disse "Sou eu" foi usada para insistir na irresponsabilidade dos acusados. O bovarismo era o sinal de loucura que colocaria uma mulher em um asilo em lugar de uma prisão.

Diz-se que Clérambault possuía um olhar clínico terrivelmente penetrante, um olho para o detalhe e a diferença aguçado por seus passatempos artísticos e que estimulava seu zelo pela classificação. Descendente de uma velha família aristocrática, atento à posição social, a ele próprio dificilmente faltava o orgulho que tão regularmente encontrava nos erotomaníacos. Como eles, Clérambault também era adepto de paixões secretas: uma pela fotografia, outra pelo arranjo dos tecidos das roupas femininas, suas pregas e caimentos, arte que havia estudado e fotografado com obsessão fetichista durante os anos de guerra no Marrocos quando serviu no exército francês. Clandestinamente, agora vestia estátuas de cera, atento ao toque do tecido, à carga erótica das sedas e de veludos que descreveu tão vividamente em seu relato do fetichismo das texturas e da cleptomania feminina em um artigo inicial para um jornal de criminologia.[234]

Fosse qual fosse o seu desgosto pelos artistas, as próprias observações clínicas de Clérambault são cheias de atenção artística à aparência, às roupas e movimentos dos pacientes, tudo relatado de forma ressonante, telegráfica. Quando sua vista falhou e uma catarata removeu-lhe a habilidade de enxergar a profundidade, organizou um suicídio elaborado. Como detetive, a visão era crucial para o seu ser: não podia enfrentar sua perda. Encenou seu próprio assassinato, pistola na boca, observando-se ao espelho antes de cair de costas no divã que cuidadosamente colocou atrás de sua cadeira. Quando a polícia entrou em sua casa em Montrouge, na manhã de 17 de novembro de 1934, encontrou não apenas o cadáver do reputado médico misógino, que nunca permitia a presença de mulheres em suas palestras, como também centenas de manequins de cera, bonecas com vestes de intricadas pregas e fotografias do Marrocos (hoje na coleção do Musée de l'Homme). Assim, a categoria médica descritiva da obsessão erótica que inventara não era estranha a ele mesmo. Clérambault deixou seu nome para uma síndrome de assédio organizada em torno de uma falsa, mas persistente crença de que se é amado por uma pessoa famosa ou proeminente e envolve a perseguição obsessiva de um desinteressado objeto de amor.

Talvez não surpreenda que, sob a tutela problemática de Clérambault, com quem compartilhava uma estética católica, seu carismático pupilo Jacques Lacan tenha se tornado atento às vacilações do desejo, sem mencionar o significado dos espelhos. Lacan aprendeu com Freud a importância do inconsciente e da sexualidade na estrutura da psicose paranoide — mais tarde afirmaria que Freud foi quem mais o influenciou. O treino psiquiátrico no Sainte-Anne Hospital, onde o delírio e o olhar clínico eram a norma, sempre informaram o trabalho psiquiátrico posterior de Lacan.

Se em consequência de sua ligação com os surrealistas, ou de sua participação na primeira leitura do *Ulisses* de Joyce na Shakespeare and Co. Bookshop em Paris, Lacan também mostrou interesse precoce pela forma como as palavras funcionavam entre os pacientes no Sainte-Anne. O teórico que mais tarde afirmaria que o inconsciente se estruturava como uma linguagem já estava atento aos atos falhos de sintaxe, som e significado, a ambiguidade inerente e o transbordamento de linguagem — tudo evidente no discurso assim como na escrita de seus pacientes com ilusões e, particularmente, dos paranoicos. O quanto é fácil para o significado deslizar da intenção autorial e de fato autoritária é evidente em sinais ambíguos como "Recuse-se a ser posto nesta cesta!", ou "Cachorros devem ser levados pela escada rolante!"[235] Os códigos culturais e sexuais são assumidos; um leve desvio na parte dos que falam ou ouvem pode indicar "loucura": parece ser perfeitamente certo para um grande político sul-africano, por exemplo, dizer que a saia curta de uma mulher lhe passou a mensagem de que ela queria sexo — ele não é rotulado nem de louco, nem de estuprador.[236] Mas se, em circunstâncias semelhantes, uma mulher tivesse dito "as calças curtas dele me mandaram uma mensagem", ela poderia ser olhada como excêntrica; dita com suficiente frequência na primeira parte do último século e acompanhada de comportamento irritadiço, a excentricidade podia ser catapultada para loucura. Mais tarde, Lacan também mostraria como as palavras podiam adquirir a força de atos e infiltrar-se no inconsciente dos ouvintes para modelar seus sintomas.

Uma das primeiras apresentações de casos de Lacan, feita em 1931 com dois de seus colegas, descreveu os "escritos inspirados" de uma professora de 34 anos, Marcelle, classificada no ano anterior como erotomaníaca por Clérambault por causa de sua fixação em seu chefe, que morrera recentemente. Clérambault mandou prender a mulher porque ela reclamava uma indenização de 20 milhões de francos por danos causados pelo Estado (seus empregadores) com base em privações e insatisfações, tanto sexuais quanto intelectuais — um exemplo precoce e contestado de assédio sexual, seria possível dizer.

Marcelle se via como Joana d'Arc. Mediante seus escritos revolucionários, queria regenerar uma França decadente, presa de uma crise econômica e com uma extrema-direita cada vez maior. "Todas essas velhas formas precisam ser jogadas fora", ela disse. "Farei a linguagem evoluir."[237] A declaração faz com que se pense que Marcelle lera os Manifestos Surrealistas. Certamente, Lacan via em sua prosa algo que se parecia com as tentativas deles de escrita automática, de permitir que o inconsciente tivesse rédea solta na página, explodindo a gramática e a sintaxe e, no caso do poeta, talvez desejando aqueles selvagens trocadilhos de som e sentido, metáforas e saltos de significado que Joyce cultivava e que pareciam vir tão prontamente com Zelda Fitzgerald e Virginia Woolf. Nesse estágio inicial de uma longa carreira, Lacan estava preparado para classificar Marcelle de um modo psiquiátrico tradicional, enquanto ao mesmo tempo analisava sua esquizografia, sua maneira de escrever intraduzível e irreal. A carta da jovem professora para o presidente assim começava: "Senhor Presidente da República P. Doumer passando o feriado entre pão picante e poetas doces. Senhor Presidente de uma República dominado pelo zelo. Gostaria de saber tudo para fazer de você o rato de milho de covarde e canhão, mas estou nostálgica demais para conjeturar."

Aimée e Jacques Lacan (1901-1981)

Em 3 de junho de 1931, cerca de três semanas depois que Marcelle escreveu sua carta, uma mulher cuja principal doença havia sido rotulada de erotomania foi mandada da enfermaria da prisão de mulheres de Saint-Lazare para o Sainte-Anne. Ela caíra em delírio durante vinte dias depois de tentar assassinar uma bem conhecida *comédienne*, Huguette Duflos, estrela de uma comédia popular, *All is Well*. Nem tudo estava bem com Marguerite Pantaine. No Sainte-Anne, ela foi colocada aos cuidados de Jacques Lacan. Sob o nome de Aimée, ou "Amada", a heroína de uma de suas próprias e ambíguas ficções não publicadas, Marguerite se tornaria um caso famoso: o tema da dissertação médica de Lacan e a primeira de suas dissertações: *Paranoid Psychosis in its Relations with Personality*. A tese tinha todo o estilo exuberante de um *Madame Bovary* contemporâneo, uma história de amor, ambição e desilusão trágica narrada com o cuidado de um romancista. A história vinha com um toque modernista, um conto dentro de um conto. Lacan incluiu extensas seções da própria ficção de Marguerite, lado a lado com interpretações de seu modo ilusório de ver o mundo.

A tese tem um paralelo com *Estudos sobre a histeria*, de Freud: é um texto fundamental na história da psicanálise francesa. Mas quarenta anos depois, a histeria dera lugar à psicose.[238] A dissertação é também "A interpretação dos sonhos" de Lacan. Se o objeto de Lacan é mulher, linguagem e psicose em lugar do eu autobiográfico de Freud, sonhos e neuroses, talvez seja porque, em Aimée, Lacan pode pensar através da estrutura de sua própria família, os laços com os irmãos, o jogo de identificações inconscientes dentro da família de forma que crianças reencenam as ausências dos pais ou desejos enterrados e os grandes sonhos que irão lançá-lo do provincialismo para o próprio centro da vida intelectual e artística de Paris. A dívida com Freud se encontra na forma como Lacan faz uso de suas visões sobre os laços entre a estrutura da paranoia e uma identificação homossexual reprimida. Naquele mesmo ano, Lacan traduzira o ensaio de Freud de 1922, "Alguns mecanismos neuróticos no ciúme, na paranoia e na homossexualidade".

Às 20h30 de 18 de abril de 1931, Marguerite Pantaine, de 38 anos, bem-vestida, enluvada, educada, se aproximou de Huguette Duflos exatamente quando a celebrada atriz do palco e da tela chegava à entrada dos atores do teatro. Confirmando o nome da mulher por sua resposta, Marguerite abriu sua bolsa de mão, tirou uma grande faca e golpeou na direção do coração da mulher. Duflos manteve a calma e aparou a lâmina com a mão, sofrendo um sério corte nos "dois tendões flexores". Dois assistentes correram para conter Marguerite e a levaram para a delegacia mais próxima.

Ali, ela se recusou a explicar seu ato, embora respondesse às perguntas sobre sua identidade de maneira bastante normal. Afirmou que, durante alguns anos, Duflos conspirara contra ela, provocando "escândalo", ameaçando. Ela se unira ao famoso acadêmico e escritor Pierre Benoit, e, no filme baseado em seu livro, estrelou como duquesa. Benoit retratara Marguerite maliciosamente em numerosas passagens de seus livros e roubara as tramas das próprias ficções de Marguerite. O mesmo Benoit, Lacan soube mais tarde, também era o homem que a "amava" e a persuadira a abandonar o marido. Juntos, *comédienne* e escritor impediram que se publicassem os livros de Marguerite. Embora Benoit se tivesse encontrado uma vez com Marguerite, quando ela o confrontou com seu editor, a quem atormentava com visitas frequentes, não havia na realidade nenhuma relação entre eles, exceto na imaginação perturbada dela.

Na enfermaria da prisão, Marguerite foi diagnosticada pelo legista, Benjamin Truelle, cuja conclusão foi que ela sofria de "delírio persecutório sistematizado, baseado na interpretação e com tendências megalomaníacas e substrato erotomaníaco". Nenhum processo civil foi aberto por Duflos, mas a história foi parar nos jornais com todos os estereótipos hiperbólicos que a criminalidade feminina ainda hoje recebe. *Le Journal* afirmou que Marguerite era uma mulher *masculine* com poucos amigos, exceto duas mulheres professoras com quem preparava exames. Ela ficara com a cabeça desarranjada devido a demasiada leitura de ficção e a tentativas de escrever seu próprio livro. Era uma camponesa "de classe baixa", que ascendera ao posto de escrevente no correio, onde ganhava bem.[239] (Na verdade, no próprio dia em que foi presa chegaram notícias de sua promoção.)

Jacques Lacan, então psiquiatra residente de um hospital psiquiátrico, observou Marguerite/Aimée durante 18 meses.

Em sua substancial história de caso, mudou o nome dela, sua proveniência e alguns detalhes, transformando-a em escrevente da estrada de ferro. Nem bem se completou o vigésimo dia de delírio que se seguiu à tentativa de assassinato e que Aimée chegara ao Sainte-Anne ela se tornou uma paciente razoável e obediente. A tentativa de assassinato "aparentemente resolveu as preocupações de seu delírio". Podia haver alguns buracos em sua memória e ela estava convencida de que assumira o ato a fim de proteger seu filho daqueles que queriam sua morte. Mas Aimée contou sua história e a escreveu. Diante de uma audiência, suas maneiras em geral reservadas se tornavam profundamente expressivas, sua própria postura a de uma mãe heroica. Lacan não apenas entrevistou sua paciente como reuniu todas as informações disponíveis sobre ela. Isso incluiu ler seus copiosos escritos e entrar em contato com sua família. O marido, separado dela, vivia agora com a irmã de Aimée: juntos tomavam conta do filho dela, aparentemente com sua aquiescência, pois ela pedira para ser transferida para um posto em Paris, enquanto o marido, funcionário dos correios como Aimée, permaneceu na região afastada onde vivia. Aimée visitava o filho regularmente, embora sua irmã, assustada, preferisse que não o fizesse.

Filha brilhante de uma família de camponeses, Aimée abrira caminho pela educação até um bom posto de trabalho. Embora ainda não tivesse se graduado na faculdade, era ambiciosa e, como Lacan observa, "temas de perseguição estão intimamente ligados a ilusões de grandeza".[240] Aimée tinha sonhos de ascender a uma vida nova e melhor, de realizar alguma grande missão social. Suas aspirações se estendiam a realizar reformas idealistas. Estavam ligadas a uma fixação erotomaníaca no príncipe de Gales.

Depois de um caso secreto com a idade de 18 anos, Aimée se casou sete anos depois, em 1917. Aparentemente frígida, a primeira gravidez só aconteceu em 1921. Durante a gestação, então com 28 anos, começou a sofrer de tristeza avassaladora e da sensação de que seus colegas de escritório — naquela ocasião o mesmo onde trabalhava o marido — riam desdenhosamente dela pelas costas e queriam seu bebê morto. Aimée sentia que o marido tinha ressentimento da relação inicial dela. Brigavam frequentemente. Mensagens em código para ela começaram a aparecer nos jornais, e seus sonhos eram terríveis. Sua veemência nesse período assustou a família. Ela retalhou os pneus da bicicleta de um garoto, jogou primeiro um balde de água no marido, depois um ferro.

Uma filha mulher nasceu morta em 20 de março de 1922. Aimée culpou os inimigos pela morte, em especial uma mulher de classe mais alta que durante três anos fora sua amiga, mas agora mudara de escritório. Ela havia telefonado durante a gravidez para perguntar a Aimée sobre a criança.

A segunda gravidez de Aimée trouxe de volta os medos e a depressão. Quando o garoto nasceu, ela se dedicou a ele com ardor apaixonado, cuidou dele até que completasse 14 meses de idade. Todos os demais a irritavam, e ela interpretava todos os gestos como atos hostis ao filho. Era dominada por um senso de que tanto familiares quanto estranhos a insultavam, que toda a cidade a via como depravada. Queria fugir. Secretamente, candidatou-se a deixar o posto nos correios e a um passaporte para a América, usando um nome falso na requisição, pois de outra forma teria necessitado do consentimento do marido. Teria abandonado a criança, afirmou, para o próprio bem dela. Seus grandes esquemas estavam começando a tomar forma.

A família confinou-a a um asilo privado. Ela começou a escrever cartas para um autor famoso, pedindo-lhe que a resgatasse. A equipe do asilo informou que ela disse o seguinte: "Existem aqueles que construíram estábulos para me prender como a uma vaca leiteira"; "Com demasiada frequência me tomam por alguém que não sou". Depois de seis meses a família levou-a para casa. Ela estava melhor, parecia curada. Mudou-se para Paris. As estruturas ilusórias que a levaram à tentativa de assassinato assumiram um firme controle. Huguette Duflos, que aparecia muito nos jornais em consequência de um caso na Justiça, tornou-se uma fixação de Aimée quando seus colegas de trabalho falaram na atriz em termos elogiosos. Aimée interrompeu, dizendo que a mulher nada mais era que uma prostituta. Foi esse comentário, acreditava Aimée, que tornou Duflos sua inimiga e determinada a matar seu filho.

O que Lacan chama de "loucura interpretativa" entrou, então, em plena vigência. Jornais, cartazes, anúncios, tudo com que Aimée entrava em contato se acrescentava ao único fato de que Huguette Duflos estava prestes a atingir seu filho como vingança pela injúria da mãe e por seu próprio mau caráter. Logo, qualquer mulher celebrada e de sucesso tornou-se parte da trama contra Aimée e seu filho. Lacan notou que seu ódio tinha uma essência ambivalente. As mulheres que odeia e teme são as mesmas mulheres que quer ser. Quanto a Benoit, o autor em que Aimée se fixou, ele também está presente em seus servos, os muitos escritores e jornalistas que roubam as ideias de Aimée e as usam de forma errada. Aimée salvaria o mundo, faria o bem, enquanto eles só causavam danos: propagavam a guerra, o bolchevismo, o assassinato e a corrupção e exploravam a nossa miséria para seus fins egoístas.

A aspiração de Aimée de fazer o bem emerge como parte de sua fantasia erótica com o príncipe de Gales, para quem escreve poesia e que age como seu protetor. Essa "relação" existe há muito. O príncipe parece fazer parte do mundo bom que Aimée quer criar, onde mulheres e crianças vão dominar e estarão a salvo. Mas o príncipe também está ligado a um aspecto dissoluto de sua vida: ela para estranhos na rua, aparentemente a fim de lhes falar de sua missão de convertê-los em pessoas melhores, mas os encontros frequentemente levam-na a quartos de hotel dos quais foge.

No auge da loucura, Aimée leva vida dupla. Ainda escrevente bem-sucedida dos correios, trabalha diariamente e cumpre seus deveres. Depois, muda-se para a vida mais desordenada de suas fantasias. Estuda. Vai à redação de um jornal e insiste em que publiquem um artigo seu contra a "decadente" romancista Colette. Escreve dois romances, um deles um idílio pastoral dedicado ao príncipe de Gales, chamado *The Detractor*, no qual o herói, David, se apaixona por uma jovem chamada Aimée, perfeita solteirona do interior e irmã mais velha da família. Uma prostituta com o rosto pintado chega à aldeia com seu consorte e semeia a discórdia, arquiteta tramas que têm Aimée e sua família como vítimas. Seus irmãos e suas irmãs morrem, a mãe fica doente. Ela se refugia em seus sonhos e os segue até a tumba, deixando a mãe desesperada.

Em um segundo romance, também dedicado ao príncipe de Gales, a heroína, em vez de sucumbir à mulher má, vai para Paris, como um herói de Balzac, a fim de lutar para abrir seu caminho para o alto. O livro é uma salada de elementos medievais, revolucionários e contemporâneos, nos quais a heroína confronta uma figura puritana de Robespierre, comunistas, e os escritores e atores que querem matá-la em efígie, antes de voltar para casa, para a segurança de sua família e o interior pacífico.

Quando o livro foi rejeitado pelos editores, Aimée exigiu uma entrevista. Pulou violentamente à garganta de um editor. "Bando de assassinos", gritou, "bando de academicistas!" Detida a tempo, a tentativa de estrangulamento foi o primeiro de uma escalada de atos que culminaram na tentativa de assassinato. Enquanto isso, ela mandava seus originais para o príncipe de Gales, esperando seu favorecimento e sua ajuda. Com ironia mortal, os originais voltaram com a tradicional nota de que Sua Alteza não podia aceitar presentes um dia depois de Aimée ser presa.

No período até a tentativa de assassinato, Aimée visitava o filho diariamente, esperava por ele nos portões da escola. Ela se preocupava com ansiedade crescente, que se equiparava a uma ferocidade cada vez mais intensa, com a possibilidade de ele poder ser morto a qualquer momento. Ela acusou o marido de brutalidade, disse à irmã que queria divorciar-se, que queria a criança; estava pronta para matar o marido se ele não lhe entregasse o filho. À noite, foi assombrada por sonhos da guerra que levaria seu filho embora. Isso seria culpa dela. Ela era uma mãe criminosa.

Um mês antes do atentado contra Duflos, Aimée comprou uma grande faca de caça. Na noite do crime, mais tarde ela contou a Lacan, seu estado era tal que teria atingido qualquer um de seus perseguidores. A "justiça" que seu ato representou seguiu-se na parte inicial de seu encarceramento. Escreveu para o diretor da prisão, reclamando que os jornais a haviam injuriado ao chamá-la de "neurastênica", algo que podia prejudicar sua futura carreira de mulher de letras. Contou aos colegas presos as terríveis perseguições que sofrera. E depois, subitamente, o delírio desapareceu, "o bom assim como o mau". "Toda a vaidade de suas ilusões megalomaníacas tornou-se clara para ela", escreve Lacan, "assim como a tolice de seus receios."

De acordo com Lacan, o delírio ilusório foi embora porque o ato levava consigo a autopunição de Aimée. Ao atacar seu ideal externalizado, ela também atingiu a si mesma. Esse foi o cumprimento de seu desejo subterrâneo, a punição de seus próprios desejos reprimidos.

Muito da forma de Lacan abordar o caso de Marguerite foi um anel descritivo à Clérambault. Mas ele se afasta decididamente de quaisquer dos fundamentos orgânicos que seus mestres teriam invocado. Também acena com a possibilidade de cura. Embora não fizesse psicanálise formal com Aimée — o treinamento como psicanalista teve de esperar que Lacan fizesse sua própria análise com Rudolf Loewenstein, iniciada em algum momento de 1932 —, sua interpretação do caso já tem uma clara ênfase freudiana.

À parte Bleuler, não há modelos para a condução de análise em pacientes psicóticos, e Freud, sempre pessimista, tinha reservas quanto ao sucesso nessa área. Lacan treina com esses pacientes, mas de suas longas conversas com Aimée, sua família e seus amigos, constrói uma análise freudiana distinta e detalhada da forma como as ilusões dela se fortaleceram. Em uma passagem brilhante, também cita Janet para mostrar exatamente o oposto do que, mais tarde, os teóricos americanos da memória-recuperada irão buscar em Janet: isto é, Lacan demonstra como as memórias são criadas mediante a mistura de imagens fantasiosas que coincidem com associações, eventos e *sentimentos* sobre o passado. Eles se unem não apenas para dar peso à memória, assim como à percepção individual daquela memória, sua familiaridade e, portanto, sua realidade — de forma que as memórias fantasiadas de Aimée assumem a densidade completa da experiência vivida. Ela "sabe" que mensagens persecutórias foram enviadas, quando as tramas começaram e o que as provocou.

Lacan investiga a história da família da paciente não para encontrar loucura herdada, e sim para desenterrar uma relação "especial" com a mãe, que sempre destacou Aimée por sua inteligência, tornando-a especial.[241] A mãe, como a filha depois dela — isso transpira —, tinha uma tendência a sentir-se perseguida e a ler sinais nas ações dos vizinhos — uma leitura do inconsciente inevitavelmente hostil das duas mulheres, como Freud aponta em seu ensaio sobre o ciúme, em lugar da máscara que a consciência põe nele. A irmã mais velha de Aimée tornou-se a que mais cuidava dela, uma substituta da mãe, até deixar a casa para trabalhar com a idade de 14 anos e depois casar-se com o patrão. Foi a morte dele que a trouxe de volta ao lar materno, ela própria sem filhos, para tomar conta da filha de Aimée: Aimée, a sonhadora inteligente, sempre incapaz de cuidar da casa, diz a história da família.

Lacan determina que as ilusões persecutórias de Aimée foram, durante todo o tempo e de fato, uma tentativa dela de punir-se não apenas por seus atos e as faltas, passados e presentes, como também por uma identificação homossexual com a irmã profundamente enterrada — além de si mesma, o alvo subjacente de toda a sua violência. Ele situa a homossexualidade psíquica de Aimée e sua conflituosa rejeição dela em diversas áreas. Cita sua confessada inabilidade para apreciar o sexo — de acordo com o marido ela também era sexualmente fria —, suas ligações com mulheres, a vivacidade de sua atração intelectual em relação aos homens, seu senso de afinidade com eles e os atos falhos inconscientes na voz masculina em sua ficção, suas ambições bovarescas, seu dom-juanismo — isto é, suas ligações casuais com homens são de fato uma busca ansiosa de si mesma, impulsionada pela insatisfação sexual.

Os desejos homossexuais inconscientes de Aimée, conclui Lacan, explicam a estrutura de sua paranoia, sua erotomania e seu desejo de autopunição. Tudo — observa Lacan — aponta para isso. Depois do primeiro colapso, quando a irmã sem filhos volta para ampará-la, o desejo e a culpa se combinam. O ressentimento e a culpa que não podiam ser sentidos ou dirigidos a um membro da família ambivalentemente amado tinha de ser deslocado. A amiga íntima de classe alta que Aimée fez no trabalho serviu a esse propósito. Ela transformou a mulher amada em inimiga, uma nova edição da irmã que não podia permitir-se odiar. E assim aquela mulher foi vinculada à filha morta, ao destino fracassado da própria Aimée como mulher.

Mapeando a estrutura de seus impulsos e desejos inconscientes, Lacan descreve como, daquele momento em diante, Aimée projetou seu ódio e sua agressão em objetos cada vez mais distantes de seu alvo real. "Sua própria distância os torna difíceis de acessar e assim impede a violência imediata. Uma mistura de coincidências felizes e analogias profundamente emocionais a guiarão até seus objetos." Sua insanidade parece uma reação contra atos agressivos que Aimée pensa que serão perpetrados contra ela, mas, na verdade, é uma fuga dos atos agressivos que quer perpetrar. Não surpreende que a irmã sinta isso. Ela diz a Lacan que está aterrorizada com Aimée e não a quer em casa.[242]

Para mostrar a gênese da paranoia na homossexualidade psíquica, Lacan cita a estrutura de Freud na negação do amor homossexual:

"Eu o amo" [o objeto homossexual] pode tornar-se "Eu não o amo, eu o odeio", que é projetado como "Ele me odeia", que se torna o tema da perseguição.[243]

A segunda forma de negação dá nascimento à erotomania: "Eu não o amo, eu a amo" (o objeto do sexo oposto). Secundariamente projetado, isso se torna "Ela/ele me ama", que é o tema erotomaníaco. Isso dá origem a uma fantasia puramente delirante, de acordo com Lacan, que Freud deixa de fora.

A terceira forma possível de negação diz: "Eu não o amo. Eu a amo." Isso resulta, com ou sem a projetada inversão, em ciúme, outra paranoia.

Finalmente, existe uma forma de negação subjacente a todas essas: "Eu não o amo. Eu não amo ninguém. Eu apenas me amo." Isso explica o tema do autoengrandecimento que, com regressão, volta a um narcisismo primitivo.

Depois de uma vez mais reconhecer sua dívida com Freud, Lacan observa as dificuldades que a análise pode confrontar em tais casos:

> É de importância primária corrigir as tendências narcisistas do paciente mediante uma transferência que seja a mais longa possível. No entanto, a transferência para o analista, ao despertar o instinto homossexual, tende a produzir uma repressão, que ... é um grande mecanismo de liberação da psicose. Isso coloca o analista em posição delicada. O mínimo que pode acontecer é o paciente dar fim rápido ao tratamento. Mas, em nossos casos, a reação agressiva é mais frequentemente dirigida contra o próprio analista. Isso pode durar muito tempo, mesmo após a redução dos grandes sintomas e com frequência para surpresa da própria paciente. Motivo por que muitos analistas propõem como condição primária que a terapia tenha lugar em uma clínica fechada. [244]

Outro problema é que a necessária resistência da paciente ao procedimento analítico pode tornar-se parte de sua própria armadura ilusória. Por essa razão, conclui, a psicanálise do ego pode funcionar melhor com a psicose que uma que foque o inconsciente. Refletindo sobre a situação da família de Aimée, Lacan conclui o que R. D. Laing dirá mais tarde: o papel da família como produtora de psicose na história do paciente deve ser levado em conta. Apesar da "cura", Aimée recusa-se a confrontar a própria irmã, que colocou em movimento todo o processo de deslocamento que é a sua psicose. Decide, em lugar disso, concordar com uma renúncia para não implicar a família, em particular sua amada mãe (que sua irmã substituiu), que está, agora ela própria, em meio a um colapso por causa de Aimée. (Pesquisadores posteriores disseram que a doença de Aimée pode ter sido realmente causada pela doença de sua mãe em seguida à morte de uma criança, padrão que a filha inconscientemente repetiu.)

A reflexão sobre as famílias traz Lacan para um registro social e político. O tipo de paranoia autopunitiva de Aimée com seu autoengrandecimento e contracorrente homossexual afeta muitos indivíduos com eus superiores idealizados. São pessoas que querem fazer o bem no mundo — professores de ambos os sexos, governantas, mulheres em trabalhos intelectualmente inferiores, autodidatas. A sociedade moderna pode deixar esses indivíduos em cruel isolamento. Para eles, estabelecer comunidades religiosas estruturadas hierarquicamente, grupos políticos militantes ou exércitos, em que possam sublimar seus impulsos homossexuais e trabalhar por um bem maior são um bem real. Sua necessidade de autopunição é preenchida na submissão às regras. Essa solução para uma das dificuldades que a vida apresenta é excelente.

Vale a pena notar que o próprio irmão mais jovem de Lacan escolheu a vida monástica, para grande preocupação do irmão psicanalista.

A família de Aimée voltaria a assombrar Lacan como se fosse sua própria família. Não sua família de infância, mas seu próprio filho. Em um desses retornos do reprimido que marcam a história psicanalítica, Lacan foi — inadvertidamente, ao que parece — achar-se como analista de treinamento do filho de Marguerite/Aimée, Didier Anzieu, que se tornou ele próprio um analista bem conhecido. Lacan afirmou nunca ter visto ou certamente não ter lembrado o nome de casada da paciente que marcaria sua carreira, nem Anzieu conhecia em detalhe a história de sua mãe. Tropeçando na ligação com a mãe distante, encontrou o caso dela em uma biblioteca e o leu freneticamente. Quando interrogou a mãe, Marguerite tinha pouco de bom a dizer de seu médico no Sainte-Anne. Ela não permitiria que ele *a* analisasse. Era sedutor demais para se confiar. Nem devolvera seus livros e papéis. Em outra reviravolta do destino, implausível demais até para uma ficção, Marguerite tornou-se governanta do pai de Lacan nessa época. Ele a veria em suas visitas irregulares ao pai idoso, um atacadista de alimentos afável e bem-sucedido que ficou casado com a mulher convencionalmente religiosa que era a mãe de Lacan até a morte dela em 1948.

Se o caso de Aimée não leva diretamente ao que Malcolm Bowie inteligentemente chamou de "glossolalia ondulante" e aos "móbiles conceituais frouxamente amarrados" dos últimos seminários de Lacan, frequentemente impenetráveis, mas altamente influentes, que formaram gerações sucessivas de polêmicos psicanalistas franceses, ele de fato apresenta o germe de algumas de suas grandes ideias. Começamos a ver na análise de Aimée e de suas ficções o entendimento de Lacan do inconsciente estruturado como uma linguagem, escorregadio, com duplos sentidos, deslocando objetos e significados; e a maneira pela qual o mundo simbólico impacta o indivíduo. De fato, o trabalho inicial de Lacan com pacientes com ilusões, a familiaridade com a paranoia, é fundamental para sua concepção posterior do modo como o outro é constituído de forma a conter as próprias carências do sujeito, ódios e temores; enquanto a própria existência do outro permite ao eu ver sua subjetividade como superior. A visão de Hegel da relação mestre-escravo, tão importante para a concepção de Simone de Beauvoir da mulher como o segundo sexo e mais tarde para a construção da identidade da política de raça e colonialismo influenciou aqui também o pensamento de Lacan.

A intervenção de Lacan em um segundo caso famoso na época sublinha isso. Sua intervenção também aponta para um sentimento crescente entre psiquiatras e um contingente dos novos psicanalistas franceses de que não apenas seus pontos de vista podem propiciar a compreensão do comportamento criminoso como também que mudanças precisam ser feitas no sistema penal para acomodar a existência do inconsciente. A princesa Marie Bonaparte, uma das primeiras discípulas de Freud na França, de quem Lacan e os analistas mais jovens zombariam como "Freud disse" porque as declarações de Marie frequentemente começavam com uma referência ao homem que afirmava não apenas ser seu analista, como amigo pessoal — o homem que com grande esforço resgataria da Viena nazista em 1938 — havia corajosamente defendido uma certa Madame Lefebvre contra a vontade popular. Em 1925, Madame Lefebvre, mulher aparentemente de classe média, subitamente sacara uma pistola e atirara na mulher de seu filho, então grávida dele. Detestada pela imprensa e pelo povo como um monstro da maternidade, Madame Lefebvre enfrentava a pena de morte. Lembrada talvez dos rumores que cercaram seu próprio pai enquanto ela era criança, Marie Bonaparte interveio. Entrevistou a mulher, tornou-se a primeira testemunha psicanalista especialista da França e, em excelente estudo, desapaixonado, traçou o caminho no qual Madame Lefebvre, em estado de delírio, de fato encenou um desejo longamente sepultado de assassinar a própria e odiada mãe, fundamentando assim sua irresponsabilidade penal.

As irmãs Papin

O caso das irmãs Papin, objeto de uma peça teatral posterior de Jean Genet, trouxe consigo uma nova batalha entre os médicos da mente sobre a questão do que constituía loucura. Em um duplo assassinato particularmente brutal com uma aura de guerra de classes, duas criadas que trabalhavam duro, Christine e Léa Papin, na noite de 2 de fevereiro de 1933, em Le Mans, assassinaram e mutilaram sexualmente a patroa e a filha, arrancando os olhos da primeira. A única provocação parece ter sido o frio distanciamento da patroa e a sugestão de uma acusação de que a roupa não havia sido passada por falta de eletricidade. O caso manteve atentos jornais e público durante os seis meses de um extenso processo judicial, no qual testemunhas especializadas foram convocadas entre psiquiatras. O dr. Truelle, um hereditarista tradicional, examinou as irmãs camponesas pobres, criadas alternadamente em instituições católicas e por uma mãe mercenária — e afirmou que não havia doença constitucional ou hereditária e, portanto, base alguma para atenuar a responsabilidade. A irmã Papin mais velha finge delirar, concluiu.

O psiquiatra chamado pela defesa foi Benjamin Logre, um "progressista". Como não recebeu permissão para visitar as moças, teve contato com elas pelas anotações e defendeu uma perspectiva muito diferente. Refutou as declarações dos psiquiatras oficiais de que as moças eram mentirosas e descreveu uma conturbada paixão entre a mais velha, a dominadora Christine Papin, e sua passiva irmã Léa, que as havia levado a uma *folie à deux*, dupla loucura, a cometer um crime sádico, erótico.

Apesar da vigorosa tese da defesa, das óbvias reservas do juiz investigador sobre a sanidade mental das irmãs e o testemunho do dr. Logre, o veredicto do júri era previsível: Christine Papin foi condenada à morte, sentença comutada para prisão perpétua. Um ano depois de sua prisão, a gravidade de seu delírio fez com que fosse transferida da prisão para o Hospital Psiquiátrico Le Mans. Ela nunca parou de chamar pela irmã. Recusou-se a comer e morreu em 1937. Léa ficou presa durante oito anos e voltou a viver com a mãe. Trabalhou como criada durante muitos anos, morrendo somente aos 82, alguns dizem que aos 89 anos de idade. [245]

Os procedimentos completos do julgamento foram publicados assim que ele se encerrou. Jacques Lacan entrou na refrega com um artigo no jornal surrealista *Le Minotaure* em 3 de dezembro de 1933. Ele acabara de sair do trabalho com Aimée e enfatizou os fundamentos estruturais das psicoses paranoides das irmãs e sua natureza homossexual. Sublinhou como a estranha falta de simpatia humana das empregadoras poderia ter ecoado na orgulhosa indiferença das irmãs: um grupo "não falava com o outro". Esse silêncio, entretanto, dificilmente seria vazio, mesmo que as principais jogadoras não pudessem ver o que estava em jogo. Uma interpretação paranoide devia estar em processo havia muito, certamente em Christine, para explodir em agressão.

Lacan descreve como uma falta de eletricidade profundamente banal desencadeou uma *passage à l'acte* — o momento em que as profundezas ocultas, "obscuras", subitamente tomam forma material e são transmutadas em ação violenta. Apesar da homenagem à interpretação do dr. Logre, Lacan discordou. Seu próprio diagnóstico foi paranoia ilusória: as irmãs, particularmente Christine, sofriam de delírio mental em torno de temas de grandeza e perseguição que podem gerar reações agressivas, frequentemente criminosas. As tensões sociais enfatizam o conflito entre o ideal que o eu incorpora e o que a sociedade exige. Para Lacan, o delírio em si mesmo é uma camuflagem — mais que qualquer expressão direta — de instintos agressivos que não resolvem o desacordo entre a compreensão do indivíduo das demandas sociais e de seus próprios ideais. O assassinato serve como punição para desejos internos, inconscientes.

O crime das irmãs Papin, mostra Lacan, contém um significado simbólico na atrocidade mesma dos detalhes. "Arranque os olhos dela", grita Christine, como se isso fosse meramente a expressão diária de ódio que é — e depois literalmente faz isso, levando a linguagem à sua conclusão lógica, castrando suas empregadoras, arrancando seu poder — o poder do olhar — e levando-o para dentro de si. Esse poder é sexualmente masculino, como é a relação de Christine com a irmã, cujo "marido" foi uma vez. Está claro para Lacan que as ideias delirantes das irmãs, seu *délire à deux*, antecedem o crime. Houve apenas uma lenta construção de ideias ilusórias. A tênue percepção da realidade do crime é parte da continuação do delírio.

Aimée, com seu ódio ambivalente à irmã, atingiu uma versão deslocada do ideal do ego que ela tanto amava quanto odiava. As irmãs Papin, à maneira de gêmeas siamesas, não se viraram uma contra a contra, mas agiram como uma só em duas etapas. Ao se voltar contra as patroas mãe/filha, castrando-as, arrancando seus olhos, encenaram a própria punição criminosa pelos pecados de seus desejos homossexuais. Estavam engajadas também em uma linguagem simbólica de rebelião e, portanto, de castração das patroas. Desta última, todos compartilhamos.

Tais casos, Lacan quer dizer, são suscetíveis à análise. Os motivos inconscientes das irmãs Papin, o delírio delas com seu transtorno subjacente de amor e raiva social é legível. No entanto, ele não invoca o perdão ou a libertação das irmãs. Elas são culpadas de um crime — sejamos ou não todos nós *potencialmente* culpados disso também.

10

MÃE E CRIANÇA

A psicanálise de Freud teve origem na ideia de que distúrbios psíquicos eram inspirados por conflitos relacionados com a sexualidade. Uma descrição simples poderia ser: a moralidade sexual civilizada, com todas as tensões e hipocrisias, a punição da masturbação infantil, a impingida ignorância encenadas por pais, babás e escolas para a criança curiosa, que está crescendo, com seus desejos instintivos e perversidade polimorfa. Gradativamente internalizada mediante um processo cheio de dificuldades edipianas inevitáveis e, para o menino, o medo da castração, a repressão acontece em consequência. Emergiram problemas psíquicos de graus variados junto com uma panóplia de sintomas. O mesmíssimo processo gerou também os bens da civilização. A psicanálise podia tratar problemas subjacentes ao dar ao adulto um espaço dentro do qual lembrar, reencenar e trabalhar através dos bloqueios que o drama da vida familiar criou. Os sintomas — sempre os sinalizadores de problemas psíquicos mais profundos nesta narrativa do eu — seriam então aliviados, transformados, retrabalhados. O indivíduo seria ajudado nas habilidades de trabalhar e amar, com apenas uma infelicidade comum diária a suportar.

Na sala de consulta, a criança de Freud é sempre uma criatura da memória, evocada por intermédio da livre associação, escondida nos interstícios de sonhos ou atrás da tela, esquecida, empurrada e afastada, importunada ou seduzida por desejos adultos e seus próprios esquecimentos enquanto ao mesmo tempo reencena um romance familiar com o analista. Essa criança foi tanto enterrada dentro do adulto quanto é instrumental para a sua pauta analítica. Ela ficou na soleira das portas espiando para dentro do quarto de dormir dos pais, foi afetada pelo olhar de um lojista, experimentou agitações e fantasias sexuais, amou e odiou seus pais do mesmo sexo ou do sexo oposto, enfureceu-se com as infidelidades dos pais e os resultantes intrusos competidores, foi punida por masturbar-se, temeu a castração, desenvolveu fantasias, ansiedades e fobias. Acima de tudo, essa criança foi sempre curiosa e fez pesquisas sexuais sobre as origens da vida. A criança freudiana é um ser vigoroso e sensual, um aventureiro e um investigador da verdade. Sem ser inocente em termos de prazeres sensuais, ela, assim mesmo, tem tudo a aprender sobre o mundo.

Embora durante grande parte dos anos 1890, como especialista em doenças nervosas infantis, Freud, muito como Winnicott mais tarde, visse milhares de crianças, ele nunca as tratou clinicamente — exceto uma — sem incluir seus próprios filhos. A criança foi o pequeno Hans, cuja situação difícil, completada com uma fobia por cavalos, foi levada a Freud por relato dos pais. O pai de Hans era membro do grupo psicanalítico inicial de Freud às quartas-feiras, e Freud só viu uma vez o garotinho, cujas pesquisas sexuais estimularam parte de dois estudos, assim como a história de um caso. A filha Anna forneceu um caso acidental: a cobiça de Anna pelo retrato de "molangos" no livro do pai sobre os sonhos e as fantasias de resgate de Anna no estudo de Freud "Uma criança está apanhando". O neto de Freud, Ernst, filho de sua filha favorita, Sophie, aparece como a criança em *Além do princípio do prazer*, onde ele controla as vindas e idas da mãe, ausência e presença, fazendo um jogo disso: repetindo e controlando as emoções através do jogo.

As mulheres foram as primeiras praticantes da psicanálise a lidar diretamente com a criança em carne e osso. A psicanálise tinha aberto as portas para elas, exceto por uma pequena dissensão entre os membros originais do círculo de Freud. Mas Freud prevaleceu, e as mulheres entraram na nova profissão em números proporcionalmente significativos.[246] Na Alemanha, no início dos anos 1930, analistas mulheres constituíam cerca de 40% dos profissionais, enquanto representavam apenas 6,5% dos médicos.[247] A Sociedade Psicanalítica Britânica nos anos 1930 era também 40% feminina, e as mulheres eram numerosas nas fileiras do Tavistock Centre.

Mesmo que as primeiras mulheres analistas, como Hélène Deutsch, estivessem todas ansiosas demais para se afastar da "tirania da mãe" ou, no caso de Anna Freud, tratasse a mulher casada com uma ponta de desprezo com matizes de desconforto, elas mostravam um pronunciado interesse em reinventar as mulheres como mães. Focavam a mulher em relação ao seu destino biológico — menstruação, gravidez, menopausa. Ou concentravam-se na criança, como se, a despeito de seu profissionalismo, estivessem representando as preocupações de suas próprias mães. Devido às restrições ao trabalho da mulher, isso era parte de um imperativo social: as crianças eram um domínio permitido. Mas as exceções — como a princesa Marie Bonaparte, com sua exuberante independência, que escreveu sobre a sexualidade da mulher adulta, ou a feminista Karen Horney, que se preocupava com a patologização do feminino, com o casamento e o ideal monogâmico — apenas destacam a regularidade com que a maioria das primeiras mulheres analistas, feministas em suas preocupações sociais ou não, concentraram-se em escrever ou tratar crianças e mães. Muitas, como Hélène Deutsch, viam na mãe a consumação da trajetória feminina, ou, como Melanie Klein, teorizavam a mãe como algo adjunto à criança. Muitas eram ou se tornaram mães, e a própria experiência alimentou seu trabalho.

O ímpeto inicial das analistas de crianças iria esclarecer as crianças sobre os segredos sexuais que lhes causavam dano pelo fato mesmo de serem segredos. Hermine Hug-Hellmuth, um dos primeiros membros femininos da Sociedade de Viena, foi elogiada por Freud por suas pesquisas sobre a vida sexual da criança em desenvolvimento e por sua inteligente aplicação da psicanálise ao "crescimento profilático de crianças saudáveis".[248] *The Young Girl's Diary*, que ela afirma ter mais editado que escrito, causou escândalo quando apareceu em 1919 por sua honestidade sobre as fantasias e a curiosidade sexual de uma menina de classe média.

Em seu primeiro artigo para o *International Journal of Psycho-Analysis*, Melanie Klein escreve:

> Podemos poupar a criança de repressão desnecessária ao libertar — e primeiro e antes de tudo nós mesmos — toda a ampla esfera da sexualidade dos densos véus do segredo, da falsidade e do perigo engendrados por uma civilização hipócrita, sobre uma base afetiva e desinformada. Deixaremos a criança adquirir tanta informação sexual quanto exija o crescimento de seu desejo por conhecimento, privando assim, de uma só vez, a sexualidade de seu mistério e de uma grande parte de seu perigo. Isso assegura que desejos, pensamentos e sentimentos não serão — como aconteceu conosco — em parte reprimidos e, em parte, quando fracassa a repressão, tolerados sob o peso de uma falsa vergonha e de sofrimento nervoso. Ao evitar essa repres-

são, a sobrecarga de sofrimento supérfluo, estaremos, além do mais, construindo as fundações para a saúde, o equilíbrio mental e o desenvolvimento favorável do caráter.[249]

Essa confiança ecoou em muitas campanhas sociais na Europa e na América. *Married love* e *Wise parenthood*, de Marie Stopes, assim como seu trabalho clínico subsequente, e o trabalho de Margaret Sanger na América são ambos parte de um projeto de educação sexual que vem de mãos dadas com o aconselhamento sobre o controle da natalidade, de forma que a nova criança seja desejada pelos pais e cresça no melhor ambiente possível. Em seu mais alto grau de idealismo, tal campanha educativa fazia parte de um empreendimento socialista mais amplo: a criação de um novo homem e de uma nova mulher que deixariam para trás a agressão criminosa que a guerra mundial havia exibido de forma tão trágica.

Escolas influenciadas pelo pensamento psicanalítico foram fundadas em Viena e Berlim, Inglaterra, Rússia e América. A delinquência deixou de ser um problema "moral" para se tornar psicológico, com raízes em famílias desfeitas ou com problemas, ou orfanatos disciplinadores. Novas profissões, como assistente social, cresceram, e as mais antigas — cuidado infantil, ensino, medicina e a própria psiquiatria — adquiriram com frequência um esmalte psicanalítico. Isso coexistiu com mudanças na prática psicanalítica e a proliferação de teorias afins e às vezes em disputa. Enquanto Freud no período de pós-guerra foi além do princípio do prazer para propor um impulso de morte, explorar a psicologia do grupo, ou voltar na história para encontrar as razões do monoteísmo, outros retornavam no tempo para explorar a infância antes da linguagem, que até então tinha sido a única ferramenta de análise.

A mudança em direção à criança e à mãe gradualmente desalojou o sexo como instinto de seu lugar central no pensamento psicanalítico. Desejo frustrado, sexualidade e as ansiedades e fantasias que os acompanhavam foram postos de lado como o conjunto-chave para a explicação da doença. Mães desalojaram pais castradores como a autoridade crucial, dominando tanto a infância quanto a vida interior: foi com base nessa relação inicial e fundamental, e não na paterna, que todas as relações futuras, de amor e poder, de ligação e dependência, seriam colocadas em jogo novamente.

Sem dúvida, uma guerra mundial seguida dentro da mesma geração por outra guerra mundial alimentou o processo que tornava a mãe e a criança saudáveis — o chamado "par da amamentação", a preocupação primária dos médicos da mente. Mãe e filho eram parte de um ímpeto cultural maior. Os anos 1920 trouxeram a necessidade de repovoar depois da devastação da guerra e da pandemia de gripe de 1918, que fez aterrorizadores 50 milhões de vítimas em todo o mundo. Mulheres foram apressadas a voltar para casa após o trabalho em tempo de guerra, e muitas foram de boa vontade. Uma reação ocorreu contra o que muitos viam como exigências feministas excessivas por uma igualdade que incluía a igualdade sexual. Enquanto todas as formas de sexualidade e orientação sexual estavam presentes em sua vida noturna, a Constituição de Weimar proibia a exibição pública de contraceptivos e a descrição de seu uso. Os franceses recompensavam as mães de cinco filhos com medalhas da maternidade. Em 1930, o papa anunciou uma encíclica que permitia o sexo marital *apenas* quando a intenção fosse reproduzir. A tendência pró-natalidade se espalhou. Os fascistas monumentalizaram a mulher como mãe. Embora não compartilhassem a política deles, mulheres médicas da mente dificilmente hesitavam em pressionar a mulher à maternidade. Crescentemente enfatizavam a importância e as complexidades de Sua Majestade, a criança.

Tornar-se mãe agora significava aceitar o interesse "psicológico" acrescentado, a um só tempo preocupante e inteligível,[250] assunto para profissionais e autoridades sociais, assim como para aqueles árbitros morais mais antigos, as religiões. Todos agora estavam envolvidos, junto com a mãe e a criança, em determinar condutas, mensurar saúde e desenvolvimento e atribuir significados a uma função e relação que era, afinal, tão velha quanto a própria humanidade.

Anna Freud (1895-1982) e Melanie Klein (1882-1960)

Anna Freud e Melanie Klein foram duas das mais influentes analistas iniciais de crianças, não apenas por meio de seus escritos como por aquela forma de difusão que é o próprio treinamento de análise. Em certo sentido, cada uma adotou aspectos diferentes do amplo legado de Freud e caminhou em novas direções. Rivais, lutaram pela supremacia de seus pontos de vista e pelo manto paternal.

Tendo treinado para ser professora, feito análise parcial com o pai e outra com uma das primeiras seguidoras mulheres de Freud, a muito atraente Lou

Andreas-Salomé, o trabalho da filha mais nova de Freud sempre teve um tom pedagógico e normativo. Ela insistia na importância de trabalhar com os pais e as escolas a fim de modelar a criança em desenvolvimento em um adulto bem integrado. Em 1927, com Dorothy Burlingham, criou a Hietzing School, e já em 1936 foi precursora de creches para crianças de menos de 2 anos. Na Jackson Nursery, os bebês eram observados, colhia-se informação sobre seus hábitos de comer (ela própria havia sofrido um distúrbio alimentar), de brincar e seu desenvolvimento em geral. Anna compartilhava as esperanças socialistas dos radicais de inclinação terapêutica de Viena, como Siegfried Bernfeld e August Aichhorn. O *Wayward Youth*, do último, procurou mostrar a uma sociedade repressiva e militarista que os delinquentes não eram criminosos, mas crianças cujo desenvolvimento interior se distorcera. Para Anna, a psicanálise podia ajudar nesse desenvolvimento: seu papel não era apenas focar a vida psíquica inconsciente, os impulsos instintivos abafados e as fantasias reprimidas, mas fortalecer o ego, para que a criança pudesse tornar-se um adulto responsável.

Em contraste com Melanie Klein, cujo foco se encontrava na vida interior inicial da criança e em seus furiosos desejos instintivos e agressões, Anna Freud enfatizava que "desde o início, a análise, como método terapêutico, estava preocupada com o ego e suas aberrações: a investigação do id e de seu modo de operar foram sempre apenas um meio para um fim. E o fim era invariavelmente o mesmo: a investigação dessas anormalidades e a restauração do ego em sua integridade".[251] A psicologia do ego, assim como o entendimento das defesas do ego, que detalhou em seu livro de 1936, *O ego e os mecanismos de defesa*, como repressão, regressão, formação de reação, isolamento, destruição, introjeção, identificação, projeção, voltar-se contra o eu, reversão e sublimação — devem muito ao pensamento de Anna Freud, e embora ela, assim como Melanie Klein antes dela, estivessem estabelecidas na Inglaterra, sua influência seria maior nos Estados Unidos que em outros lugares.

Em 1933, o novo governo nazista alemão efetuou uma purificação da ciência "judaica" da psicanálise. Em 10 de maio, cerca de quatro meses depois que chegou ao poder, os livros de Freud foram queimados em Berlim. No fim do mês, o aconselhamento sobre sexo e as clínicas de controle da natalidade foram fechadas. Oitenta por cento dos analistas alemães eram judeus, e a emigração para os Estados Unidos, a Grã-Bretanha, a França e a Palestina começou. Freud se sentia muito velho para deixar Viena, mas com a tomada do poder pelos nazistas na Áustria em 1938 e as consequentes ameaças à família, que Anna, sua Antígona, enfrentou com grande coragem pessoal, eles se mudaram para Londres. Freud morreu ali em 23 de setembro de 1939, exatamente quando a guerra engolfava a Europa.

Como parte do esforço de guerra, Anna, com sua parceira de longo tempo, Dorothy Burlingham, criou as Creches Hampstead para bebês e crianças evacuadas. Cuidar de crianças deslocadas também abria um campo rico para a coleta de *insights* sobre a natureza da vida da criança e das relações da família. A experiência começou a mostrar, de forma crescente, que as crianças eram com frequência menos afetadas pela *blitz*, a guerra nos céus, que pela ansiedade de suas mães, ou pela própria separação. O que emerge acima de tudo nos livros baseados nas creches, *Infants without Families* (1944) e *Young Children in War-Time* (1942), é a importância crucial da mãe na vida emocional da criança: "Uma criança no estágio infantil de 1, 2, 3, 4 anos de idade se agitará e tremerá com a ansiedade da mãe, e essa ansiedade se transmitirá mais completamente quanto mais jovem ela for. O laço emocional primitivo entre a mãe e o bebê, que a certos respeitos faz de dois seres apenas um, é a base para o desenvolvimento desse tipo de ansiedade de raide aéreo em crianças."[252]

A separação da mãe tem impacto formativo na criança. Levada para longe da mãe, a criança mais jovem irá, por necessidade, adaptar-se à nova pessoa que cuida dela. Mas para crianças de 3 a 5 anos, a separação pode causar um dano grave a tudo, desde o treinamento para ir ao banheiro até o aprendizado da linguagem. Matar um pai na imaginação, que, naturalmente, é parte do desejo edipiano normal freudiano da criança, é tolerável quando o pai está presente e mantém o laço com a criança. Se os pais estão ausentes, "a criança fica assustada ... e suspeita de que a sua deserção pode ser outra punição ou até a consequência de seus maus desejos. Para superar a culpa, ela superlativa todo o amor que já sentiu pelos pais. Isso transforma a dor central da separação em um anseio intenso difícil de suportar".[253]

As Hampstead Nurseries atenderam às necessidades imediatas do trabalho para a guerra. Mas as observações coletadas ali também ajudaram a modelar as políticas de educação, das instituições e do bem-estar. Elas determinaram decisivamente o foco de Anna Freud na criança em desenvolvimento, nos distúrbios de aprendizado, na delinquência, nos distúrbios de alimentação e, finalmente, na lei familiar. Seu trabalho posterior foi útil em forjar o conceito "os melhores interesses da criança" e em estabelecer os direitos das crianças. Os julgamentos em caso de custódia passaram a ser modelados do ponto de vista psicológico da criança como uma criatura altamente maleável e sensível. Para o "desenvolvimento saudável" da criança, argumentava Anna Freud, laços estáveis têm que ser formados. A necessidade da criança da "continuidade não interrompida de relações afetuosas e estimulantes" poderia, naturalmente, ser satisfeita por um pai gentil e não apenas biológico. Disso resultou que decisões de custódia procrastinadas, confusão de pais adotivos ou instituições e custódia conjunta poderiam não ser do melhor interesse da criança. Por outro lado, as "fantasias de resgate" da assistente social podem ser mais prejudiciais à criança que sua continuação com pais que a assistente social não aprova totalmente.

O trabalho de Anna Freud enfatiza a importância do meio ambiente para o desenvolvimento da criança, um ambiente que em primeira instância é a mãe, a quem o analista não deve deslocar, e sim trabalhar junto com ela. A criança é entendida como um ser em busca de gratificação instintiva: isso é o que a impulsionará em suas primeiras ligações e em seu caminho muito importante para o mundo exterior, para o qual uma série de adaptações difíceis terá de ser feita à medida que o ego amadurece.

Uma hipótese de maior amplitude sobre os trabalhos da vida interior inconsciente do bebê não era o que interessava basicamente a Anna Freud. Aquele mundo pré-edipiano, pré-linguístico era o terreno dramático de Melanie Klein. Suas visões deram origem a uma psique infantil crescentemente complexa, uma paisagem interior que trazia um grande número de novas alegorias psicológicas — tais como projeção, introjeção e defesa maníaca — para descrever a dinâmica vida psíquica da criança e seu conteúdo cognitivo. Uma nova ênfase muito britânica dentro da psicanálise foi um dos resultados.

Melanie Klein nasceu em Viena, a mais jovem de quatro crianças, filha temporã de um pai idoso, o dr. Moriz Reizes, e sua mulher, consideravelmente mais jovem e ambiciosa, Libusa Deutsch. A irmã favorita de Melanie morreu quando esta tinha 4 anos; o irmão que a ajudava em grego e latim morreu enquanto ainda cursava a universidade. Essas perdas marcaram sua vida. Abandonando suas próprias aspirações de estudar medicina, Melanie casou-se aos 19 anos, deixando a universidade cedo para seguir o marido, um engenheiro, nas várias mudanças que finalmente os levaram para Budapeste, em 1910. O casal tinha três filhos quando Melanie decidiu, depois de ler Freud e logo após a morte da mãe, que queria estudar psicanálise.

Depois de uma análise com o brilhante e inovador Sandor Ferenczi, começou a analisar crianças, trabalhou na clínica de Ferenczi durante os anos da guerra e participou do início da vida da profissão, fazendo palestras em encontros e congressos. Em 1921, no fim do divórcio, mudou-se com os filhos para Berlim e trabalhou com Karl Abraham, seu grande apoiador, que tristemente morreu em 1925. A azeda Alix Strachey, do grupo Bloomsbury, mulher de James, que fazia análise com Abraham enquanto o marido estava saudoso em Londres, descreveu Klein em uma carta dessa época como uma Cleópatra vulgar, "uma Semíramis ultra-heterossexual em roupas suntuosas e elegantes". Mas ela valorizava Klein e traduziu seu alemão bastante obscuro para um inglês preciso de Bloomsbury — fato que certamente auxiliou a recepção britânica final de Klein.

Convidada por Ernest Jones em nome de Strachey a ir a Londres para fazer uma palestra, Klein fez seis palestras na casa do irmão de Virginia Woolf, o psicanalista dr. Adrian Stephen. No ano seguinte, Klein emigrou para a Grã-Bretanha, onde teve impacto galvanizador sobre a psicanálise inglesa, semeando amor e ódio, concordância apaixonada e oposição radical, em uma imagem espelhada de sua própria e dramática visão da vida interior, com suas divisões, identificações projetivas e forças persecutórias. O grupo Bloomsbury, ele próprio constituído de relacionamentos e valorizando a importância de Klein, continuou a ser gentil com ela. Virginia Woolf, que jantou com Klein em 15 de março de 1939, deixou um retrato revelador de sua exata contemporânea em seu diário: "Uma mulher de personalidade & força algo submersa — como direi? —, não astúcia, mas sutileza; algo trabalhando no subsolo. Um puxão, um giro, como uma contracorrente submersa: ameaçadora. Uma dama enganadora de cabelos grisalhos e grandes olhos brilhantes e imaginativos."[254]

Uma das inovações de Klein foi propor que as crianças experimentavam a situação edipiana no desmame ou antes, seu mundo já então dividido entre o amor por um dos pais, ódio pelo outro, a culpa presente e o medo de castração. Para Klein, as privações que o desmame traz se acrescem às sofridas pela inabilidade da criança em substituir o pai do sexo oposto. Tais privações podem afetar o aprendizado do uso da privada, a habilidade para aprender e aparentemente levar a autolesões por descuido.

> Em uma idade muito precoce as crianças entram em contato com a realidade por meio das privações que ela lhes impõe. Elas tentam defender-se, repudiando-a. A coisa fundamental, entretanto, e o critério de toda a capacidade posterior de adaptação à realidade é o grau em que elas são capazes de tolerar as privações que resultam da situação edipiana. Então, mesmo em crianças

pequenas, o repúdio exagerado da realidade (frequentemente disfarçado sob uma aparente "adaptabilidade" e "docilidade") é uma indicação de neurose e difere da fuga da realidade do adulto neurótico apenas na forma em que se manifesta. Até mesmo na análise de crianças jovens, portanto, um dos resultados finais a serem alcançados é a adaptação bem-sucedida à realidade. Uma forma em que isso se mostra na criança é no desaparecimento das dificuldades encontradas em sua educação. Em outras palavras, tais crianças se tornaram capazes de suportar privações reais.[255]

Mesmo que o mundo psicanalítico em si mesmo fosse pequeno, particularmente naquela época na Grã-Bretanha, o foco de Klein gradativamente se espalhou em uma arena social mais ampla através de seus proeminentes analisados. A Inglaterra forneceu solo fértil para as ideias kleinianas, ajudadas pelo permanente interesse inglês pela criança, um legado que o romantismo tornou vívido em uma literatura infantil pujante e totalmente não continental. Em meados dos anos 1920, Christopher Robin e o que se tornaria o clássico "objeto transicional", *Winnie the Pooh*, já estavam vivos e bem. E seu pequeno amigo freudiano, James James Morrison Morrison Weatherby George Dupree,* "cuidava bem de sua mãe, embora tivesse apenas 3 anos" e ela soubesse muito bem que nunca deveria ir até o fim da cidade sem "me consultar".

O bebê kleiniano é uma criatura dramática, um lugar interno de guerra entre exigências agressivas e libidinosas. Junto ou distante do seio — seu foco de atenção, ou objeto — esse bebê habita um mundo de paixões sombrias e extravagantes, cheio de sugação, mordidas e chutes. Enquanto isso, a mãe é, em sua maior parte, seios, no melhor dos casos aquiescente e sempre disponível, sem ser detida por suas próprias disposições de espírito e necessidades que são inevitavelmente comunicadas instantaneamente. Esse seio é todo o mundo do bebê, lugar de satisfação, ou ausência, e, quando ausente, é internalizado como um ataque; por conseguinte, exige vingança. O bebê internaliza, ou "introjeta", esse bom e esse mau seio como forças separadas. A divisão entre os dois não pode ser reconciliada como ambiguidade, ou em uma única e total pessoa senão mais tarde, se isso acontecer. O bom é idealizado, amado, em grande parte inalcançável. O mau é persecutório. A guerra primitiva entre os dois é fundamental e pode ser reencenada em qualquer momento difícil da vida de um indivíduo. De fato, uma análise kleiniana normalmente leva o

---

*Poema infantil de Alan Alexander Milne. (*N. da T.*)

paciente de volta a esse mundo inicial pré-sexual de temores, culpa, ansiedade e retaliação, tão fundamental que equivale ao pecado original.

Klein relata o caso de um menino de 5 anos que costumava fingir que tinha todas as espécies de animais selvagens, como elefantes, leopardos, hienas e lobos, para ajudá-lo contra seus inimigos. Eles representavam objetos perigosos — persecutórios — que ele havia domado e podia usar como proteção contra os inimigos. Mas apareceu na análise que eles também eram um símbolo de seu próprio sadismo, cada animal representando uma fonte específica de sadismo e os órgãos usados nessa conexão. Os elefantes simbolizam seu sadismo muscular, seus impulsos para atropelar e pisar. Os leopardos dilaceradores representam seus dentes e suas unhas e suas funções em seus ataques. Os lobos simbolizam seus excrementos, investidos de propriedades destrutivas. Às vezes, ele fica muito assustado com a possibilidade de os animais selvagens que domou se virarem contra ele e o exterminarem. Esse medo expressava seu senso de ser ameaçado por seu próprio destrutivismo (assim como por seus perseguidores internos).[256]

A ansiedade kleiniana é o medo da aniquilação que existe no inconsciente ao lado de uma força vital: o seio da mãe, o primeiro pedaço de realidade que a criança conhece, representa ambos:

> primeiro o seio da mãe (e a mãe) tornam-se na mente da criança um objeto devorador, e esses medos logo se estendem ao pênis do pai e ao pai. Ao mesmo tempo, uma vez que devorar implica desde o início internalizar o objeto devorado, o ego é sentido como contendo objetos devorados e devoradores. Assim, o superego é desenvolvido a partir do seio devorador (mãe) ao qual se acrescenta o pênis devorador (pai). Essas cruéis e perigosas figuras internas tornam-se representativas do instinto de morte. Simultaneamente, o outro aspecto do superego inicial é formado primeiro pelo seio bom internalizado (ao qual se acrescenta o pênis bom do pai) que é sentido como um objeto interno que nutre e é útil, e como representativo do instinto de vida. O medo de ser aniquilado inclui o perigo de o seio bom interno ser destruído, pois esse objeto é sentido como indispensável para a preservação da vida. A ameaça ao eu pelo instinto de morte que trabalha internamente é interligada aos perigos apreendidos da mãe devoradora internalizada e do pai, e se torna o medo da morte.[257]

A criança kleiniana tem um superego punitivo e sádico que surge com aquela privação que é o desmame, ou mesmo mais cedo — certamente muito mais cedo que Freud ou Anna postularam. O prazer comum, para Klein, parece com muito mais frequência uma forma de evitar a dor psíquica. No mundo interior da criança, que já é uma versão dos outros contra os quais se rebelou, o superego a ataca por ter pensamentos criminosos sobre as pessoas que gradativamente entram em foco tridimensional, primeiro a mãe, depois os pais. Nesse processo, o onipotente (e profundamente indefeso) bebê sai de sua luta inicial pela sobrevivência e começa a reconhecer o que eram "objetos-partes" em seu próprio mundo como pessoas do lado de fora, ou "objetos inteiros". Esse elemento relacional é a fundação do mundo kleiniano — daí o mundo de "relações objetais" como esse tipo de análise foi chamado.

Simultaneamente, a criança também começa a reconhecer sua dependência da mãe e vê que o que ela ama tanto quanto odeia é uma só e mesma pessoa. A mãe que ela odeia e ataca é o objeto amado e, inversamente, amá-la significa amar o que é odiado e temido. A criança se sente culpada pelo ódio, embora esta culpa não seja tão feroz quanto a perseguição que o superego inicial infligiu. A criança também teme que a mãe a abandone como resultado de sua agressão. Depressão, ou a "depressão positiva", vem com o senso de perda. Durante essa fase, a criança pode defender-se contra o senso de perda ou luto sendo "maniacamente" ocupada ou alegre; pode tentar consertar o dano que sua própria agressão causou, abrindo caminho assim para boas relações futuras ou realmente para as várias tarefas criativas que poderá assumir mais tarde.

Inescapável como uma força, essencial, a mãe kleiniana tem pouco de pessoa individual à parte a tarefa materna. Mas é a tarefa de ser mãe que serve como estímulo para o reconhecimento final da criança de um mundo separado de si mesma, um mundo de objetos ou outros, com o qual a criança se relacionará da maneira em que essas primeiras relações se estabelecerem. Na desamparada luta da criança para formar vínculos com o real, aquelas "relações objetais", sua vida interior, se enche de fantasias sombrias. Essas fantasias formam a base de "projeções" posteriores para outros. Com a mesma literalidade infantil que faz do seio o mundo, elas também lembram e formam a raiz de psicoses posteriores.

No selvagem cenário kleiniano da criança em desenvolvimento e em seu vínculo com a mãe, a última pode ser tão indefesa quanto a criança ao suportar a carga inesperada de ataques criminosos e de emoções que, devido à sua impronunciabilidade mesma, parecem muito mais violentos que os ataques edipianos ao pai postulados por Freud. Dentro do mundo da doença psíquica, as ideias kleinianas têm impacto distinto no tratamento de doenças psicóticas e no cuidado de pacientes, criança ou adulto, aprisionados pelas paredes da própria imaginação, com pouca ligação com o real do lado de fora. Na cultura em geral, na qual as complexas hipóteses de Klein gradualmente foram fornecidas de forma mais simples, sua ideia da mãe, tanto como profundamente passiva como infinitamente responsável, ajudou a induzir nas mulheres um senso de culpa contínua em relação aos filhos. Em todos os lugares nas revistas de pós-guerra, nos serviços pediátricos e nos manuais de cuidado infantil, a tarefa de educar crianças se tornou algo tão difícil que, se não levou tanto mães quanto crianças à completa loucura, certamente levou-as a buscar ajuda.

D. W. Winnicott (1896-1971)

Donald Woods Winnicott, pediatra por treinamento inicial, forjou um vínculo crucial entre o cuidado médico e psicanalítico de crianças na Inglaterra e, mediante seus muitos livros e artigos, bem longe de casa. Winnicott tornou os bebês interessantes.[258] Há mais em um bebê que sangue e ossos, reiterava de diversos modos. Seu status como homem e médico deu à discussão muito peso.

Nascido em uma próspera família de Plymouth, Winnicott estudou medicina em Cambridge, mas interrompeu o curso para servir como cirurgião temporário em um destróier durante a Primeira Guerra Mundial. Depois de completar seus estudos de medicina, começou a trabalhar no Queen's Hospital for Children, em Hackney, Londres, e no Paddington Green Hospital, em 1923, mesmo ano em que começou uma análise de dez anos com o tradutor de Freud, James Strachey. Seu interesse na psicanálise fora despertado pela leitura, em 1919, do livro de Freud *A interpretação dos sonhos*, que o abriu para um novo modo de pensar — modo que quis instantaneamente redescrever em inglês. Em 1927, ano em que Melanie Klein chegou à Sociedade Psicanalítica Britânica, Winnicott iniciou seu treinamento psiquiátrico. Melanie Klein tornou-se sua supervisora. Em 1936, completamente treinado, começou, mesmo assim, uma segunda análise, desta vez com Joan Riviere, a maior defensora de Klein e sua talentosa tradutora: as visões de Klein permeiam o pensamento de Winnicott. Dito isso, ele sempre foi um cético rebelde sobre formulações teóricas, fossem freudianas (Sigmund ou Anna) ou kleinianas. Preferiu abrir seu próprio caminho, muito britânico, em meio às "guerras continentais" entre as duas mulheres, insistindo naquele discurso simples que o público ouvinte da BBC, sem falar nos médicos, podia entender prontamente. Durante as chamadas Discussões Controversas de 1943, em que Klein e Anna Freud, que chegara por último à Grã-Bretanha, e seus respectivos seguidores brigaram em torno da herança de Freud — uma polêmica que quase rachou a Sociedade Psicanalítica Britânica —, foi Winnicott quem observou que, enquanto rajadas verbais eram disparadas, bombas de verdade caíam sobre as cabeças.

Desnecessário dizer, Winnicott tornou-se líder do que emergiu como o chamado Grupo do Meio, os Independentes dentro do acordo peculiarmente britânico oferecido pelo treinamento pós-guerra da Sociedade Psicanalítica Britânica, com seu A (Klein), B (Anna Freud) e os Grupos do Meio. Winnicott foi duas vezes presidente da Sociedade Psicanalítica Britânica depois da guerra e durante 25 anos chefe do instituto de treinamento do Departamento da Criança.

As preocupações de Winnicott reforçaram a ênfase no "par da amamentação", mãe e criança, e removeram mais ainda do terreno das preocupações analíticas a consideração de qualquer sexualidade indecorosa que pudesse envolver o ato sexual real em lugar das fantasias da infância. Para Winnicott, como diz a muito citada frase, não existe essa coisa de bebê, uma vez que, onde quer que se encontre um bebê, sempre se encontra alguém mais, muito notadamente uma mãe. A frase o espantou quando saiu pela primeira vez de seus lábios, mas ele percebeu que sua intenção era dizer que os dois deviam ser considerados sempre um casal.[259] Quase se poderia concluir, para levar a um fim lógico seu ousado pensamento, que, para Winnicott, raramente existia algo como uma mulher, pois ela existia inteiramente como parte da díade mãe-criança.

Durante os quarenta anos nos dois hospitais onde trabalhou, sua "psiquiatria rápida", Winnicott viu cerca de 60 mil crianças e suas mães, pais e avós. À diferença de muitos dos contemporâneos psicanalistas, estava preparado para se engajar em psicoterapias breves com seus pacientes. Isso não apenas teve o poder de disseminar a psicanálise com mais rapidez como ajudou a trazer um novo modo de pensar ao terreno médico. Winnicott acreditava que uma vez que doença e cura raramente tinham a ver com fatores físicos, os médicos deviam ter algum conhecimento do inconsciente e de seus mecanismos. Ele gostaria que esse conhecimento fosse amplamente intuitivo e espontâneo. Tinha uma visão otimista da possibilidade humana, uma ideia de um eu autêntico e de um potencial criativo instilado pela relação com uma "mãe suficientemente boa". Esse senso romântico coexistia, talvez paradoxalmente, com a predileção pela criança agonicamente atormentada de Klein, nascida para os terrores de um mundo interior dividido pela guerra entre o bom e o mau.

O trabalho de Winnicott como consultor psiquiátrico do Esquema de Evacuação do governo de tempos de guerra em Oxford, onde administrou vários dormitórios, sublinhou a importância do papel da mãe para ele. A criança que não tivera proteção materna suficientemente boa não se adaptava à sua situação. O fracasso no cuidado materno inicial podia levar à delinquência mais tarde. O tipo "curável" era frequentemente instigado por uma falha no cuidado materno ou uma separação da mãe ocorrida *depois* que o ego da criança já estava integrado. Atividade antissocial para Winnicott é uma expressão do senso de perda da criança delinquente, a rutura de uma integração inicial que a criança carregava consigo, assim como levava todo o seu desenvolvimento inicial. O fato de haver "atividade" era em si mesmo uma expressão de esperança: o que havia sido perdido poderia ser encontrado novamente mediante a liberação de um desenvolvimento sustado cedo demais. Winnicott também reconheceu que um ambiente continuamente confiável ajudava as crianças com problemas tanto quanto a terapia.

Isso destacou que seu entendimento da terapia no pós-guerra coincidiu apenas parcialmente com as profundas interpretações kleinianas que insistiam nos significados subjacentes edipianos dos jogos e das manifestações infantis. A terapia, igual e crescentemente, tornou-se para Winnicott uma questão de fornecer um "ambiente seguro", de permitir um espaço constante e confiável em que a criança problemática pudesse expressar o pior sem medo de punição. Terapia, em especial com os seriamente prejudicados, era uma questão de "administrar" a transição entre as terríveis fantasias e onipotência do mundo interno do bebê — tão afim com o de um psicótico — e a aceitação da realidade além do controle infantil mágico/diabólico e de toda a culpa e ansiedade que acompanhavam esse controle.

O terapeuta se tornava "real" para a criança quando ela podia odiá-lo sem destruí-lo, mudar de "ilusão" para "desilusão" e talvez para um "reilusionamento". O terapeuta, em outras palavras, era uma versão tardia de uma "mãe suficientemente boa" que transportava a criança para o real. Freud disse uma vez que se sentia desconfortável quando solicitado a assumir o papel de mãe em uma transferência. Winnicott, não. Mesmo que Freud não tivesse escrito muito sobre a função materna, "isso ocorreu na disposição do ambiente para o seu trabalho, quase sem que ele se desse conta".[260] O analista, como uma mãe, estaria confiavelmente sempre lá, vivo e respirando. A mudança — em termos da prática dos médicos da mente — é da forma de análise de Freud, que lida amplamente com neuroses, para uma terapia que também pode lidar com psicoses, pois explora para trás os mais primordiais relacionamentos pré-verbais.

Depois da Segunda Guerra Mundial, Winnicott deu palestras não apenas para analistas e profissionais, mas com crescente importância e frequência para assistentes sociais, organizações de cuidado infantil, professores e padres. Como participante de grupos de estudo da Unesco e da OMS, seu pensamento estimulou políticas públicas e, mediante transmissões da BBC, ajudou a modelar a opinião pública. Não apenas seu foco, como também sua compreensão do casal mãe-criança tornou-se conhecimento comum. Parecia "natural" e de "senso comum" seu status teórico guarnecido pelo feliz inglês comum de Winnicott.

Então, o que era essa relação mãe-criança que tornava a mãe suficientemente boa tão decisiva no desenvolvimento da criança? Winnicott tomou de Klein a descrição do mundo interno da criança e corrigiu-a ao embasá-la na regularidade do amor materno, aquela aceitação incondicional da mãe das necessidades iniciais "cruéis" da criança. As tentativas da criança de ferir a mãe quando esta cuida dela, ou nas brincadeiras — morder, espetar, chutar, gritar e, em geral, esgotá-la — é sua forma primitiva de amor. Só uma mãe pode tolerar tais necessidades; sua aceitação, de fato sua contínua presença e sobrevivência, é essencial para o desenvolvimento da criança.

Se a mãe não tem capacidade de aceitar esse amor cruel, de ser um ambiente seguro bom o bastante para a criança e emergir ilesa dos ataques infantis, problemas posteriores de delinquência poderão surgir. De fato, de seus pacientes psicóticos Winnicott aprendeu que é a mãe que conduz a criança ao longo de um primeiro estágio de "não integração", em que o eu ainda não está ancorado no corpo e em suas várias partes. Ao manusear, banhar, embalar, chamar pelo nome, ela une os pedaços do bebê, integra-o. Gradualmente, por intermédio daquele *continuum* de visão, som e cheiro que fornece, ela também se torna um ser inteiro no mundo que está fora da fantasia do bebê. O seio dá à criança a capacidade de invocar — alucinar —

o que está disponível, enquanto sua reaparição condicionante provê o alívio do real, que limita a fantasia. O senso de irrealidade, a desintegração que é parte das psicoses são resultado de uma rutura ou fracasso no cuidado materno[261] inicial ou da depressão da mãe — como Winnicott aprendeu com seus evacuados e pacientes do tempo de guerra.

Winnicott propôs uma "preocupação materna primária" como um estado necessário para a saúde da criança. Isso foi em parte uma resposta à insistência de Anna Freud em que "culpar as deficiências da mãe pela neurose na fase oral nada mais é que uma fácil e enganosa generalização", pois "desapontamentos e frustrações são inseparáveis da relação mãe-criança". Para Winnicott, a criança pequena, profundamente dependente, ainda não é suscetível a desapontamentos e frustrações, que mais tarde são emoções. As necessidades só podem ser satisfeitas ou não satisfeitas, mas sua satisfação é crucial. E quando a mãe se encontra naquele estado de "preocupação materna primária" — um tipo de sensibilidade aguçada, uma "doença normal" que dura até o último período da gravidez e as primeiras semanas do bebê —, a mãe as satisfaz. Sua atenção pacificadora, seu sentimento de estar no lugar da criança e deixar a criança cruel obter o que quer dela, é indispensável.

> O fornecimento de um ambiente bom o bastante nas primeiras fases habilita a criança a começar a existir, a ter experiência, a construir um ego pessoal, a ser levada pelos instintos e a enfrentar todas as dificuldades inerentes à vida. Tudo isso é real para a criança que se torna capaz de ter um eu que finalmente pode até mesmo suportar sacrificar-se espontaneamente, até morrer.
>
> Por outro lado, sem o fornecimento de um ambiente inicial suficientemente bom, esse eu que pode aguentar morrer nunca se desenvolve. O sentimento do real está ausente, e, se não existe caos em demasia, o pensamento final é de futilidade. As dificuldades inerentes à vida não podem ser respondidas, que dirá as satisfações. Se não existe caos, aparece um falso eu que esconde o verdadeiro eu, que se submete às exigências, reage aos estímulos, é levado pela experiência dos instintos a tê-los, mas está apenas tentando ganhar tempo.[262]

Muita coisa depende de poucas semanas na vida de uma mãe em que o indispensável seio precisa ser apresentado do jeito intuitivo certo de forma que "seja do mesmo tipo que o desejo da criança" e permita que ela construa "a matéria básica do mundo interior que é pessoal e de fato o eu". Se a relação estreita entre ela e a criança não está presente, se ela está deprimida ou desatenta, ou tem "uma identificação fortemente masculina", o bebê pode experimentar uma "ameaça de aniquilamento", ou começar a desenvolver um eu falso, obediente, que finalmente se sente fútil e colapsa. O desenvolvimento posterior será, de qualquer maneira, prejudicado: poderá resultar em roubo ou delinquência, a psicose que Winnicott caracterizou como "doença da deficiência" — os riscos no cuidado do mero "suficientemente bom" são enormes. Devoto da espontaneidade, as hipóteses de Winnicott raramente deixam à mãe espaço suficiente para uma satisfação astuciosa ou ingênua das necessidades do bebê. Felizmente, ao reproduzir o ambiente bom o bastante, o analista podia às vezes consertar as carências de cuidado materno que a criança havia suportado.

Anna Freud continuou a não se convencer da direção que a nova escola de psicanálise de relações objetais tomava. A "falsa geração" perdeu a essência da psicanálise, observou, olhando para trás em 1974 — "o conflito dentro da pessoa individual, os anseios, as ideias e ideais lutando com os impulsos para manter o indivíduo dentro de uma comunidade civilizada. Tornou-se moderno diluir isso no anseio de todo indivíduo por uma perfeita união com a mãe, isto é, ser amado como só uma criança pode ser amada. Há muita coisa que se perde dessa maneira".[263]

A "Piggle"

Poucas histórias publicadas de casos de Winnicott são mais longas que a simples menção de exemplos em um texto. Uma delas é o comovente caso de Gabrielle, ou a Piggle, seu carinhoso apelido, uma menina altamente inteligente e falante que foi a Winnicott com a idade de 2 anos e 4 meses. Os pais dela eram conhecidos dele, e a mãe, em certo sentido, é coautora do caso da filha: suas cartas em que relata o estado e o progresso de Piggle são descrições exemplares de uma mulher que é tanto psicanaliticamente informada quanto otimista acerca do sucesso terapêutico. Ela é de algumas maneiras a melhor mãe existente no trabalho de Winnicott: atenta ao estado da filha, interessada em suas fantasias e esquisitices da infância e alerta para o seu progresso. Embora isso nunca seja dito, pode-se apenas imaginar que seu cuidado materno inicial foi "bom o bastante" e que a feliz resolução dos problemas de Piggle, em parte o resultado daquela ocorrência muito comum, o nascimento de um irmão, seja uma indicação disso. Só podemos especular que essa

MÃE E CRIANÇA   299

pode ser uma das razões para Winnicott decidir em seu último ano de vida preparar o caso para publicação.

Extratos das primeiras cartas da mãe para Winnicott, que precedem a primeira consulta, em 3 de fevereiro de 1964, revelam sua sensibilidade em relação à criança e ao que está errado com ela. Também revelam um astuto senso do que esse analista em particular precisa saber. Essa análise se faz, ao menos de certos modos, em dois atos. Na primeira carta, Winnicott recebe a noção do progresso normal do cuidado infantil, a grande estabilidade de Piggle e seus recursos interiores, sua paixão pelo pai e sua atitude "arrogante" para com sua mamãe; depois, a súbita mudança com a chegada de um irmão quando ela estava com 21 meses, quando se tornou "desinteressada e deprimida" e muito consciente de suas relações e de sua identidade. Piggle também desenvolveu uma vida fantasiosa intensa e problemática, que a levava a arranhar o rosto e a acordar com pesadelos:

> Ela tem um papai e uma mamãe negros. A mamãe negra vai atrás dela à noite e diz: "Onde estão meus *yams*?" (to yam = comer. Ela apontava os seios, chamando-os seus *yams* e puxava-os para torná-los maiores.) "Às vezes ela é colocada no vaso sanitário pela mamãe negra. A mamãe negra, que vive no estômago dela, e com quem se pode falar por telefone, frequentemente está doente, e é difícil fazê-la melhorar."
>
> O segundo fio de fantasia, que começou mais cedo, é sobre o "babacar"*. Toda noite ela pede diversas vezes: "Conte pra mim do babacar, tudo do babacar." A mamãe e o papai negro com frequência estão juntos no babacar, ou algum homem sozinho. Existe ocasionalmente uma Piggle negra em destaque (chamamos Gabrielle de "Piggle"). [264]

A astuta mãe está preocupada com o presente. Ela também tem a preocupação muito winnicottiana sobre a pessoa que Piggle poderá ser se "endurecer" diante de seu problema, levantar defesas contra a dor. Na segunda carta, a mãe indica que Piggle está pior: brinca sem nenhuma concentração ou não admite quem é de forma alguma. "A Piga", que agora é preta e má, foi embora para o babacar. Quando sua mãe lhe diz que escreveu para o dr. Winnicott, que entende de mamães negras e de babacares, a menininha pede duas vezes para ser levada até ele.

---
*"Babacar" significava o ventre materno, barriga, útero para a Piggle. (*N. do R.T.*)

Muitas coisas surpreendem no relato de Winnicott sobre Piggle. Embora em seu progresso ele seja claramente um caso psicanalítico, que prova extensivamente a vida fantasiosa inconsciente da criança, Winnicott não vê Piggle diariamente. Na verdade, entre o começo do tratamento e a última sessão, quando Piggle está com 5 anos, ele a vê apenas 14 vezes, e faz isso "quando solicitado". A família vive longe de Londres. Como Anna Freud e à diferença de Melanie Klein, Winnicott também envolve os pais no processo de tratamento. Faz mais. Enfatiza que o modelo "quando solicitado" contribuiu para o desdobramento do caso: uma análise demasiado frequente significa que os pais "passaram" a criança para o médico e assumem que tudo na "rica sintomatologia" que ela apresenta é parte da doença. "É possível no tratamento de uma criança realmente interferir com uma coisa muito valiosa que é a habilidade do lar da criança de tolerar e lidar com os estados clínicos da criança que indicam tensão emocional e interrupções temporárias em seu desenvolvimento emocional, ou até, de fato, no desenvolvimento em si."[265]

Nesse sentido, o tratamento de Winnicott é uma ajuda ao cuidado bastante bom dos pais, e a troca de cartas entre ele e a mãe de Piggle é exemplar para um processo mútuo. O caso em si é uma narrativa fascinante tanto pela porta que abre no consultório quanto pela mágica das relações da criança com Winnicott enquanto ela encontra um caminho para fora dos medos e das preocupações e para um entendimento de que Winnicott, que se tornou parte de seu mundo interior, então negro e voraz, pode ser deixado e ainda continuar a viver independentemente dela, gostando dela, mesmo se ela odeia. Ao longo do caminho, Piggle esclarece suas confusões e imaginações sobre bebês, faz as pazes com a irmãzinha e seu ciúme edipiano do pai, e une a boa mãe e a mãe escura, antes divididas. "Mamãe negra como uma versão dividida da mãe, que não entende de bebês, ou que os entende tão bem que sua ausência ou perda torna tudo negro",[266] observa Winnicott, em um texto repleto de observações brilhantes.

Talvez o aspecto mais fascinante do caso seja o modo como ele ilumina o que Winnicott quer dizer com brincadeiras e tratamento. As brincadeiras não são algo fingido, desanimado, mas integrais para a relação que a criança e o médico formam. Os muitos relatos anedóticos das habilidades clínicas de Winnicott se tornam visíveis em *The Piggle*. Winnicott realmente senta-se no chão com a criança, em meio aos brinquedos, e assume os papéis que a criança lhe atribui. Fornece um ambiente consistente, no qual ela pode sentir-se protegida e "incluída". Brinca de fato, aquele processo que entre muitas outras coisas é uma encenação inconsciente dos pedaços e das peças da vida interior da criança, a divisão deles e a nova união. Muito importante, a brincadeira mútua se estabelece muito antes que quaisquer interpretações sejam oferecidas.

O pai de Piggle, que a traz, às vezes participa das brincadeiras. (Realmente, Winnicott escreve para expressar admiração pela forma em que ele se deixa ser usado sem saber exatamente o que se está passando.) Se houvesse necessidade, Winnicott continuaria a brincar mesmo depois de os brinquedos serem arrumados (embora às vezes, quando está quase melhor, Piggle seja capaz de deixar uma confusão atrás de si): "Eu ficava onde estava, sendo a mamãe preta e zangada que queria ser a garotinha do papai e com ciúme de Gabrielle. Ao mesmo tempo eu era Gabrielle sentindo ciúme do novo bebê com a mamãe. Ela corria para a porta, eles saíam, e ela acenava. Suas últimas palavras eram: 'Mamãe quer ser a garotinha do papai.'"

Quanto ao tratamento, Winnicott sugere que seu sucesso é em grande parte devido à criança e aos pais. O médico está ali para facilitar, ser disponível, não para interpretar rapidamente segundo a rota teórica. Winnicott é cuidadoso ao afirmar: "Não compreendo o que ela ainda não foi capaz de me dar as pistas para compreender." Somente Piggle sabe as respostas, e eles não podem fornecê-las a ela. "Quando pudesse apreender o significado dos medos, ela tornaria isso possível para mim também." Ela faz isso.

Depois da quinta sessão, Winnicott escreve para a mãe de Piggle: "A Piggle é uma criança muito interessante, como você sabe." E acrescenta ironicamente: "Você podia preferir que ela não fosse tão interessante, mas ela é, e eu espero que ela se acomode em ser bastante comum logo. Acho que um grande número de crianças tem esses pensamentos e essas preocupações, mas eles em geral não são tão bem verbalizados, e isso, no caso de Piggle, tem muito a ver tanto com o fato de você ser particularmente consciente das questões infantis quanto tolerante com as questões infantis."[267]

A Piggle é uma criança interessante e compartilha seus interessantes pensamentos e suas preocupações com um grande número de crianças. Sua natureza exemplar repousa em sua habilidade para articular esses pensamentos, o que, aqui, senão sempre, Winnicott atribui à sua mãe suficientemente boa e àquele pai que com tanta frequência está ausente de seus escritos.

John Bowlby (1907-90)

Outro analisado de Joan Riviere e supervisionado de Melanie Klein se tornaria útil em relação ao foco no casal mãe-criança e lhe daria uma sustentação mais ampla na psicologia que passou a governar a vida diária fora do consultório médico. Filho de Sir Anthony Bowlby, chefe do Colégio Real de Cirurgiões, que organizara o tratamento dos feridos na Primeira Guerra Mundial, e a aristocrática Maria Mostyn, John Bowlby tinha acesso mais fácil que qualquer psicanalista imigrante aos centros do poder institucional britânico. Suas ideias sobre "privação materna" como a causa dos problemas da criança e sua ênfase na "ligação" entre mãe e criança se estabeleceram rapidamente. Ao lado de Winnicott e com conexões mais institucionais, Bowlby desempenhou um papel maior em modelar o consenso do *establishment* sobre a atuação dos pais. Bowlby foi também um dos poucos clínicos a ter influência tanto dentro da psicanálise britânica quanto na criação do Serviço Nacional de Saúde após a guerra — algo a que Winnicott, temendo uma organização padronizada, se opôs.

Formado no Darmouth Naval College, bom iatista, devotado ornitologista, Bowlby estudou ciência natural e psicologia — disciplina recém-inaugurada em Cambridge nos anos 1920 —, em seguida medicina, embora não tivesse recebido o diploma até depois de lecionar para crianças com transtornos em uma escola de Norfolk. Foi essa experiência que o levou a um treinamento em psicanálise, primeiro com adultos, ao mesmo tempo que completava seu curso de medicina e se especializava em psiquiatria. Trabalhou primeiro no Maudsley Hospital como assistente clínico, depois no London Child Guidance Training Centre, e, após a guerra, tornou-se chefe do Departamento de Crianças e Famílias da Clínica Tavistock.

Em 1937, influenciado pelo livro de Klein *The Psycho-analysis of Children*, decidiu treinar como analista de crianças com ela. A supervisão não foi o que ele esperava.

> Seu primeiro paciente foi um menino de 3 anos, hiperativo e supostamente fora de controle. Bowlby achou que a mãe era muito ansiosa e preocupada e que esse era um dos principais fatores no comportamento desordenado do garotinho. Na Clínica Tavistock ele teria sido capaz de levar o estado deteriorado da mãe em consideração, mas Melanie Klein lhe parecia apenas interessada no comportamento do menino e nos relatos das sessões. A relação do

garotinho com a mãe real não parecia interessá-la. Após alguns meses, a mãe teve um colapso psiquiátrico e foi levada para um hospital. O tratamento se rompera de forma "inconveniente". O que preocupou Bowlby foi que Melanie Klein pareceu recusar-se até a discutir o efeito que a doença e o comportamento da mãe podiam ter sobre o paciente infantil.[268]

Toda a experiência de Bowlby tornara claro para ele que o ambiente da criança, em particular o tipo de atenção da mãe que ela recebia, gerava e modelava uma psicopatologia posterior. Já em seu artigo de 1940 para o *International Journal of Psychoanalysis*, Bowlby estava alerta para o efeito da repetição entre gerações.

Para mães com dificuldades de cuidar dos filhos, uma entrevista semanal em que seus problemas possam ser abordados analiticamente e reconstituídos de volta à infância tem sido, às vezes, notavelmente eficaz. Após ser ajudada a reorganizar e recapturar os sentimentos que ela própria teve quando criança e descobrir que eram aceitos com tolerância e compreensão, a mãe se tornará cada vez mais solidária e tolerante com as mesmas coisas em seu filho.[269]

Esse tipo de visão, embora familiar a Anna Freud, em cujas creches do tempo de guerra um dos pesquisadores de pós-guerra mais importantes de Bowlby, James Robertson, treinou, dificilmente seria calculado para agradar ou interessar aos kleinianos com seu intenso foco no mundo interior da criança.

Durante a guerra, Bowlby serviu como psiquiatra do exército e membro do corpo médico. Participante dos comitês de seleção do Escritório de Guerra, trabalhou com pesquisadores psicológicos e sociais. Essa colaboração teria um efeito marcante nas comunidades terapêuticas de pós-guerra e nas unidades de restabelecimento de civis; e, de fato, na pauta social da Clínica Tavistock e em sua própria pesquisa. Trabalho estatístico, diferente daquele que os psicanaliticamente treinados normalmente conduziam, forneceu material para o livro de pós-guerra de Bowlby sobre crianças delinquentes, *Forty-Four Juvenile Thieves: Their Characters and Home-Life*. Vários artigos, um na revista *The New Era*, em uma edição especial sobre os problemas emocionais da evacuação, já haviam sido discutidos na tese de Bowlby sobre o efeito que a separação da mãe tinha sobre a criança. Ele defenderia essa tese pelo resto da vida, focando na privação materna ou na ligação posterior. Bowlby argumentava que a separação prolongada de crianças de seus lares e de suas mães levava em muitos casos ao desenvolvimento de uma personalidade criminosa.

Com a força dessas descobertas, Bowlby foi solicitado pela Organização Mundial da Saúde, preocupada com os sem-teto, a preparar um relatório sobre os aspectos de saúde mental no deslocamento de pós-guerra.[270] Durante seis meses em 1950, ele viajou por Suíça, França, Holanda, Suécia, Estados Unidos e Inglaterra, colhendo provas com profissionais que trabalhavam com crianças problemáticas. O relatório resultante, *Maternal Care and Mental Health*, apareceu em 1951 e foi editado em numerosas línguas, fazendo de Bowlby uma autoridade mundial. O relatório reivindicava apaixonada atenção para a seriedade médica e o significado social da institucionalização da privação materna infantil. Era essencial para a saúde mental que um bebê e uma criança jovem tivessem relação calorosa, íntima e contínua com a mãe ou seu substituto permanente. A criança que não tivesse isso provavelmente mostraria sinais de privação parcial — necessidade excessiva de amor ou vingança, ou depressão. A privação total poderia levar à apatia profunda ou ao retardo.

A privação materna era afim a uma deficiência de vitamina D, Bowlby argumentou com o zelo de um militante. Se a segunda causava raquitismo, a primeira danificava seriamente o "tecido psíquico" da criança, que poderia ficar marcada por toda a vida pela separação. "Esta é uma descoberta comparável em magnitude à do papel das vitaminas na saúde física e do significado de longo alcance para os programas de higiene mental preventiva."[271]

Bowlby pediu mais pesquisa interdisciplinar sobre as relações emocionais rompidas na primeira infância de forma que a "embriologia da personalidade" pudesse ser estabelecida com autoridade. Também argumentou que algumas mudanças poderiam melhorar ou prevenir efeitos doentios, notadamente como ele próprio lembrou em um artigo de 1986, "apoiar a família da criança para capacitá-la a tomar conta dela, e, se isso não fosse possível, fazer arranjos para adoção. No caso de crianças hospitalizadas, a visita irrestrita dos pais era recomendada".[272]

O impacto do relatório sobre as instituições de cuidado e saúde internacionais foi considerável. Uma versão condensada da Penguin apareceu em 1953 sob o título *Child Care and the Growth of Love* e teve numerosas edições. Denise Riley observa que "esse é o livro acima de todos responsável pela definição do bowlbysmo" ou do lema "manter as mães em casa". Seguido como foi, em 1958, por um panfleto para a National Association for Mental Health (agora MIND), chamado *Can I Leave my Baby?*, consolidou a necessidade de as mães ficarem o mais próximo possível de seus bebês, enquanto os pais eram afastados para um domínio quase simbólico, onde forneciam dinheiro e princípios morais. A recompensa para as mães que cuidavam do bem-estar mental de seus filhos, escreve Bowlby, é o sentimento de que "elas realmente contam, que ninguém mais será bom o bastante".[273]

O trabalho de Bowlby parece profundamente de senso comum até que nos lembramos de que todas as suas descobertas remontaram a uma criança com problema ou patologia. A separação ou privação materna era encontrada com muita frequência nas histórias de crianças problemáticas: as correlações com a pobreza e outros tipos de privação não eram desenvolvidas, embora Bowlby estivesse bem consciente do fator econômico e da dependência dos pais de "uma sociedade maior para a provisão econômica".[274]

Mas a economia e o bem-estar não eram os fatores principais no que se tornou conhecido como "bowlbysmo". A nota explanatória do próprio Bowlby de que qualquer continuidade de cuidado seria suficiente não impediu a ênfase no papel da mãe, crescentemente amplificado nos livros didáticos e guias para os pais no mundo de pós-guerra. Se o trabalho do analista no nascente Estado de bem-estar era ser uma segunda mãe e fazer bem o que a mãe natural deixara por fazer, então, na imaginação pública, o lugar da mulher, quer trabalhasse, quer não, era com o seu bebê, em casa. Apenas mais tarde o próprio Bowlby e outros teóricos encontraram problemas psicológicos em crianças cujas mães eram demasiado agarradas a elas e não permitiam separação suficiente.

A despeito dos vínculos institucionais com a psicanálise, nos anos 1950 Bowlby foi se afastando cada vez mais de qualquer interesse na vida interior da criança. Em vez disso, voltou-se para a etologia de Konrad Lorenz e do mundo animal, onde encontrou um modelo cientificamente confiável para a ligação bebê-mãe, assim como para observar "animais" em seu hábitat natural, que teve ecos na observação de crianças de sua própria equipe. Um grupo de psicobiologia começou a reunir-se no Tavistock ao longo dos anos 1950. Incluía figuras-chave da antropologia (Margaret Mead), etologia (Konrad Lorenz, Julian Huxley) e Erik Erikson, um dos decanos da psicanálise americana. No pensamento de Bowlby, a ligação agora emerge como instinto necessário para a sobrevivência: seus componentes de comportamento, como sugar, chorar, agarrar-se, seguir, ligam a criança à mãe em seus primeiros 12 meses de vida. Apresentado à Sociedade Psicanalítica Britânica, o trabalho de

Bowlby sobre esse novo "instinto" de ligação causou um movimento de oposição, mas, sempre prática, Anna Freud apontou para os colegas que Bowlby era uma pessoa demasiado valiosa para que a psicanálise o perdesse.

Se a ligação tinha uma base animal, então a separação também. Bowlby postulara antes três estágios de separação — protesto, desespero (relacionado com luto) e negação de toda tristeza e do objeto/mãe do qual a separação se fez. Agora falava da ansiedade da separação provocada quando uma situação ativava ao mesmo tempo a fuga e um comportamento de ligação, mas nenhuma figura estava presente. Se a mãe continua indisponível, a tristeza e o luto se seguem. Crianças que tinham muitas mães substitutas e sofriam desse luto com demasiada frequência não seriam capazes de ligações profundas mais tarde na vida.

As teorias de Bowlby alimentaram estudos de pesquisa psicológica e o pensamento americano predominante em parte através de Mary Ainsworth, colaboradora de Bowlby, que trabalhava com ele em Tavistock. Ela questionou o uso da observação animal como modelo para crianças e continuou a fazer estudos de observação de crianças em Uganda. Essas observações, publicadas primeiro em 1958, deram sustentação ao trabalho de Bowlby: Ainsworth concluiu que crianças com ligação segura eram aquelas com mães sensíveis aos seus sinais e que gostavam de amamentar. Como resultado disso, essas crianças choravam pouco e eram ousadas em suas brincadeiras, felizes por explorar na presença das mães. As crianças cujas mães eram menos sensíveis aos "sinais" dos filhos — isto é, aquelas cuja ligação era insegura — inclinavam-se a chorar mais e explorar menos.

Quando Mary Ainsworth se mudou em 1955 para Baltimore para ensinar na Johns Hopkins e fazer trabalho clínico e diagnóstico psicológico no Sheppard and Enoch Pratt Hospital, o vínculo com Bowlby não apenas foi mantido, como também intensificado. A arquitetura da ligação agora tomava forma dos dois lados do Atlântico. Rapidamente tornou-se parte do conhecimento tradicional de educação das crianças: a ponte entre uma criança com um *problema* cujas dificuldades eram "psicoanaliticamente" investigadas até a nascente de conflitos entre o desejo e uma realidade que era antes de tudo os pais, para a orientação "psicológica" sobre como ser um bom pai e educar uma criança saudável/normalmente apegada, agora tinha fundamentos estruturais firmes. Esse laço com a psicologia tornou-se cada vez mais importante nos Estados Unidos, onde baterias de testes para transtornos, determinantes da personalidade e do desenvolvimento eram colocadas em uso constante nas clínicas, escolas e prisões. Na Grã-Bretanha e em outros lugares, as ideias de Bowlby tornaram-se verdade revelada, modelando os regulamentos de adoção e tropas de obedientes professores de trabalho social.

A famosa trilogia de Bowlby sobre ligação e perda, começando com *Attachment* (1969), depois *Separation* (1973) e finalmente *Loss, Grief e Mourning*, (1980) deu a esses conceitos tal circulação que os padrões de ligação íntima que ele investigou até reemergiram no conjunto analítico como padrões reencenados na transferência.[275] Seu posicionamento como ciência contemporânea — mais que o antiquado freudianismo — acentuava o "valor de especialista" de Bowlby. Aos "sinais" de comportamento animal Bowlby acrescentou mais tarde a linguagem da cibernética e dos sistemas de informação, de modelos operacionais cognitivos e evolução: o comportamento de ligação foi visto como uma função "evolucionária" que protege o bebê do perigo. Se a mãe ou a "figura de ligação" reconhece as necessidades infantis de conforto e proteção, enquanto também respeita suas necessidades de exploração independente do ambiente, a criança, ele ou ela, desenvolve um modelo operacional interno de um eu valorizado e confiável. A alternativa seria um eu não adequado e incompetente.

Winnicott posicionou a relação mãe-criança dentro de um nexo artístico/criativo, com a mãe suficientemente boa atuando como ambiente "seguro", juntando todas as partes componentes da criança, permitindo uma brincadeira imaginativa e um "espaço potencial" que é uma transição em relação à construção de autênticas relações com o mundo e a apreciação de seus bens culturais. Bowlby posicionou a mãe-criança dentro de um mundo de observação empírica — de comportamento animal casado com cibernética. Qualquer que seja a teoria, se os analistas de crianças a encontraram na vida interior profunda ou em modelos animais, para a mãe em sua relação com a criança tudo significava um relacionamento examinado mediante novos testes internos e externos a enfrentar, os quais, às vezes, vinham sob forma de serviços de bem-estar. A função de mãe não apenas se tornara visivelmente importante. Era também problemática e agora, potencialmente, um duplo fardo para a mulher — algo que os especialistas pareciam pensar que sabiam fazer melhor.

Winnicott, talvez revelando sua própria ambivalência sobre "mãe", escreveu um revelador *post-scriptum* para o popular conjunto de conversas que fazia na BBC, publicado sob o título *The Child and the Family*, em 1957. Por causa de sua importância para a criança, observou, as mulheres são temidas. Os homens, especialmente, têm terror delas, odeiam a Mulher porque ela representa sua profunda dependência, seu estado absolutamente indefeso quando bebês. Eles têm com ela um débito infinito. Não que se lembrem disso, ou até necessariamente saibam disso. É por essa razão, pressiona Winnicott, que todos deveríamos ter em mente "a contribuição da mãe para a sociedade":

> O resultado será uma diminuição em nós mesmos de um medo. Se nossa sociedade se atrasar em reconhecer plenamente essa dependência, que é um fato histórico no estágio inicial do desenvolvimento de todo indivíduo, existirá um bloqueio tanto para o progresso quanto para a regressão, um bloqueio que se baseia no medo. Se não existe um reconhecimento verdadeiro da parte desempenhada pela mãe, então restará um medo vago da dependência. Esse medo algumas vezes tomará a forma de medo da Mulher, ou medo de uma mulher, e em outras ocasiões tomará formas menos facilmente reconhecíveis, sempre incluindo o medo de dominação.[276]

Em todo ditador existe um homem que tenta controlar a mulher cuja dominação ele teme inconscientemente, enquanto ao mesmo tempo exige sujeição e amor completos. Podemos dar o palpite plausível de que Winnicott também temia que houvesse ditadores em muitos homens, ou sua sombra, em muitos médicos da mente.

Talvez a própria imensidão do débito da sociedade com a mulher, combinado com o medo do macho, influenciou os modos pelos quais os psicoprofissionais da América de pós-guerra emolduraram a mãe como responsável por tudo e, portanto, desde cedo, um objeto primário de ódio. O nexo ligação-separação manifestou-se com registro mais intenso nos Estados Unidos, onde não havia colchão de bem-estar social fornecido pelo Estado. Isso ajudou a criar o monstro que era Mamãe. Os psicanalistas tornaram a infância interessante, a maternidade imbuída de uma nova e precisa responsabilidade: tudo isso junto fixou a mulher em uma só identidade. Mamãe se tornou tanto menos quanto mais que humana.

11

ANALISTA PARA TODA A VIDA

O filme de Hitchcock *Quando fala o coração* de 1946 captura algo da posição cultural triunfante que a psicanálise e a psiquiatria, com quem a psicanálise se tornou cada vez mais identificada, passaram a ocupar na América de pós-guerra. Passado em uma clínica psiquiátrica, o filme tem a novata Ingrid Bergman trazendo de volta à saúde através do amor e da terapia o novo chefe da clínica, Gregory Peck. Peck é uma exposição ambulante do poder do inconsciente: ele não é quem diz ser, embora não tenha certeza de que sabe quem é. A mera visão de linhas paralelas o aterroriza e o induz à perda de consciência.

Bergman o guia de volta até a traumática origem de sua amnésia e de volta novamente para a cura com uma pequena ajuda de uma psicanalista absolutamente sábia, com sotaque europeu, que é a analista de treinamento de Bergman. Enquanto isso, pelo método argumentativo de detecção, o mal é desmascarado. A análise emerge como uma terapia quase mágica, trabalhando com a análise de sonhos e visões para restaurar a memória mediante sua reencenação: essa cura catártica, do tipo por que muitos soldados passaram na guerra, traz de volta à vida e à completa consciência um indivíduo de dimensões heroicas. Como efeito colateral do tratamento, a médica de Bergman é descongelada de seu ambicioso profissionalismo e curada ela própria pelo amor e o casamento.

Quando fala o coração foi o primeiro filme a ter um psiquiatra consultor pago que ficava ao lado dos cenários, May Romm, da própria Hollywood, uma mal-humorada Mamãe judia que prestava serviços à indústria do filme. Ela ajudou a formular o letreiro de abertura, que fala da habilidade da psicanálise para superar "os males da insanidade". Uma vez que a insanidade incluiu alguns analistas criminosos, o filme terminou liberando não pouca irracionalidade em uma invejosa e sempre crítica profissão analítica,[277] que, na América, estava solidamente casada com aquele bastião do profissionalismo tradicional: a medicina.

Fugindo dos nazistas e da guerra, um número substancial de analistas chegou à América.[278] Entre eles Heinz Hartmann, Frieda Fromm-Reichmann, Franz Alexander e Karen Horney: embora diferissem em suas orientações, todos ajudaram a cimentar a tendência americana em direção a uma psicologia do ego focada na personalidade e sua reorganização rumo a uma nova maturidade, feliz e normal. Isso envolvia o ajustamento à realidade e a uma vida responsável. Era uma forma de psicanálise que se adaptou à psicoterapia, com suas sessões menos frequentes, e àquela exigência final "científica" de resultados estatísticos que poderiam provar a eficácia da terapia, até, como aconteceu, para companhias de seguro.

Ao longo dos anos 1950, a psiquiatria americana tornou-se crescentemente conservadora, sustentando a visão de "terapia como um duro, doloroso exercício que resultava como regra na felicidade matrimonial, equilíbrio pessoal e sucesso vocacional".[279] Freud, que mostrara, no mínimo, como a mente individual estava sempre povoada por outros e como os humanos tinham propensão para a infelicidade, ficaria maravilhado com a facilidade com que seu trabalho foi adaptado para a igreja do eu e sua felicidade. Mas então, apesar da popularidade de Freud, muitos analistas consideravam seus escritos antiquados. À diferença de Freud, eles patologizaram a homossexualidade como um transtorno mental e restringiram seriamente a escolha sexual e a possibilidade humana que o fundador pioneiro da profissão abrira. Alguns disseram que foi o movimento para longe da "psicanálise deitada" e para dentro da estandardização paramédica, com seu fantasma de ciência, que ajudou na adoção do conservadorismo. A mente agora tinha "curas" tão eficazes quanto as que existiam para o corpo.

Na Grã-Bretanha e na França os psicanalistas não necessitavam de treinamento médico para exercer a profissão. Na América, precisavam tanto de um diploma de medicina quanto de um estágio em psiquiatria. A psicanálise foi assim integrada à especialização da psiquiatria, que oscilou, mais ou menos entre os anos 1940 e 1975, em direção a modos de explicação mentais mais que biológicos. O vínculo com a medicina deu à psicanálise na América tanto uma forma mais conservadora como mais poder social. Embora fizesse o possível para manter do lado de fora alguns dos mais talentosos analistas refugiados da Europa, que não tinham diplomas médicos, o campo floresceu e se tornou uma inescapável força cultural.

A psicanálise desempenhou um papel importante no esforço da Segunda Guerra Mundial. Da mesma forma, o novo e crescente campo da psicologia clínica, impulsionado pelo influente *Counselling and Psychotherapy*, de Carl Rogers (1942). Os médicos psicanaliticamente informados, aos quais foram ministrados os princípios básicos por William Menninger, chefe da divisão de neuropsiquiatria do exército dos Estados Unidos, diagnosticaram soldados aptos ou não ao serviço militar, retirando um milhão das fileiras. Seu sucesso com as neuroses de guerra, das quais cerca de 860 mil soldados sofriam, aumentou a reputação da cura pela palavra e particularmente da cura catártica, enquanto glorificava o destino dos homens.

Histórias verdadeiras, nas quais soldados sofriam colapso sob a tensão da batalha, eram infladas pela imprensa. Sua terapia foi popularizada em diversos filmes em que a habilidade do soldado para lembrar ou reviver os momentos que resultaram em sua cegueira ou paralisia precipitava a cura. A *Time Magazine* informou aos seus leitores na edição de 29 de maio de 1944 que essas pessoas eram heroicas "nervosas, altamente tensas ... e não podem enfrentar certas dificuldades sem desenvolver sintomas irritantes, como dores de cabeça, cansaço, fraqueza, tremores, medos, insônia, depressão, obsessões, sentimentos de culpa".[280] Os médicos que os curavam com um tratamento catártico pela palavra eram igualmente heroicos em seus flashes de *insight*, sua compreensão e sua habilidade carismática de tornar possível a cura.

Freud, inventor da análise tanto terminável quanto interminável, e sempre um cético em relação às curas para a condição humana, poderia ter rido diante daquilo em que os Estados Unidos o transformavam agora — e o transformariam de novo, quando a reação veio.

A guerra também aumentou o senso de valor da medicina psicossomática: ele se tornou claro a partir dos soldados que experimentavam estresse, medo, ansiedade e as emoções que em geral produzem inúmeras doenças físicas. Nos Estados Unidos, uma nova coorte de médicos de pós-guerra abraçou a psiquiatria. Seu número inchou mais de seis vezes entre 1948 e 1976 para 27 mil, graças em parte ao novo National Institute of Mental Health, que estimulava e subsidiava pesquisas em áreas como suicídio e delinquência.[281] Instruídos pelos que tinham treino em psicanálise e submetendo-se eles mesmos à análise, os novos recrutas trabalhavam em clínicas como consultores e na prática privada, mas também ocupavam postos-chave em psiquiatria nas universidades e estenderam o mundo psicodinâmico. Apenas um pequeno grupo desses psiquiatras analiticamente orientados serviu em grandes hospitais mentais do Estado — cerca de 16% em 1958 —, que se transformaram em "covas de serpentes", impossíveis de administrar, e onde os pobres e incuráveis predominavam. Essa população dos asilos estatais de cerca de 750 mil pessoas era tratada pelos psiquiatras biológicos mais antigos, cuja função em grande parte era de custódia. No filme de Anatole Litvak de 1948, *Na cov da serpente*, um psiquiatra de novo estilo analítico resiste ao médico mais velho e efetivamente trabalha com a raiva de um paciente em vez de puni-la com o confinamento.

Nos anos em torno de seu centenário, em 1956, Freud tornou-se um herói cultural americano. Devia haver apenas 942 membros praticantes de sociedades analíticas na América (ou, como afirmou a *Time Magazine*, 619 explicitamente freudianos), mas seu impacto e o de Freud foi amplificado pelo aumento do número de psicólogos, psiquiatras, terapeutas e assistentes sociais que praticavam versões da cura pela palavra.[282] Em sua edição do centenário de Freud (23 de abril de 1956), a *Time Magazine* afirmou que não apenas Freud ensinou a milhões um novo modo de pensar sobre si mesmos, como milhões foram afetados pela penetração da teoria freudiana no trabalho social, nos serviços de testes e nos tribunais. O presidente Eisenhower mandou congratulações pelo centenário de Freud. A monumental biografia de três volumes de Ernest Jones, que começou a aparecer em 1953, estimulou o processo. Ela tornou Freud um ícone: ousado, perspicaz, um cientista profundamente humano que lançara uma grande aventura revolucionária. Embora hoje o trabalho seja visto como idealizado, a *Time* observou que Jones pertencia à escola da biografia informal, dado seu minucioso mapeamento das fobias e neuroses do próprio Freud.

Uma versão do freudianismo *light* permeou a sociedade americana. Como afirma Nathan Hale, Freud foi "suavizado e se tornou o autor da maioria dos brindes da cultura liberal — educação progressista, trabalho social psiquiátrico, criação indulgente das crianças, psiquiatria moderna e criminologia".[283] O livro de Benjamin Spock *Meu filho, meu tesouro*, de 1946, havia vendido cerca de 20 milhões de exemplares por volta de 1965. Narrava o desenvolvimento de uma criança freudiana e uma prática antidisciplinamento em todos os lares, introduzindo Édipo em uma linguagem simples, de senso comum, o romance da família e da rivalidade entre irmãos, junto com a necessidade de abraços.

Enquanto isso, na Broadway e nos cinemas, a história psicanalítica era reiterada em inúmeras variações, a maior parte delas otimista. A maldade era em grande parte uma questão de maus pais e inadaptação, que a terapia poderia, de alguma forma, consertar. No musical *Amor, sublime amor*, os "delinquentes" que enfrentam o policial Krupke reencenam uma versão americana de meados do século XX daquele velho dilema do louco contra o mau. Zombando de si mesmos e de todo o aparato de controle do Estado — a polícia, os médicos, os tribunais, os assistentes sociais —, eles tanto parodiam quanto brincam com aqueles que lhes diriam que são "psicologicamente perturbados" ou "socialmente doentes". Com mães drogadas e pais bêbados, eles, afinal, nunca tiveram o amor de que toda criança precisa. Então, não surpreende que sejam delinquentes incompreendidos, jogados do escritório de um profissional para o seguinte.

Ridicularizando o mundo onde a consciência irá magicamente iniciar a melhora, *Amor, sublime amor* nos pede, mesmo assim, para compreender mais que condenar. Quando as décadas seguintes da história americana reagiram contra o mito psicanalítico freudiano — primeiro porque sua excessiva ênfase no indivíduo enterrou a política macarthista da Guerra Fria, depois por sua cumplicidade em condenar as mulheres à "inveja do pênis" e a vidas de segunda classe, e, finalmente, por sua falta de atenção aos supostos fundamentos neurológicos, genéticos ou biológicos da doença mental — eles esqueceram que o momento freudiano na América viera com a esperança de que o entendimento, mais que a punição do "mau", ou sua demonização como "mal", poderia engendrar uma sociedade melhor. Se a sociedade psicológica carregava suas próprias restrições e categorias — algumas das quais se esvaziaram na democracia da popularização —, o ímpeto da reforma raramente merece a flagelação por atacado que recebeu das gerações subsequentes. Medicalizar ou psicologizar dilemas éticos pode não ter oferecido as melhores respostas, mas tratar um soldado com neurose de guerra era, afinal, melhor que atirar nele.

FREUD ENCONTRA MAMÃE

A crença disseminada na natureza psicológica da doença, estimulada pela mídia popular, teve um efeito particular nas mulheres, cujo papel como mães pioneiras e mantenedoras da cultura sempre havia sido importante. Exaltadas como as mães ideais americanas dos nossos rapazes no *front*, como as fazedoras de tortas de maçã e espinha dorsal da nação, elas sofreriam uma reação de proporções de bode expiatório de parte dos médicos da mente que as culparam pela fraqueza de seus "rapazes". Nascia a Mamãe castradora, a versão da cultura pop da pretensa "inveja do pênis".

Em 1946, o dr. Edward Strecker, chefe do serviço médico do exército e da marinha, publicou seu *Their Mother's Sons*. O livro acusava a Mamãe americana da maioria dos homens rejeitados pelo serviço militar ou desligados dele com base em causas neuropsiquiátricas, frequentemente após apenas alguns dias. A esses homens faltava "a habilidade para enfrentar a vida, viver com os outros, pensar sozinhos e se manter sobre os próprios pés". E a culpada, naturalmente, era Mamãe — fosse ela uma "pateta" de cabeça vazia, devota do culto da beleza, ou uma "pseudointelectual", que estava sempre fazendo cursos:

> Uma mamãe é uma mulher cujo comportamento materno é motivado pela busca de recompensa emocional para os bofetões com que a vida tratou seu próprio ego. Em sua relação com seus filhos, tudo que faz, quase até mesmo seu ato de respirar, é voltado inconscientemente, mas de forma exclusiva, para absorver seus filhos emocionalmente e ligá-los seguramente a ela. A fim de atingir esse propósito, deve impactar as crianças com um padrão de comportamento imaturo ...
>
> ... a satisfação emocional, quase plenitude, que extrai da manutenção de suas crianças remando em uma espécie de fluido amniótico psicológico em vez de deixá-las nadar com braçadas corajosas e decididas da maturidade para longe do ventre emocional materno ... Sendo ela própria imatura, alimenta suas crianças com imaturidade e, em geral, essas crianças estão condenadas a vidas de insuficiência pessoal e social e à infelicidade ... [284]

Essa tirada contra a mãe, agora por ser ligada demais, veio de mãos dadas com a ordem para as mulheres serem mães e nada mais. Ser dona de casa e mãe tornou-se uma obrigação exaustiva e um ideal internalizado a que era difícil escapar.

Como indicou Betty Friedan em seu estudo pioneiro, *Mística feminina*, que abriu caminho para o feminismo do fim dos anos 1960, o livro de Strecker foi usado em um sem-número de artigos e discursos para persuadir as mulheres de que deveriam uma vez mais cultivar a feminilidade e "correr de volta para o lar e devotar a vida aos filhos", mesmo que, de fato, Strecker estivesse dizendo exatamente o contrário.

A ofuscante mística da feminilidade de pós-guerra assumira o poder. À mulher americana foi imposto o lar nos subúrbios, caracterizado como o único lugar possível de realização e felicidade matrimonial. Ali a mulher poderia ser uma perfeita (em lugar de suficientemente boa) doadora materna, com uma criança apropriadamente presa a cada ponta do laço do avental, embora, com o aumento da natalidade, ela precisasse de quatro ou cinco dessas pontas.

Insegura à sombra da Guerra Fria, a América tentou atrasar o relógio para um período mítico de domesticidade. O domínio do macarthismo coincidiu com o desejo disseminado dos novos imigrantes de se adaptar ao novo país, produzir uma era de abjeto conformismo. Em um paralelo com a Inglaterra vitoriana, o sinal de sucesso e decência da classe média era a esposa que ficava em casa devotada aos filhos. A proporção de mulheres nas universidades, sem falar nas escolas de medicina, declinou significativamente nesses anos.

O *baby boom*, no entanto, estava a caminho e entraria pelos anos 1960. Essa não foi apenas uma questão de nossos rapazes retornando a casa para procriar e de uma ampla tendência de responder à morte com reprodução. Aqui havia também um ímpeto ideológico a modelar a consciência. A força combinada da mídia e dos especialistas assinalava que era no lar e na maternidade que se encontrava a satisfação. A gravidez de adolescentes subiu 165% entre 1940 e 1957; o número de mulheres com três ou mais filhos dobrou. Mais surpreendente de tudo: as mulheres instruídas lideravam as apostas familiares, frequentemente produzindo três ou mais filhos, acima da média. Mulheres deixavam a universidade para casar-se; se iam trabalhar, era para ajudar o marido com seus diplomas. Metade das mulheres americanas estava casada com a idade de 20 anos. Tão forte foi a necessidade coletiva de estigmatizar o trabalho e particularmente as mulheres instruídas que, inconscientemente ou não, tendências foram mal interpretadas. Quando os primeiros números dos relatórios Kinsey sobre a sexualidade americana foram divulgados e mostraram uma correlação entre frustração e nível de educação das mulheres, eles foram mal compreendidos, como se indicassem que quase 50% das mulheres universitárias nunca tinham experimentado orgasmo. Dez anos depois, as estatísticas Kinsey completas foram publicadas e corrigiram as primeiras informações: mulheres com *background* de "educação superior" tinham taxas muito maiores de orgasmo em todos os períodos do casamento, anunciava-se agora.

Idealizada em sua cozinha perfeita com seus quatro ou cinco filhos bem esfregados e o maridão que trabalhava duro e vinha para casa para o gratificante beijo, presa em seu próprio e propagandeado mito, Mamãe também se descobriria dissociada em uma virago assexuada de horríficas proporções — como se a própria Melanie Klein tivesse orquestrado a dissociação.

Escrito ao mesmo tempo que o dr. Strecker reunia suas observações sobre soldados neuróticos, *Generation of Vipers* (1942), de Philip Wylie, mostrou como Mamãe, a criação totalmente americana, era um desastre social. Em 1955, o livro já tivera vinte edições. Antes a *Virgo aeternis*, ou Cinderela, de cabelos cintilantes, olhos cheios de estrelas, lábios de rubi, na altura da menopausa Mamãe era completamente poderosa e totalmente exigente, mesmo se descerebrada e destrutiva. Ninguém, nem mesmo as mulheres, gostavam dela. Acusado de misoginia, Wylie defendeu-se com verve sardônica nas últimas edições:

> Eu a mostrei como é — ridícula, vã, má, um pouco louca. Ela própria é seu primeiro erro e é perigosa. Mas ela é também o erro de todos. Quando nós e nossa cultura e nossas religiões concordamos em fazer da mulher o sexo inferior, amaldiçoado, sujo e pecaminoso — nós a tornamos Mamãe. E quando concordamos sobre o ideal americano de Mulher, a Garota dos Sonhos da Adolescência Nacional ... insultamos as mulheres e tiramos de milhões a licença de amar. Assim fizemos Mamãe ... Freud fez um feroz e imaginativo catálogo de exemplos de mãe-amor-em-ação que remontam sua origem a uma perversão incestuosa de um instinto normal. Essa descrição é, naturalmente, saudável. Desafortunadamente, os americanos, as pessoas mais meticulosas da face da terra, foram incapazes de se beneficiar da sabedoria de Freud porque podem *provar* que eles, geralmente, não dormem com suas mães. Esta é a interpretação que eles fazem de Freud.

A interpretação que a época fazia de Freud desempenhou papel importante no fornecimento da ideologia que manteve as mulheres acorrentadas à maternidade e ao lar, simultaneamente emoldurando-as e atacando-as naquela identidade biológica que é a maternidade. Os psicólogos e seus popularizadores tornaram todo o assunto da satisfação sexual e da educação de crianças tão exigente que impossibilitava o desejo, sem falar na habilidade, de ser humano.

Forçada a um amor observador, à promoção do bem-estar dos filhos, atenta à amamentação e ao desmame, ao treinamento para usar o vaso sanitário, ao estímulo sexual, à masturbação, aos significados da comida — sem mencionar sua cuidadosa e amorosa preparação —, à rivalidade entre irmãos e ao que parece demais ou de menos em tudo — tudo isso antes mesmo que o marido trabalhador, que labutava apenas por ela e pelas crianças, viesse para casa —, a mãe americana tanto cumpria quanto se sentia frustrada por seu confinamento a um papel que podia estar embrulhado em estandartes míticos, mas a deixava fora de uma participação completa no mundo. A insistência de Hélène Deutsch e de seus seguidores na passividade fundamental da mulher, mesmo quando abrilhantada como atividade voltada para o interior, junto com um masoquismo que fundamentava todas as funções que faziam a mulher feminina, começou a provocar e irritar as mulheres instruídas, mesmo que elas pudessem a princípio aceitar as proposições.[285] Quando o feminismo do fim dos anos 1960 e dos 1970 criou asas, Freud e os psicólogos seriam os primeiros alvos de ataque.

À parte as exigências da maternidade idealizada psicologicamente, os médicos pregaram uma peça ainda mais cruel nas mães. Em uma repetição do eixo apego-separação, as mães americanas, responsáveis ou não por algum dos crimes que o fato de ser pai ou mãe inevitavelmente traz em seu rastro, viram-se rotuladas de agentes da doença. A compreensão psicossomática do corpo, em que os conflitos emocionais eram vistos como atacantes de órgãos específicos, significava que alguém tinha de ser responsável por aqueles conflitos emocionais. Entra em cena a todo-poderosa Mamãe, geradora da asma, assim como do autismo, da esquizofrenia e de uma multidão de doenças misteriosas.

O argumento, no que dizia respeito à asma, era o seguinte: nenhuma base somática para a asma ou sua cura havia sido encontrada. Observou-se que a asma das crianças diminuía quando deixavam o lar e piorava quando voltavam — até mesmo, como aconteceu com uma amostra de crianças, quando a poeira de suas casas foi espalhada nos quartos em que estavam no hospital. Franz Alexander especulou que os asmáticos sofriam uma "dependência excessiva, não resolvida" da mãe, um conflito profundamente assentado entre os impulsos de dependência e independência. Os ataques de asma eram um substitutivo para sentimentos de intensa ansiedade. A mãe "asmatogênica" era patologicamente superprotetora ou, dependendo do caso, inconscientemente hostil e repudiadora, de forma que a criança se tornava cada vez mais apegada a ela.[286] Embora essas generalizações fossem logo chamadas de simplistas, e o "bacillicus asthmaticus psychosomaticus" ridicularizado, a relação de Mamãe com seu filho continuou a ser a sementeira de outros males.

AUTISMO

Autismo foi uma categoria que Eugen Bleuler usou em 1908 para identificar um tipo de comportamento anormalmente introvertido que associava ao grupo das esquizofrenias. Suas vítimas adultas eram distantes e não respondiam aos sinais sociais. O autismo infantil foi descrito pela primeira vez por Leo Kanner, nascido na Áustria, um dos primeiros psiquiatras americanos de crianças. Em 1943 publicou seu estudo "Autistic Disturbances of Affective Contact",* em que descreveu o caso, para ele completamente incomum, de Donald, uma criança que nunca olhava nos olhos de outras pessoas ou reconhecia rostos, e falava, mas não com a intenção de comunicar-se. "Donald caminhava por ali sorrindo, fazendo movimentos estereotipados com os dedos ... Sacudia a cabeça de um lado para o outro, sussurrando ou murmurando a mesma melodia de três notas constantemente ... negligenciava totalmente as pessoas e instantaneamente dirigia-se aos objetos, preferivelmente os que podia fazer girar. Iradamente afastava a mão que estivesse no caminho."

Com a idade de 2 anos e meio, Donald era capaz de citar os nomes de todos os presidentes dos Estados Unidos em ordem, tanto para a frente quanto para trás; da mesma forma os 25 pontos do catecismo presbiteriano. Ficava perturbado com alterações na rotina e era hipersensível a barulhos altos.

Kanner decidiu que a doença de Donald se baseava, ao menos em parte, na mãe e em sua falta de calor e resposta ao filho. Ele a designava "mãe-geladeira" — um fragmento de nomenclatura que "pegou" tanto na literatura quanto na imaginação popular. As mães agora tinham um novo estigma em potencial: se não fossem apegadas o bastante aos filhos poderiam causar autismo.

Bruno Bettelheim entrou então em campo. Escritor talentoso, com a autoridade de um sobrevivente de Dachau e Buchenwald, Bettelheim dirigiu a Orthogenic School para a reabilitação de crianças na Universidade de Chicago. Muitas crianças ali eram diagnosticadas autistas ou esquizofrênicas. Bettelheim vinculou as duas doenças a pais ruins. De fato, em seu *The Empty Fortress: Infantile Autism and the Birth of the Self* (1964), prefaciado por Leo Kanner, a mãe-geladeira tem afinidades com o guarda de campo de concentração, e a criança é sua prisioneira. "A diferença entre a infelicidade dos prisioneiros de um campo de concentração e as condições que levaram ao autismo e à esquizofrenia em crianças é, naturalmente, que a criança nunca teve a

---
*Perturbações autistas do contato afetivo. (*N. da T.*)

chance prévia de desenvolver a personalidade." O que poderia ser tomado como indicação de que prisioneiros estavam bem melhor que as crianças autistas de Bettelheim com suas mamães impropriamente apegadas e tinham mais esperança que elas... A doença em si, como Bettelheim a entendia, era um tipo de mecanismo de defesa contra pais ruins — um processo de racionalização que o antipsiquiatra R. D. Laing simultaneamente iniciava do outro lado do Atlântico para implicar a família como a caçarola da esquizofrenia.

A mãe-geladeira como explicação da etiologia do autismo logo foi contestada, notavelmente pelo pai de uma criança autista: o psicólogo Bernard Rimlaud argumentou que o seu próprio filho tinha a doença desde o nascimento. Bettelheim obteve prova contrária do psicólogo Harry Harlow. A tese da mãe-geladeira e do autismo agora encontrava apoio em experiências com macacos, exatamente como o apego encontrara reforço na etologia.

Harry Harlow havia começado a trabalhar com macacos *rhesus* em 1957. Inventou uma série de experimentos que estudavam o vínculo ou ligação mãe-criança. Pegando macacos-bebês — nascidos com mais independência que os humanos, mas ainda assim necessitando de cuidados — e levando-os para longe de suas mães biológicas, ele os punha em gaiolas com uma mãe eletrônica equipada com um mamilo que produzia leite e uma lâmpada elétrica para prover calor; também colocava nas gaiolas uma mãe mais macia de tecido e papelão, que não tinha garrafa de leite. Os macacos passavam muito mais tempo subindo na mãe de pano, a quem marcadamente preferiam, brincando com ela, manuseando sua estranha face e apalpando-a, enquanto usavam a mãe de arame para uma alimentação rápida. Quando "monstros" eram introduzidos dentro das gaiolas e os macacos se assustavam, eles invariavelmente corriam para a mãe de pano. O experimento de Harlow parecia comprovar que o contato íntimo e frequente com o corpo da mãe era muito mais importante que comida. O cuidado dizia respeito mais ao primeiro que ao segundo. Ele também notou que o amor do macaco submetido ao experimento por sua aconchegante mãe não era menor que o do macaco comum por sua mãe real.

Um ano depois, entretanto, os macacos criados por substitutas exibiram comportamentos estanhos e complicados. Eles se apertavam, balançavam-se para a frente e para trás, mordiam-se e feriam-se — de fato, mostravam características "autistas".[287] Sua vida sexual foi igualmente transtornada. Eles não sabiam as posições corretas de acasalamento; fêmeas atacavam machos. Harlow teve de retirar alguns de seus pronunciamentos. Quanto à maternidade, quando esse tempo chegou, "as mães sem mãe" eram negligentes e fracassavam em confortar e proteger seus jovens, ou abusivas, mordendo e ferindo os bebês e finalmente matando-os.

Ao estilo bowlbiesco, Harlow concluiu que a privação inicial resultava no fracasso em criar ligações seguras mais tarde na vida e com os próprios filhos. Também levava os macacos à loucura. Eles tinham afinidades com as crianças autistas de Bettelheim. Em 1971, no *Journal of Autism and Childhood Schizofrenia*, Harlow comparou seus macacos-bebês torturados a bebês humanos. Ambos exibiam "acentuado distanciamento social". Retiravam-se para um canto para "evitar contato social" e se fechavam a todo estímulo externo. Privados de afeto materno, o macaco isolado era uma imagem no espelho da criança autista.

Existe pouca dúvida de que crianças tratadas com crueldade e com graves privações possam desenvolver transtornos emocionais ou mentais. No entanto, que "mães-geladeiras" produzam crianças autistas está agora geralmente desacreditado. A maternidade não pode ser responsabilizada por tudo.

Conduzindo o bom navio "Mamãe" entre o Cila do calor inicial e do tipo de atração que serviria aos filhos apropriadamente e o Caribde da sufocação, se a separação tivesse um *timing* inapropriado, as mulheres também iriam ter de confrontar as frustrações da vida psicossexual diária. Frias, indisponíveis, afastadas, podiam ver-se rotuladas de frígidas ou castradoras por médicos da mente, ou, mais cruel ainda, de esquizofrenizantes — produtoras de crianças deficientes, arruinadas pela esquizofrenia. Se errassem no lado do calor ou expressassem o desejo ativamente demais, não eram meramente desleixadas, mas ninfomaníacas. Com um tipo de efeito iatrogênico, o crescimento dos médicos da mente e suas fórmulas de diagnóstico resultaram no aumento da necessidade de terapia, e não apenas da variedade abundante no varejo nessa época de *Stepford Wives*.* Como a distância entre os ideais prescritos de comportamento e satisfação aumentava, espalhou-se a percepção de que os terapeutas poderiam intervir para suavizar a miséria. Machos ou fêmeas, eles frequentemente se tornaram as mães suficientemente boas da América, os únicos que poderiam ajudar onde a família falhara.

---

*Esposas de Stepford. Romance de humor negro de Ira Levin que mostra mulheres robotizadas, impossivelmente perfeitas, obedientes aos maridos. O romance rendeu dois filmes. (*N. da T.*)

O PSIQUIATRA BOM O BASTANTE

De acordo com algumas estatísticas entre os anos 1950 e 1960, duas vezes mais mulheres na América sofriam de depressão e ansiedade que os homens. Não está claro se o aumento da psicologização da nação fazia crescer o número de pessoas que sofriam de distúrbios, ou a demanda de medicina psicológica elevava o suprimento de médicos da mente. Indubitavelmente, um conjunto de forças atuava, e a cultura popular tanto refletia quanto propagava as simetrias de doença e cura. *Mademoiselle*, uma das principais revistas femininas, publicou, por exemplo, reportagem com ilustrações atraentes em outubro de 1953 com uma pergunta no título: "Você devia ser analisada?", enquanto a resposta confessional abaixo dizia: "Doença, preocupação, depressão profunda me levaram ao analista ... Trabalhei para resolver todo o quebra-cabeça." *Lady in the Dark*, de Moss Hart, havia passado de um enorme sucesso na Broadway para o cinema. Ginger Rogers, a estrela que interpretou mais papéis psiquiátricos que qualquer outra, fez o papel de uma mulher de carreira profissional à beira de um colapso nervoso cujas sessões no divã trazem um profundo conhecimento edipiano e a liberação no amor e no casamento.

Enquanto a cultura popular educava a América nos modos da análise e nos atos falhos do inconsciente, a elite intelectual e artística de Nova York e da Califórnia usava analistas da forma que os ricos no passado haviam usado conselheiros espirituais pessoais e padres confessores. A igreja do ego, afinal, tinha suas dolorosas estações da cruz e um conselheiro analista pessoal podia ajudar na viagem através da vida. Sessões diárias no sofá, conselhos do analista sobre como levar a vida e enfrentar problemas íntimos, assim como as crianças, enquanto durante todo o tempo se adquiriam alguns *insights*, alguma verdade interna e maturidade eram parte de um estilo de vida desejável e glamoroso.

Chris Mankiewicz lembra que seu pai, o diretor Joseph Mankiewicz, se assegurou de que suas crianças, assim como sua esposa, tivessem psiquiatras:

> Meu pai costumava dizer para mim: "Você obviamente tem um monte de problemas e muita hostilidade. Você e eu nunca poderíamos ter uma boa relação, então você necessita falar com alguém imparcial." Da mesma forma que famílias inglesas entregavam seus filhos a escolas particulares de forma que não tivessem de lidar com eles até que soubessem grego e latim, pessoas como meu pai usavam psiquiatras para questões que envolviam duas pessoas ...

> Muitos de nós passamos de babás para creches e de governantas para psiquiatras. Havia sempre um pai substituto à mão ... os psicanalistas estavam sempre lá.[288]

Brenda Webster, em sua autobiografia *The Last Good Freudian*, descreve a dependência de sua mãe artista de seus analistas ao longo de lamentações, colapsos e tentativas de suicídio. O apoio que analistas bem conhecidas como Muriel Gardiner e Marianne Kris davam a ela se estendeu para ajudá-la com as crianças. Os conselhos que a jovem Brenda recebeu sobre sexo, contracepção, homens e estágios da vida vieram delas também. Havia um duplo vínculo implícito aqui: se as mães não podiam lidar com os filhos e tinham que mandá-los para analistas, elas falhavam obviamente em sua obrigação primordial, e seus filhos só poderiam ter ressentimento delas.

Cada vez mais conservadores a partir do momento em que passaram a fazer parte do *establishment* médico, os analistas supostamente freudianos da América se veriam atacados em meados dos anos 1960 ou porque haviam traído o legado de Freud, ou porque todo o pacote psicanalítico era retrógrado e ineficiente. A felicidade não era nem um pênis, nem a criança que ele ajudava a produzir. Nem era a inveja dele — tão frequentemente interpretada como tudo que uma mulher poderia desejar que não incluísse o homem ligado a ele — explicação suficiente ou humilhação boa o bastante para o desejo crescente das mulheres de uma esfera mais ampla de atividade.

Mas se a geração de mulheres que eram jovens adultas no fim dos anos 1960 e início dos anos 1970 e inventou a "liberação das mulheres" atacou o patriarcado freudiano, ela também e inevitavelmente criticou as Mamães que tinham sido subornadas por ele. Na verdade, com bastante frequência, lhes atribuiu o mesmo poder de tudo influenciar que a cultura como um todo popularmente conferia às Mamães. Com íntimo ressentimento quando se tratava de suas próprias doenças psicológicas, filhas culpavam mães por não as amarem o bastante ou sufocá-las com amor demais. Frias ou servis, sempre e inevitavelmente controladoras, pois eram o mais importante centro de amor e apego da família, suas mantenedoras e fazedoras — essas mães também inevitavelmente emergiram como responsáveis pelos colapsos das filhas. Elas falharam ao salvaguardar os ritos de passagem para a vida da mulher adulta. No dilúvio de ficções que descreve a doença mental das mulheres — entre elas *A redoma de vidro*, de Sylvia Plath, *Moça, interrompida*, de Susanna Kaysen, *Nunca lhe prometi um jardim de rosas*, de Hannah Green, a *Palavras por dizer*, de Marie Cardinal — é a mãe que, em um misterioso cenário edipiano, se torna o foco da doença da filha, a agente de sua inabilidade para chegar a um acordo com o eu, os homens ou o mundo.

Mãe-analista, dublê transferencial — confiável e, espera-se, não em última análise controladora — substitui as mães e permite às garotas separarem-se de suas Mamães da infância. Elas também podem ficar no meio do caminho para chegar aos pais ou alcançá-los. Enquanto isso, supervisionam a transformação da garota em mulher.

Nunca lhe prometi um jardim de rosas

Hannah Green é o pseudônimo de Joanne Greenberg, autora de cerca de 12 livros de ficção. Seu romance mais vendido, *Nunca lhe prometi um jardim de rosas* (1964), que se tornou um filme de Hollywood, é um relato convertido em ficção de seus três anos de experiência como paciente no famoso Chestnut Lodge, um dos melhores hospitais mentais privados dos Estados Unidos. Greenberg, ou Deborah Blau, como se chama no livro, está com 16 anos e tentou o suicídio. Isso levou ao diagnóstico de esquizofrenia, e os pais à difícil decisão de interná-la.

A garota, o livro gradativamente revela, viveu cada vez mais atormentada e isolada em um mundo simbólico, o reino de Yr, que tem sua própria linguagem e deuses exigentes, persecutórios. A realidade de seus pais, uma mãe precisa, emocionalmente controladora, e um pai solitário, confuso com a doença da filha, só se percebe com esforço. Chegando ao asilo, "Deborah Blau quebrou a cabeça na colisão dos dois mundos ... onde ela estava muito viva, o sol se dividia no céu, a terra entrava em erupção, seu corpo era partido em pedaços, seus dentes e ossos esmagados e reduzidos a fragmentos. No outro lugar, os fantasmas e as sombras viviam ... havia ali um velho prédio de tijolos vermelhos ... Havia grades em todas as janelas."

Durante um período, quando terapia eletroconvulsiva (TEC), insulina e formas iniciais de tratamento com drogas eram comuns, o Chestnut Lodge foi um dos asilos de elite a se especializar em terapia psicanalítica com pacientes com transtornos graves. Administrado primariamente por psicanalistas altamente treinados, aceitava entre 45 e 58 pacientes por vez, sob os cuidados de uma equipe de cerca de 165 pessoas. O tratamento contemplava terapia intensiva, não apenas sessões de uma hora quatro vezes por semana com o psiquiatra, mas a vida dentro de um ethos em que cada membro da equipe via a doença mental como potencialmente comum a todos e ouvia cuidadosamente o que os pacientes diziam, pois isso podia dar uma pista simbólica para o mundo interior em que habitavam. Franqueza era uma senha. Pais, particularmente mães, deviam ser mantidos afastados porque sua presença afetava negativamente os pacientes.

Dito isso, o retrato que Greenberg faz da vida no asilo não é nada cor-de-rosa: os guardas podiam ser assustadores e insensíveis; outros pacientes, violentos, e, ao mesmo tempo, vítimas. O que ela retrata acuradamente é a solidariedade e compreensão que existem entre os pacientes, seu falatório nervoso sobre os que deixam o hospital e podem retornar, seu conhecimento de que atos de violência não são intencionais e podem ser dirigidos a objetos equivocados. Por todos esses trabalhos, o asilo emerge como refúgio de um mundo que teme e fracassa em compreender os motores da insanidade e a esmagadora dor que ela traz.

A dra. Fried (ou Furii), que trata Deborah, baseia-se em Frieda Fromm-Reichmann, pioneira no tratamento analítico de esquizofrênicos. Uma das primeiras mulheres médicas na Alemanha, trabalhou com soldados neurologicamente atingidos durante a Primeira Guerra Mundial e administrou um asilo segundo linhas ortodoxas judaicas com seu então marido, Erich Fromm. Ambos haviam sido treinados como psicanalistas no Instituto Berlim, nos anos 1920. Ele se tornou um dos teóricos culturais da influente Frankfurt School e se mudou para os Estados Unidos em meados dos anos 1930. Frieda se converteu em uma psicanalista importante. Com menos de um metro e meio de altura, franca e carismática, advogava a psiquiatria interpessoal de Harry Stack Sullivan e, segundo todos os relatos, era uma formidável clínica. Ela é uma das "mães" a quem Greenberg dedica o livro. Persistente e sensível, sua longa experiência com pacientes mentais intratáveis levou à cura de Deborah/Joanne após três anos exaustivos como paciente interna entre 1948 e 1951, e depois, até 1955, como paciente externa enquanto Joanne completava sua educação.

Greenberg evoca uma psicanalista cujos métodos de tratamento são muito mais intervencionistas que a norma, que pressiona seus pacientes até descobrir os segredos que não serão divulgados, no caso de Deborah uma humilhante e perturbadora operação uterina quando ela estava com 5 anos e que a criança sentiu que a envenenou: "Eles haviam entrado com suas sondas e agulhas como se toda a realidade de seu corpo estivesse concentrada no mal secreto daquele local proibido." A analista comunica sua raiva. Sua voz está "cheia de indignação" pela garota de 5 anos à sua frente:

"Aqueles malditos idiotas. Quando vão aprender a não mentir para as crianças! ..."
"Então, você não é indiferente..."
"Pode ficar certa de que não sou!"[289]

Fromm-Reichmann, como os vários médicos que trabalharam com esquizofrênicos e os seriamente perturbados, não se baseia no que se tornou a técnica padrão de desligamento, silêncio e rara interpretação das livres associações do paciente — a norma da profissão na América. Em vez disso, ela é falante, faz perguntas e as responde, intervém ativamente e constrói a confiança. Ela oferece apoio e é sábia. Como seu último estudo deixa claro, ela compreende a profunda, incomunicável solidão — como a "indefesa solidão de uma criança cujo grito nunca é respondido" — que dá suporte à doença de seus pacientes e contra a qual sua loucura era uma defesa. A confiança construída no romance entre a dra. Fried e Deborah é um dos fios que a trazem de volta para o mundo enquanto lutam juntos contra Yr, suas autoridades persecutórias e seus significados enterrados. O médico é um guia responsável naquelas profundezas e para sair delas.

A operação de "envenenamento" de Deborah, um dos pontos de origem de Yr, leva-a a acreditar que ela própria envenena todas as pessoas que conhece, incluindo a nova irmã bebê feia que tem certeza de que tentou atirar pela janela. A culpa que a acompanha assume forma simbólica em Yr. Da mesma forma também é sua condição de judia e o destino dos judeus da Europa na guerra que seu avô evoca. Depois vem seu pai, que constantemente a adverte contra o mundo sujo dos desejos dos homens, tanto que ela palpavelmente sente o seu desejo e o dela própria. À medida que a terapia cava o passado, ela vê um lugar sem cor onde uma criança está profundamente sozinha, fria, distante do amor, sua mãe se foi. Ela gradativamente sente que sua sensação de abandono foi detonada pelo aborto da mãe. Localizar o evento real e razoável não é o bastante para dispersar a loucura. Somos levados a ver que essa solidão subjacente foi reforçada mais e mais em cada um dos abandonos subsequentes na vida da criança, ampliou-se em terror de forma que a fuga para um mundo secreto se torna um hábito e depois para um universo paralelo que assume o domínio.

Yr é tanto a expressão da doença de Deborah quanto a própria doença: o outrora misericordioso e idealizado mundo para onde poderia fugir voltou-se contra ela e agora ameaça destruí-la completamente. Ao saber do segredo, a tarefa da dra. Fried é em parte interpretar esse mundo e depois afastá-la dele ao permitir que sua paciente experimente sua habilidade para viver sem sua ambígua proteção. O primeiro passo ativo de Deborah para longe de seu mundo simbólico é a assunção de responsabilidade por um colega interno que foi espancado. Ela age em nome de seu companheiro de quarto saindo da letargia que suas lutas em Yr impõem e se queixa para um dos médicos. Ela também vem à dra. Fried, que fala duro e pragmaticamente sublinha que nem a justiça nem a felicidade são necessariamente parte do mundo "real" para o qual eles trabalham para que ela volte. Não existe jardim de rosas, apenas a habilidade de lutar por ele.

> "Olhe aqui... eu nunca lhe prometi um jardim de rosas. Nunca prometi a você justiça perfeita. E nunca prometi paz ou felicidade. Minha ajuda é para que você possa ser livre para lutar por todas essas coisas. A única realidade que ofereço é um desafio, e estar bem e ser livre para aceitar isso ou não, seja em que nível você for capaz."[290]

A luta leva tempo. Deborah piora, retrocede, fere a si mesma, queima-se de vez em quando. Vir para o mundo real não é fácil, como todas as narrativas de pacientes testemunham. A crença da médica de que existe uma essência de energia nela, entretanto, é uma das forças que podem levar a paciente a se recobrar.

Em seus próprios escritos, Fromm-Reichmann fala sobre as entrevistas terapêuticas tempestuosas, as graves ideias persecutórias de sua paciente, assim como de sua hostilidade em relação a ela e à dependência construída. Não diferente de Winnicott, embora sua linguagem seja diferente, ela entende que a esquizofrenia vem de uma falha inicial da proteção da mãe em uma fase essencial para a sobrevivência da criança. Em termos que ressoam com a força da divisão em bom e mau, Fromm-Reichmann elaborou o conflito entre dependência e hostilidade na criança, uma divisão que produziu intensa ansiedade. O medo de seus impulsos destrutivos, sua fúria e violência, fez a criança se esconder em seu próprio mundo fechado.²⁹¹ A tarefa do analista era esclarecer as causas desses impulsos à medida que eram reinvocados por meio das defesas — no caso de Deborah, mediante o mundo simbólico de Yr. Gradualmente, a paciente pôde reconhecer a irracionalidade dessas defesas, abandoná-las e ser empurrada de volta à realidade.

Chestnut Lodge teve mais sucesso que a maioria dos asilos no tratamento da esquizofrenia. De um grupo de 77 esquizofrênicos paranoides tratados com psicoterapia, 17% melhoraram muito e 49% melhoraram; 13% permaneceram sem mudanças, pioraram ou morreram. Para pacientes com frequência considerados incuráveis, essas são cifras boas. Porém os custos da equipe e de tempo eram tais que apenas os mais ricos podiam pagá-los.²⁹² Outra instituição de elite conhecida por seus pacientes famosos e por sua mescla de tratamentos, da eletroconvulsoterapia à psicoterapia, era o McLean's, em Belmont, Massachusetts. Foi para ali que outra jovem talentosa foi mandada em 14 de agosto de 1953, depois de tomar uma overdose de pílulas para dormir e quase morrer.

Sylvia Plath (1932-63)

O caso de Sylvia Plath é bem conhecido. Parte de seu status emblemático veio de sua "ficção" *A redoma de vidro*, onde evoca a espiral descendente de uma jovem, faminta de trabalho criativo e experiência, mas contida pelas limitações de sua época à depressão e à tentativa de suicídio que a levam ao McLean's. A própria tentativa de suicídio de Plath com a idade de 30 anos impulsionou a poeta a um estrelato emblemático. Para o movimento das mulheres, particularmente na América, ela se tornou uma santa da vitimização feminina, sua loucura e seu suicídio, sinais do que o patriarcado fazia com mulheres talentosas que se atreviam a ter aspirações e ousavam duplamente também amar com ardor. A classe de formatura de Sylvia Plath na Smith em 1955 foi exortada pelo candidato presidencial Adlai Stevenson a escrever "listas de lavanderia" em lugar de poemas.²⁹³

Quase dez anos se passaram entre a primeira tentativa de suicídio de Plath, sua hospitalização e a criação de *A redoma de vidro*, que apareceu sob pseudônimo na Inglaterra em 1963 — ano em que saiu *A mística feminina* — e apenas meses antes de sua morte. Plath se preocupara com a reação de sua mãe, e o livro, embora circulasse na edição britânica, não veio para os Estados Unidos senão oito anos depois de sua morte. Nos anos entre o seu primeiro colapso e a escrita de *A redoma de vidro*, Plath se mudou para a Grã-Bretanha com uma bolsa Fullbright, conheceu, casou-se e estava possivelmente a ponto de divorciar-se do poeta britânico Ted Hughes, teve dois filhos, publicou *The Colossus* e compôs entre outros os grandes poemas de *Ariel*.

A redoma de vidro é o único romance de Sylvia Plath. Foi escrito na esperança de obter um dinheiro muito necessitado. Instigada por "artigos sobre doença mental" na *Cosmopolitan*, ela anota em seu diário, em 13 de junho de 1959, que quer escrever a história do "suicídio de uma colegial", "THE DAY I DIED"*... até um romance, pois havia um mercado crescente para "coisas de saúde mental". Ela diz que tem *The Snake Pit*, de Mary Jane Ward, em mente, o fascinante asilo abandonado que se tornou um filme com Olívia de Havilland. Plath produziu algo muito diferente. No duro idioma não sentimental de um *thriller* urbano, explorou a questão do que implicaria ser uma mulher produtiva — uma mulher que escreva, ame e tenha filhos, sem falar em narrar isso para o mundo. A questão atormenta sua heroína, Esther Greenwood, e a leva a uma tentativa de suicídio. Tornar-se mulher nos anos 1950, quando as escolhas estão limitadas à maternidade suburbana ou a uma vida profissional de solteirona, envolve a descida à loucura, a morte simbólica por eletrochoque, seguida do redespertar, um renascimento como mulher sediciosa. Este último é assinalado pelo derramamento de sangue ritual, que é o sacrifício triunfal encenado da perda da virgindade por sua heroína. Greenwood não é a simbolização "esquizofrênica" e a divisão em mundos paralelos de que Deborah Blau sofria, mas um quadro adolescente muito mais comum de depressão, ou o que mais tarde Plath chamou de "desintegração" de sua mente.

Como sua heroína, Plath havia vencido, em uma competição de redação, o cobiçadíssimo posto de editora-visitante durante um mês da edição universitária anual de *Mademoiselle* naquela capital da vida e do glamour, Nova York. Naquele mesmo mês, em 19 de junho de 1953, Ethel e Julius Rosenberg, supostos espiões soviéticos, foram eletrocutados — e "títulos de olhos arregalados" bradavam o acontecimento —, um estremecedor evento que Sylvia tanto registrou em seu diário como usou na abertura de seu romance, onde a heroína diz que se sente "muito imóvel e muito vazia, a

---

*O dia que morri. (*N. da T.*)

forma como o olho de um furacão deve sentir-se, movendo-se tediosamente no centro do tumulto circundante".

O mês se passou em um torvelinho de atividade, exploração sexual incompleta e timidez. No fim, Sylvia estava dividida entre fazer um curso de verão de redação em Harvard, o custo disso, e passar os próximos meses antes de seu último ano na Smith em casa, aprendendo estenografia, enfrentando o desafio de escrever sozinha e tornando as férias de sua mãe "felizes e boas". Em julho, seu diário registra a autodilaceração de uma ambiciosa e altamente bem-sucedida jovem que segue adiante freneticamente, dedica-se tanto ao amor e ao trabalho que uma paralisia de indecisão e inércia a domina. As observações vívidas de Plath capturam a espiral de vergonha e confusão, uma estufa de excesso emocional feita de desejo ardente, medo, falta de confiança e injeções para reforçá-la. Sua vida interior é a reminiscência de um grande número de mulheres jovens. Em 6 de julho ela se pune: "por que se cegar fazendo curso após curso?" quando você deveria ser capaz de pensar e não "recuar para um inferno mental masoquista onde o ciúme e o medo fizeram você parar de comer?" Ela ordena a si mesma que pare de pensar egoisticamente "em lâminas & ferir a si mesma & acabar com tudo" e ao mesmo tempo em "ruídos, nomes, danças". Devia arranjar um trabalho, ou aprender estenografia. "Nunca nada permanece o mesmo", diz para si mesma.

Em 14 de julho sente pânico de falhar na vida acadêmica e não viver dos prêmios passados, enquanto ao mesmo tempo tem um "desejo perverso de se retrair a ponto de *não se importar*". Tem visões de si mesma em uma camisa-de-força, assassinando a mãe e matando o "edifício de amor e respeito". Todas as suas relações tanto com homens quanto com mulheres estão em um impasse. Ela se sente incapaz de sentir.

Menos de um mês depois, tendo ido para casa, para o "aroma maternal dos subúrbios" que "cheiravam a pulverizador de grama e carros grandes e raquetes de tênis e cães e bebês", Sylvia tomou uma overdose. Depressão profunda seguira-se às tensões de Nova York: desapontada por não conseguir entrar para o curso de redação de Harvard, incapaz de escrever, ou dormir, ou comer, odiando os bebês e as mães suburbanas que a aborreciam, aterrorizada pelo desarranjo de sua mente, os pensamentos constantes de morte e, por cima de tudo isso, um psiquiatra não solidário e uma primeira, anestesiante série de eletrochoques, engoliu as pílulas, engatinhou para uma vala embaixo da casa e esperou pela morte. Foi encontrada pelo irmão dois dias depois em estado semiconsciente. Seus gemidos o alertaram.

Em algum momento daqueles dois dias, as pílulas tinham sido vomitadas. Durante o resto da vida ela teve uma cicatriz no rosto, onde a pele foi arranhada pelo cascalho debaixo da casa.

Plath foi levada para um hospital local e depois para uma unidade psiquiátrica, onde as coisas foram de mal a pior. (Ela trabalharia nessa mesma clínica, no Massachusetts General Hospital, em 1958, como secretária, enquanto ela e Hughes estavam em Boston. Parte de seu trabalho incluía anotar os sonhos dos pacientes.) Finalmente, graças ao seu patrão, Olive Prouty, encontrou-se um lugar para ela no McLean's, com suas instalações de cuidado psicoterapêutico, seus relvados, campo de tênis e quadra de badminton. Ali, durante cinco meses, sua médica foi Ruth Beuscher — a dra. Nolan no romance —, uma jovem psiquiatra assistente em 1953. Aparentemente, Beuscher fizera cursos recentes de psicanálise no Boston Institute, mas não fora aceita como membro por causa de um pedido anterior do marido. Suas relações com Sylvia pareceram fornecer o que essa jovem deprimida e suicida precisava, e Plath manteve um relacionamento com ela até o final.

Mesmo que a função terapêutica da dra. Nolan no romance praticamente não seja elaborada, ela emerge como a mãe boa, segura, em agudo contraste com a mãe da própria Esther. Quando vem visitar Esther, a sra. Greenwood usa sua "face aflita", da mãe que se sacrifica e implora à filha que lhe diga o que fez de errado. "Ela disse que estava certa de que os médicos achavam que ela fizera alguma coisa errada porque eles lhe faziam um monte de perguntas sobre o meu treinamento para usar o vaso, e eu havia sido perfeitamente treinada em uma idade muito precoce e não dera nenhuma espécie de problema desse tipo a ela." A recusa da mãe em ver que está implicada no estado de Esther faz Esther jogar fora as rosas de aniversário que ela lhe trouxe. Afinal diz com intensidade à doutora Nolan aquilo que realmente pensa de sua figura demasiado forte e altruísta: "'Eu a odeio', eu disse, e esperei o golpe ser desferido. Mas a dra. Nolan apenas sorriu para mim, como se algo a tivesse agradado muito, muito mesmo, e disse: 'Acho que sim.'"

A permissão para odiar a mãe é um passo crucial no tratamento de Esther. Igualmente importante é a TEC. Em seu primeiro encontro, Nolan faz Esther falar sobre seu psiquiatra anterior. Ele lhe aplicara eletrochoques e, sob seus cuidados, isso a aterrorizara e não adiantara nada para evitar seus desejos suicidas. A dra. Nolan garante a ela que não usam eletrochoque ali. Se fossem fazer, ela seria avisada de antemão, e não seria nada como o que experimentara antes. "Ora, algumas pessoas até gostam", diz-lhe a dra. Nolan.

Quando o tratamento com insulina tem pouco resultado exceto engordar Esther e levá-la a imaginar que está grávida, a dra. Nolan quebra sua palavra. Apesar disso, sob sua terna orientação, os eletrochoques de fato se mostram benéficos, como a dra. Nolan havia prometido e, depois de cinco sessões, a depressão de Esther passa.

A TEC foi desenvolvida primeiro em Roma em 1938 por Ugo Cerletti. Ele viu porcos no matadouro tornarem-se mais dóceis e menos agitados quando recebiam um choque elétrico. Como a ideia, mais tarde refutada, era que epiléticos não desenvolviam "esquizofrenia", pensava-se que, se convulsões similares às da epilepsia fossem administradas em pacientes, isso deteria ou melhoraria outras formas de doença mental. O pensamento por trás do tratamento de choque de qualquer tipo sempre foi e ainda é polêmico, mas algumas figuras estabelecidas da psiquiatria afirmam que produzir um acesso e depois a inconsciência no paciente tem efeito benéfico em alguns casos.[294]

A TEC foi bem recebida em asilos psiquiátricos na Grã-Bretanha como um avanço em relação ao Cardiozol, convulsivo pouco confiável à base de cânfora, e à terapia de insulina, que levava um tempo imprevisível para provocar a reação desejada de convulsão ou coma/sono. Na América, a TEC encontrou inicialmente certa resistência. Importantes médicos de asilos mentais como Harry Stack Sullivan recusaram-se a usá-la. O favorecimento em geral da psicodinâmica em lugar de tratamentos físicos no período de pós-guerra significou que este tinha muito menos popularidade que na Grã-Bretanha, onde rapidamente tornou-se uma terapia regularmente usada para depressão profunda e esquizofrenia.[295] Muitos pacientes odiavam e temiam a passividade, a confusão da memória, o jeito de zumbi dos que voltavam do tratamento. Outros achavam que era benéfica, que acalmava a agitação e reduzia a ansiedade, particularmente depois que começou a ser administrada com anestesia geral — a forma adotada no McLean's, uma inovação na época.

O passo final do tratamento da dra. Nolan é permitir que Esther vá a um médico para ser preparada para um diafragma. Sancionada tanto para manter-se afastada da mãe como para fazer sua entrada longamente esperada na feminilidade completa, Esther volta para a universidade, a depressão em espiral deixada para trás. Mas sua amiga e dublê no hospital se suicida, o que Sylvia só faria depois da publicação de *A redoma de vidro*.

A redoma de vidro é enfaticamente um livro feminino. Os homens nele, embora desejados na imaginação, estão de fato distantes — ou mortos, como o pai cujo túmulo Esther visita antes de sua tentativa de suicídio, ou o namorado de Esther, enfiado em um sanatório de tuberculosos enquanto ela cultiva o desejo de livrar-se dele. O matemático que a deflora no final é um esquema proposto para a remoção de sua virgindade. Ela nunca mais quer vê-lo. A transação final é financeira, em que ela lhe pede que pague a conta do hospital para o qual foi depois que o sexo provocou hemorragia. Tampouco Esther é amigável ou gentil com as mulheres que no livro representam os becos sem saída das possibilidades. Mas algumas poucas mulheres penetram na cúpula do sino da depressão, e quando Esther é finalmente "remendada, recauchutada e aprovada para a estrada", em um ritual que é mais como nascer novamente que se casar, é a dra. Nolan — a mulher que lhe disse que é ternura o que as outras mulheres veem umas nas outras — que a leva pela encruzilhada para a sua nova vida.

Assim como a dra. Nolan, que assiste Esther em sua nova vida de mulher, Ruth Beuscher ficará com Sylvia como terapeuta ou conselheira pelo resto de seus dias. As exigências frequentemente irreconciliáveis de escrever e ser esposa e finalmente mãe com a paixão e o zelo perfeccionista que Plath exigia de si mesma, junto com o subjacente puxão da depressão, levaram-na a se apoiar na ajuda de psiquiatras ao longo de sua vida.

Em Cambridge, na primavera de 1956, cerca de duas semanas depois de ela ter encontrado Ted Hughes pela primeira vez e mordido sua bochecha com lascívia, bebendo freneticamente enquanto dançavam, Sylvia foi ver o psiquiatra da universidade, dr. Davy, de quem gostava — "calmo e respeitoso, com aquele sentimento agradável de idade em um reservatório; parecia Pai: por que não?".[296] Mas é Beuscher quem ela chama dramaticamente em seu diário. Correndo os olhos por nomes, é o dela que focaliza. Pede a Ruth que a receba em seu coração, que a deixe chorar e chorar e a ajude a ser forte. Beuscher assume cada vez mais o papel de mãe da Sylvia que precisa de ajuda. Ela é a "sacerdotisa-psicóloga", sua voz internalizada como "a figura da mãe permissiva". Enquanto isso, para a mãe real, Sylvia escreve cartas de espantosa calma e entusiasmo, sempre apresentando a fachada bem-sucedida que a sra. Plath desejava dela.

Sylvia Plath e Ted Hughes se casaram em 11 de junho de 1956. No outono de 1958, durante o segundo ano do casal em Boston, enquanto a poesia de Ted obtinha sucesso cada vez maior, Sylvia lutava com a escrita, o ciúme sexual e a inveja de escritor. A depressão, um senso de sua própria falta de valor e a impossibilidade de lutar com a linguagem e a forma a dominaram. Ela se voltou a princípio secretamente e depois abertamente para Ruth Beuscher para psicoterapia. Em 12 de dezembro de 1958, uma nova seção de seu diário registra as "observações de entrevista". Elas mostram Sylvia em um clima combativo, prometendo a si mesma usar as sessões com Beuscher ao máximo. Se ela vai pagar com dinheiro suado pelo tempo e o cérebro de sua terapeuta, então tratará a terapia da mesma forma que a um tutor sobre a vida emocional: vai "trabalhar como o diabo", interrogar e investigar a "lama e a merda" de sua vida interior e tirar o maior proveito possível disso.[297]

Sua "lama e merda" não têm basicamente nada a ver com a tendência a transformar seus homens em pais todo-poderosos, o pai que usa botas fascistas em seu poema, e sim com sua mãe. Beuscher lhe deu permissão para odiar a mãe vampira autossacrificada, e isso, com mais eficácia que um processo de tratamento de choque, a torna uma "nova pessoa".

Sylvia preenche aqui os detalhes daquele ódio terapeuticamente sancionado. Aurelia Plath casou-se com um homem velho, que ficou doente assim que se casaram e que "saudava Hitler" na privacidade do lar. As crianças foram a salvação de Aurelia: ela trabalhava e esperava o melhor para elas, dava-lhes o melhor. Depois de destruir o pai, sacrificou-se um pouco mais, sendo homem, mãe e mulher em "uma doce bola ulcerosa", tornando tudo perfeito para suas crianças perfeitas. Sylvia a desgraçou ao ficar louca. "Eu a odeio porque ela não o amava", observa Sylvia, e a consequência é que ela odeia os homens porque eles não ficam em volta para amá-la como um pai, porque não sofrem como as mulheres sofrem. A visão de amor que essa mãe lhe deu também é odiosa — segurança, casa, dinheiro, bebês e uma adorável ideia de Sylvia, que não corresponde a ela. Ela quer matar sua ideia de mãe, matar a mãe, mas era demasiado gentil para assassinato, então decide matar-se em vez disso. Fazer consigo mesma o que faria com outros.

Mas isso está no passado. Sylvia é agora — com a ajuda de Ruth Beuscher — ela mesma, e não permitirá que sua mãe "mate" Ted da mesma forma que "matou" seu próprio marido.

Então, essa quintessência de vampiro da Mamãe americana pode ser neutralizada com a ajuda de uma mãe melhor, com quem Sylvia pode chorar e pensar; através da qual lê *Luto e melancolia*, de Freud, e reconhece sua depressão como a "drenagem do ego" de que ele fala, um impulso criminoso transferido de sua mãe para si mesma, uma autodegradação que é um ódio transferido e que a impede de escrever. Com Beuscher, ela também vê o que a impede de escrever ou ter filhos, pois terá de dar à mãe seus escritos e os bebês, e sua mãe irá apropriar-se deles. Ela odeia essa mãe-feiticeira porque o fato de Sylvia não escrever prova que a sra. P. está certa sobre a necessidade de Sylvia de fazer alguma coisa que traga segurança — como ensinar, o que, por sua vez, a torna igual à mãe.

As observações de Sylvia são um chamado para a geração seguinte de mulheres rebeldes — mas a resposta que ela dá não é a política. "O que fazer com seu ódio por sua mãe e por todas as figuras de mãe?", pergunta. O que a mulher faz quando se sente culpada por não se comportar da maneira prescrita pela mãe, que, afinal de contas, deixou seu caminho para ajudá-la? Onde se deve procurar por uma figura alternativa que tenha a sabedoria de contar a você o que se necessita saber sobre bebês e os fatos da vida? A única pessoa em quem Sylvia confia para preencher esse papel é Beuscher, que não *dirá* a ela o que fazer, mas a ajudará a descobrir o que existe nela mesma e o que "pode fazer de melhor com isso".[298]

Beuscher de fato ajudou Plath nesse ciclo de depressão. Ela começou a ir às aulas de redação de Robert Lowell, fez novos amigos, entre eles a poeta Anne Sexton, cuja própria trajetória envolveu um analista mentor. Ela escreveu, apesar das rejeições. Nada disso foi fácil, mas os poemas de *The Colossus* emergiram — uma erupção criativa que Plath ligou "à musa masculina enterrada e criadora de deus". E Frieda Hughes, apesar das preocupações de Plath sobre ser infértil, foi concebida. Ser privada de ter um bebê, escreve Plath, é realmente a morte: "Consumar o amor carregando a criança do ser amado é muito mais profundo que qualquer orgasmo ou entendimento ou camaradagem intelectual."[299]

As notas de Plath sobre suas sessões com Beuscher também incluem cortantes perguntas da analista sobre a compatibilidade dela com Ted Hughes como marido. "Você teria coragem de admitir que fez uma escolha errada?" Sylvia diz que teria, mas fica furiosa com a pergunta, pois seu marido a apoia de corpo e alma e ela adora "que ele exista". Ted quer que ela melhore?, Beuscher pergunta outra vez em um bilhete, e Sylvia novamente oferece um enfático sim. As perguntas não a perturbam ou a levam a vincular Beuscher à sua mãe "má", que tinha críticas iguais a Ted. Mas, à luz da última intervenção de Beuscher na vida de Plath, naquele ano terrível e final antes de seu suicídio, sinais que podem ser reveladores de uma desconfiança anterior em Hughes aparecem em um bilhete levemente pessimista. Beuscher foi uma das mulheres que pressionariam Plath a se divorciar de Hughes e buscar um acordo legal.

Não temos como saber definitivamente se o conselho de Beuscher foi um elemento a mais na formação de uma tempestade de circunstâncias que levaram Sylvia a tirar a própria vida em sua última depressão. Além de seu ciúme e da prolongada separação de Ted, que finalmente pareceu chegar ao auge no fim de outubro de 1962, houve o frio incomum e persistente daquele inverno, a gripe das crianças, as finanças de Sylvia e o que ela interpretou como recepção fria a *A redoma de vidro*, que escreveu sob pseudônimo. Como sua biógrafa Diane Middlebrook observa, aquele livro em si pode ter levantado um espelho demasiado terrível para o seu estado de depressão na época. Para Beuscher, Plath escreveu: "Posso sentir minha mente desintegrando-se de novo."[300]

Angustiada, perguntou à terapeuta se esta poderia ir a Londres. Beuscher não podia, e, em suas últimas semanas, Plath foi ao esclarecido clínico geral John Horder, que providenciou uma babá para ajudá-la enquanto as crianças estivessem gripadas, depois quis arranjar a internação de Sylvia, tão grave julgou seu estado. Não havia espaço disponível e, em 4 de fevereiro, ele prescreveu o antidepressivo Parnate. Esperava-se que o medicamento funcionasse mais rápido que os outros disponíveis no mercado. Ele a via diariamente. Mas seis dias depois, em 10 de fevereiro de 1963, Sylvia preparou cuidadosamente o café da manhã dos filhos, colocou as bandejas ao lado de suas camas, abriu as janelas do quarto e selou a porta. Depois desceu para colocar a cabeça bem dentro do forno de gás. Estava com 30 anos de idade; seu filho Nicholas fizera seu primeiro aniversário um mês antes, e Frieda ainda não tinha 3 anos.

Hughes e a mãe de Plath pensaram ambos que o ato tivesse sido provocado por último pela medicação antidepressiva: a tranilcipromina era usada como alternativa para terapia eletroconvulsiva, e parecia que os médicos americanos de Plath haviam concluído que ela era "alérgica" a essa droga. Hughes acreditava que a medicação induzira os próprios pensamentos suicidas que deveria prevenir. Ele nutrira a esperança, depois de se encontrarem uma semana antes da morte dela, de poderem ficar juntos novamente, mas o tempo se esgotara para eles.

Aurelia Plath estava doente e não foi ao enterro: só soube depois que Sylvia tirara a própria vida e afirmou que seu estado podia ser de confusão "química" na ocasião. Sempre ansiosa para apresentar a melhor aparência, proibiu a publicação de *A redoma de vidro* nos Estados Unidos durante oito anos. Quando foi publicado em 1971, no pico do movimento das mulheres, respondeu ao seu retrato como mãe publicando também as cartas de amor otimistas de Plath. Ao lado da intensidade da poesia de Plath, sua ficção e seus diários, elas forneceram o registro de uma vida que compensou a brevidade trágica com a profundidade.

Em uma entrevista que deu ao *New York Times* em 9 de outubro de 1979, depois da publicação das cartas, Aurelia Plath sugeriu que os psiquiatras viraram sua filha contra ela:

> "Minha mãe sempre foi a minha melhor amiga e eu esperava que a minha filha fosse também", disse a sra. Plath. "Ela ficou envergonhada de nossa amizade durante seu colapso. Não quero acusar ninguém. Não quero culpar ninguém, mas ... Fui vê-la em um sábado e, então, Sylvia estendeu os braços para mim e disse 'não odeio você'. Veja, alguém tinha de ser o bode expiatório. Ela não podia entender por que tivera o colapso. Acho que a psiquiatria evoluiu muito desde os anos 1950. Eles não excluem mais a família. Os médicos e a família trabalham juntos. Quando Sylvia estava doente só era permitida uma visita por semana."

Teria Ruth Beuscher, a outra mãe da vida de Sylvia, permitido que sua paciente se tornasse demasiado dependente dela? Aparentemente, nos anos 1960, quando era professora clínica assistente de psiquiatria em Harvard, Beuscher culpou o tratamento psiquiátrico no McLean's pelo grande número de suicídios. Não há forma de determinar se essa avaliação estava vinculada à trágica culminação de suas próprias intervenções terapêuticas com Sylvia Plath. Qualquer que fosse a causa, Beuscher começou a caminhar em uma nova direção, que era também mais antiga. Fez mestrado em teologia, focalizando anseios espirituais, e recebeu-o em 1974. Seu pai havia sido um ministro presbiteriano bem conhecido. Seis anos depois foi ordenada, e até o fim de sua carreira ensinou em um seminário teológico no Texas. Ela achava que os psiquiatras com muita frequência não tinham conhecimento suficiente para saber quando deviam chamar um membro do clero.[301]

Àquela altura, a psiquiatria psicanalítica americana era reexaminada por todos os lados. Dificilmente Ruth Beuscher estaria sozinha em seu movimento rumo à religião. Em 1973, Hollywood, a biruta da cultura americana, já evocara um dos extremos daquela rota em especial. Em *O exorcista*, um filme-marco, o herói é tanto psicólogo quanto padre: apenas quando desiste de seu papel secular ele pode salvar a heroína de 12 anos das garras do demônio. O analista de Hollywood de Marilyn Monroe, Ralph Greenson, uniu-se aos que atacaram o filme, considerando-o perigoso e deletério para a profissão médica e a psiquiatria. Mas sua intervenção começava a parecer uma ação retrógrada. Uma década antes e enquanto estava sob seus cuidados, Monroe cometera suicídio apenas seis meses antes de Sylvia Plath. Tornava-se claro para a América que os psiquiatras não eram nem pais substitutos à prova de defeitos, nem profetas ou guias espirituais.

Marilyn (1926-62)

Em outubro de 1959, no fim de seu período na América, Sylvia Plath sonhou com Marilyn Monroe. Ela lhe apareceu como um tipo de "madrinha mágica". Sylvia lhe diz o quanto ela e Arthur Miller representavam para ela e Ted. Marilyn, a mulher que entendia o corpo e os caminhos do desejo, lhe dá uma manicure. Sylvia lhe pergunta sobre seus costureiros. A boa fada Marilyn lhe faz um convite para visitá-la durante os feriados de Natal e lhe promete uma vida nova, florescente.[302]

Marilyn Monroe aparecia em muitos sonhos naquela época, talvez porque sua própria vida no fim dos anos 1950 tivesse a estrutura de um mundo glamoroso de satisfação. Ela era a figura da fantasia de todos — de Moji, no Japão, onde sua famosa imagem nua tinha sido pendurada no edifício da assembleia municipal em um esforço para "rejuvenescer os homens da assembleia", ao laboratório de controle da radiação do primeiro submarino atômico do mundo, onde era retratada na tábua de elementos. Assim a *Time* assegurara em uma reportagem de capa de 14 de maio de 1956, enaltecendo sua "figura sensualmente alegre" e o caminho que tomara de "vamp ondulante" para "prostituta amigável" — jornada que, ao longo de cinco filmes, faturou mais de 50 milhões de dólares. E agora, a "loura burra" de todos era aceita pelo famoso Actor's Studio de Lee Strasberg, em Nova York, e se tornara a querida dos intelectuais. Também iria se casar em 29 de junho daquele ano, com o mais importante dramaturgo americano, Arthur Miller — o homem que anunciou seu casamento na mesma entrevista coletiva em que se recusou a cooperar com o Comitê de Atividades Antiamericanas da Câmara, apelando para a Primeira Emenda, e enfrentando assim os julgamentos de caça às bruxas do senador Joe McCarthy. A união de Marilyn e Miller, cujo nome era sinônimo da morte do sonho americano — esvaziado pelo destino do mais famoso caixeiro-viajante do mundo, Willy Lomax —, parecia, na mitologia popular, indicar que o sonho tinha mais uma chance. Além de tudo isso, Miller dera testemunho do talento de Marilyn, seu "maravilhoso instinto para a realidade básica de um personagem ou uma situação. Ela vai à essência".

Não surpreende que o duo emblemático invadisse os sonhos de Plath. Como Marilyn, ela se transformou em uma loura, embora apenas por um verão. A garota bolsista e a "órfã" cuja mãe fora internada podiam ter vindo de cenários a muitas milhas de distância um do outro, mas ambas tentavam, dentro das restrições de seu tempo, inventar-se, forjar algum tipo de aliança que funcionasse entre o feminino, o sensual e a parte pensante de sua identidade. Como Sylvia, Marilyn também trabalhou bastante para chegar aonde estava. Trabalhara seu corpo, sua forma de se apresentar, seu jeito com as câmeras, seu intelecto não escolarizado — apesar das risadinhas a respeito de sua pretensão — e, acima de tudo, sua atuação.

De acordo com o retrato que Miller fez dela em *After the Fall*, Marilyn era uma perfeccionista, como Plath. Também era sensível e amargamente insegura sobre seu lugar no mundo e o amor de seu marido. Se a pele era sensível, e o temperamento volátil, a ambição era grande. Ninguém fazia a "loura burra" de tola, como Truman Capote deixou claro em sua biografia, e outros confirmam.[303] Devido às usinas de mexericos, Sylvia também pode ter sabido que Marilyn, da mesma forma que ela, recorrera a um analista: a mídia repetidamente assinalava que ela havia sido profundamente afetada pela ausência do pai. Não apenas fez uma sincera, se não cômica, atuação em *My Heart Belongs to Daddy* como foi assim que ela chamou todos os seus três maridos. Quando morreu, aparentemente de uma overdose de Nembutal, barbitúrico comum usado para combater a insônia e aliviar a ansiedade — embora como muita coisa na história de Marilyn, incluindo a infância à Cinderela, isso também seja discutido —, a história de celebridade, sexualidade feminina e do preço pago por isso formou o arco mítico completo.

Nascida Norma Jeane Mortenson, mas conhecida como Baker, nome de solteira de sua mãe, Marilyn era "ilegítima". Seu pai, que trabalhava, assim como a mãe, nos escritórios da indústria do cinema, abandonou a mulher durante a gravidez, levando os outros dois filhos consigo. Doze dias após o nascimento de Marilyn, a mãe teve um colapso e foi internada em uma instituição. Marilyn foi levada para uma família de fanáticos religiosos radicais para algum lugar da periferia pobre de Los Angeles. Eles falavam de poucas outras coisas além de pecado e fogo do inferno, e fizeram-na trabalhar na casa com a idade de 5 anos. Marilyn se habituou a se esconder no depósito de madeira, lugar de fantasias e fugas da culpa que a impregnava. Quando estava com 6 anos, um amigo da família a violentou. Lado a lado com os sermões e a reza, isso a perturbou o bastante para provocar alucinações. A família a mandou embora, temendo que repetisse a loucura da mãe. Foi mandada para outro lar de criação.

Quando Norma Jeane contava 8 anos, a mãe teve um segundo colapso. Como não podia pagar os custos da família de criação, Norma Jeane foi mandada para um orfanato, que tinha todas as características de uma casa de correção vitoriana. Ela o odiou e desenvolveu uma gagueira. Da idade de 11 anos, quando uma amiga da mãe a levou para casa, até a idade de 16 anos, quando se casou pela primeira vez, passou por uma série de 12 famílias, cada uma mais pobre que a outra. A educação de Norma Jeane sofreu. Na escola, era uma criança magrinha e infeliz, muito mal falada. Mas, segundo sua "própria" narrativa, um suéter a transformou da garota órfã e desprezada na florescente deusa do amor. Pegara emprestada a peça de roupa de uma amiga, e o suéter a metamorfoseou. Os garotos que implicavam com ela agora estavam encantados, polidos, seus escravos. "Pela primeira vez na minha vida as pessoas prestavam atenção em mim ... Eu rezava para que não fossem embora."[304]

O casamento precoce, a conselho de seu guardião, com Jim Dougherty, então um trabalhador da indústria da aviação, fracassou logo. Mas enquanto Marilyn trabalhava em uma fábrica da defesa, algumas fotos foram tiradas por um fotógrafo que reconheceu as possibilidades dela e a levou para a Blue Book School of Charm and Modelling. A reforma de Hollywood incluiu cabelo tingido de louro, voz mais profunda e um novo sorriso. Na altura da primavera de 1947, Norma Jeane era uma modelo de capas de revista, sorrindo da capa de cinco revistas. Os estúdios de filmes a convocaram. Quando foi para a Fox, o diretor de elenco aceitou-a imediatamente e lhe deu um novo nome, tirando o Monroe do sobrenome de solteira da mãe dela.

O resto é história de Hollywood, inevitavelmente misturada com mito, fofocas e comunicados à imprensa. Houve fama, drogas e muito (ou pouco) sexo, junto com uma série de gloriosos desempenhos em filmes que ainda são importantes. Havia a jovem prejudicada e insegura dentro da mulher bonita, o anjo do sexo — toda calor, bondade, vulnerabilidade e sensibilidade inocente —, que, segundo todos os relatos, tinha tanto terror das filmagens e era tão ansiosa de perfeição que estava perenemente atrasada, ou ausente, ou pesadamente sedada, ou vomitando na escada do estúdio antes de entrar. Havia a ambiciosa "ninfomaníaca", a "castradora" — termos que inevitavelmente personificavam o medo do homem de sua própria e odiada sexualidade predatória projetada na mulher —, que seduzia e abandonava. Havia a mulher "frígida", insatisfeita e insaciável, a própria resposta da mulher à rapacidade masculina, ao lado do ódio à sua própria sexualidade. Também havia o vício, a bebedora pesada e a louca depressiva suicida. Houve supostamente 12 abortos, "gravidezes histéricas" e abortos espontâneos, um deles talvez após a pesada filmagem de sua última película, *The Misfits*. Arthur Miller aparentemente não era o pai, embora tivesse sido o autor do roteiro do filme. Eles já estavam mais ou menos separados. Mas foi no set de filmagem do condenado filme — no qual, de acordo com a mulher de Clark Gable, as explosões de raiva de Marilyn mataram Clark, que morreu uma semana depois do fim da filmagem — que Arthur Miller conheceu sua esposa seguinte, a fotógrafa do filme.

Parte dessa história pertence aos anais da psicanálise. De fato, apesar de todos os tropeços, a inocência ingênua com que suas próprias afirmações "intelectuais" pareciam ser feitas, Marilyn, no final dos anos 1950, aprendeu uma versão sofisticada do jargão da psicanálise quase tão bem quanto Woody Allen encenaria mais tarde. "Estou sempre esbarrando no inconsciente das pessoas", ela disse a um repórter em uma entrevista,[305] destacando freudianamente toda a história do que significava ser uma celebridade, objeto de desejo de milhões, cada um dos quais com uma *persona* prévia para ela.

As histórias de Marilyn sobre sua vida parecem transportar-se facilmente do sofá do analista para o sofá do elenco: algumas vezes a sexualidade é complicada, (de)formante; em outros, triunfal. Sua própria estruturação, com uma pequena ajuda do estúdio, os momentos-chave de sua história — do abandono, estupro e culpa, a uma florescente sexualidade pubescente —, todos fazem parte de uma narrativa de divã, uma história das memórias freudianas projetadas, só que, desta vez, permitindo imagens projetadas na tela. Até o sonho de infância de que ela se lembra, de data não especificada, é um sonho de divã, pesquisado e reinterpretado, e também uma extravagância de Hollywood: "Sonhei que estava de pé na igreja sem nenhuma roupa e que todas as pessoas estavam aos meus pés no chão da igreja e que eu caminhava nua com uma sensação de liberdade sobre as formas prostradas, tomando cuidado para não pisar em ninguém."

O treinamento de Marilyn nos significados da psicanálise e sua tentativa de lidar tanto com sua bagagem quanto com as exigências de seu status de celebridade começou formalmente em 1955, depois que encerrou o casamento de nove meses com a lenda do beisebol Joseph DiMaggio, trocou Hollywood e a Fox por Nova York e começou a treinar no Actor's Studio. Esse famoso "método" convidava os atores a olhar para dentro de si mesmos a fim de encontrar a verdade de um personagem. Lee Strasberg, o diretor do estúdio, mais ou menos exigia que os atores fizessem psicanálise. Foi talvez por recomendação sua que Marilyn começou a fazer análise com a dra. Margaret Hohenberg, no número 155 da rua 83. Hohenberg havia chegado como refugiada à América em 1940. Seu diploma médico da Universidade de Viena fora obtido em 1925, mesmo ano que o da segunda analista de Marilyn, Marianne Kris. Hohenberg se tornou membro pleno da Sociedade Psicanalítica de Nova York em 1950. Era parte da elite cultural europeia de Nova York, figura apropriada para uma estrela em busca de autoaperfeiçoamento.

Donald Spoto, biógrafo de Marilyn, cuja narrativa propõe uma Marilyn abandonada de cérebro limitado, enganada pelos analistas, diria que "a introspecção excessiva exacerbou sua falta de confiança. A intuição sofreu a expensas de um intelectualismo forçado, consciente, que a paralisava e a empurrava mais ainda para dentro de si mesma".[306] O suicídio tornou Marilyn uma vítima retrospectivamente. Mas a estrela mundialmente famosa Marilyn não era nem estúpida nem estável antes de ir para os analistas, cuja aura na época — e a aura das profissões médicas e terapêuticas sempre foi parte do efeito placebo tão essencial para sentir-se melhor — era muito mais potente que agora. Ela parecia tanto necessitar quanto querer o apoio e a confiança que a esfera cultural podia trazer. Arthur Miller era parte do mesmo cenário. Do mesmo modo, Lee e sua mulher, Paula Strasberg, que foram não apenas seus professores como também pais substitutos. Paula acompanhou-a a todos os filmes de 1955 em diante como sua técnica em atuação. Marilyn também se hospedava com eles em Nova York, na Central Park West.

No verão de 1956, quando ela e Arthur Miller estavam em Londres e ela filmava *O príncipe e a corista* com Laurence Olivier, Marilyn teve uma crise. A se acreditar nas dramáticas versões de seus biógrafos ou na própria dramatização anterior de Miller em *The Misfits*, está claro que Marilyn encontrou alguma coisa que Miller escreveu apenas dois meses depois de seu casamento que mostrava que ele não a amava do jeito que ela pensava e queria. Na peça, Maggie, o personagem de Marilyn, diz: "Sabe quando eu quis morrer? Quando li o que você escreveu, olhudo. Dois meses depois que nos casamos, olhudo." O que o personagem de Miller, Quentin, escreveu foi: "A única que sempre amarei é minha filha." Miller explica que escreveu isso quando confrontado com seu próprio ciúme sexual e a resposta enraivecida dela de que aquilo a fazia sentir-se como se não existisse, e o medo dele, em troca, de não saber amar.[307]

Na versão da filha de Paula Strasberg que estava com Marilyn em Londres e no local de filmagem, a passagem do diário de Miller que fez Marilyn entrar em espiral expressava seu desapontamento com ela, "como ele pensou que eu fosse algum tipo de anjo e agora imaginava que estava errado". A tentativa de Paula de restaurar a confiança de Marilyn, dizendo que os diários são para a pessoa dizer o que pensa de tudo, bom e mau (não muito diferente da livre associação, talvez), recebeu a seguinte resposta de Marilyn: "Sim, mas eu não deixaria a minha cabeça completamente aberta para que a pessoa em que estava pensando visse. Isso é um pouco freudiano demais."[308]

O evento jogou Marilyn na depressão. Olivier, que dirigia o filme, exigiu o fim de seu show temperamental. A dra. Hohenberg foi colocada em um avião para acompanhar sua paciente. Quando não pôde mais ficar, Marilyn foi aparentemente mandada para sua colega vienense Anna Freud. A empregada Paula Fichtl, que estava com os Freud desde os dias de Viena, observa triunfantemente — embora nem sempre se deva dar crédito ao seu relato — que Marilyn chegou em um Rolls negro à casa de Freud em Maresfield Gardens em Hampstead. Se foi ou não o resultado do trabalho exemplar das duas analistas, o fato é que o filme estava devidamente concluído em novembro. Durante sua estada, Marilyn foi apresentada à rainha e solicitada a interpretar o papel-título em *Lisístrata*, para a BBC. Aparentemente por recomendação de Anna, Marilyn, após o retorno a Nova York, começou a fazer análise com uma velha amiga de infância de Anna, Marianne Kris.

A dra. Kris tinha a vantagem de viver no mesmo edifício que os Strasberg. Era filha de Oskar Rie, amigo próximo dos Freud em Viena e pediatra da família. Marianne, uma amiga querida, fora brevemente analisada por Freud. Seu marido, o famoso historiador de arte e psicanalista Ernst Kris, treinara ao lado de Anna e era um dos colaboradores no jornal *The Psychoanalytic Study of the Child*. No divã de Marianne Kris, Marilyn Monroe se mantinha em contato regular com a "aristocracia" vienense da profissão e sua grande cultura.

Eric R. Kandel, que treinou e praticou como psicanalista antes de mudar para neurologia e o estudo do armazenamento da memória na lesma do mar californiano, *aplysia*, pelo qual recebeu o Prêmio Nobel de fisiologia e medicina de 2000, conheceu os Kris nos anos 1950 por intermédio de sua filha Anna, que recebeu esse nome em homenagem a Anna Freud. A família influenciou o interesse precoce dele em psicanálise. No discurso do Prêmio Nobel, Kandel escreve:

> É difícil recapturar agora a extraordinária fascinação que a psicanálise exerceu sobre os jovens em 1950. Durante a primeira metade do século XX, a psicanálise forneceu um notável conjunto de visões sobre a mente — visões sobre os processos mentais inconscientes, determinismo psíquico e, talvez o mais interessante, a irracionalidade da motivação humana. Como resultado, em 1950, a psicanálise delineava uma visão que era de longe a mais coerente, interessante e sutil da mente humana que qualquer outra escola de psicologia. Além disso, os pais de Anna, que representavam a psicanálise acadêmica em sua forma mais intelectualizada e interessante, eram pessoas extraordinárias — inteligentes, cultas e cheias de entusiasmo ... Mediante frequentes interações com eles e seus colegas, fui convertido para a sua visão de que a psicanálise oferecia uma nova e fascinante abordagem, talvez a única abordagem para compreender a mente, incluindo a natureza irracional da motivação e da memória consciente e inconsciente.[309]

A análise de Marilyn com Marianne Kris, pode-se supor, foi uma educação, assim como uma terapia, ensino privado após o curso por correspondência de literatura que fizera na UCLA. Na prática, a análise era muito mais como as primeiras e irregulares sessões de Freud que aquilo que a América esperava em termos de técnica padronizada. Durante os quatro anos de análise com Marianne Kris, Marilyn frequentemente estava longe, filmando. Seu atraso perene engolia a hora, embora em parte tivesse sido esse persistente atraso que a levara à análise. Segundo o relato da mãe de Brenda Webster, a análise da pintora Ethel Schwabacher, que começou depois que o pai de Webster morreu, Kris era calorosa e informal. Usava o primeiro nome do paciente como se fosse uma colega, era maternal e se preocupava em lugar de ser distante e neutra. De fato, a relação analítica "feliz", em que o analista pressionava o paciente a pintar sua "tristeza e raiva" durou trinta anos, até a morte de Kris.[310]

Não existe registro do que foi discutido na análise de Marilyn ou do efeito que isso teve. Sua atuação melhorou, mas o casamento com Arthur Miller não: estava efetivamente acabado em 1959. A celebridade era estressante. A medicação para insônia — Demerol, pentotal de sódio, amital — tinha o efeito colateral de prejudicar o julgamento. As tensões da filmagem tinham piorado ao longo dos anos com as tensões do próprio perfeccionismo de Marilyn. O fim infeliz de seu breve caso com o coastro em *Adorável pecadora*, Yves

Montand, em meio às filmagens de 1960, bem pode ter precipitado o colapso de Marilyn. Ele disse aos repórteres que só tivera um caso com ela para o romance na tela parecer mais plausível. Marilyn foi afetada de forma tão severa que parou completamente de ir trabalhar. De Nova York, Marianne Kris conseguiu ajuda. Chamou o dr. Ralph Greenson, analista em Los Angeles e bem estabelecido médico californiano, para a cabeceira de Marilyn. Greenson tinha experiência do mundo de estufa do estrelato. Era o analista de celebridades que, devido aos padrões de extremos sob os holofotes da mídia, criavam suas próprias doenças psíquicas. Frank Sinatra, Peter Lorre e Vivien Leigh, entre muitos outros, recorreram a Greenson. Uma vez que ele também era amigo de Anna Freud, Marianne Kris confiou nele.

A orientação pode ser lida por alguns como uma conspiração de analistas cuja intenção era lucrar com Monroe, particularmente uma vez que o cunhado de Greenson era o advogado de Marilyn e o testamento dela deixava uma herança para Marianne Kris. Esta, em troca, legou-a para o Centro Anna Freud, em Londres, que também recebia recursos da fundação de pesquisa West Coast que Greenson fundou. Kris morreu em Londres em 1980, na casa de Anna Freud em Maresfield Gardens, hoje o Museu Freud. Mas existe pouca prova real de que Greenson era particularmente mercenário. É provavelmente mais acurado ver no contato de Kris com Greenson o sistema médico comum de recomendação em jogo.

Além disso, se Marilyn tinha de recorrer à psicanálise, Greenson era eminentemente qualificado. Quando chegou ao bangalô dela no Hotel Beverly Hills, observou rapidamente a fala arrastada de Marilyn e seu comportamento sedado. Pediu uma lista dos estimulantes e sedativos que ela usava e lhe disse que havia tomado medicação suficiente para pôr cinco pessoas para dormir. "Eu prometi que ela dormiria com menos remédio se percebesse que estava combatendo o sono e ao mesmo tempo buscando um óbvio esquecimento que não é sono."[311] Foi o início de uma terapia que durou até o suicídio de Marilyn: o desejo de esquecer venceu. Greenson nunca superou completamente isso.

Ralph Greenson (1911-79)

Ralph Greenson nasceu Romeo Greenspoon, junto com sua irmã gêmea Juliet, em 20 de setembro de 1911, de judeus russos imigrantes no Brooklyn. Com trabalho duro e imaginação, seu pai farmacêutico tornou-se médico, enquanto a mulher, que trabalhava com ele enquanto ele cursava a faculdade de medicina, transformou-se em uma bem-sucedida empresária de artistas. O nome das crianças trai o amor da família pelo teatro, pela ópera, música e pelas artes; antes de se tornar Ralph — ou Romi para os amigos —, Greenson já se educara nos clássicos culturais e nos grandes dramas em que os intérpretes eram capazes de se engajar dentro e fora do palco. A grande bailarina russa Pavlova era mãe de um de seus clientes. Em 1931, depois de se formar, Greenson foi para a faculdade de medicina em Berna (uma cota para judeus que ainda se aplica na América). Ali conheceu sua mulher, Hildi, e aprendeu a ler Freud em alemão. Atraído para Viena, fez análise com o infatigável Wilhelm Stekel, um dos primeiros seguidores de Freud que abandonou o mestre para seguir seu próprio caminho.

Segundo todos os relatos, um homem encantador, loquaz e entusiasmado, com um grande talento para palestras e nenhum para a modéstia, Greenson foi para Los Angeles em 1936 e se viu rejeitado pela sociedade psicanalítica existente por causa de seus vínculos com Stekel. Fez uma segunda análise com o analista vienense altamente respeitado Otto Fenichel, que recentemente chegara à América e efetivamente completou seu "treinamento" analítico durante a guerra, quando chefiou a unidade de fadiga de combate no Hospital de Convalescentes do Exército e da Força Aérea em Fort Logan, Colorado. Sua experiência em lidar com neuroses de guerra encontrou o caminho em *Captain Newman MD*, em que Gregory Peck interpreta o heroico psiquiatra do exército que traz três soldados angustiados de volta à vida normal após uma traumatizante experiência de guerra. Greenson havia contado dramaticamente suas histórias de guerra para o roteirista Leo Rosten e, quando o filme apareceu em 1963, no mesmo ano em que *Freud*, de John Huston, foi exibido para salas de cinema lotadas — à diferença do filme de Huston, em que Marilyn Monroe, possivelmente a conselho de Greenson, recusou o papel da jovem paciente histérica de Freud.

Em 1960, Greenson ajudou Marilyn o suficiente para vê-la terminar a filmagem de *Let's Make Love*. Depois ela voltou para Nova York e Marianne Kris. Em julho e agosto daquele ano, a fatídica filmagem de *The Misfits* teve lugar em Reno, Nevada. O calor era tão intenso quanto as paixões que serpeavam no local de filmagem, não menos que entre Miller e Monroe. O filme se baseava em um conto que Miller escrevera sobre ela no início da relação dos dois. Retrata uma jovem vulnerável, sensual, supremamente feminina, cuja sensibilidade é tão grande que consegue, principalmente por sua trêmula passividade, unir um grupo de homens "incompatíveis" e fazer com que parem de comer os cavalos selvagens que caçam.

Marilyn sentiu que era chamada a representar o que efetivamente constituía uma "ideia equivocada dela mesma".[312] Essa Marilyn idealizada — pela qual a Marilyn Monroe Productions pagara a Miller 250 mil dólares — erradicava o vergonhoso e desgraçado passado da Marilyn real. Miller nunca fora capaz de aceitar aquele passado; nem, ao que parece, a Marilyn que ela realmente era. Diz-se que ela comentou sobre a cena em que seu personagem, Roslyn, persuade os caubóis a não matarem os cavalos selvagens: "Eu os convenci com uma explosão de emoções e sem explicar coisa alguma. Então, tive uma explosão. Uma explosão louca de gritos ... E pensar, *Arthur* fez isso comigo ... Se é isso que ele pensa de mim, bem, então eu não sou para ele, e nem ele é para mim."[313] Enquanto isso, o diretor do filme, John Huston, elogiou Marilyn, dizendo que ela não havia representado. "O papel era Marilyn, mas Marilyn *plus*. Ela descobriu coisas, descobriu coisas sobre a espécie humana nela mesma."[314]

Retratando essa mulher nua, ferida, Marilyn sentiu-se isolada e abandonada, "sem valor", meramente a fêmea sexualizada do inconsciente masculino com o qual sempre esbarrava. Bebia muito. Na primeira semana de agosto teve um colapso e foi mandada de volta para Los Angeles, onde Greenson tentou uma vez mais afastá-la do álcool e das pílulas. Conseguiu que ela se restabelecesse o bastante para retornar e concluir a filmagem. Mas quando o filme foi editado em janeiro e ela voltou para Nova York, Marianne Kris considerou seu estado e suas ameaças de suicídio tão assustadores que Marilyn teve de ser hospitalizada na clínica Payne Whitney, em Manhattan. Monroe voluntariamente assinou como Faye Miller, mas percebeu que aquele não era nenhum centro de repouso e reabilitação. "Não havia empatia ... A inumanidade era arcaica ... Havia mulheres gritando nas celas", escreveu mais tarde para Ralph Greenson.

A própria Marilyn estava entre elas. Foi colocada em um quarto acolchoado, trancado e ameaçada com uma camisa de força quando gritava, exigindo ser solta. Isso era próximo demais da realidade demencial materna. Passou três dias no hospital e, finalmente, conseguiu fazer contato com seu ex-marido Joe DiMaggio, que voou para lá e intimou que ela fosse libertada. A torrente de raiva que Marilyn subsequentemente despejou sobre Marianne Kris deixou a mulher mais idosa trêmula: "Fiz uma coisa terrível, uma coisa terrível. Oh, Deus, não queria fazer isso, mas fiz."[315]

Um lugar foi encontrado para Marilyn no hospital Columbia Presbyterian. De lá ela escreveu para Greenson, pedindo-lhe que se tornasse seu principal analista. Ela estava novamente de mudança para Los Angeles. Em junho ela o saudava como seu salvador. Talvez esse segundo judeu culto fosse de certa maneira um substituto para o Miller que nunca a compreendera direito, segundo ela sentia. Greenson desenvolveu uma forma radical de tratamento para Marilyn. Nos dias iniciais da psicanálise teria sido tachada de "selvagem". Era certamente não convencional para o mundo dos analistas neutros americanos. Alguns dizem que ele simplesmente sucumbiu ao charme de Marilyn. Greenson não apenas tinha longas sessões erráticas com sua paciente-estrela, permitindo, às vezes, que — quando ela estava com problemas sérios no estúdio, por exemplo — se estendessem por cinco horas. Também começou a vê-la no fim do dia e no ambiente informal de seu próprio lar, onde ela podia ficar para jantar e mais tarde ajudar a lavar a louça ou assistir a um dos concertos de câmara que os Greenson davam. Marilyn fez amizade com a mulher dele e as crianças — incomum para Marilyn, que chegava cedo às sessões para poder conversar com eles. Foi à festa de aniversário da filha de Greenson na escola de arte, ensinou-lhe passos de dança, aconselhou-a sobre seus namorados. Ia a palestras — de fato, uma dada por Greenson — com seu filho estudante, ou, disfarçada com uma peruca negra, ajudava-o a pilotar aviões. Telefonava para a casa de Greenson a qualquer hora do dia ou da noite, a ponto de ele próprio começar a sentir-se prisioneiro dela. Ele adiou uma viagem longamente planejada à Suíça com a mulher a fim de estar à mão para Marilyn, que estava de novo com problemas nas filmagens, desta vez a comédia de Cukor, *Something's Got to Give*.

Greenson tinha uma racionalização. Marilyn, ele decidiu, era uma personalidade fronteiriça: dependente, carente, impulsiva, propensa a acessos de raiva e sentimentos de autodegradação, combinados com excesso sexual e emocional, instabilidade nos relacionamentos, assim como em sua própria identidade. Termo frequentemente amorfo redefinido (por exemplo, por terapeutas feministas) como um dos transtornos de personalidade ou um transtorno de estresse pós-traumático que surgia de abuso na infância, os fronteiriços, embora não psicóticos, também podem, às vezes, somatizar, como os histéricos do velho estilo. Segundo comentários de analistas, uma indicação dos que estão no limite é que eles podem falar durante cinco horas sobre si mesmos sem que o analista obtenha um quadro realista de quem eles são. De fato, pacientes no limite eram, na maioria das vezes, considerados inatingíveis pelos analistas, certamente em sua configuração americana dos anos 1950. No entanto, analistas como Frieda Fromm-Reichmann, sem falar nos britânicos kleinianos e franceses lacanianos — de que Greenson estava bem ciente a julgar por suas muitas reflexões sobre a técnica, particularmente pós-Marilyn — haviam inventado métodos de usar terapias verbais com os casos mais extremos. Como escreve Greenson em 1974:

> A maioria dos analistas freudianos acredita que os pacientes fronteiriços e psicóticos ... sofrem predominantemente de uma deficiência na capacidade do ego de formar e reter representações mentais objetivas e, portanto, não se adaptam à terapia psicanalítica ... Pacientes analisáveis têm um ego relativamente bem desenvolvido e intacto, com capacidade de distinguir o interno do externo e o próprio eu de outros. Além disso, têm a habilidade de desenvolver e suster uma neurose de transferência e uma aliança de trabalho a fim de trabalhar efetivamente e suportar as exigências da situação analítica. Pacientes que carecem das resilientes funções do ego necessárias a esses desenvolvimentos não serão capazes de compreender, sentir, integrar e utilizar interpretações de suas reações inconscientes ... Transtornos de conflito com um ego intacto em geral respondem bem a intervenções interpretativas. Os transtornos de deficiência do ego requerem primariamente técnicas de construção de estrutura.[316]

Marilyn tinha uma deficiência e havia trabalho a ser feito antes que a análise pudesse engrenar, antes que pudesse usar interpretações. Não havia esperança aqui para uma análise convencional. O que estava claro para Greenson é que a infância de Marilyn não lhe dera nenhuma indicação de como viver. A mãe louca, a falta de um pai, as mudanças dos lares de criação e o abuso, embora invocados em suas primeiras análises, não haviam feito mais que educá-la na linguagem. Ela falava com bastante facilidade sobre "Édipo" — na verdade, em diversas ocasiões falou em encontrar seu pai e dormir com ele. Elaborou uma fantasia, relatada como real, de pôr uma peruca e seduzir o velho devasso para depois confrontá-lo com a própria história dele de sedução e abandono. Para Greenson, criar uma aliança terapêutica com esta selvagem Marilyn significaria antes de tudo construir as fundações do que uma vida com ligações podia significar. As ligações aqui, como eram para Bowlby, são reais — não apenas, ou também, fantasias inconscientes. Então, Greenson partiu para providenciar uma versão de um bom lar adotivo, uma família modelo substituta para a órfã Marilyn internalizar. Fez com que ela comprasse sua primeira casa e a mobiliasse. Encontrou uma enfermeira/governanta que afastou dela o grupo de ajudantes bajuladores. Tentou mantê-la trabalhando. Ela tentou também. Era preciso tempo. Mas o tempo se esgotava.

Indubitavelmente, o sempre exuberante Greenson também se deliciava — ao menos para começar — com sua paciente sedutora e célebre, que fascinava e era indefesa. Tornou-se seu pai substituto, lutando por ela com os estúdios, sempre disponível por telefone. Os caprichos da transferência dificilmente estavam sob controle, e Marilyn parece ter repetido com ele alguns padrões de seus outros casos de amor. Tornou-se profundamente dependente dele. Uma das histórias de casos citadas em seu *Explorations in Psychoanalysis*, "Sobre Objetos transicionais e Transferência", tem uma acentuada semelhança com Marilyn. Neste caso de uma "jovem mulher emocionalmente imatura", Greenson só pode ausentar-se da paciente, que desenvolveu uma "transferência muito dependente de mim", quando ela encontrar um "objeto transicional" para substituir a presença dele. Este "objeto transicional" é um "cavaleiro branco" de um jogo de xadrez que ela ganhou e que acha exatamente igual a ele — quando olhado através de uma taça de champanhe. Ela embrulha esse talismã em um lenço de bolso e fica com ele para protegê-la do "nervosismo, ansiedade ou má sorte".[317] A história do caso faz com que se imagine o que Winnicott poderia ter feito de Marilyn.

Antes de julgar Greenson com muita severidade — como muitos fizeram, particularmente colegas analistas, e como suas próprias tentativas posteriores de se justificar implicam que ele também o fez, extremamente desapontado como ficou pelo suicídio de Marilyn — vale a pena notar que essa "terapia" não convencional com Marilyn tem muitos pontos de comparação com recentes relatórios da melhor prática do National Health Service na Grã-Bretanha. Este recomenda que os pacientes fronteiriços recebam o que é efetivamente educação e apoio por toda a "vida" — um esquema de tratamento residente que combine desintoxicação, terapia regular, ensino e monitoramento do trabalho.

Em maio de 1962, Greenson, que virara escravo de Marilyn, de seus colapsos e suas ausências da filmagem de *Something's Got to Give*, finalmente fez sua adiada viagem à Suíça. Deixou Marilyn sob os cuidados de um colega e, pode-se supor, de algum "cavaleiro branco" talismânico. Mas as coisas tomaram um impulso traiçoeiro. *Something's Got to Give* ia mal. Em 19 de maio, uma aterrorizada Marilyn voou para Nova York para atuar no muito promovido espetáculo de gala para levantamentos de fundos no Madison Square

Gardens pelo 45º aniversário de John F. Kennedy. Sua interpretação de tirar o fôlego de "Feliz Aniversário, sr. Presidente" tornou-se história. Ela talvez só tenha sido possível graças a longos telefonemas para Greenson na Suíça, com seu filho e sua filha substituindo-o para confortar e transmitir segurança — uma família atenta e que apoia a menina abandonada que nunca teve uma. John F. Kennedy e 15 mil assistentes do público observaram seu desempenho estonteante em um vestido que deixava pouco espaço para talismãs secretos. O presidente, cujo suposto caso com Marilyn mais tarde adquiriu notoriedade, comentou: "Eu agora posso me aposentar da política depois de ter um 'Parabéns a você' cantado para mim de um modo tão doce, tão bom."[318] Os comentários de Kennedy têm um toque assustador, pois ele teria apenas mais 18 meses antes que sua aposentadoria fosse forçada por um atirador. A mulher que disse para a feminista Gloria Steinem "esse é o problema, um símbolo sexual torna-se uma coisa; eu simplesmente odeio ser uma coisa" tinha ainda menos tempo que isso.

Quando voltou para Los Angeles, os executivos do estúdio não estavam satisfeitos com a performance de Marilyn em Nova York. Em algo muito semelhante a um insulto executivo, eles a demitiram de *Something's Got to Give* e montaram uma campanha publicitária contra ela. Era a primeira vez que Marilyn era demitida. Greenson encurtou a viagem. O estado de Marilyn era tal quando ele voltou que pensou em hospitalizá-la, mas temeu piorar as coisas. A combinação de ter sido demitida com as notícias negativas na imprensa ao lado das notícias da gravidez da nova mulher de Arthur Miller exacerbaram o que já era um estado precário.

Em 4 de agosto, Greenson a viu, notou que estava deprimida, mas não pior do que estivera antes. Ela telefonou para a casa dele mais tarde e ambos conversaram antes que ele saísse para jantar. Então, às três da manhã, veio o telefonema fatídico da mulher que fazia companhia a Marilyn. Marilyn Monroe estava morta aos 36 anos de idade. De acordo com o relatório do legista, seu sangue continha quantidade equivalente a quarenta a cinquenta cápsulas do barbitúrico Nembutal. Não foi acidente. E não houve intercurso sexual naquela noite.

Mas nesse ato final da vida de Marilyn é mais difícil que nunca separar todos os outros fatos da ficção. A erupção de biografias implica uma variedade de culpados, de irmãos presidenciais furtivos à máfia e ao FBI, a chefes de estúdio malignos que acossaram o que já eram as ruínas de uma atriz viciada e em choque, a um solitário, possivelmente assassino, Svengali, ou um psicanalista agente do Comintern que tentou contra-atacar o efeito de uma overdose de pílulas prescrevendo um enema mortal de hidrato de cloral. A verdade é provavelmente mais prosaica: como Plath, é provável que Marilyn tenha achado a vida intolerável e assim, em uma confusão de drogas, tirado a própria vida. É impossível dizer se qualquer forma de medicação prescrita por seu médico, ou uma terapia mais radical, reativa ou convencional, poderia tê-la salvado nesse estágio. Em todo caso, ela não teria sido Marilyn.

Ralph Greenson nunca superou sua morte. Ele se perguntava que mania de grandeza o levara a pensar que poderia ser bem-sucedido onde outros analistas falharam, mas sempre tivera algo de apostador. Durante os dez últimos anos de sua vida reexaminou o tratamento de Marilyn, preocupando-se com transferência e contratransferência em seus artigos e ponderando sobre qual seria a técnica mais efetiva. Mesmo que sempre se tivesse considerado um freudiano tradicional no sentido americano — que implicava uma técnica de estudada neutralidade e um analista tão objetivo quanto os últimos programas de computador que alguns diziam preferir[319] — sua ampla leitura de Ferenczi e da escola britânica o inclinavam, ainda que inquietamente, a uma terapia não convencional, que permite empatia ou algum tipo de contexto de apoio na relação paciente/analista.

> não se pode trabalhar efetivamente a menos que se deseje e se seja capaz de se envolver emocionalmente. Não é possível ter empatia com um paciente a menos que se goste bastante dele ... O único momento em que a indiferença pode ser uma resposta terapêutica é em relação a intensas e prolongadas explosões emocionais em pacientes fronteiriços e psicóticos. Eles podem precisar da sua indiferença para assegurar-se de que sua hostilidade ou seus assaltos sexuais não são mortais nem estão acabando com você.

Permanece em aberto a questão de se Greenson recuou para uma indiferença temporária no momento errado. Esse homem polêmico, alguns diziam carismático, que ocupou postos altos tanto no Instituto Psicanalítico de Los Angeles nos anos 1950 como ao longo de sua carreira na faculdade de medicina da UCLA, e teve muitos trabalhos publicados, continuou a ser uma figura controvertida até sua morte, aos 68 anos, em 1979. Como escreveu Anna Freud em um encontro em sua memória em 1980, "não descobrimos ainda o segredo de como levantar os verdadeiros seguidores de Romi Greenson, principalmente homens e mulheres que usam a psicanálise até o limite; para o entendimento deles próprios e de seus semelhantes; para comunicar-se com o mundo irrestritamente; em resumo, por uma forma de viver".[320]

Quanto a Marilyn, o obituário da *Time* declarou: "A vida dela manteve vivos sonhos sem esperança, sua morte detonou suicídios em meia dúzia de cidades." De fato, a morte de Marilyn tornou o suicídio atraente — conclusão dramática para uma vida de glamour, extremos emocionais e pílulas para compensar a angústia psíquica.

Para as jovens que cresceram nos anos 1960, sua infelicidade como mulher bonita jogada de um lado para o outro nos mares tempestuosos de seu sexo e da sexualidade e capturada pelo inconsciente dos outros reforçou o senso da necessidade de uma mudança radical. A necessidade de mudança englobou as profissões psiquiátrica e psicanalítica, que, como guias de "um modo de viver", falharam tanto com Marilyn quanto com Sylvia Plath, sem falar em incontáveis outras menos célebres.

Em sua biografia de 1987 de Marilyn Monroe, a feminista Gloria Steinem acusa as suposições freudianas da passividade feminina e inveja do pênis — aplicadas a Marilyn por seus analistas — na doutrinação de Marilyn para um status de dependência. Steinem também traz o estupro de Marilyn quando criança ao nível de fato, usando como prova a normalidade do abuso durante a infância das mulheres e a natureza disseminada da descrença dos homens. Sua Marilyn emerge como dupla vítima: da sociedade masculina e do mundo dos médicos da mente, que conspiraram contra ela. A leitura feminista de Steinem da vida de Marilyn e seu ataque à forma psicanalítica de ver que supostamente ajudou a provocar um desfecho trágico são influenciados não apenas pela história do movimento das mulheres nos anos 1970 e 1980 como por um ataque mais generalizado aos médicos da mente e suas instituições que começou com os anos 1960.

PARTE QUATRO

NO PRESENTE

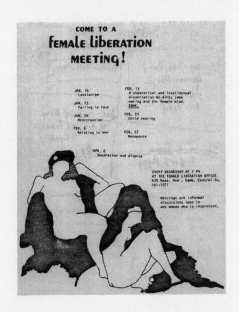

12

REBELDES

Acho que estou tão absolutamente centrada em uma coisa — é, bem, fazer com que ela melhore ... pois ela está doente, nunca mais aceitou nada. Ela teve que racionalizar por si mesma, e, se ela não podia racionalizar por si mesma, então não aceitaria a minha palavra sobre aquilo.

Sra. Abott, mãe da paciente "esquizofrênica" Maya[321]

No fim dos anos 1950 tornava-se cada vez mais evidente para alguns que os triunfantes médicos da mente, qualquer que fosse seu status na mídia e como parceiros pessoais remunerados, não sabiam distinguir uma garota em desenvolvimento, complicada e rebelde, que dirá um homem não conformista completamente americano, de um louco delirante. Desafio, indisciplina, desobediência eram características que se traduziam rápido demais para a linguagem da doença. Enquanto isso, muitos asilos eram pouco melhores que prisões, onde drogas, experimentos e punições se legitimavam como tratamento. Suas classificações, embora cada vez mais revestidas do poderoso jargão da ciência sólida e da medicina física, eram tão vaporosas quanto anéis de fumaça — e mais perigosas. Até mesmo o mais cultivado analista não conseguia impedir o suicídio de um paciente.

Parte da política mais geral dos anos 1960 de ataque aos bastiões do poder e da ciência, o movimento antipsiquiátrico foi lançado de uma variedade de lugares. As críticas não vieram inicialmente dos grupos de pacientes que se desenvolveriam mais tarde e sim das fileiras da própria profissão psiquiátrica.

O livro pioneiro de Thomas Szasz, *The Myth of Mental Illness*, de 1960, lançou o primeiro míssil conceitual contra as florescentes fileiras da psiquiatria americana e expôs a vacuidade da própria categoria.

> A noção de doença mental extrai seu suporte principal de fenômenos tais como sífilis do cérebro ou doenças delirantes — intoxicações, por exemplo — em que as pessoas são conhecidas por manifestar diversas peculiaridades ou distúrbios de pensamento e comportamento. Falando corretamente, no entanto, estas são doenças do cérebro, não da mente. De acordo com uma escola de pensamento, *toda* a chamada doença mental é desse tipo. A suposição é que algum defeito neurológico, talvez um muito sutil, será finalmente encontrado para todos os distúrbios de pensamento e comportamento. Muitos psiquiatras, médicos e outros cientistas contemporâneos têm esse ponto de vista. Ele implica que as pessoas *não podem* ter problemas — expressados no que *agora* é chamado de "doenças mentais" — por causa de diferenças entre necessidades, opiniões, aspirações sociais, valores e assim por diante. *Todos os problemas na vida* são atribuídos a processos psicoquímicos, que, no devido tempo, serão descobertos pela pesquisa médica.[322]

A doença mental como categoria estava sendo questionada e criticada como a criação egoísta de uma profissão ambiciosa que buscava medicalizar os próprios problemas que o fato de ser humano trazia em sua bagagem. Também sob ataque estavam a inépcia do diagnóstico e a coação dos tratamentos nos asilos. *Um estranho no ninho*, de Ken Kesey (1962), satirizou vividamente a camisa de força em que o asilo queria conter o espaço vital da experiência humana, o disciplinamento pelo choque e a lobotomia. O romance se baseou nos experimentos de Kesey com LSD e seu trabalho em um hospital de veteranos de guerra em Los Angeles: seu ponto de vista é o do indígena americano gigante "paranoide-esquizofrênico" Chefe Bromden, que finge ser surdo-mudo e vê a ação como uma competição entre o bem, representado pelo anárquico R. P. McMurphy, e a maldosa ordem psiquiátrica da Enfermeira Ratched. Em 1975, o filme do livro levou a ação para um hospital do estado de Oregon, e seus próprios pacientes representaram papéis secundários para o irônico Nicholson, um individualista sedutor em guerra com a frígida Enfermeira Ratched.

Asylums, de Erving Goffman (1960), surgiu do tempo que este passou em 1955-6 no St Elizabeth's Hospital em Washington DC, onde observou em primeira mão a vida diária de pacientes mentais e equipe médica. Concluiu que, na "instituição total" que o asilo era, médicos e pacientes eram prisioneiros de um baile de máscaras em que os primeiros tinham de se comportar ao estilo autoritário, enquanto os segundos encenavam variações sobre o tema da loucura maníaca: mesmo que o poder estivesse com os médicos, os dois grupos conspiravam para a preservação de uma ordem social que perpetuava a loucura em lugar da elogiada e esperada cura.

Enquanto isso, na França, de um ponto de vista crítico diferente, mas inspirado pelo mesmo ímpeto liberador, *Madness and Civilization* (1961) de Michel Foucault, explorou os modos em que o discurso e a disciplina "científica" da psiquiatria — uma forma de conhecimento — definiram a loucura e institucionalizaram seu próprio poder sobre suas formas. Simultaneamente, seus modos de ver se adaptaram. A não razão foi limitada a casos e diagnósticos e perdeu sua força de objeção para entendimentos cada vez mais limitados de "razão".

Mesmo sem o recurso da crítica abrangente de Foucault, está claro que o sistema de asilos chegara ao ponto mais baixo em sua variada história. Hipóteses científicas sobre cura, o desejo de experimentar com cirurgia ou drogas coincidiram em muitos hospitais em condições de covas de serpente e um número cada vez maior de pacientes. *Madhouse*, de Andrew Scull (2005), mapeia uma convincente, emblemática mini-história que começa na primeira metade do século XX: a história de Henry Cotton, superintendente do Trenton State Hospital, de Nova Jersey. Em nome de uma teoria científica que situava a fonte da psicose em "focal sepsis", ou infecções crônicas de pus que envenenavam o cérebro, Cotton fez uma campanha obscena pela cirurgia de amídalas, estômago, cólon e útero de pacientes, ao lado da remoção dos dentes. Nesse processo, mutilou e matou milhares.

Um dos pacientes de Cotton era Martha Hurwitz. O caso dela, escolhido entre os muitos registrados no hospital, mapeia a trajetória dramática de uma mulher submetida ao longo de metade de um século a todas as mudanças de tratamento que a moda dos asilos ditava. Nascida na Rússia em 1902, pobre, mas inteligente, fluente em três línguas, fora abandonada pelo marido alcoólatra e viciado em jogo e caíra em uma depressão que provocava acessos ocasionais de violência. Essa violência parece ter sido simplesmente atos inconvenientes, comportamento feminino inapropriado aos olhos de pais judeus do Velho Mundo. Após curta permanência em hospital privado e melhora temporária, Martha Hurwitz quebrou o tornozelo e se tornou tão "falante e inquieta" que seus pais a puseram no Trenton. Ali foi diagnosticada como um caso de "psicose esquizofrênica séptica" e tratada com vacina tifoide, remoção de amídalas e extração de vários dentes.

Liberada em poucos meses, Hurwitz estava de volta ao asilo no fim do verão de 1929, "nervosa e excitável" e deprimida após quebrar uma perna. Em estado de pânico pela volta ao hospital, também estava "violenta". Desta vez, o mesmo diagnóstico resultou na extração dos dentes restantes. Notas do hospital dizem que ela é "racional", mas "nervosa e não cooperativa" — uma resistência, como observa Scull, definida como patologia. Vinte irrigações de cólon foram seguidas de uma série de "bacteriologias cirúrgicas" — perfuração dos seios da face em busca de sépsis, e uma operação do intestino em que uma seção do cólon foi removida. Esse ataque ao corpo derrotou a resistência de Hurwitz; mais calma, foi mandada de volta para casa seis meses depois. A "cura" durou dois anos. Então, em 4 de abril de 1931, foi readmitida por mais cinco anos, liberada novamente, mas, depois de um breve período, em março de 1938 voltou para Trenton, desta vez para ficar. Durante os anos seguintes recebeu cinquenta tratamentos de insulina. As anotações do hospital registram o sentimento de Martha de que os tratamentos são castigos por sua boa saúde, invejada por outros: "As pessoas aqui se ressentem do fato de ela ser tão saudável, então a espetam com agulhas para fazê-la adoecer." Seu tom de voz "sem emoções" e sua quase mudez levaram a um tratamento para provocar febre — inoculação com malária — e, depois, em 1949, a uma série de eletrochoques.

A doença de Martha se tornou crônica, e nenhum tratamento fazia diferença notável. Em setembro de 1951, anotações a retratam "grandemente deteriorada", mas não selecionada para a série de lobotomias que o hospital vinha fazendo. Em 1955, as faculdades mentais de Martha se deterioram tanto que ela afirma ter nascido no Trenton State Hospital, mas, ainda brigona, recebeu o tratamento para psicose, Reserpina, só que o dobro da dose recomendada, volume progressivamente elevado. Em novembro, Martha recebia setenta vezes a dose "terapêutica". Ainda psicótica após 42 doses, Martha foi selecionada em 1956 para um teste com a nova droga Torazina, e seis meses depois lhe foi administrada outra série crescente de Reserpina. No início dos anos 1980, Martha era, como observa Scull vividamente, "um caso de exaustão emocional, uma mulher demente que, de alguma forma, sobrevivera a todas as cirurgias, extração de todos os dentes e amídalas, terapia de febre, comas de insulina, choques elétricos e doses maciças de drogas, ao longo de um confinamento que se havia prolongado por cinco décadas". Só agora as autoridades decidiam que Martha Hurwitz devia deixar o hospital e ser liberada em uma comunidade que deixara em 1938. Felizmente, ela caiu e quebrou o quadril, contraiu pneumonia e morreu em 7 de maio de 1982, 54 anos após sua primeira admissão.[323]

Esse exemplo entristecedor de uma paciente cuja loucura crônica foi mais que apenas parcialmente induzida e certamente exacerbada pelas torturas da vida no asilo sustenta tanto as afirmações amplas quanto específicas dos antipsiquiatras ao destacar o poder do asilo como instituição total, os perigos da experimentação médica não comprovada em pessoas vulneráveis e o uso dos tratamentos da moda a que a profissão é propensa. Na altura dos anos 1950 e 1960, o diagnóstico de esquizofrenia se tornara tão abrangente — e com mais ênfase ainda na América — que qualquer pessoa "normal" podia ver-se encarcerada e impossibilitada de deixar a instituição depois que a encruzilhada fora transposta. Isso foi o que o famoso experimento de David Rosenhan mostrou.[324]

No início dos anos 1970, Rosenhan e oito irmãos, incluindo um psiquiatra, se apresentaram na emergência psiquiátrica de uma série de hospitais estatais e privados de luxo e de asilos para doentes mentais. Eles se prepararam minuciosamente. Estavam cabeludos, barbudos e sujos, os dentes sem escovar. Provavelmente exalavam um cheiro desagradável. Além de sua aparência, seu único sintoma verbalizado era que ouviam uma voz que imitava o ruído de uma queda.

Todos os oito foram admitidos — exceto um que, com os mesmos sintomas, foi rotulado de maníaco-depressivo — e tiveram diagnóstico de esquizofrênicos-paranoides. Receberam drogas, que haviam aprendido a não engolir. Apesar de suas afirmações subsequentes de sanidade e de estar dizendo a verdade foram mantidos nos hospitais por períodos variados de tempo. As anotações da "terapia" mostraram que, embora cada um tivesse meramente contado a própria vida, às histórias eram atribuídos significados que se conformavam ao diagnóstico de esquizofrenia. Apenas os outros internos pareciam sussurrar que eles não eram "loucos". Afinal, os viam tomar notas.

Rosenhan publicou os resultados de seu experimento, "On Being Sane in Insane Places", na influente *Science*. Sua acusação de que a profissão diagnosticava mal e retinha "pacientes" contra a vontade deles levou a disciplina americana da psiquiatria e a prática do asilo a um forte declínio. O diagnóstico psiquiátrico era claramente uma ciência perigosamente inexata e não confiável, capaz de cometer "erros maciços". A terapia eletroconvulsiva, tratamento preferido das instituições, era usado de forma demasiado indiscriminada, assim como uma grande variedade de drogas estupefacientes. Apesar das boas intenções da profissão, estava claro que rotular um paciente de insano e aprisioná-lo em um diagnóstico resultava não apenas na remoção dos direitos comuns do cidadão como em uma despersonalização difícil de corrigir.

Na Grã-Bretanha, antes do experimento de Rosenhan, uma série de histórias de casos tinha sido publicada para mostrar como as famílias, e não a biologia, produziam a patologia da esquizofrenia. Isso deixou insolentemente, se não inadvertidamente, claro que as mulheres em particular eram prisioneiras de um modelo de perfeição construído pelas expectativas do médico e da família sobre comportamento feminino. A doença psiquiátrica emergiu como diagnóstico preferido daquilo que hoje poderia ser visto, em grande parte, como desafio ou desobediência adolescentes. Essas mulheres são as contemporâneas anônimas de Marilyn Monroe e Sylvia Plath. Marilyn e Plath mostraram dolorosamente as dificuldades de tornar-se e ser mulher nesses anos, junto com uma rebelião contra as expectativas restritivas amplamente existentes; ambas induziram e modelaram o que médicos, famílias e sociedade tiveram pressa em rotular de "esquizo".

O estudo pioneiro de R. D. Laing e Aaron Esterson, *Sanity, Madness and the Family* (1964), sem chamar atenção para especificidades de sexo, focou os casos de 11 mulheres em duas instituições sob pseudônimo, East Hospital e West Hospital. O ponto de partida de Laing e Esterson é que a esquizofrenia não é um fato biológico, neuropsicológico e nem mesmo psicológico. Visto na "fenomenologia" da vida familiar, ela emerge como resposta "ininteligível" à interação de seus membros. A experiência e o comportamento de mulheres rotuladas de "esquizofrênicas" — a rebeldia, o conteúdo das vozes, os *non sequitur* — fazem completo sentido quando entendidos no contexto da vida familiar.

Na Grã-Bretanha, à diferença da América, o ataque à psiquiatria foi com bastante frequência lançado da instância psicanalítica. Já que as terapias verbais e suas hipóteses subjacentes raramente tinham sido combinadas com a psiquiatria médica no tratamento institucional na Grã-Bretanha, a posição inicial de Laing era que as primeiras podiam atuar como corretivas da segunda, que por tempo demais se apoiara em medicação e eletrochoque, assim como em relações de poder prejudiciais entre médico e paciente. Administração de drogas, lobotomização, uso de eletrochoque, psiquiatras que faziam diagnósticos com quem Laing e seus colegas haviam treinado e trabalhado ao longo de suas vidas necessitavam corrigir vários pontos de vista psicanalíticos e existenciais. Apenas assim podia fazer sentido o que poderia parecer loucura, que, de fato, era uma doença produzida pela família e a sociedade e exacerbada pelos males do confinamento e do tratamento psiquiátrico.

LOUCURA, SANIDADE E FAMÍLIA

Os 11 casos de Laing e Esterson tinham entre 15 anos e 40 anos de idade e haviam sido diagnosticadas como "esquizofrênicas" por, no mínimo, dois psiquiatras seniores. As mulheres não tinham doença orgânica que pudesse ter afetado suas ações, nem eram de inteligência "subnormal". Não fizeram cirurgia cerebral e receberam não mais de cinquenta eletrochoques no ano anterior (o que efetivamente significava um por semana) e não mais de 150 no total. Depois disso, a sugestão era que haveria deterioração visível. A frieza com que os critérios de seleção são observados indica que os tratamentos físicos radicais a que os pacientes eram submetidos eram ocorrência comum em meados dos anos 1950, a época de onde vêm esses casos.

Maya, 28 anos, passou nove de seus últimos dez anos no West Hospital. Filha única, inicialmente muito apegada ao pai, gerente de uma loja de departamentos, viveu com os pais até os 8 anos de idade, sendo deles afastada, só retornando à casa aos 14 anos. Um mês antes de sua admissão no hospital, ela contou subitamente a seus pais que sua diretora queria que ela deixasse a escola. A menina também havia começado a imaginar que seu pai tentava envenená-la, certamente para livrar-se dela. Desenrolando a descrição clínica do "empobrecimento afetivo", a "retração autística", ausência de limites do ego, despersonalização, alucinações auditivas e impulsividade, Laing e Esterson descrevem uma jovem mulher que se sente mais uma máquina que uma pessoa. Ela não tem o senso de seus "motivos, atos e intenções estarem conectados. Fala com correção escrupulosa": seus pensamentos são controlados por outros; suas vozes com frequência formam o pensamento por ela.

Quase cinquenta entrevistas foram feitas com a paciente e sua família em diferentes configurações, a maioria delas com mãe e filha juntas. O que emerge em um fascinante retrato é como a necessidade de autonomia de uma menina de 14 anos que retorna à casa alarma os pais. O desejo de Maya de ler sozinha, sua recusa em nadar ou caminhar com o pai, seus esforços para se separar deles são interpretados como dificuldades dela, ou egoísmo, ou ambição, ou como parte de sua malvista "impudência" e, em retrospecto, como "doença". Ela, por sua vez, sente os pais como intrusos, cúmplices, desaprovadores, em resumo paternalistas e tão ansiosos a seu respeito que ela tem que acalmar suas preocupações. Eles são ambivalentes acerca de sua inteligência, ambos querem isso e a veem como "talvez demasiado inteligente". Maya sente que eles riem dela quando ela quer ler, embora neguem isso, apenas para perguntar: "Mas por que razão, afinal, você quer ler a Bíblia?"

Na entrevista, eles encenam o duplo vínculo. Continuamente repudiam a realidade vivida de Maya, tanto passada quanto presente, contradizendo suas percepções e experiências, de modo que ela fica confusa. Trocam olhares, piscadelas e gestos, e depois os negam, de forma que Maya "desconfia de sua própria desconfiança" deles. Quando ela tentou no passado contar-lhes seus pensamentos sexuais, eles lhe asseguraram que ela não os teve, nem poderia tê-los e até durante a entrevista, quando Maya admite que se masturba, eles negam que isso aconteça. Insistem com tanta regularidade em que ela tem poderes para ler a mente e realizar troca telepática com o pai que ela não mais confia em que seus pensamentos sejam mesmo dela.

Revela-se que todos os "sinais" e "sintomas" que o mundo psiquiátrico veria como "causados" pela patologia de Maya são induzidos por seus pais, que a sabotam em todas as ocasiões possíveis e recusam-se a admitir sua autonomia:

> Não apenas os pais contestaram a memória, os sentimentos, as percepções, os motivos, as intenções de Maya, como fizeram referências em que contradiziam a si mesmos, e, enquanto falavam e agiam como se soubessem melhor que Maia o que ela lembrava, o que fazia, o que imaginava, o que queria, o que sentia, se estava divertindo-se ou cansada, esse controle era sempre mantido de um modo ainda mais mistificador ... A atenta investigação dessa família revela que as declarações dos pais sobre ela, sobre eles, sobre o que sentiram que ela sentiu que eles sentiram e até o que poderia ser visto e ouvido diretamente não eram confiáveis.[325]

Dificilmente surpreende que Maya se recolha para repudiar um mundo em que ela não pode ler os sinais. Seu comportamento esquizofrênico é uma resposta à realidade social que experimenta.

Laing e Esterson estruturam seus relatos desses casos para sustentar que, em uma família comum, o que pode ser visto como desenvolvimento normal ou uma reação de parte de uma criança aqui é entendido e reforçado como aberrante e gradualmente se torna "doença". Falta de reconhecimento ou conhecimento da experiência da criança em desenvolvimento e de sua necessidade de independência de fato induzem àquela "doença" que os médicos, em conluio pouco sábio com as famílias, depois rotulam de esquizofrenia e continuam a reforçar isso.

Os pais de Sarah, os Danzig, judeus ortodoxos, ouvem os telefonemas de sua filha, secretamente investigam os garotos com quem sai. Sua leitura da Bíblia à noite é traduzida como preguiça, enquanto o próprio fato de ela pensar seriamente os preocupa: "Sentada ali durante toda a noite pensando, sem dizer a ninguém o que pensou. Não que queiramos saber particularmente em que Sarah está pensando ou o que está fazendo, embora seja natural que uma mãe fique curiosa ... Ela pensa e pensa ... É o bastante para distorcer a mente de qualquer um."[326] A mente de Sarah foi devidamente distorcida.

Aparentemente, nem tanto assim mudaram as atitudes culturais em relação ao trabalho intelectual da mulher de 1887 aos anos 1950. Então, Charlotte Perkins Gilman, a hoje famosa autora daquele documento da loucura da mulher, *The Yellow Wall-paper*, que sofre de depressão pós-parto, foi finalmente liberada do resto da cura de repouso de Weir Mitchell e instruída a "viver a vida mais doméstica possível ... Não ter mais que duas horas diárias de vida intelectual. E nunca tocar em caneta, pincel ou lápis enquanto viver".[327]

A mãe de Claire insiste em que conhece os sentimentos da filha melhor que a própria filha. Engana Claire mediante mudanças constantes de opinião sobre as coisas, nega e mistura o que quer dizer quando está conversando, de forma que nada pode ser atacado ou criticado. Suas próprias omissões e hipocrisias destroem o mundo interior de Claire e a deixam muda.

Ruby ouve batidas dentro da cabeça e vozes do lado de fora que a chamam de "puta", "suja". Em um momento diz que a mãe a ama, no outro diz que a mãe tenta envenená-la. Pessoas se deitam em cima dela durante a noite para terem relações sexuais, e ela deu à luz um rato. Seu senso de realidade está em farrapos. Revelou-se que dois meses antes da admissão Ruby fez um aborto. A família vive em uma textura de mentiras, escondendo a ilegitimidade de Ruby dela própria, embora todos os demais o saibam: nesse extenso *ménage* familiar, o pai biológico (que não vive com eles) é conhecido como tio por Ruby; a mãe como mamãe, a tia como mãe, o tio como papai, o primo como irmão. A família se une na tentativa de fazê-la "tanto louca quanto má" quando ela percebe o que está por baixo da conversa superficial dessa "adorável família" que é "realmente boa" para ela.

Ruth, 28 anos e hospitalizada seis vezes, foi, segundo o relato de seus pais, uma criança feliz, tranquila, respeitosa, normal, que nunca apresentou problemas até seu súbito e inexplicável colapso aos 20 anos. Então, ela se tornou inexplicavelmente descontrolada, abusada, ressentida, "estranhamente" vestida e tentou "macaquear" seu irmão, que era escritor. A soma dessas descrições compõe o que os pais e os médicos chamam de "doença" de Ruth. Revela-se que a mãe de Ruth, secretamente e sem admitir para si mesma, interveio para encerrar o primeiro caso de amor de Ruth, repetindo o que sua própria mãe fizera com sua irmã, também chamada Ruth, muitos anos antes. O ato resultou no suicídio da irmã. Depois que a mãe rompe seu namoro, Ruth tenta levar uma vida menos limitada, mais "boêmia", não diferente da que o irmão tinha, mas essas tentativas são rotuladas de "doença" por sua família. Enquanto seu relato está sendo escrito, Ruth volta a viver com os pais. Quando o entrevistador pergunta se ela sente que tem de concordar com o que a maioria das pessoas em volta acredita, ela responde: "Bem, se não concordo, normalmente acabo no hospital."

O hospital e o asilo eram onde muitas mulheres jovens "acabavam" nessas difíceis décadas de 1950 e 1960 quando os médicos interpretavam a normalidade de acordo com um livro codificado que tinha regras estritas e repressivas para mulheres. Tanto Sylvia Plath quanto Anne Sexton,[328] que, como Sylvia Plath, teve uma trajetória de doença psiquiátrica e suicídio, expõem o modo em que os limites existentes da sanidade rejeitavam sua própria experiência como mulheres. Em várias de suas primeiras histórias, quando mapeia histórias de colapso, Doris Lessing evoca a loucura como uma resposta apropriada a uma situação impossível. Colapso é uma reação honesta quando a vida como ela é vivida contradiz a cada momento tanto o que as pessoas afirmam quanto as regras aceitas de comportamento.

Mas o que houve na própria trajetória de Laing que o tornou um ouvinte tão astuto e radical das vozes dessas mulheres, mesmo que nunca tenha entendido a experiência delas como particularmente ligada ao sexo feminino?

R. D. Laing (1927-1989)

R. D. Laing, cujos livros amplamente lidos — em particular *The Divided Self* (1960), *The Politics of Experience and the Bird of Paradise* (1967) — o lançaram ao posto de herói da contracultura, nasceu na rude vizinhança de Gorbalds, em Glasglow, de pais presbiterianos de baixa classe média que pareceram ficar tão espantados com sua concepção que sua mãe escondeu a gravidez até quase antes de Ronald David nascer e entrou em declínio após seu nascimento. O pai era engenheiro elétrico e o principal barítono do coro da capela da Universidade de Glasgow. Espancamentos pelo pai, disciplina materna cruel, repressão sexual ao lado de um fastidioso puritanismo em relação à comida caracterizaram uma infância tão difícil que, talvez, sem o recurso da música, da leitura ávida e da atenção de bons professores, Laing tivesse sofrido a "esquizofrenia" de seus pacientes posteriores. Durante muitos anos compartilhou um quarto com a mãe, que insistia em que podia ler a mente do filho para descobrir quaisquer mentiras — afirmação que ele testou mentindo. O "medo e a tremedeira" dessa experiência, o castigo recebido são chaves para a fragmentação existencial que Laing evoca em *The Divided Self*. A negação da realidade da criança pelos pais, os "nós", duplos vínculos e um tipo de pensamento ambivalente que afirmava o amor onde existia ódio — o que mais tarde Laing chamou de programação contra a vida — eram parte da atmosfera coercitiva e sem amor que sua mãe criou.

Adolescente, Laing protegeu a vulnerabilidade infantil com os rigores da filosofia, literatura e dos clássicos. Encontrou heróis no *Dictionary of National Biography*. Essa leitura ampla é evidente em todos os seus livros posteriores. Pode-se argumentar que não à diferença de Freud, seus consideráveis talentos literários como escritor de cenas extremamente perturbadoras da vida familiar e das aventuras íntimas da alma moderna são a chave para a contagiante difusão de suas ideias no fim dos anos 1960.

Após estudar medicina na Universidade de Glasgow, Laing começou no National Service em 1951 e serviu depois como tenente na Unidade Psiquiátrica do Exército Britânico em Netley até 1953. Havia algo aterrorizador em relação à divisão de neurocirurgia daquela unidade. Pacientes eram colocados em coma profundo de insulina, que por pouco evitava o surto epilético a que o tratamento podia induzir com tanta facilidade. Uma vez que "a luz é extremamente epileptogênica sob uma grande quantidade de insulina", a divisão foi inteiramente apagada, e os tubos no estômago, pelos quais a glicose era injetada para despertar os pacientes, tinham de ser colocados apenas à luz de uma tocha presa à cabeça. Com os pacientes cujas veias estavam completamente imprestáveis, encontrar o alvo certo não era fácil. As raízes da psiquiatria de Laing foram firmemente lançadas durante esses anos: os pacientes que tratou ali, a cela acolchoada em que passou a noite tentando compreender um paciente, Peter, a quem levou para casa consigo — apesar do diagnóstico de esquizofrenia a fim de salvá-lo do eletrochoque —, estão em seu primeiro livro.

A partir de 1953, Laing completou seu treinamento psiquiátrico nas divisões de mulheres no Gartnaval Royal Mental Hospital. Ali fez um experimento com um "Rumpus Room" especial — versão precoce de Kingsley Hall — em que os pacientes refratários podiam ficar tranquilos e receber mais atenção, além de participar de atividades — tricô, desenho, música. Os dois empregos iniciais destacaram para Laing os poderes radicalmente ditatoriais que os psiquiatras tinham sobre as vidas dos pacientes e o paradoxo, do lado do paciente, de tratamentos que podiam tanto ser temidos quanto buscados.

Em seu último livro, *Sabedoria, desrazão* e *loucura*, em parte autobiografia, em parte reflexões sobre a psiquiatria, Laing volta aos seus mais ousados pontos de vista da loucura como profecia psicodélica para refletir sobre os problemas de sua profissão. A psiquiatria é única, observou, em tratar as pessoas fisicamente na ausência de qualquer patologia física conhecida e, com frequência, tratá-las contra a vontade delas e aprisioná-las se julgar necessário. Mas quem preencherá uma função que a sociedade deseja que seja preenchida senão o psiquiatra?

> Não é fácil. O que fazer quando não sabemos o que fazer? Quero aquele sujeito fora de vista, fora de som, fora da mente ... A situação continua a surgir em nossa sociedade quando algumas pessoas se tornam intoleráveis para outras, não importa o quanto estas gostem, estimem ou amem aquelas. Ninguém que conheçam quer viver com elas. Elas não estão desrespeitando a lei, mas despertam nos que estão em volta sentimentos tão prementes de piedade, ansiedade, medo, nojo, raiva, exasperação e preocupação, que alguma coisa tem de ser feita. Um assistente social ou psiquiatra é "trazido".[329]

Existe uma "demanda do consumidor" pelo serviço que a psiquiatria fornece, observa Laing na linguagem dos anos 1980. Se os psiquiatras não o realizarem, a polícia ou alguma outra instituição o fará. Mas se os psiquiatras assumem a tarefa de mudar "estados mentais indesejáveis para formas de conduta menos indesejáveis ou até desejáveis", a questão é que isso tem de ser feito com humanidade.

Laing decidiu que não faria com os pacientes o que não gostaria que fizessem com ele. A política de relação humana precisava ingressar no hospital psiquiátrico, onde a violência em nome da cura e uma estrutura médica autoritária infligiam a mesma doença que pretendiam tratar. O próprio diagnóstico, como Laing descreveu tão poderosamente em seu primeiro livro, *The Divided Self*, impedia um tratamento apto: "Em sua ansiedade para encontrar sinais e sintomas, o psiquiatra simplesmente não tinha tempo para testar e entender o paciente."[330]

Para Laing, a paciente esquizofrênica é alguém que nunca nasceu para a uma vida completa: ela é "ontologicamente insegura", aterrorizada pela ideia de que o mundo vai explodir ou ela se transformará em pedra, e então esconde seu verdadeiro eu, assustado e caótico, oferecendo ao mundo um eu submisso, diplomático, falso.

The Divided Self termina com Laing deixando o cargo como médico especialista altamente treinado no Southern General Hospital para assumir um trabalho na clínica Tavistock e treinar no Institute of Psychoanalysis. Ali seu analista foi Charles Rycroft, que mais tarde gargalhou porque, apesar de toda a antipsiquiatria de Laing, o próprio Rycroft deixou a Sociedade Psicanalítica Britânica muito antes de seu famoso analisando. Os supervisores do treinamento de Laing foram Marion Milner e Donald Winnicott. A influência dos escritos de Winnicott sobre Laing é amplamente evidente em *The Divided Self*. Laing mandou para Winnicott um exemplar do livro antes de sua publicação final com uma carta em que dizia que, ao descrever a transição "de um modo de ser são no mundo para um modo de ser louco", ele tirara "inspiração, em grande medida, de seus escritos".[331]

Apesar disso e de todo o seu evidente brilho, Laing nunca foi totalmente aceito pela cada vez mais conservadora Sociedade Psicanalítica Britânica: havia desconforto em relação aos seus pronunciamentos mais radicais, embora a antipsiquiatria inicial de Laing fosse alimentada de dentro das próprias fileiras da sociedade. De fato, o próprio comitê de treinamento se dividiu em relação à qualificação de Laing: com todo o conhecimento dele, sentiam "que o dr. Laing era aparentemente uma pessoa muito perturbada e doente e se perguntavam qual seria o efeito de seu óbvio transtorno em pacientes que tivesse que entrevistar".[332] Os experimentos posteriores de Laing com o alucinógeno LSD em pacientes, assim como seus problemas com a bebida na última década de sua vida, bem podem ter cumprido os piores temores dos conservadores do comitê. Mas durante os anos 1960 e início dos anos 1970, quando a guerra do Vietnã grassava e a contracultura crescia, a potência da análise de Laing fez da loucura uma política radical. O "psiquiatra psicodélico" que pensava na esquizofrenia como um tipo de epifania, muito superior à experiência normal, tornou-se um profeta daquela contracultura.

Em 1962, quando fazia uma visita de pesquisa aos Estados Unidos, Laing conheceu o antropólogo Gregory Bateson, cujas ideias sobre o duplo vínculo davam suporte direto ao seu pensamento sobre a gênese da esquizofrenia. Desde 1956, Bateson vinha publicando estudos sobre um padrão específico de distúrbio da comunicação em que um membro da família é submetido a um par de injunções conflitantes, ou "vínculos", em uma situação em que não existe escapatória. Por exemplo, uma mãe repete persistentemente que doces são ruins para as crianças, mas os oferece como recompensa. A criança perde nos dois exemplos. Escolhas em duplo vínculo são sempre parte de um jogo de perde-perde. A criança começa a evitar a interação e a perder a confiança na validade de suas próprias percepções. O solo fértil para a esquizofrenia está colocado.

No retorno de Laing da América, um grupo antipsiquiatria se reuniu. Ele incluía o psiquiatra sul-africano David Cooper — com quem Laing escreveria *Reason and Violence*, uma introdução ao pensamento filosófico de Sartre —, o americano Joseph Berke, e Aaron Esterson, colega de Glasgow. Todos eram médicos de hospitais e achavam desmoralizante o trabalho no sistema de saúde mental existente. Eles entraram para a Associação Filadélfia e fundaram, em 1965, uma alternativa: uma unidade de antipsiquiatria em Kingsley Hall, no East End de Londres. Ali, em vez de eletrochoques e tratamento com drogas que os hospitais forneciam, os pacientes podiam em teoria viajar de volta à infância e refazer as primeiras experiências que os deixaram psiquicamente incapazes a fim de se tornarem adultos criativos.

A partir de um discurso proferido no Instituto de Artes Contemporâneas de Londres, em janeiro de 1964, tornou-se claro que o pensamento de Laing evoluíra. A doença dos tempos era normalidade, não esquizofrenia. Ele era agora o guru de uma época em que a loucura era um sinal de estratégia revolucionária.

Desde o momento do nascimento, quando o bebê da idade da pedra confronta a mãe do século XX, o bebê é submetido a forças de chocante violência, chamadas amor, como sua mãe e seu pai foram, e os pais de seus pais etc., preocupados principalmente em destruir a maioria de suas potencialidades. Esse empreendimento no geral é bem-sucedido. Na época em que temos 15 anos mais ou menos, somos deixados com um ser como nós. Uma criatura mais ou menos louca, mais ou menos ajustada a um mundo louco. Esta é a normalidade de nossa época.[333]

Nesse novo entendimento, a esquizofrenia não era mais uma doença psiquiátrica, uma doença produzida por uma vida em família incapacitante, mas uma indicação da violência e das limitações de um mundo "unidimensional" imperialista que reprimia tanto a sexualidade quanto a transcendência. A esquizofrenia era um estágio de um processo psíquico de cura. Ela continha a esperança de ingressar em uma "hipersanidade" mística.

Kingsley Hall foi o espaço receptivo a uma viagem cíclica que levou a um renascimento existencial. A paciente-estrela de Hall, Mary Barnes, era uma veterana de hospitais psiquiátricos, algo como uma paciente de carreira, submetida muitas vezes a eletrochoques e tratamentos com drogas. Ela submeteu um pedido de análise com Anna Freud e teve seu pedido negado. Com o dr. Joseph Berke regressou à infância de fraldas e criou suas famosas "pinturas de merda", esfregando as fezes nas paredes do crescentemente caótico, mas internacionalmente infame Kingsley Hall, para ressurgir do ardor do casulo antipsiquiátrico como a artista que sempre quis ser. A história de seu caso, escrita em duas versões dentro de um mesmo livro por Berke e ela mesma, é um exemplo da nova democracia da antipsiquiatria.

Laing e seus colegas desestigmatizaram a loucura para os anos 1960 e lhe deram o selo de rito de passagem para almas atormentadas. A esquizofrenia tornou-se uma resposta inteligível a condições existenciais assustadoras, cultivadas na família e em uma sociedade problemática. Em dois romances de Doris Lessing do período, *The Golden Notebook* e *The Four-Gated City*, colapso e loucura funcionam como estimulantes radicais para uma nova visão. A loucura fornece um modo alternativo de ver a ser usado contra o mundo frio e repressivo da normalidade do *establishment*. Os médicos antipsicóticos — voltados para induzir uma normalidade controlável de zumbis — deviam ser rejeitados a todo custo.

Mas a prática terapêutica de Laing era mais problemática do que poderiam sugerir as versões literárias das jornadas para dentro da loucura. Kingsley Hall podia ser um lugar onde os perturbados "com segurança, entravam em contato" com seus eus iniciais e supostamente sair do outro lado depois de uma quantidade nada modesta de alucinógenos ser absorvida pelo médico e o paciente. Mas a viagem irrestrita raramente era tão segura. Na verdade, com frequência era absolutamente perigosa. Podia provocar um comportamento ameaçador e estimular o colapso — como Clancy Sigal, figura original do amante americano de Anna Wulf no romance *The Golden Notebook*, aprendeu e mais tarde lembrou em seu romance satírico *Zone of the Interior*. Sigal foi inicialmente a Laing em busca de uma análise convencional para superar seu bloqueio de escritor. Seguira Laing a Kingsley Hall e fugira em meio a um colapso provocado pelo uso exacerbado de drogas. *Zone*, considerado difamante pelos editores, não foi publicado na Alemanha durante anos. O Meditation Manor de Sigal é um lugar desregrado e perigoso: seu chefe carismático é o dr. Willie Last, usuário de drogas alucinógenas, irresponsável, egomaníaco. Suas "guerrilhas existenciais" esquizofrênicas são travadas enquanto os médicos, alheios a políticas sexuais que ainda seriam inventadas, competem pelas pacientes mais bonitas; enquanto Mary Barnes, a estrela esquizofrênica da vida real, vive em um tanque de lata corrugada em uma cela em Kingsley Hall e seu cuidado pelas enfermeiras inclui banhos de mangueira regulares.

O próprio Laing deixou as instalações antes do fim do contrato de aluguel de cinco anos do Hall, que não foi renovado. O experimento não seria repetido. Mas a experiência levou à criação de uma série de casas intermediárias, alternativas aos asilos, lugares seguros para a saída da internação institucionalizada de pacientes esquizofrênicos ainda necessitados de atenção. De fato, essas casas de trânsito continham a promessa de um tratamento mais humano e uma integração parcial à sociedade. Quando os asilos começaram a fechar nos anos 1970, essas casas de trânsito poderiam ter sido beneficiadas por uma expansão que tristemente nunca aconteceu, embora o colega de Laing, Aaron Esterson, tenha criado o modelo Arbours Association, que ainda administra três casas.

O fechamento de asilos na Europa e nos Estados Unidos teve tanto a ver com cortes orçamentários do governo e com um ataque geral às instituições ultrapassadas como com um impulso específico antipsiquiátrico. O mais importante para o fim dos asilos, no entanto, foi o surgimento contemporâneo de novas drogas como o antipsicótico clorpromazina (Torazina) e o estabilizador de humor lítio, usado na doença maníaco-depressiva, ou transtorno bipolar. Essas drogas podiam manter os sinais mais visíveis de loucura — mania psicótica — sob controle. Tratar a loucura em centros de pacientes externos era agora uma possibilidade real.

Após o uso inicial por Henri Laborit, no Val de Grâce Military Hospital, o Sainte-Anne em Paris, onde Jacques Lacan e Clérambault trabalharam, foi o primeiro na utilização pioneira da clorpromazina. Henry Ey, chefe e fundador em 1950 da World Psychiatric Association, junto com Jean Delay, inventor do termo "psicofarmacologia", e Pierre Deniker apresentaram-na a seus pacientes do Sainte-Anne em 1952 e acharam que ela acalmava a mania e restituía a razão.[334] Testando sua eficácia com nove pacientes, descobriram que a clorpromazina era muito superior ao eletrochoque e à insulina e menos perigosa. Na altura de 1953, uma revolução psiquiátrica estava a caminho. Em certo momento tornou-se tão radical quanto aquela em que Pinel libertou os pacientes das correntes — uivos e camisas de força da divisão mental tornaram-se coisas do passado.[335]

Experimentador em várias frentes, Delay nos anos 1950 também deu a Jacques Lacan espaço no Sainte-Anne para realizar seus seminários cada vez mais influentes e populares. Ali, até 1963, quando Lacan foi para o College de France, o "retorno a Freud" foi trazido à tona. Mas por volta de 1968 as coisas haviam mudado e Delay era visto como reacionário. Foi sua sala na Universidade de Paris que os estudantes atacaram, vendo em sua psiquiatria recentemente bem-sucedida um bastião da ordem social aprisionadora que devia ter derrubado. Psiquiatria para eles era o gêmeo sádico dos experimentos de controle da mente e lavagem cerebral da CIA, do tipo que Ewan Cameron realizara com notoriedade em Montreal e que eles entendiam como sinônimo da cultura da psicofarmacologia.

Na Alemanha, os livros do psicanalista Alexander Mitscherlich, grandemente respeitado, *The Inability to Mourn* e *The Fatherless Society*, tornaram-se básicos para as tentativas do país de lidar com seu impalatável passado nazista. Eles funcionaram nos anos 1960 como "estandartes e slogans para a recentemente unificada visão psicanalítica socialmente informada" que afetou a sociedade de massa e todo o sistema educacional da Alemanha Ocidental.[336]

Na Itália, Franco Battaglia, ex-diretor de grandes asilos em Gorizia e Trieste, liderava o "Democratic Psychiatry Movement" nitidamente político. Isso resultou na aprovação da famosa Lei 180, em 1978, que determinou o fechamento dos grandes asilos. Os Estados Unidos, sob a sua aparentemente progressista Lei do Centro Comunitário de Saúde Mental, de 1963, abrira cerca de 640 centros locais em que os pacientes que saíam das grandes instituições podiam ser tratados e forneciam acesso rápido e garantido aos tratamentos de baixo custo por pacientes externos. Infelizmente, os recursos e o número de centros eram insuficientes para atender à demanda. Pessoas pobres, solitárias, desorientadas, com poucas habilidades sociais ou de trabalho eram deixadas vagando pelas ruas, frequentemente um perigo para si mesmas e, às vezes, para outros. Similarmente, na Grã-Bretanha, o movimento para oferecer "cuidado na comunidade" a partir dos anos 1970 em diante e sob vários governos com muita frequência não possibilitava a entrega de pacientes em algum lugar onde pudessem ser tratados.

Por maior que fosse o interesse dos seus escritos e de seu status cultural, a nova antipsiquiatria não podia prometer mais estabilidade para os tratamentos e as curas que as terapias menos humanas físico-químicas ou as mais tradicionais terapias verbais. A própria Mary Barnes, quando em 1977 foi à estreia da adaptação de David Edgar para o palco do livro dela e de Joseph Berke sobre o seu "caso", admitiu que sofria ataques agudos recorrentes de depressão e alheamento.[337]

Depois do pico dos anos 1960 da conferência Dialética da Libertação, que uniu líderes negros, psiquiatras e pensadores políticos, Laing deixou a Grã-Bretanha e — como seus heróis culturais contemporâneos, os Beatles — o cego materialismo do Ocidente para viajar ao Oriente em busca de esclarecimento. Como aconteceu com tantas celebridades do período, o uso de alucinógenos, drogas e álcool cobrou seu preço. Nos anos 1970, Laing produziu pouco que tivesse a audaciosa marca de seu trabalho inicial. Tornou-se uma baixa da própria cultura que ajudou a criar. Quando retornou ao ICA a meu convite nos anos 1980, foi para falar sobre o poeta americano Allen Ginsberg e meditar com ele ao som da batida de um tambor indígena: o evento foi o pastiche de um ritual que não mais comportava suas origens radicais. Em outra ocasião, em 1985, quando discutiu suas memórias, ficou claro que havia voltado mais ou menos ao momento inicial de seu projeto antipsiquiátrico, deixando para trás os termos da jornada espiritual do esquizofrênico e o ímpeto político para selecionar visões universais da mente esquizofrênica. Em seus últimos livros, Laing novamente enfatizou sua tentativa de tornar o discurso do esquizofrênico inteligível e oferecer tratamento compassivo aos perturbados. Não mais o guru, voltou a ser o doutor reformista — que não podia exatamente curar a si mesmo.

Em conversas publicadas antes de sua morte aos 61 anos em uma quadra de tênis em Saint-Tropez, em agosto de 1989, Laing descreveu sua própria terapia da seguinte forma: "Você pode chamar algo de psicanálise, algo de existencial, gestalt, psicossíntese e primal — todas essas coisas são fragmentos de um todo integrado de possibilidades."[338] No final, Laing voltou ao ponto inicial da sua crítica à psiquiatria — as terapias faladas no lugar das físicas eram os tratamentos mais humanos possíveis.

Se a aventura espiritual das viagens esquizofrênicas posteriores de Laing perdeu o brilho à luz mais realista do final dos anos 1970, isso não reduziu seu impacto e o da antipsiquiatria. Quaisquer que tenham sido seus sucessos terapêuticos ou fracassos, sua influência ainda está lá para ser lida. Ao partir para tornar a esquizofrenia inteligível, Laing acabou não apenas removendo o estigma da loucura, como tornando sua "linguagem" disponível e, em certa medida, glorificando-a. Paradoxalmente, isso não apenas ajudou a tornar os loucos mais familiares e as crises ou os colapsos mais aceitáveis como aumentou a vontade do século que se encerrava de ler a infelicidade e o mal-estar em termos de sintomas. Não importam as neuroses de Freud — sintomas psicóticos também se tornavam agora parte do crescente repertório democrático de doenças. Esquizofrenia, anorexia, transtorno do estresse pós-traumático (TEPT), depressão maníaca, transtorno de personalidade múltipla, transtorno obsessivo-compulsivo — até esses terríveis diagnósticos, fazendo o insuportável tornar-se inteligível em um nome e em um conjunto ordenado de sintomas, gradualmente assumiram a cintilação da moda.

O ferrão do escorpião no conto da psiquiatria foi paradoxal a esse ponto: ajudou a transformar todo mundo em paciente. Este não era mais o paciente intimidado de antigamente, mas um paciente que podia discutir cada vez mais de igual para igual com os médicos, mesmo se ambos fossem mulheres.

MULHERES REBELDES

Laing e seus colegas prestaram pouca atenção à especificidade de sexo dos problemas de seus pacientes. Mas suas descrições da vida de mulheres involuntariamente deram aos problemas muito específicos das mulheres uma visão dramática. Ao voltarem os olhos para o passado, suas pacientes, de esquizofrênicas hospitalizadas a Mary Barnes, pareciam gritar por considerações explícitas sobre seu sexo e por liberação. A política sexual dos médicos não era de modo algum mais esclarecida que a dos radicais dos anos 1960 em geral. A revolução sexual, apesar de toda a sua ênfase em liberar o desejo, significou com mais frequência a liberação do desejo masculino. As mulheres pagaram por isso de diversos modos indeterminados, alguns grandes, outros pequenos, fossem pacientes ou não. O ataque radical dos antipsiquiatras ao controle social e às estruturas de poder dentro e fora dos asilos de doentes mentais raramente se estendia ao seu próprio controle das mulheres, ainda não examinado. Laing teve dez filhos e três mulheres, e, ao lado de David Cooper, que advogava a "terapia da cama", exemplifica o que Elaine Showalter descreveu como a constelação antipsiquiátrica fundamental: "Uma combinação de carisma no terapeuta masculino e infantilismo na paciente feminina."[339]

Para o movimento das mulheres, que defendia antes de mais nada a assunção do controle da mulher sobre a própria vida, incluindo a sexualidade, tornava-se agora evidente que a ação dos homens — médicos e o mundo que eles criaram — levava as mulheres à loucura mediante a limitação de suas possibilidades — a insistência em sua identidade sexual e em seu status secundário, submetendo-as ao "visto" do clínico, olhar voyeurístico, inevitavelmente internalizado, de forma que um perseguidor habitava toda mulher.

As feministas do fim dos anos 1960 e dos 1970 partiram para despertar a mulher do longo sono durante o qual ela concordou com seu status secundário. Fizeram isso não apenas em termos de poder econômico e social, embora estes fossem básicos. Características psicológicas, que lhes foram atribuídas pelo patriarcado, haviam sido internalizadas, aceitas como verdade natural. Enquanto os homens eram produtores ativos, as mulheres eram reprodutoras passivas e dispensadoras de cuidados. Enquanto os homens usavam a inteligência racional, a parte das mulheres eram as emoções. O único sonho permitido nessa longa noite de status inferior era a fantasia escravizadora do romance, que levava a mulher de joelhos ante a glória divina que era a masculinidade fálica.

Simone de Beauvoir divulgou seus enciclopédicos tomos em 1948/9: a tradução para o inglês apareceu em 1953. *O segundo sexo* lancetou os mitos da feminilidade e habilmente mostrou como as mulheres sempre foram definidas em relação ao homem — um termo secundário, o outro ao seu absoluto, o objeto de seu sujeito. A pauta de Simone de Beauvoir para as mulheres apoiava a independência e a liberdade, aquele último fim existencialista. Felicidade, uma busca americana, não era parte do quadro. Beauvoir atacou, se não a psiquiatria, então a forma relacionada com ela que tinha status filosófico: a psicanálise e seu inventor, Sigmund Freud, que defende um modo de ver, a despeito de uma elusiva fluidez que irrita a rigorosa filósofa francesa que ela é. Beauvoir começa, entretanto, aplaudindo o exemplar reconhecimento de Freud de que o corpo não existe simplesmente como objeto do biólogo. É o corpo, tal como vivido e experimentado pelo sujeito humano, que é significativo — o corpo cultural. Segue-se que a mulher é fêmea apenas na medida em que se sente assim. Mude essa experiência e a mulher poderia ser livre, seu destino desacorrentado da biologia e da anatomia.

Entendido isso, Beauvoir argumenta que Freud cai depois na armadilha patriarcal e torna o falo tanto significador quanto real sujeito de poder. Ele baseia seu mundo em um modelo masculino que inevitavelmente resulta em uma mulher que emerge como um homem castrado, mutilada, invejosa do pênis e de uma autoridade que não possui. Estendendo seus pontos de vista a uma posição de verdade universal, Freud lhes dá a legitimidade e inevitabilidade do fato, propondo assim uma força determinante que remove a possibilidade de escolha do mundo. Ele falha em ver que a primazia atribuída ao falo é uma construção histórica: "Se a mulher conseguisse estabelecer-se como sujeito, ela inventaria equivalentes para o falo."[340]

Betty Friedan e Kate Millett na América, Germaine Greer e Juliet Mitchell na Grã-Bretanha, entre muitas outras, pegaram o bastão feminista. A primeira indicou a parte da psicanálise de Freud em particular que influenciou a opressão das mulheres na América.

> Freud foi aceito tão rápida e completamente no fim dos anos 1940 que por mais de um século ninguém questionou a corrida das mulheres americanas de volta para o lar ... Depois da Depressão, depois da guerra, a psicologia freudiana tornou-se muito mais que uma ciência do comportamento humano, uma terapia para o sofrimento. Tornou-se uma ideologia americana abrangente, uma nova religião ... Teorias freudianas e pseudofreudianas se depositavam em toda parte, como as cinzas de um vulcão.[341]

Relegada às rotinas indutoras da depressão dos cuidados com o lar, ao masoquismo e à passividade que a influente psicanalista Hélène Deutsch estabeleceu como básicas para a maquiagem sexual da fêmea, as mulheres desenvolveram "o problema sem nome" tratado diversamente com drogas, álcool, eletrochoque e psicoterapia. As mulheres iriam agora tornar visíveis a todos as forças que criaram a sua condição. Destacada entre elas, Kate Millett observou, antes mesmo da publicação de seu importante *Sexual Politics* (1970), a manobra da categoria do "caso individual", criada por Freud e sua "ciência muito particular". Isso sabotava o engajamento em política sexual, a própria possibilidade de as mulheres atuarem como a coletividade que de fato eram. Isso condenou as relações sexuais a uma série infindável de exemplos únicos e converteu a resistência a estereótipos estéreis de maternidade e matrimônio em neurose. Qualquer mulher que ousasse não se conformar estava "fora de si".[342]

Para Millett, Freud era "a mais poderosa força contrarrevolucionária individual na ideologia da política sexual", o homem que "revestiu a velha doutrina das esferas separadas com a atraente linguagem da ciência". Traindo as visões radicais iniciais da sexualidade e da necessidade de liberação, ele havia sido efetivamente responsável pela morte da primeira onda de feminismo, transformando o protesto em uma doença.

Particularmente na América, o feminismo valorizava a pesquisa empírica, que também podia ganhar combustível da prova fisiológica de Masters e Johnson de que Freud e os psicanalistas haviam errado completamente em seus pontos de vista sobre o que constituía a sexualidade feminina madura. O modelo em desenvolvimento, que afirmava que a satisfação pelo clitóris fora substituída na mulher adulta bem ajustada pelo orgasmo vaginal, era absurdo. As feministas declararam oficialmente o orgasmo vaginal um mito e, com isso, o diagnóstico psicanalítico de "frigidez". A pílula anticoncepcional era a tecnologia da libertação. Ela libertava a sexualidade da mulher do velho controle da reprodução. As mulheres eram agora livres para ouvir seus próprios corpos e libertar-se do controle sobre o nascimento das crianças. Não tinham mais que lutar pelo que os analistas haviam estabelecido em termos de prazer sexual ou de papéis femininos.

A psicóloga Phyllis Chesler alinhou mais a crítica feminista ao projeto antipsiquiatria. Em *Women and Madness* (1972), ela questionou a própria construção da doença mental e argumentou, usando exemplos históricos, que essa doença era uma expressão da falta de poder das mulheres e da tentativa de superar isso. Os sintomas de doença mental, argumentou Chester, se vinculavam diretamente aos entendimentos convencionais de masculinidade e feminilidade; eram "violações da norma". Qualquer transgressão dos atributos essenciais da identidade masculina e feminina era entendida como loucura. Era mais provável que mulheres em vez de homens fossem classificadas como insanas ou doentes pela simples razão de que os padrões de saúde — independência, autonomia, objetividade, autossuficiência — corriam contrariamente a qualquer descrição de mulher bem ajustada, que deveria ser submissa, emocional, dependente.

Em um duplo vínculo de saúde e feminilidade, as mulheres podiam ser rotuladas de loucas quer se rebelassem contra o papel feminino, quer o aceitassem. Os homens, por sua vez, ao exceder as exigências da masculinidade e desviar-se da norma eram, mais provavelmente, rotulados de "sociopatas" ou criminosos. Suposições estereotipadas sobre os sexos, portanto, tornavam inevitável que a mulher exibisse mais sintomas de doença mental e fosse hospitalizada com mais frequência. As instituições exacerbavam os problemas das mulheres sujeitando-as à mesma degradação e privação de poder que sofriam dentro da família. As entrevistas de Chester com mulheres internadas de todas as idades deram exemplos vívidos dos modos como o comportamento "não feminino" — "problemático", "carente" — ou indicações de um "espírito combativo" podiam levar mulheres para os hospitais quando as famílias não podiam ou não queriam ficar com elas. As entrevistas eram apoiadas por gráficos de admissões em hospitais ou clínicas privadas, que claramente indicavam que até com as correções para o tamanho da população e a idade, o número de mulheres internadas de todas as raças excedia o de homens, frequentemente em 10% ou mais; apenas entre os pacientes externos menores de 18 anos os homens superavam as mulheres.[343]

A primeira onda de feminismo tinha sido estreitamente ligada à invenção da psicanálise por Freud. O estudo básico da histeria, Anna O, a mulher que deu seu nome à cura pela palavra, metamorfoseou-se em Bertha Pappenheim, a líder altruísta que havia feito campanha contra a exploração de mulheres e crianças na Europa e no Oriente Médio. O filósofo Martin Buber a saudou como o ser mais raro de todos, um espírito apaixonado. Histeria, rebelião e feminismo, como rapidamente apontou o movimento feminista, estavam intricadamente ligados: suas fontes residiam no mesmo descontentamento. Para expressar a raiva ante a limitação de suas vidas, as mulheres ficavam doentes ou se organizavam. Às vezes, faziam as duas coisas.

Se o casamento da psicanálise com o feminismo pareceu às vezes uma dança strindbergiana da morte, ele também foi muito frutífero. Ao repensar a sexualidade e o sexo em termos pessoais e políticos, mulheres de diversas formações intelectuais se viram de volta à caldeira das ideias psicanalíticas.

Freud, em várias manifestações, junto com Lacan e também crescentemente com Klein, Winnicott e a escola das relações objetais, acompanhavam e informavam todo o projeto feminista. No exame da construção da feminilidade, o falo e suas reinterpretações eram, às vezes, priorizados, às vezes, os seios. Um número surpreendente de pensadoras feministas fundamentais — de Julia Kristeva, na França, a Juliet Mitchell, na Grã-Bretanha — também se tornou analista praticante. Enquanto isso, a Dora, de Freud, e mais tarde a Ellen West, de Ladwig Binswanger, mulher problemática que morreu quando se recusou a comer, assumiram a aura de santas padroeiras: mulheres que através do corpo e da psique se rebelaram contra médicos patriarcais. À medida que estudos sobre a mulher começaram a tomar forma, as feministas recuperaram uma história que precisava ser verbalizada ou reinterpretada. Virginia Woolf forneceu uma pista precoce. Em *Three Guineas*, ela escreveu: "Os mundos público e privado estão inseparavelmente conectados, as ... tiranias e servilidades de um são as tiranias e servilidades do outro." "O pessoal é político", como resumia um dos principais slogans do início dos anos 1970, já mesclado com o trabalho da mulher, assim como com sua experiência.

Em seu livro inicial, *Women's Estate* (1971), Juliet Mitchell observou que o primeiro passo do caminho que conduzia a mulher que se queixava individualmente rumo à criação de um movimento político de mulheres era o grupo de elevação da consciência. Foi através de reuniões de mulheres que compartilhavam a "frustração inespecífica de suas próprias vidas privadas" que o problema pessoal — aborto, vida sexual miserável, aparência do corpo feminino — tornou-se político. "O processo de transformar medos ocultos e individuais de mulheres em uma consciência compartilhada de seu significado como problemas sociais, a liberação da raiva, da ansiedade, a luta para proclamar o sofrimento e transformá-lo no político — esse processo é a elevação da consciência."[344]

Mitchell vincula o processo de elevação da consciência à terapia de grupo, rótulo que seus críticos ridicularizaram sem necessidade, e à prática chinesa da autocrítica, verbalizando "pensamentos amargos" em um grupo. "Falar o impronunciável", observa Mitchell, é também, naturalmente, o "propósito do trabalho psicanalítico sério". Já que a condição feminina tinha sido construída a fim de parecer "natural", a opressão das mulheres estaria oculta inconscientemente dentro dela. Assim, a tarefa da elevação da consciência, que traz uma relação diferente de prática da psicanálise, tanto é necessária quanto significa um passo político.

Três anos depois, o influente *Psychoanalisis and Feminism* (1974), de Juliet Mitchell, apareceu e iniciou a tarefa de salvar a psicanálise e assinalar a importância crucial de Freud para o projeto feminista. Mitchell sublinhou a falácia feminista de assumir uma tradução direta entre a ordem social e o projeto individual. Não havia espelho que refletisse a mesma imagem dos dois. As mulheres não eram simples vítimas nas quais a ordem social se inscrevia: se este fosse o caso, não haveria escapatória da condição patriarcal, nenhum rompimento de um molde de opressão. Abrir caminho para um essencialismo, uma entidade fixa que era a mulher, forçava a mulher à posição de ser "natureza" para a "cultura" do homem. Mas ambos os sexos, argumentava Mitchell, funcionavam na esfera cultural. Freud havia oferecido uma teoria do que significava tornar-se mulher. Ele não a amarrara a características fixas, imutáveis. Reinterpretado por Lacan, a quem Mitchell seguia a esse respeito, o "pênis" de que Freud achava que as mulheres tinham "inveja" era a função simbólica do falo, o significador da diferença sexual. Os dois sexos são marcados pelo desejo de poder. Ambos sofrem com sua falta. A falta (não diferente do descontentamento de Freud) fundamenta a relação de ambos os sexos com a "civilização". O pensamento psicanalítico, que propunha uma realidade psíquica dinâmica, e não essências de gênero, era a melhor esperança da mulher de escapar de uma redução a termos essencialistas.

A posição de Mitchell, que recusava uma leitura da mulher como vítima passiva e redimia Freud como pensador importante, era mais influente na Europa que na América até que, durante os anos 1980 e 1990, o feminismo acadêmico foi retomado ali e respondeu aos mestres da teoria francesa. A própria Mitchell, depois de um curso de literatura, fez treinamento na Sociedade Psicanalítica Inglesa e se tornou psicanalista praticante. Mas até nos Estados Unidos, onde Freud frequentemente assumia proporções demoníacas, um grande número das primeiras feministas seguiu uma das profissões psi ou voltou a campo para formulações teóricas. Na América, em geral, elas não treinaram dentro dos institutos convencionais, que, até 1989, exigiam diploma médico. Em vez disso, cursavam os programas de pós-doutorado universitários, menos rígidos, mais multidisciplinares, como o da Universidade de Nova York, onde Jessica Benjamin trabalhava.

Com diferentes formações em ciências sociais, literatura ou antropologia, essas feministas levaram novos pontos de vista à psicanálise. De dentro dos institutos existentes, mulheres encorajadas pelo movimento social mais amplo desafiavam velhos modelos de terapia e começaram a insistir em práticas mais "relacionais", uma empatia com as necessidades do paciente.[345] Elas ajudaram a transformar a psicanálise americana. Freud, que tinha sido bastante claro quanto a não querer ser a mãe na transferência e que as mulheres analistas trabalhavam melhor com a questão pré-edipiana, ficaria satisfeito. Ele também teria aplaudido a ruptura entre a psicanálise e a medicina psiquiátrica.

Chesler tornou-se uma psicoterapeuta e frequentemente aparecia como testemunha especialista em casos onde a loucura e a maldade precisavam ser separadas. A proeminente teórica feminista Nancy Chodorow tornou-se analista. Ela encontrou seus mentores em Karen Horney e Melanie Klein, não em Freud. Seu livro de grande influência, *The Reproduction of Mothering* (1978), investiga sua afirmação de que a especificidade de sexo na relação mãe-criança fazia com que fosse mais difícil para as meninas separarem-se de suas mães e tornava as mulheres mais alertas para a reprodução da ligação materna. A essência da identidade do menino era construída pelo repúdio à mãe e estava na origem do medo e do ódio das mulheres na cultura ocidental. A única solução para esse círculo vicioso era o cuidado maternal fornecido pelos dois sexos.

Na Itália, a psicóloga educacional Elena Belotti no livro best-seller *Little Girls* analisou a forma como as garotas eram motivadas ao status secundário e a serem pequenas mulheres por suas mães e professoras, seu tempo de amamentação no seio menor que o dos meninos, seus abraços menos ardentes, seus brinquedos uma preparação para a maternidade, que vai exigir mais ordem e limpeza que as já exigidas delas. Na América, a psicóloga Carol Gilligan conduziu pesquisa que sublinha como o cuidado materno de sexo específico criava os diferentes modos de ser do mundo das meninas e dos meninos. Ela mostrou como a moralidade das meninas se baseava em um senso de responsabilidade em relação aos outros enquanto os meninos têm uma ética mais mecânica de direitos e noções abstratas de justiça. Dorothy Dinnerstein em *The Mermaid and the Minotaur* argumentou que o poder da mãe na infância resultava em adultos de ambos os sexos com medo de mulheres e uma misoginia internalizada que fazia os homens repudiarem a proximidade com as mulheres enquanto as mulheres odiavam seus próprios corpos e desconfiavam do poder feminino. Em 1981, Alexandra Symonds fundou a American

Association of Women Psychiatrists,* que examinava o comportamento sexista estereotipado dentro da profissão.

Em todos os lugares na Europa e na América, o foco no corpo feminino e na sexualidade estava sendo reajustado, de forma que diagnósticos antigos e descartados, como a loucura da febre puerperal de Esquirol e seus vínculos com o comportamento errático e a menstruação, voltava com uma nova ênfase. Olhar uma mulher como mulher, afinal, significava reexaminar sua diferença em relação ao homem, encontrada antes de tudo no corpo e na maneira como aquele corpo era vivido — como mostrou o pioneiro *Our Bodies, Ourselves*, em 1971, lançado pela Women's Health Book Collective, de Boston. Em direção contrária, no fim dos anos 1970 e início da década de 1980, outras feministas, particularmente aquelas influenciadas por Lacan, como Juliet Mitchell e Jacqueline Rose, refutaram as categorias de sexo e partiram para expor o caráter arbitrário e construído da oposição binária entre macho e fêmea. Como acontecia na linguagem, tornou-se uma identidade subscrita e depois internalizada, e não um axioma essencial ou biológico.

Com o estímulo de um número crescente de mulheres na profissão, a loucura feminina a partir dos anos 1970 também adquiriu uma nova variedade de sintomas e diagnósticos, assim como de tratamentos. Se estes nem sempre se revelavam mais gentis que os recebidos pela pobre Mary Lamb duzentos anos antes, então ao menos sintoma e diagnóstico frequentemente vinham com um grupo de apoio — modelado em parte nos grupos de elevação da consciência das mulheres nos anos 1970 — em lugar de um irmão solitário. O que aquele astuto crítico da sociedade do fim do século XX, Philip Rieff, chamou de "a democracia emergente dos doentes" estava começando a estabelecer-se. Se a revolução freudiana havia conduzido a um modelo psicológico estoico do eu, o modelo "terapêutico" estava agora em ascensão, com suas novas hordas de profissionais treinados prontos para responder e explicar todas as necessidades.

Enquanto isso, em uma sombria inversão da trajetória em que parteiras tinham sido historicamente substituídas por médicos, à medida que as mulheres buscavam cada vez mais as terapias da palavra na América, o próprio perfil da profissão caía. A ala psiquiátrica enfatizou seu aspecto científico e medicalizado e gradualmente se afastou da terapia verbal para uma definição e cura da doença mental mais orientadas para os remédios. Aqui o corpo da doença reverteu

---

*Associação Americana de Mulheres Psiquiatras. (*N. da T.*)

para o seu centro nos circuitos nervosos e na química e afastou-se do modelo mais "suave" dos gatilhos relacionais ou da busca de significado.

E embora o número de mulheres médicas tenha crescido muitas vezes nesse período, e nos Estados Unidos em 2002 as mulheres representassem metade da população de estudantes de medicina (em alta de 9% nos anos 1960, quando as cotas para mulheres ainda existiam), o número geral de médicos especializados em psiquiatria caiu. Em 1979, a *Time* já observava: "Os Estados Unidos têm 27 mil psiquiatras em prática ativa, de 5.800 em 1950. Mas agora o florescimento não é mais da rosa terapêutica. Hoje, apenas de 4% a 5% da escola médica se especializa em psiquiatria, contra 12% em 1970. Diz um médico: A psiquiatria não está onde está a ação."[346]

As inscrições para a prestigiosa Clínica Psicanalítica Colúmbia para Treinamento e Pesquisa caíram 90% de 1960 a 1980. Em 1989, a resistente Sociedade Psicanalítica de Nova York, impulsionada pela tendência, teve de abrir as portas para treinar analistas de casos individuais.

Mas se o casamento americano entre psiquiatria, psicanálise e psicoterapias estava temporariamente suspenso, a separação dificilmente dissipou a importância dos médicos da mente no geral. Por um lado, com o surgimento e aumento de curas com novas drogas, houve uma corrida para a psicofarmacologia. Por outro lado, as psicoterapias proliferavam. Em dezembro de 1985, mais de 7 mil psicoterapeutas praticantes de todo o mundo reuniram-se em Phoenix, Arizona, para um encontro dedicado à "Evolução das Psicoterapias". Eles representavam cerca de 27 escolas diferentes, da terapia behaviorista à psicanálise freudiana. Pesos pesados como R. D. Laing, Bruno Bettelheim e Thomas Szasz estavam lá, junto com Carl Rogers, o "guru do potencial humano", e Virginia Satir, uma terapeuta da família que reunia regularmente audiências de 2 mil pessoas.[347]

Os rebeldes antipsiquiatria podem ter atacado a superfície da profissão. O resultado é que ela havia crescido um pouco mais. As terapias de grupo receberam um novo impulso do movimento das mulheres e eram cada vez mais usadas em hospitais, assim como com pacientes externos e em consultórios, para um grande número de doenças psicológicas. A terapia familiar proliferou, estimulada pelo trabalho de antes da guerra com crianças problemáticas, mas também com as descobertas dos antipsiquiatria sobre famílias esquizofrênicas. Cada uma delas tinha uma variedade de orientações.

Enquanto isso, pacientes ou clientes pareciam cada vez mais em estado de necessidade ou de dor. A própria velocidade da mudança cultural dos papéis e expectativas das mulheres, o impacto sobre os homens e as suposições acerca da masculinidade, as contínuas contradições entre exigências, desejos e necessidades, o aumento das imagens que bombardeavam o sexo que tinha sempre sido objeto do olhar — tudo isso fez com que a oferta de terapia de qualquer espécie parecesse essencial. Novas liberdades tornaram a vida mais interessante, mas nem sempre mais fácil.

No fim de sua história da doença mental das mulheres na Grã-Bretanha, *The Female Malady*, Elaine Showalter levantou a esperança de que uma nova psicologia feminina da mulher, junto com um movimento de terapia feminino, libertaria a mulher dos grilhões da loucura em que a prática médica "obtusa e misógina" as manteve, mesmo que seus médicos, de Pinel a Laing, afirmassem que as libertaram. Se essa esperança ainda está de pé é uma questão em aberto. O que está claro é que um número crescente de mulheres envolvidas na medicina da mente tanto respondeu quanto ajudou a criar novos grupos de doenças.

13

LOUCURA DO CORPO

Eu só estava lutando para encontrar meu lugar, como qualquer um que experimenta mudança, e nada mais parecia uma certeza, exceto o que eu comia ou não comia.[348]

Grace Bowman

A estonteante fascinação da fome. O poder de não precisar de nada. Pela força da vontade farei de meu ser o impossível elfo que vive do ar, da água, da pureza.

Kathryn Harrison, *The Kiss*

Mais de um século se passou desde que Charcot mandou fotografar as histéricas do Salpêtrière. Posadas e capturadas pela nova tecnologia da câmera, as atitudes apaixonadas, simultaneamente eróticas e espirituais, desempenharam um papel no início de uma moda local de histeria. Essas expressões e esses gestos também afetaram os atores do cinema mudo, onde em certo sentido normalizaram-se como histriônicos e se disseminaram uma vez mais. A histeria tornou-se uma expressão de intensa paixão de toda mulher. Embora hoje seja ocasionalmente reencenada como espetáculo, a histeria transmutada no transtorno que o *DSM* classifica de comportamento doentio passou a ter outras manifestações físicas. Simultaneamente, a interação de transtorno, imagem e mímica inconsciente adquiriu uma nova intensidade.

As imagens agora permeiam a vida diária no Ocidente. Do viaduto ao shopping, do espaço público ao privado, da tela grande à diminuta tela móvel e em todas as superfícies de papel entre elas as imagens nos rodeiam e invadem nossa imaginação. Cada vez mais as mesmas imagens envolvem o mundo, implantando-se nas mentes e em culturas distantes de sua fonte de produção. Novas profissões, tecnologias e indústrias florescentes — da moda ao filme, anúncios na World Wide Web, da dieta ao processamento de comida — dependem todas de seu incontido fluxo. Corpos de mulheres, inflados até um tamanho maior que a vida ou reduzidos a proporções menores que a vida nas telas de TV do dia a dia, mas sempre encarnando uma ideia de beleza, são partes-chave desse fluxo. Também são usados para conferir mágica, aquele charme inefável que é o glamour, tão elusivos quanto um fogo-fátuo para os que podem ser seduzidos a pensar que as mercadorias compradas contêm uma felicidade extraespecial dentro delas. Esses corpos imateriais constantemente vistos, presentes do berço ao túmulo, têm impacto inevitável sobre corpos reais; podem engendrar a loucura do corpo.

Nos últimos trinta anos, enquanto a abundância do Ocidente o separa cada vez mais das zonas de fome e guerra, as imagens glamorosas de mulheres perderam peso. Na culpa pós-colonial da vítima-chique, as imagens imitam as faces e formas emaciadas de crianças maltratadas pela fome — aquelas que, de alguma forma, sobreviveram até a adolescência. Curvas desaparecem para dar lugar a vértebras que podem ser contadas e braços e pulsos magros como palitos. A curva outrora voluptuosa de um ombro é agora uma extremidade pontuda. O corpo arredondado, fértil, de uma mulher viva foi substituído pelo de uma artista faminta. Pelos padrões do século XXI, a Marilyn Monroe de *Quanto mais quente melhor* ou a Brigitte Bardot de *E Deus criou a mulher* são gordas. Elas são uns 15 quilos mais pesadas que as modelos cabide de roupa de passarela e tela de tevê.

Essas estrelas, de Calista Flockhart a Victoria Beckham, cujos transtornos de alimentação são sempre debatidos e sempre negados, ou recebem aquele atraente rótulo de "recuperação", são as celebridades invejadas das revistas para adolescentes. A anorexia é o transtorno mascote dos que criam a moda e invade a mente de meninas de 7 anos que, informam os médicos, já são afetadas por problemas de alimentação. Na internet, salas de bate-papo de sites "próana" [pró-anorexia], "magrinspiração" ["thinspiration"] estão disponíveis para anoréxicas que prefeririam classificar sua condição como um protesto piedoso contra a cultura de consumo em lugar de transtorno mental. Fazer dieta por um planeta faminto é confundido com fazer dieta por um número menor de jeans. A perda de peso é celebrada, descrições de estados de jejum e os altos e baixos que os acompanham são trocadas, junto com observações sobre como esconder a comida que não se quer. Amizade é oferecida onde não existiria de outra forma, e aquele estágio final da campanha, que é a morte, é perigosamente celebrado.

Os anoréxicos se tornaram os homens-bomba suicidas dentro da família burguesa. Sua recusa ao apetite e ao consumo os destaca como os perfeitos anticapitalistas.

Nos grupos de apoio para anorexia mais convencionais da internet, garotas em jejum ou seus pais podem obter informações sobre médicos e clínicas, trocar observações sobre como conseguir ajuda e como sobreviver a uma doença que mata na região 20% de suas vítimas. Para as bulímicas, aquela outra categoria que cresce rapidamente de vítimas de transtornos de alimentação entre as mulheres, existem os sites "pró-mia" [pró-bulimia], que se especializam em dicas de como vomitar com mais eficácia e manter a doença escondida da família e dos amigos.

Enquanto isso, a obesidade, de jovens a velhos, cresce na América e na Europa.[349] Em 2004, revertendo uma política anterior, o departamento de saúde dos Estados Unidos passou a considerá-la "doença", tornando os recursos do seguro-saúde e da pesquisa médica disponíveis para o tratamento. Usando o índice de massa corporal (IMC) definido pela divisão do peso de uma pessoa em quilos pelo quadrado de sua altura em metros, a Organização Mundial da Saúde em 1998 chegou a uma definição de sobrepeso como um IMC superior a 25 e obesidade como IMC de mais de 30. O IMC de Marilyn Monroe oscilava entre 21 e 24, então ela estava próxima do sobrepeso, de acordo com os padrões de hoje. De acordo com essa escala, subpeso significa ter menos de 18,5. Nos últimos vinte anos, os IMCs da página central da *Playboy* reduziram-se de 19 para 16,5, enquanto o peso médio da mulher americana é de 74 quilos, volume sem precedentes; e 3,8 milhões de pessoas pesam acima de 136,2 quilos.[350]

Essa imposição de normas de medidas corporais, apoiada por especialistas e por uma indústria farmacêutica em busca da pílula mágica da perda de peso garantida, é mais um meio de "organizar pessoas" segundo uma classificação, neste caso "obeso", sob o pretexto de que esse é algum tipo de identidade total.[351] Na Grã-Bretanha, o Colégio Real de Médicos, participante do pânico moral do Ocidente em relação à obesidade, advertiu que "se as atuais tendências se mantiverem, as estimativas conservadoras são de que no mínimo um terço dos adultos, um quinto dos garotos e um terço das garotas serão obesos por volta de 2020". Estar acima do peso, observa, prejudica "a saúde, a autoestima e a vida social".[352] Na Alemanha, a obesidade foi declarada epidemia pelo ministro de Assuntos de Consumo em 2004: "Uma em cada três crianças e um em cada quatro adolescentes está maciçamente acima do peso", em consequência da inatividade e da indústria de *fast food*.[353] No Ocidente, parece que a obesidade é uma característica da classe trabalhadora, ou de grupos étnicos que não sofrem da compulsão de rejeitar os frutos carnudos do ganho imperial.

Claramente, discrepâncias entre a imagem idealizada da feminilidade glamorosa e as realidades da gordura e da vida diária são imensas e crescentes. Avisos constantes das autoridades de saúde, comidas preparadas que levam listas de conteúdo mais detalhadas que uma bula de laboratório e destacam seus avisos de baixo índice de carboidrato e gordura, as indústrias da moda e da dieta — ambas valendo milhões —, todas se articularam para criar uma situação em que a gordura, para muitas garotas, é um terror mais próximo e maior que a guerra; enquanto magreza é perfeição, esfera de sonho para ser constantemente buscada e em que todos os problemas vão magicamente desaparecer. Com a "magreza" vêm homens, riqueza e felicidade. Fadas-madrinhas para a Cinderela contemporânea que carregam pílulas de emagrecimento em lugar de varinha mágica.

Corpos podem ser feitos de matéria dura, mas nós os percebemos, compreendemos e modelamos de forma codificada. Uma estrela pop magra de cabelo tosado em um anúncio tem significados diferentes de um sobrevivente de campo de concentração, não importam as referências pretendidas. Da mesma forma, a doença que ela pode ter. Nosso zeloso foco em comida, em nos banquetear ou emagrecer, e a correspondente imagem do corpo fizeram surgir uma série de psicopatologias culturais, que, como a histeria, se multiplicam em contradições decisivas e ansiedades essenciais de tempo e lugar.[354] A maior parte das categorias de doença mental, por sua própria base em classificações que separam os que estão bem dos que estão mal, os sãos dos insanos, os saudáveis dos doentes, está culturalmente ligada. Mas doenças em particular, de proporções crescentes em períodos históricos determinados, mais a farta literatura que os acompanha são mais claramente visíveis como expressões da enfermidade de seu tempo.

Desde os anos 1980 este tem sido o caso da anorexia nervosa, da bulimia e das várias doenças que orbitam suas fronteiras. Elas agora têm seus próprios especialistas, clínicas e aparato científico, incluindo (desde 1981), um *International Journal of Eating Disorders* para investigar e informar sobre um campo que cresceu globalmente, fazendo sombra ao próprio crescimento do McDonald's. Eles têm uma cultura popular de dieta e livros de autoajuda, colunas em revistas e canções populares cujo tema é a doença, ao lado daquele outro transtorno adolescente, a automutilação — novamente, mais comum entre as mulheres — com a qual os problemas de alimentação estão frequentemente vinculados: ambos são expressões do ataque da mulher ao próprio corpo. Enquanto isso, uma cultura acadêmica cresceu paralelamente: histórias — como *Holy Feast and Holy Fast*, de Catherine Bynum, ou *Fasting Girls*, de Joan Brumberg, que revela os significados de jejuns passados; e a crítica literária que se volta para o passado, como escreve Maud Ellmann em *The Hunger Artists*, a Kafka, Byron e Richardson (a quem, incidentalmente, aquele primeiro grande médico dietista George Cheyne disse que emagrecesse). Os transtornos de alimentação são doenças da era McLuhan, como Ellman argutamente observa, "disseminados mais pelas telecomunicações que por contato".[355]

Comida é o combustível da vida e responde àquele apetite primário da fome. Como acontece com todos os apetites, os humanos esporadicamente tentam controlá-lo. A comida sempre teve também uma diversidade de usos e significados. Separa os locais dos forasteiros, fiéis de não fiéis. Pode designar riqueza e status ou, servida a um estranho, amizade e hospitalidade. Pode sinalizar amor da mãe pela criança, ou comunhão entre humanos e Deus, rito em que canibalisticamente substitui corpo e sangue. Algumas das transformações da comida, de crua em cozida, ou quando penetra no corpo como um delicioso bocado para se metamorfosear em excremento, conservam seu mistério até para adultos sofisticados, entediados de informação. Comida pode socorrer e pode envenenar. Pode fazer o corpo feminino imitar a gravidez ou voltar à pré-adolescência. Por um processo invisível, a comida muda quem a come. Essa invisibilidade, em si mesma, foi sempre um teste difícil para a religião ou a ciência, sem falar na imaginação de uma adolescente.

De fato, no Ocidente permissivo, comer agora possivelmente ultrapassou o sexo como a experiência psíquica fundamental para o corpo. Comer enfatiza o senso que temos de saúde e felicidade, identidade e destino. O modo de comer separa ricos de pobres, bom de mau, moral de desvio, recompensa de castigo, magro de gordo. Existe agora um médico específico para acompanhar o que se come; um discurso científico e outro psiquiátrico; um código de proibições morais e injunções. Tem suas perversões e sua normalidade: é decadente, refinado demais, processado demais e é natural ou orgânico. Tem delícias secretas, excessos pecaminosos e rituais sociais, exatamente como sexo e masturbação, bordéis e casamento. Nutricionistas e dietistas invocam padrões de saúde, investigam a química, inventam uma nova linguagem especializada de conteúdos e efeitos, sempre insistindo e mudando o que constitui o comer apropriado. Fotógrafos, programas de televisão sobre cozinha, livros e supermercados tornam a comida um fetiche, cria-se comida pornográfica, enquanto médicos avisam e proíbem, invocando novos terrenos da ciência — dos efeitos do bom e do mau colesterol à hipótese de um mecanismo de controle, uma espécie de termômetro interno feito de fatores genéticos e metabólicos que regula o peso do corpo e pode responder pelos notórios fracassos da dieta.

Comida não é mais assunto para simples economia doméstica ensinada às meninas no colegial. É assunto próprio da ciência e da genética, repleto de sustos e protestos. Um sinal certo de seu status é que os *chefs* célebres do sexo masculino dominam as cozinhas do mundo, enquanto os aspirantes à agora mais nobre das profissões escrevem evocações literárias sérias de suas próprias estações da cruz a caminho do altar da cozinha.[356] Desnecessário acrescentar que comer também tem sua própria política e suas próprias relações de poder: de sanções à comida vinda de países que estão no ostracismo à pureza vegetariana altruística e aos direitos dos animais, além da armadilha de uma indústria da beleza que, segundo dizem alguns, vende o "magro" a fim de escravizar novamente as mulheres, restringindo suas vidas ao corpo. Dificilmente surpreende então que os transtornos psíquicos relacionados com a comida tenham crescido radicalmente dos anos 1980 em diante. E são as mulheres, que como mães têm sido tradicionalmente as provedoras de comida, do peito à mesa — apesar da recente inclinação em favor dos *chefs* célebres —, que estão mais diretamente implicadas nesses transtornos; embora o número de homens afetados esteja aumentando.

ANOREXIA NERVOSA

O mais importante entre esses transtornos e o mais intratável é a doença de jejum anorexia nervosa. Ela atrai tanta atenção que recebe um espantoso recorde de 14 milhões de acessos anuais na internet. Há três vezes mais sites para anorexia que para esquizofrenia — a doença que teve uma qualidade metafórica tão grande para os anos 1960. A anorexia só é ultrapassada pelas listas do Google para depressão. O ubíquo destaque ao transtorno na mídia e as numerosas memórias de "sobreviventes" que ganharam prêmios dão à doença um sentido de epidemia, mesmo que seu atual número de vítimas dificilmente constitua proporção de epidemia.

Os números, entretanto, são muito ruins. De acordo com o National Institute of Mental Health, a anorexia afeta de 0,5% a 3,5% da população feminina americana. Na Grã-Bretanha, o número mais citado é 0,1% das mulheres, ou 60 mil indivíduos. A estatística preocupante é que o número de anoréxicos na América triplicou nos anos 1990, enquanto o mais recente indicador na Grã-Bretanha aponta aumento de 130% na solicitação do seguro por incapacidade com base em transtornos de alimentação.[357] Ainda não está claro se o aumento se vincula aos efeitos descritos pela mídia e pelos livros autobiográficos, ou por fatores culturais mais gerais, mas ele resultou na indústria da moda tendo que responder a críticas e, em certos países, no banimento da passarela de modelos esqueleticamente magras.

A anorexia e sua gêmea levemente menos intratável, a bulimia, arrasam colégios femininos e *campi* de universidades com mímica feroz de imitação e custam um número desproporcional de vidas jovens; enquanto a automutilação segue seus exemplos, às vezes um indicador de desejos suicidas, outras vezes um vício, trazendo libertação quando a confusão, uma montanha-russa de emoções incoerentes e dor, precisa ser lançada para fora. "Eu me corto para expulsar a dor", disse notoriamente Kurt Cobain, vocalista líder da banda *grunge* Nirvana, antes de cometer suicídio. O número de automutiladores na Grã-Bretanha é agora o mais alto da Europa. Em 2004-5, cerca de 25 mil casos foram graves o suficiente para resultar em internação hospitalar. Mulheres jovens excedem os homens em uma proporção de sete para um nessas estatísticas, e as mulheres asiáticas apresentam números altos.

Os "padrões de doença" que a anorexia e a bulimia assumem agora são popularmente conhecidos, mas nem sempre foram tão identificáveis.

A anorexia nervosa foi designada doença nos anos 1870, no pico das restrições vitorianas às possibilidades da mulher. Jejuar dificilmente era novidade na época. A autonegação e a fome faziam parte do arsenal da santidade desde muito antes: a santidade das mulheres na alta Idade Média era provada por seu controle do apetite e dedicação a Eucaristia, hóstia e vinho satisfazendo miraculosamente as necessidades da existência. Com a secularização, o jejum assumiu novos significados. Não mais uma santa, a garota se engajava em passar fome como meio de definição e protesto. Como não era permitido, observou Florence Nightingale com grande propriedade em seu livro *Cassandra*, "nenhum alimento para nossas cabeças, nenhum alimento para nossos corações, nenhum alimento para nossa atividade" e "Nossos corpos ... as únicas coisas que importavam", a mulher se tornou uma paciente — ou talvez uma sufragista.

A anorexia tem origens firmes nas condições particulares da família burguesa: afluência relativa, divisão sexual do trabalho, que torna o doméstico o reino da mulher, um modelo de amor dos pais no qual as filhas são longamente infantilizadas, mantidas dependentes e sexualmente ignorantes enquanto preparadas para os ritos competitivos da corte e do casamento. Aqui, uma figura esguia e a espiritualidade que um apetite reprimido lembra são ativos úteis. Ascetismo e pureza são valorizados.

O termo "anorexia" saltou simultaneamente na França, Grã-Bretanha e nos Estados Unidos para designar a doença de garotas adolescentes que se recusavam a comer. Sir William Gull (1816-90), um médico da sociedade de Londres ligado ao Guy's Hospital, usou o termo para designar "um estado médico mórbido", diferente da tuberculose — aquela outra doença destrutiva acompanhada de falta de apetite. Pacientes anoréxicos eram garotas entre os 16 e 24 anos que demonstravam, para começar, uma energia excessiva. Isso finalmente levava à amenorreia e à fome. Repouso, alimentação regular — se necessário à força — e afastamento da família eram tratamentos recomendados. William Smoult Playfair (1835-1908), um reputado obstetra e ginecologista, reconheceu a prevalência da doença, mas recusou um status categórico em separado para ela, incluindo-a em neurastenia.

Na França, em 1873, o importante alienista Charles Lasègue classificou anorexia como "histeria do centro gástrico". Interessado nos aspectos psicológicos da doença, Lasègue escreveu um influente estudo que mapeou o avanço da insegurança geral da garota anoréxica após comer e uma vaga sensação de satisfação com a redução da ingestão de comida sob uma variedade de pretextos, entre os quais dor de cabeça, tristeza, medo ou dor, a ponto de o ato de comer ser reduzido a quase nada, e a doença, declarada. Hiperativa nos estágios iniciais da doença e capaz de perseguir "uma fatigante vida no mundo", a paciente se obstinava em fazer suas refeições em casa. Enquanto isso, os pais oscilavam entre mimar a criança com aperitivos, entretê-la ou castigá-la. Lasègue habilmente caracteriza o discurso de amor e rejeição que a comida assume na família: a paciente é "solicitada, como um favor e uma prova soberana de afeto, a consentir em acrescentar uma colherada adicional ao que já comeu; mas esse excesso de insistência provoca o excesso de resistência".[358] A filha, obediente em todos os aspectos exceto nesse, escolheu a comida como forma de rebelião contra o amor da família e um complicado modo de chamar a atenção.

Embora nunca tenha focado extensamente a anorexia, Freud insistiu em que era uma doença comum: "É bem sabido que existe uma neurose em garotas... na época da puberdade ou logo após e que expressa aversão à sexualidade por meio da anorexia." Ele ligava a anorexia a outras doenças, às vezes à melancolia ou depressão; ou a via como uma das manifestações da histeria — como fez a maioria dos analistas anteriores, dada a sua alta incidência entre jovens no ápice da feminilidade. Quando uma jovem se recusa a comer, achando a comida nojenta e perigosa, ela também está recusando a sexualidade adulta que a engajaria na aceitação do outro, o homem, e em fazer bebês, como a mãe.

Para Freud, assim como para Klein, o ato de comer e a sexualidade tinham uma relação complicada. A criança freudiana, satisfeita pelo seio da mãe, irradia uma felicidade que é o protótipo de toda satisfação sexual.[359] Seio e leite, entretanto, se separam, e a criança tem de perder o seio, seu primeiro objeto de desejo, para formar uma ideia da pessoa inteira a quem pertence esse objeto que lhe traz satisfação e formar um senso de sua própria separação. Todos os futuros prazeres serão uma tentativa de encontrar novamente esse objeto perdido, que sempre excede em escala e sentido o alimento que produz. Comer mapeia as zonas de gratificação que conservam traços do cuidado maternal. A criança irá buscá-los novamente dentro de si mesma durante a fase de autoerotismo.

A criança de Klein é um canibal: ela devora todos os objetos do mundo externo para instalá-los dentro de si em fantasia, construindo seu mundo interior por um processo de incorporação. Esse interior pode tornar-se uma tumba tenebrosa, a ambição ou necessidade da criança levando-a a devorar tantos desses objetos interiores que esses pais internalizados ameaçam, por sua vez, devorar a criança e roubar dela todo o controle.

O comentário de Freud sobre a feminilidade em seu último estudo sobre "A sexualidade feminina" (1931) oferece uma pista adicional para distúrbios de alimentação. Ele argumenta, como antes, que as garotas repreendem as mães por privá-las de um pênis, mas também — e aqui ele parece traçar uma equivalência entre pênis e seio — porque "a mãe não lhes deu leite suficiente".[360] Ele duvidava de que qualquer quantidade de comida pudesse satisfazer a libido infantil. Essa passagem levou teóricos posteriores a questionar se a feminilidade em si não é estruturada sobre uma necessidade insaciável.[361]

Para Klein, a mãe é o armazém de todos os tesouros ocultos — pênis, comida, bebês —, todos os quais o bebê quer devorar. Separado e absorvido de forma que se torna parte da identidade da menina, o corpo perigoso da mãe é também um objeto devorador persecutório e poderoso demais, que pode exigir uma excisão, mediante a automutilação, ou eliminação pelo vômito, ou pela fome.

Essa ligação entre sexualidade, corpo da mãe, comida, necessidade e identidade feminina está presente na maioria dos relatos contemporâneos de anorexia. Curiosamente, a terapia que Freud registra para a anorexia avançada não é verbal em um primeiro momento. Por duas vezes, ele adverte que "a psicanálise não deve ser tentada quando a remoção veloz de sintomas perigosos é exigida, como, por exemplo, no caso de anorexia histérica".[362] A garota que está morrendo de fome, qualquer que seja a origem de seus sintomas, precisa de uma ajuda mais radical do que a psicoterapia pode dar a princípio.

Parece que, às vezes, o que ela também precisa, e precisa mais que tudo, é de mudança social — ou assim se poderia interpretar o uso da greve de fome da militante pelo voto feminino como uma forma de protesto político. Desnecessário dizer, as feministas que faziam greve de fome não eram anoréxicas, mas o fato de terem apelado para a greve de fome, a forma mais passiva e convencionalmente feminina de dissenso e que não necessita de ferramentas externas, é emblemático da proximidade da comida do arsenal de protestos das mulheres, assim como dos sintomas. Se a autoridade suprimisse esse protesto mediante o emprego da alimentação forçada, ela apenas sublinharia o que as mulheres já sentiam: reduzidas ao corpo, mesmo que aquele corpo não fosse seu em última instância.

Depois da Primeira Guerra Mundial, a anorexia como transtorno psiquiátrico foi notada com menos frequência. Ela reemergiu nos anos 1960. Hilda Bruch (1904-84), médica judia alemã de uma das primeiras gerações de mulheres a lutar para abrir caminho para a educação superior e por um diploma médico, foi pioneira das explicações psicológicas contemporâneas para "transtornos de alimentação", o título de seu livro de 1973. Bruch fugiu dos nazistas alemães para ir primeiro para a Grã-Bretanha e depois para os Estados Unidos, onde trabalhou com Theodore Lidz, teórico da "mãe esquizofrenizante", em Baltimore, durante 1941-3. Ao mesmo tempo, treinou como analista com Frieda Fromm-Reichmann. Entendendo as sugestões deles, ela focou a influência da família e argumentou que a anorexia, assim como a obesidade, tinha de ser vista em um contexto de crescimento: era com mais frequência a resposta neurótica de uma criança a uma mãe que a rejeitava ou superprotegia. Sander Gilman afirma que Bruch se rebelou contra os argumentos raciais e biologicamente definidos dos livros didáticos sobre obesidade de que se embebera durante o treinamento médico na Alemanha com o objetivo de fornecer um novo modelo de tratamento, capaz de provocar uma resposta. O discurso nazista ligava a obesidade aos judeus e a estereotipava como não produtiva: o judeu gordo, letárgico, preguiçoso e estúpido era comparado ao alemão magro e saudável que encontrava alegria no trabalho. Assombrada pelas explicações deterministas de cunho racista, Bruch transformou os distúrbios de alimentação em doenças curáveis.[363]

Bruch argumentou que tanto a anorexia quanto a obesidade giravam em torno do problema da garota com a imagem do corpo e de necessidades distorcidas durante o desenvolvimento inicial. No caso do anoréxico existia uma percepção ilusória de que seu corpo era gordo. Isso se combinava com a inabilidade da garota para distinguir a fome de uma variedade de outras necessidades e desejos; e um senso prioritário de que nem emoções, nem pensamentos, nem atos vinham de dentro, mas espelhavam passivamente as expectativas externas e maternas. Ela distinguiu uma forma primária de anorexia, na qual a garota era compulsiva em sua busca da magreza e tinha um profundo senso de hostilidade a si mesma. Em uma forma secundária, a greve de fome tinha função simbólica, apesar de os problemas subjacentes não estarem necessariamente ligados a uma imagem distorcida do corpo. Bruch popularizou suas ideias em revistas femininas e se tornou conselheira em questões de peso da influente colunista americana Ann Landers.

O movimento das mulheres dentro das profissões psi trabalhou com a imagem do corpo e os distúrbios de alimentação desde o início. Em seu *Fat Is a Feminist Issue*, a psicoterapeuta Susie Orbach registra que, em março de 1970, ela foi para a Universidade Alternativa da Cidade de Nova York e se registrou em um curso sobre alimentação compulsiva e autoimagem. A estrutura do curso surgira em grupos de elevação da consciência, onde os problemas eram compartilhados e discutidos. Aqui o problema era alimentação compulsiva — "atividade muito dolorosa e, na aparência, autodestrutiva. Mas ... o feminismo nos havia ensinado que as atividades que parecem autodestrutivas são invariavelmente adaptações, tentativas de lidar com o mundo".[364] As comedoras compulsivas comiam quando não tinham fome, pensavam em comida, dietas e magreza durante grande parte do tempo, perdiam o controle perto de comida e viviam submersas nas atividades de fazer dieta ou se empanturrar.

Elas também se sentiam terrivelmente mal por perder o controle de seus próprios corpos. À medida que o grupo falava e pensava sobre suas dificuldades individuais e comuns, revelou-se que por baixo do desejo de ser magra havia um desejo igual e contrário de ser gorda, de preencher um espaço social maior não restringido aos olhares masculinos, aos avanços e à corrida de ratos da atração. Quando as classificações de gorda e magra, o que elas representavam e o que cada indivíduo percebia serem as personalidades características de ambas foram sendo gradualmente preenchidas, o foco na dieta e na comida desapareceu. No lugar da mulher que perdeu o controle sobre a comida, emergiu uma mulher não temerosa de categorias e de sua relação com sexo e maternidade.

As particularidades do corpo feminino, seus aspectos sexuais e reprodutivos, assim como sua imagem, continuaram a preocupar o movimento das mulheres. A rejeição aos sutiãs e à exibição da carne feminina no concurso de Miss Mundo altamente divulgado pela mídia cumpriu sua parte, ao lado da busca mais conciliadora do entendimento dos modos pelos quais as mulheres absorviam o sentimento de serem objeto do olhar masculino e o incorporavam à estrutura de suas vidas interiores. Em *A mulher eunuco*, Germaine Greer mapeia todas as partes do corpo que fazem da mulher, mulher. Também chama a atenção para a magreza como uma rebelião contra a feminilidade tradicional, oprimida, com sua "alucinante sequência de parábolas e projeções ... As características elogiadas e recompensadas são as do castrado: timidez, corpulência, langor, delicadeza ... Todas as pessoas reprimidas e indolentes foram gordas".[365] Mulheres livres são magras, livres e ativas, é a mensagem.

Já que as mulheres tratam seu corpo como objeto do olhar masculino que interiorizaram, distorções inevitáveis entre como o corpo é imaginado de dentro e como aparece para os outros são bastante comuns. Mas o abismo entre as percepções interna e externa pode ser profundo o bastante para produzir distorções violentas, que é quando a anorexia e a dismorfia podem ocorrer.

Esta última tornou-se conhecida como TDC,* transtorno dismórfico corporal, listado no *DSM IV*. A doença é comum não somente entre os anoréxicos (aparentemente, há 32% de comorbidez entre os pacientes de dismorfia e os de transtornos de alimentação)[366] que têm pouco senso de seu tamanho real, como entre adolescentes e os que apelam para a cirurgia plástica, obcecados pela forma de um nariz supostamente feio ou seios nos quais todas as ansiedades e esperanças de felicidade se concentram.

De acordo com alguns números, um quinto dos adolescentes sofre de TDC: se isso deveria ser qualificado de transtorno psiquiátrico pela "fobia social" que pode produzir é outra questão. O que está claro é que a prevalência de imagens de tamanhos que não são reais e a constante remodelagem da imensidão de um outdoor ou da tela de cinema para a pequenez de uma tela doméstica só podem impactar no senso que temos de nossos corpos, de seu tamanho e de sua forma no mundo. Tampouco é difícil imaginar que a vida em presença de seres da tela pode tornar suas versões corporificadas e reais assustadoras: eles parecem diferentes, transpiram e exalam odores, não podem ser afastados ou movimentados com um mouse; nem podem ser paralisados, retrocedidos, repetidos; requerem resposta — discurso, movimento e gestos faciais.

A coincidência do aumento dos transtornos de alimentação e dismorfia e do movimento das mulheres também sugere que no próprio processo de elaborar e focar as dificuldades de ser mulher no fim do século XX, o movimento, de forma pouco inteligente, combinou-se com as indústrias auxiliares da beleza, moda e dieta para forjar e consequentemente expandir o número de indivíduos que expressavam seus conflitos e suas infelicidades, suas identidades, em doenças relacionadas com o tamanho e a forma do corpo. Teria sido esse mesmo foco no corpo, o veneno da reação, os valores conflitantes da magreza nos espelhos gêmeos da libertação da feminilidade e do estilista-chique que voltaram as mulheres tão violentamente contra os próprios corpos? Marya Hornbacher, em sua biografia *Wasted*, se pergunta se teria canalizado seu "ímpeto, perfeccionismo, sua ambição e seu excesso de intensidade geral" para uma doença tão autodestrutiva quanto a anorexia se vivesse em uma cultura em que a "magreza não fosse olhada como um estranho estado de graça". O dano causado ao seu corpo, a distorção radical do senso de quem realmente era poderiam ter sido menores se o transtor-

---

*BDD, body-dismorphic disorder. (*N. da T.*)

no da alimentação não tivesse assumido seu controle bulímico quando ela estava com 9 anos de idade.[367]

Devastador nos detalhes da insanidade crescente de uma doença que pode começar de uma forma bem simples, Hornbacher observa como a insistência precoce da conversa sobre comida, gordura e magreza na comunicação entre seus pais e com ela desempenhou papel importante no progresso da doença. Havia áreas onde seus pais mostravam pronunciada diferença e discordância. Cada um deles a bajulava, o peão nas batalhas de suas comidas preferidas, que se refletia em seus modos de vida — os excessos do pai, o refreamento da mãe. "Observar os dois comerem funcionava assim: meu pai, voraz, tentava engolir minha mãe. Minha mãe, desdenhosa e arrogante, deixava meu pai intocado no prato. Eles também poderiam gritar: Eu preciso de você/Eu não preciso de você." A criança os distrai da tensão e se torna um campo comum, a portadora de seus sintomas. Ambos a estimulam a comer. Quando está com 5 anos e sua mãe lhe diz para se comportar, se controlar, parar de agir como criança, ela sente que se só ela pode evitar a dissolução, ela o fará contendo a si mesma.[368]

À medida que o progresso dos transtornos de alimentação era mapeado, psicólogos e médicos concordavam amplamente em que o perfil característico de uma anoréxica era o de uma adolescente altamente realizadora, muito trabalhadora e com frequência atraente e amigável, boa nos esportes, com notas altas e um desejo competitivo de fazer o melhor possível e agradar aos que estavam ao seu redor. Internamente, como tantos adolescentes — exceto que a defasagem aqui é maior —, essa florescente estrela acadêmica e esportiva se sente sem valor, insegura e incapaz de preencher as expectativas dos pais e da escola. Talvez ainda não se sinta pronta para crescer e ir embora, não deseje crescer para ser como a mãe ou deixar de ser a favorita do pai. O exame de entrada na universidade, uma briga com um amigo, a morte de um avô, um novo pai adotivo — qualquer situação estressante pode estilhaçar a frágil carapaça de confiança que usa. Ela cai em depressão confusa, sente-se vazia, descontrolada, como se não fosse ela mesma. A sensação de estar fora de controle demanda controle. A cultura lhe diz que se sentirá melhor se perder apenas alguns quilos, aquela gordura de filhote que permanece. Dieta e exercício são a resposta. Ela começa a perder peso. Sente-se bem. Cheia de energia, com um sentimento de realização. E o estímulo da mãe e dos amigos lhe dá uma sensação de poder. Da mesma forma, o controle ordeiro de sua ingestão de comida, a contagem das calorias, a subtração do que excedeu a conta em exercício vigoroso, o dizer "não" a si mesma, e "não" de novo e de novo, a quase obsessiva organização do dia e do que entra em seu corpo. Enquanto isso, trabalha mais duro ainda. O quase jejum produz euforia. A magreza agora atrai o estímulo da atenção: embora esta possa ser de tipo mórbido, não importa. O corpo que criou não é realmente dela, afinal.

Uma vez que certo ponto da perda de peso é atingido, a família em geral desperta para a dissonância da compulsão e do emagrecimento voluntário. A mãe começa a tentar persuadir a garota a comer. Isso tem suas próprias recompensas — as recompensas de atenção e recusa teimosa. A impotência do pai ante a hostilidade e rejeição da criança é dolorosa para o primeiro, mas bem pode produzir uma sensação de triunfo na garota, que finalmente ousa transpor os limites do que as famílias contemporâneas aceitam como rebelião tolerável. Os sintomas da garota, afinal, são a sua solução para o seu problema. Ela nem tanto perdeu o apetite como o venceu. Na verdade, sente fome o tempo todo. Mas quanto maior o controle da anoréxica, mais ela pode também sentir-se fora de controle. Sua batalha interna se reflete em suas relações com qualquer figura de autoridade que tente fazê-la comer.

Se a garota vem de um meio mais tradicional ou étnico, onde a comida e as refeições familiares têm mais importância, como na França, o ponto em que os pais observam a magreza, que do ponto de vista da família é um problema terrível, pode vir mais cedo. Se a atenção chega tarde demais, a luta com o problema de alimentação pode assumir proporções de guerra.

Os terapeutas hoje com frequência implicam no processo anoréxico a necessidade de a garota se separar de uma mãe poderosa que pode comportar-se como uma amiga e impor poucos limites entre gerações. Alternativamente, a mãe pode ser estrita, autorrestritiva, ou sentida pela criança como devoradora. A mãe pode necessitar de algum modo que a criança a compense pelo que ela própria sente falta, como, por exemplo, um casamento gratificante, ou uma carreira, talvez implicando a criança no que deu errado em sua vida. Como em um duplo vínculo, essa carência materna pode induzir à culpa tanto se a garota se limita à mutuamente desprezada imagem materna como se rejeita.

Separar-se da mãe é um processo consciente, mas traz material inconsciente em sua esteira. A garota pode necessitar ficar só para decidir quais são os seus pedaços e, simultaneamente, temer a fragilidade e a culpa que isso traz. Suas expressões de hostilidade em relação à mãe e à família podem indicar tanto a força de sua ligação e o terror à sua presença como a decisão de deixá-la. A confusão interna, a guerra entre desejos e exigências conflitantes, pode encontrar a âncora ordenadora na dupla rejeição de comida e da menstruação, que a faria figurar entre as mulheres onde sua mãe se encontra. Sua crueldade para com os outros está ligada à crueldade consigo mesma, que pede a outros doloridamente para testemunhar.

A anoréxica é uma mentirosa que também ilude a si mesma. Quando o padrão da greve de fome se estabelece, ela encontra modos secretos, ilusórios, de não comer a comida que concordou em comer; ou de estocar laxantes e purgantes em lugares ocultos. Este é o caso até com o terapeuta, o substituto dos pais, que elaborou junto com ela o pacto de alimentação. Ela tanto pode precisar quanto ter necessidade de rejeitar qualquer cuidado que a mãe tardiamente lhe oferece. De qualquer modo, essa oferta sempre parece atrasada para ela. Internamente, a garota ainda se vê como gorda e precisa defender sua perda de peso. O espelho, no qual examina cada polegada de si mesma durante horas, reflete as protuberâncias e os defeitos que ninguém mais vê. Nem mesmo seu namorado ou qualquer dos homens com quem possa dormir — talvez surpreendente do ponto de vista freudiano, mas menos em uma época em que sexo é tão importante quanto uma mercadoria no supermercado —, porque nestes dias a anoréxica com frequência é sexualmente ativa. Ela astutamente esconderá sua magreza dos outros com roupas soltas; e negará a magreza para si mesma. Nessa altura, todos os seus pensamentos são sobre comida e, como uma viciada obcecada por seu hábito e a necessidade, neste caso, de não alimentá-lo, não pode fazer outra coisa. Amigos e trabalho perdem a importância. Ela não consegue se concentrar. Está profundamente sozinha com sua obsessão — sofrendo de fraqueza, fadiga muscular e frio. Pode agasalhar-se cada vez mais, ficar na cama sob cobertores, deprimida o suficiente para morrer.

Clinicamente, a anoréxica agora mostra todos os sinais de desnutrição. Seus níveis de potássio e cloreto estão baixos, e seu sistema vascular, afetado. A batida de seu coração pode ser irregular. Desmaia, às vezes. Sua vida está em perigo, a menos que seu sistema possa ser nutrido novamente. Mais tarde em sua vida, se sobreviver, os efeitos dessa fome inicial se farão sentir na perda de densidade do osso e osteoporose precoce.

Em torturante detalhamento, Marya Hornbacher descreve um processo em que o comum e reconhecível excesso de emoção e confusão do adolescente é propelido para a loucura à medida que a greve de fome compulsiva cobra seu preço. A rodada de hospitalizações não a interrompe: o anoréxico, observa Hornbacher, gosta de hospitalização, de atenção constante, do retorno a uma infância na qual todas as necessidades são cuidadas. Uma vez fora e alimentada apenas o bastante para caminhar e fingir, a garota fará greve de fome novamente, brincando com a morte, com medo de dormir e não acordar novamente, ainda incapaz de comer a menos que seja para vomitar ou fazer exercício durante toda a noite. Mesmo que ame seu "namorado chapado", isso não a impede de deixá-lo e vagar pelas ruas da cidade à noite, tremendo, sempre com frio, "murmurando nada para ninguém, tropeçando nas estranhas dimensões irreais dentro de sua cabeça".[369] Suas mãos são como pássaros de papel azul e dormentes, já não consegue segurar as coisas direito. Apenas manuseia os cigarros que rouba, migalhas de sanduíches comidos que não sabe por que apanha nas ruas sujas e enfia nos bolsos. Tem medo de dormir.

De volta ao hospital uma vez mais, as anotações psiquiátricas registram: anorexia nervosa, desnutrição secundária à fome severa, "bulimia nervosa, grande depressão, recorrente". As anotações médicas que as acompanham dizem: "bradicardia, hipotensão, ortostasia (tomados em conjunto esses sintomas simplesmente querem dizer que o coração não permite que a pessoa fique de pé sem surtos de tonteira ou desmaio), cianose (descoloração da pele causada por suprimento insuficiente de sangue), sopro no coração, ulceração digestiva grave. A dieta que fará a jovem bonita agarra a mente e mata o corpo.

O livro *Hunger Strike*, da psicoterapeuta Susie Orbach, baseado na experiência de mulheres com transtornos de alimentação que se trataram com ela em particular ou foram a centros de terapia de mulheres em Londres e Nova York, dá uma inflexão feminista à anorexia e seu tratamento. Orbach interpreta o distúrbio como a batalha da mulher contra suas próprias necessidades emocionais, sua tentativa de controlá-las em um mundo que, com exigências contraditórias em relação à mulher, recusa-lhe a possibilidade de satisfação. A anorexia é de fato uma greve de fome, um protesto contra tempos que acenam com a promessa de independência e de uma vida vivida além do lar enquanto, simultaneamente, exigem que as mulheres, como amantes, esposas, mães ou acompanhantes, sirvam às necessidades de outros. Dentro da mulher como indivíduo, a anorexia se expressa como uma metáfora do que a sociedade quer dela: que não ocupe muito espaço, que seja vigilante em relação às próprias necessidades e as restrinja. Entretanto, a transição entre o psíquico e o social dificilmente é um espelho sem distorções.

Ao escrever sobre a relação mãe-filha, Orbach observa o modo como as mulheres são ensinadas pelas ações maternas a não serem emocionalmente dependentes e a se tornarem parteiras das aspirações de outros. "Garotas ... suprimem muitas necessidades e iniciativas que surgem internamente. O resultado é que crescem com um senso de que nunca receberam o bastante e com frequência se sentem insaciáveis e frustradas. Para solucionar esse estado psíquico, buscam ligação com outros e aprendem que essa ligação, especialmente com homens, depende da aceitação de seus corpos."[370]

O eco de Freud nesse posicionamento sobre a insaciabilidade da garota, a mais enfática referência às teorias das relações objetais, assume em Orbach e muitas psicoterapeutas feministas uma expectativa positiva. Se o mundo pudesse ser mudado e as relações entre os sexos alteradas, então a psique poderia alcançar a satisfação. Essa esperança subjacente de felicidade individual nunca foi colocada para a civilização por Freud, que condenou o indivíduo ao descontentamento — mesmo que criticasse os padrões duplos de sua época e quisesse uma mudança.

Orbach chama a atenção para o fato de que os tempos condenam a mãe a dar à filha um senso insatisfatório do próprio corpo, limitando-o e contendo-o, para que se torne apropriadamente do gênero feminino. Ao restringir e limitar as necessidades da filha, a mãe cria uma garota que se envergonha de ter necessidades, que se defende delas, que falha em reconhecê-las e expressá-las e que não deixará nada entrar nele — nem amor nem comida. Se isso acontecesse, suas necessidades se tornariam públicas, inclusive para si mesma.

Estendendo a ideia de Winnicott do falso eu, Orbach argumenta que quando o bebê não teve a chance de experimentar sua parte física como "boa, benéfica e essencialmente certa, ele terá pouca chance de viver em um corpo autenticamente experimentado". O resultado pode ser um "falso corpo" que oculta a insegurança do corpo interior subdesenvolvido. As garotas que desenvolvem um transtorno de alimentação estão tentando modelar seu falso corpo segundo linhas aceitáveis. Esse corpo plástico, que representa o aspecto negativo, odiado, da mãe não realizada, o objeto mau, pode ser encolhido até a não existência. Mas ao mesmo tempo ele é o seu corpo, e é tudo o que ela tem: seu ser real é apenas um bebê pequeno e confuso. Desistir da greve de fome, diz uma paciente após dois anos de terapia, é como desistir de "toda a identidade". Pode não ser a perda de nada bom, "como uma mãe ruim de quem você não precisa mais",[371] mas ainda é uma perda difícil. A anorexia com frequência é intratável.

Teorias sobre a base causal e o desenvolvimento da anorexia são abundantes. Alguns analistas interpretam a comida que a jovem rejeita como a mãe de quem se está distanciando. Ver a mãe como comida, em lugar de cuidado, é uma falha de simbolização, outra falha vinculada às primeiras relações do bebê com a mãe. Psiquiatras biológicos falam que a anorexia está vinculada à depressão. A depressão da mãe de fato pode ter desempenhado uma parte em modelar a doença da menina se a pessoa que cuidava dela teve a depressão durante a primeira infância e falhou em lhe dar um senso adequado de sua realidade corporal. Mas o senso aqui é questionável: diz-se que a garota sofre de depressão porque responde a antidepressivos, linha de raciocínio que as terapias com base em drogas empregam demasiado rápido, oferecendo um diagnóstico sob medida para uma resposta a uma droga. Existem ainda outros terapeutas que veem a fome, com sua perda da forma feminina e da menstruação, como uma tentativa de substituir o corpo feminino por um masculino.[372] Nos anos 1990, com o aumento do interesse pelo transtorno obsessivo-compulsivo (TOC) e seus rituais, equações foram feitas entre este transtorno e a anorexia, que, certamente, em sua estruturação minuto a minuto da atividade de comer tem um lado profundamente compulsivo. Continua pouco claro, no entanto, se a obsessão pode indicar uma predisposição para o transtorno de alimentação e se medicamentos serotonérgicos como o Prozac têm algum impacto em pacientes no ponto mais baixo da autoprivação de comida.[373]

A anorexia não é apenas uma doença de classe média. Hoje, os distúrbios de alimentação são vistos em mulheres de todos os grupos sociais. Como observaram as clínicas forenses Estela Welldon e Anna Motz em seu trabalho com pacientes psiquiátricos em prisões, os transtornos de alimentação com frequência vêm junto com a automutilação e com o que os psiquiatras chamam de transtorno de personalidade fronteiriça,* que, por sua vez, com bastante regularidade, traz uma história de abuso precoce. Para essas mulheres, a recusa da comida se vincula, muitas vezes, a um desejo inconsciente de interromper a menstruação e, assim, rejeitar violentamente sua sexualidade e a mãe odiada, às vezes cúmplice, que elas incorporaram. Quando se cortam, essas mulheres não estão apenas tentando parar a dor ou sair de um estado de embotamento, como também extirpar uma mãe negligente ou abusiva, e com ela, remover sua sexualidade abusada.[374]

---

*Também são aceitos transtorno de personalidade *borderline* ou transtorno de personalidade limítrofe. (*N. da T.*)

Seja qual for a teorização de anorexia que os clínicos prefiram, um aspecto persiste em todos os relatos. O medo e a rejeição de comida do anoréxico são também uma rejeição de qualquer forma de intrusão — que é precisamente o que é a terapia. Isso torna qualquer tratamento difícil. Anoréxicos sabotam permanentemente a terapia. Eles são tão agressivos com aqueles que tentam ajudá-los como cruéis consigo mesmos. É comum médicos e terapeutas se verem envolvidos em uma luta de poder: a garota à míngua insiste em que está perfeitamente bem e deve ser deixada a seus próprios cuidados. As tentativas persuasivas de alimentá-la facilmente se tornam coercitivas. Médicos tentam seguir os procedimentos a que o juramento de Hipócrates e o dever os obrigam. A vitória do paciente sobre a alimentação forçada representa com muita frequência sua morte.

Margaret Lawrence descreve uma paciente que parece uma "criança moribunda", insistindo em que está tudo sob controle e que está muito bem. A insistência intransigente da paciente de que não há "necessidade" nenhuma nela, combinada com a presença de seu corpo moribundo é característica da doença.[375] No dicionário do anoréxico, ajuda é comida. Isso se traduz na frustração de terapeutas e pais e com bastante frequência na violência da alimentação à força. Uma vez que, como observa Orbach, a alimentação a pulso reforça estereótipos de sexo do poderoso médico homem aplicando tubos invasivos no corpo feminino, o procedimento ameaça o anoréxico, cuja recusa a se alimentar tem a ver com a manutenção do controle e a vitória sobre o apetite. Embora a hospitalização possa ser necessária e a realimentação inicialmente salve a garota, sem um tratamento psicológico mais abrangente ocorrerá um novo ciclo de doença inevitavelmente. Poucos anoréxicos seguem a dieta do hospital sem outros tipos de ajuda. Trabalho de grupo dentro do hospital ou como paciente externo pode ser útil. Pode vencer a solidão da paciente. Ela também será mais capaz de ver a doença fora de si em vez de dentro de si. Quanto ao tratamento individual, Orbach recomenda estruturar uma aliança terapêutica em que a comida é deixada sob o controle da paciente até ela própria pedir ajuda nisso.

Existe grande necessidade de simpatia genuína por parte do terapeuta — especialmente porque o anoréxico pode ter consultado muitos profissionais no passado. No terreno aberto que a terapia pode oferecer, os sentimentos de nojo e desespero da menina-mulher, seus mapas interiores, sua imagem do corpo podem ser gradativamente colocados ao lado da comida rejeitada que lhes deu vida simbólica. Finalmente, a geografia de um novo eu pode ser mapeada.

Hilda Bruch notou a utilidade da terapia familiar com anoréxicos. Muitos seguiram sua pista. O anoréxico pode ser portador de problemas psicológicos entre os pais, ou encenar uma luta com a mãe, e tudo se torna evidente quando a família está junta. Mara Selvini Palazzoli (1916-1999) — a terapeuta italiana que entendeu a família como um sistema transacional que tenta se perpetuar — apontou que as famílias de anoréxicos muitas vezes encobrem profundos ressentimentos com uma exibição de solicitude excessiva em relação aos filhos, inapropriada na época em que chegam à adolescência. Ela foi pioneira na "prescrição" de rituais e ordens chocantes ou intervenções paradoxais, muito imitadas e reutilizadas por terapeutas de família na Grã-Bretanha e nos Estados Unidos. Os rituais de Palazzoli fornecem contrajogos precisos que podem empurrar a família para fora de seus padrões habituais. A intervenção paradoxal tem o mesmo propósito, embora funcione mediante frases hábeis que iluminam o drama da família e o redirecionam. A uma garota que está sem comer, por exemplo, poderia ser dito que ela não deve ganhar peso, pois se ganhar curvas seu pai poderá sentir-se um estranho em uma família formada uniformemente de mulheres. Contrariar as expectativas do paciente — tais prescrições desnudam o sistema de poder da família e rompem o entrave que o perenizou.

Também se diz que a TCC, ou terapia cognitivo-comportamental, teve algum sucesso inicial com a anorexia e outros transtornos de alimentação — a TCC é a terapia dos serviços públicos de bem-estar por causa de sua duração limitada e, aparentemente, seu grande índice de sucesso. A TCC toma seu modelo das experiências de behavioristas com animais e de condicionamento na primeira metade do século XX. Ela se baseia no princípio simples de que, se o comportamento foi aprendido, pode ser desaprendido. Lavagem cerebral é a versão política popularizada da ciência, visível em mil filmes em que espiões ou soldados são levados à exaustão, castigados ou drogados para adotar a ideologia dos inimigos. Os praticantes de TCC pensam no inconsciente como uma ideia mal definida e não científica. Para eles, pensamentos determinam emoções. Esclareça os pensamentos e as crenças corretos sobre fobias ou anorexia, estimule-os e haverá saúde.

Filha cerebral de um psicanalista insatisfeito, Aaron Beck, e de um psicólogo clínico, Albert Ellis, a TCC prosperou nos sistemas de saúde dos Estados Unidos e está em alta na Europa. Serviços de saúde querem planos de tratamento com metas visíveis, "caixinhas" com sintomas especificados que possam ser "ticados" assim que erradicados — como se a mente humana problemática e a psique fossem mais fáceis de tratar que diabetes crônica, mais que uma perna com uma fratura que o engessamento consertaria em questão de meses, deixando apenas uma leve cicatriz.

Focando no presente e no futuro em lugar do passado e nos sintomas a serem eliminados, a TCC afiou seu instrumental em relação à depressão e à ansiedade. Aos pacientes foi mostrada a falácia dos pensamentos negativos e da baixa autoestima, como lidar com um pensamento irracional e impressões equivocadas, pensamentos disfuncionais e aprendizado falho. Os terapeutas comumente dão a seus pacientes uma série de exercícios internos e trabalho de casa para fazer de forma que seus processos mentais mediante a prática desses exercícios possam ser energizados. As afirmações são de que a depressão, com tratamento paralelo de ISRS (inibidores seletivos de recaptação de serotonina), é levantada, ansiedade e fobias desaparecem. Beck agora segue adiante para tratar esquizofrenias e distúrbios de personalidade. Com anorexia, os terapeutas que utilizam a TCC destacam o significado do transtorno como forma de ganhar um senso de controle. Eles focam os padrões de alimentação da garota e o peso, tentando uma mudança aqui, mas deixam de lado os componentes inconscientes que se vinculam à doença e lhe dão sua forma individual. A anorexia, como tantos distúrbios, não é simplesmente um comportamento, mas uma resposta aos nós internos e às confusões invisíveis e individuais da jovem mulher.

Na América, o NIMH (National Institute of Mental Health), em seu conselho aos anoréxicos, tornou-se um tanto cauteloso acerca da TCC, especificando que é usada em conjunto com outras terapias. No caso da anorexia, que causa 12 vezes mais mortes na população feminina de 18 a 25 anos que qualquer outra causa isolada, o NIMH recomenda um procedimento que inclui hospitalização em conjunto com a TCC ou outras terapias interpessoais, individualmente ou em grupo, para combater a permanente baixa autoestima, dificuldades sociais e dismorfia.

BULIMIA

Em 1987, o revisado *DSM-III* pela primeira vez incluiu a categoria diagnóstica de "bulimia nervosa". Com elaboração mais completa no *DSM-IV*, a bulimia envolve "uma consciência da perda de controle" em episódios recorrentes de "ataques de voracidade alimentar"; meios compensatórios de prevenir o aumento de peso, em particular vômito e mistura de laxantes, e uma "autoavaliação indevidamente influenciada pela forma do corpo e o peso".

Bulimia, o ciclo ataque voraz-purificação, vem de diversas maneiras, que podem deslizar uma para dentro da outra. Uma dessas maneiras é a barulhenta demonstração adolescente envolvendo o grupo que come vorazmente e depois vomita. Isso pode ter um ar atraente de desafio adolescente, paralelo ao "ataque de bebedeira" e outros tempestuosos excessos de fim de semana. Outra forma é a *secreta*, o vômito ritualizado após as refeições que, com frequência, se inicia no fim da adolescência. Mais complicada, essa segunda forma de bulimia pode persistir como uma extensão da dieta durante toda a vida. A forma mais séria, que incitou uma mudança nas informações do *DSM*, tem um aspecto compulsivo: os ataques são construídos durante semanas, os pensamentos sobre eles cada vez mais insistentes, a pressão e a experiência final experimentada como uma possessão. Quando o ataque secreto se inicia, a mulher pode consumir litros de sorvete e quilos de comida. Com a desistência em prol da comilança vem um alívio da tensão, quase sexual em sua natureza, e uma vergonha que o acompanha, composta de culpa pelo inevitável aumento de peso. O vômito que se segue traz uma paz momentânea.

Os bulímicos não são os santos dos transtornos de alimentação, mas seus impulsivos pecadores. São loquazes, com frequência tão incontinentes em sua relação com as palavras quanto o são com a comida. Bruch observa seu "comportamento exibicionista ... sua falta de controle ou disciplina ... um déficit de responsabilidade".[376] Culpam os outros por seus sintomas e muitas vezes dizem que "aprenderam" o comportamento. Caracterizam-se como vítimas. Às vezes roubam a comida que devoram e explicam isso como "cleptomania", similar à bulimia na força compulsiva que a guia. Curiosamente, a cleptomania é um transtorno que está no extremo de outro espectro de comportamento da mulher, desta vez relacionado em ir às compras e à necessidade subjacente de adquirir, amplamente interpretada como necessidade de amor. A despeito da compulsão envolvida no ato de um roubo cleptomaníaco, os tribunais na Grã-Bretanha e nos Estados Unidos não aceitam isso como base para um pedido de redução de sentença. A cleptomania compartilha com outros transtornos de alimentação, particularmente obesidade e bulimia, um status baixo, que o próprio tom de Bruch sublinha, como se o distúrbio também demandasse autoindulgência, ou um distanciamento moral dos padrões civilizados.

Robert Lindner, aquele brilhante contador de histórias da sala do consultório, descreve sua insofreável paciente Laura e o sentimento de nojo que o dominava quando ela chegava ao seu consultório após um ataque alimentar voraz. A face dela era "repulsiva". "Inchada como um balão a ponto de arrebentar, uma caricatura de rosto, os olhos perdidos em bolsões de carne amarelada, brilhando febrilmente com uma espécie de cintilação doentia, o nariz enterrado entre bochechas salientes cheias de manchas. O queixo, uma sombra oleosa que zombava do contorno humano e, em algum lugar da massa de gordura, um buraco carmim em um ângulo louco era sua boca." De dentro daquela malcheirosa boca vêm maldições, uma descarga de queixas e acusações e, finalmente, um pedido de ajuda.[377]

O caso de Laura foi o primeiro a ser contado nos anos 1950 nos Estados Unidos, antes que os transtornos de alimentação tivessem aumentado em proeminência e notoriedade. A descrição de Lindner captura o próprio senso de nojo da paciente, que é o que Hornbacher ecoa, enfatizando o quanto o nojo e a necessidade no bulímico são parte da emoção excessiva e da violência interna. Mas ela considera o impulso do bulímico mais realista que o do anoréxico, porque o primeiro sabe que o corpo é inescapável.[378] Lindner finalmente investiga o anseio patológico de sua própria paciente por comida até um surpreendente desejo edipiano por um filho do próprio pai: um pai por cujo abandono da família já empobrecida e quando ela era apenas uma garota ela culpa a mãe em uma cadeira de rodas. Os ataques são um ato de gravidez, que corrigem uma carência na infância — sua esmagadora necessidade do pai ausente — combinado com o nojo pela mãe aleijada.

Tais interpretações e, de fato, encenações podem parecer enfeitadas em meio ao atual entendimento da bulimia, que alguns dizem ser endêmica entre os adolescentes ocidentais, embora seja difícil aparecerem números, pois o tratamento não é buscado com regularidade. Mas o caso de Lindner oferece uma visão dos elementos inconscientes que podem ativar um ciclo ataque-purificação. Esse velho "conto" também sublinha a natureza compulsiva da doença e os significados deslocados que a comida pode ter para o indivíduo — o modo como a comida, particularmente para a mulher, pode substituir o amor.

A bulimia tem algumas mulheres altamente poderosas como escravas. A doença permite uma fachada controlada, bem-sucedida e agradável abaixo da qual um mundo secreto pode movimentar-se pendularmente em fúria confusa. Com frequência, a bulímica acha que este é o seu eu verdadeiro. À diferença da mortal anorexia e semelhante ao alcoolismo, a bulimia não é necessariamente visível nem impede hábitos de trabalho, nem relações de família. O quociente de doença interior, entretanto, é alto. A princesa Diana era uma bulímica e procurou tratamento. De fato, os psicoterapeutas veem a bulimia em uma ampla variedade de mulheres: algumas sofrem de um falso eu; outras têm problemas adolescentes momentâneos; outras são também personalidades fronteiriças que se envolvem em flutuações selvagens de comportamento, desde a automutilação à promiscuidade sexual e ao alcoolismo, e que, com muita frequência, tiveram uma infância em que o abuso esteve presente.[379]

Em sua autobiografia *Minha vida até agora*, a atriz e ativista política Jane Fonda descreve como em seu 13º aniversário um senso de sua própria imperfeição a atacou e se centrou em seu corpo. Seu pai avaliou que ela estava "gorda". Era a "prova externa de minha maldade". Sua mãe tivera uma história de colapsos e recentemente se suicidara. Na época de seu divórcio de Henry Fonda, ela mostrou a Jane a feia cicatriz de uma operação de rim e o efeito fracassado de um implante de seios. Jane, com 11 anos de idade, associou isso à causa do divórcio de seus pais e jurou que ela não teria falhas.

Retrospectivamente, o desejo avassalador de tornar o corpo magro e, assim, perfeito, também emerge como forma de adiar a maturidade feminina, que Jane associava a ser uma vítima, como a mãe. A perfeição da magreza era seu objetivo. Na escola, respondeu a um anúncio no jornal que oferecia "tênias" solitárias, que nunca recebeu. Junto com uma amiga que tinha problemas semelhantes com a imagem do corpo, Fonda devorava e vomitava. O segredo escolar tornou-se um ritual adulto encenado isoladamente. Ela entrava em uma loja e comprava comidas "confortadoras", sorvetes e doces, dizendo a si mesma o tempo todo que aquela seria a última vez, sua respiração se acelerando, o medo e a excitação aumentando em uníssono. Nem bem o festim secreto se encerrava, o "volume tóxico que se havia parecido tanto com um alimento materno" tinha de ser expelido. Eliminado antes que estabelecesse residência dentro dela. De outra forma, a mataria. Apenas anos depois ela parou de negar a natureza viciosa da doença. Como o alcoolismo, a bulimia é um vício, em que o viciado mente para si mesmo, dizendo que está sob controle, que o vício pode ser detido a qualquer momento por um ato da vontade; colocando-o em termos morais, equacionando-o com um senso de fraqueza e desvalia.

O vício de Fonda por comida às vezes se expressava como bulimia, às vezes como anorexia. Ele persistiu até os 40 anos, ao longo de dois casamentos e dois filhos. Ninguém sabia dele. Ela tornou-se especialista em jantar nos melhores restaurantes de Beverly Hills e retirar-se depois para o toalete para vomitar, antes de retornar sorridente, a maquiagem perfeita. A doença piorava quando tinha relações "inautênticas". Uma ansiedade maior por comida e um embotamento a dominavam então, isolando-a da vida, de forma que o banheiro era o único lugar onde se sentia ela mesma — não o falso eu que atuava como uma defesa contra o bebê carente, caótico e não desenvolvido dentro dela.

O caso de Fonda exibe a persistência característica dos distúrbios de alimentação, seu profundo controle das estruturas psíquicas de suas vítimas. Em um estudo realizado pelo Massachusetts General Hospital em Boston, mulheres foram vistas novamente após três anos de tratamentos variados: entre trinta pacientes, apenas 69% foram diagnosticadas como completamente recuperadas. Em outro estudo, na Universidade de Minnesota, depois de um período de dez anos, 30% das mulheres continuavam com a prática de ataque-vômito.[380]

Durante todos os anos em que ela própria foi parte da flageladora indústria do corpo e estimulou as mulheres mediante livros, áudio e 17 milhões de vídeos a fazer ginástica e "deixar queimar", Jane Fonda foi uma "viciada em comida em recuperação". O paradoxo aqui é a cumplicidade das mulheres — mesmo de uma feminista como Jane Fonda — com a coerção social de sua época. A voz convidativa de Fonda e sua forma superesbelta de fato queimaram as mentes e os olhos das mulheres dos anos 1980 que faziam exercício para adquirir semelhança com sua perfeição externa.

Sempre emblemática de sua época, é interessante que Fonda, uma mulher consumadamente bem-sucedida em todas as esferas em que se engajou — como atriz, ativista política, guru do exercício, produtora de filmes, mãe, esposa de alto perfil, escritora — calcou sua existência na narrativa de vítima tão crucial para o feminismo americano e a cultura popular desde os anos 1980. Aos 60 anos, finalmente "recuperada" de uma vida de se empanturrar, vomitar e emagrecer, ainda esguia e bonita, ela entrou na "infância de sua nova vida de adulta", um novo começo, onde finalmente se sente "concretamente personificada" e pode admitir o papel de sua mãe em sua vida. Uma história de vida é também um conto terapêutico, em que a mulher é um paciente que finalmente se recobra. Existe evidentemente esperança para todas nós.

A história de Fonda sublinha o modo em que as vidas, especialmente de mulheres, se tornam agora contos terapêuticos. Seu tom confessional e os caminhos que elas escolhem mapear não são, entretanto, as narrativas freudianas de meados do século, em que a luta, parte da qual está ligada a um desejo desenfreado, leva ao *insight* e à estoica resignação a uma civilização em que o descontentamento é inevitável, mas a realização, possível. Agora a narrativa terapêutica das mulheres tem uma confiança religiosa. Nascidas em um mundo condenado em que mães, como Eva depois da Queda, não são nunca — e não podem ser — boas o suficiente, as filhas são feridas em seus corpos e suas emoções, sofrem as pedradas e flechadas da sorte e finalmente são redimidas, muitas vezes com a ajuda de uma mãe-terapeuta boa o bastante. Sob sua égide, elas são curadas e nascem novamente em uma inteireza que também significa paz. Curiosamente, o discurso aqui é sobre a vida do corpo e as emoções.

O feminismo terapêutico corretamente acrescentou a dimensão cultural que faltava às doenças psíquicas das mulheres e colocou os transtornos de alimentação, assim como outros transtornos importantes entre as mulheres, como a automutilação, dentro de uma perspectiva social apropriada. Ele levou a psiquiatria médica e a psicanálise tradicional à consciência do modo em que a ênfase cultural na magreza e nos corpos das mulheres influenciou a doença; como o tratamento teve de levar em consideração o desejo de uma mulher de controlar seu corpo. Nesse processo, o feminismo parece ter devolvido às mulheres o que elas sempre tiveram: o corpo, as emoções e uma inclinação pelos lados mais suaves da religião como o primeiro instrumento de autodefinição.

14

ABUSO

É surpreendente descobrir, ao se "pescar" na volumosa literatura psiquiátrica e psicanalítica do século XX, que os médicos da mente raramente voltaram as próprias mentes para questões que hoje são as mais importantes. Estupro, incesto — todo aquele pacote que compõe o abuso da criança, trauma e consequentes transtornos — dificilmente afloram em seus escritos até meados dos anos 1980. O abuso, a negligência, os maus-tratos à criança são uma questão social: o fato de amor, compaixão e entendimento, sem falar em calor e comida, serem necessários para o desenvolvimento é questão de senso comum, e não matéria de investigação de médicos da mente. Quando o estupro e o incesto de fato aparecem na literatura, na maioria das vezes estão vinculados à questão antropológica, à investigação do mito; ou a discussões teóricas de fantasia inconsciente. Ao avaliar a histeria, Freud observa que o estupro é um "trauma severo", que revela para "a garota imatura de um só golpe toda a brutalidade do desejo sexual". Mas, no consultório, revela-se que assuntos tão triviais como uma suave palmada ou o roçar de um joelho sob a mesa provam ser um acontecimento tão traumatizante na vida psíquica de uma menina como o estupro, muito mais sério, na vida de outra.[381] Parece que alguns indivíduos são capazes de digerir o ataque de sanduíches triplos e milk-shakes, enquanto outros têm problema com a magra salada picada.

Transmutado na memória, projetado por um buquê de emoções, o real da história de um indivíduo, os eventos externos e documentáveis de uma vida, com muita frequência se tornam para o analista aquilo que o paciente "experimentou". Exceto ao lidar com a análise de uma criança ou episódios completos de mania, quando psiquiatras colhem histórias da família ou de testemunhas, o que é lembrado, reapresentado ou reencenado no consultório é a principal matéria da terapia. O crucial na análise é o modo como a mente administra a relação entre a realidade interna e a externa. O dano, a maneira como o indivíduo respondeu ou foi detido em seu caminho pelos golpes da vida, o significado que lhes dá, é o que está na mesa para tratamento. Em 1992, a reunião plenária da Associação Psicanalítica Americana ouviu dados reunidos pelo pesquisador William D. Mosher. Esses dados mostraram que apenas 19 artigos mencionavam abuso sexual ou incesto nas publicações psicanalíticas em língua inglesa de 1920 a 1986.[382] Uma vez que estupro, abuso e incesto dificilmente estiveram ausentes da história humana até os anos 1980 — foram na verdade muito bem documentados no fim do século XIX —, claramente os médicos da mente consideravam que esses eram problemas sociais que tinham de ser tratados por assistentes sociais, pela polícia e pelos políticos, todas profissões que lidam com a ordem do mundo social e os eventos reais, em lugar dos significados que a mente pode gerar a partir desses eventos e os transtornos da vida interna.

Então, nas últimas décadas do século XX, várias forças se uniram para alterar radicalmente as preocupações dos médicos da mente e colocar essas questões precisamente no centro do palco. O Ocidente se tornou mais inclinado a descobrir soluções individuais para as questões que eram frequentemente sociais e políticas. Pobreza e privação eram reprimidas como categorias em favor de identidade e habilidade. Houve mudança também na demarcação e no foco das profissões. As velhas linhas divisórias da cura pela palavra entre assistentes sociais, psicologia clínica, diferentes terapias, psicanálise e psiquiatria começaram a esmaecer. Particularmente na América, o alto status da análise em seu vínculo com a psiquiatria estava desaparecendo, e a análise teve de se atualizar em relação às outras terapias verbais se quisesse encontrar pacientes. O mundo psiquiátrico começou a organizar-se em torno do esquema de diagnóstico do *DSM*, que concordava com as necessidades burocráticas do seguro de "cuidado administrado" ou dos serviços de bem-estar.

Se pouco mais da metade dos pacientes sempre foram mulheres, então as mulheres também tinham mudado. A liberação e o foco do feminismo haviam transformado a própria sexualidade e a reproblematizado. O movimento das mulheres assinalara erros: estes não tinham a ver apenas com o olhar culturalmente ordenado e o sentimento e a experiência do corpo, mas com o que fisicamente o penetrava — homens. O estupro e outras violências sexuais entraram cedo e em posição importante na pauta de liberação das mulheres como crimes-chave contra as mulheres. O estupro foi a princípio caracterizado como estupro de um estranho, assalto violento cometido por desconhecido. Foi rapidamente estendido para o estupro pelo vizinho ou namorado e o estupro naquela parte do mundo que as mulheres sempre conheceram melhor, a família, que tinha patriarcas muito próprios incorporados a ela.

Esposas agredidas, pornografia, mulheres vítimas de abuso sexual e abuso infantil começaram a preocupar o movimento das mulheres. No mundo de fala inglesa, isso se tornou mais importante ao longo dos anos 1980 que as reivindicações originais por igualdade social e sexual — o direito à contracepção, ao aborto, sexo liberado, ao lado da liberdade do desejo. Estes últimos — o próprio material implicado no nascimento da psicanálise — permaneceram até bem depois de 1968 os cartões de visita do feminismo francês. Com suas estreitas ligações com teoria pós-estruturalista e Lacan, as mulheres de psi e po (psicanálise e política), por exemplo, postularam uma nova linguagem feminina baseada nas paixões da histeria. Os pontos de ataque das feministas francesas, além das doenças sociais, eram os sistemas organizados de conhecimento que sempre excluíram as mulheres. Elas estavam preocupadas em mostrar como o significado em si mesmo estava integrado a uma hierarquia de relações de poder com a razão masculina colocada em seu pináculo.

As ideias francesas circulavam nas esferas acadêmicas mundiais, mas não se filtravam para as ruas com a presteza do estupro e do incesto. Ao longo dos 1970 e dos 1980, uma parcela combativa do movimento das mulheres na Grã-Bretanha e na América assumiu a aura de um esquadrão vitoriano contra o vício, o movimento original pela pureza de onde um ramo do movimento feminista inicial havia surgido, uma brigada moral para quem o sexual escorregava com muita rapidez para o estupro. Homens, aqueles agentes do patriarcado, emergiam menos como amantes, sem falar em maridos e pais, que como perpetradores de crimes sexuais e exploradores da pornografia. Se a princípio esses crimes eram contra mulheres, no fim dos anos 1980 e 1990 eles se tornaram crimes contra crianças, ou contra as garotas que as mulheres tinham sido. A elevação da consciência significara inicialmente romper o silêncio, falar, de forma a mudar o presente e o futuro. Lembrar o que havia acontecido logo assumiu seu lugar como dever coletivo. A mesma identidade política a que o feminismo deu origem apropriou-se de seu programa de mudança. Constituir identidade significava não apenas ter a flexibilidade do disfarce, de experimentar as partes e a inclinação sexual que os teóricos pós-modernos exploraram. Também significava olhar para o passado, onde as causas do que havia feito a vida dar errado poderiam ser encontradas. A narrativa pessoal da identidade das mulheres mudou da liberação para o abuso.

Tomando emprestados a retórica e o clima da história do Holocausto e as narrativas de escravização, as mulheres encontraram sua identidade em feridas e erros passados. Tudo isso havia causado a doença e tornara a própria doença um emblema de coragem. "Histeria", como a influente psiquiatra Judith Herman proclamou, "é a neurose de combate da guerra do sexo." Em uma repetição da política do fim do século XIX, as mulheres se tornaram os feridos ambulantes, e o trauma e seus efeitos, sua convocação à luta. As curas pela palavra, agora intensamente popularizadas por mulheres terapeutas, tanto fizeram esse jogo como ajudaram a modelar essa nova e vulnerável mulher aprisionada em mau (lembrado) sexo e corpo frágil; uma mulher nova e infantilizada, estendendo, talvez projetando, seu estado "abusado", torturado, às crianças, tão semelhantes à criança que fora um dia. Ser uma mulher que sofrera abuso quando criança e entrar no caminho da recuperação era ser uma "sobrevivente". A vida se tornava rápido demais uma pós-vida cheia de memórias sombrias, impossíveis de partilhar. Já em março de 1971, o grupo Feministas Radicais de Nova York realizou um Rape Speak Out em que as mulheres compartilharam experiências de estupro. O manifesto dizia:

> Não por acidente as Feministas Radicais de Nova York, mediante a técnica da elevação da consciência, descobriram que o estupro não é uma infelicidade pessoal, mas uma experiência compartilhada por todas as mulheres de uma forma ou de outra. Quando mais de duas pessoas sofreram a mesma opressão, o problema não é mais pessoal, mas político — e o estupro é uma questão política ... O ato do estupro é a expressão lógica da relação que existe agora entre homens e mulheres.[383]

Em 1975, com a publicação do best-seller de Susan Brownmiller, *Against Our Will*, a batalha contra o estupro se torna um dos temas básicos do movimento das mulheres. Postulando o estupro como a relação fundamental entre os sexos, Brownmiller argumentou que "a capacidade estrutural do homem para violar" corresponde à "fragilidade estrutural" da mulher, e é tão básico para o sexo quanto o próprio ato primal. "A descoberta do homem de que sua genitália poderia servir como arma" significou que, dos tempos pré-históricos ao presente, "o estupro desempenhou uma função crítica", que é intimidar as mulheres e mantê-las em estado de medo.

Esse medo e essa fragilidade deviam primeiro ser combatidos. Em 1976, o Tribunal Internacional de Crimes contra as Mulheres reuniu-se na Bélgica e teve sua primeira passeata Take Back the Night — uma demonstração à luz de velas em protesto pela violência contra as mulheres. Passeatas aconteceram em rápida sucessão na Itália, Alemanha e em várias cidades da Grã-Bretanha ao longo de 1977. Em novembro daquele ano, em San Francisco, Andrea Dworkin discursou para 3 mil mulheres, que fizeram passeata pelo bairro da prostituição em uma manifestação não apenas contra o estupro, como também contra a pornografia e a exploração sexual das mulheres. Em dezembro, o plano de ação de 25 pontos que surgiu da grande Conferência Nacional das Mulheres em Houston e que incluiu um grande número de ativistas republicanos contra o aborto e pró-família pediu mais educação para a prevenção do estupro, abrigos para mulheres fisicamente maltratadas pelos maridos e programas financiados pelo Estado para vítimas de abuso infantil.

Mobilizar-se contra o estupro trazia muitos benefícios. Centros de crises causadas por estupro e linhas telefônicas de ajuda surgiram em todas as cidades e em todos os *campi* universitários. Falar sobre estupro diminuía a vergonha terrível que as mulheres tinham em segredo. Juízes, homens, pais e até mães que condescendiam em culpar a vítima pelo crime mediante comentários recorrentes, tais como "ela estava pedindo isso", foram contestados e contidos; claro está que muitos ainda necessitam ser. Batalhas para aumentar sentenças de prisão e mudar os procedimentos em relação à legislação de estupro foram iniciadas e continuam.

Mas o grito de batalha ideológico que tornou todos os homens estupradores (em potencial) teve um efeito colateral debilitante. O próprio medo e a vulnerabilidade que Brownmiller havia lembrado como fundamentais para a feminilidade reforçaram a imagem da mulher como indefesa. A mulher como vítima tornou-se a identidade essencial do feminismo americano. Se os homens eram todos estupradores, então as mulheres estavam sempre em perigo. Nenhum treinamento de autodefesa podia contrabalançar a ansiedade de estar constantemente alerta. Com predadores em potencial em todos os lugares e que não atacam sempre, a violência contra as mulheres começou a deslizar de sua designação inicial de sexo forçado, não consensual, para abranger um amplo conjunto de comportamentos: importunação, assédio, discurso de flerte agressivo. Uma pesquisa financiada pelo governo canadense feita por dois sociólogos revelou que surpreendentes 81% de mulheres universitárias haviam sofrido o que chamaram de "abuso sexual": transpirou que o âmbito do abuso incluiu zombarias e insultos durante brigas.[384] Na altura dos anos 1980, a violência sexual havia caído em uma categoria generalizada de "abuso", que, cada vez mais, incluía crianças.

A ideia do "abuso infantil" tanto transfixou como marcou indelevelmente o clima moral da virada do século. Aqui também o foco inicial tinha uma intenção radical: se o abuso infantil podia ser erradicado, a reciclagem das gerações poderia ser feita, a violência, detida, e a sociedade, emergir como um lugar humanizado. Os muitos livros de Alice Miller — a psicanalista nascida na Polônia e baseada na Suíça que se voltou contra a sua profissão pelo que viu como cegueira voluntária que perpetuava o abuso — focavam sua atenção no modo como crianças eram deformadas por pais que haviam sido, eles próprios, negligenciados, não amados, desprotegidos, descuidados, sem mencionar espancados, repetidamente golpeados e humilhados. Miller, que aos 10 anos de idade vira a ascensão de Hitler em Berlim, foi, como afirmou em entrevista em 1992, assustada e transfixada pela experiência: "Eu observava espantada como milhões de pessoas supostamente 'civilizadas' eram transformadas em uma massa cega, cheia de ódio, que entusiasticamente permitia que um monstro primitivo, arrogante, a liderasse para assassinar seres humanos iguais a eles ... Tenho tentado entender de que maneira um povo pode ser tão facilmente enganado e onde estão as forças invisíveis de seu ódio latente."[385]

Miller encontrou sua resposta para o enigma da monstruosidade de Hitler na brutalização por um pai parcialmente judeu; também encontrou provas de abuso em todos os grandes, de Dostoievski a Joyce, Proust e Kafka. Na rodada seguinte de moda psicológica, depressão maníaca seria atribuída a uma lista semelhante de nomes. Miller veio a acreditar que era verdadeiro o velho adágio de que nos tornamos nossos pais. Embora fosse renegada no meio psicanalítico, acreditava na psicanálise de um modo particularmente analítico: adultos estavam destinados a repetir inconscientemente o que haviam sofrido, mas esquecido. "É bem sabido que os pais que ferem os filhos mediante abuso sexual são normalmente inconscientes de que eles próprios sofreram aquele mesmo abuso." Apenas em terapia e só quando determinada pelos tribunais descobrem que reencenavam "seu próprio cenário apenas para se verem livres dele".[386] O ciclo do abuso só poderia ser quebrado com a ajuda de uma "testemunha esclarecida", a quem a criança, ou a criança dentro do adulto, pudesse recontar e repetir sua história de sofrimento.

Estratégia semelhante abriria caminho para dentro das profissões assistenciais com seu paradigma subjacente de que era mais provável as crianças sofrerem abuso que não, e era improvável que se lembrassem dele quando adultos. Apenas erradicando o abuso a sociedade poderia ser salva.

No entendimento de Miller, o abuso não era apenas sexual ou desproporcionalmente dirigido às mulheres: ele se estendia amplamente para incluir ambos os sexos e quase todos os comportamentos — "uma pedagogia venenosa" que um pai inevitavelmente poderoso podia encenar ante um bebê indefeso. Isso se tornou uma versão do pecado original. Mas as ideias de Miller, incluindo as sobre o Holocausto, influenciaram o movimento das mulheres e as profissões assistenciais, ajudando a legitimar a noção de "memória recuperada" que emocionou a América durante os anos 1990.

O filósofo Ian Hacking ridicularizou brilhantemente os modos em que o abuso infantil se tornou uma categoria definidora dos nossos tempos e envolveu ciência, cultura popular e instituições do Estado para inventar um novo tipo de pessoa.[387] O que começou em 1962 com a noção médica de "síndrome da criança espancada", assim designada para chamar a atenção, com o uso dos raios X, para crianças que tivessem sido espancadas e estivessem fisicamente prejudicadas, tornou-se um problema crescente em todo o país. Em janeiro de 1965, a revista *Time* observou que, se todos os casos de pais que "espancam, queimam, afogam, esfaqueiam e sufocam seus filhos com armas que vão de bastões de beisebol a sacos plásticos" fossem informados, o número de mortos seria muito maior que 10 mil e se equipararia às mortes por "acidentes de trânsito, leucemia ou distrofia muscular". As manchetes dos jornais e os programas da mídia mesclaram-se com definições tomadas das ciências sociais para ampliar a categoria de criança vítima de abuso — ou espancada — para uma que incluísse tanto o abuso físico quanto a negligência — uma categoria que os psiquiatras àquela altura pensavam ser muito mais prejudicial à criança, anulando a sua vida emocional e o seu desenvolvimento.

Nas estatísticas dos EUA, os números de crianças vítimas de abuso cresceram sem parar, ao lado de organismos oficiais para impedir o abuso e cuidar das crianças e especialistas para aconselhá-las. Forçados à atenção, os políticos não podiam permitir que a equação óbvia de espancamento, pobreza e negligência fosse formulada por temor de uma exigência maior de programas de bem-estar social de alto custo: em lugar disso, tinha de ser enfatizado o problema nacional do abuso, atingindo todas as classes. Em 1969, todos os cinquenta estados americanos tinham novos estatutos contra "abuso infantil" em suas regulamentações, e em vinte estados entrou em vigor alguma lei que solicitava aos médicos informar casos a um sistema de arquivo central. Em 1976, o número de abusos informados ainda crescia. A American Humane Association descobriu que 413 mil casos tinham sido informados ao Estado e a autoridades locais naquele ano. Por volta de 1981, a conta havia dobrado para 851 mil e ainda subia.[388]

Nesse bosque cerrado, o movimento das mulheres ateou o fogo do incesto e do abuso sexual, até então bem separados da classificação de abuso infantil. Em abril de 1977, a *Ms Magazine* publicou reportagem cujo título era: "Incesto: o abuso sexual começa em casa". Da mesma forma que as mulheres se haviam juntado às crianças no que concernia a espancamento e abuso físico, as crianças agora se uniam às mulheres como vítimas de violência sexual. O horror vivido era real o bastante, como lembrou de forma tão comovedora a autobiografia de Maya Angelou em 1969. Mas as ruidosas proclamações de vício e virtude, maldade e inocência que acompanhavam a brutalidade da experiência amplificaram o abuso para uma atrocidade intransponível.

Enquanto saltavam e se espalhavam, as chamas de pânico moral atingiam tudo ao alcance. O abuso infantil cresceu para abranger tudo, do toque (que poderia ser bom ou ruim — o que seu vizinho diria?) à apalpadela, da importunação ao intercurso sexual e a supostos rituais satânicos. Analisado em artigos em um número crescente de publicações dedicadas ao bem-estar infantil e documentado em inúmeros programas da vida real, ficções emotivas e memórias, a predominância da descoberta do abuso cresceu rapidamente. Ellen Bass, que mais tarde escreveria o que se tornou um manual popular para descobrir o transtorno da personalidade múltipla, reuniu em 1983 uma coleção de escritos de sobreviventes de abuso sexual infantil, *I Never Told Anyone* [Nunca contei a ninguém]. Em seu prefácio, afirma:

> Assim como o estupro de mulheres, o estupro e molestamento de crianças são mais basicamente atos de violação, poder e dominação. A Parents United ... estima que uma em cada quatro garotas e um em cada sete garotos serão vítimas de abuso sexual. Outros estudos descobrem que o índice de garotas é mais alto, perto de dez garotas por garoto. O sexo do molestador, contudo, é consistente de estudo para estudo. Pelo menos 97% dos molestadores e estupradores são homens; 75% são membros da família ... Os números verdadeiros podem ser maiores.[389]

A angústia do conteúdo desse volume é bastante real, da mesma forma que o não pretendido sopro de pornografia quando se narra a violência sexual. Por volta de 1991, os pesquisadores estimam que entre 200 mil e 360 mil casos de abuso infantil ocorriam a cada ano nos Estados Unidos. As linhas telefônicas disque-ajuda aumentavam. Havia informes de círculos satânicos, relatos horrendos de abusos tão vis — sua iconografia parecia com frequência suficiente deixar para trás os limites mais selvagens da indústria pornográfica. A família, nuclear, ou ampliada, se tornou um lugar perigoso.

Em toda a Grã-Bretanha também, nos anos 1980 e 1990, os casos de abuso infantil e de abuso infantil satânico que logo se seguiram pareciam estar em aumento devido a prisões em Cleveland, Newcastle e outros lugares. A NSPCC [Sociedade Nacional para a Prevenção de Crueldade contra Crianças] patrocinou uma série de anúncios que provocava calafrios com seus números e retratos de crianças vitimadas. Em todos os lugares havia panfletos de garotas com marcas roxas no corpo que olhavam lastimosamente de quadros de aviso, expressando sua infelicidade. Precedidos por colegas americanos, assistentes sociais britânicos em uma batida ao amanhecer de fevereiro de 1991 arrebataram — com toda a força e terror de sequestradores — cinco garotos e quatro garotas entre 8 e 15 anos de idade de suas casas em South Ronaldsay em Orkney e os submeteram a um mês de interrogatório a fim de descobrir os vexaminosos segredos satânicos que os assistentes sociais "sabiam" existir naquela ilha. Apesar de o juiz nessa instância ter por fim anulado o caso, concluindo que não existiam segredos por descobrir, os assistentes sociais permanecem convencidos até hoje de que houve abuso sexual. O questionamento aumentou com um documentário da BBC de 2006, que deixou claro, ao apresentar gravações de entrevistas da época, que só existiu o que pode ser chamado de ideologia, que insistia em que havia segredos que sempre eram ocultados. Houve uma apaixonada cruzada moral aqui que pretendia consertar a grande injustiça que era o abuso sexual contra crianças.

O mais articulado exemplar daquela convicção moral é a psiquiatra americana Judith Herman, que apresenta uma convincente análise dos modos como crianças que sofrem abusos adaptam-se à sua condição mediante o uso de várias defesas e, assim, podem apresentar a aparência de normalidade tão importante para sua família:

Os sintomas de sofrimento da criança em geral ficam bem ocultos. Estados alterados de consciência, lapsos de memória e outros sintomas dissociativos não são em geral reconhecidos. A formação de uma identidade negativa maligna é geralmente disfarçada pelo "falso eu" socialmente conformado. Os sintomas psicossomáticos raramente são investigados até a fonte. E comportamento autodestrutivo que acontece em segredo geralmente passa despercebido ... A maioria das crianças vítimas de abuso chega à idade adulta com seus segredos intactos.[390]

Se a noção subjacente de assistentes sociais é que as crianças podem manter o abuso tão bem escondido, então a extração do segredo presumido pode assumir formas excessivas. No caso Orkney, a experiência para as crianças — com a surpreendente batida policial ao amanhecer, a separação forçada dos pais, das roupas, dos brinquedos e de tudo que conheciam, as horas e os dias de repetido interrogatório por adultos autoritários, os horrores do reformatório ou da vida adotiva — assumiu uma aura de tortura que não diferia do próprio abuso. Os esquadrões contra o vício nos trajes modernos dos profissionais da assistência social se tornaram os mantenedores de um parque de castigos que apresentavam como espaço seguro, como um asilo.

A prisão dos abusadores, sem falar nos que seriam acusados quando algum testemunho fosse obtido, fez todos se conscientizarem de que um novo tipo de ser gradativamente tomara forma: aquele que não podia falar de seus segredos sexuais sem a ajuda de profissionais para guiá-lo através do horror, medo, estigma interno, desamparo — em uma palavra "o trauma" — da experiência. O trauma foi gradualmente aceito e envolveu um vasto âmbito de comportamentos, do próprio estupro ao medo de ser fotografado. A verdade — também parecia haver acordo nisso — devia vir à tona, pois o abuso precoce destruiria a vida adulta.

Uma narrativa dinâmica de abuso fora moldada: ela admitia como verdadeiro que a totalidade de uma vida era deformada pela experiência da sexualidade precoce; sem ajuda, a mulher de antes, vítima de abuso sexual crônico, permaneceria eternamente prejudicada, fracassaria na vida e repetiria o abuso nos que lhe eram mais próximos e queridos e inconscientemente ocultaria isso. A linha de desenvolvimento da história era à primeira vista potencialmente verdadeira e uma profecia autorrealizada, particularmente nas mãos disciplinadoras de um Estado intervencionista e de seus serviços sociais frequentemente policialescos, que, com demasiada presteza, arrancavam crianças já vulneráveis do mundo que conheciam por piores que fossem algumas de suas dimensões.

Esse entendimento do abuso infantil exigiu a aquiescência de todas as pessoas que pensavam corretamente — da mesma forma que o vício anterior do autoabuso [masturbação] tinha mobilizado os vitorianos. A crueldade sexual contra crianças indefesas veio a parecer, como Hacking observa, "o mais odioso dos crimes" porque reunia quatro tipos distintos de dano: "Costumávamos ter tipos bastante diferentes de repulsa moral contra um pai que voluntariamente negligenciava um bebê, uma pessoa que espancava com selvageria um inocente, um estranho que molestava uma criança e o incesto." Mas quando isso se soma no abuso infantil, nasce "uma nova e persuasiva constelação de absoluto mal moral". Embora o ódio ao afirmar esse mal seja em parte "meramente relativo à nossa cultura", Hacking sugere que "existe tanta moralidade, tanta correção de pensamento, que só se pode começar a suspeitar que alguma espécie de pseudomoralidade está se insinuando".[391]

Entre saber que o abuso é um segredo bem guardado, mas amplamente disseminado, e concebê-lo como *esquecido* se alguém "experimenta" todos os sinais e sintomas que os especialistas dizem que ele produz, a distância é pequena. Recobrar a memória do abuso sexual tornou-se um modo de explicar a doença dos tempos. Falar do horror para testemunhas solidárias, talvez para um grupo de mulheres ou em terapia ou, mais controversamente, nos tribunais, assumiu, particularmente nos Estados Unidos, a força de uma imposição moral. Da recuperação da memória à recuperação em si — costume familiar aos Alcoólicos Anônimos —, a questão era apenas de alguns passos terapêuticos. Ser parte de uma ampla rede de "sobreviventes de incesto" representava a promessa da salvação.

Em 1988, apareceu a bíblia do que rapidamente se tornou um movimento de memória recuperada, estabelecendo os passos mediante os quais os males do presente podiam ser encontrados em abusos passados. Escrito por Ellen Bass e sua aluna Laura Davis, o emotivo *The Courage to Heal* vendeu mais de 800 mil exemplares. Era diretamente endereçado a "você" — a mulher comum. E "você" podia assinalar uma relação de 78 efeitos do incesto para saber se estava qualificada como sobrevivente. Diante das perguntas, não era difícil se qualificar. Eis aqui um exemplo ao acaso: "Você tem dificuldade para se sentir motivada? Sente-se isolada ou solitária? Consegue concluir as coisas que começou a fazer? Sente que tem de ser perfeita? Sente que se apega às pessoas de quem gosta? Está satisfeita com suas relações familiares? Tem dificuldades para expressar seus sentimentos? Usa álcool, drogas ou comida de maneira que a preocupa? Sente-se impotente, como uma vítima?"[392]

Bass e Davis também descreveram "mecanismos de confronto" — transtornos de alimentação, super-realização, negação, abandono do corpo e, naturalmente, esquecimento. Curar-se exige coragem. Significa recuperar todo o passado doloroso, armazenado nas fibras do corpo, e deixá-lo sair. A dor da terapia, sentir a dor queimar novamente, é parte do processo. Também é parte do processo confrontar os responsáveis pelo abuso. No fim do processo, todas as mulheres são bem-vindas à irmandade dos sobreviventes de incesto. A edição de 1992 de *The Courage To Heal* contém um guia de ajuda não apenas com a relação de cerca de seiscentos livros como de grupos de apoio, organizações, folhetos informativos, e traz até um tabuleiro de jogo.

Estar viva como mulher no fim do século XX significava ser sobrevivente do incesto. Em 1991, Oprah Winfrey, assim como a ex-Miss América Marilyn Van Derbur e a famosa comediante de televisão Roseanne Barr Arnold dividiram seu passado de abuso com o mundo. A *Time Magazine* relatou: "É o segredo que vem me matando durante toda a minha vida", diz Arnold, 38. "Tenho vontade de gritar; tenho vontade de correr; faço força para não esquecer novamente ... E para cada celebridade que fez uma declaração pública, milhares de pessoas comuns encontravam a coragem para confrontar a própria dor, contar aos outros e procurar ajuda."[393]

Ajuda, naturalmente, significa ajuda das profissões terapêuticas cuja participação não foi pequena em formular a ilogicidade de um segredo destrutivo tão terrível que a luta é para *não* esquecê-lo. Em todos os lugares, pessoas vulneráveis despertaram para a possibilidade de que suas indisposições, seus desconfortos e fracassos, seu sentimento de que alguma coisa estava errada, tinha sua causa em um segredo que haviam esquecido. Uma considerável indústria de terapeutas, psicólogos, conselheiros e assistentes sociais estava à mão para diagnosticar, arrancar pela raiz, sugerir ou simplesmente dar a pista de memórias reprimidas de abuso em seus clientes. Faziam isso mediante quaisquer combinações de hipnose, diários mantidos pelos pacientes, "representações pictóricas guiadas" (um programa que "guiava" pensamentos e sugestões), interpretação de sonhos e sódio amital. O movimento teve seus advogados de porta de xadrez voltados para processar pais acusados ao primeiro refluxo de memória. E enquanto os que eram vítimas de abuso levavam membros da família aos tribunais para "reparações" em casos muito conhecidos do público que, em 1994, chegaram à marca de trezentos e incluíam acusações de assassinato e rituais satânicos de abuso, surgiu uma reação.

O ponto de virada pode ter vindo em torno de 1988, quando em Olympia, estado de Washington, Paul Ingram, um vice-xerife que pertencia a um grupo religioso, a Igreja da Água Viva, que acreditava ativamente em Satã, confessou ter abusado de crianças e de ter matado 25 crianças em rituais satânicos. O caso foi trazido à tona por suas filhas Erica e Julia, que relembraram o abuso cometido pelo pai e por seus amigos de pôquer desde que Erica tinha 5 anos até que saiu de casa. A recordação de Ingram de seu extenso passado abusivo veio durante intenso interrogatório. Foi persuadido de que sofria de transtorno de personalidade múltipla e, por isso, não pôde lembrar-se dos acontecimentos a princípio. Confessou ser culpado de uma série de horrendas acusações e foi preso, mas depois retirou a confissão. Isso não foi aceito, apesar das análises de especialistas em memória como Elizabeth Loftus, que mostraram que o testemunho original de Ingram não tinha nada a ver com lembrança. Ingram ficou 14 anos preso. Investigada por Lawrence Wright, a história de Olympia foi publicada no *New York Times* em 1994 e alimentou a reação, que àquela altura, incluía processos contra terapeutas.

Melody Gavigan, 39 anos, especialista em computadores da Califórnia, internou-se em um hospital psiquiátrico local. Estava gravemente deprimida e precisava de ajuda. Durante as primeiras cinco semanas de tratamento, a família e um conselheiro matrimonial sugeriram que sua depressão tinha origem em incesto infantil. Desesperada por qualquer resposta, Gavigan entendeu a dica e começou a escrever um diário de memórias emergentes. Conforme relatou a *Time Magazine* em 29 de novembro de 1993: "Ela contou que correu para o quintal após ser violentada no banheiro. Ela incorporou a uma outra fantástica cena de estupro um incidente real de sua meninice, em que deslocara um ombro. Continuou e lembrou-se de ter sido molestada pelo pai quando tinha apenas 1 ano de idade — enquanto suas fraldas estavam sendo trocadas — e de ter sido sodomizada por ele aos 5 anos."[394] A conselho do terapeuta, Gavigan confrontou o pai com as acusações. Rompeu relações com a família, mudou-se e formou um grupo de sobreviventes de incesto. Mais memórias surgiram. Alguma coisa no curso universitário de psicologia em que se inscreveu, entretanto, tornou-a cética a respeito do que havia "recuperado" e ela concluiu que suas recordações eram falsas. Entrou com um processo contra o hospital psiquiátrico pelo sofrimento que ela e a família suportaram.

As "guerras da memória" estavam a caminho. Ao mesmo tempo que era aclamada como salvação, a terapia também estava sob ataque, às vezes do paciente, às vezes de teóricos, às vezes de pais acusados que se uniram, nos Estados Unidos, na Fundação da Síndrome da Falsa Memória, no início de 1992, na Sociedade Britânica da Memória Falsa. Os novos cientistas da memória — um grupo que incluía psicólogos cognitivos como Elizabeth Loftus, bioquímicos e neurocientistas auxiliados pelos novos dispositivos eletrônicos que registravam imagens do cérebro — contestaram as descobertas dos terapeutas da memória recuperada. Eles argumentavam que a memória decaía, podia facilmente ser mudada por sugestão ou desejo e sentida como real pela repetição. O nome de Freud foi usado por ambos os lados: ou era responsável por ter abandonado sua hipótese original de que a sedução realmente ocorrida na infância e mais tarde esquecida era um detonador da histeria, ou, como o filósofo da repressão e do inconsciente, era responsável por todo o pacote da memória recuperada, com suas lembranças reais ou induzidas pelo terapeuta.

A memória se tornou o principal grupo conceitual do fim do século. Ela reunia sob sua égide os museus do Holocausto, memoriais e lembranças de sobreviventes, que nunca foram *esquecidas*, mas raramente tinham sido completamente verbalizadas. O mal de Alzheimer, a doença do esquecimento, foi o lado sombrio do tempo, o grande medo da memória da geração mais velha. O abuso podia ser recobrado ou inventado para criar uma identidade. As vítimas de Alzheimer não tinham nada — nenhuma memória e nenhum assunto relembrado para experimentar. Mas, como a mais temida doença neurológica da população ocidental que envelhecia no fim do século que se encerrava e na "década do cérebro", teve um grande investimento em dólares para nutri-la.

Phyllis Greenacre (1894-1989)

Na América, como em outros lugares, psiquiatras e psicólogos tradicionais, até mulheres entre eles, levaram algum tempo para despertar para os novos males enfaticamente proclamados do pacote chamado abuso sexual e sua importância como categoria central definidora do ponto de vista médico e moral.

A formidável Phyllis Greenacre, decana da psiquiatria americana, experimentou todos os lados da profissão. Ao começar, em 1916, havia servido como interna no Johns Hopkins e trabalhado no laboratório psicológico da clínica Henry Phipps sob o pioneiro, embora errático, Adolf Meyer. Uma das primeiras mulheres na profissão, dedicou-se depois a estudar a pesquisa experimental do notório e iludido Henry Cotton em Trenton State, com a teoria de infecção crônica que causava loucura. A seu favor, Greenacre corajosamente censurou a pesquisa.[395] Ela se tornou diretora da unidade de pacientes externos da Payne Whitney de Nova York e, a partir de 1932, começou um treinamento psicanalítico, ascendendo à presidência da Associação Psicanalítica Americana e a professora de psiquiatria em Cornell. Foi também uma das editoras fundadoras, junto com Anna Freud, do *Psychoanalytic Study of Child*. Embora Greenacre tivesse escrito sobre trauma e primeira infância, o trauma aqui não era necessariamente sexual: podia ser o efeito sobre a criança de um ato externo, como a hospitalização ou depressão materna.

J. Laplanche e J.-B Pontalis, em seu merecidamente famoso dicionário de psicanálise, dão uma definição sucinta, clássica, de trauma:

> Um evento na vida subjetiva definido por sua intensidade, pela incapacidade da pessoa de responder adequadamente a ele e pelo transtorno e pelos efeitos duradouros que traz para a organização psíquica.
>
> Em termos de economia psíquica, o trauma se caracteriza por um influxo de excitações que é excessivo pelos padrões de tolerância da pessoa e pela capacidade de dominar tais excitações e trabalhá-las psiquicamente.[396]

Em um estudo de 1950 sobre trauma em garotas antes da puberdade, Greenacre explora o caso de Daphne, mulher de 30 anos, incapaz de se relacionar com homens ou mulheres. Daphne é excepcionalmente tensa, sofre de um medo do que chama de "presença negra", assim como do terror de "crescer e usar meias compridas brancas". Fica em pedaços sempre que sofre alguma pressão pública: fazer exames, falar em público, ou, de fato, assistir a eventos sadomasoquistas como lutas. Tais eventos fazem com que se "inunde" — experimente uma descarga espontânea (orgasmo, sangue, urina, fezes) — ou desmaie. Como acontece com outros pacientes da literatura mais clássica que experimentaram um "trauma" depois da idade de cerca de 4 ou 5 anos, Daphne tem pouco problema em se lembrar, na análise, do evento a partir do qual seus problemas datam. A acuidade da memória não é a questão. Ela relata o episódio, cujos detalhes serão analisados em sua segunda visita. Greenacre reconta:

> Com a idade de cerca de 10 anos, a garota estava andando de patins no porão da própria casa quando um homem entrou para ler o relógio de gás. Ela falou com ele e ele se ofereceu para mostrar-lhe o relógio e, por isso, a levantou para que a garota pudesse ver o movimento das mãozinhas sobre os mostradores do medidor. Ao levantá-la, ele pôs a mão por baixo de seu vestido e estimulou seus genitais. Ela se lembra de ter ficado extremamente excitada, envergonhada e assustada; conseguiu soltar-se, e o homem saiu rapidamente. Não conseguiu lembrar-se exatamente de como a experiência terminou; teve a sensação de que perdeu a consciência ou "teve um branco".[397]

O evento "traumático" aconteceu durante um período em que Daphne e uma amiga vinham conversando excitadamente e bastante sobre questões sexuais. Logo depois disso, graças à amiga, Daphne descobriu uma forma de masturbação "peculiarmente agradável" na banheira que continuou até a época da análise. Após o episódio da leitura do relógio de gás, a família de Daphne mudou-se, ela sofreu uma humilhante rejeição de seu primo favorito; depois, a família se mudou novamente sem razão relatada. A puberdade de Daphne coincidiu com a gravidez de uma tia de quem era homônima e o nascimento de um menino em quem Daphne pensava como irmão e que logo desenvolveu epilepsia, para a fascinada agonia da menina.

Após uma série de associações amplificadoras do caso, Greenacre chega a uma conclusão que seria quase impossível depois do feminismo e do estabelecimento da classificação de abuso infantil. Ela argumenta que em todos os pacientes que viu, dos quais Daphne é um exemplo, o "trauma da puberdade foi induzido pela criança em geral ... sob o estímulo de um adolescente ou de uma mulher mais velha". A situação traumática foi também "precipitada" pela criança, que era curiosa e se preparava para a puberdade. Isso representou a condensação de experiências pré-edipianas, muito anteriores, que perturbaram a garota e foram, nesse sentido, uma repetição.

No caso de Daphne, houve inúmeros fatos anteriores que excitaram seu prazer e o misturaram com medo — incluindo a euforia de seu pai erguê-la e girá-la em torno dele loucamente, observar a mãe fazer o que ela interpretou como felação, enquanto o pai estava confinado à cama e engessado (o gesso branco interpretado como as meias brancas compridas que ela teme como parte de seu crescimento). Esses incidentes precoces, junto com o evento do medidor de gás, foram então reunidos pela paciente como provas do (excitante) perigo da sexualidade e usados como defesa. No caso de Daphne, isso também tinha a gratificação masoquista da "inundação". Quando um evento traumático acontece com um adulto, observa Greenacre, "a culpa pode ser prontamente transferida". A participação da própria criança no trauma, junto com os eventos anteriores que produziram a pressão da provocação, pode ser mais prontamente escondida.

De acordo com o estudo de Greenacre, Daphne parece ter sido bastante bem-sucedida em seu tratamento, estivesse Greenacre certa ou errada em suas interpretações e nas conclusões a que chega. O que é interessante do ponto de vista do presente é o modo em que ela implica a paciente, em que lhe atribui uma parte em sua própria história de vida. Daphne não é — embora a própria Greenacre seguisse Hélène Deutsch no entendimento da feminilidade como passiva e carregada de masoquismo — tratada como vítima. Uma terapeuta contemporânea poderia dizer que a analista aqui está repetindo o trauma que causa dano à paciente ao lhe atribuir, erradamente, participação parcial voluntária em um ato sexual traumático, ao não aceitar a história de Daphne por seu valor aparente; por encenar a visão patriarcal de implicar a vítima no ato de perpetração. Tudo isso pode ser verdade. Mas o que é subjacente na análise de Greenacre é o entendimento de que as crianças podem e de fato experimentam prazer sexual, de que todo sexo não é uma violação irreparável, e um estupro, um mal intransponível. O trauma de Daphne é algo que pode ser superado, e sua vida vivida com sexo (não importa qual a orientação). Nossa ideia de "abuso sexual" da virada do século dificilmente abre a porta para essa possibilidade. Ser molestada por um estranho torna-se um evento tão profundamente chocante para a mulher como um ato de guerra: ele vai colorir indelevelmente sua vida dali em diante, marcando-a como uma vida após a morte, transformando-a em um conto de sobrevivente.

Os casos de Greenacre em seu estudo de 1950 são de classe média. Psiquiatras e psicoterapeutas de hospitais e de pacientes infantis externos estavam, na verdade, ainda mais acostumados a ver crianças que tinham sido espancadas, sexualmente violadas por mais velhos ou irmãos, testemunhado os tipos de cena que Freud chama de "primais". Afinal, quartos de dormir separados são relativamente novos na história e, além disso, propriedade dos que tinham mais recursos. O aspecto de classe do dilema do abuso e do incesto é agora raramente observado.

A LINHA DE FRENTE

Em palestra durante um encontro da Academia Americana de Psicanálise, em dezembro de 1989, a médica Margaret Tsaltas recordou seus registros de mais de 33 anos de prática psiquiátrica com crianças "abusadas" para filtrar as mudanças que existiram na teoria e no tratamento.[398] Observou que as crianças que tiveram a recomendação de tratamento externo por causa de reação a abuso sexual constituíam o *menor* número entre todos os casos: um total de 47 em sua prática de 1953 em diante. Mas seu relato sugere que não apenas os números cresceram (o que poderia ter a ver com a rapidez na informação do caso), como também a brutalidade da violência que as crianças sofriam.

Nos primeiros cinco anos de prática em um hospital-escola, Tsaltas viu nove garotas de menos de 12 anos "sexualmente molestadas". O termo nesse contexto significava qualquer tipo de comportamento sexual exceto penetração. Todos os abusadores eram os pais, que, nesse período, ficaram em liberdade condicional. Isso envolvia psicoterapia, mas não serem afastados da família, que se entendia como necessitada do apoio financeiro do pai. A criança era colocada em um lar adotivo temporário até que a assistente social atuante no caso confiasse em que o pai não repetiria seus atos. A meta do tratamento da criança era aliviar o conflito "entre a culpa (de ter perdido a família e o prazer no que via como o amor especial do pai por ela) e o medo (do que o abusador poderia ter feito em seguida e de perder o amor da mãe)".

Vale a pena notar que Tsaltas, que é de uma geração pré-feminista, registra e ressalta o prazer da criança com a atividade sexual, o conflito entre amor e medo. Isso é algo que desaparece completamente nos entendimentos posteriores de abuso, onde qualquer atividade sexual equivale a uma violência (o que realmente pode ter se tornado na virada do século). Tsaltas observa que as meninas viam o fato de serem mandadas para longe da família como "punição pelo prazer que sentiam com a manipulação de seus corpos pelos pais e fantasiavam que suas mães jamais as perdoariam se falassem com alguém de fora sobre sua culpa". Invariavelmente, as tentativas das meninas de falar com a mãe depararam com a negação de sua experiência pela mãe.

Entre 1958 e 1963, Tsaltas se mudou para outro departamento de pacientes externos do hospital. Aqui, segundo seus arquivos, viu 23 crianças molestadas e seis estupradas, quatro das quais já adolescentes. O Estado agora processava tanto molestadores quanto estupradores, e uma vez que a culpa era mais fácil de provar, eles ficavam presos normalmente por longos períodos. As mães, deixadas sem sustento com as famílias, culpavam as filhas por "mentir e fantasiar" e fazer acusações contra os pais, precipitando desta forma a pobreza. Tudo que as meninas precisavam fazer para tirar as famílias da assistência do Estado era desculpar-se pelo que tinham dito. Tsaltas define como metas primárias de seu tratamento a resolução de conflitos entre "integridade pessoal versus o interesse da família, assim como preocupações sobre a traição do pai e o medo do mal físico". Mais que a terapia de jogos usual, ela sente que, nesses casos, sua abordagem precisa tanto ser mais intrusiva quanto mais educativa.

Vinte e dois anos depois, entre 1985 e 1990, o tecido social da vida diária das famílias cujas filhas estupradas e/ou vítimas de abuso que Tsaltas vê se deteriorou tanto que ela tem de mudar completamente suas metas "de esforços diretos de resolução de um conflito inconsciente para o mais indireto, porém mais efetivo método de restabelecer os caminhos do amadurecimento". Em outras palavras, seu trabalho psiquiátrico se tornou diretamente corretivo: famílias estão envolvidas, o diálogo com as crianças para tentar estabelecer uma narrativa de suas vidas pode acompanhar os jogos e certamente tomar mais tempo do tratamento; educação e planejamento futuro sobre como poderão voltar à escola e lidar com isso fazem parte do plano psiquiátrico. As crianças são designadas como "traumatizadas". Elas são orientadas a vir para o psiquiatra por um centro de crise de estupro, e o estuprador, em geral, já foi julgado pela Justiça e está preso.

No mundo em que essas crianças vivem, famílias de um só pai, pais ausentes na cadeia, namorados como pais postiços são a norma. A pobreza é endêmica. A aids torna o sexo ainda mais perigoso. E entre 1988 e 1989, o uso de crack dobrou a taxa de homicídios. Mas mesmo no início desse período, o medo do abuso é tão dominante que as mães dizem a Tsaltas que precisam estar presentes quando ela entrevista seus filhos — só para garantir. O médico é agora um abusador em potencial — um temor que se espalhou tanto nos Estados Unidos nessa época em que estudantes entrevistados disseram que prefeririam fazer terapia com um programa de computador a fazê-la com um analista. Tsaltas descobre que a presença dos pais diminui a ansiedade da criança e, em troca, a criança é apoiada pela presença do analista. Ela pode divulgar o "segredo" da família na frente de um pai que *prometeu* não reagir. Cinco das garotas que viu nesse período não apenas tinham sido estupradas como sodomizadas, e uma tinha sido estuprada pelo pai e por seus amigos drogados. Outra fora prostituída pelo dinheiro da droga.

O nível da violência, associada ou não ao sexo, cresceu cada vez mais. Nesse mundo urbano, brutalizado pela pobreza, os médicos da mente parecem um band-aid sobre uma hemorragia arterial. O trabalhador psi pode oferecer alguma ajuda corretiva, educar em emoções e valores sociais — como, por exemplo, diminuir o medo contínuo da criança ao reduzir o estuprador à "figura sexualmente imatura, emocionalmente perturbada que ele de fato é" e mostrar-lhe o comportamento adulto apropriado, para que ela entenda como "seu ex-amado estuprador se desviou daquele papel e daqueles comportamentos".

O que está em questão aqui não é tanto o distúrbio psíquico quanto a deterioração social de um tipo radical. Outro problema de nosso tempo é que os médicos da mente são chamados a lidar com doenças que têm a ver com pobreza endêmica e colapso social. A teorização do trauma que cresce nesse período — com suas origens na neurose de guerra — podem não ter pouco a ver com o próprio terror dos profissionais psi acerca do que está sendo pedido a eles durante um tempo de paz em que a brutalização e o sofrimento da pobreza, do deslocamento e das drogas cobram o preço emocional da guerra.

NOVAS CATEGORIAS DE DIAGNÓSTICO

Em 1976, o extenso *Comprehensive Textbook of Psychiatry*, de A. M. Friedman, H. I. Kaplan e B. J. Saddock, ainda afirmava que o índice de incesto pai-filha era um em 1 milhão. Qualquer um que aceitasse esse texto como confiável iria, naturalmente, duvidar da realidade das afirmações de um paciente sobre abuso sexual. Não surpreende que as mulheres *trainees* na profissão terapêutica durante esses anos tenham se rebelado contra a sabedoria revelada. A nova geração não tinha medo de verbalizar questões que seus professores e supervisores teriam achado demasiado vergonhosas de falar. Seguindo a pista de Jeffrey Masson em *The Assault on Truth*, muitos atacaram a mudança de Freud de um entendimento inicial sobre sedução sexual como real e traumática para um foco na fantasia e na vida psíquica. Eles se amotinaram contra analistas que se recusavam a dar peso suficiente ao "real" de suas vidas e se voltaram para o discípulo de Freud, Ferenczi, que, em um estudo posterior, "The Confusion of Tongues", sustentou a importância de distinguir o real da fantasia tanto na infância quanto no consultório.[399]

Nessa nova geração estava Judith Herman, que tinha um *background* de ativista de direitos civis e do movimento das mulheres. Modelada pela elevação da consciência, que afirmou lhe haver ensinado a confiar no testemunho pessoal de mulheres, e por sua experiência como psiquiatra treinada em Harvard que trabalhava em uma unidade de "vítimas de violência", Herman tinha a autoridade para contestar os modos pelos quais o *establishment* psiquiátrico tendia a diagnosticar de forma errada mulheres vítimas de abuso, vendo suas doenças como uma função de seu caráter: por exemplo, um masoquismo fundamental combinado com promiscuidade produziria a violência do macho. Os crimes do perpetrador e seu comportamento eram assim repetidamente colocados aos pés da vítima.

Herman conta como nos anos 1980, quando o *DSM* estava sendo revisto, um grupo de psicanalistas homens propôs um diagnóstico de "distúrbio de personalidade masoquista" para ser aplicado a uma pessoa que "permanece em relacionamentos em que outros exploram, abusam ou tiram vantagem dela, a despeito de oportunidades para alterar a situação". As organizações de mulheres protestaram, assim como Herman, que participou do processo de revisão do *DSM*. Muitos dos psiquiatras homens fracassaram em ver o que as mulheres — que durante esse período trabalhavam com os centros de crise de vítimas de espancamento e abuso sexual e nos tribunais da América e Europa — aprenderam: o abuso crônico torna a vítima passiva e dependente do perpetrador que, com frequência, também a isola do resto da sociedade.

Como o refém em relação ao sequestrador, ou o prisioneiro ao guarda, a relação entre a mulher ou a criança espancada com aquele que abusa dela gera passividade impotente, rouba a iniciativa e induz àquele embotamento que é também uma forma de suportar a violência reiterada. Uma vez que para a mulher e para a criança o que está em questão aqui é o desmantelamento da natureza do amor, a capacidade de confiar é fundamentalmente prejudicada. Em frente aos médicos ou nos tribunais, uma lealdade perversa a torna relutante ou envergonhada demais para revelar toda a extensão do abuso. Como advogada da campanha, Helena Kennedy também argumentou que juízes homens, ao lado de médicos, presos a um velho padrão duplo de sexualidade, estavam acostumados a culpar a vítima pelo crime, fosse estupro ou abuso repetido, e eram lentos para enxergar a natureza do dano psicológico infligido.[400]

Herman e suas colegas tiveram uma vitória sobre o diagnóstico de "distúrbio de personalidade masoquista" e sua estigmatização da vítima. O diagnóstico consensual, agora relegado ao apêndice do *DSM*, tornou-se "distúrbio de personalidade autodestrutiva" e o critério deixou de ser aplicado a qualquer um que tivesse sido física, sexual ou psicologicamente vítima de abuso.[401]

Em linha com uma escola de feministas, o grande livro de Herman de 1992, *Trauma and Recovery*, atacou Freud por reduzir a psicanálise a determinantes psíquicos e inconscientes e assim assegurar que a teoria psicológica dominante do século XX fosse fundada na "negação da realidade da mulher".[402] Inspirado em seu trabalho clínico com vítimas de violência sexual e doméstica, veteranos de guerra e vítimas da guerra e do terror, o livro de Herman tem o zelo de uma campanha política. A junção de mulheres espancadas e prisioneiros políticos, sobreviventes de estupros e veteranos de combate, de "sobreviventes de vastos campos de concentração criados por tiranos que governam nações e os sobreviventes de pequenos e escondidos campos de concentração criados por tiranos que governam seus próprios lares",[403] é retoricamente poderosa. Não há dúvida de que o livro "convalida" a experiência das mulheres de violência sexual e a ergue a uma categoria de alto grau de sofrimento a que certamente pertencem as piores e as mais heroicas formas de degradação e resistência a elas. Mas a própria noção de "validação", assim como a de dar mais poder às vítimas, pode rapidamente tornar-se mais adequada a um tribunal de direitos humanos ou a uma campanha política que a um ambiente psiquiátrico.

No entanto, já que os diagnósticos abrem caminho até o tribunal sob a forma de testemunhas especialistas; que eles, de fato, afetam o divórcio, a custódia ou os mais raros julgamentos de crimes e também servem para liberar recursos do seguro para tratamento, a batalha para encontrar um diagnóstico para os que sofreram abuso na esfera privada tinha uma conotação de justiça. O diagnóstico ao qual Herman e suas colegas lutaram para ligar à mulher vítima de abuso foi o TEPT — transtorno do estresse pós-traumático. O TEPT tem ele próprio uma história dramática, que une a histeria, as discutidas neuroses de guerra, a busca de reparações após as atrocidades nazistas e a prolongada campanha dos veteranos do Vietnã por indenização pelos debilitantes efeitos psíquicos da guerra.[404] O TEPT abriu caminho para o *DSM* em 1980.

Classificado como transtorno de ansiedade, seus critérios foram expandidos no revisado *DSM III-R* de 1987:

a. O indivíduo experimentou um evento *traumático* que (1) está "fora do alcance da experiência humana usual" e (2) seria "acentuadamente doloroso para quase todos".

b. O evento traumático é persistentemente experimentado novamente em, no mínimo, um dos seguintes modos: (1) lembranças dolorosas recorrentes e invasivas do evento; (2) sonhos recorrentes e agoniados do evento; (3) súbita ação ou sensação de que o evento traumático esteja ocorrendo; (4) intenso sofrimento psicológico quando exposto a eventos que simbolizam ou lembram um aspecto do evento traumático.
c. O indivíduo persistentemente evita estímulos associados com o trauma ou experimenta um *embotamento* da capacidade de reagir. Para corresponder a esse critério, a pessoa tem de evidenciar ao menos três dos seguintes: (1) esforço para evitar pensamentos ou sentimentos associados ao trauma; (2) esforço para evitar atividades ou situações que provoquem lembrança do trauma; (3) inabilidade para recordar um aspecto importante do trauma; (4) diminuição acentuada de interesse em atividades importantes; (5) sentimentos de desligamento ou estranhamento de outras pessoas; (6) alcance limitado do afeto; (7) senso de futuro reduzido.
d. O indivíduo experimenta sintomas persistentes de *estímulo autônomo* não presentes antes do trauma. A pessoa deve exibir ao menos dois dos seguintes: (1) dificuldade para pegar no sono ou dormir; (2) irritabilidade ou explosões de raiva; (3) dificuldade de concentrar-se; (4) hipervigilância; (5) resposta exagerada ao susto; (6) reação fisiológica quando o indivíduo é exposto a eventos que simbolizam ou lembram um aspecto do evento traumático.

No comitê que ajudou a escrever a definição de TEPT para o *DSM-IV*, Herman conseguiu que fosse removida a frase "fora do alcance da experiência humana usual", assim como "seria acentuadamente doloroso para quase todos". Isso deixou o caminho aberto para as vítimas de abuso sexual e as mulheres espancadas serem diagnosticadas como vítimas de TEPT — aflição que já havia sido levada ao tribunal em numerosas ocasiões, particularmente em veteranos de guerra da América — e receber indenização. Diz-se que o diagnóstico aumentou em 50% desde que a definição foi ampliada. Breslau e Davis, que também fizeram pesquisa de TEPT com base no sexo da vítima, dizem que as mulheres correm risco maior que os homens em consequência de um "ataque físico violento" e que, por causa de sua fraqueza física, sofrem por muito mais tempo seus efeitos.[405]

Existe agora um novo movimento em processo de desenvolvimento por uma nova edição do *DSM-IV* e por uma ICD (Classificação Internacional de

Doenças) que contenha a versão "complexa" do diagnóstico, que deveria acrescentar referência aos efeitos do abuso crônico ou persistente. Herman argumenta que vítimas de trauma prolongado e repetido, como os dos sobreviventes do Holocausto, ou aquelas que ficaram sujeitas ao controle totalitário — que pode incluir sistemas totalitaristas na vida sexual e doméstica —, reféns, sobreviventes de certos cultos religiosos, "desenvolvem mudanças características de personalidade, incluindo deformações de relacionamento e identidade". Podem afastar-se dos outros, romper relações íntimas, sofrer de permanente desconfiança, desesperar da vida, preocupar-se com suicídio, fracassar em proteger-se, assustar-se e ver situações ameaçadoras ou recorrentes dos eventos traumáticos como possíveis em todos os lugares. Sofrem de entorpecimento, insônia, pesadelos e resposta aguda ao estresse, parte do transtorno do mecanismo medo/fuga.

Vítimas de abuso prolongado na infância desenvolvem problemas similares e, além disso, são "vulneráveis ao dano repetido, tanto o autoinfligido como pelas mãos de outros". Mais dramaticamente, talvez, sofrem de "alternação em consciência", não apenas na forma de lembrança invasiva de evento(s) traumatizante(s), mas na forma de episódios transientes dissociativos durante os quais a amnésia se estabelece. A explicação padrão para isso é que a criança vítima de abuso enfrenta a brutalização repetida mediante o bloqueio da experiência existente e a entrada em um estado de transe. Essa defesa é aprendida; o que se chama de divisão vertical se torna habitual (mais que a noção horizontal de repressão freudiana no inconsciente metaforicamente enterrado). Durante essa divisão, personalidades alternativas ou *alters* podem emergir — ou assim têm sido interpretados na literatura desde que Janet descreveu suas histéricas, e Morton Prince, sua Miss Beauchamp.

A batalha de Herman para incluir as mulheres vítimas de abuso entre os sobreviventes de guerra, desastre e terror sob o diagnóstico de TEPT de fato retirou as mulheres da muito malfalada implicação de histeria, ou, frequentemente, daquela classificação tão odiada por psiquiatras e analistas, o transtorno de personalidade fronteiriça. Mas um conceito de dissociação, ligado à presunção de incesto que poderia ser lembrado, tinha efeitos colaterais: tornava o sofrimento sintomático e um sinal de transtorno psiquiátrico. "Sofrer de inabilidade para criar limites seguros e apropriados entre o eu e os outros, ter tendência a idealizar ou denegrir"[406] podia, afinal, descrever mais ou menos qualquer mulher no fim de um caso.

A terapia de Herman para a recuperação, inspirada nos casos que os advogados de direitos humanos construíram com vítimas de tortura, envolvia a oferta de um ambiente seguro em que o paciente podia confiar no terapeuta. Naquele abrigo seguro, lembrar e reviver o horror podia ocorrer. O efeito catártico era possibilitado pela roteirização de uma narrativa de trauma que preenchia os momentos de ausência do paciente. Ao reunir os detalhes ao longo de muitas sessões, o terapeuta agia como o "ponto" no palco de um teatro ou *ghost writer*. O que o paciente não lembrava, o terapeuta preenchia para dar coerência. Em todos os momentos, o papel do terapeuta era acreditar ativamente na história do paciente e estimulá-la.

Já que os eventos traumáticos tornam a invadir a mente da vítima como imagens, clarões incoerentes e inarticulados, colocar palavras nessas imagens, dar-lhes contexto, sentido e história oferece alívio. Quando havia falhas de amnésia, a hipnoterapia, o soro da verdade sódio amital ou a terapia teatral eram utilizados. Ao longo do tratamento, o terapeuta atuava como testemunha confiável e "simpática". Havia ainda outro estágio da terapia: a documentação do trauma convalidava completamente a experiência e o sofrimento do paciente apenas quando se tornava público como um testemunho — e os perpetradores eram confrontados. Abusadores, assim como criminosos de guerra, precisavam ser levados ao tribunal.

A técnica de Herman era em parte psicológica, em parte política. A mistura das duas, o uso de memória recuperada para indiciar abusadores sexuais ia contra a essência da parte psicanaliticamente mais fundamentada da profissão. Havia muito Freud dissera que a lógica do inconsciente, com sua diferenciação incerta entre o imaginário e o real e sua falta de tempo marcado, não tinha lugar no tribunal. As verdades da psique não eram o mesmo que provas legais. A terapia da memória recuperada baseava-se na assunção de que eram.

MÚLTIPLOS

A memória dissociada com suas raízes no trauma estava ligada àquela outra grande doença epidêmica da última parte do século, o Multiple Personality Disorder, ou MPD [transtorno de personalidade múltipla], que entrou para o *DSM* em 1982 e foi mais tarde revista como Dissociative Identity Disorder, ou DID [transtorno dissociativo de identidade, ou TDI] em 1992. Baseado novamente nos prolongados horrores do abuso infantil nos quais as vítimas dissociam, as floridas vítimas de TDI, como as primeiras histéricas de Charcot, desempenhavam uma acrobacia de mudança, movimentando-se entre o bom e o mau, *personae* macho e fêmea. No mínimo dois *alters* distintivos eram necessários para a classificação de TDI, mas no folclore do que Ian Hacking descreveu como movimento "despretensioso", "igualitário", 32 *alters* chegaram a ser documentados na mesma pessoa. Doença tanto de identidade quanto de memória, que tornava os vulneráveis altamente suscetíveis às sugestões dos terapeutas, o TDI viajou pela América, lembrando o abuso satânico e toda uma série de vívidos horrores que, de longe, eram superiores a qualquer coisa que Miss Beauchamp tenha conseguido lembrar no consultório de Prince.

A popularização da descrição de doenças, particularmente no que dizia respeito ao drama dos múltiplos, criou terreno fértil para imitação inconsciente pelos vulneráveis, frequentemente deprimidos, possivelmente capazes de se infligir dano ou suicidas, certamente sugestionáveis: o comportamento podia então se tornar muito real. Os seres humanos são criaturas complicadas, sujeitos a serem "inventados" por inquirição médica e psicológica, por um grupo com autoridade ou por descrições institucionais, de forma que podem ser mudados, ou melhorados, ou simplesmente imitados.[407] Já que não são estáticas, as pessoas interagem com suas próprias classificações, mediante grupos de apoio ou *lobbies*, e, em um "efeito circular", criam novos tipos de pessoas. Os múltiplos dos anos 1990, com seus grupos de apoio e *websites*, eram seres diferentes dos médiuns ou histéricos investigados pelos psicólogos na virada do século XIX. O que continuava igual é que o comportamento necessitava de um pouco de aprendizado, exatamente como as variadas posturas acrobáticas do arco de histeria de Charcot.

Como observa Hacking em *Rewriting the Soul* (1995), menos de cinquenta casos de múltiplos foram observados na literatura médica entre 1922 e 1972. Em 1973, apareceu *Sybil*, o caso da dra. Cornelia Wilbur de uma *grande hystérie*, e capturou a imaginação do público, tornando-se finalmente um filme popular. Sybil, como foi contado por sua psiquiatra para a jornalista Flora Rheta Schreiber, que foi viver com Sybil, Wilbur e outros pacientes múltiplos dela, é uma personalidade múltipla com 16 *alters*, a quem Wilbur tratou primeiro em Nebraska, depois levou para Nova York como estudante formada quando se mudou para lá para fazer treinamento psicanalítico, e que finalmente seguiu Wilbur para Kentucky.

Jovem inteligente, Sybil sofria de estranhos episódios de fuga em que acordava em lugares estranhos sem saber como fora parar ali. Entre as personalidades em guerra de Sybil, algumas eram crianças; duas eram homens. Algumas lembravam a infância: emergiram para enfrentar o terror de uma mãe perversa, que punia a pequena Sybil com lavagens intestinais de água fria, contidas de forma a impedir que fossem expulsas do reto, introduzia objetos pontiagudos em sua vagina e uma lista sórdida de outras torturas. Wilbur confirmou que os implementos existiam na casa onde Sybil passou a infância. Se — como Hacking sublinha — foram usados da maneira como Sybil descreve não importava realmente quando a história foi filtrada e depois dramaticamente recriada na arena pública. Os laços entre dissociação, personalidade múltipla e abuso infantil tinham sido feitos.[408] O aumento das descobertas de abuso e narrativas ao longo dos anos seguintes na maioria das vezes mudaria o sexo de quem infligia o abuso, pai ou mãe.

Wilbur presidiu o primeiro painel de TDI no encontro de 1977 da Associação Psiquiátrica Americana. Graças a seminários, reuniões e o que estava sendo efetivamente alvo de *lobby* para uma descrição sempre mais ampla no *DSM*, a personalidade múltipla se firmou. Tinha sua própria associação internacional e, por volta de 1988, seu próprio jornal, de propriedade do terapeuta Richard Kluft, advogado dos múltiplos e um dos primeiros impulsionadores da associação. Terapeutas de formação imprecisa agora descobriam personalidades múltiplas em número cada vez maior de pacientes. Mediante o uso da hipnose e do sódio amital para desenterrar o trauma do abuso, que estavam convencidos se encontrava na base dos problemas dos pacientes, as dissociações apareciam e as personalidades se desenvolviam. Os múltiplos chegaram a cerca de 20 mil, e o dr. Colin Ross, importante membro do movimento de TDI, especulou que mais de 2 milhões de americanos "se ajustavam aos critérios de personalidade múltipla".[409]

O procedimento terapêutico para diagnosticar um paciente com TDI é revelador. Frank Putnam, cujo texto didático de 1989 sobre o assunto é o mais influente no campo, indica que ele se inicia pelo levantamento de toda a cronologia da vida do paciente e a verificação sobre a existência de hiatos significativos ou confusões, pois essa é uma indicação de um possível múltiplo. A lembrança é uma função incerta, e a maioria das pessoas acharia essa tarefa intimidadora. Depois existem algumas perguntas sobre *flashbacks*, pesadelos e imagens invasivas. Como "os pacientes são mestres em parecer dizer uma coisa quando na verdade dizem outra", pode levar algum tempo até que as memórias surjam e os *alters* apareçam. Então, o clínico pode instigar, fazer perguntas: por exemplo, você já sentiu que existe "uma parte de você mesmo que vem à tona e faz ou diz coisas que você não diria nem faria?"[410]

Ser múltiplo é uma doença assustadora. Embora sua presença no tribunal tenha ocorrido mais comumente em casos em que o múltiplo é acusado de cometer um crime, "enquanto em estado dissociativo", em um julgamento de 1990, uma múltipla diagnosticada, Sarah, processou um tal de Mark Peterson, trabalhador de um armazém em Oshkosh. Sarah afirmava que ele a havia estuprado enquanto ela mudava de personalidade. Peterson convidara a moça de 26 anos, que se chamava Franny, a ir dançar com ele, apesar do fato de ver a personalidade dela passar por mudanças profundas até mesmo enquanto estavam sentados à beira de uma piscina de pesca em Wisconsin e o grupo do qual ela fazia parte ter dito a ele que ela sofria de TDI —, ou isso foi o que as testemunhas de acusação da promotoria afirmaram, pois a lei de Wisconsin considera crime engajar-se em relações sexuais com uma pessoa que se acredite ser mentalmente doente e sem conhecimento de sua própria conduta.

Peterson telefonou para Franny, levou-a a uma cafeteria, onde ela lhe contou sobre uma personalidade, Jennifer, que gostava de dançar e se divertir. Quando mais tarde, no carro, ele lhe perguntou "posso amá-la?", e esta Jennifer concordou, ele a levou a um parque, e os dois fizeram sexo, momento em que Emily, de 6 anos de idade, se intrometeu, e ele lhe pediu para dizer a Jennifer que mantivesse o encontro em segredo. Mas Franny e Emily contaram a Sarah, e esta telefonou para a polícia para denunciar um estupro.

Durante as audiências anteriores ao julgamento, três das 21 personalidades de Sarah fizeram juramento em separado. "De cada vez, ela fechava os olhos, fazia uma pausa e os abria para falar e agir como uma pessoa diferente. Em certo momento, o juiz lhe deu um copo d'água. Mais tarde, outra personalidade não se lembrava de ter tomado a água."[411]

Os casos cada vez mais conhecidos de múltiplos estimularam a revelação do transtorno, o mesmo que havia acontecido quando a anorexia e a bulimia apareceram, como um sinal de coragem. Um *website* chamado Angel World dá o tom:

> Talvez você também seja um múltiplo. Espero ser capaz de mostrar que não há necessidade de assustar-se. A família mais próxima pode aprender a cooperar. A pesquisa mostrou que os múltiplos são abençoados com enorme criatividade. De fato, antes de mais nada, os múltiplos têm de ser muito criativos para desenvolver soluções tão únicas para escapar dos horrores da in-

fância ... O pensamento que acho que você vai guardar muito bem é que se pode levar uma vida extraordinariamente produtiva, criativa e satisfatória, e que é possível fazer isso com habilidades totalmente indisponíveis aos de apenas uma personalidade.[412]

Mas a crescente amplitude do transtorno fez com que até mesmo seus propositores originais, como Putnam, emitissem avisos de cautela. Pacientes submissos evidentemente tentavam satisfazer o que os terapeutas queriam deles mediante a produção de *alters* fascinantes, que depois apresentavam dificuldades crescentes para se reintegrar à personalidade dominante — meta final do tratamento. O *establishment* psiquiátrico sempre fora cético em relação à proliferação de *alters*. O presidente do comitê de transtornos dissociativos para o *DSM-IV* de 1994 observou: "Existe uma ampla incompreensão sobre a psicopatologia essencial nesse transtorno dissociativo que é o fracasso da integração dos diversos aspectos de identidade, memória e consciência. O problema não é ter mais de uma personalidade; é ter menos de uma personalidade."[413] Por volta de 1994, o transtorno de personalidade múltipla tinha sido reclassificado como transtorno dissociativo de identidade, com ênfase não na existência de personalidades separadas — que sugere pessoas distintas funcionando mais ou menos no mundo —, mas na experiência do paciente com a presença delas. A distinção entre externo e interno, as realidades objetivas e psíquicas, entre o mensurável ou evidente e o experimentado, de fato sempre frequentaram quaisquer classificações que as profissões psi tentaram faz.

Identidade dissociada, para a profissão dos médicos da mente, senão necessariamente para os múltiplos do mundo, tornou-se cada vez mais um senso ilusório de desintegração interior, ou incerteza sobre quem se é, acompanhado de graus variáveis de amnésia e um senso de grave despersonalização — uma experiência de sentir-se fora do próprio corpo. MIND, a principal instituição de saúde mental de caridade da Grã-Bretanha, sempre sensível e judiciosa na caracterização de doença, observa que o espectro das doenças dissociativas, entre as quais se inclui o TEPT, na maioria das vezes se vincula a uma história de trauma, usualmente abuso infantil, pois as crianças "geralmente têm habilidade maior para dissociar" que os adultos, a menos que o repetido trauma na infância tenha tornado isso um hábito.[414]

Os psiquiatras tradicionais viram-se sob ataque de todos os lados durante esse período, como atesta a analista britânica Mary Target:

De um lado, que vê todas ou a maior parte das memórias recuperadas de abuso como falsas (isto é, historicamente não verdadeiras), a acusação é que essas "memórias" são plantadas na mente de pacientes sugestionáveis por terapeutas irresponsáveis. De outro lado, existe raiva ao pensamento de que os sobreviventes sejam novamente traumatizados por terapeutas que rotulam de "fantasias" memórias dolorosamente revividas e fingem não vê-las, repetindo a negação da realidade que, muitas vezes, pode ser a mais amarga traição no abuso sexual infantil.[415]

A questão de qual postura analítica tomar em tais casos é enganosa. Existe o perigo da submissão e da sugestionabilidade do paciente, que podem criar as memórias que o terapeuta, sem falar na cultura como um todo, indiretamente concluem que estão presentes. De outro lado, existe o medo de que, se o analista não se aliar àquela parte do paciente que tenta superar a negação e a repressão, o paciente poderá experimentar toda a terapia como a repetição de um fracasso anterior em perceber e proteger.[416] A imagem de Freud perseguindo, talvez com demasiada insistência, a sedução de Dora assombra a profissão.

Outra questão sublinha a cautelosa hesitação psicanalítica acerca da memória recuperada: por que durante todos esses anos, e após as revoluções sexuais, os terapeutas da memória recuperada, sem mencionar os pacientes, insistiram em que apenas as memórias de abuso precisavam de "validação"? Afinal, se existe uma pergunta fundamental sobre o status do "real" e da "fantasia" ao longo da terapia de um paciente, ou de fato "confiança", então muitos outros aspectos da vida teriam de ser colocados em escalas de "realidade":

> o analista não tem de dizer se a mãe de uma paciente de fato estava deprimida; se a paciente de fato ficou sozinha por tempo demais no hospital; se a paciente de fato era muito próxima da avó que morreu quando ela ainda era pequena; essas coisas são trabalhadas como a realidade do paciente e não descartadas como fantasia. São a expressão de seu mundo interior, ou presente inconsciência.[417]

Por mais cautelosas que fossem as respostas dos psicanalistas europeus ao status do trauma e das memórias recuperadas de abuso, o abuso infantil continuou a ser uma preocupação social central e um problema contínuo nos setores terapêutico e de assistência social. Às vezes, também se expressava com a ajuda de uma imprensa popular instigante em uma histeria em massa acerca de pedófilos e círculos de sexo infantil que, de tempos em tempos nesse período, sacudiram Grã-Bretanha, França e Bélgica. Em outros tempos, encontrava seu foco em tentativas frenéticas de reprimir e criminalizar os sites de pornografia na internet. Em Nova York, onde foi licenciado um sistema de informação para psicanalistas e terapeutas, estes agora são solicitados a "fazer curso ou treinamento em casa para identificar e informar abuso infantil", além das "exigências de educação profissional".

A CIÊNCIA DO TRAUMA

Ao longo dos anos 1980 e 1990, a pesquisa em campos adjacentes reforçou teorias que postulavam que o trauma infantil, até mesmo quando provocado mais por negligência que por abuso, afetava o comportamento posterior, assim como os níveis de estresse e da atividade neuroquímica. Agora parecia claro que as relações mãe-criança se imprimiam na fisiologia, na própria química do corpo e do cérebro, e não apenas na psique. Teóricos anteriores podiam ter presumido que existia uma diferença nítida, mas agora, de qualquer modo, ela estava desgastada. A neuroquímica poderia localizar a prova.

Aluno de Harry Harlow, o psicólogo Stephen J. Suomi conduziu um experimento sutil com macacos-bebês. Os macacos eram educados por humanos na presença de "mães" inanimadas substitutas nos primeiros trinta dias de vida, depois colocados em um grupo de colegas e depois em um grupo misto maior. À parte chupar o dedo, os macacos "educados com colegas" se comportavam normalmente, à diferença dos macacos tristes e loucos de Harlow, educados em isolamento. A única irregularidade era que eles se agarravam por mais tempo a outros macacos e eram bastante mais tímidos e lentos para explorar. Em períodos anteriores de separação social de seu grupo, os macacos educados com colegas mostraram sinais significativos de sofrimento e retraimento — sinais ligados à depressão —, tais como aconchegar-se, balançar-se, passividade e ansiedade evidenciadas no acasalamento e na seleção mais frequente de parceiros. Monitorados ao longo do tempo, esses mesmos macacos mostraram anormalidade acentuada nos indicadores de problemas neuroquímicos. Seus níveis de cortisol eram altos, e a atividade de norepinefrina, anormal em comparação com macacos criados pelas mães.

Cortisol e epinefrina, ou adrenalina, a substância do lute-ou-fuja, são os dois hormônios responsáveis por regular o estresse do corpo. Também se descobriu que estão relacionados com a regulação do humor.

A conclusão tirada desses experimentos foi que o rompimento dos laços sociais afeta a fisiologia e a neuroquímica do estresse, deixando os macacos neuroquimicamente mais sensíveis ao estresse até muito mais tarde na vida. A doença se deteriora com o tempo, cada separação do grupo trazendo sinais maiores de depressão e ansiedade, com as consequentes mudanças nos sistemas hormonais e de neurotransmissores.[418]

Macacos podem não ser humanos, mas em 1991 um estudo financiado pelo NIMH (National Institute of Mental Health) descobriu anormalidades semelhantes nos hormônios do estresse em seguida ao que, desta vez, seria mais abuso que o que poderia ser chamado de negligência. No estudo, 160 garotas de 6 a 15 anos de idade foram monitoradas por um período que variou de seis meses a quatro e cinco anos após sofrer ataque sexual documentado por um membro da família. Comparadas a um grupo de controle, descobriu-se que as garotas tinham níveis de cortisol consistentemente acima do normal e interrupções na elevação e queda de seu sistema de estresse hormonal. Mais tarde, isso foi relacionado aos altos níveis de depressão das garotas alguns anos depois do abuso.[419]

O TEPT como diagnóstico na América recebeu novo estímulo e mais dinheiro para pesquisa a cada evento social "traumático" — de pânicos em relação a abuso infantil em escolas a tiroteios e ao ataque às torres gêmeas de Nova York, quando os terapeutas do trauma ganharam força total. Os terapeutas americanos do trauma viajavam cada vez mais por todas as crises mundiais e ofereciam serviços psiquiátricos para sobreviventes de furacões e guerras. Com o surgimento das imagens do cérebro e da neurociência, todo um novo conjunto de descrições "científicas" se estabeleceu para fundamentar diagnósticos e mais pesquisa. Parecia claro agora que o trauma alterava a química do cérebro para toda a vida — embora fosse possível que conversa e, mais certamente — ou pelo menos assim parecia —, drogas pudessem ter efeito terapêutico. Até mesmo os psicanalistas e terapeutas treinados para pensar em termos de conflitos inconscientes foram atraídos para a nova ciência do trauma.

Descobriu-se, por exemplo, que, quando pacientes vítimas de TEPT eram confrontados com diversas sensações que se combinavam com a experiência traumatizante inicial — como ser tocado de um modo específico, ou se acharem expostos a odores ou lembranças visuais — seus sistemas biológicos os faziam reagir com respostas lute-ou-fuja, como se estivessem sendo novamente traumatizados. Estudos mostraram que isso tem a ver com anormalidades nos neurotransmissores que regulam a excitação e a atenção. Pacientes de TEPT ou, de fato, de depressão, têm baixos níveis de cortisol, o hormônio do estresse, e segregam demasiada norepinefrina. Sua excitação fisiológica elevada e contínua engendra uma tendência a apelar para memórias emocionais estabelecidas durante estados passados de excitação, resultando em *flashbacks* e pesadelos que são parte da descrição da doença.

Imagens cerebrais mostram que, quando as pessoas estão amedrontadas ou excitadas, as áreas frontais do cérebro que controlam análise e fala são bloqueadas em favor das áreas mais primitivas, o sistema límbico e o tronco cerebral, que não estão sob controle consciente. A amídala, responsável pela criação de memórias emocionais, interpreta o nível de ameaça da informação que entra: se tem estampada a memória de que determinadas sensações representam perigos, ela aciona as reações de fuga-fuga e, de fato, comportamento que poderia parecer irracional.

De acordo com Bessel van der Kolk, diretor da clínica de trauma de Boston, além de Judith Herman, importante médica e pesquisadora do campo, a dificuldade das terapias verbais tradicionais com pacientes que sofrem de TEPT é que não apenas a experiência traumatizante acontece sobre eles, como os satura de sensações. Eles não podem falar sobre isso com um terapeuta. Nem querem confrontar a experiência. Como, então, ajudar os pacientes a processar memórias traumáticas? Van der Kolk recomenda o uso de ISRS entre os quais antidepressivos como Prozac, Paxil etc., que possibilitaram aos pacientes alguma distância emocional do estímulo traumatizante. Movimento ocular, desensibilização e reprocessamento (EMDR) têm efeito similar, embora ninguém pareça entender direito a razão pela qual seguir com os olhos a mão do terapeuta enquanto se relembra o trauma deva ter algum impacto calmante, a menos que se arrisque a noção de que isso poderia ter algo em comum com uma hipnose suave.

Apenas quando os pacientes se encontram em sua recém-encontrada calma as memórias invasivas começam a fazer sentido para eles. Com o terapeuta, encontram uma linguagem na qual podem comunicar o pior em todos os detalhes, codificando isso com o tempo, superando o desamparo. Desse modo o trauma pode tornar-se passado, enquanto os pacientes emergem para um futuro potencial. Conquistar uma perspectiva, perceber que relembrar não é reviver pode resultar na redução do sintoma. No entanto, avisa Van der Kolk, a taxa de fracasso com vítimas de TEPT é alta.[420]

A taxa de desistência dos que *desejam* a terapia do trauma parece ser alta fora dos Estados Unidos também, a despeito das previsões após a guerra da Bósnia de que todo mundo lá estaria traumatizado. O mais recente conselho da Organização Mundial da Saúde (OMS) às ongs foi que o bilhão de vítimas da guerra, da tortura e do terrorismo precisava de menos terapia e mais compaixão e certeza de que suas necessidades físicas básicas seriam atendidas. Depois do desastre do *tsunami* no Sri Lanka, ao enfrentar seus resultados, o chefe dos serviços psicológicos do país disse ao *New York Times*: "Acreditamos que a coisa mais importante é reforçar os sistemas locais de enfrentamento de crise em vez de impor aconselhamento." Os terapeutas foram criticados por correr para forçar uma terapia de grupo ao estilo ocidental e "questionar" técnicas em que as vítimas devem expressar seus sentimentos e reviver o evento traumatizante da forma mais vívida possível. Pouca atenção foi dada aos sistemas locais de cura e às concepções do que poderia ser doença mental, sem falar nas necessidades correntes. De Beirute à Bósnia, o que os refugiados querem muito mais que terapia de trauma é ajuda para reconstruir suas vidas mediante treinamento e educação.[421]

DISTÚRBIOS DE PERSONALIDADE

Josetta Marino é uma atraente mulher hispânica de 35 anos de idade, separada do marido, mãe de uma garota de 12 anos e de um garoto de 9 anos. Após uma tentativa de suicídio em meio a uma depressão, a sra. Marino foi admitida na unidade psiquiátrica de um hospital de Nova York. Houve duas tentativas anteriores de suicídio: a primeira logo após o nascimento da filha, a segunda três anos antes da presente admissão no hospital.

A sra. Marino vive em uma área onde as drogas e a violência estão em toda parte da vida nas ruas. Ela própria tinha uma história de uso intermitente de drogas e bebida, embora até seis meses antes estivesse regularmente empregada como enfermeira. A ingestão de drogas varia em quantidade, dependendo do quanto ela se sinta "desvalorizada" e "indefesa". Os dois programas de tratamento de drogas que fez parecem ter tido pouco efeito permanente. Mais recentemente, a paciente disse que vinha tomando drogas para "entorpecer a dor". A sra. Marino é altamente sensível a dores e a ofensas. Em seu tempo, deixou vários empregos onde sentiu que não a tratavam com suficiente respeito. E também se viu demitida de alguns.

A sra. Marino está desempregada nos últimos seis meses. Sete meses antes havia expulsado o namorado de casa, pois sua filha disse ao serviço de proteção à infância que ele a importunava. Embora a mãe não acreditasse nela, e o namorado negasse a acusação, a sra. Marino o pôs para fora de casa após uma das repetidas e violentas brigas dos dois. O pai biológico das crianças desapareceu para sempre quando os filhos ainda eram pequenos, e a sra. Marino acha que pode estar preso. Desde então, esteve envolvida em relações sexuais tempestuosas. Isso, inevitavelmente, mostrou-se prejudicial, com frequência tanto física quanto emocionalmente, mas a sra. Marino é incapaz de ficar sozinha por qualquer período de tempo.

Desde a primeira tentativa de suicídio, a sra. Marino tem uma história de diversos sintomas que vão de depressão a insônia e perda de peso; além da hospitalização, existe um longo padrão de tratamento externo com vários terapeutas. Ela não segue as recomendações do tratamento e encerrou abruptamente duas terapias. Com seus terapeutas é alternadamente suicida e sedutora, hostil e dependente. Várias medicações foram prescritas ao longo do tempo: antidepressivos, ansiolíticos e neurolépticos. Nenhum foi benéfico no longo prazo.

A sra. Marino disse aos médicos que, desde o "problema" entre sua filha e o último namorado que havia vivido em sua casa, vinha tendo *flashbacks* intensos de ela própria ter sofrido abuso de um tio. Isso não estava em sua ficha porque achou que não valia a pena mencionar antes e que, de qualquer maneira, ninguém acreditaria nela. A mãe certamente não acreditou quando ela se queixou dele na época. Mas então, quando a mãe não estava "silenciosa como um túmulo", normalmente estava cega por um nevoeiro de álcool.

O diagnóstico foi transtorno de personalidade fronteiriça.

Roxy Grant, 23 anos, garota magra, tipo miúdo, deu entrada em uma unidade psiquiátrica após uma grave tentativa de suicídio. Seus pais e seu meio-irmão de 10 anos tinham saído para um dia de descanso e ela estava sozinha em casa, deprimida e desesperadamente sozinha. Preparou um coquetel mortal, bebeu-o, depois ligou para a terapeuta com quem se tratara erraticamente em meses anteriores.

Roxy foi a queridinha da família até seu 13º aniversário, quando começou a frequentar clubes e entrou para um grupo ligeiramente mais velho que tinha um sortimento de drogas e bebia em excesso. Aos 16 anos fugiu com um garoto mais velho, viveu com ele em uma casa invadida durante vários meses e largou a escola apesar dos apelos de seus pais. O "casal" foi viver com os pais dela quando teve de deixar a outra acomodação. Após algumas semanas ali, a relação deles terminou em tempestuosas recriminações, acompanhada da destruição de grande parte dos aposentos no sótão dos Grant. Roxy fez sua primeira tentativa de suicídio.

Diante da insistência de seus pais e do hospital, começou a ver um terapeuta três vezes por semana. Também via diversos homens e representava cenas de grande paixão e excitação, algumas violentas. A poligamia serial a fez sentir-se cada vez mais vulnerável. Roxy ocultava o desamparo na bebida, comia desesperada e aleatoriamente e usava drogas, fez tentativas de ter mulheres como parceiras, mas, neste caso também, observou o terapeuta, as relações terminaram em dramático confronto. Suas narrativas exibiam um grau de manipulação que ela reencenava com o analista. Mostrava pouca capacidade para o autoconhecimento que a terapia exigia dela. Passava sessões inteiras queixando-se da família e dos amigos e dos insultos que sofria. Protestou contra o analista por não ouvi-la bem o suficiente ou não demonstrar suficiente simpatia. Telefonava para ele frequentemente entre as sessões, seus estados de espírito flutuando confusamente. Quando ele tirou uns dias de férias, ela se sentiu profundamente abandonada e puniu-se por sua falta de valor.

Roxy começou a trabalhar no escritório do padrasto e, às vezes, era competente, às vezes, ausente, dependendo de sua vida noturna. Os pais atendiam a todas as suas exigências imprevisíveis, temerosos de que tentasse se matar outra vez. Mas um dia, quando ela se queixou do tédio do trabalho, o padrasto se irritou, explodiu e a demitiu no ato. Ela se trancou em seu quarto. Depois de algum tempo, quando a mãe não conseguiu ouvi-la e temeu o pior, a porta foi derrubada. Roxy preparava um coquetel que ainda não havia tomado. A família discutiu se devia interná-la para sua própria segurança. Roxy recusou, prometeu que poria a vida em ordem e continuaria os estudos.

Após semanas em leve depressão, começou a frequentar um novo terapeuta. Um antidepressivo foi prescrito. O padrão bebida/drogas/clubes se iniciou novamente. Um excesso de atividade sexual particularmente excitante e violenta com um novo conhecido resultou na recusa a acompanhar a família nos feriados. Logo após o Natal, Roxy viu-se atirada na calçada com um olho roxo. Foi para casa e tentou matar-se.

O hospital diagnosticou distúrbio de personalidade fronteiriça.

Dawn, 28 anos, deu entrada em uma unidade de segurança depois de sua prisão pelo infanticídio de seu filho de 11 meses, Gabriel, que vivia com pais adotivos desde o nascimento. Quieta, com um jeito de falar educado, infantil e sussurrante, que atraía as pessoas, Dawn tinha uma longa história de depressão grave, tentativas de suicídio e entradas em hospitais. Entrando e saindo de lares para crianças desde a infância, sofrera abuso da parte de residentes e uma vez de um membro da equipe. A mãe tinha uma história de depressão psicótica. O marido de Dawn, pai do bebê Gabriel, a abandonara quando ela estava com quatro meses de gravidez.

Na noite do assassinato, Dawn havia feito uma visita à família que criava seu filho. Com pena de sua situação, a mãe adotiva de Gabriel quebrou as regras e permitiu que ela subisse e passasse algum tempo sozinha com o bebê. Ela não sabia que o pai de Gabriel pedira o divórcio recentemente, selando, assim, o sentimento de Dawn de rejeição e abandono. Aos olhos de Dawn, Gabriel estava intimamente ligado ao marido, em certo sentido o substituía. Então, sufocou e, depois, estrangulou o bebê. Durante o interrogatório da polícia, não mostrou nenhuma emoção por seu ato. Até mesmo seis meses depois, com o terapeuta na unidade de segurança, aquela emoção ainda estava ausente.

Antes de visitar Gabriel, Dawn ligou para a polícia e anunciou sua intenção de matar a menos que fosse impedida. Mas não deu nenhum endereço, e seu aviso não chamou a atenção. A falta de ajuda permitiu que ela se sentisse como vítima passiva de seu próprio ato violento.

Na psicoterapia, tinha a viva lembrança de esperar que a mãe chegasse e a levasse embora do abrigo, mas ainda não demonstrava nenhum remorso, ou, de fato, entendimento do crime que havia cometido. Quando falava do filho, não havia senso de que ele possuía uma identidade separada da sua própria identidade.

Anna Motz, a terapeuta judicial que a viu, observou que Dawn era incapaz de "mentalizar", aquele processo fundamental que permite a uma pessoa imaginar o que o outro sente ou pensa. Os psicanalistas relacionam essa habilidade com um estágio do autodesenvolvimento em que a criança procura um reflexo de seu próprio estado interior em sua mãe ou na pessoa que toma conta dela. Dawn nunca encontrara esse reflexo na mãe; assim, seu desespero interior não podia ser convertido em entendimento. Em vez disso, ele se manifestava em violência. Durante o ato, ela própria era a criança abandonada, rejeitada por uma mãe de quem nunca foi capaz de separar-se. No infanticídio, Dawn reuniu seu próprio filho, seu marido, a mãe e a criança que havia sido outrora. O ato foi também um trágico pedido de detenção pelos serviços psiquiátricos.[422]

De acordo com Anna Motz, Dawn, embora psicótica enquanto cometia o assassinato, tinha características de distúrbio de personalidade fronteiriça.

Josetta e Roxy são invenções minhas baseadas em um cruzamento de casos a que foi dada a denominação "fronteiriço". Elas têm em comum com Dawn certa confusão e impulsividade nos atos e o que costumava ser chamado de "aberração". Juntas, essas mulheres mostraram o que tem sido um problema histórico de categorização: as pessoas semelhantes a elas são loucas, ou simplesmente más? Eu poderia ter escrito sobre a sra. Marino como uma mãe presa em um estado disfuncional e empobrecido — uma mulher que necessitava não de um diagnóstico psicológico, mas de ajuda para uma vida que levava de um jeito que causava dano à sua própria vida e à de seus filhos. Roxy poderia ter sido caracterizada como uma adolescente egoísta relativamente comum — se o suicídio não fosse patologizado em nossa sociedade e as muitas poesias que o enaltecem não interferissem — que finalmente cresceria para uma nova fase da vida, mais calma. Além do que mais possa ser, Dawn também é claramente "má", e a sociedade a pôs na prisão pelo crime. Mas seria ela doente também, da mesma forma que os defensores dos novos diagnósticos psiquiátricos de meados do século XIX argumentavam que Henriette Cornier — outra assassina de crianças — era?

O que é hoje chamado de "transtornos de personalidade" há muito impõe um fardo sobre os médicos da mente e a Justiça. Eles também colocaram em questão categorias éticas e noções de "normalidade". O que a sociedade deve fazer com todo um espectro de pessoas que podem ser perigosas para si mesmas e para os outros; pessoas que não seguem, e talvez não possam seguir sem ajuda, as regras de comportamento do dia a dia estabelecidas pela sociedade?

Ao distinguir doença mental do que alguns chamaram de pecado, vício ou crime, os médicos da mente criaram várias categorias. Em seu *Treatise of Insanity* (1835), J. C. Prichard cunhou o termo "insanidade moral" para descrever indivíduos de "caráter excêntrico e singular mutabilidade" que exibem "uma dominância incomum de sentimentos raivosos e maliciosos que aparecem sem provocação ou nenhum dos incitamentos comuns". Na ponta mais extrema, tais pessoas migraram para a categoria de "degenerados" de Cesare Lombroso, depois se tornaram psicopatas e sociopatas. Agora temos a "personalidade antissocial" do *DSM*, com suas características de aberração, desonestidade, agressividade, impulsividade, indiferença irresponsável pelos outros e ausência de remorso.

Embora, como um todo, a sociedade ocidental tenha se inclinado a patologizar o crime, isso não foi acompanhado do aumento da habilidade para tratar os transtornos. Nem, em última instância, significou o crescimento do número de hospitais onde é fornecido tratamento a criminosos. Muito pelo contrário: as estatísticas nos dizem que um em cada seis presidiários nos Estados Unidos sofre de doença mental, com frequência acompanhada de analfabetismo, um índice três vezes maior que o da população em geral. A American Human Rights Watch informa que "as prisões se transformaram nas principais instalações de saúde mental", embora não forneçam o tipo de cuidado que, finalmente, poderia tornar possível a reintegração à sociedade. Nas prisões femininas, os transtornos de personalidade fronteiriça são numerosos. Em agosto de 2006, um informe sobre as prisões britânicas mostrou que, entre 4.494 prisioneiras, três quartos tinham problemas de saúde mental, metade tinha história de violência doméstica e um terço havia sofrido abuso sexual, enquanto dois terços eram dependentes de álcool ou drogas. Acusações de uso de drogas e roubo, muitas vezes de roupa ou comida para os filhos jovens, eram as principais razões da prisão.[423]

Em 2000, o governo trabalhista aprovou uma Lei de Pessoas Perigosas com Transtornos Severos de Personalidade em uma tentativa de estabelecer uma legislação que permitiria a prisão prévia daqueles que "poderiam" cometer crimes sérios e violentos. A ideia por trás da lei era tirar das ruas "psicopatas", abusadores sexuais violentos ou assassinos em potencial antes que cometessem crimes, em vez de deixar que os serviços de saúde mental os mandassem embora como "intratáveis".

Muitos psiquiatras relegaram os transtornos de personalidade a uma cesta de lixo diagnóstica. "Distúrbio psicopático", por exemplo, é um termo usado na atual legislação de saúde mental para se referir a pessoas que tenham "um distúrbio persistente ou incapacidade mental ... que resulta em anormalidade agressiva ou conduta seriamente irresponsável". Não é uma doença sobre a qual exista consenso psiquiátrico. Houve grita de muitos da profissão psiquiátrica quando o projeto de lei, vinculado a custos consideráveis, foi levado à votação. O Colégio Real de Psiquiatras argumentou que não havia diagnóstico "inteiramente satisfatório" de traços antissociais que ameaçassem a segurança pública. O *Lancet* advertiu que transtornos graves e perigosos de personalidade (DSPD — dangerous severe personality disorder) tinham uma definição tão vaga que seis pessoas teriam de ser detidas para impedir que apenas uma agisse violentamente.[424] A preocupação com as liberdades civis levou o projeto a sofrer emendas profundas de modo que os direitos dos pacientes também fossem respeitados, ao lado da preocupação com a segurança pública. Historicamente, o dilema louco ou mau oscilou entre os dois polos tanto como resultado de exigência social e atitude do governo quanto de moda psiquiátrica. Sempre se mostrou intratável e necessitado de correção. Alienistas que nos primeiros dias da profissão poderiam ter desejado estender seus domínios, hoje mostram cautela em assumir responsabilidade por imperativos não médicos ou reabilitação social para os quais podem ter poucas habilidades.

A categoria transtorno de personalidade *fronteiriça* — não exatamente louco, nem completamente mau — é outro lixo diagnóstico. Até as especificações dos recentes *DSMs*, ela designava um indivíduo completamente intratável pelas terapias tradicionais, embora com frequência solicitasse tratamento ou fosse enviado para ele por agências sociais. De acordo com o NIMH, 2% dos americanos adultos, a maioria deles mulheres, são fronteiriços: emocionalmente instáveis, podem tentar seduzir, manipular, atacar o terapeuta ou simplesmente abandonar o tratamento. Eles têm um padrão de flutuação emocional rápida, assim como de aspirações, empregos e relacionamentos mutáveis. Respondem por cerca de 20% das internações psiquiátricas na América, muitas vezes por tentativa de suicídio ou ameaça a outros.

Nos primeiros dias do movimento das mulheres, a caracterização analítica dos fronteiriços era ridicularizada. Era entendida como uma classificação de controle em paralelo com a histeria — rótulo a ser aplicado a qualquer mulher que não se adequasse, de Dora a Marilyn Monroe. Confusão, desejo, linguagem extremada, excesso, impulsividade — de fato, comportamentos rebeldes simplesmente não eram admitidos no repertório feminino; e, então, suas expressões eram categorizadas como más, moralmente insanas, histéricas, limítrofes.

Mais recentemente, à medida que as classificações em nossa sociedade terapêutica se tornaram um atributo desejável, uma identidade sancionada que possa conferir significado e estilo de vida à miséria, "fronteiriço" tornou-se uma classificação aceitável, certamente aceita. Ela descreve uma doença e apresenta uma esperança de recuperação, mesmo que, muitas vezes, seja uma doença ligada a certos determinantes sociais: pobreza, drogas, violência.

Pacientes chamados de "fronteiriços" foram agora, em muitos casos, reconhecidos como vítimas de TEPT. Esse vínculo com o trauma infantil ou a negligência resgatou o diagnóstico da pilha dos intocáveis. Judith Herman oferece uma descrição que alimentou os manuais de diagnóstico. "Pacientes fronteiriços acham muito difícil tolerar a solidão, mas são também excessivamente cautelosos em relação aos outros. Com terror ao abandono, de um lado, e da dominação, de outro, oscilam entre extremos de apego e afastamento, entre sujeição abjeta e rebelião furiosa".[425] Frequentemente vistos como vítima de um fracasso de desenvolvimento em seus primeiros anos em função de negligência dos pais ou abuso, os fronteiriços — existe agora concordância entre os profissionais — nunca conseguiram formar uma representação interna de pessoas confiáveis. Sentem-se vazios, precisam de outros para preencher esse vazio e, assim, podem seduzir ou buscar agradar freneticamente. Essa necessidade, no entanto, quase sempre se transforma em um sentimento de ser invadido, combinado com o terror contraditório de ser abandonado. Instável, sem senso de limites ou segurança interna, suas relações íntimas, sexuais, ou como pais, frequentemente fracassam. Em seu precário estado interno, bom e mau, ideal e satânico estão separados um do outro, de forma que nenhum vínculo existe entre os dois.

Psiquiatras judiciais e analistas na Grã-Bretanha aceitam que os sintomas do paciente fronteiriço podem estar em abuso precoce e frequentemente encontram o perpetrador não no pai, mas na mãe — o ponto onde o ciclo de negligência ou violência se inicia. Estela Welldon, Juliet Mitchell e outros depois delas postularam que a violência do tipo encenado pelas mulheres pode ser mais bem entendida como uma forma de perversão feminina, uma perversão da maternidade: seu lugar é o corpo todo, e sua extensão, a criança. Quando mulheres atacam seus próprios corpos com automutilação, greve de fome ou ingestão desenfreada de comida, ou repetidamente colocam seu corpo em relação com um homem abusivo, elas estão vingando-se de uma mãe cruel ou perversa cuja extensão elas próprias são, exatamente como a criança é extensão delas. O abuso infantil, ou negligência infantil crônica, é a reprodução da maternidade perversa.

Métodos recentes de tratamento de pacientes fronteiriços recomendam um pacote misto de terapias. Não mais considerados inalcançáveis, entende-se agora que os pacientes necessitam de ISRSs para a depressão ou ansiedade, particularmente se ameaçam suicidar-se; terapia verbal; e, em terceiro lugar, reeducação e apoio ao longo dos anos enquanto aprendem a lidar com sua própria volatilidade, frequentemente exacerbada pelo uso de drogas ou álcool. O Instituto Nacional de Saúde Mental da Inglaterra (NIMHE) recentemente pôs em andamento um plano que tenta recuperar os fronteiriços da exclusão. Este plano, como um "apoio para habilitação das vítimas de transtorno de personalidade", combina tratamento psicológico com programa de educação para o trabalho, treinamento vocacional ou profissional e serviços contínuos de suporte terapêutico. O que é efetivamente um sistema de apoio à vida é visto como útil porque a alternativa é uma sequência de programas fracassados de reabilitação de drogas, hospitalizações ocasionais e dano para a mulher e os filhos.[426]

A abordagem psicoterapêutica preferida para os transtornos de personalidade é a Dialectical Behaviour Therapy, ou DBT [terapia comportamental dialética, ou TCD], da professora de psicologia Marsha Linehan, de Washington. Ela começa a ensinar aos pacientes como controlar melhor suas vidas, emoções e a si próprios mediante o autoconhecimento, o controle emocional e aquela reestruturação cognitiva característica de todas as terapias comportamentais. Novos meios de lidar com o mundo, com relações sociais e íntimas e, em particular, como cuidar de situações estressantes sem recorrer a drogas ou à revolta violenta são parte fundamental da terapia, que também envolve o treinamento "mental" das religiões orientais. O uso da palavra "dialética" no nome da terapia sinaliza que esse tratamento tanto aceita a paciente como é, "valida-a" e a apoia, como a confronta com o imperativo da mudança — que é o objetivo terapêutico.

A terapia assume que, além de um "ambiente invalidador", a doença tem fundamento biológico no fracasso do "sistema de controle de emoções" do paciente que pode se dever à genética, a fatores intrauterinos e/ou a eventos traumáticos nos primeiros anos de desenvolvimento que afetaram permanentemente o cérebro.

Está claro que estudos neurológicos recentes do trauma têm tido impacto no tratamento de pacientes fronteiriços, que, como se informa, compartilham a predisposição para a agressão por causa da regulação defeituosa de circuitos neurais que modulam a emoção. "Impulsividade, instabilidade de humor, agressão, ira e emoção negativa" são características supostamente implicadas no mau funcionamento da amídala e dependentes dos mensageiros químicos básicos, serotonina, norepinefrina e acetilcolinas. Felizmente, nos dizem, "tais vulnerabilidades com base no cérebro podem ser administradas com a ajuda de intervenções comportamentais e medicação, muito como pessoas administrando a suscetibilidade a diabetes ou pressão alta".[427]

Nos últimos vinte anos, o trabalho dos médicos da mente entrou cada vez mais em linha com o lado mais médico e neuroquímico da profissão. As explicações físicas e até genéticas da doença têm predominado. Estas se tornaram uma apresentação paralela secundária de argumentos dinâmicos difusos que puseram menos ênfase em sintomas classificáveis e diagnósticos e mais na história do paciente, em suas relações e em seu inconsciente. Mas com o objetivo de atrair pacientes ou verbas de pesquisa, mais trabalho teórico de coleta de dados precisava ser feito pelas terapias verbais. Diagnósticos mudaram, proliferaram e adquiriram precisão, de mãos dadas com as novas drogas. Alguns diriam até que aquela sintomatologia e aqueles diagnósticos se ajustaram à indústria farmacêutica. Mas isso foi em parte o que pacientes experimentados desejavam cada vez mais para autodiagnosticar-se pela internet, por livros, biografias ou revistas.

Ian Hacking conta a história de um médico de Ontário que, quando um paciente chega e anuncia que tem transtorno de personalidade múltipla, prontamente lhe pede que mostre seu cartão de seguro-saúde, que contém uma fotografia e um nome, e depois diz: "Esta é a pessoa que estou tratando, e mais ninguém." Há muitos significados que podem ser extraídos dessa história, mas um, certamente, é que os diagnósticos têm o poder hipnótico de dominar as palavras. Em uma época de irrestrita medicalização, a classificação de depressão ou fronteiriço não carrega um estigma, e sim uma esperança de cura.

15

DROGAS

> Começo a ter a sensação de que algo está realmente errado. Antes de mais nada, como se todas as drogas juntas — o lítio, o Prozac, a desipramina e o Desyrel que tomo para dormir à noite — não possam mais combater o que há de errado comigo, seja o que for. Sinto-me como um modelo defeituoso... Começo a pensar que não existe realmente cura para a depressão, que a felicidade é uma batalha progressiva, e me pergunto se não é essa batalha que terei de lutar enquanto viver.
>
> Elizabeth Wurtzel, *Prozac Nation*

Em 1963, Karl Menninger, uma das mais importantes figuras da psiquiatria americana de pós-guerra, escreveu: "Hoje tendemos a pensar em todas as doenças mentais como essencialmente as mesmas em qualidade, embora difiram quantitativamente e na aparência externa."[428] Para Menninger, com sua orientação psicanalítica, os sintomas eram expressões ou conversões de um conflito interno subjacente. Esse conflito produzia ansiedade, que podia manifestar-se, em um extremo do espectro, em neuroses comuns ou exageradas, ou, no outro extremo, nas graves desintegrações da esquizofrenia. A psicoterapia, o modo dominante de tratamento e explicação, podia trabalhar com todas estas. Em sua principal compreensão e tratamento da doença mental, a América era então, possivelmente, a menos orientada biologicamente das nações do Ocidente. Em nenhum outro lugar, nem na Grã-Bretanha, nem na França, onde desempenhavam seu importante papel cultural, embora menos médico, as terapias psicodinâmicas e verbais tinham tal proeminência, mesmo em relação a transtornos que poderiam necessitar hospitalização. A psiquiatria europeia havia permanecido o que fora desde suas origens, primariamente baseada nos hospitais, enquanto na América o modelo privado ou de consultório da psiquiatria, que se adaptara à cura pela palavra, havia crescido e se tornado muito importante.

Então, enquanto na Europa, ao longo dos anos 1970, as terapias verbais cresceram em escala de popularidade, tanto em tratamento quanto em valor teórico, na América houve uma virada radical em direção a um modelo bioquímico do transtorno mental. Independentemente das críticas dos homossexuais, feministas e da antipsiquiatria, além da ideia depreciativa e vigente de que as terapias verbais, dos grupos de encontro mais desordenados aos "freudianos" mais conservadores, eram de alguma maneira as mesmas, vários fatores fundamentais influenciaram-se para determinar essa mudança.

Um deles foi o surgimento e a expansão da indústria farmacêutica e sua sombra, o comércio de drogas nas ruas. De braços dados veio a elaboração de um modificado *Diagnostic and Statistical Manual* [Manual diagnóstico e estatístico], sob a égide de Robert Spitzer, que queria acima de tudo dar à profissão psiquiátrica uma aparência médica confiável. De sua imprecisão psicanalítica inicial, em suas 150 páginas, o *DSM* cresceu até tornar-se aquela bíblia de novecentas páginas utilizada internacionalmente, que listava e descrevia mais variedades de transtorno mental que Kraepelin, aquele arquiclassificador, havia sido capaz de sonhar enquanto empilhava as fichas de seus pacientes e as codificava em descrições de doenças. Uma proporção substancial dessas doenças, frequentemente caracterizadas pelo comportamento, menciona um tratamento com uma droga associada "recomendada". Em cerca de 50% a 70% dos distúrbios de humor ou ansiedade, também há menção de um "abuso de substância" coocorrente, embora não o álcool que atormentava a população dos asilos na virada do século XIX, mas com mais frequência uma droga das ruas ou outra droga de prescrição.[429]

Anunciando a nova tendência científica, a revista *Time* em abril de 1979 pôs a antiquada psiquiatria no divã e diagnosticou depressão e crise de identidade:

Nome do paciente: Psiquiatria.
Idade: Meia-idade.
História: Nascida na Europa. Após juventude doentia nos Estados Unidos, viajou a Viena e retornou como a criança-prodígio do dr. Freud. Sucesso social

espantoso para alguém tão jovem. Forte influência sobre associados mais velhos, como educação, governo, educação infantil e artes, e alguns poucos amigos importunos, como publicidade e criminologia.
Queixa: Conversas sobre excesso de trabalho, perda de confiança e inabilidade para obter resultados comprováveis. Ouve vozes internas conflitantes e insiste em que ex-amigos estão rindo dela pelas costas. A paciente concorda com Norman Mailer: "É difícil chegar ao topo na América, mas mais difícil ainda é ficar lá."
Diagnóstico: Ansiedade conflitante padrão e variações no amadurecimento, complicadas por depressão aguda. Crise de identidade acompanhada de ilusões compensatórias de grandeza e habilidade declinante para superação. Paciente avessa à aliança terapêutica mostra incipiente dependência excessiva de drogas.[430]

À diferença de seus parentes psicanalíticos, pesquisadores médicos que trabalham na bioquímica do cérebro já previam com otimismo drogas milagrosas.

Pessoas com títulos como bioquímico, psicobiologista, neurofisiologista e psicofarmacologista estão atraindo escassos fundos federais e substituindo os psiquiatras tradicionais como chefes dos departamentos de psiquiatria dos hospitais. O campo oferece aquilo de que a psiquiatria era nostálgica durante os anos 1970: especialidade científica, fundamentos médicos e uma fuga da complicada subjetividade da mente humana.

Mais ou menos ao mesmo tempo que a *Time* publicava essa reportagem, um certo dr. Rafael Osheroff era admitido no famoso Chestnut Lodge, onde passou sete meses sendo tratado de sintomas de "depressão psicótica" com psicoterapia intensiva. Pediu medicamentos, mas aparentemente estes lhe foram negados em favor de uma "regressão" à infância, de forma que ele pudesse crescer novamente a partir dali. Osheroff conseguiu transferência para outra clínica, onde foi tratado com fenotiazinas e antidepressivos. Em três meses voltou à sua antiga vida. Tristemente, nesse ínterim, a vida mudara: a mulher o havia deixado e ele fora expulso da profissão. Osheroff processou o Chestnut Lodge por malversação e recebeu 250 mil dólares. Meios de curá-lo estavam disponíveis e não foram usados.

O caso teve enorme repercussão para os psicanalistas no contexto da psiquiatria americana: parecia agora que *não* usar drogas com pacientes podia constituir malversação.[431] Médicos jovens, já hesitantes entre psiquiatria e especializações mais bem pagas, escolheram ir para áreas menos contestadas. Logo, para compensar a falta de médicos, a psicanálise na América abriria mais e mais suas portas para as fileiras de analistas que não eram médicos — de psicólogos a assistentes sociais. Ao mesmo tempo, a psiquiatria tornou-se uma prática mais firmemente bioquímica.[432]

Aquela "complicada subjetividade" que era a mente humana e suas confusas emoções dificilmente ficaram livres de drogas ao longo do século XX ou até do século XIX. Cloral hidrato, o primeiro sedativo popular e a "primeira edição do cenário 'Prozac'", foi sintetizado em 1832 e, na altura dos anos 1870, tinha um grande público que o consumia para aliviar sintomas da insônia à ansiedade e dos vapores — ou "melancolia". Entre muitos outros, a droga foi prescrita a Virginia Woolf para uso doméstico.

Várias outras drogas — como a apomorfina, derivativo do ópio que dominava as feias "cavernas" das cidades do século XIX — eram usadas para reduzir a excitação. Brometo de potássio, com seu gosto amargo, era utilizado em "epilepsia histérica": em 1891 os asilos de Paris estavam consumindo mil quilos de brometo de potássio por ano como sedativo.[433] O barbiturato, sintetizado em 1864, modificado para barbital por Emil Fischer e Joseph von Mehring em 1903 para uso hipnótico e sedativo, depois batizado e comercializado pela Bayer em 1904 como Veronal e pela Schering como Medinal, logo tornou-se a droga preferida dos asilos privados e das clínicas de nervos. Teve poucos efeitos colaterais, e a dosagem operacional era muito menor que a dose tóxica, sempre uma preocupação para médicos com pacientes que podiam ter inclinações suicidas. Seu desdobramento, fenobarbital, foi comercializado pela Bayer em 1912 como Luminal e tornou-se por um tempo o elixir cor-de-rosa dos asilos psiquiátricos e o calmante amigo da dona de casa, embora tivesse vida mais longa como anticonvulsivo bem-sucedido em tratamentos de epilepsia.

A história dos medicamentos farmacêuticos psiquiátricos pós-Segunda Guerra Mundial tem duas avenidas principais. Uma leva ao trabalho com anti-histamínicos — drogas antialérgicas —, à descoberta de seus efeitos colaterais sedativos e, portanto, à clorpromazina, usada como anestésico, depois como antipsicótico na França, Europa Oriental, Grã-Bretanha, no Canadá, e finalmente na América. Tecnicamente um neuroléptico, a clorpromazina podia tanto acalmar delírios como a fase maníaca do transtorno bipolar, e reduzir estados de confusão. Teve também um efeito surpreendente em psicóticos e esquizofrênicos de longo prazo, despertando-os do sono profundo da loucura e esvaziando os asilos em meados do século. Rapidamente afastou os tratamentos com insulina e eletrochoque para tais pacientes e pôs um fim a lobotomias e leucotomias. O Smith-Kline & French (hoje GlaxoSmithKline), que comprou a droga de seu desenvolvedor Rhone-Poulenc e a licenciou na América em 1954, ganhou cerca de 75 milhões de dólares em seu primeiro ano de vendas.[434] Agora deslocada pelos chamados antipsicóticos atípicos, como a risperidona, que teve muito menos efeitos colaterais, a clorpromazina foi um dos grandes sucessos entre as drogas psiquiátricas, apesar da "discinesia tardia" que finalmente produzia nos pacientes — isto é, aqueles movimentos involuntários e repetitivos como os da doença de Parkinson, desde pôr a língua de fora a piscar, exercícios com os dedos como quem dedilha o teclado de um piano ou movimentos súbitos e fortes com o braço ou a perna. Embora existam muitas esplêndidas especulações, não há concordância total a respeito do que faz exatamente essas novas drogas funcionarem.

A segunda vertente da história farmacêutica começa talvez com Frank Berger, judeu checo refugiado da Europa de Hitler que chegou à América em 1947. Outrora médico e bacteriologista interessado na base fisiológica do nervosismo, da superexcitação e irritabilidade, Berger foi trabalhar para os Wallace Laboratories. Logo se provou que o meprobamato acalmava macacos ansiosos, e a droga foi para o mercado como Miltown e Equanil. No encontro da Associação Psiquiátrica Americana de 1955 houve murmúrios que se transformaram em eficaz campanha boca a boca. Dizia-se que o ansiolítico (droga antiansiedade) Miltown era sensacional. Poucos meses depois era comum encontrar os estoques farmacêuticos do medicamento esgotados. As "pílulas da felicidade" estavam em alta, as primeiras de uma longa lista de remédios para melhorar o humor, neste caso com menos efeitos colaterais que o álcool.

Seguindo os passos do Miltown veio a benzodiazepina e seus derivativos, primeiro o poderoso Librium, depois os diazepans, o mais conhecido dos quais é o Valium, filho de outro químico refugiado, Leo Sternbach, que trabalhava para o Hoffmann-La Roche. Mais forte que o Miltown, o Valium se tornou o favorito mundial nos anos 1960 e, aparentemente, um tranquilizante menos tóxico que entrou para a lista de drogas essenciais da Organização Mundial da Saúde. Entre 1969 e 1982, o Valium foi o remédio mais vendido na América. Em um ano bom para a droga, imortalizada pelos Rolling Stones em 1966 como "Mother's Little Helper", cerca de 2,3 bilhões das pequeninas pílulas amarelas foram vendidas. Como ficou famoso, os Stones ligaram a pílula ao direito constitucional da busca da felicidade. Mas demasiados "little helpers" faziam aquela busca parecer um "bore" e logo o "shelter" que ofereciam "was no more".

Sem ser tecnicamente um causador de dependência — embora a diferença entre o que é chamado de vício e de dependência possa ter mais a ver com controle social que com a química neste mundo de usuários de drogas ilegais —, o Valium podia, entretanto, levar seus usuários a desenvolver uma "dependência" difícil de superar. Em 1975, a American Food and Drug Administration (FDA) impôs exigências especiais de informação para o controle de refil do Valium e do Miltown. Em *Prozac Nation*, Elizabeth Wurtzel descreve como seu pai dormiu durante a infância dela e seu "bom tempo juntos", um prisioneiro "dos nervos e de Valium, Librium e Miltown e qualquer outra coisa também".

Comumente, nas histórias e nas estatísticas, são as mulheres as engolidoras de pílulas, tranquilizadas no estupor de *Stepford Wives** e deprimidas a ponto de suicidar-se, sem — e algumas vezes até mesmo com — a mágica da droga de prescrição favorita da Geração X dos anos 1990, o Prozac.

As mulheres estão, de fato, profundamente envolvidas na saga de uso diário de drogas para depressão e ansiedade. A questão precisa ser examinada: por que as mulheres figuram em números e porcentuais tão maiores em todos os indicadores estatísticos, particularmente na categoria agora chamada de "mescla de depressão e ansiedade"? Uma *Psychiatric Morbidity Survey*, publicada em 2000, listando as principais doenças sofridas pelo sexo feminino, mostra que, enquanto sofrem apenas marginalmente mais que os homens das principais categorias de distúrbios mentais, as mulheres são vítimas, em números significativamente maiores, da mistura diária de depressão e ansiedade.

A questão de por que mais mulheres sofrem de depressão que homens tem recebido uma variedade de respostas, nenhuma delas isoladamente adequada para todas as circunstâncias. É um fato, como diz o velho adágio, que as mulheres vão aos médicos ao passo que os homens vão aos bares — ou para o desvio e o crime. Quando se sentem deprimidas, ou com transtornos ou perturbações, as mulheres consomem medicamentos, enquanto os homens, em números muito maiores, consomem álcool e drogas de rua. Mesmo que os números estejam lentamente crescendo, com a maior igualdade e a mudança de hábitos culturais, na Grã-Bretanha apenas 19% das conhecidas transgressões com drogas de rua são cometidas por mulheres.[435] As mulheres, no entanto, consultam médicos mais regular e frequentemente que os homens,

---

*Romance de Ira Levin de 1972 que inspirou dois filmes em que as mulheres são manipuladas para se tornarem submissas e felizes. (*N. da T.*)

ultrapassando-os em 5% a 6% — número mais ou menos igual à proporção estatisticamente registrada de ansiedade e depressão entre mulheres.

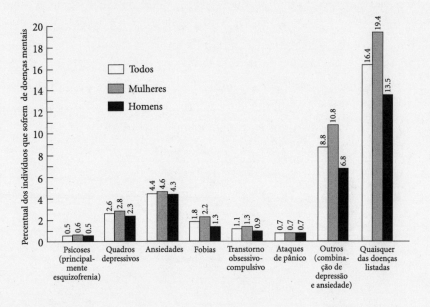

FIGURA 1: Porcentagem de portadores de doenças mentais

Fonte: Psychiatric Morbidity Survey, 2000, como citado em *The Layard Report on Depression*, 2004. Adultos entre 16 e 75 anos. Mais de uma condição [no mesmo paciente] é possível.

Em parte, as mulheres são atraídas para o hábito de ir ao médico pela própria natureza da fisiologia reprodutiva. No Ocidente e em todos os países onde existe um sistema público de assistência médica, as mulheres vão ao médico a partir da idade em que menstruam pela primeira vez, quando a concepção ou a contracepção passam a preocupar. A gravidez e o nascimento são questões médicas, quando coincidem a supervisão do Estado e a preocupação dos pais. Depois que a criança nasce é mais frequente que a mulher a leve ao médico ou à enfermeira. Conversar com médicos, receber conselhos, ver profissionais que podem fazê-la sentir-se melhor — de fato, engolir pílulas — é parte de ser mulher no mundo moderno. A presença maior de mulheres nas estatísticas de distúrbio mental pode ser, portanto, tanto uma questão de hábito de informar sobre si mesma e uma tendência a consultar quanto alguma incidência particularmente maior de depressão e ansiedade que em homens.

Mesmo que uma suscetibilidade maior das mulheres fosse postulada, ela poderia estar relacionada com o começo e o fim dos hormônios femininos em relação ao processo reprodutivo. Desde a época de Pinel, os ciclos menstruais, de gravidez e nascimento são vinculados a diversos distúrbios mentais e emocionais e ao que agora chamamos "humor" ou "afetivos". Fatores sociais e culturais que produzem doença inevitavelmente têm influência nisso, mas não está claro, como antes pensávamos, que a igualdade, embora desigual, apagaria o sofrimento que derruba as mulheres, levando-as à anorexia ou ao que os nossos tempos entendem como "depressão".

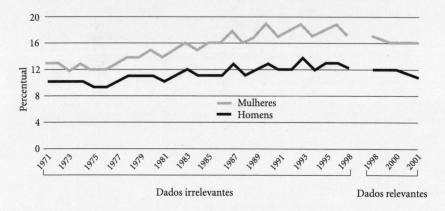

Figura 2: Porcentagem de homens e mulheres que entraram em contato com o serviço de saúde 14 dias antes da entrevista: Grã-Bretanha, 1971 a 2001.
Fonte: http://www.statistics.gov.uk/lib2001/Section3533.html

Isso pode soar como um exemplo reacionário em relação às leituras feministas mais antigas da condição da mulher, ou em relação às muitas conquistas sociais que as mulheres ocidentais obtiveram ao longo dos últimos quarenta anos, mas não é a verdade. O que precisa ser enfatizado nesse debate contínuo é que — a despeito dos muitos volumes de memórias de depressão, ou colapso nervoso ou anorexia que enchem as prateleiras — o maior percentual tanto de homens quanto de mulheres que consultam médicos, à parte os idosos, é dos que não têm trabalho regular, ou dos envolvidos em trabalho manual. Mesmo que, na Grã-Bretanha, o informe Layward 2004 — que pesquisou a escala de doenças mentais em relação à deficiência em geral e ao seu custo — tenha descoberto que os transtornos de depressão e ansiedade eram indicadores maiores de infelicidade que a pobreza, ainda assim um empobrecimento do potencial, ao lado da vida nos lugares ou nas ruas mais pobres, faz muito para levar as pessoas para o sistema de saúde mental ou para seu vizinho, o sistema penitenciário.

DEPRESSÃO

O sagaz e impertinente *Prozac Nation*, de Elizabeth Wurtzel, captura poderosamente o espírito frenético da juventude dos anos 1990, a chamada Geração X, cujos "altos astrais" carregados de droga com muita frequência despencavam nos terríveis e recorrentes "baixos astrais" da depressão, que a tornava alvo de mais drogas — desta vez, prescritas. O relato, que se assemelha a uma confissão, apresenta o retrato de uma criança inteligente e sensível de Nova York, presa e reduzida a pó por pais vociferantes que se divorciam e cujas diferenças são encenadas em torno das despesas, dos cuidados e do amor por ela, embora, às vezes, seja difícil chamar a atenção deles em meio a tudo isso.

Aos 12 anos, Elizabeth está se cortando na escola. A terapia verbal com um médico que posa de famoso não parece fazer muita diferença. O psiquiatra parece mais o juiz nas batalhas de seus pais que alguém que está lá para ajudar uma criança sensível. Ela gasta grande parte do tempo em um estado de desânimo, isolada por fones de ouvido, escutando Bruce Springsteen, um amigo na desolada vastidão do desespero, em que a vida não tem significado a despeito de sexo, mais drogas e do tipo de educação de alta octanagem que conduz a Harvard. Então, depois de mais drogas — cocaína, ecstasy —, amores complicados e um verão alimentado pela atividade de escrever maniacamente para um jornal do Texas vem uma grande depressão e a tentativa de suicídio. No que emerge crescentemente como um retrato da artista quando mulher jovem, deprimida e com frequência autodestrutiva, também conhecida como Sylvia Plath, Wurtzel começa a ver uma psiquiatra, a dra. Sterling, que tenta ajudar. Apesar disso, Wurtzel se vê hospitalizada, primeiro no Stillman's Hospital, depois, como Plath, no McLeans's em Belmont, Massachusetts, e, finalmente, com o aparecimento do Prozac, é diagnosticada como vítima de "depressão atípica".

Os "depressivos atípicos" são os "feridos que andam, pessoas como eu, bastante disfuncionais, cujas vidas prosseguem quase como sempre, exceto que elas estão deprimidas o tempo *todo*, quase constantemente assediadas por pensamentos de suicídio, mesmo quando parecem bem". A doença, embora severa, permite uma "aparência de normalidade".[436] Wurtzel é simultaneamente produtiva e vive em constante desespero, perseguida por uma "dissonância cognitiva" desses dois estados lado a lado. Se não há tratamento, a doença piora. Wurtzel é tratada. Dão-lhe Prozac. Isso ajuda. Ao longo dos anos, toma muitas outras drogas.

Em 1999, dez anos após o aparecimento do Prozac na Grã-Bretanha, Wurtzel descreve seu regime de drogas, que consiste em duas cápsulas de Prozac pela manhã, seguidas de lítio. Lítio é o sal a respeito do qual se descobriu no século XIX que dissolvia pedras de urato, e por isso foi usado para tratar gota; também era bebido como "águas" em spas e, a princípio, como o refrigerante 7-UP. Produzia uma espécie de sensação de bem-estar e, por volta dos anos 1880, revelou-se que tinha efeito benéfico nos pacientes maníacos em asilos. Esquecido depois, encontrou seu caminho de volta nos anos 1950 em um dos primeiros testes randômicos de controle em psiquiatria.[437] No entanto, a American Food and Drug Administration não o licenciou para uso em manias até 1970. Hoje é regularmente prescrito para manter os altos e baixos de humor da depressão maníaca em oscilação mais equilibrada, de forma que a mania no ciclo não resulte em atividade perigosa que possa levar vítimas de transtorno bipolar às divisões psiquiátricas dos hospitais.

Além do lítio, Wurtzel conta que também toma uma pílula rosa chamada Depakote, nome comercial do ácido valproico, droga anticonvulsiva antes receitada para epilepsia, mas agora utilizada para controlar o humor. Depois vem a medicação para pressão sanguínea, atenolol, que alivia o tremor das mãos que outras drogas produzem. No jantar, toma um dos mais antigos antidepressivos tricíclicos que atuam sobre os sistemas da dopamina e norepinefrina do cérebro, junto com doses noturnas de outras drogas. Letárgica durante todo o dia, não consegue dormir à noite, então também toma uma pílula para dormir que tem efeito de "apagão".[438]

Em sua autobiografia, *Prozac Diary*, a psicóloga Lauren Slater descreve sua própria e complicada trajetória. Filha de uma mãe cuja energia tinha dimensões maníacas, Slater, quando criança, começou a ouvir vozes — um bebê azul que chora, uma menina em uma caixa de vidro. Tem um histórico de automutilação e passou por cinco hospitalizações para depressão combinada com ansiedade que, quando o livro se abre, manifesta-se em uma obsessiva e compulsiva necessidade de "tocar, contar, checar e ouvir muitas vezes". O homem que descreve como Doutor Prozac lhe dá o que em 1988 é a droga maravilha recentemente licenciada. Ele lhe diz como o "Prozac marcou uma revolução na psicofarmacologia por causa de sua seletividade no sistema de serotonina; era uma droga com a precisão de um míssil Scud, lançada a milhas de distância do alvo para aterrissar, com um orgulhoso clarão, bem no teto do inimigo".[439]

Slater é uma das primeiras beneficiárias do Prozac. Ela se pergunta se o Doutor Prozac teria desalojado sua subjetividade, sua história, com uma série de equações bioquímicas. Já que a doença, como diz Slater, é parte do eu e algo a que a pessoa se apega, existe uma luta antes que ela comece a tomar as pílulas prescritas.

A resistência a tomar a droga que o psiquiatra oferece é reveladora. É estranhamente reminiscente da própria alegação de Freud, às vezes contestada, de que o paciente resiste a interpretações e não está desejoso de abrir mão de hábitos acumulados e conflitos do eu para os quais a doença forneceu algum tipo de solução. Kay Redfield Jamison repete isso em suas memórias *Un Unquiet Mind*, mapeando o curso de sua própria depressão maníaca. Após anos de uma mania contida com dificuldade, ela finalmente vai, em meio a uma fuga psicótica, ver um psiquiatra. Ela é ambivalente sobre o diagnóstico, tanto aliviada quanto resistente. Nem quer o lítio prescrito que removerá seus sintomas e que ela sabe que terá de tomar indefinidamente.

Admitir-se na camisa de força de um diagnóstico, aceitar uma interpretação ou uma prescrição, significa abrir mão do eu que se conhece. Existe um duplo medo aqui, comum no transtorno bipolar, de que o brilho, a velocidade aumentada e a elação que acompanham as formas mais suaves de mania irão embora com a droga.

No caso de Slater, através do Prozac ela efetivamente renasce na juventude que nunca experimentou. Sentindo-se mais que bem, anda em volta de arcadas, está alerta para o som, as pessoas e as cores; vai a concertos de rock sem medo, consegue um trabalho; um lugar em Harvard; completa um ph.D. em tempo recorde e finalmente se torna uma terapeuta e edita um livro sobre saúde mental feminina. Ao longo do caminho há efeitos colaterais: certa energia que também é criativa desaparece do mundo. Ela sente saudade de sua "identidade doente" — fator que Wurtzel também explora, observando que as tentativas de suicídio vêm com mais frequência quando as pílulas acalmaram o pior da depressão e a jovem mulher não sabe mais quem é. Depois de um tempo, os prazeres sexuais de Slater diminuem de intensidade, o vazio da depressão reaparece; as drogas têm de ser ajustadas. Mas o *Diary*, escrito dez anos após o primeiro contato com a droga, é indubitavelmente uma história de sucesso do Prozac.

Jamison é clara em retrospecto sobre sua necessidade tanto de lítio quanto de psicoterapia: o lítio impede as "sedutoras, mas desastrosas fugas", reduz a depressão, "remove os fiapos e as teias do meu pensamento desordenado", a mantém fora do hospital e torna a psicoterapia possível. A psicoterapia cura, "dá algum sentido à confusão, põe rédeas nos pensamentos e sentimentos terríveis, devolve algum controle e esperança e a possibilidade de se aprender de tudo isso".[440]

É interessante que essas narrativas de depressão ainda mencionem a infância e a história em velhos termos quase psicanalíticos. Freud forneceu ao século XX a melhor história disponível do eu e a que transmite a maior parte dos significados — embora o sexo, o desejo e ser mulher sejam agora menos importantes que a qualidade da mãe e da criação que desenvolve as identificações da criança e as doenças. Este é o caso mesmo quando a depressão ou outra doença têm um possível fator herdado. Mas essa modelagem psicanalítica da família é agora coberta por uma versão de "cura" que é bioquímica e neural, a linguagem psi dominante da nossa virada de século.

Hoje a Grande Ciência é chamada a emprestar autoridade a descrições que podem ser tão velhas quanto as montanhas em seu atual conteúdo. Dizer, por exemplo, como se tornou padrão agora, que a química do cérebro está implicada no humor ou na depressão pode ser pouco mais que dizer que os humanos têm corpos. Afirmar, como Slater faz em um artigo, que "tocar, falar, alimentar, embalar, sorrir, dar risadinhas" com o próprio bebê são expressões de amor ou mensagens neurais que têm impacto no sistema límbico, ou no cérebro emocional, e ficam impressas na criança[441] é repetir injunções winnicottianas que hoje contam como científicas. Tudo isso é bom e está bem. Mas o que a indústria farmacêutica faz com tal linguagem neural e bioquímica é devolvê-la para nós como uma medicalização do sentimento e do comportamento para os quais, quando as coisas vão "mal", pode fornecer drogas que curam. O fato de podermos necessitar ou querer a cura não necessariamente torna a suposta legitimidade científica ou poder da droga prescrita maior que tomar as águas de (lítio) no spa do século XIX ou que uma seção com o hipnotizador.

Em seu *Global Burden of Disease, 2000*, a Organização Mundial da Saúde situou a depressão como a quarta "maior causa de perda de anos de vida" entre todas as doenças e a que mais afeta a vida produtiva, resultando em 11,9% de anos perdidos no tempo de vida devido à deficiência. As predições são de que, em todo o mundo, a depressão em breve ficará em segundo lugar, só perdendo em gravidade para as doenças do coração, enquanto no mundo desenvolvido crescerá para ser a maior causa de perda de tempo de vida. São números espantosos. Podem ser lidos para dizer que o mundo contemporâneo (guerra, pobreza, política, terror, desigualdade) ou a biologia (herança genética, aumento populacional) infligem crescentemente às pessoas o que agora é chamado de "distúrbios de humor". Também poderiam ser lidos para dizer que estamos medindo algo que nunca medimos antes. A tristeza, até mesmo a tristeza que incapacita, só recentemente se tornou uma doença classificada que engolir uma pílula pode curar.

Outrora, a tristeza e a inatividade que a acompanhavam podiam ser ligadas à preguiça, ao pecado da indolência, ao torpor do tédio, àquela prostração mental que era um suicídio relutante e, às vezes, atribuído à aridez espiritual que se seguia ao abandono do indivíduo pela graça de Deus. A disciplina poderia ser recomendada como cura. Melancolia, o termo inicial mais comumente vinculado à hoje medicalizada depressão, descrevia uma tristeza profunda, resultado, de acordo com a teoria do humor, do excesso de bile negra no corpo. O *OED* [Oxford English Dictionary] dá como definições "mau humor, aborrecimento, irritação persistente" e também aponta que, no período elizabetano e por longo tempo depois, "tristeza, depressão melancólica, percepção extrassensorial de natureza sonhadora; pessimismo ... introspecção ... perturbação" criavam uma "marca atraente de refinamento estético ou intelectual". Hamlet sofria disso; George Cheyne o admitiu. No tempo de Charles Lamb, a tristeza foi incluída sob "hipocondria" (que se tornou a doença de sofrer de uma doença imaginária).

Jean-Paul, o romântico alemão precoce, cujo *Hesperus* (1795) foi o romance mais popular desde que *Werther*, de Goethe, levara a uma onda de suicídios entre os jovens, deu à melancolia a inflexão de "fadiga do mundo", ou *Weltschmerz* — termo que a subcultura pós-punk gótica pegou como emblemático dos anos 1980, quando o "rock da morte" também emergiu. Voltando a ressonâncias humorais, Baudelaire chamava sua profunda lassidão, aquele cansaço deprimido dos "dias claudicantes", de "*spleen*", o próprio local de produção da bile negra. O "*spleen*" o transformava em "um príncipe entediado de um país chuvoso, rico, mas impotente, jovem e, ainda assim, muito velho", suas memórias se estendendo por mil anos. Para ele, assim como para Coleridge, parecia claro que a doença se ligava ao consumo reiterado do ópio, então uma substância legal usada frequentemente como sedativo, embora ainda hoje seja questão aberta se quem começou primeiro foi a doença ou o uso da droga. Na segunda metade do século XIX, a depressão era com frequência incluída sob neurastenia ou ataque de nervos. Como tal, era a um só tempo doença e afetação, um atributo atraente que podia debilitar muitíssimo.

Esquirol e a psiquiatria francesa em desenvolvimento — vendo uma doença das emoções onde antes havia melancolia e seu atributo popularmente conhecido de tristeza — descreveram uma doença chamada lipemania (do grego lipe, ou tristeza), loucura parcial acompanhada de ilusões crônicas e esmagadora tristeza. Esquirol, em cujo asilo a população provinha amplamente das classes mais pobres, constatou índices maiores da doença no período de maio a agosto; incidência maior na faixa dos 25 aos 45 anos; e também que, se a hereditariedade influenciava, as crises domésticas, relações conturbadas e o luto precipitavam a doença. Na Alemanha e na Grã-Bretanha, o termo "melancolia" foi conservado pelos primeiros alienistas. Sir William Gull o usou em 1868 como parte de sua descrição da "hipocondria": "Sua principal característica é a depressão mental, ocorrendo sem causa adequada."

A palavra "depressão" em si, para descrever uma doença, em vez de um afundamento pronunciado na paisagem ou no vigor do comércio, apenas gradativamente entrou para a língua inglesa. Sempre boa indicadora do clima dos tempos, George Eliot foi uma das primeiras a usar o termo como substantivo para se referir a uma condição emocional: Daniel Deronda encontra a bonita Gwendolyn depois que ela fora traída e enviuvara "em um estado de profunda depressão, dominada por aquelas memórias sofridas e ofensivas". G. E. Berrios observa que, pelo fim do século XIX, a depressão passou a ser definida como "doença caracterizada por um afundamento do espírito, falta de coragem ou iniciativa e uma tendência para pensamentos sombrios".[442] O termo migrou para a nomenclatura de Kraepelin. Foi importante a decomposição feita por Kraepelin da categoria ampla e generalizante da psicose para classificar um padrão de sintomas como depressão maníaca, agora mais comumente conhecida como transtorno bipolar. O gênio de Kraepelin está em frisar a natureza cíclica de uma doença que mais comumente se apresentava aos médicos em seu estado depressivo: quando "altas", as vítimas raramente achavam que havia alguma coisa errada com elas — embora, naturalmente, seus familiares pudessem pensar isso.

Para Freud, a depressão comum não é de interesse substantivo em si mesma: ele a menciona diversas vezes de passagem, ou como parte aceita e comum da vida diária ou de doença maior, como a histeria, onde pode ser ligada à excitação nervosa. Em *Psicopatologia da vida cotidiana*, ele fala de um homem "sobrecarregado de preocupações e sujeito a depressões ocasionais". Apenas quando compara o luto à melancolia, os tipos de estados obsessivos da depressão que caracterizam a melancolia assumem interesse dinâmico para ele: um padrão vincula estes a uma perda em relação à qual o sujeito é ambivalente e, então, com sadismo, ele se ataca.

A autoatormentação na melancolia, que é, sem dúvida alguma, deleitável, significa, exatamente como o fenômeno correspondente na neurose obsessiva, uma satisfação das tendências de sadismo e ódio que se relacionam com um objeto e que foram viradas contra o próprio eu do sujeito ... É esse sadismo sozinho que resolve o enigma da tendência ao suicídio que torna a melancolia tão interessante — e tão perigosa.[443]

O ataque sádico ao eu está em pleno uso em muitas memórias de depressão atuais, embora elas raramente sejam freudianas. Freud também vincula esse grave tipo de melancolia a uma euforia maníaca, um ritmo cíclico que o faz considerar a possibilidade de certas "toxinas" desconhecidas estarem presentes, ligando o psicológico ao psicogênico.

Quando chegamos a 1962, quando as pílulas estão no mercado de forma acessível, o Oxford English Dictionary sugere que o fisiológico ou químico passaram a dominar completamente a partir do psicogênico. A depressão se tornou tão medicalizada que usurpa o lugar da experiência: o *Lancet* de 2 de junho observa: "Os eventos no primeiro aparecimento da depressão ... devem ser interpretados com cautela porque o fracasso no trabalho ... ou em um caso amoroso podem ser sintomas iniciais, mais que causas." De causa de sofrimento ou até mesmo fator precipitador de doença psicológica, o fracasso passou a ser sintoma subjacente a um transtorno chamado depressão.

Desde então, a depressão com bastante frequência se tornou "equivalente à disforia, significando infelicidade, em combinação com perda de apetite e dificuldade para dormir".[444] A mudança na ênfase do humor deprimido para sintomas visíveis marca a vitória dos psiquiatras objetivistas: dificilmente existe necessidade de quaisquer estados subjetivos da mente no diagnóstico. Em 1991, apenas três anos após o lançamento do Prozac pelo Eli Lilley, observa Edward Shorter em sua *History of Psychiatry*, o NIMH inaugurou o "Dia Nacional de Detecção da Depressão" como parte de seu programa de conscientização da doença mental. Embora as intenções tivessem mérito — informar os médicos de família como diagnosticar depressão em seus pacientes a fim de enviá-los a psiquiatras, pois uma depressão maior podia resultar em suicídio — o efeito final foi a "construção do império psiquiátrico" em oposição a outros tipos de cuidado. Como consequência da ênfase na depressão, ela se tornou "o distúrbio isolado mais comum visto na prática psiquiátrica, respondendo por 28% das visitas de pacientes". A existência do Prozac caminhou de mãos dadas com o processo de propagação da depressão: "Os psiquiatras preferem diagnosticar doenças que podem tratar em lugar das que não podem."

Em seu *website* oficial, o Colégio Real de Médicos observa que existem cerca de trinta tipos diferentes de antidepressivos disponíveis hoje. Seu uso começou nos anos 1950 e eles se dividem em quatro tipos principais: os velhos tricíclicos, perigosos na overdose; os IMAOs (inibidores da monoamina oxidase), agora dificilmente usados por causa de seus graves efeitos colaterais de pressão alta; os preferidos ISRS (inibidores seletivos de recaptação de serotonina), entre os quais o famoso Prozac, mais conhecido como fluoxetina desde que sua patente terminou, em 2001; e os mais complicados IRSNs (inibidores de recaptação de serotonina e noradrenalina), que pedem mais cautela, prescritos apenas quando os outros não funcionam. O Colégio Real é bastante aberto ao admitir que não existe certeza completa sobre como esses medicamentos funcionam, "mas achamos que os antidepressivos trabalham aumentando a atividade de certos químicos em nosso cérebro chamados neurotransmissores. Eles passam sinais de uma célula cerebral para outra. Pensa-se que os químicos mais envolvidos na depressão são a serotonina e a noradrenalina". Existe mais certeza sobre por que se usam esses antidepressivos e quais os transtornos sobre os quais poderiam atuar:

doença depressiva moderada a grave (depressão leve não)
ansiedade grave e ataques de pânico
transtornos obsessivo-compulsivos
dor crônica
transtornos de alimentação
transtorno de estresse pós-traumático.[445]

Se as mulheres parecem ficar mais deprimidas que os homens, afirma o *website* de forma pragmática, "possivelmente isso ocorre porque é menos provável que os homens admitam seus sentimentos; [eles] os reprimem ou os expressam pela agressão ou bebendo em excesso". O *website* acrescenta, de maneira menos proveitosa, "é mais provável que as mulheres tenham o duplo estresse de ter de trabalhar e, ao mesmo tempo, tomar conta das crianças". Isso é verdadeiro, mas é insidiosa a sugestão subjacente de que existe liberdade de escolha iminente aqui, que as mulheres, com um mero estalar dos dedos, poderiam fazer os homens tomar conta das crianças ou elas próprias só tomarem conta das crianças em vez de sair para trabalhar. Há também uma insinuação de que trabalhar e ser mãe ao mesmo tempo — algo que certamente a maioria das mulheres fez ao longo da maior parte da história do Ocidente — marca o caminho descendente para a depressão. É possível se-ia dizer, com igual dose de "verdade", que, quando os homens ao mesmo tempo trabalham e são pais, existe um caminho descendente para a guerra.

DIAGNÓSTICOS GENERALIZANTES

A admirável certeza que todos os *websites* e manuais agora exibem sobre a natureza dos "transtornos" comentados nos lembra que estamos uma vez mais na idade das classificações kraepelinianas. As descrições de doenças e categorias produzidas pelo *DSM* americano e seu parente internacional, o *International Classification of Diseases*, governam os mundos médico e psiquiátrico. Esses manuais, que levam o laurel de ciência, são úteis para unificar a prática em relação aos seguros-saúde, aos burocratas e aos fazedores de estatísticas. Também podem ajudar pacientes que desejem a "libertação" que um diagnóstico pode dar com o medicamento que o acompanha e que, às vezes, é útil. Mas a forma em que tais doenças passam a existir e a função da descrição não deveriam ser esquecidas.

Psiquiatra formado e com treino psicanalítico, membro do departamento de Psiquiatria da Columbia University nos anos 1960, Robert Spitzer em 1966 assumiu a tarefa de dirigir a equipe de trabalho do *DSM-III*. Os psiquiatras americanos na época pareciam concordar em pouca coisa: um podia dizer que um paciente era histérico segundo os manuais, enquanto o mesmo paciente podia ser tachado de "depressivo hipocondríaco" por outro.[446] Os diagnósticos psiquiátricos não tinham o que os cientistas do período entendiam como "confiabilidade" — isto é, falhavam em produzir resultados tanto consistentes quando replicáveis. E se os psiquiatras discordavam sobre diagnóstico, inevitavelmente discordavam também sobre tratamento e cura. As necessidades da Grande Farma (Big Pharma), como é conhecido o peso da influência massiva da indústria farmacêutica internacional, sublinham essa ênfase na confiabilidade. "Como é possível testar a eficácia de uma nova droga para tratar a depressão se não se tem certeza de que a pessoa que se está testando sofre desse transtorno?"[447] A resposta, naturalmente, bem poderia ser — e, às vezes, foi mesmo — que, se o paciente responde à droga, então existe um transtorno, e ele se chama depressão; mas isso seria apressar-se e deixar para trás o período em que os novos e confiáveis *DSMs* apareceram.

Spitzer estabeleceu 25 comissões encarregadas de chegar a descrições detalhadas de transtornos mentais. Selecionou psiquiatras com inclinação científica e, portanto, antipsicanalítica, para chefiar os comitês. Eles deviam ser guiados pelos dados. Mas os dados ainda não existiam. Spitzer participou dos encontros das comissões, e, da massa de conversa psiquiátrica, filtrou argumentos e histórias dos transtornos que seriam incluídos no *DSM-III*. Surgiram novos transtornos para acompanhar os tempos: transtorno do déficit de atenção, que finalmente se tornou — junto com o surgimento e crescimento do Ritalin, a droga que "trata" o transtorno em crianças — o transtorno do déficit de atenção com hiperatividade (TDAH). As doenças que caracterizam o nosso fim de século assumiram sua inteira amplitude: autismo, anorexia nervosa, bulimia, transtorno do pânico, transtorno do estresse pós-traumático, transtorno da ansiedade, transtorno da personalidade obsessivo-compulsiva — para citar alguns, fora a depressão, que criaram impérios de vítimas.

Cada um dos transtornos no *DSM-III* vinha com uma cômoda lista de sintomas e o aviso de que, para os pacientes se "qualificarem" para o transtorno (e o correspondente dinheiro do seguro para pagar o tratamento), os médicos deveriam assegurar que, no mínimo, certo número dos itens listados estivesse presente. Por exemplo, para um diagnóstico de depressão grave no *DSM-IV R*, o paciente deve exibir disposição deprimida por um período superior a duas semanas, mais cinco dos seguintes:

Sentimentos de tristeza esmagadora ou medo ou aparente inabilidade de sentir emoção (vazio)
Diminuição do interesse ou prazer em todas as atividades do dia, ou em quase todas, quase todos os dias
Mudança no apetite e visível ganho ou perda de peso
Padrões de sono alterados, como a perda do sono REM, ou sono excessivo (hipersono)
Agitação ou lentidão psicomotora quase todos os dias
Fadiga, mental ou física, também perda de energia
Sentimento de culpa, desamparo, desesperança, ansiedade, ou medo
Dificuldade de concentração ou de tomar decisões, ou uma generalizada lentidão e obtusão [jargão psiquiátrico para entorpecimento] de conhecimento, incluindo a memória
Pensamentos recorrentes de morte (não apenas medo de morrer), ideias recorrentes de suicídio sem um plano específico, ou tentativa de suicídio, ou um plano específico para cometer suicídio

Outros sintomas relatados algumas vezes incluem:

Diminuição da autoestima
Desatenção à higiene pessoal
Sensibilidade ao barulho
Desconforto físico e dores, e a crença de que são sinais de doença séria
Medo de "ficar louco"
Mudança na percepção do tempo

O aspecto de lista de checagem do *DSM* significava que a Associação Psiquiátrica Americana tinha agora um manual com "viabilidade" biomédica. O "problema de confiabilidade" estava resolvido. Ou isso se pensava. Quando se falasse de uma doença psiquiátrica, os diagnósticos diriam mais ou menos a mesma coisa. Os pacientes também poderiam reconhecer-se e de fato reunir-se de acordo com uma classificação para formar grupos de apoio — e, em casos judiciais, "classes" legalmente reconhecidas. Em suas diversas edições — da primeira edição de Spitzer, o *DSM-III* em 1980, a revisão em 1986 (*DSM-III-R*), o novo *DSM-IV* em 1994 (altura em que a égide de Spitzer passou para Allen Frances) e sua revisão seguinte em 2000 —, o *DSM* tem tido uma grande influência na psiquiatria em todo o mundo. De fato, suas intenções globalizantes são visíveis em seus livros de acompanhamento de casos, que apresentam casos completados com diagnósticos da África à América Latina, à Europa e de volta aos Estados Unidos. A vantagem do *DSM* é que a psiquiatria agora pôs ordem em seus transtornos.

Também existem efeitos colaterais. A longa e estruturada entrevista destinada a levantar a história do caso para o diagnóstico que o *DSM* apresenta para uma prática psiquiátrica padronizada deu às companhias farmacêuticas a capacidade de reunir populações de pesquisa com propriedades similares para a realização de testes clínicos. Esses testes clínicos randômicos em que nem o investigador nem os participantes estão cientes da natureza do tratamento que o participante está recebendo (desconhecimento duplo) são o padrão para testes de medicamentos na medicina. Em consequência, é mais fácil agora testar drogas psiquiátricas, e o procedimento é plausivelmente mais confiável, embora os resultados estatísticos possam com frequência escamotear questões para todos que sejam menos que especialistas em estatística, e isso inclui os médicos. A controvérsia sobre o Prozac e se, como afirmou o

British Medical Journal, seu fabricante havia ocultado fatos sobre suicídio nos testes da droga, é um exemplo de como os resultados podem ser escondidos ou manipulados ou ignorados — sem dúvida podem, frequentemente, ser ambíguos. O tipo de propaganda que as companhias farmacêuticas fazem[448] para os médicos, sem falar para o público, também pode confundir o julgamento independente, mesmo quando não existe corrupção em particular.

Além disso, a própria existência de testes "confiáveis" *double-blind* exige competição por parte dos tratamentos verbais, que precisam provar igual "confiabilidade". A difusividade da psicanálise (que trata não os sintomas, mas a vida subjetiva) e de muitas outras psicoterapias tornou o tipo de prova concreta que o governo e as seguradoras querem difícil de obter — embora estudos feitos comprovem que os gastos e as horas de trabalho poupadas, por exemplo, não são tão diferentes nas terapias medicalizada e verbal. Para esses propósitos a terapia cognitivo-comportamental (TCC) é muitas vezes o tratamento verbal preferido das seguradoras e dos serviços de saúde subsidiados.

DIAGNÓSTICOS E TRATAMENTOS: UM ATO DUPLO

A TCC cresceu em parte fora da tendência psicológica das profissões psi na América — aquelas que tradicionalmente lidavam com testes padronizados de crianças e adultos visando a divisão "normal/anormal", ou testes de personalidade para o exército e a indústria, comumente seguindo linhas desenvolvidas por Eysenck e cuja procedência era, originalmente, junguiana — extroversão ou introversão. Divertidos como jogos de salão, menos para candidatos a emprego, esses testes são também sérios e supostamente assunto "científico", juntando dados para a elaboração de estatísticas e sua reaplicação como norma. Em *Cult of Personality*, Annie Murphy Paul conta a história de cerca de 2.500 tipos de testes de personalidade, que nos Estados Unidos representam uma indústria de 400 milhões de dólares por ano. Um dos testes mais populares em todo o mundo é o Indicador de Tipo Myers-Briggs, que categoriza tipos psicológicos segundo eixos de extroversão/introversão, intuição/sensibilidade, pensamento/sentimento, julgamento/percepção. Vinte minutos dão a você um resumo do seu tipo de personalidade em alguma combinação das características acima. Oitenta e nove empresas das cem listadas pela *Fortune* utilizam o Myers-Briggs para contratar e promover.

Aaron T. Beck, um dos fundadores da TCC e crítico de longa data da inconfiabilidade do diagnóstico psiquiátrico na América durante o império psicanalítico, tem um teste com seu nome, o Inventário de Depressão de Beck, ou BDI. Primeiramente publicado em 1961, o BDI foi revisado em 1996 com BDI-II. Trata-se de um questionário objetivo de múltipla escolha destinado a ser preenchido pelo "paciente" na presença de um clínico, que, depois, dá a pontuação, como as enquetes de jornal. Acima de certa pontuação, as indicações são de que você precisa de ajuda profissional, mais provavelmente um curso de TCC, mais um ISRS. As questões pedem a quem faz o teste para indicar entre os quatro estados de cada grupo aqueles que melhor descrevem como a pessoa se sente nos últimos dias. O primeiro grupo diz:

0 Não me sinto triste.
1 Sinto-me triste.
2 Estou triste o tempo todo e não consigo sair disso.
3 Estou tão triste ou infeliz que não suporto.

Outros itens indagam o ponto de vista da pessoa sobre si mesma acerca de fracasso, culpa, pensamentos suicidas, irritação, interesse pelos outros, tomada de decisões, padrões de sono, apetite, cansaço, peso, interesse em sexo e assim por diante. Uma pontuação de 1 a 10 indica altos e baixos normais; 11-16, transtorno leve de humor; 17-20, depressão fronteiriça clínica; 21-30, depressão moderada, que vai de severa a extrema em uma pontuação superior a 40.

Existe um tipo de desafio, na verdade, inevitabilidade, para que resulte uma pontuação de depressão. Todos queremos nos sair bem, afinal. E se uma pessoa está fazendo um teste de depressão, então já existe a suspeita de um problema. Mas que pessoa jovem não se sente deprimida? — particularmente, talvez, depois de uma semana de exames escolares, ou de uma briga com o namorado, até mesmo depois de algum uso de drogas recreativas e do esquecimento de comer; sem falar no fluxo constante de músicas populares que cantam o vazio da vida, o nada que habitamos, as almas assassinas, a cavalgada dos palhaços, o abismo bocejante, a sanidade cuja preservação é um emprego em tempo integral — todos naqueles ritmos hipnóticos estentóricos que ressoam no ouvido interno. Uma sensação de desesperança, uma irritabilidade adolescente, talvez uma fase, mesmo que seja uma que dure vários anos.

Um dos efeitos de instrumentos como o Inventário de Depressão de Beck e os diagnósticos mapeáveis do *DSM* é que eles podem produzir exatamente os resultados que buscam. Facilmente copiáveis não apenas como testes, mas como comportamentos doentios, borbulham na internet para a circulação generalizada, espalhando exatamente os transtornos que tinham como objetivo curar. O mundo das emoções e da imaginação está sempre aberto a sugestões e é uma simples questão de assinalar uma lista de males para si mesmo e para o grupo a que se pertence. Como forma de avaliar a personalidade e suas supostas aberrações, a abordagem mediante receita, que reduz as complexidades da mente e da experiência, pode ter um aspecto insidioso.

Tome o recente "*Teen Screen Program*" que emanou da altamente respeitável Columbia University, aplicado em cerca de quatrocentas comunidades dos Estados Unidos. Seu objetivo é mapear jovens de 11 a 18 anos segundo a "probabilidade" de serem *propensos* à depressão ou constituam risco de suicídio. Em cerca de dez minutos, os jovens preenchem sozinhos um questionário de 14 itens que lhes pergunta sobre "depressão, ideias e tentativas de suicídio, ansiedade, uso de álcool e drogas e problemas de saúde em geral". O Teen Screen também submete uma entrevista de caráter geral, computadorizada, de 52 itens, que pode ser administrada e pontuada por não profissionais treinados. Ela indica a possibilidade de o jovem ter problemas de saúde mental.

Aos jovens são oferecidos sanduíches Big Mac e vários incentivos para o preenchimento dos formulários. Embora a Columbia tenha negado enfaticamente qualquer vínculo financeiro com a Big Pharma na execução do projeto, é inevitável o fornecimento de informações por baixo do pano para a indústria de saúde mental no caso de trabalhos tão antecipatórios como esse. A boa intenção pode ser "pegá-los cedo". O resultado bem pode ser que, "ao fazer da saúde mental uma prioridade" e "oferecer para toda a juventude uma oportunidade de mapear-se voluntariamente", mais jovens aprendem o delineamento e a linguagem em que podem encaixar seus sentimentos muitas vezes incipientes. Eles são arranjados em diagnósticos hoje na moda: transtorno do pânico, fobia social, ansiedade generalizada, transtorno da ansiedade social, para o qual Paxil foi amplamente vendido. De fato, o programa também pode ter ajudado a elevar a "ansiedade social" comum aos adolescentes à categoria de doença. Outras doenças com frequência diagnosticadas, agora que existem medicamentos para melhorá-las, incluem o transtorno obsessivo-compulsivo com sua ritualização de ansiedades comuns (Estou com mau hálito? Escovei meus dentes? Desliguei o ferro de passar, o forno, apaguei as luzes?) e, naturalmente, depressão — que, dificilmente espantaria ouvir, pode ser tratada com antidepressivos e sessões rápidas de TCC.

Fora do mundo da saúde mental, não surpreende que a maioria dos jovens em um momento ou outro sintam ansiedade, abriguem pensamentos suicidas, ou se comportem, sintam ou fantasiem de forma que profissionais que "ticam" formulários podem achar aberrante; embora quando estejam fora de suas camisas de força burocráticas possam ter ouvido as mesmas canções, visitado os mesmos *websites*, tomado as mesmas drogas "recreativas" e sentido a mesma anomia depois de sair do êxtase. O Teen Screen soa ainda como outra fórmula para medicalizar e, depois, de algum modo, livrar-se do próprio adolescente, chamando-o de "transtornado". De fato, um estudo mostrou que três caminhadas rápidas de trinta minutos por semana têm efeitos maiores para diminuir a depressão que as drogas da família Prozac. Entre 156 pessoas monitoradas pela Duke University, apenas oito que seguiam esse regime viram a depressão retornar.[449] Talvez o Teen Screen pudesse aliviar mais a depressão e os pensamentos suicidas se fosse transmutado para "build up Teen Steam" [Fortaleça a energia do adolescente].

Claramente, identificar doença ou transtorno mental criará uma demanda por um número sempre crescente de tratamentos e drogas que possam conter ou atenuar a doença. Simultaneamente, a própria existência de uma droga da Big Pharma pode ajudar a dar nome a uma doença. Elizabeth Wurtzel escreve que, desde o início, embora ela nunca tivesse dito especificamente isso no decorrer da terapia que começou com conduta suicida pronunciada, seu psiquiatra suspeitou de que o conjunto de sentimentos e comportamentos dela se encaixava na categoria "depressão atípica". Mas não haveria necessidade de "nomear" a doença a menos que um medicamento tivesse sido prescrito. Quando a fluoxetina apareceu no mercado, e muitos médicos, inclusive o famoso Peter Kramer em seu *Listening to Prozac*, disseram que ele fazia pacientes com esses sintomas se sentirem "mais que bem", fez sentido para o psiquiatra de Wurtzel oferecer um diagnóstico.

> Parece estranhamente ilógico. Em vez de definir minha doença de forma a nos levar à fluoxetina [Prozac], a invenção dessa droga nos trouxe à minha doença. O que parece invertido, mas é um curso de eventos típico em psiquiatria — que a descoberta de uma droga para tratar, digamos, esquizofrenia, tenderá a resultar em muito mais pacientes sendo diagnosticados como esquizofrênicos.

Escrevendo em 1999, cerca de seis anos após o lançamento de seu livro, Wurtzel observou o quanto havia mudado no mundo da saúde mental desde seu diagnóstico inicial. O psiquiatra que primeiro lhe receitara Prozac agora dirigia uma clínica de saúde mental na Califórnia onde não eram oferecidos terapia de longo prazo ou aconselhamento do tipo que a própria Wurtzel recebera. Em vez disso, um grande volume de prescrições escritas estava sendo distribuído. O psiquiatra sentia que, dessa forma, em vez de poucas pessoas receberem muita ajuda, muitas pessoas recebiam um pouco de ajuda. Além disso, a exaustão da terapia verbal com pacientes suicidas era evitada, e ela, finalmente, tinha os "recursos emocionais" para lidar com a família. Wurtzel conclui: "Não são apenas os pacientes que estão desesperados por qualquer alívio que o Prozac possa oferecer — os médicos também estão sobrecarregados; as necessidades que seus clientes desenraizados, instáveis e alienados levam para a terapia na idade do divórcio são quase excessivas para serem trabalhadas sem intervenção não humana."[450]

Diz-se que entre sua introdução em 1988 e a perda da patente do Eli Lilley, o Prozac foi prescrito para mais de 35 milhões de pessoas em todo o mundo. Em 1999, informou-se que um milhão de crianças nos Estados Unidos tomava antidepressivos, inclusive Prozac com gosto de menta. Só em 2000 o Prozac rendeu 2,6 bilhões de dólares para a companhia dona da patente. O Eli Lilley não está sozinho nessa bonança de antidepressivos. Os orçamentos promocionais das grandes companhias farmacêuticas continuam enormes, maiores que os recursos destinados à pesquisa e ao desenvolvimento.[451]

Agora que se revelou que o risco de suicídio dos que têm menos de 19 anos e tomam antidepressivos é o dobro daqueles que não tomam medicamentos (e os que tomam antidepressivos são 15 vezes mais propensos a completar o ato), a prescrição por atacado de antidepressivos para jovens caiu levemente.[452] Mas não o tamanho do problema da depressão, e, para a maioria, os antidepressivos continuam a ser tanto prescritos quanto desejados. Como terapia de acompanhamento, a TCC continua a ser o tratamento recomendado, coberto pelo seguro e eficaz. Na Grã-Bretanha, o relatório Layard observou que não havia terapeutas treinados em número suficiente para atender à demanda. Felizmente, para o caso de nenhum dos terapeutas de TCC estar disponível, existe agora um pacote computadorizado disponível para depressão: você pode engajar-se em "Vencer a tristeza" em sua própria tela de computador... que, antes de mais nada, pode ser a maior causa da sua depressão.

Uma das dificuldades da terapia cognitiva é a assunção subjacente de que as pessoas são sempre seres racionais e capazes de se avaliar adequadamente, sem nenhum autoengano ou rejeição, e que uma boa dose de conversa estimulante sobre problemas e estratégias para livrá-las de "pensamentos negativos" vai resolver as coisas. Pode ser e é sempre bom aprender um pouco mais sobre si mesmo, mas a promessa de felicidade e de resultado a curto prazo pode exceder em muito o que normalmente se pode cumprir. Os pacientes em geral se engajam novamente na TCC depois da primeira vez; e depois da segunda. Muitos também têm necessidade de continuar a tomar o antidepressivo, cujo hábito é difícil de abandonar. Sair dele pode ser um processo lento, nem sempre realizável.

Mesmo que, quando se está vulnerável ou deprimido, o que se queira é ajuda, ao avaliar a forma em que o próprio marketing de diagnósticos e terapias pode espalhar a desordem, vale a pena lembrar que muitas das depressões mais comuns vão desaparecer sozinhas após uns oito meses e sem tratamento. O Colégio Real de Psiquiatras afirma isso em seu *website*. Ao modo britânico usual e contido, ele nem recomenda procurar um psiquiatra para a depressão, quando prescrições de um clínico geral e sessões de terapia verbal serão suficientes. Seria difícil encontrar recomendações similares em uma economia em que a saúde mental é privada.

Quanto aos antidepressivos, o Colégio Real enuncia as probabilidades. Todos os testes mostraram que entre 24% e 35% das pessoas se sentirão melhor com um placebo depois de três meses; enquanto os 50% a 65% que melhoram com medicamentos nesse período também devam parte desse benefício ao efeito placebo. O sistema ajuda, parece, contanto que esteja bem-intencionado. E os placebos produzem menos efeitos colaterais, como aquela diminuição radical do desejo sexual associada aos ISRSs. Uma vez que a OMS admite que 33% das doenças de hoje são causadas por tratamento médico — isto é, são iatrogênicas, ou induzidas pelo médico —, os tratamentos que não dependem de medicamentos podem ser mais seguros, particularmente após a revelação de aspectos ocultos dos testes com drogas da Big Pharma e o esbanjamento que cria as nossas "drogas seguras".

A SOCIEDADE QUÍMICA

Uma das dificuldades da nossa sociedade química é que o salto das drogas ilícitas recreativas para o que Peter D. Kramer habilmente apelidou de "psicofarmacologia cosmética" é apenas um salto para o outro lado da rua. Não apenas os padrões de tomar drogas para alterar os estados de espírito estão bem estabelecidos dos dois lados da rua, como, às vezes, é difícil dizer se tomar um tipo de droga pode de fato ajudar a provocar as mudanças de humor e a depressão subjacente que levam a tomar o outro tipo de droga; ou se uma proclividade neural à depressão da variedade atípica ou cíclica torna os indivíduos mais inclinados a buscar drogas de rua e ser sensíveis aos seus efeitos, de modo que, ao tomá-las, estão efetivamente se automedicando, como os médicos poderão fazer por eles depois. O tráfego entre as drogas de rua e as prescritas raramente é de mão única. Os ISRSs, afinal, são estimulantes, exatamente como o são muitas drogas de rua. Embora sejam abundantes as hipóteses sobre como trabalham e por que afetam algumas pessoas e outras não, nenhum cientista produziu conclusões que durem mais que alguns anos. Enquanto isso, a Big Pharma agora está pesquisando uma das drogas britânicas favoritas nos clubes, a quetamina, inicialmente usada para dopar cavalos, por seu potencial médico.

Se as companhias farmacêuticas assumissem a manufatura e a venda das drogas de rua, ouviríamos de maneira diferente a afirmação de que as pessoas se sentem "mais que bem" ao usá-las, como fizemos com o Prozac? Sentir-se "mais que bem", de qualquer modo, seria uma aspiração à "mania" — aquele "alto" em que a mente, a imaginação e as emoções se aceleram e as inibições desabam e que os que têm transtorno bipolar dizem que detestam abandonar, particularmente antes que espiralem alto demais. Não surpreende de maneira alguma que antropólogos urbanos tenham indicado que as grandes firmas financeiras americanas veem certo grau de comportamento maníaco como um ativo de seus empregados, que, com muita frequência, o tornam efetivo recorrendo às drogas ilícitas mais caras.

Nossos tempos produziram uma confusão terrível sobre drogas, estados de espírito, doenças e comportamentos. O lícito e o ilícito, a grande ciência médica e os traficantes de rua se combinaram para criar uma visão química do humano que aprisiona todo o espectro da possibilidade humana em categorias de transtorno mental ou criminalidade, com pouca coisa no meio. Ambas as classes de drogas têm aspectos atrativos e simultaneamente carregam um estigma. Ambas inevitavelmente reduzem a plenitude da vida humana e estressam o estado de espírito, os altos e baixos e o que quer que os produza, acima de tudo o mais. A visão neural da vida com a lista psicológica de "ticar" que a acompanha simplesmente não é o bastante para ver a maioria das pessoas ao longo de suas muitas fases. Até Spitzer, criador do *DSM* contemporâneo, reconheceu isso em um documentário para a televisão de 2007, *The Trap*.

Se nossa sociedade química, com seus erráticos arroubos de fé em curas mágicas, às vezes dá aos pacientes, médicos e pesquisadores a ilusão de que é possível se livrar das doenças, ou que elas podem ser facilmente controladas, a realidade insiste em outro quadro. Em nenhum lugar isso fica mais claro que nas histórias dos que se autointitulam e são medicamente classificados como depressivos ou bipolares. Aqui a dor é palpável, junto com a confusão e uma sensação de que a vida está errada, sempre oscilante, à beira do suicídio. Mesmo quando essas narrativas são estruturadas em torno dos polos doença e recuperação, a vida se filtra com sua inevitável desordem para produzir um cenário muito mais amplo. Histórias de depressão como a de Elizabeth Wurtzel, em *Prozac Nation*, ou de Lauren Slater, em *Prozac Diary*, ou mesmo os vários e notáveis livros de Kay Redfield Jamison sobre depressão maníaca, ou transtorno bipolar, que ligam a doença — talvez de uma forma que parece um pouco ambiciosa demais — aos muitos "gênios" que a cultura ocidental produziu, revelam que a vida escapa das atuais categorias médicas e do que é rotulado como cura. Naturalmente, Sylvia Plath — cuja trajetória é muito imitada — pode ser considerada depressiva ou até maníaco-depressiva, mas isso dificilmente resume a totalidade de suas realizações e os muitos estados de espírito, emoções, aspirações, responsabilidades assumidas e o trabalho produzido entre elas. Existe a tentação de perguntar se uma doença crônica, cujas causas são entendidas como genéticas, constitucionais, químicas ou ambientais, não estaria mais bem considerada simplesmente como parte da condição humana.

O falecido e famoso analista francês Pierre Fedida, às vezes conhecido como existencialista, escreveu seu último livro sobre a depressão. Preocupado com o crescimento de uma doença que afetava apenas 3% da população durante os anos 1970, índice que aumentou na virada do século para 15%, notou que a depressão só podia ser inerente a uma sociedade em rápida transformação que exigia desempenho e iniciativa a qualquer custo apesar do fato de a tecnologia e os códigos de amor se metamorfosearem com rapidez excepcional. Nesse mundo, ser depressivo é uma maneira de se ocultar, manter-se inativo, recusar o desempenho, enquanto os desejos são novamente despertados. Se as drogas hoje são menos tóxicas e podem fazer efeito, o verdadeiro trabalho, segundo Fedida, ainda é compreender, mediante os atos de falar e ouvir da terapia, onde se pode conhecer melhor a si mesmo para ser capaz de fazer face aos choques frontais dos nossos tempos. Felizmente ainda existem alguns na profissão psiquiátrica cujos mundos não se resumem aos manuais de diagnóstico.

É útil lembrar, como a história é propensa a fazer, que as doenças de hoje tanto foram vistas quanto vividas de outra forma. Freud bem poderia ter pensado em alguns de seus contemporâneos que sofriam de depressão — com sua energia, vivacidade, inteligência e suas tentativas de suicídio — como histéricos; e um ou dois transportados para a América de meados do século XX poderiam ver-se classificados como esquizofrênicos. No mundo pré-psiquiátrico em que Mary Lamb viveu, com todos os horrores da vida no asilo mental, eles poderiam ter pouca escolha a não ser confiar no tempo e no amor de alguém responsável que os ajudasse.

Este livro não é uma condenação de nossa época psiquiatricamente medicalizada. Muito da assistência médica, dos medicamentos, da conversa terapêutica disponível de fato melhora a vida de pessoas em sofrimento. Mas uma viagem pela história oferece um lembrete de precaução: doença mental é também o nome *dado* a um conjunto de males por vários grupos de médicos da mente. A doença pode fornecer significado e definição por algum tempo para quem a sofre; ou infligir um estigma. Certamente não há fundamento para o último: na vida da maioria das pessoas, em algum ponto elas viverão aspectos de alguns dos estados que agora chamamos de doença mental ou doença mental crônica. Mas tampouco existem, para a maioria das doenças mentais, não importa o nome que recebam, curas absolutas ou curas químicas que produzam equilíbrio ou felicidade duradouros. Recuperação, salvação, cura não são nem absolutas nem um simulacro do céu.

As vidas se estendem pelo tempo. Elas têm momentos melhores e piores e, às vezes, tão ruins, que parece que não se vai conseguir ultrapassar. As pessoas superam isso. As mulheres superam. Elas ultrapassaram os pontos perigosos: a adolescência com seus altos e baixos traumáticos, suas crises de identidade e imagem, seu caos interior e suas incertezas. Elas ultrapassaram o nascimento de uma criança, com seus jorros hormonais e desvitalizações, e a maternidade, sobre a qual se joga tanta culpa. Elas até superaram o luto. Ultrapassaram isso graças à gentileza de parentes, amigos, médicos, terapeutas e estranhos.

Se nos últimos anos a proporção de médicos e terapeutas que são mulheres cresceu, isso só pode ser bom: elas levam para o trabalho um entendimento maior do que significa crescer sendo mulher. Mas é talvez cedo demais para dizer se sua presença na profissão vai aliviar o fardo das mulheres, ou mudar substancialmente o histórico dos médicos da mente de recrutamento das mulheres para a "doença".

EPÍLOGO

Dez dias após o nascimento de seu segundo filho, Fiona Shaw, uma mulher jovem, vibrante, bem-educada e com talento literário do norte da Inglaterra nos anos 1900, viu-se em um "estado de espírito desconfortável" que não passava. As lágrimas vinham e a engolfavam. Da mesma forma os gritos, o ódio de si mesma, o medo do mundo lá fora, períodos de dormência e inabilidade para compreender por que se encontrava em estado de desespero quando não havia nada para ela se sentir deprimida. Mal conseguia alimentar e banhar o bebê. As pessoas falavam de "tristeza do bebê". Seu clínico geral lhe disse para "trincar os dentes e aguentar", a menos que quisesse antidepressivos, o que significava que teria de desistir da amamentação no peito. Aquilo passaria, ele disse. Não passou. Um segundo médico veio à casa dela, mais gentil, e recomendou a Unidade Mãe e Bebê de um hospital psiquiátrico.

Ela passou os meses seguintes ali, suicida, queimando-se e cortando-se sub-repticiamente, recusando-se a comer. O psiquiatra lhe deu uma explicação da doença que dificilmente seria diferente — em sua mescla de causas ambientais, biográficas e psicológicas — do que Esquirol poderia ter oferecido duzentos anos antes ao considerar aquela a mais antiga das loucuras específicas da mulher. A dra. A, uma mulher inteligente e objetiva, falou de uma combinação de fatores: um evento traumático (o nascimento), "desencadeando uma reação à história passada, talvez composta de mudanças hormonais drásticas".[453] Seu tratamento, no entanto, era mais radical que o que Esquirol teria a oferecer, embora seus casos não parecessem ir mais longe que os contemporâneos. O dela não era um regime de purgantes e banhos quentes. Quando Shaw não respondeu aos antidepressivos e à clorpromazina e ainda não comia (a maioria das pacientes pós-parto de Esquirol também não comia), foi isolada e recebeu eletrochoques duas vezes por semana durante quatro semanas. Sofreu a brutalidade infligida pelo tratamento e uma severa perda de memória.

Quando voltou para casa depois de dois meses e meio, ainda precisava de ajuda. A psicoterapia que desejava não estava disponível. Apenas os choques estavam, agora como paciente externa. Durante um total de seis meses amnésicos, a substância da vida foi eviscerada dela. Depois disso vieram mais seis meses de antidepressivos. Quando saiu destes, a depressão voltou, debilitante e difícil de suportar.

Shaw decidiu que não voltaria às pílulas. "Elas simplesmente teriam adiado o dilema. Elas me possibilitavam sobreviver a uma crise impossível e me ajudavam a me recompor o suficiente para recomeçar a vida novamente. Mas não tinham respostas para mim e não apagavam as perguntas."[454] Parou de comer de novo e, finalmente, conseguiu dinheiro para ir a um terapeuta.[455] Ela queria algum entendimento — de si mesma, da crise, o que a levara àquilo; queria significado. Além de cuidar bem de seus filhos, ela também queria escrever, que é outra forma de explorar e compreender.

Os seres humanos são animais estranhos. Às vezes parecem satisfeitos em aceitar uma explicação "física" ou um remédio para uma doença, mas com doenças que envolvem a mente, as emoções, o comportamento, a explicação física raramente basta. Afinal, nós podemos ser o nosso corpo, mas o nosso corpo dificilmente é tudo que somos: para alguns, isso se estende além do limite da morte do corpo. E embora nosso corpo habite o presente, a mente vagueia pelo tempo. O passado a afeta: da mesma forma a (im)possibilidade de um futuro. Mesmo quando pílulas ou banhos (e, como juram alguns, até o barbarismo do eletrochoque) ajudam, existe um resíduo de perguntas e necessidades.

Shaw satisfez algumas destas com a psicoterapia e outras escrevendo. Ambas deram vida a uma história em que seu próprio abandono ainda quando criança pequena pelo pai quando um irmão nasceu produziram uma torrente de emoções conflituosas, reencenadas no ódio a si mesma, em uma aridez defensiva, até no luto por uma perda antiga, quando a segunda filha nasceu. Não somos criaturas simples.

Recentemente, embora os números da depressão continuem a aumentar, tem havido algo como uma reação dos pacientes contra a prescrição fácil e, às vezes, desatenta de antidepressivos para todas as formas de doença. Um relatório da Comissão de Serviços de Saúde na Grã-Bretanha afirmou que das 84 mil pessoas que haviam usado os serviços de saúde mental comunitários em 2005, um terço não conseguira ter acesso à terapia verbal que desejava.[456] O aumento da disponibilidade de psicólogos clínicos e de terapeutas para fornecer um cuidado básico é prioridade do governo. Isso só pode ser bom: no geral, a maior parte dos tipos de terapia verbal tem uma enorme vantagem em relação a terapias físicas como o coma por insulina ou a psicocirurgia, com seu componente sádico. Mas aqui, como nos Estados Unidos e até certo ponto na França, existe a ideia de que a terapia cognitivo-comportamental, com seu impulso para a frente, seu vocabulário de metas e autoestima, é a única terapia que tem sucesso comprovado. Com seu período de tempo supostamente limitado, seus objetivos terapêuticos explícitos, seu "comprovado" custo-benefício em relação ao baixo uso pelos pacientes de outros setores dos serviços de saúde, a TCC parece compartilhar com o governo uma linguagem de objetivos e economia.

Finalmente, a história dos últimos duzentos anos do crescente império psiquiátrico e psicológico deveria nos tornar céticos sobre a possibilidade de uma única "terapia" satisfazer todas as situações por mais que um breve período. As terapias, afinal, podem criar seus próprios e melhores pacientes, embora, uma vez criados, exista a criatividade humana que muda e precisa de outras terapias. Se os governos fossem astutos, ou antes, inteligentes, dificilmente colocariam todos os seus ovos terapêuticos em uma só cesta, não importa o suposto sucesso comprovado ou a economia financeira. Avaliações de vários tipos de terapia — da TCC à interpessoal, à terapia de relacionamento familiar, que trabalha a "reestruturação relacional, construção de alianças, educação dos pais, religação afetiva e promoção da competência", a simples intervenções educacionais — mostram que todas tiveram seus respectivos graus de sucesso com adolescentes deprimidos e também com suas famílias. As únicas diferenças substanciais no sucesso são vistas em pessoas que experimentam algum tipo de intervenção em comparação com um grupo de controle, estão em uma "lista de espera" e vivem pior.[457]

Uma vez que, depois de uma primeira intervenção "crucial", mais terapia é exigida, provavelmente não é exagero (como outros estudos têm mostrado) imaginar que as terapias mais tradicionais que tentam um entendimento do eu que case o passado com o presente também possam servir a um propósito e fornecer alguma forma de custo-benefício. Afinal, o que se sabe é que, enquanto fazem psicoterapia, as pessoas raramente ficam doentes ou vão ao clínico geral.

Há uma preocupação recente por parte de alguns terapeutas, até mesmo da ala psicanalítica mais tradicional das terapias, de proporcionar uma "base de comprovação" para o seu trabalho — em parte, talvez, para policiar os limites de uma profissão que, com demasiada frequência, extrapola para o curandeirismo, em parte para corresponder às necessidades dos programas de saúde do governo. Embora a psicanálise — com sua natureza individual, confidencial e de longo prazo e seu objetivo de lidar com conflitos internos que podem trazer o benefício adicional de livrar o paciente dos sintomas — raramente se preste ao tipo de repetição que os estudos com base em provas necessitam, o Stockholm Outcome of Psychoanalysis and Psychoterapy Project (STOPPP) foi fazer exatamente esse estudo.[458]

Desenhado para um programa nacional sueco de saúde que queria testar a viabilidade de fornecer essas terapias pelo seguro-saúde, o STOPPP começou a medir a eficácia da terapia. Setecentos e cinquenta pacientes — 202 deles em programas subsidiados ou em terapia psicodinâmica com clínicos conhecidos, o resto em lista de espera —, todos eles diagnosticados e classificados segundo os critérios do *DSM-IV*, foram acompanhados por um período de três anos. Comparações foram feitas entre os dois tipos de trabalho clínico e o grupo da lista de espera. "O resultado foi avaliado em termos de sintomas, relações sociais, atitudes morais ou existenciais, saúde geral, utilização do seguro-saúde, capacidade de trabalho etc., mediante entrevistas qualitativas, inventários de autorrelatos, questionários e dados oficiais."[459]

Para propósitos de "normatização", um questionário de bem-estar foi entregue aos participantes e a um grupo que não estava sob atendimento médico em Estocolmo. O resultado indicou que tanto terapia quanto análise promoveram uma substancial melhora em termos de moral e alívio dos sintomas. A surpresa foi que a análise causou a maior melhora — embora não em relações sociais. Isso aconteceu apesar da ênfase muito maior dos terapeutas, uma parte deles de behavioristas cognitivos, em fatores curativos: metas afirmadas, objetivos concretos, ajustamento às condições prevalecentes; ajudando o paciente a evitar situações causadoras de ansiedade. Surpreendentemente, dadas as condições dominantes, parece que a insistência dos terapeutas em gentileza, apoio e estímulo aos pacientes, e sua própria autorrevelação, tiveram efeito pequeno na terapia, ao contrário da suposta neutralidade dos psicanalistas tradicionais (e frequentemente mais velhos).

De particular importância nesse contexto é que os pacientes STOPPP com terapeutas mulheres tiveram resultados significativamente melhores que os pacientes com terapeutas homens, abstraindo o sexo do próprio paciente e o tipo de tratamento envolvido, embora a diferença não fosse tão substancial entre os pacientes psicanalíticos. Na verdade, o estilo do psicanalista importava muito menos no resultado da análise que a forma que o terapeuta dava à terapia. Pode ser que o *insight* — que o estudo designava como "ajudar o paciente a compreender que reações e relações antigas são repetidas com o terapeuta; ajudar o paciente a ver a conexão entre os problemas dele e a infância dele; encorajar o paciente a refletir, na terapia, sobre suas experiências iniciais mais dolorosas" — tenha mais a ver, afinal de contas, com a invenção de Freud da técnica analítica que com a personalidade próxima do analista.

Estudos recentes baseados em comprovação de resultados terapêuticos — como os conduzidos por Peter Fonagy e Mary Target do Centro Anna Freud e da Unidade de Psicanálise da Universidade de Londres em colaboração com o Centro de Estudos da Criança de Yale — investigaram o impacto da terapia em crianças diabéticas que precisam resolver conflitos a fim de controlar melhor os níveis de insulina. Melhora substancial e duradoura comprovou-se aí.[460] Um estudo de 352 crianças em terapia com transtornos de depressão e ansiedade mostrou melhora expressiva em 72% dos tratados no mínimo durante seis meses, com resultados melhores em casos graves para os tratados intensiva e diariamente. Outro estudo, de adolescentes, ainda não completado, mostrou, entre uma pletora de resultados, que as meninas respondiam muito melhor que os meninos tanto aos testes quanto à terapia.

Tais resultados só podem dar lugar à especulação: é possível que as mulheres, que constituíram uma porção tão talentosa dos primeiros pacientes de Freud, tenham talento para as terapias verbais e/ou para agradar aos seus terapeutas? É preciso prevenir-se contra uma generalização excessiva com base em um estudo restrito, mas o pensamento é tentador, particularmente uma vez que na Grã-Bretanha em 2004 havia uma estimativa de 19 mil tentativas de suicídio de adolescentes deprimidos, um a cada trinta minutos, e a maioria das "tentativas", embora não de seu sucesso e conclusões trágicas, era feita por garotas, que ultrapassam os meninos em tentativas de suicídio aqui em uma proporção de nove para um.

Os médicos da mente podem de fato ter ajudado as mulheres. Além disso, também a simples presença de um "outro" interessado, seja um interlocutor, um amigo atento ou o cônjuge, mostrou ter efeito muito maior em nossos sistemas imunológico e nervoso, assim como em nossas emoções e mentes.[461] Então, por que não, afinal de contas, um terapeuta atento? Mas talvez não devamos nos apoiar em uma só profissão para explicar tudo. Se os médicos da mente nos mostraram alguma coisa ao longo desses últimos duzentos anos foi que o nosso modelo da mente humana precisa ser amplo. Estreitar e medicalizar demais as definições reduz os limites não apenas da chamada normalidade, mas das possibilidades humanas. Lacan observou que alguns de seus "loucos" funcionavam muito bem em uma comunidade religiosa, em redes fechadas, organizações sociais ou partidos políticos. Essas vidas possíveis podem tê-los impedido de cair na prisão ou no hospício.

Rememorando as vidas que pontuaram esta história — de Mary Lamb, Théroigne de Méricourt, Henriette Cornier, passando por Alice James, Zelda Fitzgerald, Virginia Woolf às nossas vítimas contemporâneas de anorexia e depressão — e colocando-as lado a lado com o entendimento dos loucos, tristes e maus de sua época, certas características ganham relevo. Fica claro que sintomas e diagnósticos influenciam uns aos outros e se reúnem para criar modas culturais na doença e na cura. Qualquer que seja a sofisticação do diagnóstico, entretanto, e do tratamento que o acompanha, isso pode não alterar a natureza *recorrente* ou crônica do sofrimento de um indivíduo. Pinel, nesse sentido, foi um médico tão eficiente ou ineficiente como o mais "científico" dos psicofarmacologistas.

Fica claro que, ao deixarmos o século XX e entrarmos no século XXI, um conjunto ainda maior de comportamentos e emoções se tornou "sintomático" e caiu sob a égide dos médicos da mente. Uma vasta escala de excentricidades e desconfortos que parecem demasiado difíceis para se constituir em casos passíveis de tratamento. Mas se o que se entende como doença aumenta, os sintomas têm sido atribuídos a um conjunto cada vez mais limitado de fatores "químicos". Parece que quanto maior é o terreno da possível doença, mais "científica" e organicamente precisas queremos que sejam a causa e a cura. Existe uma contradição aqui que pode servir a uma indústria farmacêutica bem melhor que àqueles designados como pacientes ou, de fato, à esfera social como um todo. Nossos tempos podem necessitar "curas" mais amplas e outras que não as que podem ser encontradas apenas na terapia, seja do tipo verbal ou farmacêutico.

Enquanto isso, os médicos da mente — clínicos gerais na linha de frente, terapeutas de um crescente número de variedades, psicanalistas, psiquiatras ou psicofarmacologistas — avançam com dificuldade, fazendo o que podem, o que, às vezes, é tudo que pode ser feito. O perigo, talvez, apareça quando pedimos demasiado deles.

NOTAS

Abreviações

CW *The Collected Works of C.G. Jung*, ed. Sir Herbert Read, Michael Fordham e Gerhard Adler, trad. R.F.C. Hull (Londres: Routledge & Kegan Paul, 1944-78)

FJ *The Complete Correspondence of Sigmund Freud and Ernest Jones, 1908-1939*, ed. por R. Andrew Paskaukas (Harvard: Harvard University Press, 1995)

Fjung *The Freud-Jung Letters*, ed. William McGuire, trad. R. Manheim e R.F.C. Hull (Princeton: Princeton University Press, 1974)

IJP *International Journal of Psychoanalysis*

SE *The Standard Edition of the Complete Psychological Works of Sigmund Freud*, 24 vols., ed. James Strachey em colaboração com Anna Freud, auxiliado por Alix Strachey e Alan Tyson (Londres: The Hogarth Press and Institute of Psychoanalysis, 1953-74)

Introdução

1. *em cerca de 234%* Rufus May, "Britain on the couch", *Independent*, 8/10/2006, p. 12, disponível em http://news.independent.co.uk/uk/healthmedical/article1819643.ece
2. *problemas de saúde mental* Nigel Mossis, "Suicidal, Sexually Abused, Scarred" [Suicida, vítima de abuso sexual, marcada], *Independent*, 2/8/2006, p.12, disponível em http://news.independent.co.uk/uk/crime/article1209749.ece
3. *pressão sanguínea alta Our World*, BBC World, 14/11/2006
4. *hormônios específicos* Ray Moynihan, "The Marketing of a Disease: Female Sexual Disfunction", *British Medical Journal* 326 (2003), p. 45-7, disponível em http://www.bmj.com/cgi/content/full/326/7379/45
5. *ansiedade e depressão* Ver *website* de ADD Health Centre [Centro de Saúde para Transtorno do Déficit de Atenção]: http://www.add-adhd-help-center.com/Depression/statistics.htm.Ver também *website* do National Institute of Mental Health, National Statistics Online (UK), o documento da OMS *The Global Burden of Disease* [O ônus global da doença], 2000

6. *maioria é de mulheres* "Mental Illness Benefit Claims Up" [Pedidos de seguro para doença mental sobem], *BBC News*, 1/2/2007, disponível em http://news.bbc.co.uk/1hi/uk/6319593.stm
7. *Serviço de Aconselhamento na Universidade de Cambridge serem mulheres Cambridge University Newsletter*, abr-mai 2007, p. 4

PARTE 1

1 Loucas e más

8. *chapéu com babado* O retrato de Mary e Charles foi pintado por Francis Stephen Cary e está na London National Portrait Gallery Collection
9. *trabalho demais Morning Chronicle*, 26/9/1796, em Sarah Burton, *A Double Life* (Londres: Penguin Books, 2004), p. ix
10. *cabeça do infante sagrado* "To a Friend" em Samuel Taylor Coleridge, *Poems*, ed. John Beer (Londres: Dent, 1974), p. 43
11. *ela é louca* Richard Hunter e Ida Macalpine, *Three Hundred Years of Psychiatry 1535-1860* (Oxford: OUP, 1963), p. 310-11
12. *até 1948* Edward Shorter, *A History of Psychiatry* (Nova York: John Wiley & Sons, 1997), p. 5
13. *eles administravam* William Battie, *A Treatise on Madness*, e *Remarks on Dr. Battie's Treatise on Madness* por John Monro, reimpresso da edição de 1758 com introdução de Richard Hunter e Ida Macalpine (Londres: Dawsons of Pall Mall, 1962)
14. *desafiam céu e terra* Anônimo, em Roy Porter, *Mind-Forg'd Manacles* (Londres: Penguin Books, 1990), p. 123
15. *como um lunático* Burton, *A Double Life*, p. 91
16. *paroxismos de insanidade State Trials*, 1800, vol. 27, colunas 1307-30, citado em Valerie Argent, "Counter-Revolutionary Panic and the Treatment of the Insane", disponível no *website* de Andrew Roberts: http://www.mdx.ac.uk/www/study/index.htm
17. *abaixo de cinco mil* Shorter, *A History of Psychiatry*, p. 5
18. *era de 74 mil* Ver *website* de Robert http://www.mdx.ac.uk/www/study/mhhtim.htm 1800
19. *uso de violência* Porter, *Mind-Forg'd Manacles*, p. 131, 137
20. *princípios errados* John Locke, *An Essay Concerning Human Understanding* (Londres: Everyman, 1961), livro 2, cap. 11, p. 127
21. *melancolia à hipocondria* George Cheyne, *The English Malady: Or, a Treatise of Nervous Diseases of All Kinds* (Londres: Stratham & Leake, 1733), ed. com introdução de Roy Porter (Londres: Routledge/Tavistock, 1991), p. 262, *passim* 260-74 para material subsequente
22. *mentes nervosas* carta a Moxon, set/1833; cartas a Thomas Manning, 24/2/1805, 10/5/1806
23. *Recurso da Ignorância* Cheyne, *The English Malady*
24. *associações e julgamento* Dr. William Cullen, *First Lines of the Practice of Physik* (Edimburgo, 1778-84), vol. 2, p. 121-2, citado por Porter em *Mind-Forg'd Manacles*; ver tam-

bém *Clinical lectures, delivered in the years 1765 and 1766, by William Cullen, MD... Taken in short-hand by a gentleman who attended* (Londres, 1797), disponível em "Eighteenth Century Collections Online", Gale Group, http://galenet.galegroup.com/servlet/ECCO

25. *sociedade é afligida* Thomas Trotter, *A View of the Nervous Temperament* (Londres: Longman, 1807), p. xvii, citado por W. F. Bynum, "The Nervous Patient in Eighteenth — and Nineteenth — Century Britain", em W. F. Bynum, Roy Porter e Michael Shepherd (eds.), *Anatomy of Madness*, vol. 1 (Londres: Tavistock, 1985), p. 89-102.
26. Roy Porter Porter, *Mind-Forg'd Manacles*, esp. p. 89-110
27. *tipos recém-inventados* Michel Foucault, *Interviews and Other Writings, 1977-1984* (Londres: Routledge, 1988), p. 125-51. Foucault argumenta em seu artigo "The Dangerous Individual" que, ao se consolidar como ramo especializado da medicina, a psiquiatria inventou um novo tipo humano, o maníaco homicida, e transformou assassinos em pessoas loucas, a loucura evocando o testemunho de especialistas nos tribunais, pois frequentemente ela era visível apenas para eles, leitores especializados de seus sinais, e para os custódios cada vez mais treinados para o seu tratamento. O período em que esse novo tipo humano emerge se desenrola junto com a consolidação da especialização da psiquiatria na primeira metade do século XIX. A vida de Mary Lamb coincide com seu desenvolvimento, embora o homicídio seja seu antecessor imediato. Enquanto os argumentos em tela na tentativa de homicídio de Jorge III por Hadfield puderam ser utilizados por psiquiatras posteriores, em 1800 não havia testemunhas especialistas para Erskine chamar. Seus argumentos, no entanto, eram conhecidos de Pinel e Esquirol, fundadores da psiquiatria francesa
28. *seus últimos anos* Porter, *Mind-Forg'd Manacles*, p. 88-9
29. *escapar* É revelador que Charles escreva um artigo intitulado "The Sanity of True Genius", em que declara enfaticamente que o gênio, a inteligência maior, sempre é encontrado nos "escritores mais sãos". "É impossível para a mente conceber um Shakespeare louco." Talento poético, para Charles, que sempre foi inseguro de seu próprio talento e preocupado com os excessos de Coleridge, manifesta-se no "admirável equilíbrio de todas as faculdades"
30. *relato de 1825* Burton, *A Double Life*, p. 294 em diante. Ver também anônimo [John Mitford], *A description of the Crimes and Horrors in the Interiors of Warburton's Private Mad-House* (Londres: Benhow, 1822); e J. W. Rogers, *A statement of the Cruelties, Abuses and Frauds, which are practised in Mad-Houses* {Londres: impresso por E. Justins, 1815)
31. *hospícios na Grã-Bretanha* Ver o material biográfico de Andrew Roberts sobre Mary e Charles Lamb disponível em http://www.mdx.ac.uk/www/study/yLamb.htm
32. *que era necessária* W. W. Webb, reverendo Patrick Wallis, "Tuthill, Sir George Leman (1772-1835)",*Oxford Dictionary of National Biography* (Oxford: OUP, 2004), disponível em http://www.oxforddnb.com/view/article/27900
33. *asilo muito valioso* W. L. Parry-Jones, *The Trade in Lunacy: A Study of Private Madhouses in England in the Eighteenth and Nineteenth Centuries* (Londres: Routledge & Kegan Paul, 1972), pp. 183-4

34. *boa cidadania* Ver Samuel Tuke, *A description of the Retreat* 1813 [reimpresso Londres: Dawson, 1964); Michel Foucault, *Madness and Civilization* trad. Richard Howard (Londres: Random House, 1965), p. 241-7, fornecem o que se tornou a crítica clássica à administração moral
35. *insanidade feminina* Elaine Showalter, *The Female Malady* (Londres: Virago, 1985), p. 10
36. *de um caleidoscópio* Thomas Noon Talfourd, *Final Memorials of Charles Lamb* (Londres: Moxon, 1850), p. 351-2, citado em Burton, *A Double Life*, p. 241-2
37. *provam que isso é verdade* Ver, por exemplo, Andrew Scull, *Mental Disorder* (Berkeley: University of Califórnia Press, 1989), p. 270; e Nancy Tomes, vários artigos incluindo "Feminist Histories of Psychiatry" em S. Micale e Roy Porter (eds.), *Discovering the History of Psychiatry* (Oxford, OUP, 1994), p. 348-83, 364-6
38. *jamais conheci* Ver Burton, *A Double Life*, p. 164-5
39. *os das mulheres* Porter, *Mind-Forg'd Manacles*, p. 163
40. *30%* Parry-Jones, *The Trade in Lunacy*, p. 49-50
41. *1056 para 1000* Números citados por Showalter, *The Female Malady*, p. 52, 259
42. *asilo no do século XIX* Jonathan Andrews e Anne Digby (eds.), *Sex and Seduction, Class and Custody: Perspectives on Gender and Class in the History of British and Irish Psychiatry* (Amsterdã: Rodopi, 2004); ver especialmente a introdução do editor
43. *nas duas mandíbulas* John Haslam, *Observations on Madness and Melancholy*, primeira edição em 1798, segunda edição revisada (Londres: Callow, 1809), p. 317, citada em Shorter, *A History of Psychiatry*, p. 5
44. *sarna seca* William Black, "Dissertation on Insanity", em Hunter e Macalpine, *Three Hundred Years of Psychiatry*, p. 646
45. *categoria de masturbação* Arthur Foss e Kerith Trick, *St Andrew's Hospital, Northampton: The First 150 Years* (Cambridge: Granta Editions, 1989), p. 193-4

PARTE 2

2 Paixões

46. *o olhar médico* Michel Foucault, *The Birth of the Clinic* trad. A.M. Sheridan Smith (Nova Yok: Vintage, 1994); ver, por exemplo, prefácio, p. ix-xix e 71-2. A definição de Foucault do olhar é ampla: inclui um exame visual que, traduzido em palavras, torna a doença do paciente visível mediante uma série de sinais que passam a ser objeto tanto da história natural como da educação de estudantes na nova tecnologia médica da clínica
47. *de sua vontade* J. E. D. Esquirol, "Délire", em *Dictionnaire des Sciences Médicales, par une Société de Médecins et Chirugiens*, p. 251, citado em German Berrios e Roy Porter (eds.), *A History of Clinical Psychiatry* (Londres: Athlone Press, 1995), p. 31
48. *ou curas religiosas* Jan Goldstein, *Console and Classify* (Cambridge: CUP, 1987), p. 72-7
49. *a polícia de Paris* Ibid., p. 47-8

50. *máquina de curar* Jacques Tenon em *Mémoires sur les hôpitaux de Paris* (1788), citado em Goldstein, *Console and Classify*
51. *das paixões* G.-F. Etock-Demazy, "Statistique medicale de l'asile de la Sarthe", *Bulletin de la Société d'agriculture, sciences et arts du Mans* 2 (1837), citado em Goldstein, *Console and Classify*, p. 160
52. *de suas correntes* Sigmund Freud, "Charcot", *SE*, vol. 3, p. 18
53. *doença cerebral* Ibid., p. xx
54. *palavras reconfortantes* Citado em Goldstein, *Console and Classify*, p. 79
55. *em suas capitais* Citado em Dora Weiner, "Le geste de Pinel: Psychiatric Myth", em Mark S. Micale e Roy Porter (eds.), *Discovering the History of Psychiatry* (Oxford: OUP, 1994), p. 232-47. A descrição é de um relato que Esquirol fez para o Ministério do Interior em 1817 quando viajou pela França investigando as condições em que os loucos eram mantidos
56. *virtualmente desaparecido* Goldstein, *Console and Classify*, p. 155
57. *paixões felizes [alegres]* J. E. D. Esquirol, *monomanie*, em *Dictionnaire des Sciences Medicales*, M. M. Adeslon, Alibert, Barbier, *et alii* (eds.), vol. 34 (Paris: 1819), p. 115; e abaixo, *passim* p. 122
58. *desespero e suicídio* J. E. D. Esquirol, *Des Maladies Mentales* (Paris: Balliere, 1838), vol. 1, p. 399-401, para uma introdução à doença
59. *excessivos altos e baixos* Ver, por exemplo, Elisabeth Roudinesco, *Théroigne de Méricourt*, trad. Martin Thom (Londres: Verso, 1991)
60. *entre os soldados* Esquirol, *Des Maladies Mentales*, vol. 1, p. 447
61. *o crime monstruoso* Etienne-Jean Georget, *Discussion médico-légales sur la folie ou l'aliénation mentale* (Paris: 1826), p. 71-9.
62. *não era defesa* Citado em ibid., p. 94. O texto contemporâneo de Georget é a principal fonte de material para os julgamentos que estabeleceram os fundamentos da lei francesa nessa esfera
63. *julgamento de loucos* Ibid., p. 116
64. *forma de loucura* Esquirol, *Des Maladies Mentales*, p. 252-3. Números posteriores citados por Elaine Showalter em *The Female Malady*, p. 54, mostram que a loucura pós-parto era maior entre os pobres — embora nenhuma dessas comparações seja completamente confiável. A pobreza poderia gerar o que se chamava de "loucura da lactação", doença causada pela anemia e má nutrição entre as mães que amamentavam seus bebês por longos períodos por falta de outros alimentos e como meio de contracepção
65. *o próprio surto* Etienne-Jean Georget, *De la physiologie du système nerveux* (Paris: 1821), vol. 2, p. 279, citado em Edward Shorter, *From Paralysis to Fatigue* (Nova York: Free Press, 1992), p. 202
66. *controle racional* Showalter, *The Female Malady*, p. 55
67. *implicar o anterior* Ibid., p. 56

3 Asilo

68. *doença mental tratável* Esquirol, *Des Maladies Mentales*, vol. 2; ver p. 695, 701-2
69. *paciente está submetido* Northampton Mercury, out/1834, citado em Foss e Trick, *St. Andrew's Hospital, Northampton*, p. 17
70. *Europa e América* Relato do dr. Thomas O. Pritchard em 1838, citado em ibid. p. 30-1
71. *com frequência gera* George Man Burrows, *Commentaries on the Causes, Forms, Symptoms and Treatment, Moral and Medical, of Insanity* (Londres: Underwood, 1828), p. 667
72. *contato com as mãos* Shorter, *A History of Psychiatry*, p. 43
73. *original e nobre estrutura* Harriet Martineau, "The Hanwell Lunatic Asylum", *Tait's Edinburgh Magazine*, junho 1834, citado em Roberts e Andrew, *The Lunacy Commission* (1981), disponível em http://www.mdx.ac.uk/www/study/01.htm
74. *piedosamente controlar* Wilkie Collins, *The Woman in White* (Oxford: OUP, 1991), p.22
75. *ela sussurrou* Ibid., p. 91
76. *contradições de um sonho* Ibid., p. 25
77. *existentes* os romancistas ingleses "sensíveis" continuaram a se preocupar com a loucura e o confinamento. O best seller *Lady Audley's Secret* termina com a confissão da heroína de que assassinou o marido porque estava louca, versão enfeitada da relação de Mary Braddon com o homem com quem não podia se casar porque a mulher dele estava louca e confinada em um asilo. *Hard Cash*, de Charles Reade, fornece um disfarce exíguo para John Connolly, chefe do Hanwell, e o acusa de confinar um homem após ser pago pelo pai dele: de fato, Connolly admitiu receber dinheiro de uma mulher para internar seu marido
78. *contou a ele* Hersile Rouy, *Mémoires d'une aliénée* (Paris: Paul Ollendorff, 1883), p. 92-3, trad. e citado em Jeffrey Masson, *Against Therapy* (Londres: Collins, 1989)
79. *sintomas sem uso* Goldstein, *Console and Classify*, p. 324, 328
80. *oficialmente anônimo* Rouy, *Mémoires d'une aliénée*, p. 216, citado por Masson, *Against Therapy*, p. 56
81. *de sua razão* Rouy, *Mémoires d'une aliénée*, p. 133, citado em ibid., p. 54
82. *enterrada viva* Ibid., p. 257, citado em ibid., p. 57
83. *demonstrar sanidade* David Rosenhan, "On Being Sane in Insane Places", *Science* 179 (1973), p. 250-8
84. *número subirá para 1.072* Shorter, *A History of Psychiatry*, p. 47
85. *total de 30.538* E. Fuller Torrey, MD, e Judith Miller, *The Invisible Plague* (Nova Jersey: Rutgers University Press, 2001), p. 74
86. *os dias atuais* Ibid., p. 75, citado do *Journal of Psychological Medicine and Mental Pathology* 10 (1857), p. 508-21
87. *loucura causada pelo álcool* Shorter, *A History of Psychiatry*, apresenta estatísticas espantosas sobre o aumento do consumo de álcool na Europa: por exemplo, na França, a produção de álcool aumentou 14 vezes entre o fim do século XVIII e o início do século XX. O resultado foi um crescimento imenso em doenças causadas pelo álcool que caíram na categoria de loucura — alucinação, perda de memória, confusão — e resultou em confinamento

88. *foi solicitado* Emil Kraepelin, *Lectures on Clinical Psychiatry*, cópia da edição de 1904, revisada e editada por Thomas Johnstone com uma nova introdução de Oskar Diethelm (Nova York: Hafner Publishing Co., 1968)
89. *o século avançava* Ver Showalter, *The Female Malady, passim*, espec. cap. 3
90. *insanidade moral* "Insanidade moral" foi na verdade introduzida pela primeira vez pelo médico J. C. Pritchard. Ele — e os tribunais após ele — aplicaram isso a "insanidade sem ilusões ou confusão de aparência com realidade", equivalente escocês, depois inglês, da "insanidade parcial" de Pinel e Esquirol. Ver G. E. Berrios, "Délire", *History of Psychiatry*, vol. 10, parte 1, n.º 37 (mar 1999)
91. *pode viver* Henry Maudsley, *Body and Will* (Londres: Kegan Paul, Trench, 1883), p. 237, citado em Showalter, *The Female Malady*, p. 119
92. *influência na reprodução* Henry Maudsley, *The Pathology of Mind* (1895), p. 536
93. *impulsos viciosos* Ibid., p. 397-8

4 Nervos

94. *tronco ferroviário* Ver Allan Young, *The Harmony of Illusions* (Princeton: Princeton University Press, 1997), para uma discussão completa do choque nervoso causado por acidentes ferroviários
95. *à luz ou ao ruído* Joris-Karl Huysmans, *À Rebours*, trad. Robert Baldick (Londres: Penguin Books, 1966), p. 18
96. *arruína o escravo* S. Weir Mitchell, *Lectures on the Diseases of the Nervous System, Especially in Women*, 2.ª ed. (Filadélfia: Henry C. Lea's Son & Co., 1885), p. 263-4, 270-1
97. *preservação cuidadosa* Handbook for the Instruction of Attendants on the Insane, Prepared by a Sub-Committee of the Medico-Psychological Association (Londres: Baillière & Co., 1884), p. 13
98. *força nervosa* George Beard, "Neurasthenia or Nervous Exhaustion", *Boston Medical and Surgical Journal* 80 (29/4/1869), p. 217-21, citado em Shorter, *From Paradyse to Fatigue*, p. 221
99. *incapacitação profunda* Janet Oppenheim, *Shattered Nerves* (Nova York: Oxford University Press, 1991), p. 81
100. *fisiológica e psicológica* Michael Barfoot, "Thomas Laycock", em *Oxford Dictionary of National Biography*, disponível em http://www.oxforddnb.com/
101. *doenças do excitamento* Thomas Laycock, *Mind and Brain*, 2 vols. (Londres: Marshall Simpkin, 1860), vol. 2, p. 317, citado em Oppenheim, *Shattered Nerves* p. 187
102. *coquete por natureza* Mary Wollstonecraft, *A Vindication of the Rights of Woman* (Boston: Peter Edes, 1792), cap. 3, disponível em http://www.bartleby.com/144/3.html
103. *continuidade do esforço* J.S. Mill, *The Subjection of Women* (Londres: Longmans, 1869), cap. 3, disponível em http://etext.library.adelaide.edu.au/m/mill/johnstuart/m645s/, cópia da quarta edição disponível em http://oll.libertyfund.org/Home3/Book.php?recordID=0130
104. *antiutopia sem sexo* Henry Maudsley, "Sex in Mind and Education", *Fortnightly Review* 15 (1874), p. 466-83

105. *teimoso e resistente* James Crichton-Browne publicou muitos artigos sobre o cérebro em seu jornal. Ver Oppenheim, *Shattered Nerves*, p. 188-93. Ver também Trevor Turner, "James Crichton-Browne and the antipsychoanalysts", em Hugh Freeman e German Berrios (eds.), *150 Years of British Psychiatry*, vol. II: *The Aftermath* (Londres: Athlone Press, 1996), p. 144-55
106. *influência do tédio* Elizabeth Garrett Anderson, "Sex in Mind and Education: A Reply", *Fortnightly Review* 17 (1874), p. 590
107. *luta sem fim* Alice James, *The Diary of Alice James*, ed. Leon Edel (Nova York: Dodd, Mead & Co, 1964), p. 149-50
108. *morte do marido* Silas Weir Mitchell, Westways (Nova York: Century Co., 1913), p. 387
109. *indesejados sintomas* Silas Weir Mitchell, *Lectures on the Diseases of the Nervous System* (Filadélfia: Henry C. Lea's Son & Co., 1885), p. 181
110. *revolucionárias influências* Ibid., p. 125
111. *permite o exercício passivo* Ibid., p. 270
112. *pulou da cama* Esta história foi contada por Jean Strouse em sua biografia *Alice James* (Boston: Houghton Mifflin Co., 1984)
113. *impedida de escrever* Para uma boa análise de *The Yellow Wallpaper*, ver Elaine Showalter, *The Female Malady*, p. 140-2
114. *estabilidade moral* Strouse, *Alice James*, p. 223
115. boa saúde Ibid., p. 221-5
116. *Jackson não adulterado* Provavelmente o grande pioneiro bostoniano da neurologia, James Jackson Putnam, que ensinou em Harvard e trabalhou no Massachusetts General Hospital e era conhecido de todos os James
117. *o sexo masculino* Citado em Jean Strouse, *Alice James*, p. 236

5 Histeria

118. *pertencerão à igreja* Citado em Goldstein, *Console and Classify*, p. 374
119. *tipo comum* J. M. Charcot, *Lectures on the Diseases of the Nervous System* (Londres: New Sydenham Society, 1881), trad. e edit. George Sigerson (Nova York: Hafner Publishing Co., 1962), p. 2-3
120. *esse novo tipo de visão* SE III, p. 12
121. *fitas de cores vivas* D. M. Bourneville e P. Regnard, *Iconographie photographique de la Salpêtrière* (Paris: Progrés Medical, 1876-80), vol. II, p. 125
122. *está me machucando* Ibid., p. 131
123. *arquivo de Charcot* Ernest Jones, em seu trabalho de três volumes, *Sigmund Freud, Life and Work* (Nova York: Basic Books, 1953-7), fala que a única extravagância de Freud em Paris foi a compra de um conjunto completo dos arquivos de Charcot (ver vol. 1, p. 202). Sua biblioteca também continha uma cópia da *Iconographie photographique de la Salpêtrière*, embora ele não a tivesse levado consigo para Londres
124. *todo o meu interesse* On the History of the Psychoanalytic Movement, SE XIV, p. 13-14
125. *pessoas falando* Bourneville e Regnard, *Iconographie photographique de la Salpêtrière*, vol. III, p. 199

126. *na frente de todos* Ibid., p. 188
127. *fazê-la dormir* Ibid., p. 198
128. *hipnotizar médicos* Jacqueline Carroy, *Hypnose, Suggestion et Psychologie* (Paris: Presse Universitaire de France, 1991), p. 72-5
129. *transtorno da dor* Ver Mark Micale, *Approaching Hysteria* (Nova Jersey: Princeton University Press, 1995), p. 4; Steven E. Hyler e Robert Spitzer, "Hysteria Split Asunder", *American Journal of Psychiatry* 135, n.º 12, p. 1500-4. Para o *DSM*, ver http://www.psychnet-uk.com/dsmiv/misc/completetables.htm
130. *histórias* Elaine Showalter, *Hystories: Hysterical Epidemics and Modern Media* (Nova York: Columbia University Press, 1997)
131. *viúvas jovens* William Cullen, *Clinical lectures, delivered in the years 1765 and 1766, by William Cullen, MD... Taken in short-hand by a gentleman who attended* (Londres, 1797), p. 265-7. Ver "Eighteenth Century Collections Online", Gale Group, http://www.gale.com/Eighteenth Century/
132. *Hipócrates, casamento* Philippe Pinel, *Nosographie philosophique*, vol. 3, Bibliothèque Nationale de France, versão eletrônica baseada em Paris, J.A.B. Rosson, 1810, p. 279-95
133. *o tratamento* Citado em Goldstein, *Console and Classify*, p. 37 e seguintes de "Charcot dévoilé", *Revue scientifique des femmes* 1 (1888), espec. p. 245

6 Sono

134. *"cientificizado"* Consultar Ian Hacking, *Rewriting the Soul* (Nova Jersey: Princeton University Press, 1995); introdução de Sonu Shamdasani a Théodore Flournoy, *From India to the Planet Mars* (Nova Jersey: Princeton University Press, 1994)
135. *prática na Grã-Bretanha* Ver o excelente *Shattered Nerves* de Janet Oppenheim para uma análise completa da depressão na Idade Vitoriana
136. *refinamento e espiritualidade* Alison Winter, *Mesmerized* (Chicago: University of Chicago Press, 1998), p. 213-17
137. *agradar à família* De Pierre Janet, "The Relations of the Neuroses to the Psychoses", em Howard Townsend, Bronson Winthrop e R. Horace Gallatin (eds.), *A Psychiatric Milestone: Bloomingdale Hospital Centenary 1821-1921* (Nova York: Society of the New York Hospital, 1921), disponível em http://www.gutenberg.org/etext/15365
138. *diverso e transitório* H. A. Taine, *De l'Intelligence* (1870), citado por Hacking, *Rewriting the Soul*, p. 164
139. *Suíça e América* Hacking, *Rewriting the Soul*, p. 169-70
140. *de 1885* Stevenson se correspondia com Pierre Janet enquanto escrevia *O médico e o monstro*. Consultar Hacking, *Rewriting the Soul*, p. 278
141. *Academia de Ciências* Charcot, "On the Various Nervous States Determined by Hipnotization in Hysterics" (1882)
142. *abolidas também* Pierre Janet, *L'automatisme psychologique* (Paris: Alcan, 1889), p. 136-7
143. *especialmente propensas* Freud, *SE* XI, p. 12-13
144. *interrompidas* Janet, *L'automatisme psychologique*, p. 436-49 citado por H. F. Ellenberger, *The Discovery of the Unconscious* (Londres: Allen Lane, 1970), p. 361-4

145. *cada dia SE* II, p. 33
146. *tagarelados SE* II, p. 35
147. *poder patogênico SE* XII, "On Psycho-analysis", p. 207
148. *laboratório* Flournoy, *From India to the Planet Mars*, ed. e introdução de Sonu Shamdasani, citado na introdução, p. xiii
149. *proteção psíquica* Ellenberger, *The Discovery of the Unconscious*, p. 317-18
150. *e seu racionalismo* C. G. Jung, "Flournoy, em *Memories, Dreams and Recollections* (Nova York: Pantheon), 1963
151. *até 1900* Deirdre Bair, *Jung: A Biography* (Nova York/Londres: Little Brown, 2004), p. 47-52, 62-4. Ver também o inspirador "The Story of Hélène Preiswerk", de H. F. Ellenberger, em *History of Psychiatry*, vol. 2, parte 1, n.º 5 (março/1991)
152. *consciência comum* William James e Théodore Flournoy, *The Letters of William James and Théodore Flournoy*, ed. R. Le Clair (Madison: University of Wisconsin Press, 1966), p. 47-8
153. *estruturas linguísticas estranhas* Mireille Cifali, Apêndice em Flournoy, *From India to the Planet Mars*, p. 274
154. *em Hélène* Ibid., p. 11
155. *ouviu falar ou leu* William James, *Principles of Psychology*, 1890, ed. (Londres: Macmillan, 1918), p. 601
156. *Abwehr Psychosen From India to the Planet Mars*, p. 207
157. *a agitavam* Ibid., citado e trad. por Sonu Shamdanasi, de Waldemar Deonna e C. E. Muller, *De la Planète Mars en Terre Sainte* (Paris: 1932), que explora a vida de Hélène Smith depois de Flournoy e como pintora médium
158. *em constante movimento* Morton Prince, *The Dissociation of a Personality* (Cambridge: CUP, 1905), p. 14-15
159. *na época* Em *Estudos sobre a histeria*, Freud se esforça muito para distinguir entre histeria e neuroses da ansiedade, pois pacientes com ambos os diagnósticos às vezes somatizam da mesma maneira — usando o corpo para expressar conflitos internos. A dissociação, entretanto, e certamente os mais extremados múltiplos sonambulísticos são categorizados como histéricos. O transtorno da personalidade múltipla desaparece do repertório diagnóstico para mulheres mais ou menos na mesma época que a histeria
160. *o que significa doença* Prince, *The Dissociation of a Personality*, p. 15-17
161. *o outro sexo* Morton Prince, "Sexual Perversion or Vice? A Pathological and Therapeutic Inquiry" (1898), citado em Ruth Leys, *Trauma* (Chicago: University of Chicago Press, 2000), p. 64-5
162. *Miss Beauchamp* Leys, *Trauma*, p. 79 (nota de rodapé)
163. *de Morton Prince* Ibid., p. 42
164. *tabus sem sentido* G. Stanley Hall, *American Journal of Psychology* 29 (1918), p. 144-58; ver p. 154

PARTE 3

7 Sexo

165. *Celia Brandon* Por razões de confidencialidade, o nome da paciente e detalhes de família foram mudados. Sou grata ao Lothian Health Services Archive, à Edinburgh University Library, pela ajuda aqui
166. *Text-book of Insanity* Richard von Krafft-Ebing, *Text-book of Insanity Based on Clinical Observations* trad. por Charles Gilbert Chaddock (Filadélfia: 1904), p. 81. Ver também Arnold I. Goldman, "Sex and the Emergence of Sexuality", *Critical Inquiry*, vol. 14, n.º 1 (outono 1987)
167. *totalmente satisfatório* Richard von Krafft-Ebing, "Neuropathis sexualis feminarum", em W. Zulzer, *Klinisches Handbuch der Harn- und Sexualorgane* (Leipzig: F. C. W. Vogel, 1894), p. 88-91
168. *de suas mulheres* Ibid., p. 93
169. *hierarquia de valor* Otto Weininger, *Sex and Character* (Nova York: Putnam, 1907)
170. *maternidade solteira* Ivan Bloch, *The Sexual Life of Our Times in Its Relation to Modern Civilization* (Londres: Rebman, 1910), p. 276 e *passim*
171. *em dívida com Bethlem* Estou em débito por esta informação com o dr. Cyril Canon, que fez extraordinária pesquisa sobre os britânicos na China
172. *jamais encontrarão* Ver Emil Kraepelin, *Lectures on Clinical Psychiatry*, ed. Thomas Johnstone (Nova York: Hofner Pulishing Co., 1968)
173. *em outros* "Civilized Sexual Morality and Modern Nervous Illness", *SE* IX, p. 192
174. *Holmes of the Mind* Para a recepção inicial de Freud na Grã-Bretanha ver Dean Rapp, "The Early Discovery of Freud by the British General Educated Public, 1912-1919", *Society for the Social History of Medicine* 1990, p. 217-43. Ver também W. Brown, "Dreams: The Latest Views of Science", *Strand Magazine*, jan. 1913, p. 83-88; E. S. Grew, "The Factory of Dreams: How and Why We Have Them", *Pall Mall Magazine*, set/1913, p. 358-65; *Saturday Review*, 11/7/1914, p. 51
175. *tratamento médico delas SE* XIX, "A Short Account of Psychoanalysis" (1924)
176. *da neurose SE* III, p. 149
177. *pregado horrível peça* Citado em Hannah Decker, *Freud in Germany* (Nova York: International Universities Press, 1977), p. 102
178. *as mais capazes FJ*, Freud to Jones, 28 abr/1938

8 Esquizofrenia

179. *explosões de riso* Emil Kraepelin, *Dementia Praecox and Paraphrenia*, trad. R. M. Barclay (Edimburgo: E. & S. Livingstone, 1919)
180. *impulso suicida* Eugene Bleuler, *Dementia Praecox or The Group of Schizophrenias*, trad. Joseph Zinkin (Nova York: International Universities Press, 1955), p. 489
181. *criando neologismos* Ibid., p. 294, 295
182. *um sentido e uma causa* "A Short Account of Psychoanalysis", *SE* XIX, pp. 191-212

183. *sinais de ódio* Jung, "The Freudian Theory of Hysteria" (1908), *CW* IV, p. 20-1
184. *notável excitação sexual* John Kerr, *A Most Dangerous Method* (Londres: Sinclair-Stevenson, 1994), p. 112-13, citando Jung, "The Psychology of Dementia Praecox", *CW* III 46
185. *naturalmente concordo* Zvi Lothane, "In Defence of Sabina Spielrein", *International Forum of Psycho-Analysis* 5 (1996), p. 203-17. Estou em dívida com o excelente artigo de Zvi Lothane sobre os registros de admissão no Burghölzli
186. *uma grande coisa* Sabina Spielrein "Secret symmetry", diário, 11/9/1910, em Aldo Cartenuto (ed.), *A Secret Symmetry* (Londres: RKP, 1984), p. 11
187. *da alma* Ver Kerr, *A Most Dangerous Method*, p. 506-7, e Lothane, "In Defence of Sabina Spielrein"
188. *Hélène Preiswerk* H. F. Ellenberger, "The Story of Hélène Preiswerk", *History of Psychiatry*, vol. 2, parte 1, n.º 5 (março/1991), p. 52
189. *interessava ao marido dela* Cartenuto, *A Secret Symmetry* SS para Freud, 13/6/1909, p. 102-2
190. *suas cartas atrevidas* Citado em Kerr, *A Most Dangerous Method*, p. 196 e páginas seguintes
191. *transferência crua FJ*, Jung para Freud, 12/6/1907, p. 63
192. *refletida na abstinência.* Citado em Kerr, *A most dangerous Method*, p. 297
193. *para os esquizofrênicos* Sabina Spielrein, *A case of Schizophrenia.* Ibid., p. 298
194. *representante em Viena* Citado e trad. em Lothane, "In Defense of Sabina Spielrein"
195. *difere da paranoia SE* XII, p. 76-7, "On an autobiographical account of a case of paranoia" (caso Schreber), 1911
196. *bebida e dissipação* Citado em F. Scott Fitzgerald, *Tender Is the Night,* prefácio por Malcolm Cowley (Londres: Penguin Books, 1988), p. 13
197. *1930 veio a quebra* A vida de Zelda é completamente retratada na fascinante biografia de Nancy Milford, *Zelda* (Nova York: Avon, 1970)
198. *apenas uns poucos incoerentes* Ibid., p. 197
199. *fatores contra mim* Jackson R. Bryer e Cathy W. Barks (eds.), *Dear Scott, Dearest Zelda* (Londres: Bloomsbury, 2002), p. 81-2 (carta número 53, verão de 1930)
200. *total insanidade* Matthew J. Bruccoli e Margaret M. Duggan (eds.), *Correspondence of F. Scott Fitzgerald* (Nova York: Random House, 1980), p. 254 (Paris, 1.º/12/1930)
201. *brinque em seu próprio quintal* Bryer e Barks (eds.) —, p. 87 (Carta número 57, jun/1930)
202. *cheguei aqui* Ibid.I, p. 83 (Carta número 54, verão de 1930)
203. *canções populares* Matthew J. Bruccoli (ed.), *Zelda Fitzgerald: The Collected Writings* (Londres: Abacus, 1991), p. 429 (de "1931", em "Show Mr. and Mrs. F to Number —")
204. *leve tendência à esquizofrenia* Byer e Barks (eds.), p. 104 (Carta número 72, primavera/verão de 1931)
205. *pessoa é esquizofrênica* Ibid., carta dos Milford de 9/3/1966, p. 473
206. *Carol Loeb Shloss* Carol Loeb Shloss, *Lucia Joyce: To Dance in the Wake* (Londres: Bloomsbury, 2004)

207. *analogia para esquizofrenia* C. G. Jung, "Ulysses: A Monologue", *The Spirit in Man, Art and Literature* (Londres: Routledge & Kegan Paul, 1971), p. 112-17
208. *esquizofrenia como psicogênica* Shorter, *A History of Psychiatry*, p. 91-3, 109-12 e *passim*
209. *páginas de um álbum* Scott Fitzgerald para Mildred Squires, 8/3/1932, citado em Milford, *Zelda*, p. 261
210. *e um "feueté"* Bruccoli e Duggan (eds.), p. 283-4 (depois de fevereiro de 1932). Isso aparece na grafia fônica de Zelda e é evidentemente *fouetté*, embora os editores tenham mudado para *finité*, que não tem ligação com nenhum passo de balé
211. *adepto da autossupressão* R. D. Laing, *The Divided Self* (Londres: Penguin Books, 1965), p. 37
212. *atualmente* Milford, *Zelda*, p. 315; ver também 315 e páginas seguintes para análises
213. *muitas de minhas experiências* Ibid., p. 342
214. *London Psychoanalytical Society* Sou grata a John Forrester pelas informações sobre Wright, algumas das quais também se encontram no *website* muito útil de I. M. Ingram sobre a história psiquiátrica de Virginia Woolf, disponível em http://malcolmingram.com/vwframe.htm
215. *certamente discutiam sonhos* Hermione Lee, *Virginia Woolf* (Londres: Chatto & Windus, 1996), p. 197-8
216. *deixei repousar* Citado em Jeanne Schulkind (ed.), *Virginia Woolf, Moments of Being* (Nova York: Harcourt Brace Jovanovich, 1976), p. 80-1. Ver um relato similar que inclui ambos os pais e escrito apenas um ano após *To the Lighthouse* (1927) em Virginia Woolf, *A Writer's Diary*, p. 135 (registro datado de 28/11/1928)
217. *seria infinitamente pior* Virginia Woolf, *The Diaries*, vol. V, *1936-41* (Londres: Hogarth Press, 1977-84), p. 202
218. *criatividade sustada também* Alex Strachey, "Recollections of Virginia Woolf" (1972) em Joan Russell Noble (ed.), *Recollections of Virginia Woolf* (Londres: Cardinal, 1989), p. 172-3; citado em Robert Hinshelwood, "Virginia Woolf and Psychoanalysis", *International Revue of Psycho-Analysis* 17 (1990), p. 367 (Letter)
219. *uivos de riso* http://www.malcolmingram.com/vwframe.htm
220. *clarificar amnésias* Maurice Craig, *Nerve Exhaustion* (Londres: J & A. Churchill, 1922), p. 122-6
221. *senso de proporção* Virginia Woolf, *Mrs Dalloway* (Londres: Penguin Books, 1964), p. 109-10
222. *a única saída* Craig, *Nerve Exhaustion*, p. 356
223. *princípio estrutural no macho* Ver também Lisa Appignanesi e John Forrester, *Freud's Women* (Londres: Weidenfeld & Nicolson, 1992), p. 434-5
224. *teoria da ansiedade* F. Fromm-Reichmann, "Psychoanalytic and General Dynamic Conceptions of Theory and of Therapy — Differences and Similarities", *Journal of the American Psychoanalytic Association* 2 (1954), p. 711-21; ver p. 716-17
225. *mão contra Deus* Nathan G. Hale Jr, *The Rise and Crisis of Psychoanalysis in the United States* (Nova York/Oxford: OUP, 1995), p. 175-6
226. *atributo da autoestima* Freud definiu uma versão mais complexa desse "auto-olhar", que analisa em seu artigo "Sobre o narcisismo", *SE* XIV

227. *desmantelamento de suas defesas* Ver Harry Stack Sullivan, "The Modified Psychoanalytic Treatment of Schizophrenia", *American Journal of Psychiatry* 11 (1930), p. 519-49, esp. p. 533. Também Shorter, *A History of Psychiatry*, p. 204-5
228. *preencher sua vida* Bryer e Barks (eds.), p. 87 (carta número 57, jun/1930)
229. *mas se adaptava* Citado em uma entrevista a Mary Porter por Milford, *Zelda*, p. 373
230. *com pacientes intratáveis* Shorter, *A History of Psychiatry*, p. 210-12; Showalter, *The Female Malady*, p. 205-6

9 Perturbações do amor

231. *comoção no asilo* Elisabeth Roudinesco, Jacques Lacan and Co., *A History of Psychoanalysis in France*, trad. Jeffrey Mehlman (Londres: Free Association Books, 1990), p. 27-8
232. *mulher se torna nada* Jean Doléris, *Neo-malthusianisme. Maternité et féminisme. Education sexuelle* (Paris, 1918), p. 14
233. *e o esbofeteou* Gaetan Gatian de Clérambault, *L'Erotomanie* (Paris, Le Seuil, 2002), p. 43-64
234. *um jornal de criminologia* Gaëtan Gatian de Clérambault, *Passion érotique des éttofes chez la femme* (Paris: Le Seuil, 2002)
235. *pela escada rolante* Terry Eagleton, *Literary Theory* (Oxford, Blackwell, 1983), p. 7
236. *nem um estuprador* Cf. o caso de Zuma, no qual foi acusado e inocentado de estupro. Ver, por exemplo, *The Guardian*, 9/5/2006
237. *farei a linguagem evoluir* Elisabeth Roudinesco, *Jacques Lacan* (Paris: Fayard, 1993), p. 49-50
238. *para a psicose* Elisabeth Roudinesco, *A History of Psychoanalysis in France* (Londres: Free Association Books, 1990), p. 114-15
239. *ganhava bem Le Journal*, 19/4/1931, citado em ibid., p. 57
240. *ilusões de grandeza* Jacques Lacan, *De la psychose paranoïaque dans ses rapports avec la personalité* (Paris: Le Seuil, 1975), p. 158. Para o caso todo, ver da p. 151 em diante
241. *tornando-a especial* De acordo com revelações posteriores, parece que Marguerite tinha o mesmo nome de uma criança anterior que morrera diante dos olhos dos pais quando seu vestido de festa pegou fogo. A mãe nunca se recuperou
242. *não a quer em casa* Lacan, *De ola psychose paranoïaque*, p. 234
243. *tema da perseguição* Ibid., p. 261
244. *em uma clínica fechada* Ibid., p. 279-80
245. *alguns dizem que aos 89* A história completa é narrada em Francis Dupré, *La "solution" du passage à l'acte: le doublé crime des soeurs Papin* (Toulouse: Eres, 2003)

10 Mãe e criança

246. *números proporcionalmente significativos* Ver Appignanesi e Forrester, *Freud's Women*, para uma discussão mais completa de tudo isso e um retrato mais detalhado de Hermine Hug-Hellmuth

247. *6,5% dos médicos* Eli Zaretsky, *Secrets of the Soul* (Nova York: Knopf, 2004), p. 195
248. *de crianças saudáveis SE* XX, p. 69-70
249. *desenvolvimento do caráter* Melanie Klein, "The Development of a Child", *International Journal of Psycho-Analysis* 4 (1923), p. 419-74; ver p. 419-20
250. *preocupante e inteligível* Para uma boa análise do que se torna objeto de métodos psicológicos, ver Nicholas Rose, "Power and Subjectivity", disponível em http://www.academyanalyticarts.org/rose1.htm
251. *bem integrado* Anna Freud, *The Ego and the Mechanisms of Defence*, trad. de Cecil Baines da edição de 1937 (Londres: Hogarth Press and the International Psychoanalytic Library, 1968), p. 4
252. *ansiedade nas crianças* Anna Freud, "Reports on the Hampstead Nurseries 1939-1945", *Writings*, vol. III (Nova York: International Universities Press, 1966-81), p. 169
253. *difícil de suportar* Ibid., p. 189
254. *brilhantes olhos criativos* Virginia Woolf, *The Diaries*, vol. V, *1936-41* (Londres: Hogarth Press, 1984), p. 209
255. *tolerando privações reais* Melanie Klein, "The Psychological Principles of Infant Analysis", *International Journal of Psycho-Analysis* 8 (1927), p. 25-37; ver p. 25-6
256. *por perseguidores internos* Melanie Klein, "A Contribution to the Theory of Anxiety and Guilt", *International Journal of Psycho-Analysis* 49 (1948), p. 114-23; ver p. 116
257. *medo da morte* Ibid., p. 117
258. *tornou os bebês interessantes* Adam Philipps, *D. W. Winnicott* (Londres: Fontana Modern Masters, 1988)
259. *considerado como um casal* Por informação biográfica estou em dívida com Masud R. Khan, introdução a *Through Paediatrics to Psychoanalysis* (Londres: Hogarth Press, 1978); Philips, *D. W. Winnicott*; e Robert Rodman, médico, *Winnicott* (Cambridge, Mass. Perseus, 2003)
260. *sem que ele estivesse ciente* Citado por Zaretsky, *Secrets of the Soul*, p. 174-5
261. *início da maternidade* D. W. Winnicott, "Primitive Emotional Development" (1945), em *Through Paediatrics to Psychoanalysis*, p. 145-56
262. *ganhando tempo* D. W. Winnicott, "Primary Maternal Preocupation" (1956), em ibid., p. 304-5
263. *se perde dessa forma* Anna Freud, carta a J. C. Hill, 21/10/1974, citado em Elisabeth Young-Bruehl, *Anna Freud* (Londres: Macmillan, 1988), p. 457
264. *Gabrielle the Piggle* D. W. Winnicott, *The Piggle* (Londres: Hogarth Press, 1978), p. 5-7
265. *no desenvolvimento em si* Ibid., p. 4
266. *torna tudo negro* Ibid., p. 119
267. *perguntas da infância* Ibid., 74
268. *sobre sua paciente criança* Pearl King e Eric Rayner, "John Bowlby", *IJP* 74 (1993), p. 1823-8; ver p. 1824
269. *coisas em seu filho* J. Bowlby, "The Influence of Early Environment in the Development of Neurosis and Neurotic Character", *IJP* 21 (1940), p. 154-78; ver p. 175
270. *deslocamento de pós-guerra* Denise Riley, *War in the Nursery* (Londres: Virago, 1983), p. 98

271. *higiene mental preventiva* John Bowlby, *Maternal Care and Mental Health* (Genebra: Organização Mundial da Saúde, 1951), p. 13-14 e *passim*
272. *pais era recomendada* John Bowlby, "Citation Classic: Bowlby J. Maternal care and mental health: a report prepared on behalf of the World Health Organization as a contribution to the United Nations programme for the welfare of homeless children" (Genebra: Organização Mundial da Saúde, 1951), em *Current Contents* 50 (15/11/1986)
273. *ninguém mais será bom o bastante* Riley, *War in the Nursery*, p. 100-1
274. *para sustento econômico* Bowlby, *Maternal Care and Mental Health*, p. 24
275. *reencenados na transferência* King and Rayner, "John Bowlby", p. 1827
276. *medo e dominação* D. W. Winnicott, "The Mother's Contribution to Society" (1957), republicado em Clare Winnicott, Ray Shepherd, Madeleine Davis (eds.), *Home is Where We Start From* (Londres: Penguin Books, 1986), p. 125

11 Analista para toda a vida

277. *sempre crítica profissão analítica* Stephen Farber e Mark Green, *Hollywood on the Couch* (Nova York: Morrow, 1993)
278. *chegou à América* Em seu trabalho em andamento, *The Freudian Century*, John Forrester dá esse número como 130, embora ele cresça significativamente se forem incluídos os psicanalistas que não são médicos, que não se inscrevem nas sociedades americanas de psicanálise
279. *sucesso vocacional* Hale, *The Rise and Crisis of Psychoanalysts in the United States*, p. 299
280. *sentimentos de culpa* Citado em ibid., p. 278
281. *suicídio e delinquência* Essas estatísticas e as subsequentes vêm de ibid., pp. 246-8, e Zaretsky, *Secrets of the Soul*, p. 280-1
282. *cura pela palavra* Hale, *The Rise and Crisis of Psychoanalysis in the United States*, p. 289. Hale também observa que havia somente 1.400 praticantes da análise em todo o mundo em 1957, talvez 14 mil pessoas sendo analisadas e não mais de 100 mil que tinham completado o tratamento. Isso significa que os Estados Unidos tinham 67% dos analistas do mundo
283. *psiquiatria e criminologia* Ibid., p. 286
284. *insuficiência e infelicidade* Edward Strecker, *Their Mother's Sons* (Nova York, Filadélfia: Lippincott, 1946), p. 52-9 e 31 e seguintes, citado em Betty Friedan, *The Feminine Mystique* (Nova York: Dell, 1963), p. 162-4
285. *aceitar as pressuposições* Ver, por exemplo, Brenda Webster, *The Last Good Freudian* (Nova York: Holmes & Meier, 2000)
286. *cada vez mais apegada* Hale, *The Rise and Crisis of Psychoanalysis in the United States*, p. 259-62
287. *exibia características autistas* Lauren Slater, *Opening Skinner's Box* (Londres: Bloomsbury, 2004), p. 133-56
288. *psiquiatras estavam sempre lá* Citado por Farber e Green, *Hollywood on the Couch*, p. 75
289. *pode ficar certa de que não sou* Hannah Green, *I Never Promised You a Rose Garden*, reeditado da edição de 1964 de Victor Gollancz (Londres: Pan Books, 1991), p. 141-2

290. *nível você for capaz* Ibid., p. 10, 101
291. *próprio mundo fechado* Ver Fromm-Reichmann, "Psychoterapy and Schizophrenia", *American Journal of Psychiatry* 111 (dezembro, 1954), p. 412; e Hale, *The Rise and Crisis of Psychoanalysis in the United States*, p. 266-70
292. *podiam pagar* Alfred H. Stanton e Morris Schwartz, *The Mental Hospital* (Nova York: Basic Books, 1954), citado por Hale, *The Rise and Crisis of Psychoanalysis in the United States*, p. 269
293. *em lugar de poemas* Citado em Showalter, *The Female Malady*, p. 216
294. *efeito em alguns casos* Um número recente de *Mind* estima esse efeito benéfico em 37% dos pacientes que receberam TEC
295. *depressão e esquizofrenia* Shorter, *A History of Psychiatry*, p. 218-24
296. *parecia Pai; por que não* Karen V. Kulik (ed.), *The Journals of Sylvia Plath 1950-1962* (Londres: Faber & Faber, 2000), p. 201, 204
297. *usar ao máximo* Ibid., p. 429 em diante
298. *de melhor com isso* Ibid., p. 435
299. *camaradagem intelectual* Ibid., p. 435
300. *mente desintegrando-se de novo* Diane Middlebrook, *Her Husband* (Londres: Bloombsbury, 2003), p. 207
301. *do clero* Norman Holland, em http://www.lists.ufl.edu/cgibin/wa?A2=ind0012c&L=psyart&P=758
302. *vida nova, florescente* Kalik, *The Journals of Sylvia Plath*, p. 513-14
303. *e outros ecoam* Truman Capote, "A Beautiful Child", em *Music for Chameleons* (Londres: Hamish Hamilton, 1981), p. 206-22; também Sarah Churchwell, *The Many Lives of Marilyn Monroe* (Londres: Granta, 2004) e "To Aristophanes and Back", *Time Magazine*, 14/5/1956
304. *não fossem embora* "To Aristophanes and Back", *Time Magazine*, 14/5/1956
305. *repórter em uma entrevista* Laura Miller, "Norma Jeane", *New York Times*, 2/4/2002; ver também Churchwell, *The Many Lives of Marilyn Monroe*
306. *dentro de si mesma* Donald Spoto, *Marilyn Monroe: The Biography* (Londres: Chatto & Windus, 1993), p. 475
307. *como amar* Arthur Miller, *After the Fall* (Londres: Secker & Warburg, 1965), p. 122-3
308. *freudiano demais* Susan Strasberg, *Marilyn and Me* (Nova York: Warner Books, 1992)
309. *memória consciente* Discurso autobiográfico de Eric R. Kandel pelo recebimento do Prêmio Nobel disponível em http://nobelprize.org/nobelprizes/medicine/laureates/2000/kandel-autobio.html
310. *morte de Kris* Webster, *The Last Good Freudian*, p. 47-8
311. *que não é sono* Citado por Farber e Green, *Hollywood on the Couch*, p. 93
312. *conceito de si mesma* Anthony Summers, *The Secret Lives of Marilyn Monroe* (Nova York: Macmillan, 1986), p. 382
313. *ele não é para mim* Citado em Churchwell, *The Many Lives of Marilyn Monroe*, p. 267
314. *as mulheres nela* Ibid., p. 268

315. *mas fiz* Citado em Farber and Green, *Hollywood on the Couch*, p. 94, e na carta a Greenson
316. *construindo técnicas* Ralph R. Greenson, "Transference: Freud or Klein", *International Journal of Psycho-Analysis* 55 (1974), p. 37-48
317. *ansiedade ou má sorte* Ralph R. Greenson, *Explorations in Psychoanalysis* (Nova York: International Universities Press, 1978)
318. *modo doce e bom* Farber e Green, *Hollywood on the Couch*, p. 103
319. *disseram que preferiam* Appignanesi e Forrester, *Freud's Women*, do prefácio à edição revista (Londres: Phoenix, 2005), p. xxii-xxiii
320. *forma de viver* Citado em Albert J. Solnit, "Ralph R. Greenson — 1911-1979", *Psychoanalytic Quarterly* 49 (1980), p. 512-16

PARTE 4

12 Rebeldes

321. *paciente Maya* R. D. Laing e A. Esterson, *Sanity, Madness and the Family* (Londres: Penguin Books, 1970), p. 34-5 (1.ª edição, 1974)
322. *por pesquisa médica* Thomas S. Szasz, "The Myth of Mental Illness", *American Psychologist* 15 (1960), p. 113-18
323. *primeira admissão* Andrew Scull, *Madhouse* (Yale e Londres: Yale University Press, 2005), p. 241-5, 294-6
324. *experimento mostrou* David L. Rosenhan, "On Being Sane in Insane Places", *Science* 179 (jan/1973), p. 250-8
325. *não é para se confiar* R. D. Laing e A. Esterson, *Sanity, Madness and the Family* (Londres: Penguin Books, 1970), p. 42-3
326. *a mente de qualquer um* Ibid., p. 127-8
327. *enquanto você viver* L. Bernikow, *The American Women's Almanac: An Inspiring and Irreverent Women's History* (Nova York: Berkeley Books, 1997), p. 153-4
328. *Anne Sexton* Ver a ótima biografia *Anne Sexton* de Diane Middlebrook (Londres: Virago, 1991)
329. *é trazido* R. D. Laing, *Wisdom, Madness and Folly* (Londres: Macmillan, 1985), p. 3
330. *compreender o paciente* R. D. Laing, *A Divided Self* (Londres: Penguin Books, 1965), p. 29-31
331. *de seus escritos* Carta de 27/4/1958, citada em F. Robert Rodman, médico, *Winnicott* (Cambridge, Mass.: Perseus, 2003), p. 243
332. *ter que entrevistar* J. Clay, R. D. Laing: *A Divided Self* (Londres: Sceptre, 1997), p. 70
333. *de nossa época* Ibid., p. 100
334. *razão restituída* David Healy, *The Anti-Depressant Era* (Harvard: Harvard University Press, 1998), p. 58-9
335. *coisas do passado* Shorter, *A History of Psychiatry*, p. 249-50
336. *sistema educacional* De uma palestra não publicada de John Forrester
337. *depressão e isolamento* Showalter, *The Female Malady*, p. 236

338. *leque de possibilidades* B. Mullan, *Mad to be Normal: Conversations with R. D. Laing* (Londres: Free Association Books, 1995), p. 326
339. *uma paciente feminina* Showalter, *The Female Malady*, p. 247
340. *do falo* Simone de Beauvoir, *The Second Sex* (Londres: Picador, ed., 1988), p. 80 e *passim*
341. *fina cinza vulcânica* Friedan, *The Feminine Mystique*, p. 114-15
342. *fora de si* Ver Kate Millett, "Sexual Politics" (1968), disponível em http://www.marxist.org/subject/women/authors/millett-kate/sexualpolitics.htm
343. *homens excediam mulheres* Phyllis Chesler, *Women and Madness* (Nova York: Doubleday, 1972), p. 150-69, 284-99
344. *elevação da consciência* Juliet Mitchell, *Women's Estate* (Londres: Penguin, 1971), p. 60 e (abaixo) p. 61
345. *as necessidades do paciente* S. A. Shapiro, "The History of Feminism and Interpersonal Psychoanalysis", *Contemporary Psychoanalysis* 38 (2002), p. 213-56
346. *onde está a ação* "Psychiatry on the Couch", reportagem de capa, *Time Magazine*, 2/4/1979
347. *plateias de 2 mil* John Leo, "A Therapist in Every Corner", *Time Magazine*, 23/12/1985

13 Loucura do corpo

348. *ou não comia* Grace Bowman, "My Years of Living Dangerously", *Independent*, 28/2/2006, p. 40-1
349. *na América e Europa* J. C. Seidell e K. M. Flegal, "Assessing obesity: Classification and Epidemiology", *British Medical Bulletin* 53 (1997), p. 238-52; e *Journal of American Medical Association* 272 (1994), p. 205-11
350. *trezentas libras (136 quilos e duzentos gramas)* Ian Hacking, "Kinds of People: Moving Targets", British Academy Lecture, 11/4/2006 (versão na *web*), p. 10-11; e American Sports Data, "US Population Dangerously Overweight", disponível em http://www.americansportsdata.com/weightstats.asp
351. *identidade total* Ian Hacking, "Making Up People", *London Review of Books*, 17/8/2006, p. 23-5
352. *e vida social* http://www.rcplondon.ac.uk/news/news.asp?PRid=201
353. *indústria de* fast food Sander L. Gilman, "Obesity, the Jews and Psychoanalysis", em *History of Psychiatry* 17:1, n.º 65 (mar/2006), p. 55-65; ver p. 56
354. *tempo e lugar* Richard A. Gordon, *Eating Disorders*, 2.ª ed. (Londres: Blackwell, 2000), p. 6-13
355. *que por contato* Maud Ellmann, *The Hunger Artists* (Londres: Virago, 1992), p. 14
356. *altar da cozinha* Ver, por exemplo, a magistral *Heat*, de Bill Buford (Londres: Jonathan Cape, 2006)
357. *transtornos de alimentação* "Mental illness benefit claims up", *BBC News*, 1º/2/2007
358. *excesso de resistência* Charles Lasègue, "De l'Anorexie hystérique", *Archives Générales de Médicine* (abr/1873), citado por Joan Brumberg, *Fasting Girls: The History of Anorexia Nervosa* (Nova York: Vintage, 2000), p. 128-9

359. *toda satisfação sexual* SE XII, p. 182
360. *leite bastante* SE XXI, p. 234
361. *necessidade insaciável* Para um relato brilhante ver Ellmann, *The Hunger Artists*
362. *anorexia histérica* Ver "On Psychoterapy", SE VII, p. 257-68; ver p. 264
363. *condições curáveis* Gilman, "Obesity, the Jews and Psychoanalysis", p. 63-5
364. *com o mundo* Susie Orbach, *Fat is a Feminist Issue* (Londres: Paddington Press, 1978), p. 11
365. *ter sido gorda* Germaine Greer, *The Female Eunuch* (Londres: Granada, 1971), p. 14, 33
366. *e transtornos de alimentação* Jessica S. Ruffolo, Katharine A. Phillips, William Menard, Christina Fay e Risa B. Weisberg, "Comorbidity of Body Dysmorphic Disorder and Eating Disorders", *International Journal of Eating Disorders*, vol. 39, 1.ª ed. (out/2006), p. 11-19
367. *a idade de nove* Marya Hornbacher, *Wasted* (Londres: Flamingo, 1998), pp. 6-7
368. *conter ela própria* Ibid., p. 22-5
369. *dimensões em sua cabeça* Ibid., p.170
370. *aceitação de seus corpos* Susie Orbach, *Hunger Strike* (Londres: Penguin Books, 1993), p. 59
371. *não precisa mais* Ibid., p. 71-2
372. *um masculino* Ver Marilyn Lawrence, "Body, Mother, Mind", *International Journal of Psycho-Analysis* 83 (2002), p. 837-50, para uma discussão sobre as posições que muitos analistas têm tomado sobre as origens da anorexia
373. *pontos de esfomeamento* Gordon, *Eating Disorders*, p. 32-5
374. *sexualidade delas abusada* Anna Motz, *The Psychology of Female Violence* (Londres: Brunner-Routledge, 2001), p. 153-9 e *passim*; prefaciado por Estela Welldon
375. *característica da doença* Lawrence, "Body, Mother, Mind", p. 839
376. *falta de responsabilidade* H. Bruch, "Four Decades of Eating Disorders", em David Garner e Paul Garfinkel (eds.), *Handbook of Psychoterapy for Anorexia Nervosa and Bulimia* (Nova York/Londres: Guilford Press, 1985), p. 12
377. *um pedido de ajuda* Robert Lindner, *The Fifty-Minute Hour* (Londres: Free Association Books, 1986), 1.ª ed. 1955, p. 115-16
378. *corpo é inescapável* Hornbacher, *Wasted*, p. 93
379. *características de abuso* Ver Gordon, *Eating Disorders*, p. 37-50
380. *excesso e vômito* Ibid., p. 47-8

14 Abuso

381. *estupro para outra* Freud, "The Aetiology of Hysteria", *SE* III, p. 187-221; ver p. 200-1
382. *de 1920 a 1986* Theodore Shapiro, médico, "The Reality of Trauma", *Contemporary Psychoanalysis* 31 (1995), p. 451-8
383. *homens e mulheres* Noreen Connell e Cassandra Wilson (eds.), *Rape: The First Sourcebook for Women* (Nova York: New American Library, 1974), disponível em http://www.americancivilrightsreview.com/docs-nyradicalfeministsrapemanifesto1971.htm

384. *insultos durante brigas* Wendy McElroy, "The New Mythology of Rape" em http://www.wendymcelroy.com/rape.htm
385. *seu ódio latente* "Interview with Alice Miller", trad. de Simon Worrall, em http://www.alice-miller.com/interviewsenphp?page=1
386. *livres dele* Alice Miller, "The Essential Role of an Enlightened Witness in Society", em http://www.alice-miller.com/indexen.php?page=2
387. *novo tipo de pessoa* Ian Hacking, "The Making and Molding of Child Abuse", *Critical Inquiry* vol. 17, n.º 2 (inverno de 1991), p. 260
388. *ainda subia* Ed Magnuson, "Child Abuse: The Ultimate Betrayal", *Time Magazine*, 5/9/1983
389. *números podem ser maiores* Ellen Bass e Louise Thornton, *I Never Told Anyone* (Nova York: Harper & Row, 1983), p. 24-5
390. *seus segredos intactos* Judith Herman, *Trauma and Recovery* (Londres: HarperCollins, 1992), p. 110
391. *está se insinuando* Hacking, "The Making and Molding of Child Abuse", p. 259-60
392. *como uma vítima* Ellen Bass e Laura Davis, *The Courage to Heal*, p. 35-9
393. *e procurar ajuda* "Incest Comes Out of the Dark", *Time Magazine*, 7/10/1991
394. *por ele aos cinco* "Lies of the Mind", *Time Magazine*, 29/11/1993
395. *censurou a pesquisa* Ver *Madhouse*, de Andrew Scull, para a história completa
396. *trabalhá-las psiquicamente* J. Laplanche e J.-B. Pontalis, *The Language of Psycho-analysis* (Londres: Hogarth Press e Institute of Psycho-analysis, 1973), p. 465-9
397. *"teve um branco"* Phyllis Greenacre, "The Prepuberty Trauma in Girls", *Psychoanalytic Quarterly* 19 (1950), p. 298-317; ver p. 301
398. *teoria e tratamento* M. O. Tsaltas, "Changes in the Treatment of Abused Children", *Journal of the American Academy of Psychoanalysis* 22 (1994), p. 533-43
399. *consultório* Shapiro, "The History of Feminism and Interpersonal Psychoanalysis", p. 223 em diante
400. *dano infligido* Helena Kennedy, *Eve was Framed* (Nova York: Vintage, 2005), p. 142
401. *abusada psicologicamente* Herman, *Trauma and Recovery*, p. 118
402. *negação da realidade da mulher* Ibid., p. 14
403. *governam seus próprios lares* Ibid., p. 2-3
404. *efeitos da guerra* Ver Allan Young, *The Harmony of Illusions* (Nova Jersey: Princeton University Press, 1997)
405. *de seus efeitos* G. Davis e N. Breslau, "Are Women at Greater Risk for PTSD than Men?", em http://www.healthyplace.com/Communities/anxiety/womenptsd.asp
406. *idealizar ou denegrir* Herman, *Trauma and Recovery*, p. 111
407. *simplesmente imitados* ver Hacking, "Making Up People", p. 23, para uma versão sumária desses argumentos
408. *tinha sido feito* Hacking, *Rewriting the Soul*, p. 42-3
409. *múltipla personalidade* Richard Ofshe e Ethan Watters, *Making Monsters: False Memories, Psychoterapy and Sexual Hysteria* (Londres: André Deutsch, 1995), p. 206

410. *não faria nem diria*? Citado em ibid., p. 210-11, de F. W. Putnam, *Diagnosis and Treatment of Multiple Personality Disorder* (Nova York: Guilford, 1989), p. 79, 90
411. *tomado a água* Jill Smolowe, "The 21 Faces of Sarah", *Time Magazine*, 12/11/1990
412. *indisponível para solteiros* http://www.angelworld.org/
413. *que uma personalidade* Citado em Hacking, *Rewriting the Soul*, p. 18
414. *se transformou em hábito* "Understanding Dissociative Disorders" em MIND, http://www.mind.org.uk/Information/Booklets/Understanding/Understanding+dissociative+disorders.htm
415. *abuso sexual infantil* M. Target, "The Recovered Memories Controversy", *International Journal of Psycho-Analysis* 79 (1998), p. 1015-8; ver p. 1015
416. *perceber e proteger* Howard B. Levine, "Recovered Memories of Trauma", *International Journal of Psycho-Analysis* 79 (1998), p. 187-90
417. *presente inconsciência* Target, "The Recovered Memories Controversy", p. 1020, com uma referência a Joseph e Anne Marie Sandler
418. *sistema de neurotransmissores* Peter D. Kramer, *Listening to Prozac* (Londres: Fourth Estate, 1994), p. 119-21
419. *depois do abuso* Ibid., p. 118
420. *fracasso é alto* Bessel van der Kolk, "Post Traumatic Therapy in the Age of Neuroscience, *Psychoanalytic Dialogues* 12 (2002), p. 381-92
421. *treinamento ou educação* Sally Satel, médica, "Bread and Shelter, Yes, Psychiatrists No", *New York Times*, 29/3/2005
422. *serviços psiquiátricos* Anna Motz, *The Psychology of Female Violence*, p. 117-21
423. *da prisão Independent*, 2/8/2006, p. 12
424. *de agir violentamente Lancet*, vol. 358 (8/12/2001)
425. *rebelião furiosa* Herman, *Trauma and Recovery*, p. 124-5
426. *e os filhos* National Institute for Mental Health, na Inglaterra, "The Personality Disorder Capabilities Framework", Departamento de Saúde, 2005
427. *pressão sanguínea alta* Ver http://www.nimh.nih.gov/publicat/ 7

15 Drogas

428. *aparência exterior* Karl Menninger, *The Vital Balance* (Nova York: Viking, 1963), p. 2
429. *outra droga de prescrição* http://www.benzo.org.uk/jegshock.htm
430. *dependência de drogas* "Psychiatry on the Couch", reportagem de capa, *Time Magazine*, 2/4/1979
431. *constituir má prática* Shorter, *A History of Psychiatry*, p. 309-10
432. *prática bioquímica* Para uma análise brilhante ver T. M. Luhrman, *Of Two Minds* (Nova York: Knopf, 2000)
433. *anos como sedativo* Shorter, *A History of Psychiatry*, p. 201-3
434. *um ano de venda* Healy, *The Creation of Psychopharmacology* (Harvard: Harvard University Press, 2001), p. 225 e *passim*
435. *cometidas por mulheres* Home Office, "Statistics on Women and the Criminal Justice System, 2003", p. 3, disponível em http://www.homeoffice.gov.uk/rds/pdfs2/s95women03.pdf

436. *aparência de normalidade* Elizabeth Wurtzel, *Prozac Nation* (Londres: Quartet Books, 1995), p. 263-4
437. *testes em psiquiatria* Healy, *The Creation of Psychopharmacology*, p. 47-9
438. *tem efeito de blecaute* Elizabeth Wurtzel, "Shrug Drug that Saved My Life", *Guardian*, 21/1/1999
439. *no telhado do inimigo* Lauren Slater, *Prozac Diary* (Londres: Hamish Hamilton, 1999), p. 4-5
440. *aprendendo de tudo* Kay Redfield Jamison, *An Unquiet Mind* (Londres: Picador, 1996), p. 88
441. *impressas na criança* Lauren Slater, "Parents Help Babies Learn Lessons of Love", *Deseret News*, 27/3/2003
442. *para pensamentos sombrios* Berrios e Porter, *A History of Clinical Psychiatry*, p. 386
443. *e tão perigoso* "Mourning and Melancholia", *SE XIV*, p. 251-2
444. *sono difícil* Shorter, *A History of Psychiatry*, p. 291
445. *transtorno do estresse pós-traumático* Royal College of Psychiatrists, "Anti-depressants", em http://www.rcpsych.ac.uk/mentalhealthinformation/mentalhealthproblems/depression/antidepressants.aspx.
446. *depressivo por outro* Alix Smegel, *The Dictionary of Disorders*, New Yorker, 3/1/2005, p. 56-63; ver p. 57
447. *daquele transtorno* Ibid., p. 58
448. *companhias farmacêuticas fazem* Healy, *The Anti-Depressant Era and Psychopharmacology*
449. *a depressão deles voltar* Peta Bee, "Seven Exercises that Heal", *Guardian*, 26/8/2006
450. *intervenção não humana* Wurtzel, "Shrug Drug that Saved My Life"
451. *pesquisa e desenvolvimento* Joan E. Gadzby, "Some Shocking Facts on Prescription Drugs", em http://www.benzo.org.uk/jegshock.htm
452. *caiu ligeiramente* Baseado no Estudo Ofsen de 4.400 fichas médicas do Medicaid em 1999-2000, publicado no *New York Times*

Epílogo

453. *mudanças hormonais drásticas* Fiona Shaw, *Out of Me* (Londres: Viking, 1997), p. 42
454. *apagou as perguntas* Ibid., p. 85-6
455. *ir a um terapeuta* Ver http://www.ynhh.org/healthlink/womens/womens803.html para trabalhos recentes nos Estados Unidos sobre a reação positiva de mulheres à psicoterapia para a depressão pós-parto
456. *a terapia que elas queriam* relatório da Healthcare Commission, 29/9/2006
457. *vivem pior* Ver Peter Fonagy *et alii*, *What Works for Whom* (Nova York: Guilford Press, 2003); para uma revisão de avaliações com grupos de controle, ver também: "Medscape", http://www.medscape.com/viewarticle/457724 2
458. *tal estudo* Rolf Sandell, Johan Blomberg, Anna Lazar, Jan Carlsson, Jeanette Broberg e Johan Schubert, "Varieties of Long-Term Outcome Among Patients in Psychoanalysis and Long-Term Psychotherapy: A Review of Findings in the Stockholm Outcome of

Psychoanalysis and Psychotherapy Project (STOPPP), *International Journal of Psycho-Analysis* 81 (2000), p. 921-42; ver p. 921-33

459. *e dados oficiais* Ibid., p. 922-3
460. *foi encontrada aqui* Peter Fonagy e Mary Target, "The History and Current Status of Outcome Research at the Anna Freud Centre", *Psychoanalytic Study of the Child* 57 (2002), p. 27-60
461. *emoções e mentes* Ver Darlian Leader e David Corfield, *Why Do People Get Ill?* (Londres: Hamish Hamilton, 2006) para um relato fascinante das relações entre a mente e o corpo em doença

BIBLIOGRAFIA SELECIONADA

Por razões de espaço, esta bibliografia inclui somente textos-chave. Muitas das fontes dos séculos XVIII e XIX agora estão disponíveis em formato digital no Projeto Gutenberg e outros sites da internet. Elas estão registradas nas notas finais deste livro, assim como a maioria dos jornais e artigos que consultei.

Adelon, Alibert, Barbier, Bayle et al. (eds.), *Dictionnaire des sciences médicales par une société de médecins et de chirugiens*, 60 vols. (Paris: C. L. F. Pancoucke 1812-1822)

Andrews, Jonathan, e Digby, Anne (eds.), *Sex and Seduction, Class and Custody: Perspectives on Gender and Class in the History of British and Irish Psychiatry* (Amsterdã: Rodopi, 2004)

Appignanesi, Lisa, e Forrester, John, *Freud's Women* (Londres: Weindenfeld & Nicolson, 1992, nova edição, Phoenix, 2005)

Bair, Deirdre, *Jung: A Biography* (Nova York/Londres: Little Brown, 2004)

Bass, Ellen, e Thornton, Louise, *I Never Told Anyone* (Nova York: Harper & Row, 1983)

Battie, William, *A Treatise on Madness and Remarks on Dr. Battie Treatise on Madness by John Monroe*, reeditado da edição de 1758 com introdução de R. Hunter e I. Macalpine (Londres: Dawsons of Pall Mall, 1962)

Bell, Quentin, *Virginia Woolf* (Londres: Hogarth, 1982)

Bernikow, L., *The American Women's Almanac: An Inspiring and Irreverent Women's History* (Nova York: Berkeley Books, 1997)

Berrios, German, e Porter, Roy (eds.), *A History of Clinical Psychiatry* (Londres: Athlone Press, 1995)

Bleuler, Eugen, *Dementia Praecox or The Group of Schizophrenias*, trad. Joseph Zinkin (Nova York: International Universities Press, 1955)

Bloch, Ivan, *The Sexual Life of our Times in its Relation to Modern Civilization* (Londres: Rebman, 1910)

Bourneville, D. M., e Regnard, P., *Iconographie photographique de la Salpêtrière*, 3 vols. (Paris: Progrès Médical, 1876-7)

Bowlby, John, "Maternal Care and Mental Health" (Genebra: Organização Mundial da Saúde, 1952)

———. *Attachment and Loss*, 3 vols. (Londres: Penguin Books, 1991)

Burrows, George Man, *Commentaries on the Causes, Forms, Symptoms and Treatment, Moral and Medical, of Insanity* (Londres: Underwood, 1828)

Burton, Sarah, *A Double Life* (Londres: Penguin Books, 2004)

Bynum, W. F., Porter, Roy, e Shepherd, Michael (eds.), *Anatomy of Madness*, 2 vols. (Londres: Tavistock, 1985)

Capote, Truman, "A Beautiful Child", em *Music for Chameleons* (Londres: Hamish Hamilton, 1981)

Carroy, Jacqueline, *Hypnose, Suggestion et Psychologie* (Paris: Presse Universitaire de France, 1991)

Cartenuto, Aldo (ed.), *A Secret Symmetry* (Londres: Routledge & Kegan Paul, 1984)

——. *Clinical Lectures on the Diseases of the Nervous System*, ed. Ruth Harris (Londres: Routledge, 1990)

Charcot, J. M. *The Clinician: The Tuesday Lessons*, tradução com comentários de Christopher G. Goetz (Nova York: Raven Press, 1987)

——. e Richer, Paul, *Les démoniaques dans l'art* (Paris: Macula, 1984)

Chesler, Phyllis, *Women and Madness* (Nova York: Doubleday, 1972)

Cheyne, George, *The English Malady: Or, a Treatise of Nervous Diseases of All Kinds*, edição e introdução de Roy Porter (Londres: Routledge/Tavistock, 1991)

Churchwell, Sarah, *The Many Lives of Marilyn Monroe* (Londres: Granta, 2004)

Clay, John, *R. D. Laing: A Divided Self* (Londres: Hodder & Stoughton, 1996)

Coleridge, Samuel Taylor, *Poems*, ed. John Beer (Londres: Dent, 1974)

Collins, Wilkie, *The Woman in White* (Oxford: OUP, 1991)

Connell, Noreen, e Wilson, Cassandra (eds.), *Rape: The First Sourcebook for Women* (Nova York: New American Library, 1974)

Craig, Maurice, *Nerve Exhaustion* (Londres: J. & A. Churchill, 1922)

Cullen, William, *Clinical lectures, delivered in the years 1765 e 1766, by William Cullen, MD...Taken in short-hand by a gentleman who attended* (Londres, 1797)

De Beauvoir, Simone, *The Second Sex*, trad. e editado por H. M. Parshley (Londres: Picador, 1988)

Decker, Hannah, *Freud in Germany* (Nova York: International Universities Press, 1977)

De Clérambault, Gaëtan Gatian, *L'Erotomanie* (Paris: Le Seuil, 2002)

——. *Passion érotique des étoffes chez la femme* (Paris: Le Seuil, 2002)

Didi-Huberman, Georges, *Invention de l'hystérie* (Paris: Macula, 1982)

Dupré, Francis, *La "solution" du passage à l'acte: le double crime des soeurs Papin* (Toulouse: Eres, 2003)

Ellenberger, H. F., *The Discovery of the Unconscious* (Londres: Allen Lane, 1970)

——. "The Story of Hélène Preiswerk", *History of Psychiatry*, vol. 2, parte 1, n.º 5 (mar/1991)

Ellmann, Maud, *The Hunger Artists* (Londres: Virago, 1992)

Esquirol, J. E. D., *Des Maladies Mentales* (Paris: Baillière, 1838)

Farber, Stephen, e Green, Mark, *Hollywood on the Couch* (Nova York: Morrow, 1993)

Fitzgerald, F. Scott, *Tender is the Night*, prefácio de Malcolm Cowley (Londres: Penguin Books, 1988)

——. *Correspondence of F. Scott Fitzgerald*, ed. Matthew J. Bruccoli e Margaret M. Duggan (Londres: Bloomsbury, 2002)

——. e Fitzgerald, Zelda, *Dear Scott, Dearest Zelda: The Love Letters of F. Scott and Zelda Fitzgerald*, eds. Jackson R. Bryer e Cathy W. Barks (Londres: Bloomsbury, 2002)

——. *Save Me the Waltz* (Londres: Vintage Classics, 2001)

——. *The Collected Writings*, ed. Matthew Bruccoli (Nova York: Collier, 1992)

Flournoy, Théodore, *From India to the Planet Mars*, ed. e introdução de Sonu Shamdasani (Nova Jersey, Princeton University Press, 1994)

——. *The Letters of William James and Théodore Flournoy*, ed. R. C. Le Clair (Madison: University of Wisconsin Press, 1966)

Foss, Arthur, e Trick, Kerith, *St. Andrews Hospital, Northampton: The First 150 Years* (Cambridge: Granta Editions, 1989)

Foucault, Michel, *Madness and Civilization*, trad. Richard Howard (Londres: Ramdom House, 1965)

——. *The Birth of the Clinic*, trad. A. M. Sheridan Smith (Londres: Tavistock, 1973)

——. *Interviews and Other Writings, 1977-1984* (Londres: Routledge, 1988)

Freud, Anna, *The Ego and the Mechanisms of Defence, Writings*, vol. II (Nova York: International Universities Press, 1966)

——. *The Writings of Anna Freud*, vols. I-VIII (Nova York: International Universities Press, 1966-81)

——. *Infants without Families. Reports on the Hampstead Nurseries 1939-1945, Writings*, vol. III (Nova York: International Universities Press, 1973)

Freud, Sigmund, *The Standard Edition of the Complete Psychological Works of Sigmund Freud*, 24 vols., ed. James Strachey em colaboração com Anna Freud, auxiliado por Alix Strachey e Alan Tyson (Londres: Hogarth Press e Institute of Psychoanalysis, 1953-74)

——. *The Freud-Jung letters*, ed. William McGuire; trad. Ralph Manheim e R. F. C. Hull, 1979 (Princeton: Princeton University Press, 1974)

Friedan, Betty, *The Feminine Mystique* (Nova York: Dell, 1963)

Fromm-Reichmann, F., "Psychoanalytic and General Dynamic Conceptions of Theory and of Therapy — Differences and Similarities", *Journal of the American Psychoanalytic Association* 2 (1954), p. 711-21

——. "Psychotherapy and Schizophrenia", *American Journal of Psychiatry* 111 (dez/1954)

Gamwell, Lynn, e Tomes, Nancy, *Madness in America* (Ithaca: Cornell University Press, 1995)

Garner, David, e Garfinkel, Paul (eds.), *Handbook of Psychotherapy for Anorexia Nervosa and Bulimia* (Nova York/Londres: Guilford Press, 1985)

——. *Discussions médico-legales sur la folie ou l'alienation mentale* (Paris: 1826)

Georget, Etienne-Jean, *De la physiologie du système nerveux* (Paris: 1821)

Gilman, Sander L., *Seeing the Insane* (Lincoln: University of Nebraska Press, 1996)

——. "Obesity, the Jews and Psychoanalysis", *History of Psychiatry* 17 (1), n.º 65 (mar/2006), p. 55-65

Goldman, Arnold I., "Sex and the Emergence of Sexuality", *Critical Inquiry* vol. 14, n.º 1 (outono 1987)

Goldstein, Jan, *Console and Classify* (Cambridge: CUP, 1987)

Gordon, Richard A., *Eating Disorders*, 2.ª ed. (Londres: Blackwell, 2000)

Green, Hannah, *I Never Promised You a Rose Garden* (Londres: Pan Books, 1991)
Greenacre, Phyllis, "The Prepuberty Trauma in Girls', *Psychoanalitic Quarterly* 19:190 (1950), p. 298-317
Greenson, Ralph R., *The Technique and Practice of Psychoanalysis* (Londres: Hogarth Press, 1973)
——. *Explorations in Psychoanalysis* (Nova York: International Universities Press, 1978)
Greer, Germaine, *The Female Eunuch* (Londres: Granada, 1971)
Grosskurth, Phyllis, *Melanie Klein* (Londres: Hodder & Stoughton, 1986)
Hacking, Ian, "The Making and Molding of Child Abuse", *Critical Inquiry*, vol. 17, n.º 2 (inverno 1991)
——. *Rewriting the Soul* (Nova Jersey: Princeton University Press, 1995)
——. *The Social Construction of What?* (Cambridge, Mass./Londres: Harvard University Press, 1998)
——. "Kinds of People: Moving Targets", British Academy Lecture, 11/4/2006 (versão da web)
——. "Making up People", *London Review of Books*, vol. 28, n.º 16 (17/8/2006), p. 23-5
Hale Jr, Nathan G., *The Rise and Crisis of Psychoanalysis in the United States* (Nova York/Oxford: OUP, 1995)
Healy, David, *The Anti-Depressant Era and Psychopharmacology* (Cambridge, Mass./Londres: Harvard University Press, 1997)
——. *The Creation of Psichopharmacology* (Cambridge, Mass./Londres: Harvard University Press, 2001)
Herman, Judith Lewis, *Trauma and Recovery* (Londres: HarperCollins, 1992)
Hornbacher, Marya, *Wasted* (Londres: Flamingo, 1998)
Hunter, Richard, e Macalpine, Ida, *Three Hundred Years of Psychiatry 1535-1860* (Oxford: OUP, 1963)
Huysmans, Joris-Karl, *A Rebours*, trad. Robert Baldick (Londres: Penguin Books, 1966)
James, Alice, *The Diary of Alice James* (Londres: R. Hart-Davis, 1965)
——. *The Death and Letters of Alice James*, ed. Ruth Bernard Yeazell (Berkeley, California/Londres: University of California Press, 1981)
James, Henry, *The Complete Letters*, eds. Pierre A. Walker e Greg W. Zacharias (Lincoln: University of Nebraska Press, 2006)
James, William, *Principles of Psychology*, 3 vols. (Cambridge, Mass./Londres: Harvard University Press, 1981)
James, William, e Flournoy, Théodore, *The Letters of William James and Théodore Flournoy*, ed. R. C. Le Clair (Madison: University of Wisconsin Press, 1966)
Jamison, Kay Redfield, *An Unquiet Mind* (Londres: Picador, 1996)
Janet, Pierre, *L'automatisme psychologique* (Paris: Alcan, 1889)
Jones, Ernest, *Sigmund Freud, Life and Work*, 3 vols. (Nova York: Basic Books, 1953-57)
Jung, C. G., *The Collected Works of C.G. Jung*, eds. Sir Herbert Read, Michael Fordham e Gerhard Adler, trad. R. F. C. Hull (Londres: Routledge & Kegan Paul, vol. III, 1960; vol. IV, 1961; vol. V, 1967; vol. IX, 1959)

——. *Memories, Dreams and Recollections*, copiado por Amelia Jaffe, trad. Richard e Clara Winston (Nova York: Pantheon, 1963)

——. "Ulysses: A Monologue", em *The Spirit in Man, Art and Literature* (Londres: Routledge & Kegan Paul, 1971)

Kerr, John, *A Most Dangerous Method* (Londres: Sinclair-Stevenson, 1994)

Khan, Maud, R., *Through Paedriatrics to Psychoanalysis* (Londres: Hogarth Press, 1978)

Klein, Melanie, "The Development of a Child", 4 (1923), p. 419-74

——. "The Psychological Principles of Infant Analysis", *Analysis* 8 (1927), p. 25-37

——. "A Contribution to the Theory of Anxiety and Guilt", *International Journal of Psycho-Analysis* 49 (1948), p. 114-23

——. *Envy and Gratitude and other works, 1946-1963* (Londres: Hogarth Press e Institute of Psycho-Analysis, 1975)

——. *Love, Guilt and Reparation and other works, 1921-1945* (Londres: Virago, 1988)

Kraepelin, Emil, *One Hundred Years of Psychiatry*, trad. Wade Baskin (Londres: Peter Owen, 1962)

——. *Lectures on Clinical Psychiatry*, fac-símile da edição de 1904, ed. Thomas Johnstone, introdução de Oskar Diethelm (Nova York: Hafner Publishing Co., 1968)

——. *Dementia Praecox and Paraphrenia*, trad. R. M. Barclay (Nova York: R. E. Krieger, 1981, fac-símile da edição de 1919)

Krafft-Ebing, Richard von, *Text-book of Insanity Based on Clinical Observations*, trad. Charles Gilbert Chaddock (Filadélfia, 1904)

Kramer, Peter D., *Listening to Prozac* (Londres: Fourth Estate, 1994)

Lacan, Jacques, *De la psychose paranoiaque dans ses rapports avec la personalité* (Paris: Le Seuil, 1975)

Laing, R. D., *The Divided Self* (Londres: Penguin Books, 1965)

Laing, R. D., e Esterson, A., *Sanity, Madness and the Family* (Londres: Tavistock, 1964; Penguin Books, 1970)

Lamb, Charles, *The Last Essays of Elia* (Londres, Oxford: OUP, 1929)

——. *The Letters of Charles Lamb*, 2 vols. (Londres: J. M. Dent, 1935)

——. *The Letters of Charles and Mary Lamb*, ed. Edwin W. Marrs Jr (Ithaca/Londres: Cornell University Press, 1975)

——. and Lamb, Mary, *Books for Children*, ed. E.V. Lucas (Londres: Methuen, 1903). Também disponível on-line no Projeto Gutemberg

J. Laplanche e J. B. Pontalis, *The Language of Psycho-analysis* (Londres: Hogarth Press e Institute of Psycho-analysis, 1973)

Lasègue, Charles, "De l'anorexie hystérique", *Archives Générales de médecine* (abr/1873)

Lawrence, Marilyn, "Body, Mother, Mind", *International Journal of Psycho-Analysis* 83 (2002), p. 837-50

Laycock, Thomas, *Mind and Brain*, 2 vols. (Londres: Marshall Simpkin, 1860)

Lee, Hermione, *Virginia Woolf* (Londres: Chatto & Windus, 1996)

Levine, Howard B., "Recovered Memories of Trauma", 79 (1998), p. 187-90

Leys, Ruth, *Trauma* (Chicago: University of Chicago Press, 2000)

Lindner, Robert, *The Fifty-Minute Hour* (Londres: Free Association Books, 1986)

Locke, John, *An Essay Concerning Human Understanding* (Londres: Everyman, 1961)

Lothane, Z., "In Defense of Sabina Spielrein", *International Forum of Psycho-Analysis* 5 (1996), p. 203-17

Luhrman, T. M., *Of Two Minds* (Nova York: Knopf, 2000)

Masson, Jeffrey, *Against Therapy* (Londres: Collins, 1989)

Maudsley, Henry, *Body and Will* (Londres: Kegan Paul, Trench, 1883)

Medico-Psychological Association, *Handbook for the Instruction of Attendants on the Insane, Prepared by a Sub-Committee of the Medico-Psychological Association* (Londres: Baillière & Co., 1884)

Menninger, Karl, *The Vital Balance* (Nova York: Viking, 1963)

Micale, Mark, *Approaching Hysteria* (Nova York: Princeton University Press, 1995)

——. e Porter, Roy (eds.) *Discovering the History of Psychiatry* (Oxford: OUP, 1994)

Middlebrook, Diane, *Anne Sexton* (Londres: Virago, 1991)

——. *Her Husband* (Londres: Bloomsbury, 2003)

Milford, Nancy, *Zelda* (Nova York: Avon, 1970)

Mill, J. S., *The Subjection of Women* (Londres: Longmans, 1869)

Miller, Arthur, *After the Fall* (Londres: Secker & Warburg, 1965)

Mitchell, Juliet, *Women's Estate* (Harmondsworth: Penguin Books, 1971)

——. *Psychoanalysis and Feminism* (Harmondsworth: Penguin Books, 1975)

Mitchell, S. Weir, *Lectures on the Diseases of the Nervous System, Especially in Women*, 2.ª edição (Filadélfia: Henry C. Lea's Son & Co., 1885)

——. *Westways* (Nova York: Century Co., 1913)

Motz, Anna, *The Psychology of Female Violence* (Londres: Brunner-Routledge, 2001)

Moynihan, Ray, "The Marketing of a Disease: Female Sexual Dysfunction", *British Medical Journal*, 326 (2003): p. 45-7

Mullan, B., *Mad to be Normal: Conversations with R. D. Laing* (Londres: Free Association Books 1995)

Noble, Joan Russell (ed.), *Recollections of Virginia Woolf* (Londres: Peter Owen, 1972)

Ofshe, Richard, e Watters, Ethan, *Making Monsters: False Memories, Psychotherapy and Sexual Hysteria* (Londres: André Deutsch, 1995)

Oppenheim, Janet, *The Other World* (Cambridge: CUP, 1985)

——. *Shattered Nerves* (Nova York: Oxford University Press, 1991)

Orbach, Susie, *Fat Is a Feminist Issue* (Londres: Paddington Press, 1978)

——. *Hunger Strike* (Londres: Penguin Books, 1993)

Parry-Jones, W. L., *The Trade in Lunacy: A Study of Private Madhouses in England in the Eighteenth and Nineteenth Centuries* (Londres: Routledge & Kegan Paul, 1972)

Philips, Adam, *D. W. Winnicott* (Londres: Fontana Modern Masters, 1988)

Pinel, Philippe, *Nosographie philosophique* (Paris: J. A. B. Rosson, 1810)

Plath, Sylvia, *The Journals of Sylvia Plath 1950-1962*, ed. Karen V. Kulik (Londres: Faber & Faber, 2000)

Porter, Roy, *Mind Forg'd Manacles* (Londres: Penguin Books, 1990)

Prince, Morton, "Sexual Perversion or Vice? A Pathological and Therapeutic Inquiry" (1898)
——. *The Dissociation of a Personality* (Cambridge: CUP, 1905)
Putnam, F. W., *Diagnosis and Treatment of Multiple Personality Disorder* (Nova York: Guilford, 1989)
Rapp, Dean, "The Early Discovery of Freud by the British General Educated Public, 1912-1919", *The Society for the Social History of Medicine*, 1990
Rieff, Philip, *Freud: The Mind of the Moralist* (Londres: Gollancz, 1960)
——. *The Triumph of the Therapeutic: Uses of Faith after Freud* (Londres: Chatto & Windus, 1966)
Riley, Denise, *War in the Nursery* (Londres: Virago, 1983)
Rodman, médico, F. Robert, *Winnicott* (Cambridge, Mass: Perseus, 2003)
Roudinesco, Elisabeth, *Histoire de la Psychanalyse en France*, 2 vols. (Paris: Le Seuil, 1986)
——. *Jacques Lacan and Co., A History of Psichoanalysis in France*, trad. Jeffrey Mehlman (Londres: Free Association Books, 1990)
——. *Théroigne de Méricourt*, trad. Martin Thom (Londres: Verso, 1991)
——. *Jacques Lacan* (Paris: Fayard, 1993)
Rouy, Hersilie, *Mémoires d'une aliénée* (Paris: Paul Ollendorf, 1883)
Scull, Andrew, *Social Order, Mental Disorder* (Berkeley: University of California Press, 1989)
——. *Madhouse* (Yale e Londres: Yale University Press, 2005)
Shloss, Carol Loeb, *Lucia Joyce: To Dance in the Wake* (Londres: Bloomsbury, 2004)
Shorter, Edward, *From Paralysis to Fatigue* (Nova York: Free Press, 1992)
——. *A History of Psychiatry* (Nova York: John Wiley & Sons, 1997)
Showalter, Elaine, *The Female Malady* (Londres: Virago, 1985)
——. *Hystories: Hysterical Epidemics and Modern Media* (Nova York: Columbia University Press, 1997)
Slater, Lauren, *Prozac Diary* (Londres: Hamish Hamilton, 1999)
——. *Opening Skinner's Box* (Londres: Bloomsbury, 2004)
Spoto, Donald, *Marilyn Monroe: The Biography* (Londres: Chatto & Windus, 1993)
Strasberg, Susan, *Marilyn and Me* (Nova York: Warner Books, 1992)
Strecker, Edward, *Their Mother's Sons* (Nova York, Filadélfia: Lippincott, 1946)
Strouse, Jean, *Alice James* (Londres: Cape, 1981)
Sullivan, Harry Stack, "The Modified Psychoanalitic Treatment of Schizophrenia", *American Journal of Psychiatry* 11 (1930), p. 519-49
Summers, Anthony, *The Secret Lives of Marilyn Monroe* (Nova York: Macmillan, 1986)
Szasz, Thomas S., *The Myth of Mental Illness* (Nova York: Hoeber-Harper, 1961)
——. *Schizophrenia: The Sacred Symbol of Psychiatry* (Nova York: Basic Books, 1976)
Taine, H. A., *De L'intelligence* (1870)
Talfourd, Thomas Noon, *Final Memorials of Charles Lamb* (Londres: Moxon, 1850)
Tomes, Nancy, "Feminist Histories of Psychiatry" em S. Micale e Roy Porter (eds.), *Discovering the History of Psychiatry* (Oxford: OUP, 1994)
Torrey, E. Fuller, médico, e Miller, Judith, *The Invisible Plague* (Nova Jersey: Rutgers University Press, 2001)

Townsend, Howard, Winthrop, Bronson e Gallatin, R. Horace (eds.), *A Psychiatric Milestone: Bloomingdale Hospital Centenary, 1821-1921* (Nova York: Society of the New York Hospital, 1921)
Tuke, Samuel, *A Description of the Retreat* (1813; reeditado Londres: Dawsons, 1964)
Webster, Brenda, *The Last Good Freudian* (Nova York: Holmes & Meier, 2000)
Weininger, Otto, *Sex and Character* (Nova York: Putnam, 1907)
Winnicott, D. W., "Primitive Emotional Development" (1945), em Masud R. Kahn (ed.), *Through Paedriatics to Psychoanalysis* (Londres: Hogarth Press, 1978)
——. *The Piggle* (Londres: Hogarth Press, 1978)
——. "The Mother's Contribution to Society" (1957), republicado em Winnicott, *Home is Where We Start From* (Londres: Penguin Books, 1986)
——. *Psycho-analytic Explorations*, ed. Claire Winnicott, Ray Shepherd, Madeleine Davis (Cambridge, Mass. 2000)
Winter, Alyson, *Mesmerized* (Chicago/Londres: University of Chicago Press, 1998)
Wollstonecraft, Mary, *A Vindication of the Rights of Woman* (Boston: Peter Edes, 1792)
Woolf, Virginia, *The Diaries*, 5 vols. (Londres: Hogarth Press, 1977-84)
——. *Mrs Dalloway* (Londres: Vintage, 2004)
Woolf, Leonard, *Letters of Leonard Woolf*, ed. Frederic Spotts (Londres: Bloomsbury, 1992)
——. *An Autobiography* (Oxford: Oxford University Press, 1980)
Wurtzel, Elizabeth, *Prozac Nation* (Londres: Quartet Books, 1995)
Young, Allan, *The Harmony of Illusions* (Nova Jersey: Princeton University Press, 1997)
Young-Bruehl, Elisabeth, *Anna Freud* (Londres: Macmillan, 1988)
Zaretsky, Eli, *Secrets of the Soul* (Nova York: Knopf, 2004)
Zulzer, W., *Klinisches Handbuch der Harn- und Sexualorgane* (Leipzig: F. C.W. Vogel, 1894)

ÍNDICE

Abraham, Karl, 229, 289
abuso de ritual satânico, 152, 420-421, 425, 438
abuso infantil, 415-421, 423, 428, 437, 439, 441-444, 453
abuso, 413-414, 417-418, 442-443
Adams Nervine, asilo, 131
Adams, Jane, 130
Aichhorn, August, 286
Aimée, *ver* Paintaine, Marguerite
Ainsworth, Mary, 306
álcool
  efeitos colaterais, 461
  insanidade e, 59-60, 102-103, 458
  Lamb, 27, 50
  proibição do asilo ao, 214
Alexander, Franz, 310, 317
alienação, 69-72
alienismo, 16, 64-65, 69-71, 74-75
Allen, Woody, 340
American Food and Drug Administration, 462, 466
Anderson, Elizabeth Garrett, 121
Andreas-Salomé, Lou, 208, 223, 285-286
Angelou, Maya, 420
Anna O (Bertha Pappenheim), 20, 168-172, 246, 377
Anne, rainha, 88
anorexia
  atitudes em relação a, 386-387
  doença da abundância, 17, 386, 464

número de anoréxicos, 391
opinião de Freud, 150, 393-394
perfil de anoréxico, 398-401
século XIX, 391-392
século XX, 394-399, 403
TDC, 397
teorias sobre a causa, 401-404
terapia, 403-406
Anzieu, Didier, 276
Arbours Association, 370
Ashaffenburg, Gustav, 216
asilos
  caso Rouy, 99-102
  comparação com prisão, 21, 355
  declínio da terapêutica, 102-104
  perigos do confinamento, 94-98
  população, 102
  terapêutica, 91-94
Associação Psicanalítica Americana, 414, 427
Associação Psiquiátrica Americana, 439, 461, 475
Augustine (histérica), 20, 135, 137, 139-148, 152, 261
autismo, 102, 317-320
Azam, Eugène, 163-164, 166

Balzac, Honoré de, 66
barbituratos, 460
Bardot, Brigitte, 386
Barnes, Mary, 227, 369-370, 372, 374

Barr Arnold, Roseanne, 424
Bass, Ellen, 420, 423
Bateson, Gregory, 368
Battaglia, Franco, 371
Battie, William, 31, 34, 51
Baudelaire, Charles, 77, 469
Bayer, 460
Bayle, Antoine-Laurent, 71, 104
Bayley, Joseph, 194
Baynes, Cary, 238
Beard, George M., 111-113, 122, 125
Beauchamp, Miss (Clara Norton Fowler), 20, 158, 180-186, 436, 438
Beauvoir, Simone de, 19, 277, 374
Beck, Aaron, 405-406, 477
Beckham, Victoria, 386
Belhomme, Jacques, 68
Bell, Quentin, 251
Belotti, Elena, 380
Benjamin, Jessica, 379
Benoit, Pierre, 269, 271
benzodiazepina, 461
Berger, Frank, 461
Bergman, Ingrid, 309
Bergson, Henri, 163
Berke, Joseph, 368, 372
Bernadette, 135
Bernard, Claude, 128
Bernfeld, Siegfried, 286
Bernheim, Hippolyte, 161, 198
Berrios, G. E., 470
Bethlem, hospital (Bedlam)
  causas de insanidade, 58-60
  equipe, 30, 51-53, 58, 247, 251
  pacientes, 30-31, 33, 197
  prédio, 55
  regime, 30-31, 247
Bettelheim, Bruno, 318-320, 382
Beuscher, Ruth, 330, 332-336
Bicêtre, 68, 70
Binswanger, Ladwig, 378
Black, William, 58

Blackstone, Sir William, 30
Blavatsky, Helena, 174
Bleuler, Eugen
  abordagem, 107, 273
  carreira, 213, 215, 273
  caso Sabina Spielrein, 217, 220, 226
  caso Zelda Fitzgerald, 234-238, 245
  escritos, 240
  sobre esquizofrenia, 213-215, 217, 225, 230, 245
  sobre o autismo, 318
Bloch, Ivan, 191
Bloomingdale, asilo, 162
Boehme, Jakob, 42
Bonaparte, Napoleão, 52, 66, 69, 78, 100
Bonaparte, princesa Marie, 207, 277, 283
Boswell, James, 47
Bourignon, Antoinette, 42
Bourneville, D. M., 140-142, 146-148
Bovary, Emma, 154, 264, 267
Bowie, Malcolm, 276
Bowlby, John, 302-307, 320, 348
Bowman, Grace, 385
Braid, James, 160
Brandon, Celia
  alucinações, 197-198, 200, 208, 211, 227
  caso, 20, 189, 191-198, 200-201
  diagnóstico, 212
  em hospital missionário, 196-198
  fantasias, 192, 195-197, 200, 205, 207, 219
  formação e família, 192-194
  gravidezes, 193-194
  no hospital Royal Edinburgh, 189, 194, 196, 198, 200-201
  no hospital St Andrew's, 194-196, 239
Breton, André, 261-262
Breslau, N., 435
Breuer, Josef, 20, 168, 170-172, 199
Bridewell, 51, 53
British Journal of Psychiatry, 103
British Medical Journal, 476
Brontë, Charlotte, 95

Brown, William, 200
Browning, Elizabeth Barrett, 56
Browning, Robert, 56
Brownmiller, Susan, 416
Bruch, Hilda, 394-395
Brücke, Ernst, 203
Brumberg, Joan, 389
Brunswick, Ruth Mack, 207
Buber, Martin, 377
Bucknill, John, 103
bulimia, 150, 387, 391, 406-411
Burghölzli, hospital
  carreira de Jung, 176, 214, 216, 221-222, 227, 229
  caso Sabina Spielrein, 218, 221-222, 227, 229
  hipnotismo, 161
  trabalho de Bleuler, 213-215, 220, 227, 230
Burlingham, Dorothy, 286-287
Burrows, George Man, 17, 90, 92
Burton, Richard, 39, 48
Burton, Sarah, 50
Bynum, Catherine, 389
Byron, Lord, 40, 389

Calmeil, Louis-Florentin, 99, 101
Cameron, Ewan, 371
Capote, Truman, 338
Cardinal, Marie, 323
Cardiozol, 331
Carroll, dr., 256
casos de dupla personalidade, 162-168
  interesse em dupla consciência, 160
  médiuns, 175, 178, 185
  Miss Beauchamp, 180-186
  ponto de vista de Freud, 172-173
  ver também transtorno de personalidade múltipla
Centro Anna Freud, 491
cérebro, 70-71, 89-90, 104
Cerletti, Ugo, 331
Charcot, Jean-Martin
  carreira, 137-138

caso Augustine, 20, 139-149, 261
  explicações para a insanidade, 172
  fotografia, 137-139, 144-145, 385
  influência, 137, 139, 144, 149-150, 161-162, 196, 203
  sobre a histeria, 136, 138-140, 149-151, 154, 159, 385, 438
  trabalho no Salpêtrière, 133, 135, 137, 140
  uso da hipnose, 138, 145, 148, 159, 161, 163, 165, 198, 237
Charenton, asilo, 91, 99
Charité, hospital, 148
Cheadle Royal Hospital for the Insane, 105
Chelsea, asilo, 90, 92
Chesler, Phyllis, 376, 380
Chestnut Lodge, 323-327, 459
Cheyne, George
  administração de dieta, 42, 52, 152, 389
  carreira, 42
  histórias de casos, 57-58
  sobre a melancolia, 469
  sobre os nervos, 42-44, 110
Chodorow, Nancy, 380
Claire (esquizofrênica), 363
Claparède, Edouard, 179
Clapham Retreat, 128
Clare, John, 92, 194
Clarke, Edward, 120
Clérambault, Gaëtan Gatian de, 261-267, 272, 371
Clínica Payne Whitney, 346, 426-427
Clínica Tavistock, 282, 302, 303, 306, 367
clorpromazina, 237, 371, 460-461, 487
Cobain, Kurt, 391
cocaína, 103, 465
Colégio Real de Médicos, 387, 472
Colégio Real de Psiquiatras, 452, 481
Coleridge, Samuel Taylor
  acerca de Mary Lamb, 46
  amizade com Lamb, 26-29, 35-36, 46, 48, 50
  uso de ópio, 469
Colette, 271

Collins, Wilkie, 95-98
Colney Hatch, 33, 102
Columbia Presbyterian, hospital, 347
Comissão de Serviços de Saúde, 488
Condillac, Etienne Bonnot de, 68
confinamento, 21, 72-73
Connolly, John, 94
Cooper, David, 368, 374
Cornier, Henriette, 20, 82-88, 263, 450, 492
Cotton, Henry, 357, 427
Craig, Maurice, 250-252
Crazy Jane, 55
crianças
    análise, 282-283
    diabetes, 491
    educação sexual, 283-284
    mães e, 284-285, 287, 294, 296-298, 306-308
    Piggle, a, 298-301
    ponto de vista de Freud, 281-282
    TDAH, 474
    trabalho de Anna Freud, 285-288
    trabalho de Bowlby, 302-307
    trabalho de Melanie Klein, 288-293
    trabalho de Winnicot, 293-298, 307-308
Crichton-Browne, James, 120
crimes e médicos, 50-54
criptomnésia, 178
Cullen, William, 44, 152-153
cura pelo repouso, 112, 128-132

Daphne (caso de trauma), 427-429
Darwin, Charles
    depressão, 118
    Descent of Man and Selection in Relation to Sex, 106
    família, 132
    influência sobre Freud, 203-204
    interesse em fotografia, 120
    sobre mulheres, 106-107
    sobre reprodução, 204
Daudet, León, 148

Davis, G. C., 435
Davis, Laura, 423
Dawn (caso de transtorno de personalidade fronteiriça), 449-450
decadência, 109, 158
Delay, Jean, 371
delírio, 18, 64, 460
Delmas, dr., 239
demência precoce, 212-214, 219, 229
demência senil, 213
Deniker, Pierre, 371
Depakote, 466
depressão
    Deutsch, Hélène, 207, 282-283, 317, 375, 429
    diagnóstico, 471-475, 477-481
    diagnósticos e tratamentos, 476-481
    diagnósticos generalizantes, 473-476
    fisiologia, 445, 463-464
    incidência, 468-469, 483-484
    mulheres e, 18, 320-321, 463, 472-473
    narrativas, 465-469
    nomes para, 469-470
    opinião de Freud, 470-471
    pobreza e, 464
    sintomas, 474-475
    TCC, 405-406, 476-481
    Terapia Comportamental Dialética (TCD), 454
    testes com drogas, 475-476
    vínculo com anorexia, 403
diagnóstico de depressão
    escritos de Jamison, 467, 483
    maníaca, 80, 373, 467
    trabalho de Kraepelin, 103, 212, 470
    tratamentos, 94, 247, 466-467
    vínculo com genialidade, 418, 483
    Virginia Woolf, 245-247
diagnóstico de esquizofrenia, 217, 230
    escritos, 227-229
    estudos, 221, 227
    sintomas, 218-219, 221

Diana, princesa, 409
diazepans, 461
Dickens, Charles, 95
Dickenson, Violet, 248
DiMaggio, Joe, 341, 346
Dinnerstein, Dorothy, 380
dissociação
　abuso infantil e, 55, 421, 436, 439, 441
　caso Miss Beauchamp, 181-185
　diagnóstico, 211
　divisão da consciência, 151, 167, 170, 436
　hipnose, 158, 185-186
　médiuns, 175
　pontos de vista de Freud, 172
　sintoma histérico, 167-168
　transtorno de personalidade múltipla, 437-441
Donald (criança autista), 318
Doolittle, Hilda, 207
Dora (Ida Bauer), 86, 144-145, 378, 442, 452
Dostoiévski, Fedor, 165
Doyle, Arthur Conan, 175
DSM (Diagnostic and Statistical Manual of Mental Disorders) transtorno dismórfico corporal, 397
　bulimia, 406-408
　comparação de Bethlem, 58-59
　esquema diagnóstico, 15, 414, 473-475, 477, 490
　esquizofrenia, 211
　histeria, 150-152, 385
　revisão, 433, 458, 482
　TEPT, 434-436
　transtorno de personalidade fronteiriça, 452
　transtorno de personalidade múltipla, 437, 441
du Maurier, George, 159
Duckworth, George, 247-248
Duflos, Huguette, 267-270
Duncan, Isadora, 232
Duncan, J. M., 190

Durkheim, Émile, 163
Dworkin, Andrea, 417
Dyer, George, 54

Edel, Leon, 124
Edgar, David, 372
Egorowa, Lubov, 233
Eisenhower, Dwight D., 312
Eletrochoque (terapia eletroconvulsiva), 330-331, 361, 366, 371, 376, 488
Eli Lilley, 471, 480
Eliot, George, 118, 470
Ellis, Albert, 405
Ellis, sra., 92-94
Ellis, William, 92, 94
Ellmann, Maud, 389
Equanil, 461
Erikson, Erik, 305
erotomania, 262-266
Erskine, Thomas, 32
Escola de Nancy, 161
escrita automática, 165-167, 177
espiritualismo, 174
Esquirol, Jean-Etienne-Dominique carreira, 73-75, 91, 137
　caso Théroigne de Méricourt, 77-81
　classificação de mania, 81, 87, 135, 263
　influência de Pinel, 71-72
　post-mortem de pacientes, 104
　sobre delírio, 63-64
　sobre lipemania, 470
　sobre loucura puerperal, 65, 88-90, 381, 487
　sobre sintomas, 66
　tratamentos, 90
esquizofrenia
　caso Lucia Joyce, 238-239
　caso Sabina Spielrein, 227-229
　caso Zelda Fitzgerald, 235-238, 241-243
　chamada, 215, 230
　demência precoce e, 212-214, 219, 230
　diagnóstico, 211-213, 237, 259

histórias de casos de Laing, 242, 319, 360, 366-370, 373
    na América, 259
    opinião de Freud, 215-216, 229
    opinião de Sullivan, 255
    sintomas, 211, 215, 229
    sites da internet, 391
    trabalho de Bleuler, 213-216
    trabalho de Jung, 216-217
    trabalho de Meyer, 240
    tratamentos, 213, 238, 258, 369-370, 461
Esterson, Aaron, 360-361, 363, 368, 370
estupro, 413-417
Ey, Henry, 371

família Belon, 82-83
família Danzig, 363
Fechner, Gustav Theodor, 164
Fedida, Pierre, 483
Félida X, 163-168
feminismo
    "nova mulher", 112
    analistas mulheres, 380-382
    batalhas, 237
    críticas a Charcot, 155
    elevação da consciência, 378-379, 395
    opinião de Freud, 375-380, 402, 434
    opinião dos médicos da mente, 19, 317, 374
    opiniões sobre institucionalização, 56
    opiniões sobre transtornos de alimentação, 395-398, 401-402, 410
    primeira onda, 376-378
    questões da igualdade, 464
    reação contrária, 285
    terapias, 382, 410-411
    trabalho de Friedan, 314
    visão da sexualidade, 376-377
    visão de Théroigne de Méricourt, 78
    visão do estupro, 415-417
Feministas Radicais de Nova York, 416
Fenichel, Otto, 345
Ferenczi, Sandor, 254, 288, 351, 432

Ferry, Jules, 135
Fichtl, Paula, 342
Fischer, Emil, 460
fisiognomia, 66, 75-76, 85, 138
Fitzgerald, Scott, 230-232, 236, 256-257
Fitzgerald, Zelda Sayre
    balé, 232-233, 237, 241
    colapsos, 232, 239
    escrita, 241-243, 253, 258, 267
    formação e família, 230-232
    morte do marido, 257
    relações com marido, 232-233, 236-238, 243-245
    sintomas e diagnósticos, 232-235, 237, 243-244, 259, 492
    tratamento com Sullivan, 253-255
    tratamento da Phipps Clinic, 240-245, 253
    tratamento de Prangins, 232-238
    tratamento no Highland Hospital, 256-259
Flaubert, Gustave, 154, 265
Flockhart, Calista, 386
Flournoy, Théodore, 174-180, 186
fluoxetina, 472, 479
Fonagy, Peter, 491
Fonda, Jane, 409-410
Forel, August
    caso Lucia Joyce, 238-239
    caso Zelda Fitzgerald, 232-236, 239, 244
    hipnotismo, 161, 234
    no Burghölzli, 214, 228
    Questão sexual, A, 228
Forrester, John, 18
Foucault, Michel
    Madness and Civilization, 357
    sobre administração moral, 53
    sobre o caso Cornier, 86
    sobre o olhar médico, 63
    sobre poder e loucura, 45, 252
    sobre sexualidade, 190
Frances, Allen, 475
Freud, Anna
    carreira, 285-288

caso Marilyn Monroe, 342-344
caso Mary Barnes, 369
controvérsias, 294
coragem, 207
fantasias, 207, 282
relações com pai, 207, 282
sobre Bowlby, 306
sobre Greenson, 351
trabalho no desenvolvimento de crianças, 286-288, 291, 297, 300, 427
trabalhos, 286-287, 427
Freud, Martha (Bernays), 203
Freud, Sigmund
abordagem, 107
Abraham e, 229
carreira, 203-204
caso Anna O, 20, 172-173
caso Celia Brandon, 189
caso Dora, 86, 144-145, 378, 442
caso Sabina Spielrein, 217, 219-227
conhecimento de biologia, 16
escritos, 198-200, 247, 282, 365
Estudos sobre a histeria, 172-173, 199, 213, 268
"guerras da memória", 426
histórias de casos, 264
influência em Greenson, 345
influência em Lacan, 265, 267
influência na América, 162, 185, 199-200, 311-313
influência na Grã-Bretanha, 199-200
influências em, 104, 140, 170, 203
Interpretação dos sonhos, A, 158, 195, 199
Jung e, 176, 200, 216, 224-226
Kraepelin e, 103, 213
livros queimados, 286
Luto e melancolia, 333
morte, 287
mudança para Londres, 286-287
opinião de Virginia Woolf sobre, 248-250
opiniões feministas de, 375-376, 402, 434
pacientes mulheres, 491

psicanálise, 198-199, 281
questões de incesto, 432
reputação, 202, 310
seguidores de mulheres, 282, 285
sobre análise de psicóticos, 273
sobre anorexia, 150, 393-395
sobre ataques edipianos, 292
sobre bissexualidade, 183
sobre Charcot, 137, 144-146
sobre civilização, 42, 136
sobre crianças, 281-283, 316
sobre depressão, 470-471
sobre esquizofrenia, 215-216, 229
sobre estados hipnoides, 168
sobre estupro, 413
sobre famílias de pacientes, 72
sobre histeria, 142, 144-146, 149-150, 155, 190, 195-196, 484
sobre negação, 274
sobre o desejo, 158
sobre o inconsciente, 186, 437
sobre o princípio do prazer, 282, 284
sobre Pinel, 69
sobre resistência a interpretações, 467
sobre sexo, 199-200, 204-209
sobre transferência, 133, 224-225, 296
Society for Psychical Research, 174
Friedan, Betty, 19, 314, 375
Friedman, A. M., 432
frigidez, 376
Fromm, Erich, 324
Fromm-Reichmann, Frieda, 254, 310, 324-326, 348, 395
Fundação da Síndrome da Falsa Memória, 426

Gable, Clark, 340
Gabriel, George-François, 79
Gardiner, Muriel, 322
Gartnaval Royal Mental Hospital, 366
Gavigan, Melody, 425
Geertz, Clifford, 20

Genet, Jean, 277
Genevieve (histérica), 135, 142
Georget, Etienne-Jean, 71, 81-82, 84-87, 90-91, 138
Gilligan, Carol, 380
Gilman, Charlotte Perkins, 130-131, 363
Gilman, Sander, 395
Ginsberg, Allen, 372
GlaxoSmithKline, 461
Goffman, Erving, 259, 356
Goldstein, Jan, 81
Gouges, Olympe de, 263
Graham, Sheila, 257
Grant, Roxy, 447-449
Greatford Hall, 53
Green, Hannah (Joanne Greenberg), 322-323
Greenacre, Phyllis, 426-429
Greenson, Ralph, 336, 344-351
Greer, Germaine, 19, 375, 396
Grew, E. S., 200
Griesinger, Wilhelm, 104
Gross, Otto, 191, 222, 226
guerra do Vietnã, 368
Gull, Sir William, 392, 470
Guyon, Jeanne, 42

Hacking, Ian
  Rewriting the Soul, 185, 438
  sobre abuso infantil e, 419, 422-423
  sobre comportamento louco, 16
  sobre monomania, 80
  sobre múltiplos, 438-439, 455
Hadfield James, 32-33
Halberstadt, Ernst, 282
Halberstadt, Sophie (Freud), 282
Hale, Nathan, 312
Hall, G. Stanley, 180, 183, 185
Hall, Marshall, 115
Hanwell, 33, 92-93
Harlow, Harry, 319-320, 443
Harrison, Kathryn, 385
Hart, Bernard, 200
Hart, Moss, 321
Hartmann, Heinz, 310
Haslam, John, 58
Hawkes, John, 103
Hazlitt, William, 41, 57
Hegel, Georg Wilhelm Friedrich, 276
Helvétius, Claude Adrien, 68
Helvétius, Madame, 68
Henry Phipps Clinic, 239-241, 244-245, 253-254, 427
Herbart, Johann Friedrich, 164
hereditariedade, 69, 105, 161, 205, 278
Herman, Judith, 416, 421, 432-434, 436-437, 445, 453
hidrato de cloral, 146, 247, 350, 460
Hinshelwood, Robert, 250
hipnotismo (mesmerismo)
  caso Augustine, 142
  congresso sobre (1889), 161
  posição de Freud, 172-173
  usos curativos, 157
hipocondria, 152, 469-470
histeria
  Alice James, 126
  caso Augustine, 137, 140-148
  conversão, 149
  deterioração, 107
  diagnóstico, 140, 149-152
  doentes, 135-136, 138
  escritos de Freud, 172-173, 198, 213, 268
  explicação de Cullen para, 44
  fotografias de histéricas, 139-140, 385
  hipnose, 136, 138, 148, 159, 161, 237
  histéricas de Freud, 142, 144-146, 172-173, 195, 205
  história, 151-155
  na França, 135-136
  pacientes mulheres, 104, 107
  questões de falsa memória, 426
  sintomas de, 99, 130, 139, 147, 151, 154, 177
  sono, 157
  trabalho de Charcot, 136-140, 149-150, 385, 438

trabalho de Freud, 150, 155, 190, 195, 205, 483
trabalho de Lasègue, 99-100
tratamentos, 52
vínculo com útero, 90
histéricos, 136, 138, 149, 159, 161, 237
  pacientes, 149, 160
  personalidades múltiplas, 166-167
  profissionalização de
  Svengali e Trilby, 159
  uso de Pinel de, 70
  Zelda Fitzgerald, 233
Hitchcock, Alfred, 309
Hitler, Adolf, 418
Hoffmann-La Roche, 461
Hogarth, William, 30
Hohenberg, Margaret, 341-342
homossexualidade
  como transtorno mental, 310
  opinião de Lacan, 268, 274-276, 278-279
  opinião de Prince, 182
  opiniões da virada do século, 190-191
Horder, John, 325
Hornbacher, Marya, 398, 400, 408
Horney, Karen, 254, 283, 310, 380
hospícios georgianos, 33-35
hospícios Hoxton, 28, 46, 51-52
Hospital Universitário Johns Hopkins, 239-240, 306, 427
Hôtel-Dieu, 65, 68, 78
Howells, Winfred, 130
Hoxton House, 33
Hug-Hellmuth, Hermine, 283
Hughes, Frieda, 334
Hughes, Nicholas, 335
Hughes, Ted, 328, 330, 332-335
Hume, David, 40
Hurwitz, Martha, 357-359
Houston, John, 345
Huxley, Julian, 305
Huysmann, J.-K., 111

Incesto, 423-414, 420, 423-425
Indicador de Tipo Myers-Briggs, 476

Índice de Massa Corporal (IMC) 387
indústria farmacêutica, 387, 455, 458, 468, 473, 492
infância, 36-41
Ingram, Paul, 425
Instituto de Artes Contemporâneas (ICA), 368, 372
Instituto Nacional de Saúde Mental da Inglaterra (NIMHE), 454
International Classification of Diseases, 473
International Journal of Eating Disorders, 389
International Journal of Psychoanalysis, 303
invalidez, 56
inveja do pênis, 207, 313
Inventário de Depressão de Beck, 477
Irmãs Papin, 278-279
IRSNs (inibidores de recaptação de serotonina e noradrenalina), 472
ISRS (inibidores seletivos de recaptação de serotonina), 406, 472, 477, 481-482

Jakobson, Roman, 179
James, Alice, 20, 22, 121-128, 492
James, Arthur, 193, 196-198
James, Henry Sr., 122-123, 125-126, 128
James, Henry, 22, 122-123, 125, 133
James, Mary (Welsh), 123
James, William
  amizade de Prince, 180
  cartas da irmã, 133
  casamento, 125, 128
  depressão, 122
  doença da irmã, 122, 124, 128
  Flournoy e, 177, 179
  influência, 185
  influências sobre, 161, 173
  interesse em espiritualismo, 174
  sobre histeria, 127, 178
  sobre inconsciência, 186
  sobre médiuns, 178
  Weir Mitchell e, 131
Jamison, Kay Redfield, 467, 483
Janet, Paul, 164-165

Janet, Pierre
  abordagem, 107
  ataque a surrealistas, 262
  carreira, 163, 165, 175
  caso Léonie, 166-167
  caso Lucie, 167
  caso Marie, 169
  críticas a Charcot, 162-163
  influências em, 164-166
  opinião sobre hereditariedade, 172
  opinião sobre trauma, 205
  palestras, 216
  Psychological Healing, 185
  relato de Hart, 200
  somnambules, 186
Jean-Paul (Richter), 469
Johnson, Samuel, 43, 48
Johnson, Virginia E., 376
Jones, Ernest, 200, 207, 312
Journal of Autism na Childhood Schizofrenia, 320
Journal of Mental Science, 103, 105
Joyce, James, 238, 266-267
Joyce, Lucia, 238-239
Joyce, Nora, 238
Jung, Carl Gustav
  abordagem, 107
  caso amoroso com Sabina, 221-229
  caso amoroso com Tony Wolff, 227
  caso Lucia Joyce, 238
  caso Sabina Spielrein, 217-221, 230
  escritos, 216
  Freud e, 176, 199, 216, 223-226
  influências em, 191
  no Burghölzli, 176, 214, 216, 221-222, 227, 230
  preço da consulta, 234
  sessões de Helly, 176-177
  sobre esquizofrenia, 229
  Society for Psychical Research, 174
  Spielrein, 221-229
Jung, Emma, 225

Kafka, Franz, 389
Kahlbaum, Karl, 212
Kandel, Eric R., 342
Kanner, Leo, 318
Kant, Immanuel, 164
Kaplan, H. J., 432
Kassowitz, Instituto, 203
Kaysen, Susanna, 322
Kennedy, Helena, 433
Kennedy, John F., 350
Kesey, Ken, 356
Kingsley Hall, 366, 368-370
Kinsey, Alfred, 315
Klein, Melanie
  análise infantil, 285, 287, 300
  aparência, 289
  carreira, 288-299, 292
  controvérsias, 294
  influência, 302-303, 378, 380
  insights, 288, 293-295
  sobre desenvolvimento infantil, 283-284, 286, 289-293, 296, 316, 394
Kluft, Richard, 439
Kraepelin, Emile
  carreira, 212, 216
  classificação de transtornos, 458
  influência, 240
  rejeição de Freud, 103, 205, 212
  sobre alcoolismo e sífilis, 103
  sobre demência precoce, 212-215, 217
  sobre depressão maníaca cíclica, 245
  sobre o sofrimento do insano, 198
Kraft-Ebing, Richard von, 114, 190
Kramer, Peter, 479, 481
Kraus, Karl, 203
Kris, Anna, 343
Kris, Ernst, 342
Kris, Marianne, 322, 341-346
Kristeva, Julia, 378

Laborit, Henri, 371
Lacan, Jacques

carreira, 262, 266, 371
caso Aimée, 240, 267-278
caso irmãs Papin, 279
caso Marcelle, 266-267
influência de Freud, 266, 268
influência, 381, 415
sobre o falo, 379
Laing, R. D.
carreira, 365-369, 372-373
histórias de casos, 360-361, 363
influência de Winnicott, 367
Kingsley Hall, 368-370
movimento antipsiquiatria, 368, 372
Reason and Violence, 368
Sabedoria, desrazão e loucura, 366
Sanity, Madness and the Family, 360
sobre as famílias dos pacientes, 72, 276, 319
sobre esquizofrenia, 242, 360, 368, 373
sobre pacientes falarem com racionalidade, 227
The Divided Self, 365, 367
The Politics of Experience, 365
Lamarck, Jean-Baptiste, 118
Lamb, Charles
amizade com Coleridge, 26-28
amor, 28, 56, 125
bebida, 28-29, 49
compreensão da loucura, 41, 45
escritos, 26, 39, 46-49
loucura da irmã, 29, 31-32, 35-37, 46-50, 84
melancolia, 27-28, 48
morte, 50
sobre os nervos, 42
tratamento da irmã, 35, 51
vida em família, 26-27
Lamb, Elizabeth (Field), 26-27, 29, 31, 38, 44, 59
Lamb, John (senior), 26-27, 31, 44, 46
Lamb, John (junior), 27, 34, 46
Lamb, Mary
caso judicial do legista, 25, 30-31

caso, 20, 484, 492
entendimento da loucura, 29, 39-41
escritos, 26, 36-39, 46, 49
loucura recorrente, 32, 45-50, 56
matricídio, 25-26, 29, 31, 44, 59
morte, 50
no manicômio, 29, 31-32, 35-36, 46-47, 49
personalidade, 26-28, 57
posição legal, 32-33
primeiro surto, 27-28, 125
sobre nervos, 42
trabalho com agulhas, 38, 56, 168
tratamentos, 35, 50-52, 381
vida em família, 26-29, 36, 38, 55
Lammermoor, Lucia di, 55
Landers, Ann, 395
Laplanche, J., 427
Lasègue, Charles, 99-100
láudano, 42
Laura (bulímica), 408
Lawrence, D. H., 111
Lawrence, Margaret, 404
Laycock, Thomas, 115
Le Havre, hospital, 165, 169
Léa-Anna (erotomaníaca), 263-264
Lefebvre, Madame, 277
Lei dos Asilos de Loucos (1845), 57
lei, loucura e, 30-33
Léonie (personalidade múltipla), 165-167
Leopoldo II, imperador, 77
Lessing, Doris, 364, 369
Librium, 461
Lidz, Theodore, 395
Lindner, Robert, 408
Linehan, Marsha, 454
lítio, 53, 371, 457, 466-468
Litvak, Anatole, 312
lobotomia, 356, 358, 361, 461
Locke, John, 32, 39-40, 44, 68, 164
Loewenstein, Rudolf, 273
Loftus, Elizabeth, 426
Logre, Benjamin, 278-279

Lombroso, Cesare, 105, 161, 451
Lorenz, Konrad, 305
Loring, Katherine, 125, 132
loucura puerperal, 65, 88-90, 248, 381
Lowell, Robert, 324
Lucie (dupla personalidade), 167
Luminal, 460

Macacos, 319-320, 443-444
mania ambiciosa, 66, 70, 76
manicômios
  caso Rouy, 99-102
  comparação com prisão, 21, 355
  declínio da terapêutica, 102-104
  perigos do confinamento, 94-98
  população, 102
  terapêutica, 91-94
Mankiewicz, Chris, 321
Mankiewicz, Joseph, 321
Mann, Thomas, 157
Manning, Thomas, 46
Marat, Jean-Paul, 78
Marcelle, 266-267
Maria I, rainha de Portugal, 53
Marie (paciente de hipnose), 169-170
Marino, Josetta, 446-447, 450
Martineau, Harriet, 93-94
Masson, Jeffrey, 432
Masters, William, 376
maternidade
  "mães-geladeira", 318-320
  anorexia e, 400-404
  caso Mary Lamb, 25, 36, 46
  caso Miss Beauchamp, 180-185
  caso Sarah, 440
  caso Sybil, 438-439
  diagnose, 439
  epidemia, 162, 185-186, 437-439
  especificidade de sexo na maternidade, 380
  feminismo terapêutico, 410-411
  fenômeno cultural de personalidades múltiplas, 81, 152
  fisiologia de, 443
  Freud encontra mamãe, 313-317
  histórias de casos de Laing, 361-364
  infanticídio, 449-450
  mães censuradas pela geração que lutou pela liberação das mulheres, 322
  médiuns, 157
  Motz, Anna, 403, 449
  não casadas, 191
  opiniões de mulheres analistas, 282-283
  pensamento psicanalítico (após a Primeira Guerra Mundial), 284-285
  perversa, 453
  pesquisa de Janet, 167, 173
  trabalho de Bowlby, 302-307
  trabalho de Winnicott, 293, 296-298, 307-308
  visão kleiniana, 292-293
Maudsley, Henry, 103-107, 121
Maya (esquizofrênica), 361-362
Mayhew, Henry, 109
McCarthy, Joe, 337
McLean's Hospital, 327, 330-331, 336
Mead, Margaret, 305
Medinal, 460
médiuns, 157, 175-180
Mehring, Joseph von, 460
melancolia, 39-41, 48, 69, 75, 469-471
memória, recuperada, 424-426, 442
Menninger, Karl, 457
Menninger, William, 311
menstruação, 115, 118, 140, 143, 147
meprobramato, 461
Maréville, Asilo de, 99
Méricourt, Théroigne de, 77-81, 492
Mesmer, Franz, 160
mesmerismo, *ver* hipnotismo
Meyer, Adolf, 239-247, 258, 427
Meynert, Theodor, 104
Middlebrook, Diane, 335
Milford, Nancy, 237, 242
Mill, John Stuart, 110, 116-118

Miller, Alice, 418-419
Miller, Arthur, 337-338, 340-343, 345, 350
Millett, Kate, 19, 375-376
Milner, Marion, 367
Miltown, 461-462
MIND, 441
Mitchell, Juliet, 375, 378-379, 453
Mitford, John, 50
Mitscherlich, Alexander, 371
monomania
   ambiciosa, 70, 76
   caso Théroigne de Méricourt, 77-81
   diagnóstico, 74-75, 81, 90
   e parto, 88-90
   homicida, 81-88
   sintomas, 75-76
   trabalho de Esquirol, 75-81, 90
Monro, John, 30-31
Monro, Thomas, 303-31
Monroe, Marilyn
   "esquizo", 259, 360
   análise com Anna Freud, 342
   análise com Greenson, 336, 344-352
   análise com Hohenberg, 341-342
   análise com Kris, 341-344, 346
   aniversário de Kennedy, 350
   biografia por Steinem, 352
   carreira, 337, 339-340
   casamento com DiMaggio, 346
   casamento com Miller, 337-338, 341-343
   caso, 20, 452
   corpo, 337, 339, 386-387
   formação, 338-339
   hospitalizada na Payne Whitney, clínica 346
   Something's Got to Give, 347
   suicídio, 337-338, 341, 344, 351-352
   The Misfitss, 340-341, 345
Montand, Yves, 343-344
Moore, G. E., 247
moral
   administração, 54, 64, 90, 92
   insanidade, 59, 105

morfina, 103
   tratamento, 71
Mosher, William, D., 414
movimento antipsiquiatria, 356, 365, 368, 374, 376, 382
Musil, Robert, 22, 110
Myers, Frederick, 161, 174-175

Nabokov, Vladimir, 249
National Institute of Mental Health (NIMH), 311, 391, 406, 444, 452, 471
Neftel, William Basil, 132
nervos
   caso Alice James, 121-127, 131-133
   cura pelo repouso de Weir Mitchell, 112, 115, 125, 128
   diagnóstico, 107, 111, 469
   explicações para, 113-115
   família de Virginia Woolf, 246
   família de Zelda Fitzgerald, 246
   mulheres, 116, 118, 120
   opinião de Crichton-Browne, 120
   opinião de Maudsley, 119
   sintomas, 128-131
   sofrendo de, 42, 110-111
   teoria reflexa, 115
   trabalho de Cheyne, 43, 110
   tratamento de Neftel, 132
   tratamento de Taylor, 125
neurastenia
   causas, 111-112
   diagnóstico, 53, 104, 111-112, 469
   doença de Spencer, 118
   invenção, 107
   na América, 111
   opinião de Freud, 204
   sintomas, 124
   tratamento, 52
neurose, 152
New York Orthopaedic Dispensary, 125
Nicholson, Margaret, 30
Nightingale, Florence, 392

noradrenalina, 472
Novo Hospital para Mulheres, 121

Olivier, Laurence, 341-342
Ópio, 52, 469
Orbach, Susie, 395, 401-402, 404
Organização Mundial da Saúde, 446, 461, 468
Orkney, caso de abuso satânico, 421-422
Osheroff, Rafael, 459

Page, Frank, 131
Paine, Thomas, 32
paixões, 69, 72
Palazzoli, Mara Selvini, 405
Pantaine, Marguerite (Aimée), 267-276, 279
Pappenheim, Bertha, *ver* Anna O
paranoia
  classificação de Kraepelin, 212
  diagnóstico, 215
  em erotomania, 264
  Fitzgerald mútua, 234
  trabalho de Lacan, 268, 274-277, 279
parto
  controle sobre, 376
  e monomania, 88-90
  e saúde mental, 115
  loucura puerperal, 59, 65, 88, 248, 381
  respostas a, 484
Paul, Annie Murphy, 474
Paxil, 478
Peck, Gregory, 309, 345
Pequeno Hans, 282
Perrier, dr., 166
  categoria de, 450-452
  diagnóstico, 451-452, 455
  histórias de casos, 446-450
  legislação, 451
  transtornos de personalidade fronteiriça, 436, 451-455
  tratamentos, 454
  ver também transtorno de personalidade múltipla

Peterson, Mark, 440
Petites-Maisons, hospital, 79
Piaget, Jean, 226
Piggle, a (Gabrielle), 298-301
Pinel, Philippe
  carreira, 67-69, 382
  e guardiões, 148, 226
  escritos, 67, 69
  fundador do alienismo, 16, 65, 69
  influência, 63, 66-67, 74, 137
  opiniões sobre loucura, 65, 69-73, 78, 87
  pacientes como enfermeiras
  sobre a histeria, 154
  tratamentos, 70-73, 78-79, 93, 492
Pinel, Scipion, 67
Pitcairn, dr., 25, 29
Plath, Aurélia, 333, 335-336
Plath, Sylvia
  A redoma de vidro, 322, 328, 331, 335
  carreira, 328
  casamento com Hughes, 3327, 332, 334-335
  caso, 483
  colapso, 328
  eletrochoque, 331
  no McLean's, 330, 465
  Platão, 152
  psicoterapia com Beuscher, 332-334, 336, 351
  relacionamento com a mãe, 327, 330, 333, 335-336
  sonho de Monroe, 337
  suicídio, 327, 335, 337, 351, 364
Playfair, William Smoult, 392
Poe, Edgar Allan, 22, 110
Pontalis, J.-B., 427
pornografia, 415, 517, 421, 443
Porter, Roy, 44
Prangins, 230
Preiswerk, Hélène (Helly), 176, 221
Prichard, J.C., 450
Pritchard, Thomas, 92, 94

Prince, Morton, 158, 166, 173, 176, 180-186, 436, 438
Proust, Marcel, 22, 159, 163
Prouty, Olive, 330
Prozac
  controvérsia, 475
  lançamento, 471
  Listening to Prozac, 479
  Prescrito, 472, 479
  Prozac Diary, 466, 483
  Prozac Nation, 457, 462, 465, 483
Psi e Po, 415
Psychiatric Morbidity Survey, 462-463
Pussin, Jean-Baptiste, 70, 74, 93
Putnam, Frank, 439, 441

Real Sociedade de Londres, 67
Regnard, P., 140, 146
Relatório Layard, 480
Rennie, Thomas, 243-245, 253
reserpina, 358
Reynolds, Mary, 128
Ribot, Théodule, 164-165
Richardson, Samuel, 40, 389
Richer, Paul, 139
Ricklin, Franz, 216
Rie, Oskar, 342
Rieff, Philip, 381
Riley, Denise, 304
Rimlaud, Bernard, 319
Ritalin, 474
Riviere, Joan, 293, 302
Robert-Fleury, Tony, 67
Roberts, Andrew, 51
Robertson, C. Lockhart, 103
Robertson, George M., 198, 201
Robertson, James, 303
Rogers, Carl, 311, 382
Rogers, John Wilson, 51
Rolling Stones, 461
Romm, May, 309
Rose, Jacqueline, 381

Rose, Steven, 22
Rosenberg, Ethel e Julius, 328
Rosenhan, David, 101, 359-360
Ross, Colin, 439
Roudinesco, Elisabeth, 262
Rousseau, Jean-Jacques, 39-41, 72, 116
Rouy, Henri, 99-102
Rouy, Hersilie, 99-102
Royal Edinburgh, hospital, 189, 192, 194, 196, 198, 200-201
Ruby (esquizofrênica), 363-365
Rycroft, Charles, 367

Saddock, B. J., 432
Sade, marquês de, 68
Sainte-Anne, hospital
  caso Aimée, 267, 269
  caso Léa-Anna, 263
  mulheres em, 65
  papel de Clérambault, 261-262, 371
  papel de Lacan, 266-267, 371
Saint-Just, Louis de, 78
Sakel, Manfred, 258
Salpêtrière, La
  caso Augustine, 140-149
  caso Cornier, 86
  caso Hersilie Rouy, 99-100
  histéricas no, 139-140, 159, 385
  loucura puerperal, 88-89, 381
  pacientes, 88
  papel de guardiões, 70, 74
  papel de Janet, 162
  posição de Charcot, 133, 135, 163, 385
  posição de Esquirol, 74
  posição de Pinel, 68-69
  Théroigne de Méricourt em, 77, 81
Salt, Samuel, 26-27
Sanger, Margaret, 284
Sarah (caso de transtorno de personalidade múltipla), 440
Sarah (esquizofrênica), 363
Sargent, William, 258

Sartre, Jean-Paul, 368
Satir, Virginia, 382
Savage, George, 247-248, 250-252
Sayre, Juiz Anthony, 235
Shloss, Carol Loeb, 238
Schmidt, Vera, 226
Schreiber, Flora Rheta, 438
Schwabacher, Ethel, 343
Scott, Gilbert, 194
Scull, Andrew, 357-358
Sedgwick, Sara, 130
serotonina, 455, 466, 472, ver também ISRS
Sexton, Anne, 334, 364
Shakespeare, William, 38-39, 42
Shaw, Fiona, 487
Shelley, Percy Bysshe, 32
Sheppard and Enoch Pratt Hospital, 253, 306
Shorter, Edward, 471
Showalter, Elaine, 55, 152, 374, 383
sífilis, 102-104, 356
Slater, Lauren, 466-468, 483
Smith, Ethyl, 248-249
Smith, Hélène (Elise-Catherine Müller), 173, 176-177, 179-180
Sociedade para a Pesquisa Psíquica, 161, 179
Sociedade Psicanalítica Britânica, 282, 293-294, 305, 367
sonambulismo, 158-159, 167, 175, 177-178, 181
sonhos, 195
sono
  atividade durante, 158
  espiritualista, 174-180
  tipos de, 157
  ver também dupla consciência, hipnotismo, sonambulismo, transe
Spencer, Herbert, 118
Spielrein, Sabina
  carreira como analista, 224, 226
  formação, 218
  relações com Freud, 222-226
  relações com Jung, 217-225, 229
Spitzer, Robert, 458, 473-475, 482

spleen [angústia], 469
Spock, Benjamin, 312
Spoto, Donald, 341
Squires, Mildred T., 240-243
St Andrew's, hospital, 92, 194, 239
St Luke, asilo, 34, 51
Steinem, Gloria, 350
Stekel, Wilhelm, 345
Stendhal, 66-67
Stephen, Adrian, 249, 289
Stephen, Laura, 245
Stephen, Vanessa, 247
Sterling, dra., 465
Sternbach, Leo, 461
Stevenson, Adlai, 327
Stevenson, Robert Louis, 165, 180
Stillman's Hospital, 465
  Stockholm Outcome of Psychoanalysis and Psychotherapy Project (STOPPP), 490
Stoddart, Sarah, 49
Stopes, Marie, 284
Strachey, Alix, 250, 289
Strachey, James, 250, 293
Strasberg, Paula, 341-342
Strecker, Edward, 314, 316
Strouse, Jean, 125
suicídio
  depressão, 18
  Marilyn Monroe, 336-337, 342, 345-346, 352, 360
  monomania, 75
  morte de Clérambault, 265
  no McLean's, 336
  riscos de antidepressivos, 476, 480
  Sylvia Plath, 20, 322, 327-328, 332, 336-337, 352, 360
  torna atraente, 352, 450, 469
  Virginia Woolf, 245, 258
Sullivan, Harry Stack, 253-255, 324, 331
Suomi, Stephen, J., 443
Surrealistas, 261-263, 267
Sybil (transtorno de personalidade múltipla), 438-439

ÍNDICE 541

Symonds, Alexandra, 380
Szasz, Thomas, 356, 382

Taine, Hippolyte, 164
Take Back the Night, 417
Target, Mary, 441, 491
Taylor, Charles Fayette, 125-126
TCC (terapia cognitivo-comportamental)
    tratamento de anorexia, 405
  desenvolvimento, 405-406, 476-477
  índice de sucesso, 480-481, 489
  tratamento de depressão, 478-479
  usos, 405-406, 479-481
TDAH (Transtorno do déficit de atenção com hiperatividade), 474
Teen Screen, 478-479
telepatia, 157, 174-176, 362
Tenon, Jacques, 65
Teoria reflexologista, 115
TEPT (transtorno do estresse pós-traumático), 373, 434-436, 441, 444-446, 453
TEPT Trenton State Hospital, 357-358
Terapia de relacionamento familiar, 489
Thackeray, Isabella, 95
Thackeray, Minnie, 248
Thackeray, William, 95, 248
Thompson, Clara, 254-255
Thompson, James Bruce, 105
Torazina, 358, 371
Time, 311-312, 337, 352, 382, 419, 424-425, 458-459
transe, 157, 160, 166, 184
transferência, 133, 224-225, 296
transtorno bipolar, 371, 460, 466-467, 470, 482-483
transtorno de personalidade fronteiriça, 436, 452-455
transtorno de personalidade múltipla, 373, 420, 425, 437-441
transtorno dismórfico corporal (body-dysmorphic disorder), 397

transtorno dissociativo de identidade (TDI), 437, 441
transtorno grave e perigoso de personalidade, 452
transtorno obsessivo-compulsivo (TOC), 81, 403, 478
tratamento com insulina
  alternativas, 331, 371, 461, 489
  caso Martha Hurwitz, 358
  caso Zelda Fitzgerald, 258
  uso de, 323, 331, 365
tratamentos com drogas alternativas, 368
  antidepressivos, 335, 403, 447, 459
  aumento em, 382
  caso Martha Hurwitz, 358
  depressão, 465-473
  diagnósticos e tratamentos, 476-481
  diagnósticos generalizantes, 473-476
  drogas de autoajuda, 18
  eletrochoque e, 331, 360, 376
  esquizofrênicos, 237, 255, 323, 359
  experimentos com, 357
  histéricos, 145, 151, 154
  história, 460-462
  morte de Monroe, 351
  morte de Plath, 335
  mulheres e, 462-464
  pacientes externos, 371
  processo por má prática, 459-460
  reunindo dados científicos, 142
  sociedade química, 481-484
  terapia de trauma, 444-445
  tomando as águas, 52, 466, 468
  ver também indústria farmacêutica
trauma
  caso Daphne, 427-429
  ciência do, 443-446
  definição, 427
  pacientes fronteiriços, 454
  terapia, 445-446
  trabalho de Herman, 434, 437
  transtornos dissociativos, 441

ver também Tribunal Internacional de Crimes contra as Mulheres, 417
tristeza, 16
Trotter, Thomas, 44
Truelle, Benjamin, 268, 278
Tsaltas, Margaret, 430-431
Tuke, Hack, 103
Tuke, Samuel, 54, 92
Turner, J. M. W., 31
Tuthill, George Leman, 51-53

Val de Grâce, hospital militar, 371
Valium, 461-462
Van der Kolk, Bessel, 445-446
Van Derbur, Marilyn, 424
vapores, os, 44, 152
ver também asilos e manicômios
Veronal, 201, 247, 252, 460

Wakefield, 92, 120
Walpole, Catherine, 42
Warburton, hospício, 50-51
Ward, Mary Jane, 328
Waterman, George A., 185
Weaver, Harriet, 239
Webster, Brenda, 322, 343
Weininger, Otto, 183, 190
Weir Mitchell, Silas
    carreira, 128-130
    escritos, 111, 115, 129
    regime, 112, 126, 130-131, 251, 363
Welldon, Estela, 403, 453
West, Ellen, 378
Wharton, Edith, 130
Whitmore, hospício, 50-51
Wilbur, Cornelia, 438

Wilde, Oscar, 165
Willis, Francis, 53-54
Willis, Thomas, 152
Wiltshire County Asylum, 103
Winfrey, Oprah, 424
Winnicott, D.W.
    carreira, 293-296
    caso Piggle, 298-302
    influência, 170, 378
    mãe-criança, 294-298, 307, 326, 468
    sobre o falso eu, 297, 402
    sobre o relacionamento
    tratamento de crianças, 282, 294
Wittman, Blanche, 135
Wolff, Tony, 227
Wollstonecraft, Mary, 34, 38, 116
Woman in White, The, 96, 99, 111
Woolf, Leonard, 199, 245-251
Woolf, Virginia
    abuso por irmão de criação, 247-248
    colapsos, 246, 251-252, 492
    depressão maníaca cíclica, 245-246
    escritos, 247, 252, 262, 267, 378
    opinião sobre Freud, 248-250
    relacionamento com marido, 245, 248
    sobre Klein, 289
    sobre loucura, 248-249
    suicídio, 246, 259
    tratamentos, 247-248, 250-251, 460
Wordsworth, William, 26
Wordworth, Dorothy, 26, 41, 47, 49, 51
Wright, Lawrence, 425
Wright, Maurice, 248
Wundt, Wilhelm, 164, 175, 216
Wurtzel, Elizabeth, 466-467, 479-480, 483
Wylie, Philip, 316

Este livro foi composto na tipografia Minion,
em corpo 11/15, e impresso em papel off-white
no Sistema Digital Instant Duplex da
Divisão Gráfica da Distribuidora Record.